［宋］朱熹 撰
朱傑人 嚴佐之 劉永翔 主編

新訂朱子全書

附外編

10

上海古籍出版社

本册書目

嚴文儒 顧宏義 校點

資治通鑑綱目（三）

資治通鑑綱目卷三十一

起丙午梁武帝普通七年、魏孝明帝孝昌二年，盡壬子梁武帝中大通四年、魏孝武帝永熙元年，凡七年。

丙午（五二六）

梁普通七年、魏孝昌二年。

春，正月，魏以楊津爲北道大都督。初，魏都督、廣陽王深通於尚書令、城陽王徽之妃，徽怨之，言於太后。以深心不可測，乃以津爲都督，代深。

魏五原降户鮮于修禮反。

二月，魏西部敕勒斛律洛陽反。三月，爾朱榮討平之。

夏，四月，魏以元順爲太常卿。城陽王徽與黄門侍郎徐紇毀侍中元順，出爲太常卿。順奉辭，時紇侍側，順指之曰：「此魏之宰嚭，魏國不亡，此終不死。」紇脇肩而出，順叱之曰：「爾刀筆小才，正堪供几案之用，豈應汙辱門下，斁我彝倫！」因振衣而起。太后默然。

魏朔州鮮于阿胡反。

魏都督李琚討杜洛周，敗死。

魏長孫稚討鮮于修禮，敗績。魏以長孫稚爲大都督，討鮮于修禮，行至鄴，復以河間王琛代之。稚言：「與琛有私隙，難受其節度。」不聽。至嘑沱，修禮邀擊之，琛不救，稚大敗。皆坐除名。

五月，元略自梁歸于魏，魏以爲侍中。略自至江南，晨夕哭泣，常如居喪。及魏元叉死〔一〕，胡太后遣江革、祖暅之南還以求略，梁主禮遣之。太后拜略侍中，賜爵東平王，遷尚書令，委任之。然徐、鄭用事，略亦不敢違也。

魏復以廣陽王深爲北道大都督。魏復以深爲大都督，討鮮于修禮。章武王融、裴衍爲左、右都督，並受節度。城陽王徽復譖其有異志，后敕融、衍潛爲之備。深懼，事無小大，不敢自決。后使問其故，對曰：「徽銜臣次骨，朝夕欲陷臣於不測之誅，臣何以自安！陛下若使徽出臨外州，臣無内顧之憂，庶可以畢命賊庭，展其忠力。」太后不聽。徽與鄭儼等更相阿黨，外似柔謹，内實忌克，賞罰任情，魏政愈亂。

秋，七月，魏行臺常景敗杜洛周於范陽。

鮮于阿胡陷魏平城。

八月，賊帥元洪業殺鮮于修禮，降魏。其黨葛榮復殺洪業而自立。

魏安北將軍爾朱榮執肆州刺史，而以爾朱羽生代之。魏以榮爲安北將軍，都督恒、朔二州軍事。榮過肆州，刺史尉慶賓忌之，不出。榮怒，襲執之，署其從叔羽生爲刺史，魏朝不能制。初，賀拔允及弟勝、岳在恒州，平城陷，岳奔榮，勝奔肆州。至是，榮得勝，大喜，曰：「得卿兄弟，天下不足平也。」以爲別將，軍中大事，多與之謀。

葛榮襲殺魏都督章武王融、廣陽王深。

葛榮既得杜洛周之衆，北趣瀛州，魏廣陽王深引兵躡之。榮輕騎掩擊章武王融，殺之，自稱天子。深聞融敗，不進。侍中元晏宣言於太后曰：「廣陽王盤桓不進，坐圖非望。有于謹者，智略過人，爲其謀主。風塵之際，恐非陛下之純臣也。」太后詔牓省門，募能獲謹者，有重賞。謹聞之，謂深曰：「今女主臨朝，信用讒佞，苟不明白殿下素心，恐禍至無日。謹請束身歸罪。」遂詣牓下，有司以聞。太后引見，大怒。謹備論深忠款，兼陳停軍之狀。太后意解，捨之。深引軍還，趣定州。刺史楊津亦疑深有異志，遣都督毛謐討深。深間行至博陵，逢葛榮遊騎，劫以詣榮。賊徒見深，頗有喜者，榮惡而殺之。城陽王徽遂誣深降賊，録其妻子。深府佐宋遊道爲之訴理，乃得釋。

就得興陷魏平州。

莫折念生降魏，既而復反。破六韓拔陵誘胡琛殺之。

天水民呂伯度，本莫折念生之黨也，亡歸胡琛。琛資以士馬，使擊念生，屢破其軍。乃復叛琛，東引魏軍。念生窘迫，乞降。蕭寶寅使左丞崔士和據秦州。大都督元修義停軍不進，念生復反，執士和殺之。久之，伯度亦爲万俟醜奴所殺。賊勢益盛，寶寅不能制。琛與念生交通，事破六韓拔陵浸慢，拔陵誘琛斬之，醜奴盡并其衆。

冬，十一月，梁侵魏，取壽陽。

梁主乘淮堰水盛，遣豫州刺史夏侯亶等侵魏。魏揚州刺史李憲以壽陽降，梁陳慶之入據其城。凡降城五十二，獲男女七萬五千。復以壽陽爲豫州，改合肥爲南豫州，以夏侯亶爲二州刺史。壽陽久罹兵革，民多流散，亶輕刑薄賦，務農省役，頃之，民户充復。

胡氏曰：梁武三築淮堰，至是十年，死者蓋數十萬人，然後能取壽陽，纔得七萬五千口。是十年勞費，以三、四人而易一人，其愚拙不亦甚哉！興師動衆，不得已而至于殺者，惟誅亂臣、討賊子爲可。以所治之事，所存之理，有大於殺也。若夫貪憤之兵，得已不已，而視人如草芥者，雖得之，必失之。故國君惟好仁，則天下無敵。梁主欲以此道而規河南，不亦左乎？

魏幽州民執行臺常景，叛降杜洛周。魏盜賊日滋，征討不息，國用耗竭，豫徵六年租調，猶不足，乃罷百官酒肉，税入市者人一錢，百姓嗟怨。吏部郎中辛雄上疏曰：「夷、夏之民，相聚爲亂，豈有餘憾哉？正以守令不得其人，百姓不堪其命故也。宜及此時，早加慰撫。但郡縣選舉，由來共輕，貴遊儁才，莫肯居此。宜改其弊，妙盡才望，不拘停年。三載黜陟，稱職者補在京名官。不歷守令，不得爲内職。則人思自勉，枉屈可申，强暴息矣。」不聽。

丁未(五二七)

梁大通元年、魏孝昌三年。

春，正月，葛榮陷魏殷州，刺史崔楷死之。榮遂圍冀州。魏分定、相四郡置殷州，以崔楷爲刺史。楷表乞兵糧，不得。或勸楷單騎之官，楷曰：「吾聞食人之禄者，憂人之憂。吾獨往，將士誰肯固志哉！」遂舉家之官。葛榮逼城，或勸減弱小避之，楷遣幼子及一女夜出。既而悔之，曰：「人謂吾心不固，虧忠而全愛也。」遂追還。賊至，將士爭奮，皆曰：「崔公尚不惜百口，吾屬何愛一身！」連戰不息，死者相枕，終無叛志。城陷，楷執節不屈，榮殺之。遂圍冀州。

魏蕭寶寅討莫折念生，敗績。魏以楊椿爲行臺。寶寅出兵累年，將士疲弊，至是大敗於涇陽。汧城、岐州，皆降於賊。豳州刺史畢祖暉戰没，關中大擾。雍州刺史楊椿募民拒守，詔以椿爲行臺，節度關西諸將。右民郎路思令上疏曰：「比年將帥多寵貴子孫，軒眉攘腕，以攻戰自許，及臨大敵，銳氣頓盡。乃令羸弱居前以當寇，强壯在後以衛身，器械不精，進止無節，以當負險之衆，敵數戰之虜，欲不敗，可得乎？是以兵知必敗，始集而先逃；將帥畏敵，遷延而不進。國家謂官賞尚輕，屢加寵賚。帑藏空竭，民財殫盡，遂使賊徒益甚，生民彫弊，凡以此也。夫德可感義夫，恩可勸死士。今若明賞罰，練士卒，修器械，先遣辨士曉以禍福，如其不悛，以順討逆，何異勵蕭斧而伐朝菌，鼓洪爐而燎毛髮哉！」弗聽。

魏主戒嚴北討，不果行。

莫折天生寇雍州，敗死，衆潰。天生寇雍州，蕭寶寅部將羊侃隱身塹中，射殺之，其衆遂潰。

梁侵魏，圍東豫州及琅邪，克三關。

魏以房景伯爲東清河太守。魏東清河郡山賊羣起，詔以房景伯爲太守。郡民劉簡虎嘗無禮於景伯，舉家亡去。景伯擒之，署其子爲掾，令諭山賊。賊以景伯不念舊惡，相帥出降。景伯母崔氏，通經，有明識。貝丘婦人列其子不孝，景伯白其母，母曰：「民未知禮義，何足深責！」乃召其母，與之對榻共食，使其子侍立堂下，觀景伯供食。未旬日，悔過求還。崔氏曰：「此雖面慚，其心未也。且置之。」凡二十餘日，其子叩頭流血，母涕泣乞還，然後聽之，卒以孝聞。

胡氏曰：民固多愚，然其良心終不忘也〔二〕。爲人上者，不知教化可以善民，而專尚刑法，見其不服也，則謂民頑，愈益治之，民愈扞格，甚者視如寇讎焉。崔母一婦人，而知教化之原，不繫詞令，而在於躬率；教化之效，不取革面，而在於心改。旬月之間，變頑悖爲孝子，孰謂民果頑哉！爲人上而觀此，亦可省己而修德矣。

二月，莫折念生據潼關。

梁攻彭城，魏人擊却之。

三月，魏主戒嚴西討，不果行。

梁主捨身於同泰寺。

夏，四月，魏復以蕭寶寅爲西討大都督。寶寅之敗也，免爲庶人。至是，楊椿有疾求解，復以寶寅代之。椿子昱將適洛陽，椿謂之曰：「當今雍州無踰寶寅者，但其上佐，朝廷應遣心膂重人，何得任其牒用！且寶寅不藉刺史爲榮，吾觀其得州，喜甚，至於賞罰云爲，不依常憲，恐有異心。汝當以此意啓二聖，并白宰輔，更遣長史、司馬、防城都督，欲安關中，正須三人耳。不然，必成深憂。」昱如言啓聞，不聽。

秋，七月，魏陳郡亂，討平之。魏陳郡民劉獲、鄭辯反於西華，與梁譙州刺史湛僧智通謀。魏以曹世表爲東南道行臺以討之。諸將以賊強，不敢戰。世表方病，轝出，呼統軍是云寶謂曰：「湛僧智敢深入者，以獲、辯州民之望，爲之内應也。聞獲引兵迎僧智，去此八十里。今出其不意，一戰可破。獲破，僧智自走矣。」乃選士馬付寶擊獲等，大破殺之。僧智聞之，遁還。

魏樂安王鑒以鄴叛降葛榮。

魏李神軌殺高謙之。初，魏侍御史高道穆奉使相州，按前刺史李世哲奢縱不法。至是，世哲弟神軌用事，道穆兄謙之家奴訴良，神軌收謙之繫廷尉。會赦，將出，神軌啓太后，先賜謙之死，朝士哀之。

梁將彭羣圍魏琅琊，敗死。

八月，魏大都督源子邕拔鄴城，誅元鑒。

九月，秦州人殺莫折念生，以州降魏。

冬，十月，梁將湛僧智、夏侯夔圍魏廣陵，克之。湛僧智圍魏東豫州刺史元慶和於廣陵，魏將軍元顯伯救之。梁司州刺史夏侯夔引兵助僧智，慶和舉城降。夔以讓僧智，僧智曰：「慶和欲降公，僧智今往，必乖其意。且僧智所將應募烏合之人，不可御以法。公持軍素嚴，必無侵暴，受降納附，深得其宜。」夔乃登城，拔魏幟，建梁幟。慶和束兵而出，吏民安堵。顯伯宵遁，梁軍追之，斬獲萬計。梁主以僧智鎮廣陵，夔屯安陽，遣別將屠楚城。由是義陽通道，遂與魏絶。

司馬公曰：僧智忘其積時攻戰之勞，以授一朝新至之將，知己之短，不掩人之長，功成不取，以濟國事，忠且無私，可謂君子矣。

梁將陳慶之攻魏渦陽，克之。梁領軍曹仲宗、直閣陳慶之攻魏渦陽，尋陽太守韋放將兵會之。魏兵奄至，放營未立，麾下纔二百人，放免冑下馬，據胡牀處分，士皆殊死戰，莫不一當百，魏兵遂退。放，叡之子也。魏又遣將軍元昭等帥衆五萬救渦陽，前軍未至四十里，慶之欲逆戰，放曰：「前鋒必輕鋭，不如勿擊，待其來至。」慶之曰：「魏兵遠來疲倦，去我尚遠，必不見疑，宜及其未集，挫之。」乃帥麾下進擊，破之。還，與諸將連營而進，背渦陽城，與魏軍相持。自春至冬，數十百戰，將士疲弊。聞魏欲築壘於軍後，曹仲宗等恐，議引還，慶之杖節軍門，曰：「吾聞置兵死地，乃可求生。須虜大合，然後與戰。審欲班師，慶之別有密敕，犯者行之！」乃止。魏作十三城，欲以控制梁軍。慶之銜枚夜出，陷四城。渦陽城主王緯乞降。韋放簡遣降者三十餘人，分報魏諸營。陳慶之陳其俘馘，鼓譟隨之。九城皆潰，追擊之，俘斬略盡，尸咽渦水。

魏蕭寶寅殺關右大使酈道元，舉兵反。魏遣行臺長孫稚討之。蕭寶寅之敗於涇也，或勸之歸罪洛陽，或曰：「不若留關中，立功自效。」寶寅自念出師累年，糜費不貲，一旦覆敗，内不自安。魏朝亦疑之。中尉酈道元性嚴猛，汝南王悦嬖人弄權，道元殺之，并劾悦。時寶寅反狀已露，悦乃奏以道元爲關右大使。寶寅聞之，謂爲取己，甚懼。長安輕薄子弟復勸使舉兵，寶寅以問河東柳楷，楷曰：「謠言：『鸞生十子九子毈，一子不毈關中亂。』亂，治也。大王當治關中，何所疑！」寶寅遂遣將攻殺道元。行臺郎中蘇湛以病卧家，寶寅令其姨弟姜儉説之，曰：「道元之來，事不可測，吾不能坐受死亡，不復作魏臣矣。生死榮辱，與卿共之。」湛入哭曰：「王本以窮鳥投人，朝廷假王羽翼，以至於此。屬國步多虞，不能竭忠報德，乃欲乘人間隙，守關問鼎。魏德雖衰，天命未改。湛不能以百口爲王族滅，願賜骸骨歸鄉里，庶得病死，下見先人。」寶寅素重湛，且知其不爲己用，聽還武功。遂自稱齊帝，改元，置百官。長史毛遐與弟鴻賓帥氐、羌起兵拒之。魏以長孫稚爲行臺討寶寅。正平民薛鳳賢、薛修義亦聚衆河東，據鹽池，圍蒲阪，東西連結，以應寶寅。詔都督宗正珍孫討之。

胡氏曰：寶寅奔魏之心，本欲假其兵力，爲本國復讎〔三〕，似也。則宜不離淮、漢之北，伺間南伐，死而後已。若夫成功，則天也。冀、雍二州，豈梁所在邪？而爲之刺史，雖曰不利，人不信矣。以義始，以利終，不至於作亂受戮，則無能靖之道。此小人之本末也。

十一月，梁以蕭淵藻爲北討都督，鎮渦陽。

葛榮陷魏冀州，殺都督源子邕、裴衍，遂寇相州，不克。葛榮圍信都，自春至冬，冀州刺史元孚帥勵將士，晝夜拒守，糧儲既竭，外無救援，城陷，與兄祐俱執。榮大集將士，議其生死。孚兄弟爭相爲死，都督潘紹等數百人皆叩頭請死，以活使君。榮曰：「此皆魏之忠臣、義士也。」皆免之。魏命源子邕討榮，裴衍表請同行，許之。子邕言：「衍行，臣請留；臣行，請留衍。若必同行，敗在旦夕。」不許。行至漳水，榮擊之，果敗，俱死。相州聞冀州陷，人不自保，刺史李神志氣自若，撫勉將士，大小致力。榮盡鋭攻之，卒不能克也。

戊申(五二八)

梁大通二年、魏孝昌四、敬宗孝莊帝子攸永安元年。

春，正月，杜洛周陷魏定州，執行臺楊津，遂陷瀛州。魏復以楊津爲北道行臺，守定州，居鮮于修禮、杜洛周之間，迭來攻圍。津蓄薪糧，治器械，隨機拒擊。使人潛説賊黨，賊黨有應津者，遺津書曰：「所以圍城，正爲取北人耳，宜盡殺之；不然，必爲患。」津悉收北人，内子城中而不殺，衆感其仁。及葛榮統衆，使人説津，津斬其使，固守三年。洛周圍之，魏不能救。長史李裔引賊入，執津。瀛州刺史元寧以城降賊。

魏大赦。魏潘嬪生女，胡太后詐言皇子，大赦，改元。

魏長孫稚討蕭寶寅，敗之。寶寅奔万俟醜奴。寶寅圍馮翊，長孫稚軍至恒農。左丞楊侃謂稚曰：「潼關險要，守禦已固，不如北取蒲阪，渡河而西，入其腹心，置兵死地，則華川之圍〔四〕，不戰自解；潼關之守，必内顧而走。支節既解，長安可坐取也。」稚曰：「子之計則善矣。然今薛修義圍河東，薛鳳賢據安邑，宗正珍孫守虞坂不得進，如何可往？」侃曰：「珍孫行陳一夫，可爲人使，安能使人！河東治蒲坂，西逼河，封疆多在郡東。修義驅民西圍郡城，其家皆留舊村，一旦聞官兵至，皆有内顧之心，必望風自潰矣。」稚乃使其子彦與侃帥兵北渡，據石錐壁，乃命送降名者各還村，「俟臺軍舉三烽，當亦舉烽相應。無應烽者，乃賊黨也，當進擊屠之，以所獲賞軍」。於是村民轉相告語，雖實未降者，亦詐舉烽。一宿之間，火光遍數百里。賊圍城者不測，各散歸。修義、鳳賢俱請降，稚遂克潼關。會有詔廢鹽池税，稚上表曰：「臣前違嚴旨，徑解河東，非緩長安而急蒲坂，誠以一失鹽池，則三軍乏食也。略論鹽税，一年準絹三十萬匹。昔高祖昇平之年，猶創鹽官，加典護，非與物競利，恐由利亂俗也。況今國用不足，徵六年之粟，折來歲之資，此皆奪人私財，事不獲已。豈若寶天産之貨，而均贍以理乎！臣已輒符所部，依常收税。」蕭寶寅將侯終德因其敗，襲寶寅，寶寅奔万侯醜奴。

葛榮殺杜洛周，并其衆。

魏太后胡氏進毒弑其主詡，而立臨洮王世子釗。太后再臨朝以來，嬖倖用事，政事縱弛，盗賊蜂起，封疆日蹙。魏主年浸長，太后自以所爲不謹，凡魏主所愛信者，輒以事去之，務爲壅蔽，不使知外事，由是母子之間嫌隙日深。是時，車騎將軍、六州大都督爾朱榮兵强，劉貴、段榮、尉景、蔡儁皆歸之。貴屢薦高歡於榮，榮見其憔悴，未之奇也。厩有悍馬，命歡剪之，歡不加羈絆而剪之，竟不蹄齧。起，謂榮曰：「御惡人亦由是矣！」榮奇其言，坐之牀下，屏左右，訪以時事。歡曰：「聞公有馬十二谷，色别爲羣，畜此竟何用也？」榮曰：「但言爾意。」歡曰：「今天子闇弱，太后淫亂，嬖孽擅命，朝政不行。以明公雄武，乘時奮發，討鄭儼、徐紇之罪，以清帝側，霸業可舉鞭而成，此賀六渾之意也。」榮大悦，自是每參軍謀。

胡氏曰：魏之中葉，以門地取士；及其衰也，以停年用人。於是英雄散逸，才智不用，思有以振而發之，而天下始多故矣。向使魏朝收而用之，二百年之基業豈易傾乎！

并州刺史元天穆與榮善，榮兄事之。常與天穆及賀拔岳密謀舉兵入洛，内誅嬖倖，外清羣盗，二人皆勸成之。表請不聽，遂舉兵塞井陘。魏主亦惡儼、紇等，逼於太后，不能去，密詔榮舉兵内向，欲以脅太后。榮以高歡爲前鋒，至上黨，魏主復以私詔止之。儼、紇恐禍及己，陰與太后謀，酖魏主殺之，僞立皇子爲帝。既而下詔曰：「潘嬪所生，實皇女也。臨洮世子釗，高祖之孫，可立。」遂迎釗即位，生三年矣。太后欲久專政，故立之。爾朱榮聞之，大怒，謂元天穆曰：「吾欲赴哀山陵，剪誅姦佞，更立長君，何如？」天穆曰：「如此則伊、霍復見於今矣。」乃抗表曰：「大行皇帝背棄萬方，海内咸稱酖毒致禍。又立皇女，虛行赦宥，上欺天地，下惑朝野。已乃選君於孩提之中，實使姦豎專朝，隳亂綱紀。今羣盜沸騰，鄰敵窺窬，而欲以未言之兒，鎮安天下，不亦難乎！願聽臣赴闕，參預大議，問侍臣帝崩之由，訪禁衛不知之狀，以徐、鄭之徒付之司敗，雪同天之耻，謝遠近之怨。然後更擇宗親，以承寶祚。」

胡氏曰：魏氏之亂，始于世宗奉佛，政事不修。重以肅宗幼弱，胡后稱制，穢德彰聞。元澄、雍、懌，才薄力弱；劉騰、元叉，擅權黷貨，以召六鎮之兵。雖然，其間非無忠謀至計、排難解紛者，而朝廷忽焉。如元匡、崔光、袁飜、李崇、張普惠、薛淑、元孚、元深、元順、元纂、辛雄、路思令、楊椿、源子邕之言，皆不聽也。然則非爾朱榮、高歡能爲魏毒也，魏自亡爾。

三月，葛榮陷魏滄州。

魏爾朱榮舉兵晉陽。夏，四月，至河陽，立長樂王子攸，而沈太后胡氏及幼主釗於河，殺王公以下二千人。自爲都督中外諸軍事，封太原王，遂入洛陽。爾朱榮與元天穆議，以彭城武宣王有忠勳，其子長樂王子攸素有令望，欲立之。遣從子天光告之，子攸許之。榮以銅爲顯祖諸子孫各鑄像，唯子攸像成。榮乃起兵，發晉陽。靈太后聞之懼，悉召王公等入議，宗室大臣疾太后所爲，皆莫肯言。太后乃用徐紇計，遣李神軌帥衆拒之，別將鄭先護、鄭季明守河橋。四月，子攸潛自高渚渡河，會榮於河陽。濟河，即位，以榮爲都督中外諸軍事，封太原王。先護、季明開城納之，將軍費穆亦降。徐紇、鄭儼皆亡走，太后落髮出家。榮召百官，奉璽綬，備法駕，迎於河橋。遣騎執太后及幼主，至河陰，沈之河。費穆密説榮曰：「公士馬不出萬人，長驅向洛，以京師之衆，兼百官之盛，知公虛實，有輕侮心。若不大行誅罰，更樹親黨，恐公還北之日，未渡太行而内變作矣。」榮心然之，謂所親慕容紹宗曰：「洛中人士，終難制馭，欲悉誅之，何如？」紹宗曰：「明公興義兵以清朝廷，今乃無故殲夷多士，失天下望，非長策也。」榮不聽。至陶渚，引百官集於行宮西北，列胡騎圍之，責以天下喪亂，肅宗暴崩，朝臣貪虐，不能匡弼之罪，因縱兵殺之，自丞相高陽王雍、司空元欽、儀同三司元略以下，死者二千餘人。

胡氏曰：胡后，魏之罪人，榮之沈之，當矣。幼主何罪，而并殺之邪！魏之諸臣亦信有罪矣，然非可盡責也。榮能誅其姦慝，而擢其賢才，則五伯之功立矣。乃恃其威力，肆行誅殺，其不仁亦甚哉！雖然，仕于昏亂之朝，懷寵耽利者，亦可以少戒哉！

榮乃令其軍士言：「元氏既滅，爾朱氏興。」皆稱「萬歲」。榮又遣數十人拔刀向行宮，殺魏主之兄無上王劭、弟始平王子正，遷魏主於河橋，置之幕下。魏主憂憤，使人諭榮曰：「帝王迭興，盛衰無常。今四方瓦解，將軍奮袂而起，所向無前，此天意，非人力也，宜以此時早正尊號。若欲存魏社稷，亦當更擇親賢而輔之。」時高歡勸榮稱帝，左右多同之。賀拔岳進曰：「將軍首舉義兵，志除姦逆，大勳未立，遽有此謀，正可速禍，未見其福。」榮乃自鑄金爲像，凡四鑄不成。命參軍劉靈助卜之，亦曰「未可」。榮亦精神恍惚，不自支持，久而方寤，深自悔曰：「唯當以死謝朝廷。」岳請殺歡以謝天下，左右以「四方多事，須藉武將，請捨之」。乃止。榮夜復迎魏主還營，叩頭請死。榮所從胡騎，殺朝士既多，不敢入洛，榮乃議欲遷都，其將汎禮固諫。乃奉魏主入城，大赦。時百官蕩盡，唯散騎常侍山偉一人拜赦。洛中士民逃竄，直衛空虛，官守曠廢，榮乃遣使巡城勞問，於是朝士稍出，人心粗安。封劭之子韶爲彭城王。榮猶執遷都議，都官尚書元諶爭之，榮怒曰：「河陰之役，君應知之。」諶曰：「天下事，當與天下論之，奈何以河陰之酷恐元諶乎！諶，國之宗室，位居常伯，正使今日碎首流腸，亦無所懼！」榮大怒，欲抵諶罪，諶顔色自若，乃捨之。後數日，榮與魏主登高，見宫闕壯麗，列樹成行，乃歎曰：「元尚書之言，不可奪也。」由是罷議。榮因入見，重謝河橋之事，誓言無復二心，魏主亦爲榮誓言無疑心。榮喜，求酒飲之，熟寐，魏主欲誅之，左右不可，乃止。榮夜半方寤，自是不復宿禁中矣。榮舉止輕脱，喜馳射，性嚴暴，喜愠無恒，左右恒有死憂。

魏徐紇奔泰山。鄭儼伏誅。儼與從兄滎陽太守仲明謀據郡起兵，爲部下所殺。

魏汝南王悦、臨淮王彧、北海王顥出奔梁。

魏鄄、青、南荆州皆叛附于梁。

五月，魏立肅宗嬪爾朱氏爲后。榮女先爲肅宗嬪，榮欲魏主納以爲后，魏主疑之，黄門侍郎祖瑩曰：「昔文公在秦，懷嬴入侍。事有反經合義，陛下獨何疑焉！」遂從之，榮甚悦。

胡氏曰：反經合道，先儒釋經之言，而道之蠹也。反，猶背也。經，即常也。既已背常，能合道乎？此言既行，世之違犯正理者，輒以自解，其賊道多矣！或曰：如舜不告，禹傳子，湯放桀，武王誅紂，周公殺管叔，仲尼出妻，若此者非反經乎？曰：此聖人處事之變，是謂之權。權者，猶衡之石焉，進退前却，與所懸之物輕重適等。故雖權也，而輕者不使之重，重者不使之輕，乃所以爲經也。故權者，道之中處也。濟經而有權，則道之用不窮，非聖人不能與，豈變詐亂倫之謂哉！祖瑩之言，違道甚矣！晉文之失，又可效焉？正家者，治國之本；初政者，治亂之源。魏子攸惑於邪説而不能辨，惕于强臣而不能正，早墜厥命，於是乎在矣。

爾朱榮還晉陽，以元天穆爲侍中、録尚書事、兼領軍將軍。榮令元天穆入洛陽，朝廷要官，悉用其腹心爲之。

魏主聽訟于華林園。詔：「孝昌以來，凡有冤抑無訴者，悉集華林東門，親理之。」

魏詔聽民入粟。時承喪亂之後，倉廩虚竭，始詔：「入粟八千石者，賜爵散侯；五百石者，賜出身。」

梁遣將軍曹義宗圍魏荆州。義宗圍魏荆州，堰水灌城，不没者數板。時魏方多難，不能救。城中糧盡，刺史王羆煮粥與將士均食。每出戰，不擐甲胄，仰天大呼曰：「州城，孝文皇帝所置，天若不祐國家，令箭中王羆額。不爾，王羆必當破賊。」彌歷三年，前後搏戰甚衆，亦不被傷。

六月，元彧自梁歸于魏。彧聞魏主定位，求還。梁主惜其才而不能違，遣之。

魏免其侍郎高乾、高昂官。魏高乾與弟敖曹、季式皆喜輕俠，與魏主有舊。爾朱榮之向洛也，逃奔齊州，聞河陰之亂，遂集流民，起兵於河、濟之間，頻破州軍。至是乃降，魏主以乾及敖曹皆爲侍郎。爾朱榮以乾兄弟前爲叛亂，不應復居近要，魏主乃聽解官歸。敖曹復抄掠，榮誘執之。敖曹名昂，以字行。

魏河間邢杲反。

万俟醜奴稱帝。

秋，八月，魏泰山太守羊侃據郡降梁。侃以其祖規嘗仕宋，常有南歸之志。徐紇依之，勸侃起兵，遣使降梁。

九月，葛榮圍魏相州，爾朱榮討擒之，冀、定、滄、瀛、殷皆平。葛榮引兵圍鄴，衆號百萬。爾朱榮帥精騎七千，馬皆有副，倍道兼行，東出滏口，以侯景爲前驅。葛榮曰：「此易與耳。」自鄴以北，列陳數十里，箕張而進。爾朱榮潛軍山谷爲奇兵，分督將已上三人爲一處，處有數百騎，揚塵鼓譟，使賊不測多少。又以人馬逼逐，刀不如棒，勒軍士各置袖棒一枚，置馬側。至戰時，慮廢騰逐，不聽斬級，以棒棒之而已。分命壯勇，所向衝突，號令嚴明，戰士同奮。身自陷陳，出於賊後，表裏合擊，大破之，擒葛榮，餘衆悉降。縱其所之，羣情大喜，數十萬衆，一朝盡散。待出百里之外，乃始分道押領，隨便安置。擢其渠帥，量才授任。檻車送葛榮赴洛，斬之。五州皆平。初，宇文肱從鮮于修禮戰死，其子泰從葛榮。至是，爾朱榮愛其才能，以爲統軍。

魏爾朱榮自爲大丞相。

冬，十月，梁立元顥爲魏王，遣將軍陳慶之將兵納之。

魏遣將軍費穆救荆州，獲曹義宗。

十一月，魏復取泰山郡，羊侃、徐紇奔梁。魏遣兵擊羊侃於瑕丘。徐紇説侃乞師於梁，侃信之，紇遂奔梁。魏圍益急，南軍不進。侃亦潰圍奔梁，魏復取泰山。

胡氏曰：弑君，天下之大惡，人人之所同惡，人人之所得殺也。徐紇親弑其君，爲梁計者，聲言其罪，肆諸市朝，則君臣之義明，近者畏而遠人悦矣。乃受而容之，是教人爲弑逆而無所懼也。他日困於叛臣，卒餓而死，其禍有自來矣。

十二月，魏幽州韓樓反。葛榮餘黨韓樓復據幽州反，北邊被其患。爾朱榮以賀拔勝鎮中山。樓畏勝，不敢南出。

己酉(五二九)

梁中大通元年、魏永安二年。

春，正月，魏主追尊其父勰爲皇帝。魏主尊彭城武宣王爲文穆皇帝，廟號肅祖。將遷神主於太廟，而以高祖爲伯考，臨淮王彧諫曰：「漢光武於元帝屬疏服絶，猶身奉子道，入繼大宗，别祀南頓君於舂陵。况肅祖於高祖，親北面爲臣乎？〔五〕二后皆將配享，此爲君臣並筵，嫂叔同室，臣切以爲不可。」不聽。請去「帝」著「皇」，亦不聽。尋復尊無上王劭帝號，彧又諫，亦不聽。

夏，四月，魏王顥拔滎城，稱皇帝。魏元天穆將擊邢杲，以顥北上，乃集文武議之，皆曰：「杲衆强盛，宜以爲先。」尚書薛琡曰：「邢杲鼠竊狗偷，非有遠志。顥，帝室近親，來稱義舉，其勢難測，宜先去之。」天穆不聽，引兵東出。顥與陳慶之乘虚進拔滎城，有衆七千，遂即帝位於睢陽城南。攻魏行臺濟陰王暉業於考城，擒之。

魏元天穆討邢杲，平之。

五月，魏王顥取梁國、滎陽、虎牢。顥克梁國。魏都督楊昱據滎陽，慶之攻之，未拔，元天穆等至。梁士卒皆恐，慶之解鞍秣馬，諭將士曰：「君等殺人父兄，掠人子女多矣。天穆之衆，皆仇讎也。然我衆纔七千，虜三十餘萬，今日唯有必死，乃可得生。當及其未盡至，急取其城而據之耳。」乃鼓之，將士蟻附而入，執楊昱，諸將請殺之，顥曰：「我聞梁主數稱袁昂之忠，今奈何殺昱乎！」俄而天穆等引兵圍城，慶之力戰破之，進拔虎牢。

魏主子攸奔河内。

顥入洛陽，以陳慶之爲車騎大將軍。魏主子攸將出，未知所之，或勸之長安，中書舍人高道穆曰：「關中荒殘，何可復往。顥兵不多，乘虛深入，陛下若親帥宿衛，背城一戰，臣等竭其死力，破顥必矣。或恐勝負難期，則車駕不若渡河，徵天穆及榮，引兵進討，此萬全之策也。」子攸遂走河内。臨淮王彧、安豐王延明帥百僚迎魏主顥。顥入洛陽，以慶之爲車騎大將軍。楊椿時在洛陽，顥意忌之，以其人望，未敢誅也。或勸椿出亡，椿曰：「吾何所逃！正當坐待天命耳。」元天穆拔大梁，顥使慶之擊之。天穆將北走，郎中温子昇曰：「顥新入，人情未安，擊之，必克。平定京邑，奉迎大駕，桓、文之舉也。捨此北渡，竊爲大王惜之。」天穆不能用。費穆攻虎牢，將拔，聞天穆走，遂降。慶之進擊大梁，下之。慶之以數千之衆，自發銍縣，至洛陽，凡取三十二城；四十七戰，所向皆克。顥命黄門郎祖瑩作書遺子攸曰：

「朕泣請梁朝，誓在復恥，正欲問罪於爾朱，出卿於虎口耳。」河南州郡，多附於顥。齊州刺史、沛郡王欣集文武議所從，軍司崔光韶抗言曰：「元顥受制於梁，引寇讎之兵，以覆宗國，此魏之賊臣亂子也。豈唯大王家事所宜切齒，下官等皆荷朝眷，未敢仰從！」衆皆是之，欣乃斬顥使。

六月，魏都督費穆伏誅。穆至洛陽，魏主顥責以河陰之事而殺之。

魏湖陽叛降於梁。

閏月，魏爾朱榮渡河，魏王顥走死，陳慶之走歸梁。魏主子攸歸洛陽，榮自爲天柱大將軍。魏主子攸之出也，單騎而去，侍衛後宮，按堵如故。顥一旦得之，號令己出，四方想其風政。而顥遽驕怠，近習干政，日夜縱酒，不恤軍國。所從南兵，陵暴市里，朝野失望。高子儒自洛陽出，從子攸。子攸問之，子儒曰：「顥敗在旦夕，不足憂也。」爾朱榮馳見子攸於長子，子攸即日南還，榮爲前驅。旬日之間，兵衆大集。顥既得志，與臨淮王彧、安豐王延明謀叛梁，以事難未平，藉陳慶之兵力，故外同内異，言多猜忌。慶之亦密爲之備，説顥曰：「今遠來至此，未服者尚多，彼若知我虛實，連兵四合，將何以禦之！宜更請兵於梁。」顥欲從之，延明曰：「慶之兵已難制，今更增其衆，寧肯復爲人用乎！大權一去，動息由人，魏之宗廟，於斯墜矣。」顥乃不用慶之言。軍副馬佛念謂慶之曰：「將軍功高勢重，爲魏所疑，一旦變生不測，可無慮乎！不若乘其無備，殺顥據洛，此千載一時也。」慶之不從。顥先以慶之爲徐州刺史，慶之固求之鎮，顥心憚之，不遣。爾朱榮兵至，慶之守北中城，顥據南岸。慶之三日十一戰，殺傷甚衆。有夏州義士爲顥守河中渚，與榮通謀，求破橋立效。及橋破，而榮兵不至，顥悉屠之。榮既失望，又以無船，議還北，圖後舉。黄門郎楊侃曰：「大王發并州之日，已知夏州義士之謀指來應之邪？爲欲廣施經略、匡復帝室也。夫用兵者，何嘗不散而更合，瘡愈更戰！況今未有所損，豈可以一事不諧而衆謀頓廢乎！今四方顒顒，視公此舉。若未有所成，遽復引歸，民情失望，各懷去就，勝負所在，未可知也。不若多爲桴筏，間以舟楫，數百里中，皆爲渡勢，使顥不知所防，一旦得渡，必立大功。」高道穆曰：「今若北歸，使顥復得徵兵完聚，養虺成蛇，悔無及矣。」榮乃使爾朱兆與賀拔勝縛筏夜渡。顥軍潰失據，帥麾下南走。慶之收衆，結陳而還。榮追之，慶之軍士死散略盡，乃削鬚髮爲沙門，間行還建康。中軍大都督楊津入宿殿中，灑掃宫庭，封閉府庫，出迎魏主子攸於北邙，流涕謝罪。子攸遂入洛陽，加榮天柱大將軍。顥至臨潁，爲人所殺。彧復自歸於魏主，延明奔梁。慶之自魏還，特重北人，朱异問之，曰：「吾始以爲大江以北皆戎狄之鄉，比至洛陽，乃知衣冠人物，非江東所及也，奈何輕之？」

秋，七月，魏以高道穆爲中尉。魏主之姊壽陽公主行犯清路，道穆擊破其車。公主泣訴之，魏主曰：「中尉清直，豈可以私責之！」道穆見魏主，魏主勞之，道穆免冠謝，魏主曰：「朕愧卿，卿何謝也。」

魏始鑄永安五銖錢。魏多細錢，米斗幾直千，高道穆上表曰：「在市，八十一錢得銅一斤；私造薄錢，斤贏二百。既示之以深利，又隨之以重刑，抵罪雖多，姦鑄彌衆。今錢徒有五銖之文，而無二銖之實，置之水上，殆欲不沈。此乃朝廷科防不切之過也。宜改鑄大錢，一斤七十文，載年號以記其始，則私鑄無利而自息矣。」楊侃亦乞聽官民並鑄，使民樂爲而弊自改，從之。

魏巴州叛附於梁。初，魏以梁、益荒遠，更立巴州，以統諸獠，凡二十餘萬户，以巴酋嚴始欣爲刺史。始欣貪暴，諸獠反，圍城。行臺魏子建撫諭之，乃散。始欣恐獲罪，陰請降梁，子建囚始欣。既而魏以傅竪眼爲行臺。竪眼初至，州人相賀，既而病。其子敬紹奢淫貪暴，始欣賄敬紹，得還巴州，遂降于梁。敬紹陰有保據南鄭之志，誘山民圍城，欲爲内應。圍合而謀泄，將士殺之。竪眼耻恚而卒。

八月，魏太保楊椿致仕。

九月，梁主捨身於同泰寺。梁主幸同泰寺，設大會，釋御服，持法衣，行清淨大捨，素牀瓦器，乘小車，役私人，親爲四衆講涅槃經。羣臣以錢一億萬奉贖，表請還宫。三請乃許。

胡氏曰：佛行有五要，捨其一也。梁武爲帝王，享天位，内蓄姬妾，外列官師，富貴之崇，子孫之衆，宫室城池守衛之密，猶以未足；又命將出兵，爭奪于外，惟恐失之，安在其能舍乎？不惟君子非之，爲佛之道，如達磨者，亦不取也。或曰：然則達磨之言不亦可取歟？曰：爲佛之道者，淺深精粗，雖所得不同，要其極致，歸於殄滅倫理。以之爲己，則逆而不祥；以之爲人，則偏而不公；以之爲天下國家，蓋無所處而得其當。儒者棄而絶之可也。

魏討韓樓，獲之。幽州平。魏爾朱榮使大都督侯淵討韓樓，配卒甚少，或以爲言，榮曰：「侯淵臨機設變，是其所長。若總大衆，未必能用。」淵遂廣張軍聲，多設供具，帥數百騎深入。去薊百餘里值賊，淵潛伏以乘其背，大破之。虜五千人，皆還其馬仗，縱使入城。左右皆諫，淵曰：「我兵少，不可力戰，爲奇計以間之，乃可克也。」度其已至，帥騎夜進，昧旦，叩其城門。樓果疑降卒爲内應，遂走，追擒之。詔以淵爲平州刺史，鎮范陽。

万俟醜奴寇魏東秦州，陷之。

冬，十一月，就德興降魏，營州平。

魏以城陽王徽爲太保，蕭贊爲太尉，長孫稚爲司徒。

十二月，梁以陳慶之爲兗州刺史。有妖賊僧彊自稱天子，土豪蔡伯龍起兵應之，衆至三萬，攻陷北徐州，慶之討斬之。

庚戌（五三〇）

梁中大通二年、魏永安三、主曄建明元年。

春，正月，魏復取巴州。

三月，魏遣都督爾朱天光討万俟醜奴。夏，四月，獲之，遂克高平，獲蕭寶寅，皆誅之。

万俟醜奴侵擾關中，魏爾朱榮遣賀拔岳討之。岳私謂其兄勝曰：「醜奴，勍敵也，攻之不勝，固有罪；勝之，讒嫉將生。願得爾朱氏一人爲帥而佐之。」勝言於榮，榮以爾朱天光爲都督，以岳及侯莫陳悅爲左、右都督，配軍士千人。岳擊赤水蜀賊，得馬二千匹，簡其壯健以充軍。三月，醜奴自將圍岐州，遣尉遲菩薩攻圍趣栅，賀拔岳救之。菩薩等已拔栅還，岳故殺掠其吏民以挑之。菩薩帥步騎二萬至渭北，岳以輕騎數十，隔水與語。明日，復引百餘騎與語，稍引而東，至水淺可涉處，岳即馳馬東出。賊以爲走，棄步卒，輕騎渡渭追之。岳依横岡設伏待之，賊半度岡東，岳還擊之，賊敗走。岳令賊下馬者勿殺，賊悉投馬，俄獲三千人，馬亦無遺，遂擒菩薩。仍渡渭北，降步卒萬餘，收其輜重。醜奴聞之，棄岐州，北走安定。四月，天光至汧、渭之間，停軍牧馬，宣言「俟秋更進」，獲覘者，縱之。醜奴信之，散衆歸耕，據險立柵。天光知其勢分，密嚴夜發，黎明，圍其大柵，拔之，所得俘囚，皆縱遣之，諸柵皆降。天光徑抵安定，醜奴走，追及於平涼。俟莫陳崇單騎入賊，生擒醜奴，衆皆披靡，後騎益集，遂大破之。天光進克高平，執蕭寶寅，皆送洛陽。賜寶寅死，斬醜奴於市。

六月，梁以元悦爲魏王。

秋，七月，魏討万俟醜奴餘黨，滅之。三秦、河、渭、瓜、凉、鄯州皆平。

万俟醜奴既敗，賊黨皆降，唯万俟道洛帥衆逃入山中。時高平大旱，爾朱天光以馬乏草，退屯城東五十里，遣長孫邪利守原州，道洛襲殺之。天光帥諸軍赴之，道洛戰敗，帥衆入山，據險自守。爾朱榮以天光失邪利，不獲道洛，遣使杖之一百，貶其官爵。天光追擊道洛，擒之，阬其降卒萬七千人。於是三秦、河、渭、瓜、凉、鄯州皆降，乃復天光官爵。

魏以宇文泰爲征西將軍，行原州事。

宇文泰從賀拔岳入關，以功遷征西將軍，行原州事。時關、隴彫弊，泰撫以恩信，民皆感悦，曰：「早遇宇文使君，吾輩豈從亂乎！」

九月，長星見。

魏爾朱榮至洛陽，與太宰元天穆皆伏誅。

魏爾朱榮雖居外藩，遥制朝政。魏主性勤政事，數親覽辭訟，理冤獄，榮聞之不悦。魏主又與吏部尚書李神儁議清治選部，榮嘗關補曲陽令，神儁以階懸，不奏。榮大怒，神儁懼，辭位。榮使其從弟僕射世隆攝選，啓北人爲河南諸州，魏主未許。太宰、并州刺史元天穆曰：「天柱有大功，若請普代天下官，恐陛下亦不得違。」魏主正色曰：「天柱若不爲人臣，朕亦須代。若猶存臣節，無代天下百官之理。」榮聞之，大恚恨。爾朱后性妬忌，數忿恚曰：「天子由我家置立，今便如此。我父本即自作，今亦復決。」魏主外逼於榮，内迫於后，恒怏怏不樂，幸寇盜未息，與榮相持。及聞關、隴平，謂臨淮王彧曰：「天下便無賊矣。」彧曰：「臣恐賊平之後，方勞聖慮耳。」榮見四方無事，累奏「參軍許周勸臣取九錫，臣已斥去」，以諷朝廷，魏主不欲與，因稱歎其忠以答之。榮好獵，不捨寒暑，不避險阻，士卒苦之。天穆從容謂曰：「王勳業已盛，宜順時蒐狩，何必盛夏馳逐，感傷和氣？」榮攘袂曰：「未能混一海內，何得遽言勳業！今秋欲與兄戒勒士馬，校獵嵩高，令貪汙朝貴，入圍搏虎。仍出魯陽，悉擁生蠻，北填六鎮。明年，簡精騎出江、淮，縛取蕭衍。然後奉天子巡四方，乃可稱勳耳。今不頻獵，兵士懈怠，安可復用邪！」城陽王徽、侍中李彧勸魏主除榮，侍中楊侃、僕射元羅、膠東侯李侃晞亦預其謀。會榮請入朝，徽等勸因其入刺殺之。魏主疑未定而謀頗泄，人懷憂懼。武衛將軍奚毅，建義初往來通命，魏主期之甚重，然猶以榮黨，不敢與之言情。毅曰：「若必有變，臣寧死陛下，不能事契胡。」魏主曰：「朕保天柱無異心，亦不忘卿忠款。」爾朱世隆疑有變，乃爲匿名書云：「天子欲殺天柱。」取以白榮，榮恃其强，不以爲意。九月，至洛陽，魏主即欲殺之，以天穆在并州，恐爲後患，故忍未發，并召天穆。人有告榮以魏主之謀，榮具奏之，魏主曰：「外人亦言王欲害我，豈可信耶？」於是榮不自疑，每入謁，從數人，不持兵仗。魏主欲止，城陽王徽曰：「縱不反，亦何可耐，況不可保邪！」先是，長星入中台，掃大角，恒州人高榮祖曰：「除舊布新之象也。」榮甚悦。至是，郎中李顯和語人曰：「天柱至，那無九錫。」都督郭羅察曰：「今年真可作禪文，何但九錫！」榮下人皆陵侮魏主左右，無所忌憚，故其事皆上聞。奚毅又見魏主求間，魏主知其誠，乃召城陽王徽及楊侃、李彧，告以毅語。及天穆至，魏主乃召中書舍人温子昇，告以殺榮狀，并問以殺董卓事。子昇具通本末，魏主曰：「王允若赦涼州人，必不至此！」良久，又曰：「吾寧爲高貴鄉公死，不爲常道鄉公生！若殺榮與天穆而赦其黨，亦應不動耳。」應詔王道習曰：「爾朱世隆、司馬子如、朱元龍特爲榮所委任，具知天下虛實，亦不宜留。」徽、侃皆曰：「若世隆不全，仲遠、天光豈有來理！」魏主亦以爲然，乃伏侃等十餘人於明光殿東。榮與天穆並入，坐食未訖，起出，事不果，謀遂泄。世隆又以告榮，勸其速發，榮不聽。然預謀者皆懼，魏主患之。城陽王徽曰：「以生太子爲辭，榮必入矣。」魏主從之。乃伏兵明光東序，聲言皇子生，遣徽馳告榮，榮遂與天穆俱入。温子昇預作赦文，執以出，遇榮，問之，子昇色不變，曰：「赦」。榮不取視，入坐。李侃晞等抽刀從東户入，榮即起趨御坐，魏主先横刀膝下，遂手刃之，天穆亦死。内外喜譟，百僚入賀。魏主登門大赦，遣奚毅將兵鎮北中城。是夜，爾朱世隆帥榮部曲走屯河陰。初，榮黨田怡聞變，議攻宫門，賀拔勝止之。及世隆走，勝亦不從，魏主甚嘉之。朱瑞雖爲榮所委，而善處朝廷之間，魏主亦善遇之，故瑞從世隆走，而中道逃還。

魏僕射爾朱世隆反，與汾州刺史爾朱兆立長廣王曄於長子。冬，十二月，入洛陽，遷其主子攸於晉陽而弑之。世隆欲還北，司馬子如曰：「當此之際，不可以弱示人，若亟北走，恐變生肘腋。不如分兵守河橋，還軍向京師，出其不意，或可成功。假使不得所欲，亦足示有餘力，使天下畏我之强，不敢叛散。」世隆從之，攻河橋，殺奚毅，據北中城，魏朝大懼。高敖曹從榮至洛，榮死，魏主引見，勞勉之。其兄乾亦自冀州馳赴洛陽。魏主以乾爲河北大使，敖曹爲直閣將軍，使歸集鄉曲爲形援，送之河橋，舉酒指水曰：「卿兄弟冀部豪傑，能令士卒致死。京城儻有變，可爲朕河上一揚塵。」乾垂涕受詔，敖曹援劍起舞，誓以必死。十月，世隆遣爾朱拂律歸將胡騎一千，皆白服，來郭下。魏主遣謂之曰：「太原王立功不終，陰圖釁逆，罪止榮身，餘皆不問。若降，官爵如故。」拂律歸曰：「願得太原王尸，生死無恨。」因涕泣，羣胡皆慟哭，聲振城邑。魏主募敢死士討世隆，一日得萬人，與拂律歸等戰於郭外，不克。魏主集羣臣博議，皆恇懼不知所出，散騎常侍李苗奮衣起曰：「今朝廷有不測之危，正是忠臣烈士效節之日。臣雖不武，請以一旅之衆，爲陛下徑斷河橋。」魏主許之。苗募人從馬渚上流乘船夜下，縱火船焚橋，爾朱氏兵在南岸者，望之争橋北渡，俄而橋絶，溺死者甚衆。苗泊小渚，南援不至，爾朱氏就擊之，苗赴水死，世隆亦收兵北遁。詔行臺源子恭鎮大行丹谷，築壘防之。汾州刺史爾朱兆聞榮死，自汾州帥騎據晉陽。世隆至長子，兆來會之，共推太原太守、長廣王曄即位。曄，英之弟子也。世隆兄仲遠亦起兵徐州，向洛陽。魏主以城陽王徽總統内外。徽憂怖，不知所出，性多忌嫉，羣臣有獻策者，輒勸勿納。又靳財貨，賞賜薄少，或多而中減，或與而復追，故徒有靡費，而恩不感物。十一月，仲遠陷西兗州。賀拔勝與戰，不勝，降之。初，爾朱榮嘗從容問左右曰：「一旦無我，誰可主軍？」衆以兆對，榮曰：「兆雖勇，然所將不過三千騎，多則亂矣。堪代我者，唯賀六渾耳。」因戒兆曰：「爾非其匹，終當爲其穿鼻。」乃以高歡爲晉州刺史。及兆引兵向洛，召歡，歡曰：「兆狂愚如是，而敢爲悖逆，吾勢不得久事爾朱矣。」乃以山蜀未平，辭不至。兆遂輕兵涉河，騎叩宮門，宿衛散走。魏主步出雲龍門外，遇城陽王徽乘馬走，屢呼之，不顧而去。兆執魏主，鎖之，撲殺皇子，縱兵大掠，殺臨淮王彧等。徽齎金百斤，馬五十匹，以前洛陽令寇祖仁一門三刺史，皆己所引拔，故往投之。祖仁私謂子弟曰：「今日富貴至矣。」乃怖徽云「捕將至」，令其逃於他所，使人於路邀殺之，送首於兆，兆不之賞。既而夢徽謂己曰：「我有金二百斤、馬百疋在祖仁家，卿可取之。」兆即捕祖仁，依夢徵之，不得，殺之。

胡氏曰：人死則氣散，猶火焉，盡則光滅矣，何爲能見夢於人耶？祖仁以怨報德，刑戮之民也，不有人禍，必有鬼責矣。徽嘗持大權，享富貴，其用物弘而取精多，身雖死，而其遊散也緩，且山南距洛，一日而近耳，怨氣交魄，理或有之也。

世隆、仲遠皆至洛陽，兆責世隆曰：「叔父在朝，如何令天柱受禍！」按劍瞋目，聲色甚厲。世隆遜謝，然後得已，由是深恨之。初，魏主殺爾朱榮，詔河西賊帥紇豆陵步蕃襲秀容。至是，步蕃南下，兵勢甚盛，兆留世隆鎮洛陽，亟還晉陽以禦之。遷魏主於晉陽，高歡聞之，帥騎邀之，不及。因與兆書，爲陳禍福，兆不納，竟弑之三級佛寺。

胡氏曰：衰亂之朝，宗室侯王爲强臣所立，未有得令終者也。若使敬宗當爾朱榮密迎之際，能審彼己，有不受也，受而足以興；有不辭也，辭而足以容，其庶幾耶！夫榮養兵三世，仗鉞六年，其腹心爪牙之士衆矣。雖爲人麤暴輕忽，去之甚易，而其族黨，豈一赦所能收也！是則爲榮所立，弱亦不可，强亦不可，惟韜光孫言，確乎其不拔爲可爾。豈不難其人哉！

初，世隆等徵兵於太寧太守房謨，謨斬其使。及兆得志，其黨是蘭安定執謨繫州獄，郡中蜀人聞之，皆叛。安定給謨弱馬，令往慰勞，諸賊見謨遥拜。謨先所乘馬，别給將士，戰敗，蜀人得之，善養之，兒童婦女競投草粟，曰：「此房公馬也。」世隆聞之，以爲長史。

魏紇豆陵步蕃大破爾朱兆於秀容。兆及晉州刺史高歡擊殺之。兆使歡統六鎮。紇豆陵步蕃大破爾朱兆於秀容，南逼晉陽。兆懼，使人召高歡并力。僚屬皆勸歡勿應召，歡不聽，遂行。賀拔焉過兒請緩行以弊之，歡往往逗留。步蕃兵日盛，兆屢敗，告急，歡乃往從之，與兆進兵合擊，大破斬之。兆德歡，相與誓爲兄弟，詣歡晏飲。初，葛榮部衆流入并、肆者二十餘萬，爲契胡陵暴，皆不聊生，大小二十六反，誅夷者半，猶謀亂不止。兆患之，問計於歡，歡曰：「六鎮反殘，不可盡殺，宜選腹心使統之，有犯者罪其帥，則所罪者寡矣。」兆曰：「善！誰可者？」賀拔允請使歡領之，歡毆允折齒，曰：「天下事取捨在王，何敢妄言！請殺之！」兆以歡爲誠，遂以其衆委焉。歡以兆醉，恐醒而悔之，遂出宣言：「受委統州鎮兵，可集汾東受號令。」乃建牙陽曲川，軍士素惡兆而樂屬歡，莫不皆至。居無何，又使劉貴請兆，以「并、肆頻歲霜旱，請令降户就食山東」。兆從之。慕容紹宗諫曰：「高公雄才蓋世，復使握大兵於外，譬如借蛟龍以雲雨，將不可制矣。」兆曰：「有香火重誓，何慮耶？」紹宗曰：「親兄弟尚不可信，何論香火！」時兆左右已受歡金，因稱紹宗與歡有隙，兆怒，囚紹宗，趣歡發。歡道逢爾朱榮妻北鄉長公主自洛陽來，有馬三百匹，盡奪之。兆聞之，乃釋紹宗而問之，紹宗曰：「此猶是掌握中物也。」兆乃自追歡，至襄垣，會漳水暴漲，歡隔水拜曰：「借馬非他，備山東盜耳。王信讒來追，今不辭渡水而死，恐此衆便叛。」兆因輕馬渡水謝歡，引頸授刀，使歡斫之，歡大哭曰：「自天柱之薨，賀六渾更何所仰！但願大家千萬歲，得伸力用耳。大家何忍出此言！」兆乃投刀，復斬白馬，與歡爲誓，因留宿夜飲。尉景伏壯士欲執兆，歡止之曰：「今殺之，其黨必奔歸聚結，兵饑馬瘦，不可與敵，若英雄乘之而起，則爲害滋甚。兆雖驍勇，凶悍無謀，不足圖也。」旦日，兆歸營，後召歡，歡將詣之，長史孫騰牽歡衣，乃止。

魏齊州亂，刺史蕭贊走死。齊州附於爾朱兆。贊走，卒於陽平。梁人或竊其柩以歸，梁主猶以子禮葬之陵次。

胡氏曰：蕭綜之罪大矣，梁武之不忍也，桐棺三寸，葬之中野，不封不樹，其可也；子而附諸陵，慈之過也。

梁以陳慶之爲南、北司州刺史。慶之屢破魏兵，遂罷義陽鎮兵，停水陸漕運，江、湖諸州並得休息，開田六千頃，二年之後，倉廩充實。

辛亥(五三一)

梁中大通三年、魏節閔帝恭普泰元、主朗中興元年。

春，二月，魏樂平王爾朱世隆廢其主曄，而立廣陵王恭。爾朱世隆兄弟密議，以魏主曄疏遠無人望，欲立近親。廣陵王恭，羽之子也，好學有志度，以元叉擅權，陽得瘖疾。郎中薛孝通説爾朱天光曰：「廣陵，高祖猶子，夙有令望，沈晦不言，多歷年所，若奉以爲主，則天人允協矣。」天光使爾朱彥伯潛往脇之，恭乃曰：「天何言哉！」世隆等大喜，乃廢曄而立之。邢子才爲赦文，叙敬宗枉殺爾朱榮之狀，魏主曰：「永安手翦强臣，非爲失德，直以天未厭亂，故逢成濟之禍耳。」魏主閉口八年，至是乃言，中外欣然，以爲明主。詔以「三皇稱『皇』，五帝稱『帝』，三代稱『王』，遞爲冲挹，自秦以來，競稱『皇帝』，今但稱『帝』，亦已褒矣。」初，敬宗使史仵龍守太行，及爾朱兆南向，仵龍先降，兆遂乘勝入洛。至是，世隆論仵龍功，封千户侯，魏主曰：「於王有功，於國無勳。」竟不許。

魏幽州行臺劉靈助反。靈助推算，知爾朱氏將衰，乃起兵，云「劉氏當王」。幽、瀛、滄、冀之民多從之。

魏河北大使高乾起兵信都，以冀州迎高歡。乾與前河内太守封隆之等襲信都，奉隆之行州事，爲敬宗舉哀，將士皆縞素，升壇誓衆，移檄州郡，共討爾朱氏。殷州刺史爾朱羽生襲之，高敖曹不暇擐甲，將十餘騎馳擊之，羽生敗走。敖曹馬矟絶世，左右無不一當百。高歡屯壺關，聲言討信都，衆懼，高乾曰：「吾聞高晉州雄略蓋世，其志不居人下。且爾朱無道，弑君虐民，正是英雄立功之會，今日之來，必有深謀。吾當輕馬迎之，諸君勿懼。」乃潛謁歡於滏口，説之曰：「爾朱酷逆，痛結人神，凡曰有知，莫不思奮。明公威德素著，天下傾心，若兵以義立，則屈强之徒，不足爲明公敵矣。鄗州雖小，户口不減十萬，穀秸之税，足濟軍資，願熟思之。」歡大説，與同帳寢。初，趙郡李顯甫喜豪俠，集諸李數千家，居殷州西山，方五、六十里。顯甫卒，子元忠繼之。家素富，多出貸求利，元忠悉焚契免責，鄉人敬之。時盜賊蜂起，清河人西戍，還經趙郡，以路梗，共投元忠。元忠遣奴爲導，賊皆避之。及葛榮起，元忠帥宗黨作壘以自保，賊至，輒擊却之。榮乃悉衆攻圍，執之。賊平，拜南趙郡太守，好酒，無政績。及爾朱兆弑敬宗，元忠棄官歸，謀舉兵討之。會高歡東出，元忠乘露車，載素箏濁酒以迎歡。歡未即見，元忠下車獨酌，謂門者曰：「今聞國士到門，不吐哺輟洗，其人可知。還吾刺，勿通也。」門者以告，歡遽見之，引入，觴再行，取箏鼓之，長歌慷慨。歌闋，謂歡曰：「天下形勢可見，公猶事爾朱耶？」歡曰：「富貴皆彼所致，敢不盡節！」元忠曰：「非英雄也！」歡曰：「趙郡醉矣。」使人扶出。孫騰曰：「此君天遣來，不可違也。」歡乃復留與語，元忠慷慨流涕，歡亦悲不自勝。元忠因進策曰：「殷州小，無糧仗，不足以濟大事。若向冀州，高乾邕兄弟必爲明公主人，殷州便以賜委。冀、殷既合，滄、瀛、幽、定自當彌服矣。」歡急握元忠手而謝焉。歡至山東，約勒士卒，絲毫不犯，遠近聞之，亦歸心焉。至信都，封隆之、高乾納之。高敖曹時在外略地，聞之，以乾爲婦人，遺以布裙。歡使子澄以子孫禮見之，敖曹乃與俱來。

魏封其故主曄爲東海王。

魏以爾朱世隆爲太保。時天光專制關右，兆奄有并、汾，仲遠擅命徐、兖，世隆居中用事，競爲貪暴。而仲遠爲尤甚，所部富室，多誣以謀反，没其婦女財物，而投其男子於河，人畏之如豺狼。由是四方皆惡爾朱氏，而憚其强，莫敢違也。

魏以高歡爲勃海王。魏封歡爲勃海王，徵之，不至，乃以爲東道大行臺、冀州刺史。

魏都督侯淵討劉靈助，誅之。魏都督侯淵、叱列延慶討劉靈助，至固城。淵畏其衆，欲據關拒險，以待其變，延慶曰：「不如出營城外，詐言西歸，靈助聞之，必自寬縱，然後潛軍擊之，往則成擒矣。」

淵從之。出頓城西，聲云欲還，簡精騎一千夜發，直抵其壘。靈助戰敗，斬之。初，靈助起兵，自占曰：「三月之末，我必入定州。爾朱氏不久當滅。」至是首函入定州，果如其期。

夏，四月，梁太子統卒。統自加元服，梁主使省録朝政，辨析詐謬，秋毫必睹，但令改正，不加案劾，斷獄多所全宥，寬和容衆，喜愠不形於色。好讀書屬文，引接才俊，不蓄聲樂。每霖雨積雪，遣左右周行閭巷，視貧者賑之。天性孝謹，在東宫坐起恒西向。母丁貴嬪卒，水漿不入口，腰帶十圍，減削過半。及寢疾，恐貽梁主憂，敕參問，輒自力手書。及卒，朝野惋愕。謚曰昭明。

梁主立子綱爲太子。六月，封孫歡爲豫章王，譽爲河東王，詧爲岳陽王。初，昭明太子葬丁貴嬪，有道士云：「此地不利長子，請厭之。」乃爲臘鵝及諸物，埋於墓側。宫監鮑邈之有寵於太子，晚而見疏，乃密啓梁主，云：「太子有厭禱。」梁主遣檢掘，得鵝物，大驚，將窮其事，徐勉固諫而止，但誅道士。由是太子終身慚憤，不能自明。及卒，梁主欲立其長子華容公歡爲嗣，銜其舊事，猶豫久之，竟不立。

司馬公曰：君子之於正道，不可少頃離也，不可跬步失也。以昭明之孝，武帝之慈，一染嫌疑之迹，身以憂死，罪及後昆，求吉得凶，不可湔滌，可不戒哉！是以詭誕之士，奇邪之術，君子遠之。

既而立太子母弟晉安王綱爲太子，朝野多以爲不順，侍郎周弘正以嘗爲綱主簿，乃奏記曰：「謙讓道廢，多歷年所。願殿下抗目夷之義，執子臧之節，改澆競之俗，以大吴國之風。」綱不能從。綱以徐摛爲家令，兼管記。摛文體輕麗，春坊學之，時人謂之「宫體」。梁主聞之，怒，召摛欲加誚責，及見應對明敏，意更釋然，因問經史及釋教，擿商較從横。梁主深嘆異之，寵遇日隆。朱异不悦，謂所親曰：「徐叟漸來見逼，吾須早爲之所。」遂乘間白梁主曰：「擿老愛泉石，意在一郡。」梁主謂擿真欲之，乃謂曰：「新安大好山水。」遂出爲守。尋以人言不息，封歡、譽、詧等以慰其心。久之，鮑邈之坐事，法不至死，綱追思昭明之冤，揮淚誅之。

魏冀州刺史高歡起兵討爾朱氏。歡將起兵討爾朱氏，斛律金、庫狄干與婁昭、段榮皆勸成之。歡乃詐爲書稱爾朱兆將以六鎮人配契胡爲部曲，衆皆憂懼。又爲并州符徵兵討步落稽，乃發萬人，將遣之。孫騰、尉景爲請留五日，如此者再，歡親送之郊，雪涕執別，衆號慟。歡乃諭之曰：「與爾俱爲失鄉客，義同一家，不意在上徵發乃爾！今直西向，已當死；後軍期，又當死；配國人，又當死，奈何？」衆曰：「唯有反耳！」歡曰：「然！當推一人爲主，誰可者？」衆推歡，歡曰：「爾不見葛榮乎：雖有百萬之衆，曾無法度，終自敗滅。今以吾爲主，當與前異，毋得陵漢人，犯軍令，生死任吾則可。不然，不能爲天下笑。」衆皆頓顙曰：「死生唯命！」歡乃椎牛饗士，起兵信都，亦未敢顯言叛爾朱氏也。會李元忠舉兵逼殷州，歡令高乾救之。乾輕騎入見刺史爾朱羽生，因斬之，持首謁歡。歡撫膺曰：「今日反決矣！」乃以元忠爲殷州刺史，抗表罪狀爾朱氏。斛律金，敕勒酋長也，嘗爲懷朔軍主，行兵用匈奴法，望塵知馬步多少，嗅地知軍遠近。

魏廣宗王爾朱天光殺侍中楊侃。秋，七月，爾朱世隆殺司空楊津、太保楊椿，夷其族。津子愔奔信都。魏楊播及弟椿、津皆有名德，播剛毅，椿、津謙恭，家世孝友，緦服同爨，男女百口，人無間言。椿、津至三公，一門七太守，三十二刺史。敬宗之誅爾朱榮也，播子侃預其謀。爾朱兆入洛，侃乃逃歸華陰。至是，天光殺之。時椿以太保致仕，在華陰，津爲司空，在洛。爾朱世隆誣奏楊氏謀反，請收治之，魏主不許。世隆苦請，不得已，命有司檢案以聞。世隆遂遣兵圍津第，天光亦遣兵掩椿家，東西之族皆滅。魏主惋悵久之，朝野無不痛憤。唯津子愔適出，獲免，往見高歡，泣訴家禍，因爲言討爾朱氏之策，歡甚重之，以爲行臺郎中。

梁賜其宗戚沐、食鄉亭侯有差。

冬，十一月，魏高歡立勃海太守元朗，自爲丞相，敗爾朱兆等軍於廣阿。爾朱仲遠、度律等聞高歡起兵，不以爲慮，獨世隆憂之。孫騰説歡曰：「今朝廷隔絶，號令無所稟，不權有所立，衆將沮散。」歡乃立勃海太守元朗爲帝。朗以歡爲丞相、都督中外諸軍事，高乾爲侍中、司空，封拜有差。爾朱仲遠軍陽平，兆軍廣阿。歡縱反間，云「世隆兄弟謀殺兆」，復云「兆與歡同謀殺仲遠等」，由是迭相猜貳，徘徊不進。仲遠等屢使斛斯椿、賀拔勝往諭兆，兆執之。仲遠等懼，引兵南遁。歡畏兆衆强，以問段韶，韶曰：「所謂衆者，得衆人之死；所謂强者，得天下之心。爾朱氏上弑天子，中屠公卿，下暴百姓，王以順討逆，如湯沃雪，何衆强之有！」歡曰：「恐無天命，不能濟耳。」韶曰：「爾朱暴亂，人心已去矣，天意安得有不從者哉！」歡遂進戰，大破兆軍。

魏南兗州人執刺史劉世明以降于梁，梁遣歸魏。魏南兗州民劫刺史，舉州降梁。梁主以世明爲征西大將軍，不受，固請北歸。至洛陽，奉送所持節，歸鄉里，不仕而卒。

壬子（五三二）

梁中大通四年、魏普泰二、中興二、孝武帝修永熙元年。

春，正月，梁以袁昂爲司空。

梁封西豐侯正德爲臨賀王。正德自結於朱异，异言正德失職，故王之。

魏丞相歡克相州，以楊愔爲行臺右丞。時文檄教令，皆出於愔及諮議參軍崔㥄。

二月，梁以元法僧爲東魏王。

梁邵陵王綸有罪，免爲庶人，既而復之。綸爲揚州刺史，市物不給其直，市皆閉邸，少府丞何智通啓聞。綸被責還第，遣人刺智通。事覺，免爲庶人。鎖之三旬，既而復之。

三月，魏主朗入居於鄴，高歡自爲太師。

閏月，魏爾朱天光等會兵攻鄴，高歡擊破之。爾朱世隆卑辭諭兆，使之赴洛，又請魏主恭納其女爲后。兆乃悦，并與天光、度律復相親睦。將軍斛斯椿陰謂賀拔勝曰：「天下怨毒爾朱，而吾等爲之用，亡無日矣。不如圖之。」勝曰：「天光與兆各據一方，去之不盡，必爲後患，奈何？」椿曰：「此易致耳。」乃説世隆追天光等共討高歡。天光不至，使椿往邀之，天光不得已，從之。臨行，問策於雍州刺史賀拔岳，岳曰：「王家跨據三方，士馬殷盛，高歡烏合，豈能爲敵！莫若鎮關中，以固根本，分遣鋭師，與衆軍合勢，進可克敵，退可自全。」天光不從。閏月，天光自長安，兆自晉陽，度律自洛陽，仲遠自東郡皆會於鄴，衆號二十萬，夾洹水而軍。高歡出頓紫陌，高敖曹以部曲從。歡曰：「高都督所將皆漢兵，恐不足集事，欲割鮮卑千人雜之，如何？」敖曹曰：「敖曹所將，練習已久，前後格鬭，不減鮮卑。今若雜之，情不相洽，勝則爭功，退則推罪，不願更配也。」歡馬不滿二千，步兵不滿三萬，乃於韓陵爲圓陳，連牛驢塞歸道，以示必死。兆望見歡，責以叛己，歡曰：「本所以戮力者，共輔帝室。今天子何在？」兆曰：「永安枉害天柱，我報讎耳。」歡曰：「以君殺臣，何報之有！今日義絶矣。」遂戰。歡將中軍，敖曹將左，弟岳將右。歡戰不利，兆等乘之，岳以五百騎衝其前，別將斛律敦收散卒躡其後，敖曹以千騎横擊之，兆等大敗，賀拔勝於陳降歡。兆對慕容紹宗撫膺曰：「不用公言，以至於此。」欲輕騎西走，紹宗反旗鳴角，收散卒成軍而去。兆還晉陽，仲遠奔東郡，度律、天光走洛陽。

夏，四月，魏將軍斛斯椿執爾朱天光、度律送鄴，世隆伏誅，仲遠奔梁。斛斯椿謂賈顯度、顯智曰：「不先執爾朱氏黨屬，死無類矣。」於是入據河橋，殺爾朱氏之黨。度律、天光出走，擒之，送高歡。又使顯智襲執世隆，斬之。魏主恭使中書舍人盧辯勞歡於鄴，歡使見魏主朗，辯抗辭不從，歡不能奪。侯景降於高歡。爾朱仲遠奔梁，仲遠帳下喬寧、張子期詣歡降，歡責之曰：「仲遠爲逆，汝爲戎首。仲遠南走，汝復叛之。事天子則不忠，事仲遠則無信。犬馬尚識飼者，汝曾犬馬之不如！」遂斬之。

魏雍州刺史賀拔岳誅爾朱顯壽。天光之東下也，留其弟顯壽鎮長安。召侯莫陳悅欲與俱東。岳知天光必敗，欲留悅共圖顯壽，宇文泰曰：「悅雖爲將，不能制物，若先説其衆，必人有留心。悅進失爾朱之期，退恐人情變動，乘此説之，事無不遂。」岳喜從之。悅與岳襲長安。歡以岳爲關西大行臺。岳以泰爲左丞，事無巨細，皆委之。

高歡入洛陽，廢其主恭及朗，而立平陽王修，自爲大丞相。魏主朗至邙山。高歡以爲疏遠，使魏蘭根觀魏主恭之爲人，欲復奉之。蘭根以恭神采高明，恐後難制，勸歡廢之。歡集百官問所宜立，莫有應者。太僕綦毋儁稱恭賢明，宜主社稷，歡將從之，崔㥄作色曰：「廣陵既爲逆胡所立，何得爲天子！若從儁言，王師何名義舉！」歡遂幽恭於崇訓寺，遂入洛陽。斛斯椿謂賀拔勝曰：「今天下事在我與君耳，若不先制人，將爲人所制。高歡初至，圖之不難。」勝曰：「人有功而害之，不祥。」椿乃止。時諸王多逃匿，平陽王修，懷之子也，匿於田舍。歡欲立之，使斛斯椿求之。椿從修所親王思政見修，修懼曰：「賣我耶？」思政曰：「否也。」曰：「敢保之乎？」曰：「變態百端，何可保也！」歡乃爲朗作詔策而禪位焉。修即位，用代都舊制，以黑氈蒙七人，歡居其一，修於氈上西向拜天畢，入御殿，以高歡爲大丞相、天柱大將軍。歡以司馬子如爲行臺尚書，參知軍國，徵賀拔岳爲冀州刺史。岳欲入朝，行臺右丞薛孝通曰：「歡方内撫羣雄，外抗勍敵，安能去其巢穴，與公爭關中之地乎！公以華山爲城，黄河爲塹，進可以兼山東，退可以封函谷，奈何欲束手受制於人？」岳曰：「君言是也。」乃不就徵。

魏爾朱度律、天光伏誅。高歡還鄴，送爾朱度律、天光於洛陽，斬之。

五月，魏封其故主朗爲安定王。

魏主修弒其故主恭。

秋，七月，魏大丞相歡討爾朱兆，走之，遂據晉陽。高歡擊爾朱兆軍於武鄉，兆大掠晉陽，北走秀容。并州平。歡以晉陽四塞，乃建大丞相府而居之。

冬，十一月，魏主修弑安定王朗、東海王曄。

十二月，魏主殺汝南王悦。魏主以悦屬近地尊，故殺之。

魏立后高氏。歡之女也。

校勘記

〔一〕及魏元叉死 「叉」原作「乂」，月崖書堂本、成化本、殿本作「乂」，通鑑卷一五〇梁武帝普通六年三月條作「乂」，卷一五一普通七年五月條作「叉」，魏書卷一六有元叉傳，「叉」字是，據改。

〔二〕然其良心終不忘也 「忘」，月崖書堂本、殿本作「亡」。

〔三〕爲本國復讎 「本」，殿本作「宗」。

〔四〕則華川之圍 「川」，月崖書堂本、成化本、殿本及魏書卷五八楊侃傳、通鑑卷一五二梁武帝大通二年正月丙子日條作「州」。

〔五〕親北面爲臣乎 「親」，通鑑卷一五三梁武帝中大通元年二月甲午日條作「猶」。

資治通鑑綱目卷三十二

起癸丑梁高祖中大通五年〔一〕、魏孝武帝永熙二年〔二〕，盡丁卯梁高祖太清元年〔三〕、魏文帝大統十三年、東魏孝靜帝武定五年〔四〕，凡一十五年。

癸丑(五三三)

梁中大通五年、魏永熙二年。

春，正月，魏大丞相歡襲秀容，殺爾朱兆。兆至秀容，分守險隘。高歡揚聲討之，師出復止者數四，兆意怠。歡揣其歲首當宴會，遣竇泰以精騎馳之，一日一夜行三百里，歡以大軍繼之。兆軍驚走，泰追破之，兆縊死山中。慕容紹宗降，歡厚待之。先是，兆左右皆密通啓於歡，唯張亮無之。至是，歡以亮爲參軍。

魏罷諸行臺。

魏以賀拔勝爲荆州刺史。魏侍中斛斯椿與南陽王寶炬、將軍元毗、王思政密勸魏主圖高歡，增置都督部曲，各數百員。以關中大行臺賀拔岳擁重兵，密與相結，出其弟勝爲荆州刺史，欲以敵歡，歡不悦。初，侍中、司空高乾遭父喪，解侍中，魏主既貳於歡，冀乾爲己用，嘗與共立盟約，乾不之知，對曰：「臣以身許國，何敢有貳！」及是，乾乃謂所親曰：「上不親勳賢而招集羣小，數遣人往來關中，又令賀拔兄弟相近，禍難將作，必及於我。」乃密啓歡，歡召乾詣并州。乾因勸歡受魏禪，歡掩其口，曰：「勿妄言！今令司空復爲侍中，門下事一以相委。」屢啓請之，魏主不許。乾知變將起，求爲徐州，從之。

三月，阿至羅復附于魏。魏正光以前，阿至羅常内屬，及中原多事，遂叛。高歡招之，阿至羅復降，凡十萬户。歡與之粟帛，議者以爲徒費無益，歡不從。及經略河西，大收其用。

魏徐州刺史高乾伏誅，大都督高敖曹奔晉陽。乾將之徐州，魏主聞其漏泄機事，乃詔歡曰：「乾邕與朕有盟，今乃反覆。」歡聞，亦惡之，取乾前後啓論時事者封上，魏主召乾責之，遂賜死。密敕潘紹業殺其弟敖曹，敖曹奔晉陽。敖曹兄仲密亦間行奔晉陽。

夏，四月，魏青州人耿翔殺其刺史降梁，梁以翔爲刺史。

胡氏曰：弑君，天下之大惡。耿翔奔梁，梁雖疾魏，然怒不廢禮，盍移魏境，相爲戮之，則義聲北震，敵人悦服矣。既不能殺，又寵以刺史之尊〔五〕，是教民以弑君之利也，何以爲國乎？

五月，魏下邳叛降于梁。

秋，八月，魏以賀拔岳爲雍州刺史。初，賀拔岳遣行臺郎馮景詣晉陽，高歡與景歃盟，約與岳爲兄弟。景還，言於岳曰：「歡姦詐有餘，不可信也。」府司馬宇文泰請使晉陽以觀歡之爲人。歡奇其狀貌，曰：「此兒視瞻非常。」將留之，泰固求復命。歡既遣而悔之，發驛急追，至關不及而返。泰至，謂岳曰：「歡所以未篡者，正憚公兄弟耳，侯莫陳悅之徒非所忌也。公但潛爲之備，圖歡不難。今費也頭控弦之騎不下一萬，夏州刺史斛拔彌俄突勝兵三千餘，靈州刺史曹泥、河西流民紇豆陵伊利各擁部衆，未有所屬。若移軍近隴，扼其要害，震之以威，懷之以惠，收其士馬，以資吾軍。西輯氐、羌，北撫沙塞，還軍長安，匡輔魏室，此桓、文之功也。」岳大悅，復遣詣洛陽請事，密陳其狀。魏主喜，以岳爲都督二十州軍事、雍州刺史。岳遂引兵西屯平涼，彌俄突、伊利及費也頭萬俟受洛干、鐵勒斛律沙門等皆附於岳，唯曹泥附歡。岳以夏州被邊要重，欲求良刺史，衆舉宇文泰，岳曰：「左丞，吾左右手，何可廢也！」沈吟累日，卒表用之。

九月，魏大丞相歡分封邑以頒勳義。歡表讓王爵，不許。請分封邑十萬以頒勳義，許之。

冬，十二月，魏人侵梁雍州。魏荆州刺史賀拔勝侵梁雍州，拔下迮戍，扇動諸蠻。刺史、廬陵王續屢爲所敗，漢南震駭，城邑多陷。於是沔北盪爲丘墟矣。

魏大丞相歡使翟嵩如關中。歡患賀拔岳、侯莫陳悅之强，右丞翟嵩曰：「嵩能間之，使其自相屠滅。」歡遣之。

甲寅（五三四）

梁中大通六年、魏永熙三年、東魏孝静帝善見天平元年。是歲，魏分爲二，凡三國。

春，正月，魏大丞相歡攻紇豆陵伊利，執之。高歡使侯景招紇豆陵伊利，伊利不從，擊之於河西，擒之，遷其部落於河東。魏主讓之曰：「伊利不侵不叛，爲國純臣，王忽伐之，詎有一介行人先請之乎？」

魏永寧浮圖災。

魏秦州刺史侯莫陳悦殺賀拔岳〔六〕，魏以宇文泰統其軍。魏賀拔岳將討曹泥，使都督趙貴至夏州，與宇文泰謀之，泰曰：「曹泥孤城阻遠，未足憂。侯莫陳悦貪而無信，宜先圖之。」不聽，召悦會於高平，與共討泥。悦既得翟嵩之言，乃謀取岳。岳數與悦宴語，長史雷紹諫，不聽。悦果誘岳斬之，岳衆皆不敢動。而悦心猶豫，不即撫納，還屯水洛城。岳衆散還平涼，未有所屬。趙貴曰：「宇文夏州英略冠世，遠近歸心，賞罰嚴明，士卒用命，若迎而奉之，大事濟矣。」都督杜朔周請「輕騎告哀，且迎之」。既至，泰與將佐賓客議去留，前太中大夫韓褒曰：「此天授也，又何疑乎！悦，井中蛙耳，使君往，必擒之。」衆以爲「悦已有賀拔之衆，圖之實難，願且留以觀變」。泰曰：「悦既害元帥，自應乘勢直據平涼，而退屯水洛，吾知其無能爲也。夫難得易失者，時也。若不早赴，衆心將離。」因與諸將同盟討悦，輕騎赴平涼。時民間惶懼，逃散者多，軍士欲掠之，朔周曰：「宇文公方伐罪弔民，奈何助賊爲虐乎！」撫而遣之，遠近悦附，泰聞而嘉之。歡使侯景招撫岳衆，泰至安定遇之，謂曰：「賀拔公雖死，宇文泰尚存，卿何爲者？」景遂還。泰至平涼，哭岳哀慟，將士悲喜。歡復使侯景、張華原、王基勞泰，泰不受，欲劫留之，華原不屈，乃遣之。基還，言「泰雄傑，請及其未定擊滅之」。歡曰：「卿不見賀拔、侯莫陳乎！吾當以計拱手取之。」魏主遣元毗慰勞岳軍，召還洛陽，并召侯莫陳悦。悦附高歡，不肯應召。泰因毗上表曰：「臣岳忽罹非命，都督寇洛等令臣權掌軍事。今高歡之衆已至河東，侯莫陳悦猶在水洛，士卒多西人，顧戀鄉邑。乞少停緩，徐就東引。」魏主乃以泰爲大都督，即統岳軍。岳之死也，都督李虎奔荆州，説賀拔勝使收岳衆，勝不從而還，爲歡别將所獲，送洛陽。魏主方謀取關中，得虎甚喜，拜衛將軍，使就泰。虎，歆之玄孫也。泰與悦書，責之曰：「君黨附國賊，共危宗廟。吾已發兵，爲賀拔公報讎，指日相見。」

夏，四月朔，日食。

魏宇文泰討侯莫陳悦，誅之，遂定秦、隴。魏以泰爲關西大都督。宇文泰引兵上隴，軍令嚴肅，秋毫無犯，百姓大悦。水洛降，悦退保上邽，召南秦刺史李弼，與之拒泰。弼舉城降。悦軍潰，縊死。泰入上邽，散府庫以賞士卒，左右竊一銀甕以歸，泰知而罪之，剖賜將士。悦黨孫定兒不下，有衆數萬，泰遣劉亮襲之。亮先豎纛於近城高嶺，自將二十騎馳入城。定兒方置酒，亮麾兵斬之，遥指城外纛，命二騎曰：「出召大軍！」城中皆慴服，莫敢動。先是，故氐王楊紹先乘魏亂，逃歸武興，復稱王。氐、羌、吐谷渾所在蜂起，自南岐至瓜、鄯，跨州據郡者不可勝數。泰令弼鎮原州，拔也惡蚝鎮南秦州，可朱渾道元鎮渭州，趙貴行秦州事，徵豳、涇、東秦、岐之粟以給軍。楊紹先懼，稱藩送質。長史于謹言於泰曰：「明公據關中險固之地，將士驍勇，土地膏腴。今天子在洛，迫於羣凶，若陳公懇誠，請都關右，挾天子以令諸侯，奉王命以討暴亂，此桓、文之業，千載一時也。」泰善之。高歡復遣使甘言厚禮以結泰，泰不受，封其書以聞。魏主命泰引軍而東，泰使雍州刺史梁禦入據長安。魏主以泰爲關西大都督、略陽縣公，承制封拜。

六月，魏大丞相歡舉兵反。秋，七月，魏主修奔長安。歡入洛陽，推清河王亶承制決事。魏主以宇文泰爲大將軍、尚書令。侍中封隆之言於高歡曰：「斛斯椿等必構禍亂。」孫騰泄其言，椿白魏主。隆之及騰皆逃就歡。華山王鷙在徐州，歡使大都督邸珍奪其管鑰。建州刺史韓賢、濟州刺史蔡儁，歡黨也，魏主皆罷之。又增置勳府庶子、騎官各數百人。欲伐晉陽，下詔戒嚴，云「欲伐梁」。發河南兵詣洛陽。六月，密詔歡曰：「宇文黑獺、賀拔勝有異志，故假南伐潛爲之備。王宜近爲形援。」歡表曰：「臣今潛勒兵馬三萬，自河東渡，又遣庫狄干等自來違津渡，婁昭等討荆州，尉景等討江左，皆勒所部，伏聽處分。」魏主知歡覺其變，乃止歡軍。歡亦表云：「臣爲嬖佞所間，一旦受疑。陛下若垂信赤心，願賜斟量，亟令廢出。」魏主使源子恭守陽胡，汝陽王暹守石濟，又以賈顯智爲濟州刺史。蔡儁不受代，魏主愈怒，乃爲敕賜歡曰：「聞庫狄干語王云：『本欲取懦弱者爲主，無事立長君，使其不可駕御。今但作十五日行，自可廢之。』此論自是王間動人，豈出佞臣之口！隆之、孫騰，逃去不罪，王若盡誠，何不斬送？啓云『西去』，而四道俱進，南渡洛陽，東臨江左，聞者寧能不疑！王若舉旗南指，縱無匹馬隻輪，猶欲奮拳而爭死。假令還爲王殺，幽辱齏粉，了無遺恨。」王思政言於魏主曰：「高歡之心，昭然可知。洛陽非用武之地，宇文泰乃心王室，今往就之，還復舊京，何慮不克！」魏主深然之，遣侍郎柳慶見泰於高平，泰請奉迎輿駕。魏主復私謂慶曰：「朕欲向荆州，何如？」慶曰：「關中形勝，宇文泰才略可依。荆州地非要害，南逼梁寇，臣愚未見其可。」時東郡太守裴俠帥兵詣洛，王思政問以西巡之計，俠曰：「宇文泰已操戈矛，寧肯授人以柄！雖欲投之，恐無異避湯入火也。」思政曰：「然則如何而可？」俠曰：「圖歡有立至之憂，西巡有將來之慮，且至關右，徐思其宜耳。」思政然之，乃進俠於魏主，授左中郎將。初，歡欲遷都於鄴，魏主不可。至是，復謀遷都，遣騎鎮建興，益河東及濟州兵，擁諸州和糴粟，悉入鄴。魏主又以敕諭歡，令歸兵罷戍，送相州之粟，使蔡儁受代，邸珍出徐，歡不奉詔。魏主以廣寧太守任祥兼僕射，祥棄官走，渡河，據郡待歡。魏主乃下制書，數歡罪惡，召賀拔勝赴行在所。勝以問掾盧柔，柔曰：「高歡悖逆，公席卷赴都，與決勝負，死生以之，上策也。北阻魯陽，南并舊楚，東連兗、豫，西引關中，中策也。舉三荆之地，庇身於梁，功名皆去，下策也。」勝笑而不應。魏主以宇文泰爲關西大行臺，令遣騎奉迎。歡遂勒兵南出，以誅斛斯椿爲名，以高敖曹爲前鋒。宇文泰亦移檄州郡，數歡罪惡，自將大軍發高平，前軍屯弘農。七月，魏主親勒兵十餘萬，屯河橋，以斛斯椿爲前驅，陳於邙山之北。椿請帥精騎二千，夜渡河，掩其勞弊，魏主然之。侍郎楊寬曰：「假兵於人，恐生他變。椿若有功，是滅一高歡，生一高歡矣。」魏主敕椿停行，椿歎曰：「頃熒惑入南斗，今上信左右間構，不用吾計，豈天道乎！」宇文泰聞之，謂左右曰：「高歡數日行八、九百里，此兵家所忌，當乘便擊之。而主上以萬乘之重，不能渡河決戰，方緣津據守。且長河萬里，扞禦爲難，若一處得度，大事去矣。」即以趙貴自蒲坂濟，趣并州，遣李賢將精騎一千赴洛陽。魏主使斛斯椿與潁川王斌之鎮虎牢，賈顯智鎮滑臺。顯智陰約降於歡，軍司元玄覺之，馳還，請益師。遣大都督侯幾紹赴之，戰於滑臺東，顯智以軍降，紹戰死。歡引軍度河。斌之與椿爭權，還紿魏主云：「歡兵已至！」魏主即召椿還，與南陽王寶炬、清河王亶、廣陽王湛以五千騎宿於瀍西。衆知魏主將西，亡者過半，亶、湛亦逃歸。將軍獨孤信單騎追魏主，魏主歎曰：「將軍辭父母、捐妻子而來，『世亂識忠臣』，豈虛言也！」明日，西奔長安。歡遂入洛陽，遣婁昭、高敖曹帥勁騎追魏主，不及。魏主糗漿乏絕，唯飲澗水，至稠桑，都督毛鴻賓迎獻酒飯，始解飢渴。歡集百官，責以「處不諫諍，出不陪從」之罪，殺僕射辛雄以下數人，推清河王亶爲大司馬，承制決事。宇文泰使趙貴、梁禦帥甲騎奉迎，魏主循河西上，謂禦等曰：「此水東流，而朕西上，若得復見洛陽，親謁陵廟，卿等功也。」魏主及左右皆流涕。泰備儀衛迎魏主，謁見於東陽驛，免冠流涕曰：「臣不能式遏寇虐，使乘輿播遷，臣之罪也。」魏主曰：「朕不德致寇，方以社稷委公，公其勉之！」遂入長安，以泰爲大將軍、雍州刺史、兼尚書令，軍國之政，咸取決焉。別置二尚書，分掌機事，以毛遐、周惠達爲之。時軍國草創，二人積糧儲，治器械，簡士馬，魏朝賴之。先是，熒惑入南斗，去而復還，留止六旬。梁主以諺云「熒惑入南斗，天子下殿走」，乃跣而下殿以讓之，及聞魏主西奔，慚曰：「虜亦應天象耶！」

魏大丞相歡屯華陰，使侯景取荊州。賀拔勝奔梁。

高歡自追迎魏主，至弘農，遂攻潼關，克之，進屯華陰。賀拔勝帥所部西赴關中，至淅陽，聞歡已屯華陰，欲還，行臺左丞崔謙曰：「今帝室顛覆，主上蒙塵，公宜倍道兼行，朝於行在，然後與宇文行臺同心戮力，唱舉大義，天下孰不望風響應！今捨此而退，恐人人解體，一失事機，後悔何及！」不聽，遂還。歡自發晉陽，至是凡四十啓，魏主皆不報，乃還，遣侯景等向荊州。勝至，景逆擊之，勝敗，奔梁。

魏閤內都督趙剛以東荊州兵赴長安，遇盜敗沒。

魏主之在洛陽也，密遣閤內都督趙剛召東荊州刺史馮景昭入援，兵未及發，魏主入關。景昭集文武議所從，馮道和請待北方處分，剛曰：「公宜勤兵赴行在所。」久之，更無言者，剛抽刀投地，曰：「公若欲爲忠臣，請斬道和；如欲從賊，可速見殺！」景昭感悟，即率衆赴關中。侯景引兵逼穰城，東荆州民楊祖歡起兵應之，以其衆邀景昭於路，景昭戰敗，剛没蠻中。

冬，十月，魏大丞相歡立清河世子善見於洛陽。歡至洛陽，又遣僧道榮奉表於魏主曰：「陛下若遠賜一制，許還京洛，臣當帥勒文武，式清宫禁。若返正無日，則七廟不可無主，萬國須有所歸，臣寧負陛下，不負社稷。」魏主亦不答。歡乃集百官耆老議所立。時清河王亶出入已稱警蹕，歡醜之，遂立其世子善見爲帝，謂亶曰：「欲立王，不如立王之子。」亶不自安，南走，歡追還之。善見即位，時年十一。

魏以宇文泰爲大丞相。泰攻潼關，斬高歡守將薛瑜。還長安，進位大丞相。

梁伐東魏。

十一月，東魏遷于鄴。高歡以洛陽西逼西魏，南近梁境，乃議遷鄴。書下三日即行，四十萬户狼狽就道。歡留後部分，事畢，還晉陽。改司州爲洛州，以元弼爲刺史，鎮洛陽。僕射司馬子如、高隆之、侍中高岳、孫騰留鄴，共知朝政。出粟一百三十萬石以賑遷民。十一月，東魏主至鄴，改相州刺史爲司州牧，魏郡太守爲魏尹。

閏十二月，魏大丞相泰進毒弑其君修。魏孝武閨門無禮，從妹不嫁者三人。平原公主明月，南陽王寶炬之同産也，從入關，宇文泰使人殺之。魏主不悦，由是復與泰有隙，飲酒遇酖而殂，殯於佛寺。諫議大夫宋球慟哭嘔血，漿粒不入口者數日，泰以其名儒，不之罪也。東魏高歡聞之，啓請舉哀制服。東魏主使羣臣議之，博士潘崇和以爲「君遇臣不以禮，則無反服，是以湯之民不哭桀，周之臣不服紂」。衛既隆、李同軌以「高后於永熙離絶未彰，宜爲之服」。東魏從之。

魏獨孤信克荆州，東魏人襲之，信奔梁。東魏既取荆州，魏以獨孤信爲刺史，招懷之。蠻酋樊五能攻破淅陽郡以應魏，東魏刺史辛纂欲討之，郎中李廣曰：「淅陽深險，表裏羣蠻。今少遣兵不能制賊，多遣則根本虚弱，脱不如意，州城難保。聞臺軍不久應至，公但約勒屬城，使完壘撫民以待之，雖失淅陽，不足惜也。」纂不從而敗。城民召獨孤信，東魏遣田八能拒之，又遣張齊民出信後。信謂其衆曰：「今士卒不滿千人，首尾受敵，若還擊齊民，士民謂我退走，必來邀我。不如進擊八能，破之，齊民自潰矣。」遂擊破八能，乘勝襲穰城。辛纂出戰，大敗，還趣城，門未及闔，信前驅武川楊忠叱門者曰：「大軍已至，城中有應，爾等求生，何不避走！」門者皆散。忠帥衆入城，斬纂以徇，城中慴服。信分兵定三荆。居半歲，東魏高敖曹、侯景將兵奄至城下，信兵少不敵，與楊忠皆奔梁。

乙卯(五三五)

梁大同元年、魏文帝寶炬大統元年、東魏天平二年。

春，正月朔，魏大丞相泰立南陽王寶炬。魏宇文泰與羣臣議所立，多舉廣平王贊，濮陽王順垂涕謂泰曰：「高歡逼逐先帝，立幼主以專權，明公宜反其所爲。廣平冲幼，不如立長君而奉之。」泰乃立南陽王寶炬。

魏將軍李虎克靈州。宇文泰遣李虎等擊曹泥。虎等招諭費也頭之衆，與之共攻靈州，凡四旬，曹泥請降。

魏大丞相泰自爲都督中外諸軍事，封安定公。魏以泰爲都督中外諸軍、録尚書事、大行臺，封安定王。泰固辭王爵及録尚書，乃封安定公。

魏立后乙弗氏。后仁恕節儉，不妬忌，魏主重之。

東魏大丞相歡擊稽胡，斬劉蠡升。蠡升自稱天子，居雲陽谷，魏之邊境常被其患，謂之「胡荒」。歡襲擊，大破之。其下斬之以降。

東魏大丞相歡自爲相國，假黄鉞，加殊禮，復辭不受。

東魏人襲魏華州，不克。東魏大行臺、尚書司馬子如帥都督竇泰、韓軌等攻潼關。魏宇文泰軍于霸上，子如從蒲津宵濟〔七〕，攻華州，入之。刺史王羆未起，聞閤外匈匈有聲，袒跣持挺，大呼而出，逐至東門，左右稍集，擊破走之。

魏作新制二十四條。魏宇文泰以軍旅未息，吏民勞弊，命所司斟酌古今可以便時適治者，爲二十四條新制，奏行之。

魏大丞相泰以蘇綽爲行臺左丞。宇文泰用蘇綽爲行臺郎中，居歲餘，未之知也，而臺中皆稱爲能，有疑事皆就決之。泰與僕射周惠達論事，惠達請出議之，以告綽。綽爲之區處，惠達入白之，泰稱善，曰：「誰與卿爲此議者？」惠達以綽對，且稱綽有王佐之才。泰與公卿如昆明池觀漁，行至漢故倉池，顧問左右，莫有知者。召綽問之，具以狀對。泰悦，因問天地造化之始，歷代興亡之迹，綽應對如流。遂留至夜，問以政事，卧而聽之。綽陳爲治之要，泰起，整衣危坐，不覺膝之前席，語達曙不厭。詰朝，謂惠達曰：「蘇綽真奇士，吾方任之以政。」即拜左丞，參典機密，自是寵遇日隆。綽始制文案程式，朱出、墨入及計帳、户籍之法，後人多遵用之。

夏，五月，魏大丞相泰自加柱國。

秋，七月，魏東益州叛降于梁。

八月，東魏作新宫。

魏趙剛以東荆州歸于魏。趙剛自蠻中往見東魏東荆州刺史李愍，勸令附魏，愍從之，剛由是得至長安。宇文泰以剛爲光禄大夫。剛説泰召賀拔勝、獨孤信等於梁，泰使剛往請之。

冬，十一月，梁侍中徐勉卒。勉雖骨鯁不及范雲，亦不阿意苟合，故梁世言賢相者稱范、徐云。

魏梁州叛降于梁。

東魏封高洋爲太原公。洋，歡之子也，内明決而外如不慧，衆皆嗤鄙之，獨歡異之，謂長史薛琡曰：「此兒識慮過吾。」幼時，歡嘗欲觀諸子意識，使各治亂絲，洋獨抽刀斬之，曰：「亂者必斬！」又各配兵四出，使都督彭樂帥甲騎僞攻之〔八〕，兄澄等皆怖撓，洋獨勒衆與格，樂免胄言情，猶擒以獻。

十二月，東魏始賦文武官禄。

魏與柔然和親。柔然頭兵可汗求婚於東魏，高歡以常山王妹爲蘭陵公主妻之。魏亦與約和親，由是不復爲寇。

丙辰（五三六）

梁大同二年、魏大統二年、東魏天平三年。

春，正月，東魏大丞相歡襲魏夏州，取之。魏靈、涼州亦叛附于歡。高歡自將萬騎襲魏夏州，不火食，四日而至，縛矟爲梯，夜入其城，擒刺史斛拔俄彌突，因而用之，留張瓊將兵鎮守，遷其部落以歸。魏靈州刺史曹泥與其婿涼州刺史劉豐復叛降東魏。魏人圍之，水灌其城，不没者四尺。歡發阿至羅騎徑度靈州，繞出魏師之後，魏師退。歡迎泥及豐，拔其遺户五千以歸。

二月，東魏大丞相歡遣其世子澄入鄴輔政，東魏以爲尚書令、京畿大都督。東魏勃海世子澄，年十五，入鄴輔政，用法嚴峻，事無凝滯，中外震肅。引崔暹爲左丞，親任之。初，澄通於歡妾，一婢告之，歡杖澄而幽之。婁妃亦隔絶不得見。歡納魏敬宗之后爾朱氏，有寵，生子浟，欲立之。澄求救於司馬子如。子如入見，僞爲不知者，請見婁妃，歡告其故。子如曰：「妃是王結髮婦，常以家財奉王。王在懷朔被杖，背無完皮，妃晝夜供侍，同走并州，然『馬矢自作靴，恩義何可忘』也。且婁領軍之勳，何宜摇動？一女子如草芥，況婢言不必信邪？」歡因使子如更鞫之，子如盡反其辭，乃啓歡曰：「果虚言也。」歡大悦，父子、夫婦相泣〔九〕，復如初。

東魏大丞相歡以陳元康爲功曹。高季式薦元康於高歡曰：「是能夜中闇書，快吏也。」歡召之，一見，即授功曹，掌機密。時軍國多務，元康問無不知。與功曹趙彦深同知機密，而元康性柔謹，歡甚親之，曰：「此人天賜我也。」

三月，梁處士陶弘景卒。弘景博學，好養生，仕齊爲奉朝請，棄官，隱居茅山。梁主早與之遊，及即位，恩禮甚篤，每得其書，焚香虔受，屢以手敕招之，弘景不出。國家每有大事，必先諮之，時人謂之「山中宰相」。將没，爲詩曰：「夷甫任散誕，平叔坐論空。豈悟昭陽殿，遂作單于宫！」時士大夫競談玄理，不習武事，故弘景詩及之。

胡氏曰：弘景居山中而預朝政，非「不在其位，不謀其政」之義矣。而當是之時，政事之失，亦豈少哉！處身則事浮屠，處家則無義方，治國則政刑不修，對敵則師旅無名，數十年間，駸駸入於亂亡，而不聞弘景有一言以省帝心也，臨終之詩，亦何益哉！

夏，四月，梁以江子四爲右丞。子四上封事，極言得失，梁主詔曰：「古人有言，『屋漏在上，知之在下』。朕有過失，不能自覺，子四所言，尚書時加檢括，速以啓聞。」

秋，七月，魏賀拔勝自梁歸于魏。梁主待賀拔勝等甚厚，勝請討高歡，不許。厚結朱异，乃得歸。與史寧、盧柔皆北還，梁主餞之南苑。勝懷梁主恩，自是見鳥獸南向者皆不射之。至襄城，東魏高歡遣侯景以輕騎邀之，勝等自山路逃歸。宇文泰引柔爲從事中郎，與蘇綽對掌機密。

九月，東魏行臺侯景侵梁，梁陳慶之擊敗之。

冬，十二月，東魏及梁平。

魏大饑。人相食，死者什七八。

丁巳(五三七)

梁大同三年、魏大統三年、東魏天平四年。

春，正月，東魏大丞相歡侵魏，魏大丞相泰擊破之，殺其將竇泰。歡別將襲魏洛州，執其刺史泉企。初，魏主下詔，數高歡二十罪，歡亦移檄，謂宇文泰、斛斯椿爲逆徒。至是，歡遣司徒高敖曹攻上洛，大都督竇泰攻潼關，而自將軍蒲坂，造三浮橋，欲渡河。魏宇文泰軍廣陽，謂諸將曰：「賊掎吾三面，作浮橋以示必渡，此欲綴吾軍，使竇泰得西入耳。泰屢勝而驕，襲之必克。克泰，則歡不戰自走矣。」諸將皆曰：「不如分兵禦之。」宇文泰曰：「賊雖作橋，未能徑渡，不過五日，吾取竇泰必矣！」蘇綽、達奚武亦以爲然。宇文泰還長安，隱其計，以問族子直事郎中深，深曰：「竇泰，歡之驍將，今大軍攻蒲坂，則歡拒守而泰救之，吾表裏受敵，此危道也。不如選輕鋭，潛出小關，竇泰躁急，必來決戰，歡持重未即救，我急擊泰，必可擒也。擒泰，則歡勢自沮，回師擊之，可以決勝。」宇文泰喜曰：「此吾心也。」乃聲言欲保隴右，而潛軍東出。竇泰猝聞軍至，渡河，宇文泰擊破之，士衆皆盡，竇泰自殺。高歡撤浮橋而退。敖曹自商山轉鬬而進，所向無前，遂攻上洛。郡人泉岳及弟猛略與杜窋等謀翻城應之，洛州刺史泉企知之，殺岳及猛略，窋走歸敖曹，敖曹以爲鄉導而攻之。企固守旬餘，二子元禮、仲遵力戰，仲遵傷目，城遂陷。企見敖曹曰：「吾力屈，非心服也。」敖曹以杜窋爲洛州刺史，欲遂入藍田關，聞竇泰敗没而還，以企及元禮自隨。企私戒二子曰：「吾餘生無幾，汝曹才器足以立功，勿以吾故，遂虧臣節。」元禮逃還，與仲遵陰結豪右，襲窋，殺之。魏以元禮世襲洛州刺史。東魏郎中杜弼以在位貪汙，請治之，歡曰：「今督將家屬多在關西，宇文黑獺常招誘之，人情去留未定。江東復有一吴翁蕭衍，專事衣冠禮樂，中原士大夫望之，以爲正朔所在。我若不相假借，恐督將盡歸黑獺，士子悉奔蕭衍，人物流散，何以爲國！宜少待，吾不忘之。」至是，將出兵拒魏，弼請先除内賊，歡問「爲誰」？弼曰：「諸勳貴掠奪百姓者是也。」歡不應，使軍士皆張弓注矢，舉刀按矟，夾道羅列，命弼冒出其間，弼戰慄流汗。歡乃徐諭之曰：「矢注不射，刀舉不擊，矟按不刺，爾猶亡魂失膽。況諸勳人身犯鋒鏑，百死一生，雖或貪鄙，所取者大，豈可同之常人哉！」弼頓首謝。歡每號令軍士，其語鮮卑則曰：「漢民是汝奴，夫爲汝耕，婦爲汝織，輸汝粟帛，令汝温飽，汝何爲陵之？」其語華人則曰：「鮮卑是汝作客，得汝一斛粟，一疋絹，爲汝擊賊，令汝安寧，汝何爲疾之？」時鮮卑共輕華人，唯憚高敖曹。歡號令將士，常鮮卑語，敖曹在列，則爲之華言。敖曹嘗詣相府，門者不納，敖曹射之，歡知而不責。

夏，六月，東魏遣使如梁。東魏遣散騎常侍李諧聘于梁，梁主與語，應對如流，因目送之，謂左右曰：「卿輩常言北間無人物，此等何自而來？」是時，南北通好，務以俊乂相誇，銜命接客，必盡一時之選。每梁使至鄴，鄴下爲之傾動。宴日，高澄常使左右覘之，一言制勝，爲之拊掌。魏使至建康，亦然。

魏獨孤信自梁歸于魏。獨孤信求還北，梁主許之。信父母皆在山東，梁主問信所適，信曰：「事君者，不敢顧私親而懷貳心。」梁主以爲義，禮送甚厚。信與楊忠皆至長安，魏以爲驃騎大將軍。宇文泰愛忠之勇，留置帳下。

秋，八月，魏大丞相泰伐東魏，克恒農，遣使諭降河北城堡。魏宇文深勸宇文泰取恒農。泰伐東魏，以于謹爲前鋒，拔恒農。時河北諸城多附東魏，左丞楊檦請往説之。乃與土豪舉兵，收邵郡守令斬之。説諭東魏城堡，旬月之間，歸附甚衆。

梁修長干塔。梁主修長干寺阿育王塔，出佛爪髮舍利。幸寺，設無礙食，大赦。

胡氏曰：佛固爲賢，然亦人耳。使其心有道，其骨毛爪齒，若何而能神？其徒寶而畜之者，又云有五色珠琲附而生焉，名曰「舍利子」，云是精氣所結也。是物也，饑不可食，寒不可衣，病不可療，無益生人。梁武敬信之篤，至幸寺設齋，冀得護持。然不免餓死，佛力果安在哉〔一〇〕？

閏九月，梁以武陵王紀爲益州刺史。

東魏大丞相歡侵魏。冬十月，魏大丞相泰迎戰渭曲，大敗之。東魏高歡將兵二十萬趣蒲津，使高敖曹將兵三萬出河南。時關中饑，魏宇文泰所將不滿萬人，屯恒農五十餘日，聞歡將濟河，乃引兵入關，敖曹遂圍恒農。長史薛琡言於歡曰：「西人連年饑饉，故冒死入陝州，欲取倉粟。今敖曹已圍陝城，粟不得出，但置兵諸道，勿與野戰，比及麥秋，其民自應餓死，寶炬、黑獺何憂不降？願勿渡河。」侯景曰：「今茲舉兵，形勢極大，萬一不捷，猝難收斂。不如分爲二軍，相繼而進，前軍若勝，後軍全力；前軍若敗，後軍承之。」歡不從。自蒲津濟河，至馮翊，謂魏刺史王羆曰：「何不降？」羆大呼曰：「此城是王羆冢，欲死者來！」歡知不可攻，乃涉洛，軍於許原西。泰至渭南，徵諸州兵，皆未會。欲進擊歡，諸將以衆寡不敵，請待歡更西以觀其勢。泰曰：「歡若至長安，人情大擾。今及其新至，可擊也。」即造浮橋於渭，令軍士齎三日糧，輕騎渡渭。十月，至沙苑，距東魏軍六十里。諸將皆懼，宇文深獨賀曰：「歡鎮撫河北，甚得衆心，以此自守，未易可圖。今懸師渡河，非衆所欲，獨歡耻失竇泰，愎諫而來，所謂忿兵，可一戰擒也。願假深一節，發王羆之兵邀其走路，使無遺類。」泰遣須昌公達奚武覘歡軍。武從三騎，皆效歡將士服，日暮，去營數百步，下馬潛聽，得其軍號，因上馬歷營，若警夜者，有不如法，往往撻之，具知敵之情狀而還。歡聞泰至，引兵會之。李弼謂泰曰：「彼衆我寡，不可平地置陳，此東十里有渭曲，可先據以待之。」泰從之，背水東西爲陳，李弼、趙貴爲左、右拒，命將士皆偃戈於葦中，約聞鼓聲而起。晡時，東魏兵至，斛律羌舉曰：「黑獺舉國而來，欲一死決。渭曲葦深土濘，無所用力，不如緩與相持，密分精鋭，徑掩長安，巢穴既傾，則黑獺不戰成擒矣。」歡曰：「縱火焚之何如？」侯景曰：「當生擒黑獺，以示百姓。若燒死，誰復知之〔一二〕？」彭樂盛氣請鬭，曰：「我衆賊寡，何憂不克！」歡從之。東魏兵望見魏兵少，爭進擊之，無復行列。泰鳴鼓，士皆奮起合戰，李弼等帥鐵騎横擊之，東魏兵中絶，遂大破之。歡欲收兵更戰，衆已盡去，斛律金曰：「衆心離散，不可復用，宜急向河東。」歡乃馳去。夜，渡河，喪甲士八萬人，鎧仗十八萬。泰追至河上，選留甲士二萬餘人，餘悉縱歸。李穆曰：「高歡破膽矣，速追之，可獲。」泰不聽，還軍渭南，所徵之兵甫至，乃於戰所人種柳一株，以旌武功。侯景言於歡曰：「黑獺驟勝而驕，必不爲備，願得精騎二萬，徑往取之。」歡以告婁妃，妃曰：「設如其言，景豈有還理！得黑獺而失景，何利之有！」歡乃止。高敖曹聞歡敗，釋恒農，退保洛陽。

魏大丞相泰伐東魏，東魏秦州降。泰遂略定汾、絳。

魏遣行臺王季海與獨孤信趣洛陽，李顯趣三荆，賀拔勝、李弼圍蒲坂。高歡之西伐也，蒲坂民敬珍謂其從祖兄祥曰：「高歡迫逐乘輿，天下忠義之士皆欲倳刃於其腹。今又稱兵西上，吾欲與兄起兵，斷其歸路，此千載一時也。」祥從之，糾合鄉里，有衆萬餘。會歡自沙苑敗歸，祥、珍帥衆邀之，斬獲甚衆。賀拔勝、李弼至河東，祥、珍帥六縣十餘萬户歸之。宇文泰以珍爲平陽太守，祥爲行臺郎中。東魏泰州刺史薛崇禮守蒲坂，其族弟善爲別駕，言於崇禮曰：「高歡有逐君之罪，善與兄忝衣冠緒餘，世荷國恩，今大軍已臨，而猶爲歡守，一旦城陷，送首長安，署爲逆賊，死有餘愧。及今歸款，猶爲愈也。」崇禮猶豫不決〔一二〕，善與族人斬關納魏師。宇文泰進軍蒲坂，略定汾、絳，凡薛氏預開城之謀者，皆賜五等爵。善曰：「背逆歸順，臣子常節，豈容闔門俱叨封邑！」與其弟慎固辭不受。

魏取洛陽、豫州，潁、梁、廣、陽等州皆降。獨孤信至新安，高敖曹引兵北渡河。信逼洛陽，洛州刺史、廣陽王湛棄城歸鄴，信遂據金墉城。孝武之西遷也，散騎常侍裴寬謂諸弟曰：「天子既西，吾不可以東附高氏。」帥家屬逃於大石嶺。聞信入洛，乃出見之。潁州長史賀若統舉城降魏，魏都督梁迥入據之。梁州、滎陽、廣州皆降。十一月，東魏行臺任祥攻潁川，宇文泰使大都督宇文貴救之。諸將咸以爲「彼衆我寡，不可爭鋒」。貴曰：「彼謂吾兵少必不敢進，合攻潁川，城必危矣。今進據潁川，有城可守，又出其不意，破之必矣。」遂疾趨，據潁川，背城爲陳，以待其至。合戰，大破之，俘其士卒萬餘人，悉縱之。乘勝進擊，大敗之。東魏將是云寶殺其陽州刺史以降。魏都督韋孝寬攻豫州，拔之。荆州刺史郭鸞攻東荆州，刺史慕容儼晝夜拒戰二百餘日，乘間出擊，大破之。時東魏河南諸州多失守，唯東荆州獲全〔一三〕。

東魏濮陽、陽平盜起，濟州刺史高季式討平之。東魏濮陽民爲盜，濟州刺史高季式討擒之。又擊陽平賊，平之。或謂季式曰：「盜不侵境，而使私軍遠戰，萬一失利，豈不獲罪乎？」季式曰：「君何言之不忠也！我與國家同安共危，以此獲罪，亦無所恨！」

戊午（五三八）

梁大同四年、魏大統四年、東魏元象元年。

春，正月朔，日食。

二月，東魏遣行臺侯景治兵虎牢，復取汾、潁、豫、廣四州。

魏廢其后乙弗氏，立柔然女郁久閭氏爲后。初，柔然頭兵可汗始得返國，事魏盡禮。永安以後，不復稱臣，置侍中、黄門等官。得魏淳于覃，親寵任事，使典文翰。及是，數爲邊患。魏宇文泰欲結婚以撫之，以舍人元翌女爲化政公主，妻頭兵弟。又言於魏主，以乙弗后爲尼，使扶風王孚迎頭兵女爲后。頭兵遂留東魏使者，而送悼后於魏。柔然營幕，户席皆東向，孚請正南面，后曰：「我未見魏主，固柔然女也。魏仗南面，我自東向。」

秋，七月，梁大赦。以得如來舍利故也。

八月，東魏遣兵圍魏金墉，魏大丞相泰救之，斬其將高敖曹。復戰，不利，引還。東魏侯景、高敖曹等圍魏獨孤信于金墉，高歡帥大軍繼之。魏主與宇文泰俱東，李弼、達奚武帥千騎爲前驅。至穀城，侯景等欲整陳以待其至，莫多婁貸文請擊之，進遇李弼，敗死。泰進軍瀍東，景等夜解圍去。泰帥輕騎追至河上，景爲陳，北據河橋，南屬邙山，與泰合戰。泰馬驚逸墜地，東魏兵追及之，左右皆散，李穆以策抶泰駡之，追者不疑，穆因以馬授泰，與俱逸。魏兵復振，擊東魏兵，大破之。高敖曹意輕泰，建旗蓋以陵陳，魏人盡鋭攻之，一軍皆没。敖曹單騎走，投河陽南城，守將高永樂與敖曹有怨，閉門不受，追者斬之。高歡聞之，如喪肝膽。泰賞殺敖曹者布絹萬段，歲歲稍與之，比及周亡，猶未能足。魏又殺東魏將宋顯等，虜甲士萬五千人，赴河死者以萬數。然是日置陳既大，首尾懸遠，從旦至未，戰數十合，氛霧四塞，莫能相知。魏諸軍戰不利，燒營而歸，留儀同三司長孫子彦守金墉。王思政舉矟陷陳，被創悶絶。思政每戰，常著破衣弊甲，敵不知其將帥，故得免。將軍蔡祐下馬，帥左右十餘人擊東魏兵，殺傷甚衆。東魏人圍之，祐彎弓持滿，四面拒之。東魏人募厚甲長刀者，直進取之，去祐三十步，左右勸射之，祐曰：「吾曹之命，在此一矢，豈可虛發！」將至十步，祐乃射之，應弦而倒，東魏兵稍却，祐徐引還。祐每戰，常爲士卒先；戰還，諸將皆爭功，祐終無所言。泰每歎曰：「承先口不言勳，我當代其論叙。」因以王思政爲東道行臺，使鎮恒農。

魏長安亂，大丞相泰討平之。魏之東伐也，關中守兵少，前後所虜東魏士卒散在民間，聞魏兵敗，謀作亂。李虎與周惠達等奉太子欽出屯渭北，關中大擾。於是趙青雀等遂反，據長安子城，雍州民于伏德與咸陽太守慕容思慶各收降卒，以拒還兵。長安大城民相帥以拒青雀，屢破之。魏主留閿鄉，宇文泰以士馬疲弊，不可速進，且謂青雀等烏合，不能爲患，曰：「我至長安，以輕騎臨之，必當面縛。」散騎常侍陸通諫曰：「賊逆謀久定，不可輕也。且賊詐言東寇將至，若以輕騎臨之，百姓益當驚擾。今軍雖疲弊，精鋭尚多，以明公之威，總大軍以臨之，何憂不克！」泰從之，引兵西入。父老悲喜，士女相賀。華州刺史宇文導襲咸陽，斬思慶，擒伏德，南度渭，與泰會，攻青雀，破之。

東魏大丞相歡拔金墉，魏師走。歡自晉陽將騎濟河，遣别將追魏師，至崤，不及。自攻金墉，長孫子彦棄城走。歡毁金墉而還。

東魏范陽人起兵應魏，東魏討平之。范陽盧仲禮及從弟景裕起兵應魏，東魏討平之。景裕本儒生，歡釋之，使教諸子。景裕講論精微，難者或相詆訶，大聲厲色，而景裕神彩儼然，風調如一，從容往復，無際可尋。性清静，歷官屢有進退，無得失之色。弊衣麤食，恬然自安，終日端嚴，如對賓客。

冬，十二月，魏復取洛陽及廣州。魏是云寶襲洛陽，趙剛襲廣州，皆拔之。於是自襄、廣已西城鎮復爲魏。

東魏禁擅立寺。魏自正光以後，四方多事，民避賦役，多爲僧尼，至二百萬人，寺三萬餘區。至是，始詔「長吏擅立寺者，計庸以枉法論」。

盜殺魏廣州刺史李延孫。初，魏伊川土豪李長壽爲防蠻都督。孝武西遷，長壽帥其徒拒東魏，魏以爲廣州刺史。侯景攻殺之。子延孫復收其兵，魏之貴臣皆往依之，延孫資遣衛送，使達關中。東魏高歡患之，數遣兵攻之，不能克。延孫以澄清伊、洛爲己任，魏以韋法保爲東洛州刺史，助之。既至，與延孫連兵，置栅於伏流。是歲，延孫爲其長史所殺，法保即據其栅。

魏取宜陽，行臺王思政城玉壁，徙鎮之。東魏將段琛等據宜陽，遣牛道恒誘魏邊民。韋孝寬患之，乃詐爲道恒書歸款，使諜遺之琛營，琛果疑之。孝寬乘其猜阻，襲而擒之，崤、澠遂清。王思政以玉壁險要，請築城。自恒農徙鎮之。

東魏改停年格。東魏以高澄攝吏部尚書，始改崔亮年勞之制，銓擢賢能。又沙汰尚書郎，妙選人地以充之。凡才名之士，皆引致門下，與之遊宴。

己未（五三九）

梁大同五年、魏大統五年、東魏興和元年。

春，正月，梁以何敬容爲尚書令。自晉、宋以來，宰相皆以文義自逸，敬容獨勤簿領，日旰不休，爲俗所嗤。自徐勉、周捨既卒，當權要者，外朝則何敬容，内省則朱异。敬容質慤無文，以綱維爲己任。异文華敏洽，曲營世譽，善伺主意爲阿諛，用事三十年，廣納貨賂，欺罔視聽，遠近莫不忿疾。園宅、玩好、飲膳、聲色，窮一時之盛。每休下，車馬填門，唯王承、王稚及褚翔不往。

魏大丞相泰置行臺學。泰於行臺置學，令丞郎、府佐旦治公務，晚就講習。

夏，五月，東魏立后高氏。歡之女也。

秋，九月〔一四〕，東魏城鄴。

冬，十月，魏置紙筆于陽武門以求言。

十一月，東魏行興光曆。校書郎李業興所修也，行之。

梁分諸州爲五品。朱异奏：「頃來置州稍廣，而小大不倫，請分爲五品，其位秩高卑，參僚多少，皆以是爲差。」詔從之。於是上品二十州，次品十州，次品八州，次品二十三州，下品二十一州。梁主方事征伐，拔拓境宇，北踰淮、汝，東距彭城，西開牂柯，南平俚洞，建置州郡，紛綸甚衆。其下品皆異國降人，有名無地，職貢罕通。五品之外，又有二十餘州，不知處所。凡一百七州。又以邊境鎮戍，雖領民不多，欲重其將帥，皆建爲郡。州郡雖多，而户口日耗矣。

魏制禮樂。魏自西遷以來，禮樂散逸，宇文泰命僕射周惠達、郎中唐瑾損益舊章，至是稍備。

庚申（五四〇）

梁大同六年、魏大統六年、東魏興和二年。

春，二月，柔然侵魏，魏主殺其故后乙弗氏。魏文后既爲尼，居别宫，悼后猶忌之。柔然爲之舉國南侵，魏主乃賜文后自盡。宇文泰召諸軍屯沙苑，以備柔然。周惠達發士馬守京城，塹諸街巷，召雍州刺史王羆議之。羆謂使者曰：「若蠕蠕至渭北，王羆自帥鄉里破之，何爲天子城中作如此驚擾？」柔然至夏州而退。未幾，悼后亦遇疾殂。

夏，閏五月朔，日食。

秋，八月，梁司空袁昂卒。昂遺疏不受贈謚，梁主不許，謚曰穆正。

冬，十一月，吐谷渾遣使如東魏。吐谷渾自莫折之亂〔一五〕，不通于魏。伏連籌卒，子夸吕立，始稱可汗〔一六〕，其地東西三千里，南北千餘里。是歲，始遣使假道柔然，聘於東魏。

辛酉（五四一）

梁大同七年、魏大統七年、東魏興和三年。

秋，七月，魏以宇文測爲大都督、行汾州事。測，深之兄也，爲政簡惠，得士民心。汾州地接東魏，東魏人數來寇抄，測擒獲之，解縛引見，待以客禮，并給糧餼，衛送出境。東魏人大慚，不復爲寇。或告測交通境外者，宇文泰怒曰：「測爲我安邊，何得間我骨肉！」命斬之。

九月，魏省官員，置屯田，頒六條。魏宇文泰欲革易時政，爲强國富民之法，度支尚書蘇綽贊成其事，減官員，置二長，并置屯田以資軍國。又爲六條詔書：一曰清心，二曰敦教化，三曰盡地利，四曰擢賢良，五曰恤獄訟，六曰均賦役。泰常置諸坐右，令百司習誦之，非通六條及計帳者，不得居官。既而又益新制十二條。

冬，十月，東魏頒麟趾格。東魏詔羣臣於麟趾閣議定法制，謂之麟趾格，行之。

十二月，梁交州李賁反，遣兵討之。交趾李賁世豪右，仕不得志。又有并韶者，富詞藻，詣選求官，尚書蔡撙以并姓無前賢，除廣陽門郎。韶恥之，遂與賁謀作亂。會交州刺史、武林侯諮以刻暴失衆心，二人因連結數州豪傑俱反。梁主遣諮與高州刺史孫冏、新州刺史盧子雄將兵擊之。

東魏大稔。魏自喪亂以來，農商失業，六鎮之民，就食齊、晉。東、西分裂，連年戰争，公私困竭，民多餓死。高歡命諸州濱河皆置倉積穀，以相轉漕，供軍旅，備饑饉。又於傍海煑鹽，軍國粗贍。又以諸州調絹不依舊式，民甚苦之，奏令悉以四十尺爲疋。至是，東方連歲大稔，穀斛至九錢，山東之民稍復蘇息矣。臨淮王孝友言：「令制百家爲族，二十五家爲閭，五家爲比。百家之内，有帥二十五，徵發皆免，苦樂不均，復有蠶食，爲弊久矣。京邑諸坊，或七、八百家，唯一里正，二史，庶事無闕。請每閭止爲二比，計族省十二丁，貲絹、番兵，所益甚多。」事下尚書，寢不行。

胡氏曰：農者，天下之大本，軍國之用，無不資焉。然惟知王道者，乃知恤農；假仁者，次之；恃力鏖兵者，多不以經意。高歡用武，至是十年，恤農之詔不頒，劭農之政不施，但聞准式調絹、置倉儲穀而已，可謂知所先務乎？是時河南戰爭，鞠爲茂草，而僧尼至二百萬人，若使自相配耦，授以荒餘之地，給其牛種，置田官督護之，不四三年，足食足兵，富强孰禦焉！

壬戌（五四二）

梁大同八年、魏大統八年、東魏興和四年。

春，正月，梁安成妖人作亂。三月，江州司馬王僧辯討平之。安成望族劉敬躬以妖術惑衆，遂據郡反。南方久不習兵，人情擾駭，江州刺史、湘東王繹遣司馬王僧辯討斬之。僧辯該博辯捷，器宇肅然，雖射不穿札，而志氣高遠。

魏初置六軍。

秋，八月，東魏以侯景爲河南大行臺。

冬，十月，東魏大丞相歡圍魏玉壁，不克而還。高歡擊魏，入自汾、絳，連營四十里。宇文泰使王思政守玉壁，以斷其道。歡圍玉壁九日，遇大雪，士卒多死，遂解圍去。

十二月，梁盧子略作亂，廣州參軍陳霸先討平之。孫冏、盧子雄討李賁，以春瘴方起，請待至秋。武林侯諮趣之，衆潰而歸。諮誣奏冏及子雄逗留，賜死。子雄弟子略及杜僧明、周文育等帥衆攻廣州。參軍吳興陳霸先帥精甲三千擊破之，擒僧明、文育。霸先以二人驍勇過人，釋之，以爲主帥。詔以霸先爲直閤將軍。

癸亥（五四三）

梁大同九年、魏大統九年、東魏武定元年。

春，二月，東魏北豫州刺史高仲密以虎牢降魏。三月，魏大丞相泰帥軍應之，及東魏大丞相歡戰于邙山，大敗而還。東魏御史中尉高仲密取崔暹之妹，既而棄之，由是與暹有隙；選用御史，多其親黨，高澄奏令改選。仲密疑暹構己，愈恨之。仲密後妻李氏艷而慧，澄見而悦之，李氏不從，以告仲密，仲密益怨。尋出爲北豫州刺史，陰謀外叛。高歡疑之，遣奚壽興典其軍事，仲密執之，以虎牢降魏。歡以事由崔暹，將殺之，高澄爲之固請，歡乃釋之。魏宇文泰帥諸軍應仲密，三月，圍河橋南城。高歡將兵十萬至河北，泰退軍瀍上〔一七〕，縱火船於上流以燒河橋。斛律金使張亮以小艇百餘載長鎖，伺火船將至，以釘釘之，引鎖向岸，橋遂獲全。歡渡河，據邙山爲陳。數日，泰留輜重夜襲之，歡聞之，正陳以待。黎明，泰至，東魏彭樂以數千騎衝魏軍，所向奔潰，遂馳入魏營，虜泰督將僚佐四十八人。諸軍乘勝擊魏，大破之，斬首三萬餘級。歡使樂追泰，泰窘，謂樂曰：「癡男子，今日無我，明日豈有汝邪？何不急還營，收汝金寶？」樂從其言，獲泰金帶一囊以歸，言於歡曰：「黑獺漏刃，破膽矣。」歡怒其失泰，捽其頭，連頓之，舉刃將下者三，噤齘良久。樂曰：「乞五千騎，復爲王取之。」歡曰：「汝縱之何意，而言復取耶？」明日，復戰，泰爲中軍，與右軍若干惠合擊東魏，大破之，悉俘其步卒。歡失馬，赫連陽順下馬以授歡。歡走，從者七人，追兵至，都督尉興慶拒戰，矢盡而死。東魏降者告泰以歡所在，泰募勇敢三千人，皆執短兵，配賀拔勝攻之。勝執槊逐之，馳數里，槊刃垂及，歡氣殆絶，段韶射勝馬，斃之。歡遂逸去，勝歎曰：「今日不執弓矢，天也！」左軍趙貴亦戰不利，東魏兵復振，泰與戰，又不利，遂遁入關，屯渭上。歡進至陝，泰使開府儀同三司達奚武拒之。行臺郎中封子繪言於歡曰：「混壹東西，正在今日。若復遲疑，後悔無及！」歡深然之，諸將咸以爲「野無青草，人馬疲瘦，不可遠追」。陳元康曰：「兩雄交爭，歲月已久。今幸而大捷，天授我也，時不可失，當乘勝追之。」歡曰：「若遇伏兵，奈何？」元康曰：「前沙苑失利，彼尚無伏。今奔敗若此，何能遠謀？若捨而不追，必成後患。」歡不從而歸，獨使劉豐生將數千騎追泰。初，泰召王思政於玉壁，將使鎮虎牢，未至而敗，乃以爲并州刺史，守恒農。思政入城，開門解衣而卧，慰勉將士，示不足畏。後數日，豐生至，憚之，引還。思政乃修城郭，起樓櫓，營農田，積芻粟，由是恒農始有守禦之備。泰亦廣募關、隴豪右以增軍旅。高仲密之將叛也，陰遣人扇動冀州豪傑，使爲内應，東魏遣高隆之馳驛慰撫，由是得安。高澄密書與隆之曰：「仲密枝黨與之俱西者，宜悉收其家屬，以懲將來。」隆之以爲恩旨既行，理無追改，若復收治，示民不信，脱致驚擾，所虧不細，乃啓歡罷之。

夏，四月，清水氐叛魏，魏遣使諭降之。清水氐酋李鼠仁乘魏之敗，據險作亂。獨孤信屢擊之，不克。宇文泰遣典籤趙昶往諭之，諸酋長或從或否，其不從者欲刃昶，昶神色自若，辭氣逾厲。鼠仁感悟，遂相率降。泰即以昶爲都督，使領之。

東魏復取虎牢。宇文泰遣諜潛入虎牢，令守將魏光固守，侯景獲之，改其書云：「宜速去。」縱諜入城，光宵遁。景獲高仲密妻子送鄴。北豫、洛二州復入于東魏。高歡以高乾有義勳，高昂死王事，季式先自告，皆爲之請，免其從坐。仲密妻當死，高澄納之。

東魏以侯景爲司空〔一八〕。

秋，八月，東魏以斛律金爲大司馬〔一九〕。

冬，十一月，東魏築長城于肆州。西自馬陵，東至土墱。

甲子（五四四）

梁大同十年、魏大統十年、東魏武定二年。

春，三月，東魏以高澄爲大將軍、領中書監。高歡多在晉陽，委孫騰、司馬子如、高岳、高隆之以朝政，鄴中謂之「四貴」，權勢熏灼，專恣驕貪。歡欲損奪其權，故以澄領中書監，移門下機事總歸中書，文武賞罰皆稟於澄。孫騰見澄，不肯盡敬，澄叱左右牽下，築以刀環，立之門外。歡謂羣公曰：「兒子浸長，公宜避之。」於是公卿以下無不聳懼。庫狄干，澄姑之婿也，自定州來謁，立門外，三日乃得見。澄欲置腹心於東魏主左右，擢崔季舒爲中書侍郎。

夏，四月，梁尚書令何敬容有罪，免。敬容復爲太子詹事。太子嘗於玄圃自講老、莊，敬容謂人曰：「昔西晉祖尚玄虛，使中原淪於胡羯。今東宫復爾，江南亦將爲戎乎？」

胡氏曰：何敬容之言是也。然老、莊之害，未甚於佛。敬容爲大臣十餘年，見武帝奉佛舍身，不修國政，曾無一言諫止之。今傅儲君，心知老、莊之非，又不面陳，而私與同列論議。且國將爲戎，豈小故也？此而可隱，孰不可隱！敬容於是乎不忠之甚矣。

五月，魏大都督、琅邪公賀拔勝卒。宇文泰常謂人曰：「諸將對敵，神色皆動，唯賀拔公臨陳如平時，真大勇也。」

秋，七月，魏更權衡度量，頒新制。魏更權衡度量，命尚書蘇綽損益三十六條之制，頒行之〔二〇〕。搜簡賢才爲牧守令長，皆依新制而遣焉。數年之間，百姓便之。

東魏以崔暹爲中尉，宋遊道爲左丞。魏自正光以後，政刑弛縱，在位多貪汙。高歡啓以宋遊道爲御史中尉，澄請以崔暹爲之，以遊道爲尚書左丞，謂曰：「卿一人處南臺，一人處北省，當使天下肅然。」暹選畢義雲等爲御史，時稱得人。澄與諸公出，之東山，遇暹於道，前驅爲赤棒所擊，澄回馬避之。尚書令司馬子如、太師咸陽王坦貪黷無厭，暹彈之，削其官爵。其餘死黜者甚衆。歡與鄴下諸貴書曰：「崔暹居憲臺，咸陽王、司馬令皆吾布衣之舊，同時獲罪，吾不能救，諸君其慎之！」遊道奏駮尚書違失數百條，省中豪吏，並鞭斥之。高隆之誣遊道有不臣之言，罪當死。黄門侍郎楊愔曰：「畜狗求吠，今以數吠殺之，恐將來無復吠狗。」遊道竟坐除名。後歡至鄴，百官迎於紫陌，歡握崔暹手而勞之，然暹實巧詐。高澄納魏琅邪公主，意暹必諫，暹入諮事，不復假以顔色。居三日，暹懷刺墜之於前，澄問何爲，暹悚然曰：「未得通公主。」澄大悦，把暹臂入見之。季舒語人曰：「崔暹常忿吾佞。及其自作，乃過於吾。」

冬，十月，東魏括户、均賦。東魏以喪亂之後，户口失實，徭賦不均，以孫騰、高隆之爲括户大使，分行諸州，得無籍之户六十餘萬，僑居者皆勒還本屬。

乙丑〔三〕（五四五）

梁大同十一年、魏大統十一年、東魏武定三年。

春，正月，東魏作晉陽宮。高歡言：「并州，軍器所聚，動須女功，請置宮以處配没之口。」於是置晉陽宮。

三月，魏遣使如突厥。突厥本西方小國，姓阿史那氏，世居金山之陽。其酋長土門始强大，頗侵魏西邊。至是，魏使至其國，人皆喜曰：「大國使者至，吾國其將興矣。」

夏，六月，魏作大誥。晉氏以來，文章競爲浮華，魏宇文泰欲革其弊，命蘇綽作大誥，宣示羣臣，戒以政事。仍命自今文章，皆依此體。

梁遣兵討李賁，敗之。賁自稱越帝，置百官。梁遣交州刺史楊瞟討賁，以陳霸先爲司馬。定州刺史蕭勃會瞟於西江，詭説留瞟。瞟集諸將問計，霸先曰：「定州偷安目前，不顧大計。節下奉辭伐罪，當死生以之，豈可逗撓不進，長寇沮衆乎！」遂勒兵先發。瞟以霸先爲前鋒。賁敗，奔嘉寧城，圍之。

冬，梁復贖刑法。

梁散騎常侍賀琛上書論事，詔詰責之。琛啓陳四事：「一曰，今北邊稽服，正是生聚教訓之時，而天下户口減落，關外彌甚。郡不堪州之控總，縣不堪郡之裒削，民不堪命，各務流移，此豈非牧守之過歟？東境户口空虛，皆由使命繁數，駑困拱手，聽其漁獵，黠吏因之，重爲貪殘。雖年降復業之詔，屢下蠲賦之恩，而民不得反其居也。二曰，今守宰所以貪殘，良由風俗侈靡使之然也。今之燕喜，相競誇豪，積果成丘，列肴如綺，而賓主之間，裁取滿腹。〔二二〕又畜妓之夫，無有等秩，淫侈成俗，日見滋甚，欲使人守廉白，安可得邪！誠宜嚴爲禁制，道以節儉，糾奏浮華，變其耳目。三曰，陛下憂念四海，不憚勤勞，至於百司，莫不奏事。但斗筲之人，詭競求進，不論國之大體，惟務吹毛求疵，以深刻爲能，以繩逐爲務，迹雖似於奉公，事更成其威福。誠願責其公平之效，黜其讒慝之心，則下安上謐，無徼倖之患矣。四曰，今天下無事，而猶日不暇給，宜省事、息費，養民、聚財。應内省職掌各檢所部，有宜除，除之；有宜減，減之。興造有非急者，徵求有可緩者，皆宜停省，以息費休民。夫畜其財者，將以大用之也；養其民者，將以大役之也。若言小事不足害財，則終年不息矣；以小役不足妨民，則終年不止矣。如此，則難可以語富强而圖遠大矣。」啓奏，梁主大怒，召主書於前，口授敕書曰：「朕有天下四十餘年，公車讜言，日關聽覽。卿不宜自同闒茸，止取名字，宣之行路，言『我能上事，恨朝廷之不用』。何不分别顯言：某刺史横暴，某太守貪殘，某使者漁獵耶？士民飲食過差，若加嚴禁，益增苛擾。若指朝廷，我無此事。昔之牲牢，久不宰殺，朝中會同，菜蔬而已。我非公宴，不食國家之食。凡所營造，皆以雇借成事。絶房室三十餘年，雕飾之物，不入於宫。不飲酒，不好音，朝中曲宴，未嘗奏樂。三更治事，日常一食。昔要十圍，今裁二尺。爲誰爲之？救物故也。卿又欲禁百司奏事，詭競求進。『偏聽生姦，獨任成亂』。二世之委趙高，元后之付王莽，呼鹿爲馬，又可法歟？治、署、邸、肆，何者宜除？何者宜減？何處興造非急？何處徵求可緩？各出其事，具以奏聞。富國强兵之術，息民省役之宜，並宜具列。若不具列，則是欺罔。」琛但謝過而已，不敢復言。梁主爲人孝慈恭儉，博學能文。勤於政務，冬月視事，執筆觸寒，手爲皴裂。自天監中用釋氏法，長齋一食，惟菜羹、糲飯而已。身衣布衣，木綿皂帳，一冠三載，一衾二年，後宮衣不曳地。性不飲酒，非祭祀、饗宴及諸法事，未嘗作樂。雖居暗室，恒理衣冠，小坐、盛暑，未嘗褰袒，對内豎小臣，如遇大賓。然優假士人太過，牧守多侵漁百姓，使者干擾郡縣。又好親任小人，頗傷苛察；多造塔廟，公私費損。江南久安，風俗奢靡，故琛啓及之。梁主惡其觸實，故怒。

司馬公曰：梁高祖之不終也，宜哉！賀琛之諫，亦未至於切直，而高祖已赫然震怒，護其所短，矜其所長，因以難對之狀，責以必窮之辭。然則，自餘切直之言過於琛者，誰敢進哉？由是姦佞居前而不見，大謀顛錯而不知，名辱身危，覆邦絶祀，豈不哀哉！

梁主敦尚文雅，疏簡刑法，自公卿大臣咸不以鞫獄爲意。姦吏招權弄法，貨賂成市，枉濫者多。大率二歲刑已上，歲至五千人。梁主年老，又持佛戒，每斷重罪，則終日不懌。或謀反逆事覺，亦泣而宥之。由是王侯益横，或白晝殺人，暮夜剽掠。梁主深知其弊，而溺於慈愛，不能禁也。

魏遣使執其瓜州刺史鄧彦。魏東陽王榮爲瓜州刺史，與其婿鄧彦偕行。榮卒，瓜州首望表榮子康爲刺史，彦殺康而奪其位。魏不能討，因以彦爲刺史，屢徵不至。宇文泰以申徽爲河西大使，令圖彦。徽以五十騎行，既至，止於賓館。彦入謁，徽執之。因宣詔慰諭吏民，且云「大軍續至」。城中無敢動者。

丙寅（五四六）

梁中大同元年、魏大統十二年、東魏武定四年。

春，三月，梁主講佛書於同泰寺。夏，四月，同泰浮圖災，復作之。梁主幸同泰寺，講三慧經。四月，解講。是夕，浮圖災。梁主曰：「此魔也，更宜廣爲法事。」遂起十二層浮圖。將成，值侯景亂而止。

五月，魏涼、瓜州亂，討平之。魏以史寧爲涼州刺史，前刺史宇文仲和據州不受代。瓜州民張保殺刺史，晉昌民呂興殺太守以應之。宇文泰遣獨孤信、怡峯與史寧討之。寧曉諭吏民，率皆歸附，獨宇文仲和據城不下。至是，獨孤信襲擒之。初，張保欲殺州主簿令狐整，以其人望，恐失衆心，雖外相敬，内忌之。整陽爲親附，因使人説保曰：「今東軍逼涼州，彼勢孤危，宜急分精鋭以救之。令狐延保兼資文武，使將兵以往，蔑不濟矣！〔一三〕」保從之。整行及玉門，召豪傑述保罪狀，馳還襲之。先克晉昌，斬呂興，進擊瓜州。州人素信服整，皆棄保來降，保奔吐谷渾。衆議推整爲刺史，整曰：「吾屬以張保逆亂，恐闔州之人俱陷不義，故相與討誅之。今復見推，是效尤也。」乃推魏使者張道義行州事，具以狀聞，而帥宗族鄉里三千餘人入朝，累遷侍中。

秋，七月，梁禁用短錢。先是江東唯建康及三吴、荆、郢、江、湘、梁、益用錢，其餘州郡雜以穀帛，交、廣專以金銀爲貨。梁主自鑄五銖及女錢，二品並行，禁諸古錢。普通中，更鑄鐵錢。由是私鑄者多，物價騰踊，交易者至以車載錢，不復計數。又或以八十爲百，或以七十爲百，或以九十爲百。梁主患之，乃下詔禁之，而人不從，錢陌益少。至于季年，遂以三十五爲百云。

八月，梁以邵陵王綸爲南徐州刺史。梁主年高，諸子心不相下，互相猜忌。邵陵王綸爲丹楊尹，湘東王繹在江州，武陵王紀在益州，皆權侔人主。太子綱惡之，常選精兵以衛東宮，出綸爲南徐州刺史。

胡氏曰：武帝從殄倫之道，昧於君臣之義、父子之恩，義方不修，家政大壞。己方臨御，而諸子已有相圖之心，不能知也。綱若以幹蠱爲任，起敬起孝，燮和兄弟，則雖有急難、外侮其禦矣。莫親於兄弟，尚且蓄兵以待之；則非吾同氣者，誰實可信？嗚呼！武帝不善保國，重以簡文，雖欲不亡，不可得也。

東魏遷石經于鄴。凡五十二碑。

魏以韋孝寬爲并州刺史，守玉壁。魏徙王思政爲荆州刺史，使之舉可代者。思政舉孝寬，宇文泰從之。

梁討李賁，敗之。李賁復帥衆自獠中出，屯典澈湖。衆軍憚之，頓湖口，不敢進。陳霸先曰：「我師老而無援，入人心腹，若戰不捷，豈望生全！今藉其屢奔，人情未固，正當共出百死，決力取之。無故停留，時事去矣。」諸將皆莫應。是夜，江水暴起七丈，注湖中。霸先勒所部兵乘流先進，衆軍鼓譟俱前，賁衆大潰，復竄獠中。

冬，十月，梁以岳陽王詧爲雍州刺史。梁主捨詧兄弟而立太子綱，内常愧之，寵亞諸子，使迭爲東揚州，以慰其心。詧兄弟亦内懷不平。至是，詧以梁主衰老，朝多秕政，遂蓄財下士，招募勇敢，左右至數千人。以襄陽形勝，梁業所基，可圖大功，乃克己爲政，撫循士民，數施恩惠，延納規諫，所部稱治。

十一月，東魏大丞相歡侵魏，圍玉壁，不克而還。東魏高歡悉山東之衆伐魏，至玉壁，圍而攻之，晝夜不息，魏韋孝寬隨機拒之。城中無水，汲於汾，歡使移汾，一夕而畢。又於城南起土山，欲乘之以入，孝寬縛木接樓以禦之。歡鑿地爲十道，孝寬掘長塹邀之，每穿至塹，輒擒殺之，塞柴投火，以皮排吹之，在地道内者亦皆焦爛。歡以攻車撞城，孝寬縫布爲幔，隨其所向，懸空張之，車不能壞。歡又縛松、麻於竿，灌油加火，以燒布焚樓，孝寬作長鉤遥割之。歡又於城四面穿地，中施梁柱，縱火燒之，柱折城崩，孝寬隨處豎木栅以扞之，敵不得入。城外盡攻擊之術，而城中守禦有餘，又奪據其土山。歡無如之何，乃使祖珽説之使降，孝寬曰：「攻者自勞，守者常逸。孝寬關西男子，必不爲降將軍也。」珽乃射募格於城中，云「能斬孝寬者拜太尉，封郡公」。孝寬題書背，返射城外，云「能斬高歡者准此」。東魏苦攻五十日，士卒死者七萬人，共爲一冢。歡智力皆困，因而發疾，乃解圍去。軍中訛言孝寬以定功弩射殺丞相，歡聞之，勉坐見諸貴，使斛律金作敕勒歌，自和之，哀感流涕。

東魏大將軍澄如晉陽。高歡病，使太原公洋鎮鄴，而徵澄赴晉陽。

魏度支尚書蘇綽卒。綽性忠儉，常以喪亂未平爲己任，薦賢拔能，紀綱庶政，宇文泰推心任之。或出遊，常預署空紙以授綽，有須處分，隨事施行。綽嘗謂「爲國之道，當愛人如慈父，訓人如嚴師」。每與公卿論議，自晝達夜，事無巨細，若指諸掌〔二四〕，積勞成疾而卒。泰深痛惜之，謂公卿曰：「蘇尚書平生廉讓，吾欲全其素志，則恐悠悠之徒有所未達；如厚加贈謚，又乖宿昔相知之心，何爲而可？」令史麻瑶越次進曰：「儉約，所以彰其美也。」泰從之。歸葬武功，載以布車一乘，泰與羣公步送之，酹酒言曰：「爾知吾心，吾知爾志，方欲共定天下，遽捨吾去，奈何！」因舉聲慟哭，不覺巵落於手。

丁卯（五四七）

梁太清元年、魏大統十三年、東魏武定五年。

春，正月朔，日食。不盡如鈎。

梁以湘東王繹爲荆州刺史。初，繹爲荆州，有微過，廬陵王續代之，以狀聞。至是續卒，繹聞之喜，入閤而躍，屧爲之破。梁主復以繹刺荆州。

東魏大丞相勃海王高歡卒。歡性深密，終日儼然，人不能測，馭軍嚴肅，聽斷明察。雅尚儉素，刀劍鞍勒無金玉之飾。病篤，謂世子澄曰：「侯景專制河南十四年矣，常有飛揚跋扈之志，顧我能畜養，非汝所能駕御也。今四方未定，勿遽發哀。庫狄干、斛律金並性遒直，終不負汝。堪敵侯景者，唯有慕容紹宗，我故不貴之，留以遺汝。」又曰：「段孝先忠亮仁厚，智勇兼備，軍旅大事，宜共籌之。」遂卒，澄祕不發喪，唯行臺丞陳元康知之。

東魏大行臺侯景以河南降魏。景右足偏短，弓馬非其長，而多謀算。諸將高敖曹、彭樂等皆勇冠一時，景常輕之。嘗言於高歡：「願得兵三萬，横行天下。要須濟江，縛取蕭衍老公，以爲太平寺主。」歡使將兵十萬，專制河南。景素輕高澄，嘗曰：「高王在，吾不敢有異。王没，吾不能與鮮卑小兒共事矣。」及歡疾篤，澄詐爲歡書以召景。先是，景與歡約曰：「今握兵在遠，人易爲詐，所賜書背，請加微點。」至是，景得書，無點，辭不至。又聞歡疾篤，用其行臺郎王偉計，擁兵自固。歡卒，遂以河南降魏，魏以景爲太傅、大行臺。景執豫、襄、廣州刺史，潛遣兵襲西兖州。刺史邢子才掩捕獲之，因散檄東方諸州，各爲之備。高澄遣韓軌督諸軍討之。

三月，魏除宫刑。魏詔：「自今應宫刑者，直没官，勿刑。」

侯景復以河南叛附于梁。梁封景爲河南王，遣兵援之。景又遣郎中丁和奉表于梁，請舉河南十三州内附。梁主召羣臣廷議，僕射謝舉等皆曰：「頃與魏和，邊境無事，不宜納其叛臣。」梁主曰：「機會難得，豈宜膠柱！」先是，正月乙卯，梁主夢中原牧守皆以地來降，旦見朱异告之，异曰：「此宇内混壹之兆也。」及丁和至，稱景定計實以正月乙卯，梁主愈神之，然意猶未決。嘗獨言：「我國家如金甌，無一傷缺。今忽受景地，詎是事宜？脱致紛紜，悔之何及？」朱异揣知梁主意，對曰：「今景分魏土之半以來，自非天誘其衷，何以至此！若拒而不内，恐絶後來之望。願陛下無疑。」梁主乃以景爲大將軍，封河南王，都督河南、北諸軍事。遣司州刺史羊鴉仁督兖州桓和、仁州湛海珍等將兵三萬，趣懸瓠以應之。平西諮議周弘正善占候，前此謂人曰：「國家數年後當有兵起。」及聞納景，曰：「亂階在此矣。」

胡氏曰：夢固非一端，武帝之夢，想所生也。然國家大計，當以義理斷其可否，豈有憑一夢而決者乎？帝既不能自克，朱异又諂以成之。悲夫！且正月丙午，高歡卒，而侯景以辛亥降西魏，方圖豫、襄、廣、兖等數州，乙卯距辛亥纔四日，豈暇定南歸之計？丁和蓋已聞夢，或朱异告之歟？帝曾不察，而益神其事。蓋貪欲蔽心，故莫能見也。

三月，梁主捨身於同泰寺。

夏，四月，東魏大將軍澄如鄴。澄慮諸州有變，乃自出巡撫，因朝于鄴。東魏主與之宴，澄起舞，識者知其不終。

六月，東魏遣兵討侯景，魏遣兵救之。徵景入朝，景不受命，魏師乃還。東魏高澄遣將軍元柱等將兵數萬襲景，大敗。景以梁羊鴉仁等軍猶未至，乃退保潁川。東魏復遣韓軌等兵圍之。景懼，割東荆、北兗州、魯陽、長社四城賂魏以求救。僕射于謹曰：「景少習兵，姦詐難測，不如厚其爵位以觀其變，未可遣兵。」荆州刺史王思政以爲不若因機進取。即引兵自魯陽向陽翟。宇文泰聞之，遣太尉李弼、儀同趙貴將兵赴潁川。景恐梁主責之，遣使奉啓曰：「王旅未接，死生交急，求援關中，自救目前，割棄四州，事非得已。其豫州以東，齊海以西，悉歸聖朝，事須迎納。願敕境上各置重兵，與臣影響，不使差互！」梁主優詔報之。韓軌等聞魏師將至，引兵還鄴。景欲因會，執弼與貴而奪其軍。貴疑之，不往，欲誘景入營而執之，弼止之。羊鴉仁遣兵至汝水，弼等引兵還長安。王思政入據潁川，景引軍出屯懸瓠，復使乞兵於魏。宇文泰使同軌防主韋法保等將兵助之，左丞王悦言於泰曰：「彼既能背德於高氏，豈肯盡節於朝廷？今益之以勢，援之以兵，竊恐朝廷貽笑將來也。」泰乃召景入朝。景叛計未成，厚撫法保等。法保長史裴寬曰：「侯景狡詐，必不入關，欲託款於公，恐未可信。若伏兵斬之，亦一時之功也。不爾，即應深爲之防。」法保然之，遂辭還鎮。王思政亦覺其詐，分布諸軍，據景七州、十二鎮。景果辭不入朝。泰乃召諸軍還，以思政都督河南諸軍事。景遂決意降梁，鴉仁遂入懸瓠。高澄以書諭景使還，許以爲豫州刺史，而還其妻子，景不聽。

秋，七月，梁遣貞陽侯淵明督諸將侵東魏。梁主下詔大舉伐東魏，欲以鄱陽王範爲元帥，朱异曰：「鄱陽雄豪蓋世，得人死力，然所至殘暴，非弔民之材。且陛下昔登北顧亭，謂江右有反氣，骨肉爲戎首，今宜詳擇。」梁主曰：「會理何如？」對曰：「陛下得之矣。」遂以會理與貞陽侯淵明分督諸將。會理庸懦驕倨，不禮淵明，淵明密告朱异，追還代之。

東魏大將軍澄還晉陽，自爲都督中外諸軍、録尚書事、勃海王。高澄將歸晉陽，以其弟洋爲京畿大都督，留鄴，遂歸發喪。東魏主贈歡相國、齊王，備九錫殊禮。以澄爲大丞相、督中外、録尚書事，澄辭丞相，許之。澄虚葬齊獻武王於漳水之西，而潛鑿鼓山石窟佛頂之旁爲穴，納其柩而塞之，殺羣匠。及齊亡，一匠之子知之，發石取金而逃。

東魏大將軍澄入鄴，幽其主於宫中，殺侍講荀濟等而還〔一五〕。東魏主多力，善射，好文學，時人以爲有孝文風烈，高澄深忌之。始高歡自病逐君之醜，事魏主禮甚恭，事無大小必以聞，可否聽旨。每侍宴，俯伏上壽。魏主設法會，乘輦行香，歡執香爐步從，鞠躬屏氣，承望顔色。及澄當國，倨慢頓甚，使崔季舒察魏主動静。澄嘗侍飲，舉大觴屬魏主，魏主不勝忿，曰：「自古無不亡之國，朕亦何用此生爲！」澄怒駡，使季舒拳毆魏主，奮衣而出。魏主不堪憂辱，詠謝靈運詩曰：「韓亡子房奮，秦帝魯連耻。」侍講荀濟知魏主意，乃與祠部郎中元瑾、華山王大器等謀誅澄。於宫中作土山，開地道向北城，至千秋門，門者覺之，以告澄。澄勒兵入宫，見魏主，不拜而坐，曰：「陛下何意反？」魏主正色曰：「自古唯聞臣反君，不聞君反臣。王自欲反，何乃責我！必欲弒逆，緩速在王！」澄乃下牀叩頭，大啼謝罪。居三日，幽魏主於含章堂，烹濟等於市，遂還晉陽。初，濟少居江東，博學能文，與梁主有布衣之舊，知梁主有大志，然負氣不服，常謂人曰：「會於盾鼻上磨墨檄之。」梁主甚不平。及即位，或薦之，梁主曰：「亂俗好反，不可用也。」濟上書諫梁主崇信佛法，塔寺奢費，梁主大怒，欲斬之。朱异密告之，濟逃奔東魏，澄以爲侍講。及敗，下辨曰：「自傷年紀摧頹，功名不立，故欲挾天子，誅權臣。」澄欲宥其死，親問之曰：「荀公何意反？」濟曰：「奉詔誅高澄，何謂反邪？」遂烹之。

九月，梁師堰泗水以攻東魏之彭城。冬，十一月，東魏行臺慕容紹宗擊敗之，獲蕭淵明。

梁主命侍中羊侃與淵明堰泗水於寒山，以灌彭城，俟得彭城，乃進軍與景掎角。堰成，東魏徐州刺史王則嬰城固守，侃勸淵明乘水攻之，不從。諸將與議軍事，淵明不能對，但云「臨時制宜」而已。東魏遣大都督高岳救彭城，欲以潘樂爲副，陳元康曰：「樂緩於機變，不如慕容紹宗。且先王之命也。」乃以紹宗爲東南道行臺，與岳、樂偕行。景聞紹宗來，叩鞍有懼色，曰：「誰教鮮卑兒遣紹宗來。若然，高王定未死邪？」紹宗帥衆十萬，據橐駝峴。羊侃勸淵明乘其遠來擊之，不從。侃乃帥所領出屯堰上。紹宗至，攻營。淵明醉不能起，諸將皆不敢出。兖州刺史胡貴孫獨率麾下與戰，斬首二百，東魏兵敗走。初，景常戒梁人曰：「逐北勿過二里。」紹宗將戰，以梁人輕悍，恐其衆不能支，引將卒謂之曰：「我當陽退，誘吳兒使前〔二六〕，爾擊其背。」至是，梁人不用景言，乘勝深入。東魏將卒以紹宗之言爲信，爭掩擊之，梁兵大敗，淵明、貴孫皆爲所虜，失亡士卒數萬人。羊侃結陳徐還。梁主聞之驚駭，幾欲墜牀，歎曰：「吾得無復爲晉家乎！」初，高澄以杜弼爲軍司，問以政要〔二七〕，弼曰：「天下大務，莫過賞罰。賞一人，使天下之人喜；罰一人，使天下之人懼。二事不失，自然盡善。」澄大悦。至是，使弼作檄移梁朝，略曰：「侯景以鄙俚之夫，遭風雲之會，位班三事，邑啓萬家，而離披不已，意亦可見。彼乃授之以利器，誨之以慢藏，使之勢得容姦，時堪乘便。終恐倔强不掉，狼戾難馴，横使江、淮士子，荆、揚人物，死亡矢石之下，夭折霧露之中。彼梁主者，輕險有素，老耄及之，用舍乖方，廢立失所，矯情動俗，飾智驚愚，毒螫滿懷，妄敦戒業，躁競盈胸，謬治清淨。災異降於上，怨讟興於下，傳險躁之風俗，任輕薄之子孫，朋黨路開，兵權在外。必將禍生骨肉，釁起腹心，强弩衝城，長戈指闕；徒探雀鷇，無救府藏之虚，空請熊蹯，詎延晷刻之命。外崩中潰，今實其時。」其後梁室禍敗，皆如弼言。

胡氏曰：改過者，帝王之盛節，聖人之至教也。梁武雖納侯景，遣將出師，既敗於魏人，則懲創前非，猶可及止，豈至遽如西晉乎？又况杜弼檄文指陳闕失，雖涉詬詈，而事理可推。梁武若能虚心平氣，反躬自責，盡革弊政，修明軍紀，選授將帥，固江、淮之險以堅守，則雖侯景前驅，高澄繼至，猶不足慮。而智不及此，以至於亡，豈梁德告終，天實厭之歟！不然，何其迷也？

十二月，梁立元貞爲咸陽王。侯景遣王偉説梁主曰：「高澄幽元善見於金墉，殺諸元六十餘人。河北物情，俱念其主，請立元氏一人，以從人望。如此，則陛下有繼絶之名，臣景有立功之效。」梁主然之，以太子舍人元貞爲咸陽王，資以兵力，使還主魏。須渡江即位〔二八〕，儀衛以乘輿之副給之。貞，樹之子也。

侯景敗東魏兵於渦陽。慕容紹宗引軍擊侯景，景輜重數千兩，馬數千匹，士卒數萬人〔二九〕，退保渦陽。紹宗士卒十萬，旗甲耀日，鳴鼓長驅而進。景命戰士皆被短甲，執短刀，入東魏陳，但低視，斫人脛馬足。東魏兵遂敗，紹宗奔譙城，裨將斛律光、張恃顯尤之，紹宗曰：「吾戰多矣，未見如景之難克者也。君輩試犯之。」光等被甲將出，紹宗戒之曰：「勿渡渦水。」二人軍於水北，輕騎射之。景謂光曰：「爾求勳而來，我懼死而去。我，汝之父友，何爲射我？汝豈自解不渡水南，慕容紹宗教汝也。」光無以應。景使其徒田遷射光馬，洞胸。光易馬隱樹，又中之，退入於軍。景擒恃顯而捨之，光走入譙城。紹宗曰：「今定何如，而尤我也！〔三〇〕」段韶潛於上風縱火，景帥騎入水，出而却走，草濕，火不復然。

魏以鄭穆爲京兆尹。魏岐州久經亂，刺史鄭穆初到，有户三千，穆撫循安集，數年至四萬餘户，考績爲諸州之最。宇文泰擢爲京兆尹。

校勘記

〔一〕梁高祖中大通五年　「高祖」，月崖書堂本、成化本、殿本作「武帝」。

〔二〕魏孝武帝永熙二年　「帝」字原脱，據月崖書堂本、成化本、殿本補。

〔三〕太清元年　「太」原作「泰」，據殿本改。

〔四〕東魏孝靜帝武定五年　「帝」字原脱，據月崖書堂本、成化本、殿本補。

〔五〕又寵以刺史之尊　「又」原作「之」，據月崖書堂本、成化本、殿本改。
〔六〕魏秦州刺史侯莫陳悦殺賀拔岳　「秦」原作「泰」，據殿本、魏書卷八〇侯莫陳悦傳改。
〔七〕子如從蒲津宵濟　「宵」原作「霄」，據殿本、通鑑卷一五七梁武帝大同元年正月條改。
〔八〕使都督彭樂帥甲騎僞攻之　「騎」字原脱，據殿本、通鑑卷一五七梁武帝大同元年十一月條補。
〔九〕父子夫婦相泣　「泣」，殿本作「敬」。
〔一〇〕胡氏曰至佛力果安在哉　此一百零一字原脱，據殿本補。
〔一一〕誰復知之　「知」，殿本、通鑑卷一五七梁武帝大同三年十月條作「信」。
〔一二〕崇禮猶豫不決　「禮」原作「陽」，據殿本、通鑑卷一五七梁武帝大同三年十月條改。
〔一三〕唯東荆州獲全　「州」字原脱，據殿本補。
〔一四〕秋九月　「秋」字原脱，據殿本補。
〔一五〕吐谷渾自莫折之亂　「折」原作「何」，據殿本、通鑑卷一五八梁武帝大同六年十一月條改。
〔一六〕始稱可汗　「可」原作「折」，據殿本、通鑑卷一五八梁武帝大同六年十一月條改。
〔一七〕泰退軍瀍上　「退」原作「進」，據殿本、通鑑卷一五八梁武帝大同九年三月壬申日條改。
〔一八〕東魏以侯景爲司空　「東」字原脱，據通鑑卷一五八梁武帝大同九年五月條補。
〔一九〕東魏以斛律金爲大司馬　「東」字原脱，據通鑑卷一五八梁武帝大同九年八月條補。
〔二〇〕頒行之　「行」字原脱，據殿本、通鑑卷一五八梁武帝大同十年七月條補。

〔二一〕乙丑　「乙丑」原脱，據成化本、殿本補。
〔二二〕裁取滿腹　「取」原作「改」，據殿本、通鑑卷一五九梁武帝大同十一年十二月條改。
〔二三〕蔑不濟矣　「蔑」原作「篾」，據殿本、通鑑卷一五九梁武帝中大同元年五月條改。
〔二四〕若指諸掌　「若」原作「皆」，據殿本、通鑑卷一五九梁武帝中大同元年十一月條改。
〔二五〕殺侍講苟濟等而還　「講」原作「讀」，據通鑑卷一六〇梁武帝太清元年九月條改。
〔二六〕誘吳兒使前　「誘」原作「誤」，據殿本、通鑑卷一六〇梁武帝太清元年十一月條改。
〔二七〕問以政要　「政」原作「攻」，據殿本改。
〔二八〕須渡江即位　「須」，殿本作「貞」。
〔二九〕士卒數萬人　「數」，殿本、通鑑卷一六〇梁武帝太清元年十二月條作「四」。
〔三〇〕而尤我也　此四字原脱，據殿本、通鑑卷一六〇梁武帝太清元年十二月條補。

資治通鑑綱目卷三十三

起戊辰梁高祖太清二年、魏文帝大統十四年、東魏孝静帝武定六年，盡甲戌梁世祖承聖三年〔一〕、魏恭帝廓元年、齊顯祖洋天保五年〔二〕，凡七年。

戊辰（五四八）

梁太清二年、魏大統十四年、東魏武定六年。

春，正月，東魏慕容紹宗擊侯景，景衆潰走，襲據壽春，梁以爲南豫州牧。慕容紹宗以鐵騎五千夾擊侯景，景誑其衆曰：「汝家屬已爲高澄所殺。」衆信之。紹宗遥呼曰：「汝家屬並完，若歸，官勳如舊。」景士卒不樂南渡，遂大潰。景與數騎濟淮，稍收散卒，得步騎八百人，晝夜兼行，追軍不敢逼。使謂紹宗曰：「景若就擒，公復何用？」紹宗乃縱之。

胡氏曰：紹宗之才誠足以制景，高歡信知人矣。而故不貴之，以遺其子，則所以待紹宗者，有未盡焉。至唐太宗遂亦用此，委李世勣於高宗。後之論者以此兩君爲賢，曰：「寧其身無受知人之名，而使其子孫專享得賢之利。」是皆失之也。平日儲養賢才，以遺子孫，推誠盡禮，各得其道。豈用私意小智，軒輊屈之，而使子孫以利禄誘之。使其臣利禄之人也，則可；使其臣不以三公易其介也，又安得而用之。彼紹宗與勣，皆利禄之人耳，故紹宗逐侯景，不盡其力；而李勣事高宗，不竭其忠。君臣得失，豈不明且驗耶！

景既敗，不知所適。梁馬頭戍主劉神茂素爲監州事韋黯所不容，聞景至，往候之。景問曰：「壽陽去此不遠，欲往投之，韋黯其納我乎？」神茂曰：「黯，監州耳。王若至，彼必出迎，因而執之，可以集事。得城之後，徐以啓聞，朝廷喜王南歸，必不責也。」景執其手曰：「天教也。」遂行，夜至城下。韋黯以爲賊也，授甲登陴。景遣其徒告曰：「河南王戰敗來投，願速開門。」黯曰：「既不奉敕，不敢聞命。」景謂神茂曰：「事不諧矣。」神茂曰：「黯懦而寡智，可説下也。」乃遣徐思玉入見黯曰：「河南王爲朝廷所重，君所知也。今失利來投，何得不受？」黯曰：「吾受命守城，河南自敗，何預吾事？」思玉曰：「國家付君以閫外之略，若魏追兵至，河南見殺，君豈能獨存？縱存，亦何顔以見朝廷邪？」黯乃開門納景，景遣其將分守四門。梁朝聞景敗，咸以爲憂，詹事何敬容言於太子曰：「得景遂死，深爲朝廷之福。」太子失色問故，敬容曰：「景翻覆叛臣，終當亂國。」景以敗，乞自貶。梁主不許，以景爲南豫州牧。光禄大夫蕭介諫曰：「臣聞凶人之性不移，天下之惡一也。侯景以凶狡之才，荷高歡卵翼之遇，歡墳未乾，即還反噬。逆力不逮，乃復逃死關西。宇文不容，故復投身於我。陛下前者所以受之，正欲比屬國降胡，冀獲一戰之效耳。今既亡師失地，直是境上之匹夫。陛下愛匹夫而棄與國，臣竊不取。若猶待其歲暮之效，則彼棄鄉國如脱屣，背君親如遺芥，豈知遠慕聖德，爲江、淮之純臣乎？」梁主不能用。介，思話之孫也。

二月，東魏求成于梁。蕭淵明至鄴，東魏主升閶闔門受俘，讓而釋之，送於晉陽，高澄待之甚厚。

侯景既敗，羊鴉仁亦還義陽，東魏遂得懸瓠、項城，悉復舊境。高澄數遣書求好於梁，梁未之許。澄謂淵明曰：「若梁主不忘舊好，諸人並即遣還，侯景家屬亦當同遣。」淵明遣人奉啓還梁，梁主與朝臣議之。朱异等皆以爲便，司農卿傅岐獨曰：「此高澄設間，欲令侯景自疑而作亂耳。若許通好，正墮其計中。」异等固執宜和，梁主亦厭用兵，乃許之。使還，過壽陽，侯景知之，攝問，具服。乃啓梁主曰：「高澄忌賈在翟，惡會居秦，求盟請和，冀除其患。若臣死有益，萬殞無辭。唯恐千載，有穢良史。」又致書於异，餉金三百兩，异納金而不通其啓。梁主遂遣使弔澄。景又啓曰：「臣與高氏，釁隙已深。今陛下復與連和，使臣何地自處？」梁主報之曰：「朕與公大義已定，豈有成而相納，敗而相棄乎？」景乃詐爲鄴中書，求以淵明易景，梁主將許之。傅岐曰：「侯景以窮歸義，棄之不祥。且百戰之餘，寧肯束手受縶！」謝舉、朱异曰：「景奔敗之將，一使之力耳。」梁主從之，復書曰：「貞陽旦至，侯景夕返。」景謂左右曰：「我固知吴老公薄心腸。」王偉説景曰：「今坐聽亦死，舉大事亦死，唯王圖之。」景於是始爲反計：屬城居民，悉召募爲軍士，輒停責市估及田租，百姓子女，悉以配將士。

三月，梁交州司馬陳霸先討李賁，平之。屈獠洞斬李賁。賁兄天寶收餘兵圍愛州，交州司馬陳霸先帥衆討平之。詔以霸先爲西江督護、高要太守、督七郡諸軍事。

夏，四月，東魏遣兵圍魏潁川〔三〕。東魏遣高岳、慕容紹宗、劉豐生等將步騎十萬攻魏王思政於潁川，思政命卧鼓偃旗，若無人者。岳恃其衆，四面陵城。思政選驍勇開門出戰，岳兵敗走。更築土山，晝夜攻之，思政隨方拒守，奪其土山，置樓堞以助防守。

五月，魏以宇文泰爲太師。

梁遣散騎常侍徐陵如東魏〔四〕。復修好也。

秋，七月朔，日食。

東魏罷南郊道壇。高澄以道士多僞濫，故罷之。

八月，東魏遣兵略地江、淮，取二十三州。

梁侯景反壽陽，梁主遣邵陵王綸督諸軍討之。侯景自至壽陽，徵求無已，梁皆與之。景請娶於王、謝，梁主曰：「王、謝門高非偶，可於朱、張以下訪之。」景恚恨，表疏稍悖慢；又聞徐陵等使東魏〔五〕，反謀益甚。元貞知景有異志，累啓還朝。景謂曰：「河北事雖不果，江南何慮失之！」貞懼，逃歸建康，具以事聞，梁主不問。景知臨賀王正德屢以貪暴得罪，陰養死士，幸國家有變，遣徐思玉致牋曰：「天子年尊，姦臣亂國。大王屬當儲貳，中被廢黜。景雖不敏，實思自效。」正德大喜，報之曰：「僕爲其內，公爲其外，何有不濟！機事在速，今其時矣。」台州刺史、鄱陽王範密啓景謀反〔六〕，朱异以爲必無此理。梁主乃報範曰：「景孤危寄命，安能反乎！」範復請自以合肥之衆討之，梁主不許。朱异謂其使曰：「王遂不許朝廷有一客耶？」自是不復通範啓。景邀羊鴉仁同反，鴉仁執其使以聞。异曰：「景何能爲！」以使者付獄，俄解遣之。景益無所憚，啓梁主「乞控督江西。如不許，即帥甲騎向閩、越」。梁主遣使諭解之。景遂反於壽陽，以誅中領軍朱异、少府卿徐驎、太子右衛率陸驗、制局監周石珍爲名。异等皆以姦佞驕貪，蔽主弄權，爲時人所疾，故景託以興兵。初，傅岐嘗以所聞責异，异曰：「外間謗讟，知之久矣。心苟無愧，何恤人言！」岐謂人曰：「朱彦和將死矣。恃諂以求容，肆辯以拒諫，聞難而不懼，知惡而不改，天奪其鑑，其能久乎！」景西攻馬頭，遣其將宋子仙東攻木栅，執戍主曹璆等。梁主聞之，笑曰：「是何能爲！吾折箠笞之耳。」詔以鄱陽王範、封山侯正表、司州刺史柳仲禮、散騎常侍裴之高爲四道都督，邵陵王綸持節，兼督衆軍以討景。

冬，十月，梁臨賀王正德叛，引侯景兵渡江。梁主命宣城王大器、將軍羊侃督軍禦之。

侯景聞臺軍討己，問策於王偉，偉曰：「邵陵若至，必爲所困。不如決志東向，直掩建康。臨賀反其内，大王攻其外，天下不足定也。兵貴拙速，今宜即進。」景乃詐稱出獵，十月，襲譙州〔七〕，執刺史蕭泰。攻歷陽，太守莊鐵以城降。因説景曰：「國家承平歲久，人不習戰，聞大王舉兵，内外震駭，宜乘此際速趨建康，可兵不血刃而成大功。若使朝廷徐得爲備，遣羸兵千人直據采石，雖有精甲百萬，不得濟矣。」景以鐵爲導，引兵臨江。梁主問策於尚書羊侃，侃請「以二千人急據采石，令邵陵王襲取壽陽，使景進不得前，退失巢穴，烏合之衆，自然瓦解」。朱异曰：「景必無渡江之志。」遂寢其議。侃曰：「今兹敗矣！」梁主以正德督諸軍屯丹楊。正德遣大船數十艘，詐稱載荻，密以濟景。時梁主遣將軍王質將兵三千巡江，臨川太守陳昕啓以「采石急須重鎮，而質軍輕弱，恐不能濟」。梁主召質還，而以昕代之。質去，而昕未至。景聞之，喜曰：「吾事辦矣。」乃濟江，有馬數百匹，兵八千人。是夕，梁朝始命戒嚴。南津校尉江子一帥舟師欲邀景，其徒皆潰，子一亦還。景至慈湖，建康大駭。梁主悉以内外軍付太子，以宣城王大器都督城内諸軍事，羊侃爲軍師將軍副之。遣舍人賀季勞景于板橋。季曰：「此舉何名？」景曰：「欲爲帝耳！」百姓聞景至，競入城，公私混亂，羊侃區分防擬，皆以宗室間之。軍人爭入武庫，侃命斬數人，方止。是時，梁興四十七年，境内無事，賊至猝迫，公私駭震。軍旅指撝，一決於侃。侃膽力俱壯，太子深仗之。

蕭正德引侯景圍梁臺城。十一月，景以正德稱帝。

景至朱雀桁南，太子猶未知正德之情，使守宣陽門。庾信守朱雀門，欲開大桁以挫賊鋒，正德止之。俄而景至，信乃帥衆開桁，見景軍皆著鐵面，遂棄軍走。正德之黨復閉桁渡景，正德帥衆迎之。景軍乘勝至闕下，城中恟懼，羊侃詐稱得射書云：「邵陵王、西昌侯援兵已至近路。」衆乃少安。石頭降景，景遣于子悦守之。列兵繞臺城，射啓於城中曰：「陛下若誅异等，臣則斂轡北歸。」梁主將誅之，太子曰：「賊以异等爲名耳。殺之無救於急，適足貽笑將來，俟賊平，誅之未晚。」梁主乃止。景繞城既匝，百道俱攻，鳴鼓吹脣，喧聲震地。作木驢數百攻城，城上投石碎之。景更爲尖項，石不能破。羊侃使作雉尾炬，灌以膏蠟，叢擲焚之。攻既不克，士卒死傷多，乃築長圍以絶内外。朱异、張綰議出兵擊之，羊侃曰：「出人若少，不足破賊，徒挫鋭氣；若多，則一旦失利，門隘橋小，必大致失亡。」异等不從，使千餘人出戰。鋒未及交，退走爭橋，赴水死者大半。侃子鷟爲景所獲，執以示侃，侃曰：「我傾宗報主，猶恨不足，豈計一子，幸早殺之！」數日，復持來，侃引弓射之。景以其忠義，亦不之殺。十一月朔，正德即帝位，以景爲丞相。景攻東府，三日克之。聲言梁主已殂，雖城中亦以爲然。太子請梁主巡城，衆心粗安。江子一之敗還也，梁主責之，子一拜謝曰：「臣以身許國，常恐不得其死。今所部皆棄臣去，臣以一夫安能擊賊？若賊遂能至此，臣誓當碎身以贖前罪。」至是，與弟左丞子四、東宮主帥子五帥所領百餘人，開門出戰。子一直抵賊營，徑前刺賊，從者不繼，賊解其肩而死。子四、子五相謂曰：「與兄俱出，何面獨旋！」皆免冑赴賊死。景初至建康，謂朝夕可拔，號令嚴整，士卒不敢侵暴。及屢攻不克，人心離沮。景恐援兵四集，一旦潰去；又軍中乏食，乃縱士卒掠奪民米及金帛、子女。是後米一升直七、八萬錢，人相食，餓死者什五、六。景驅士民於城東、西起土山，有疲羸者，殺以填山，號哭動地。城中亦築土山以應之。太子、宣城王以下，皆親負土畚鍤，於山上起樓四丈，募敢死士二千人，分配二山，晝夜交戰。會大雨，城内山崩，賊乘之，垂入，羊侃令多擲火，爲火城以斷其路〔八〕，徐於内築城，賊不能進。景募人奴降者，悉免爲良。於是羣奴出就景者以千數，景厚撫之，人人感恩，爲之致死。景土山稍逼城樓，將軍柳津命作地道以取其土，山崩，壓賊且盡。又於城内作飛橋，懸罩二土山上，景衆皆走。又擲炬焚其東山，樓柵蕩盡，賊死甚衆。賊復引玄武湖水以灌臺城，闕前皆爲洪流。陳昕爲景所擒，欲用之。昕不可，景使其黨范桃棒囚之。昕因説桃棒，使殺王偉、宋子仙而降，桃棒從之，潛遣昕夜縋入城，梁主大喜，鐫銀券賜桃棒，許以「封王，即有景衆」。太子恐其詐，召公卿會議，朱异、傅岐曰：「桃棒降必非謬。桃棒既降，賊景必驚，乘此擊之，可大破也。」太子曰：「吾守堅城以俟外援，萬全策也。今開門納桃棒，萬一爲變，悔無所及。」朱异撫膺曰：「失此，社稷事去矣！」俄而桃棒事泄，景拉殺之。陳昕不知，如期而出，景逼使射書城中，言「桃棒今入」，因衷甲隨之。昕不肯，期以必死，景乃殺之。

梁荆州刺史、湘東王繹移檄遣兵赴援。荆州刺史、湘東王繹移檄所督湘州刺史河東王譽、雍州刺史岳陽王詧、江州刺史當陽公大心、郢州刺史南平王恪等，發兵入援。遣司馬吴曅〔九〕、天門太守樊文皎將兵發江陵。又遣世子方等將兵入援。方等有俊才，善騎射，每戰，親當矢石，以死節自任。繹尋自將鋭卒三萬發江陵。景以書告城中士民曰：「梁自近歲以來，權倖用事，割剥齊民，以供嗜欲。公等試觀：今日國家池苑，王公第宅，僧尼寺塔，及在位庶僚，姬姜百室，僕從數千，不耕不織，錦衣玉食，不奪百姓，從何得之？僕所以趨赴闕庭，指誅權佞，非傾社稷。今城中指望四方入援，吾觀王侯、諸將，志在全身，誰能竭力致死，與吾爭勝負哉！」

梁邵陵王綸還軍赴援，侯景擊之，大潰。邵陵王綸行至鍾離，聞侯景已渡采石，晝夜兼道，旋軍入援，遂帥步騎三萬，自京口西上。景遣軍拒之。譙州刺史趙伯超曰：「若從黄城大路，必與賊遇。不如徑指鍾山，突據廣莫門，出賊不意，城圍必解矣。」綸從之，夜行失道，迂二十餘里，旦營于蔣山。景見之，大駭，悉送所掠婦女、珍貨於石頭，具舟欲走。分兵攻綸，綸與戰，破之。景陳兵於覆舟山北，綸進軍玄武湖，相持不戰。至暮，景更約明日會戰，綸許之。安南侯駿見景軍退，以爲走，即與壯士逐之。景旋軍擊之，駿敗走，趣綸軍。景乘勝追擊之，諸軍皆潰。綸奔朱方，景擒西豐公大春、主帥霍俊等，還至城下，使言曰：「邵陵已爲亂兵所殺。」俊獨曰：「王小失利，已全軍還京口。城中但堅守，援軍尋至。」賊以刀毆其背，俊辭色彌厲，正德殺之。

十二月，梁鄱陽王範、南康王會理將兵入援。鄱陽王範遣其世子嗣與西豫州刺史裴之高、建安太守趙鳳舉各將兵入援，軍于蔡洲，以待上流諸軍。封山侯正表鎮鍾離，叛附侯景，景以爲南郡王。

正表乃於歐陽立栅以斷援軍，帥衆一萬，欲襲廣陵。廣陵令劉詢以告南兗州刺史、南康王會理。十二月，會理使詢帥兵夜襲破之，收其兵糧，歸就會理，與之入援。

梁將軍羊侃卒。城中益懼。

梁散騎常侍韋粲及東、西道都督裴之高、柳仲禮等各以兵入援，推仲禮爲大都督。梁主徵衡州刺史韋粲爲散騎常侍，以歐陽頠監州事。粲至廬陵聞亂，簡閱部下，得精兵五千，倍道赴援。至豫章，聞景已渡江，以問内史劉孝儀，孝儀曰：「必如此，當有敕。或恐不然。」孝儀置酒，粲怒，以杯抵地，曰：「賊已渡江，便逼宫闕，水陸俱斷，何暇有報？假令無敕，豈得自安！韋粲今日何情飲酒！」即馳馬出，部分將發。會江州刺史、當陽公大心遣使邀粲，粲乃馳往，見大心曰：「江州去京最近，殿下情計，誠宜在前。但中流任重，當須應接。今宜移鎮湓城，遣偏將見隨足矣。」大心然之，遣中兵柳昕帥兵隨粲。粲至南洲，外弟司州刺史柳仲禮亦帥步騎至横江，粲即送糧仗，并散私財以賞其將士。裴之高自張公洲遣船渡之。粲、仲禮遂與李孝欽、羊鴉仁、陳文徹合軍屯新林。粲議推仲禮爲大都督，裴之高自以年位，耻居其下。粲抗言於衆曰：「今者同赴國難，義在除賊。所以推柳司州者，正以久捍邊疆，先爲侯景所憚；且士馬精鋭，無出其前。若論年位，皆在粲下，直以社稷之計，不得復論。今日形勢，貴在將和，若人心不同，大事去矣。粲請爲諸君解之。」乃單舸至之高營，切讓之曰：「今二宫危逼，猾寇滔天，臣子當戮力同心，豈可自相矛楯？豫州必欲立異，鋒鏑便有所歸。」之高垂泣致謝，遂推仲禮爲大都督。宣城内史楊白華遣其子雄將兵繼至。援軍大集，衆十餘萬。景囚之高弟、姪、子、孫，列於陳前，以鼎鑊、刀鋸隨其後，謂曰：「裴公不降，今即烹之。」之高召善射者使射其子，不中。柳仲禮以晦夜入韋粲營，部分衆軍。旦日，會戰，諸將各有據守，令粲頓青塘。粲以青塘當石頭中路，賊必爭，頗憚之。仲禮曰：「青塘要地，非兄不可。若疑兵少，當更遣軍相助。」乃使直閤將軍劉叔胤助之。

魏太師泰殺其國臣王茂。魏太師泰殺安定國臣王茂而非其罪，左丞柳慶諫，泰怒曰：「卿黨罪人，亦當坐。」執慶於前，慶辭色不撓，曰：「慶聞君蔽於事爲不明，臣知而不爭爲不忠。慶既竭忠，不敢愛死，但懼公爲不明耳。」泰寤，亟使赦茂，不及，乃賜茂家錢帛，曰：「以旌吾過。」

己巳（五四九）

梁太清三年、魏大統十五年、東魏武定七年。

春，正月，侯景襲梁援軍，韋粲死之。柳仲禮擊景，敗之。正月朔，柳仲禮徙營大桁。會大霧，韋粲軍迷失道，比及青塘，夜已過半，立栅未合，侯景亟帥鋭卒攻之。粲使軍主鄭逸逆擊之，命劉叔胤以舟師截其後，叔胤不敢進，逸遂敗。景乘勝入粲營，左右牽粲避賊。粲不動，叱子弟力戰，遂與子尼及弟助、警、構、從弟昂皆戰死，親戚死者數百人。仲禮方食，投箸被甲，與其麾下百騎馳往救之，與景戰，大破之，斬首數百級，溺死千餘人。仲禮矟將及景，而賊自後斫之，中肩，景得免。自是不敢復濟南岸，仲禮亦氣衰，不復言戰矣。

梁中領軍朱异卒。朝野以侯景之禍，共尤朱异。异慚憤發疾，卒。梁主痛惜，特贈僕射。邵陵王綸復收散卒，自東道至，列營桁南，亦推柳仲禮爲大都督。

胡氏曰：侯景能濟江，由正德舟楫之助〔一〇〕。正德能反噬，由朱异失職之薦。景固亂臣，正德固賊子，昇乃亂賊之媒也，而梁武終不悟焉。使昇荷榮禄之恩，爲久長之慮，當正德外叛而歸，正名其罪，啓上黜之遠服，則子有不孝之心者，亦知戒矣。當侯景叛國而來，照灼其情，啓上拒之境外，則臣有不忠之意者，亦知懼矣。二者皆失之。然則非景與正德能亡梁也，乃朱昇亡之爾。

梁北徐州刺史蕭正表以州叛降東魏。

梁援軍擊侯景，天門太守樊文皎戰死。臺城與援軍信命久絶，援軍募人能入城送啓者，李朗請先受鞭，詐爲得罪，叛投賊，因得入城，城中方知援兵四集，舉城鼓譟。諸軍渡淮，攻東府前柵，焚之。高州刺史李遷仕及樊文皎帥鋭卒五千，獨進深入，所向摧靡。至菰首橋東，景將宋子仙伏兵擊之，文皎戰死，遷仕遁還。仲禮神情傲很，陵蔑諸將，邵陵王綸每日執鞭至門，亦移時弗見，由是與綸及諸將有隙，互相猜阻，莫有戰心。援軍初至，建康士民扶老攜幼以候之，纔過淮，即縱兵剽掠。由是士民失望，賊中有謀應官軍者聞之，亦止。

二月，梁以侯景爲大丞相，與之盟，敕止援軍。湘東王繹次于武城。初，臺城之閉也，公卿以食爲念，男女貴賤並出負米，收諸府藏錢帛，聚德陽堂，而不備薪芻、魚鹽。至是，壞尚書省爲薪，撤薦，剉以飼馬。軍士或煑鎧、熏鼠、捕雀而食之，屠馬於殿省間，雜以人肉，食者必病。侯景衆亦飢，抄掠無所獲。東城有米，可支一年，援軍斷其路，景甚患之。王偉請「僞求和以緩其勢，運米入石頭，然後休士息馬，繕修器械，伺其懈怠擊之」。景從之，拜表求和。太子白梁主請許之，梁主怒曰：「和不如死！」太子固請，梁主遲回久之，乃曰：「汝自圖之，勿令取笑千載。」遂報許之。景乞割江右四州之地，并求宣城王大器出送，然後濟江。中領軍傅岐固爭曰：「豈有賊舉兵圍宫闕，而更與之和乎？此特欲卻援軍耳。且宣城嫡嗣之重，國命所繫，豈可爲質？」梁主乃以大器之弟石城公大款質於景，敕諸軍不得復進；詔以景爲大丞相、豫州牧，設壇門外，遣僕射王克與王偉等盟。既盟，而景圍不解，專修鎧仗，了無去志。會南康王會理、湘潭侯退、西昌世子彧衆合三萬，至馬卬洲。景請敕還南岸，太子從之。景又啓曰：「永安侯確、直閤趙威方頻隔柵見詬云：『天子自與汝盟，我終當破汝。』乞召侯及威方入，即當引路。」梁主召確，確累辭不入。邵陵王綸泣謂確曰：「圍城既久，聖上憂危，臣子之情，切於湯火，故欲且盟而遣之，更申後計。成命已決，何得拒違？」確曰：「侯景雖云欲去，而不解長圍，其意可見。入城何益！」綸大怒，欲斬之，確乃流涕入城。梁主常蔬食，至是，蔬茹皆絶，乃食雞子。綸乃因使上雞子數百枚。

胡氏曰：古之時，禽獸常逼人矣。聖人教之網罟佃漁〔一二〕，則爲民除患，而因以制禮。然其爲教戒甚備，則愛物之心亦可見矣。故其效至於鳳凰儀，鳥獸舞，魚鱉咸若，反不可勝用焉。自佛以不殺爲教，謂犬豕牛羊，皆吾宿世之祖考、眷屬也。信而行之，莫甚於梁武。其心未必不非笑堯、舜、周、孔〔一三〕，以爲不慈不悲也。果有報應福利者，則梁之國祚靈長，臣忠子孝，叛亂不作，壽考無期，斯爲驗矣。乃一切不然，禍亂既興，骨肉相圖，太平之民，十喪八九。然則向者茹蔬不殺之功，果何在耶？梁武行事，殆天啓之使破敗昭著，以警後來歟！若觀此而不知佛學之非〔一三〕，又從而爲之説以自解焉，則亦未如之何矣。

湘東王繹軍於郢州之武城，與河東王譽、桂陽王慥皆淹留不進。中記室參軍蕭賁，骨鯁士也，以繹不早下，心非之，嘗與繹雙六，食子未下，賁曰：「殿下都無下意。」繹深銜之。及得梁主敕，繹欲旋師，賁曰：「景以人臣舉兵向闕，今若放兵，童子能斬之矣，必不爲也。大王以十萬之衆，未見賊而退，奈何！」繹不悦，未幾，因事殺之。

東魏河内之民歸于魏。東魏河内民四千餘家，以魏北徐州刺史司馬裔其鄉里也，相帥歸之。宇文泰欲封裔，裔固辭曰：「士大夫遠歸皇化，裔豈能帥之！賣義士以求榮，非所願也。」

三月，侯景陷梁臺城，自稱大都督、録尚書事。邵陵王綸奔會稽，柳仲禮等叛降景。景廢蕭正德以爲大司馬。侯景既運東府米入石頭，王偉聞荆州軍退，援軍不相統壹，乃説景曰：「王以人臣舉兵，圍守宫闕，逼辱妃主，殘穢宗廟，今日持此，欲安所容身乎？背盟而捷，自古多矣，願且觀其變。」景遂啓陳梁主十失，曰：「陛下崇飾虚誕，惡聞實録，以祅怪爲嘉禎，以天譴爲無咎。敷演六藝，排擯前儒，王莽之法也。以鐵爲貨，輕重無常，公孫之制也。爛羊鐫印，朝章鄙雜，更始、趙倫之化也。豫章讎父，邵陵冠布，石虎之風也。修建浮圖，四民飢餒，笮融、姚興之代也。」又言：「建康宫室崇侈，陛下唯與主書參斷萬機，政以賄成，諸閹豪盛，衆僧殷實。皇太子珠玉是好，酒色是耽。邵陵所在殘破，湘東羣下貪縱，南康、定襄之屬，皆如沐猴而冠耳。伏願小懲大戒，放讒納忠，使臣無再舉之憂，陛下無嬰城之辱，則萬姓幸甚！」梁主覽啓慚怒。三月朔，以景違盟，舉烽鼓譟。初，閉城之日，男女十餘萬，懷甲者二萬餘人。被圍既久，人多身腫氣急，死者什八九，乘城不滿四千人，率皆羸喘。横尸滿路，而衆心猶望外援。柳仲禮唯聚妓妾，置酒作樂。諸將日往請戰，仲禮不許。安南侯駿説邵陵王綸曰：「城危如此，而都督不救，若萬一不虞，殿下何顔自立於世？今宜分軍爲三道，出賊不意攻之，可以得志。」綸不從。仲禮父津，登城謂仲禮曰：「汝君父在難，不能竭力，百世之後，謂汝爲何？」仲禮亦不以爲意。梁主問策於津，對曰：「陛下有邵陵，臣有仲禮，不忠不孝，賊何由平！」南康王會理與羊鴉仁、趙伯超等進營於東府城北，約夜渡軍，爲景所敗。景又求和，梁主使御史中丞沈浚至景所，見景無去志，發憤責之，景横刀叱之，浚曰：「負恩忘義，違棄詛盟，固天地所不容！沈浚五十之年，常恐不得死所，何爲以死相懼邪？」因徑去不顧。於是景復攻城，晝夜不息。邵陵世子堅屯太陽門，終日蒱飲，不恤吏士。其書佐董勛、熊曇朗夜引景衆登城，永安侯確力戰，不能却，乃排闥入啓梁主云：「城已陷。」梁主安卧不動，歎曰：「自我得之，自我失之，亦復何恨！」因謂確曰：「速去，語汝父：勿以二宫爲念。」景入見於太極東堂，以甲士五百人自衛，稽顙殿下，典儀引就三公榻。梁主神色不變，問曰：「卿在軍中日久，無乃爲勞。」景不敢仰視，汗流被面。復至永福省見太子，太子亦無懼容。侍衛皆驚散，惟徐摛、殷不害侍側。摛謂景曰：「當以禮見。」景乃拜，退謂王僧貴曰：「吾常跨鞍對陳，矢刃交下，而意氣安緩，了無怖心。今見蕭公，使人自慴，豈非天威難犯？吾不可以再見之。」於是悉撤兩宫侍衛，縱兵掠乘輿、服御、宫人皆盡。收朝士、王侯送永福省。矯詔大赦，自加大都督中外諸軍、録尚書事。建康士民，逃難四出。景以詔命解外援軍。柳仲禮召諸將議之，邵陵王綸曰：「今日之命，委之將軍。」仲禮熟視不對。裴之高、王僧辯曰：「將軍擁衆百萬，致宫闕淪没，正當悉力決戰，何所多言！」仲禮竟無一言，諸軍乃散。綸奔會稽。仲禮及羊鵾仁、王僧辯、趙伯超並開營降賊，軍士歎憤。仲禮等入城，先拜景而後見梁主，梁主不與言。見津，津慟哭曰：「汝非我子，何勞相見！」景遣仲禮歸司州，僧辯歸竟陵。初，臨賀王正德與景約，平城之日，不得全二宫。及城開，正德帥衆揮刀欲入，不得。景更以正德爲大司馬。正德入見梁主，拜且泣，梁主曰：「啜其泣矣，何嗟及矣！」

梁東徐、北青州及淮陽郡皆叛降于東魏，東魏遂取梁青州及山陽郡。

梁湘東王繹歸江陵，殺桂陽王慥。初，梁主以河東王譽代張纘爲湘州刺史，徙纘代岳陽王詧爲雍州刺史。纘恃才輕譽，迎候有闕。譽至，留纘不遣。纘輕舟夜遁，將之雍部，復慮詧拒之。纘與湘東王繹有舊，欲因之以殺譽兄弟，乃如江陵。及臺城陷，諸王各還州鎮，譽歸湘州。信州刺史、桂陽王慥留軍江陵，欲待繹至，拜謁乃還。纘遺繹書曰：「河東欲襲江陵，岳陽共謀不逞。」江陵軍主朱榮亦遣使告繹云：「桂陽留此，欲應譽、詧。」繹懼，自蠻中步道馳歸江陵，囚慥殺之，樹栅掘塹以自守。

侯景陷梁廣陵。侯景以董紹先爲江北行臺，使齎敕召南康王會理。紹先以羸兵二百至廣陵，會理士馬甚盛，僚佐説會理曰：「景已陷京邑，欲除諸藩，然後篡位。若四方拒絶，立當潰敗，奈何委全州之地以資寇手！不如殺紹先，發兵固守，與魏連和，以待其變。」會理素懦，即以城授之。

東魏取梁淮陰。

梁吴郡太守袁君正以郡叛附侯景。侯景遣于子悦等將羸兵數百東略吴郡。新城戍主戴僧遏有精甲五千，説太守袁君正曰：「賊今乏食，臺中所得，不支一旬，若閉關拒守，立可餓死。」君正素怯，郊迎之。子悅執君正，掠奪財物、子女，東人皆立壁拒之。

梁宣城、吳興起兵拒侯景。侯景遣來亮入宛陵，宣城太守楊白華誘而斬之。景遣李賢明攻之，不克。御史中丞沈浚避難東歸，與吳興太守張嵊起兵討景。景號令所行，唯吳郡以西，南陵以北而已。

東魏攻魏潁川，魏人擊之，殺其將慕容紹宗、劉豐生。東魏高岳等攻魏潁川，踰年不克。劉豐生建策堰洧水以灌之，城多崩頹。王思政身當矢石，與士卒同勞苦，城中泉涌，懸釜而炊。宇文泰遣趙貴督東南諸州兵救之，阻水不得前。東魏人使善射者乘大艦，臨城射之。城垂陷，慕容紹宗與豐生臨堰視之，暴風忽至，飄船向城，城上人以長鉤牽船，弓弩亂發，二人皆死。

夏〔一四〕，東魏大將軍澄如鄴。東魏進澄位相國，封齊王，加殊禮。澄固辭，不許。澄召將佐密議之，皆勸澄受之，獨陳元康以爲未可，澄由是嫌之。

梁岳陽王詧執雍州刺史張纘。湘東王繹之入援也，令所督諸州皆發兵，雍州刺史、岳陽王詧遣司馬劉方貴將兵出漢口。繹召詧使自行，詧不從。方貴潛與繹謀襲襄陽，未發。會詧以它事召方貴，方貴以爲謀泄〔一五〕，遂據樊城〔一六〕，詧遣軍攻之。繹厚資遣張纘使赴鎮，纘至大堤，詧已拔樊城，斬方貴。聞臺城陷，遂執纘。

五月，梁主衍殂，太子綱立。梁主雖外爲侯景所制，而內甚不平。景欲以宋子仙爲司空，梁主曰：「調和陰陽，安用此物！」景不能强，心甚憚之。太子泣諫，梁主曰：「若社稷有靈，猶當克復。如其不然，何事流涕！」是後梁主所求，多不遂志，飲膳亦爲所裁節，憂憤成疾。口苦，索蜜不得〔一七〕，再曰：

「荷！荷！」遂殂，年八十六。景祕不發喪，太子嗚咽流涕，不敢泄聲。既而發喪，遂即位，立宣城王大器爲太子。高祖之末，建康士民爭尚豪華，糧無半年之儲，常資四方委輸。自景亂，道路斷絕，人至相食，不免餓死，存者百無一、二。貴戚豪族，皆自出採稆，填委溝壑，不可勝紀。

魏詔代人復其舊姓。

六月，梁湘東王繹殺太常卿劉之遴。初，侯景將使之遴授臨賀王正德璽綬，之遴剃髮僧服而逃，將歸江陵。行至夏口，繹素嫉其才，密送藥殺之，而自爲誌銘，厚其賻贈。

東魏大將軍澄克潁川，以王思政歸。魏師還。東魏高岳既失慕容紹宗等，志氣沮喪，不敢復逼長社。陳元康言於高澄曰：「王自輔政以來，未有殊功。今潁川垂陷，願王自以爲功。」澄從之，自將攻長社，親臨作堰。堰三決，澄怒，推負土者及囊并塞之。城中無鹽，攣腫死者什八、九。水入城壞，澄令城中曰：「有能生致王大將軍者封侯；若有損傷，左右皆斬。」王思政帥衆據土山，告之曰：「吾力屈計窮，唯當以死謝國。」因仰天大哭，西向再拜，欲自刎，衆共執之，不得引決。澄遣趙彦深執手申意，延而禮之。思政初入潁川，將士八千人，及城陷，纔三千人，卒無叛者。澄改潁川爲鄭州，遇思政甚重。祭酒盧潛曰：「思政不能死節，亦何足重！」澄曰：「我有盧潛，乃是更得一王思政。」潛，度世之曾孫也。初，思政屯襄城，欲以長社爲行臺治所，啓陳於宇文泰，淅州刺史崔猷曰：「襄城控帶京、洛，實爲要地，如有動静，易相應接。潁川既鄰寇境，又無山川之固，賊若潛來，徑至城下。莫若頓兵襄城，以爲行臺，潁川置州，遣將鎮守，則表裏膠固，人心易安，縱有不虞，不能爲患。」泰令從猷策。思政固請，泰乃許之。

至是，泰深悔之，以侯景所獻諸城道路阻絶，令諸將拔軍還。

梁湘東王繹自稱假黄鉞、大都督中外諸軍、承制。

侯景殺蕭正德。正德怨侯景賣己，密書召鄱陽王範，使以兵入。景遮得其書，縊殺之。

梁永安侯確謀討侯景，不克而死。景愛永安侯確之勇，常寘左右。邵陵王綸潛遣人呼之，確曰：「景輕佻，一夫力耳。我欲手刃之，恨未得其便。卿還啓家王，勿以確爲念。」景與確遊鍾山，確引弓射鳥〔一八〕，因欲射景，弦斷，不發，景覺而殺之。

梁湘東王繹使其世子方等攻湘州刺史、河東王譽，譽擊之〔一九〕，方等敗死。繹殺其妃徐氏。繹娶徐妃，生世子方等。妃多失行，故方等無寵。及自建康歸江陵，繹見其御軍和整，始歎其能，入告徐妃，妃泣而退。繹怒，疏其穢行，牓于大閤。方等見之，益懼。湘州刺史、河東王譽驍勇得士心，繹將討侯景，督其糧衆，不得〔二〇〕。方等請討之，繹乃以少子方矩代譽，使方等將兵送之。方等將行，謂所親曰：「是行也，吾必死之。死得其所，吾復奚恨！」至麻溪，譽擊之，方等敗死。繹無戚容。寵姬王氏生子方諸而卒，繹疑徐妃爲之，逼令自殺，妃赴井死。

秋，七月，梁廣州刺史元景仲謀反，西江督護陳霸先討誅之。霸先欲起兵討侯景，景使人誘景仲，許奉以爲主，使圖霸先。霸先馳檄討之，景仲衆潰，縊死。霸先迎定州刺史蕭勃鎮廣州，勃以霸先監始興郡事。

梁湘東王繹使信州刺史鮑泉攻湘州。繹遣竟陵太守王僧辯、信州刺史鮑泉擊湘州。僧辯欲侯衆集而行，繹疑其覩望，斫之中髀，悶絶久之。泉懼，不敢言，獨將兵伐湘州。

梁合州刺史、鄱陽王範以州附于東魏以乞師。範聞臺城陷，戒嚴欲入，僚佐或説之曰：「今魏人已據壽陽，大王移足，則虜必窺合肥。」範乃止。會高澄遣李伯穆逼合肥，範方謀討侯景，藉東魏爲援，乃以合州輸伯穆，送二子於鄴以乞師，出屯濡須以待上游之軍。久之不至，東魏亦不爲出師，範糧乏，進退無計，乃西軍樅陽。

盜殺東魏大將軍、勃海王高澄于鄴。澄嘗謂濟陰王暉業曰：「比讀何書？」暉業曰：「數尋伊、霍之傳，不讀曹、馬之書。」澄以其弟太原公洋次長，忌之。洋深自晦匿，每退朝，輒閉閤靜坐，雖對妻子，能竟日不言。或時袒跣奔躍，夫人問其故，洋曰：「爲爾漫戲。」其實欲習勞也。澄獲徐州刺史蘭欽子京〔二〕，以爲膳奴。京屢自訴，澄杖之，曰：「更訴，當殺汝！」京與其黨六人謀作亂。澄嬖琅邪公主，欲其往來無間，侍衛者常遣出外。一日，與陳元康、楊愔、崔季舒屏左右，謀受禪。京進食，寘刀盤下，殺之。元康以身蔽澄，亦被傷。洋聞之，神色不變，入討羣賊，斬而臠之，祕不發喪。元康手書辭母，口占，使功曹祖珽作書陳便宜，至夜而卒。勳貴以重兵皆在并州，勸洋早如晉陽，洋從之。夜，召督護唐邕，使部分將士，鎮遏四方，須臾而畢。東魏主聞之，竊謂左右曰：「大將軍死，似是天意，威權當復歸帝室矣。」洋留高岳、高隆之、司馬子如、楊愔守鄴，入謁東魏主，從甲士八千人，登階者二百餘人，皆攘袂扣刃，若對嚴敵，令主者傳奏曰：「臣有家事，須詣晉陽。」再拜而出。東魏主失色，目送之曰：「此人又似不相容，朕不知死在何日？」晉陽舊臣、宿將素輕洋，及至，大會文武，神彩英暢，言辭敏洽，衆皆大驚。

澄政令有不便者，洋皆改之。隆之、子如等惡度支尚書崔暹，奏暹及季舒過惡，鞭二百徙邊。

九月，侯景陷吴興，梁太守張嵊、御史中丞沈浚死之。景使侯子鑒寇吴興。吴興兵力寡弱，張嵊書生，不閑軍旅。或勸嵊效袁君正迎降，嵊嘆曰：「袁氏世濟忠貞，不意君正一旦隳之。吾豈不知此難久全，但以身許國，有死無貳耳！」戰敗，還府，整服安坐，子鑒執送建康〔二二〕。景欲活之，嵊曰：「吾忝任專城，朝廷傾危，不能匡復，速死爲幸。」景猶欲存其一子，嵊曰：「吾一門已在鬼録，不就爾虜求恩。」景怒，盡殺之，并殺沈浚。

胡氏曰：張嵊以書生守土，而能以不能匡救朝廷爲耻，義不降賊，執節而死。苟非實見義重於生，則不能也，嵊可謂無負乎書矣！

梁岳陽王詧攻江陵，湘東王繹遣兵襲襄陽。詧遁還，繹使竟陵太守王僧辯攻湘州。鮑泉攻湘州，河東王譽逆戰而敗，退保長沙，泉圍之。岳陽王詧留參軍蔡大寶守襄陽，帥衆伐江陵以救湘州。湘東王繹大懼，遣左右就獄中問計於王僧辯，僧辯具陳方略，繹乃赦之，以爲城中都督。詧攻江陵，會大雨，平地水深四尺，詧軍氣沮。繹與新興太守杜崱有舊，密邀之。崱帥所部降，其兄岸請以五百騎襲襄陽。距城三十里，城中始覺，蔡大寶奉詧母登城拒戰。詧聞之，遁還，岸亦走。繹遂以僧辯代泉攻長沙。邵陵王綸致書於繹曰：「今社稷危耻，創巨痛深，唯應剖心嘗膽，泣血枕戈，其餘小忿，或宜容貫。若外難未除，家禍仍構，料今訪古，未或不亡。夫征戰之理，唯求克勝，至於骨肉之戰，愈勝愈酷，勞兵損義，虧失多矣。弟若陷洞庭，不戢兵刃，雍州疑迫〔二三〕，何以自安？必引魏軍，以求形援。弟若不安，家國去矣。」繹不從。綸流涕曰：「天下之事，一至於斯。湘州若敗，吾亡無日矣。」

冬，十月，梁豫章内史莊鐵叛，襲江州，敗走。初，鐵既降侯景，復叛之，尋陽王大心以爲豫章内史。鐵至郡即叛，推觀寧侯永爲主，引兵襲尋陽。大心遣其將徐嗣徽逆擊，破之。鐵單騎還南昌。

十一月，梁湘東王繹遣兵攻襄陽。岳陽王詧乞師于魏，魏遣開府楊忠率師救之。詧遣使求援於魏，請爲附庸。湘東王繹使柳仲禮鎮竟陵以圖詧，詧懼，遣其妃王氏及世子寮爲質於魏。宇文泰欲經略江、漢，以楊忠都督三荆諸軍，鎮穰城。仲禮帥衆趣襄陽，泰遣忠及僕射長孫儉將兵擊仲禮以救詧。

十二月，侯景陷錢塘、會稽，執梁刺史、南郡王大連。宋子仙陷錢塘，乘勝渡浙江，至會稽。邵陵王綸奔鄱陽。時會稽豐沃，勝兵數萬，糧仗山積，東人懲侯景殘虐，咸樂爲用，而大連朝夕酣飲，不恤軍事。司馬留異，凶狡殘暴，爲衆所患，大連悉以軍委之。子仙至，大連棄城走，異以其衆降，爲子仙鄉導，追及大連，執送建康，大連猶醉不之知。梁主聞之，掩袂而泣。於是三吴盡没於景，公侯在會稽者，俱南度嶺。景以留異爲東陽太守，收其妻子爲質。

梁始興太守陳霸先起兵討侯景。霸先結郡中豪傑，欲討侯景，郡人侯安都、張偲等各帥衆千餘人歸之。霸先遣杜僧明將二千人頓於嶺上，廣州刺史蕭勃遣人止之，霸先曰：「京都覆没，君辱臣死。君侯體則皇枝，任重方岳，不能赴援，遣僕一軍，猶賢乎己，乃更止之乎？」乃遣使間道詣湘東王繹受節度。時南康土豪蔡路養起兵據郡，勃乃以譚世遠爲曲江令，與路養相結，同遏霸先。

東魏取梁司州。於是東魏盡有淮南之地。

梁太宗簡文帝綱大寶元年、魏大統十六年、東魏武定八年、齊顯祖文宣帝高洋天保元年。是歲，東魏亡。

庚午（五五〇）

春，正月，東魏高洋自爲丞相，都督中外諸軍、録尚書事，封齊王。

梁以陳霸先爲交州刺史。霸先發始興，至大庾嶺，蔡路養拒之。其黨蕭摩訶年十三，單騎出戰，無敢當者。霸先擊之，路養敗走。進軍南康，湘東王繹承制授霸先交州刺史。

梁邵陵王綸至江夏，自稱都督中外諸軍、承制。綸自鄱陽進至九江，尋陽王大心以江州讓之，綸不受；引兵西上，至江夏，南平王恪以郢州讓之〔二四〕，亦不受。乃推綸爲假黃鉞、都督、承制。

魏人圍安陸，獲梁司州刺史柳仲禮，遂取漢東。魏楊忠圍安陸，柳仲禮馳歸救之。諸將恐仲禮至，請急攻之，忠曰：「攻守勢殊，未可猝拔。若引日勞師，表裏受敵，非計也。南人多習水軍，不閑野戰，仲禮師在近路〔二五〕，吾出其不意，以奇兵襲之，彼怠我奮，一舉可克。克仲禮，則安陸不攻自拔，諸城可傳檄定也。」乃選騎二千，銜枚夜進，敗仲禮於漴頭，獲之。安陸、竟陵皆降。於是漢東盡入于魏。

梁祖皓起兵廣陵，殺侯景將董紹先。梁廣陵人來嶷説前太守祖皓曰：「董紹先輕而無謀，人情不附，襲而殺之，此壯士之任耳。今欲糾帥義勇，奉戴府君，若其克捷，可立桓、文之勳，必天未悔禍，猶足爲梁室忠臣。」皓曰：「此僕所願也。」乃相與糾合勇士百餘人，襲廣陵，斬董紹先，馳檄遠近，推蕭勔爲刺史。景遣郭元建攻之，皓嬰城固守。

二月，魏師進次石城，梁湘東王繹請盟。魏師還。魏楊忠乘勝至石城，欲進逼江陵，梁湘東王繹遣舍人庾恪説忠曰：「詧來伐叔而魏助之，何以使天下歸心！」忠遂停湍北。繹請送質求和，魏人許之，乃盟而還。

胡氏曰：湘東責魏助姪伐叔，是矣。己父被圍、餓死而不救，兄制于賊手而不救，宗廟社稷日就亡滅而不救，則詧何有於叔哉！夫所惡於下者無以事上，則理順而人服矣。蕭繹身負大罪，人得而誅之，而魏師不能聲罪致討，亦可惜哉！

三月，梁主禊飲樂遊苑。侯景取梁主之女溧陽公主，甚愛之，請梁主禊飲樂遊苑。梁主聞絲竹，悽然泣下。

侯景陷廣陵，殺梁祖皓，屠其城。

梁旱蝗。時江南連年旱蝗，江、揚尤甚，百姓流亡，草根木葉，食之皆盡。富室或衣羅綺、懷金玉而死，白骨成丘。侯景性殘酷，於石頭立大碓，有犯法者擣殺之。常戒諸將曰：「破柵平城，當淨殺之，使天下知吾威名。」由是百姓不附。又禁人偶語，犯者刑及外族。

夏，四月，梁王僧辯克湘州，殺河東王譽。初，湘東世子方等之死，湘州將周鐵虎功最多，譽委遇甚重。至是，僧辯得鐵虎，命烹之，呼曰：「侯景未滅，奈何殺壯士！」僧辯奇其言而釋之。

梁湘東王繹移檄討侯景。繹聞高祖之喪，以長沙未下，匿之，至是始發喪，刻檀爲高祖像，事之甚謹，動静必咨焉。以天子制於賊臣，不肯從大寶之號，猶稱太清四年，下令大舉討侯景，移檄遠近。

五月，梁鄱陽王範卒。範自樅陽遣信告江州刺史、尋陽王大心，大心以湓城處之。既至，以晉熙爲晉州，遣其世子嗣爲刺史。大心政令不出一郡，遣兵擊莊鐵。嗣與鐵善，遣侯瑱將兵助之。由是二鎮相猜，無復討賊之志。大心使徐嗣徽築壘稽亭以備範，市糴不通，範數萬之衆，無所得食，多餓死；憤恚而卒。

齊王洋稱皇帝，廢東魏主爲中山王。東魏徐之才、宋景業善圖讖，因高德政勸齊王洋受魏禪。洋以告妻太妃，太妃曰：「汝父如龍，汝兄如虎，猶以天位不可妄據，終身北面，汝獨何人，欲行舜、禹之事乎？」洋以告之才，之才曰：「正爲不及父兄，故宜早升尊位耳。」洋鑄像卜之而成，以問肆州刺史斛律金，金固言不可，請殺景業等。洋以人心不壹，使德政如鄴察之，未還；洋擁兵而東，至平都城，召諸勳貴議之，莫敢對。長史杜弼曰：「關西，國之勍敵，今若受禪，彼必挾天子稱義兵而東，王何以待之乎？」徐之才曰：「彼亦欲爲王所爲，縱其屈强，不過隨我稱帝耳。」弼無以應。德政至鄴，公卿莫有應者。司馬子如逆洋於遼陽，固言未可。景業等復勸之，洋乃發晉陽。東魏進洋位相國，總百揆，備九錫。洋至鄴，作圜丘，備法物；使侍中張亮等見東魏主，逼以禪位。魏主斂容曰：「推挹已久，謹當遜避。」乃下御坐，步就東廊，詠范曄漢獻帝贊，求入與六宮别，舉宮皆哭。直長趙道德以故犢車一乘，送出雲龍門，百寮拜辭，遂遷于北城。遣彭城王韶等奉璽綬，禪位于齊。齊王洋即皇帝位于南郊。自魏敬宗以來，百官絶禄，至是始復給之。封東魏主爲中山王，待以不臣之禮。追尊獻武王、文襄王皆爲皇帝，獻武廟號高祖，文襄廟號世宗。尊王太后爲皇太后。降魏朝封爵有差。

梁武陵王紀遣其世子圓照將兵赴援，次于白帝。時梁境唯荆、益所部尚完實，益州刺史、武陵王紀移告征、鎮，使世子圓照帥兵受湘東王節度。繹授以信州刺史，令屯白帝，未許東下。

梁侯瑱殺莊鐵，據豫章。鄱陽王範既卒，侯瑱往依莊鐵。鐵忌之，瑱不自安，詐引鐵謀事，因殺之，自據豫章。

齊立子殷爲太子。齊主娶趙郡李希宗之女，生子殷及紹德；又納段韶之妹。及將建中宮〔二六〕，高隆之、高德政欲結勳貴之援，乃言：「漢婦人不可爲天下母。」不從，乃立李氏爲后，以其子殷爲太子。

魏立蕭詧爲梁王。魏人欲令岳陽王詧發哀嗣位，詧辭，乃遣使册命詧爲梁王，建臺，置百官。

梁高州刺史李遷仕反，高凉太守馮寶妻洗氏討敗之。初，燕昭成帝奔高麗，使其族人馮業以三百人浮海奔宋，因留新會。自業至孫融，世爲羅州刺史。融子寶，爲高凉太守。高凉洗氏，世爲蠻酋，部落十餘萬家。有女，多籌略，善用兵，諸洞皆服其信義，融聘以爲寶婦。融雖世爲方伯，非其土人，號令不行。洗氏約束本宗，使從民禮，參決辭訟，雖親戚無所縱舍，由是馮氏始得行其政。高州刺史李遷仕遣使召寶，寶欲往，洗氏止之，曰：「刺史被召援臺，乃稱有疾，鑄兵聚衆，而後召君，此必欲質君以發君之兵也。願且無往，以觀其變。」數日，遷仕果反，遣主帥杜平虜將兵逼南康，陳霸先使周文育擊之。洗氏謂寶曰：「平虜今與官軍相拒，勢不得還，遷仕在州，無能爲也。君若自往，必有戰鬬，宜遣使卑辭厚禮，告之曰：『身未敢出，欲遣婦參。』彼必喜而無備。我將千餘人，步擔雜物，唱言輸賧，得至栅下，破之必矣。」寶從之。遷仕果不設備，洗氏襲擊，大破之。遷仕走保寧都。文育亦擊走平虜，據其城。洗氏與霸先會於灨石。還，謂寶曰：「陳都督非常人也，甚得衆心，必能平賊，宜厚資之。」

梁王詧入朝于魏。

秋，七月，侯景陷江州及豫章。初，東魏遣牒雲洛等迎鄱陽世子嗣，使鎮皖城。未行，侯景遣任約將兵寇江州，洛等引去，嗣失援，敗死。約遂略地至湓城，尋陽王大心出兵戰敗，帳下猶有戰士千餘人，咸勸大心走保建州，大心不能用，遂以州降。景遣于慶略地至豫章，侯瑱力屈，亦降之。景以瑱同姓，待之甚厚，質其妻子，遣隨慶徇蠡南諸郡。巴山人黄法𣰰有勇力，合徒衆保鄉里。太守賀詡下江州，命法𣰰監郡事，屯新淦。慶分兵襲之，法𣰰敗之。陳霸先使周文育進軍擊慶，法𣰰引兵會之。

齊定律，始立九等户。齊主初立，勵精爲治。趙道德以事屬黎陽太守房超，超不發書，棓殺其使。齊主善之，命守宰各設棓，以誅屬請之使。久之，中郎宋軌奏曰：「若受使請賕，猶致大戮，身爲枉法，何以加罪？」乃罷之。尋詔僕射薛琡等取魏麟趾格討論損益，以爲齊律。簡練六坊之人，每一人必當百人〔二七〕，任其臨陳必死，然後取之，謂之「百保鮮卑」。又簡華人勇力者，謂之「勇士」，以備邊要。始立九等之户，富者税其錢，貧者役其力。

九月，梁湘東王繹取郢州，邵陵王綸奔齊昌。侯景兵襲之，綸遂奔齊，齊以爲梁王。邵陵王綸大修鎧仗，將討侯景。湘東王繹惡之，遣王僧辯、鮑泉等帥舟師襲之。至鸚鵡洲，綸遣其子礩將兵擊之，且以書責僧辯曰：「將軍前年殺人之姪，今歲伐人之兄，以此求榮，恐天下不許。」僧辯送書于繹，繹命進軍。綸乃集其麾下於西園，涕泣言曰：「我本無他，志在滅賊，湘東常謂與之爭帝，遂爾見伐。今日欲守，則交絶糧儲；欲戰，則取笑千載。不容無事受縛，當於下流避之。」麾下壯士爭請出戰，綸不從，與磧登舟北出。僧辯入據郢州，繹以其世子方諸爲刺史。綸與左右輕舟奔武昌，長史韋質、司馬姜律等聞綸尚存，馳往迎之，説七栅流民以求糧仗。綸出營巴水，流民八、九千人附之，稍收散卒，屯于齊昌。遣使請降于齊，齊以綸爲梁王。任約進寇西陽、武昌，綸引齊兵未至，移營馬栅，距西陽八十里。任約聞之，遣叱羅通等襲之。綸不爲備，策馬亡走，至汝南。魏城主李素，綸故吏也，開城納之。任約遂據西陽、武昌。

侯景自稱漢王。景又自加宇宙大將軍、都督六合諸軍事，梁主驚曰：「將軍乃有宇宙之號乎？」

冬，十月，魏太師泰伐齊，不戰而還。洛陽、平陽皆降于齊。泰以齊主稱帝，伐之，自弘農爲橋，濟河，至建州。齊主自將出頓東城。泰聞其軍容嚴盛，歎曰：「高歡不死矣！」會久雨，畜産多死，乃還。於是河南自洛陽、河北自平陽已東，皆入於齊。

胡氏曰：宇文泰爲高洋簒國而伐齊，師不患於無名矣，乃逡巡而退，不敢遂武，何也？無諸己而後可以非諸人。泰自弒君之人也，參度彼此，尚何高洋之問哉！使泰有迎帝之忠，而無弒君之事，當此機會，舉師東伐，則齊未可知矣。古之人所以大過人者無他焉，不行不義，不殺不辜，不作苟見，不治苟得而已矣。

梁寧州刺史徐文盛敗侯景兵于貝磯。初，梁寧州刺史徐文盛募兵討侯景，湘東王繹使將兵東下，與任約遇，軍貝磯。任約逆戰，文盛大破之，進軍大舉口。侯景以約守西陽，久不能進，自出屯晉熙。

侯景殺梁南康王會理、武林侯諮。南康王會理以侯景既出，建康空虛，與柳敬禮、西鄉侯勸、東鄉侯勔謀起兵誅王偉。建安侯賁、中宿世子子邕以告偉，偉收會理等殺之。錢塘褚冕，以會理故舊，捶掠千計，終無異言。會理隔壁謂之曰：「卿雖忍死明我，我心實欲殺賊！」冕竟不服，景乃宥之。梁主既立，景防衛甚嚴，唯武林侯諮及僕射王克、舍人殷不害，並以文弱，得出入卧内講論而已。及是，克、不害懼禍，稍自疏；諮獨不去，景惡之，使人殺之。封賁爲竟陵王，子邕爲隨王，賜姓侯氏。

魏初作府兵。初，魏敬宗以爾朱榮爲柱國大將軍，位在丞相上。榮敗，官廢。大統以來，安定公宇文泰、廣陵王欣、趙郡公李弼、隴西公李虎、河内公獨孤信、南陽公趙貴、常山公于謹、彭城公侯莫陳崇八人爲之，謂「八柱國」。泰始籍民之才力者爲府兵，身租庸調，一切蠲之，以農隙講閱戰陳，馬畜糧備，六家供之。合爲百府，每府一郎將主之，分屬二十四軍。泰任總百揆，督中外諸軍。欣以宗室宿望，從容禁闥而已。餘六人各督二大將軍，凡十二大將軍；每大將軍各統開府二人，開府各領一軍。是後功臣位至柱國大將軍、開府儀同三司、儀同三司者甚衆，率爲散官，無所統御。雖有繼掌其事者，聞望皆出諸公之下云。

辛未（五五一）

齊行天保曆。宋景業所造也。

梁大寶二年、魏大統十七年、齊天保二年。

春，二月，魏攻齊汝南，拔之，殺其梁王蕭綸。邵陵王綸在汝南，修城池，集士卒，將圖安陸。魏宇文泰遣楊忠攻拔汝南，執綸殺之，投尸江岸。

梁陳霸先討李遷仕，殺之。李遷仕擊南康，陳霸先遣杜僧明等擒斬之。湘東王繹使霸先進兵取江州，以爲江州刺史。

三月，魏主寶炬殂，太子欽立。

梁徐文盛克武昌。

齊以梁湘東王繹爲梁相國、承制。

閏月，梁徐文盛伐侯景，敗之。任約告急，侯景自帥衆西上，以太子大器爲質，留王偉居守。至西陽，與徐文盛夾江築壘。文盛擊破之，景遁還營。

夏，四月，侯景陷梁郢州，執刺史蕭方諸。徐文盛奔江陵。方諸年十五，恃文盛在近，不設備，日以蒱酒爲樂。侯景使宋子仙、任約襲之，入其城，方諸迎拜，鮑泉匿牀下〔二八〕，擒以送景。景因便風，中江舉帆，遂越文盛等軍，直入江夏。文盛衆懼而潰，逃歸江陵。巴州刺史王珣、將軍杜幼安降景。

五月，魏隴西公李虎卒。

梁湘東王繹遣大都督王僧辯伐侯景，次巴陵，景攻之，不克。六月，繹使胡僧祐擊景，

敗之，獲其將任約，景遁還。湘東王繹以王僧辯爲大都督，帥諸將東擊景，至巴陵，聞郢州陷，因留戍之。繹遺僧辯書曰：「賊既乘勝，必將西下，不勞遠擊，但守巴丘，以逸待勞，無不克矣。」又謂僚佐曰：「景若水步兩道，直指江陵，此上策也；據夏首，積兵糧，中策也；悉力攻巴陵，下策也。巴陵城小而固，僧辯可任。景攻不拔，野無所掠，暑疫時起，食盡兵疲，破之必矣。」乃命徐嗣徽自岳陽、杜崱自武陵引兵會僧辯。景使丁和守夏首，宋子仙爲前驅，趣巴陵，分遣任約直指江陵，景帥大兵水步繼進。於是緣江戍邏，望風請服。僧辯乘城固守，偃旗卧鼓，安若無人。景衆濟江，執王珣等至城下，使說其弟宜州刺史琳。琳曰：「兄受命討賊，不能死難，曾不內慚，翻欲賜誘。」取弓射之，珣慚而退。景百道攻城，城中鼓譟，矢石雨下，殺賊甚衆，景乃退。僧辯著綬、乘輿，奏鼓吹巡城。景軍飢疫，死傷太半。繹遣胡僧祐援巴陵，戒之曰：「賊若水戰，以大艦臨之，必克。若步戰，鼓棹就巴丘，不須交鋒也。」僧祐至湘浦，景遣任約帥鋭卒據白堉待之〔二九〕。僧祐由它路西上，潛引兵至赤沙亭，會信州刺史陸法和至，與之合軍。法和有異術，隱於百里洲，豫言多中，人莫能測。至是，以任約向江陵，請行。既至，與僧祐縱兵擊之，約兵大潰，殺溺甚衆，擒約送江陵。景焚營遁。約至，繹赦之。徐文盛坐怨望，下獄死。

梁王僧辯克郢州，獲侯景將宋子仙，殺之。湘東王繹復遣王僧辯引兵東下。陸法和請還，既至，謂繹曰：「侯景平矣，蜀賊將至，請守險以待之。」乃引兵屯峽口。僧辯至漢口，攻魯山，擒賊將支化仁。至郢州，四面攻之。豫州刺史荀朗自巢湖出濡須邀景，破其後軍。太子船入樅陽浦，腹心皆勸太子因此入北，太子曰：「自國家喪敗，志不圖生，主上蒙塵，寧忍違離左右！吾今去，乃是叛父，非避賊也。」因涕泗鳴咽，即命前進。宋子仙等困蹙，乞輸城而還，僧辯僞許之，命給船百艘以安其意。子仙將發，僧辯命杜龕帥精勇千人，攀堞而上，鼓譟奄進，水軍主宋遥帥樓船，暗江雲合。子仙走至白楊浦，大破之。周鐵虎生擒子仙，送江陵殺之。

梁湘東王繹誘江安侯圓正執之。圓正，武陵王紀之子也，爲西陽太守，寬和好施，歸附者衆，有兵一萬。湘東王繹欲圖之，署爲平南將軍。及至，囚之〔三〇〕，分其部曲，使人告其罪。荆、益之釁，自此起矣。

魏以公主嫁突厥。鐵勒將伐柔然，突厥酋長土門邀擊，破之，盡降其衆五萬餘落。土門恃其强盛，求婚於柔然，柔然頭兵可汗大怒，使人詈辱之，曰：「爾，我之鍛奴也，何敢發是言！」土門亦怒，殺其使者，遂與之絶，而求婚於魏。魏宇文泰以長樂公主妻之。

秋，七月，豫章復爲梁。王僧辯克湓城，江州刺史陳霸先引兵會之。侯景還至建康，于慶自鄱陽還豫章，侯瑱閉門拒之，慶走江州，景悉殺瑱子弟。王僧辯乘勝下湓城。陳霸先引兵三萬人發南康，進頓西昌，會僧辯于湓城。西軍乏食，霸先有糧五十萬石，分三十萬以資之。于慶等皆棄城走。繹命僧辯且頓尋陽，以待諸軍之集。

八月，侯景廢梁主綱，殺太子大器，而立豫章王棟。初，景既克建康，常言吴兒怯，易取，須定中原，然後爲帝。後納溧陽公主，妨於政事，王偉屢諫，景以告主，主怒。偉恐爲所讒，因説景除梁主。及景自巴陵敗歸，猛將多死，自恐不能久存，王偉因説以廢立，景從之。遣彭儁等帥兵入殿，廢梁主爲晉安王，幽于永福省，殺哀太子大器及王侯在建康者二十餘人。太子神明端嶷，於景黨未嘗屈意，所親竊問之，太子曰：「賊若未見殺，吾雖陵慢呵叱，終不敢言。若見殺時至，雖一日百拜，亦無益也。」又曰：「殿下居困阨，而神貌怡然，何也？」太子曰：「若諸叔能滅賊，賊必先見殺，然後就死。若其不然，賊亦殺我以取富貴。安能以必死之命爲無益之愁乎！」及難，顔色不變，徐曰：「久知此事，嗟其晚矣！」景迎豫章王棟立之。棟，歡之子也。太尉郭元建謂景曰：「吾挾天子令諸侯，猶懼不濟，無故廢之，自危必矣！」景欲迎梁主復位，以棟爲太孫，王偉曰：「廢立大事，豈可數改邪！」乃止。景使使殺南海王大臨等；以太子妃賜元建，元建曰：「豈有皇太子妃乃爲人妾乎！」竟不與相見，聽使入道。

冬，十月，侯景弑梁主綱。王偉説侯景弑梁太宗以絶衆心，景從之，使偉與彭儁、王修纂進酒。太宗知將殺己，盡醉而寢；儁進土囊，修纂坐其上而殂。

魏侵梁南鄭。侯景之逼江陵也，湘東王繹求援於魏，命梁、秦二州刺史宜豐侯循以南鄭與魏，循不可。魏宇文泰遣達奚武取漢中，循遣參軍劉璠求援於武陵王紀，紀遣潼州刺史楊乾運救之。

侯景將劉神茂以浙東附梁湘東王繹。侯景東道行臺劉神茂聞景自巴丘敗還，陰謀叛景，吴中士大夫咸勸之，乃據東陽以應江陵。新安民程靈洗起兵據郡以應神茂。於是浙江以東，皆附江陵。

侯景廢梁主棟，自稱漢帝。景即位于南郊，還，登太極殿，其黨數萬，皆吹脣呼譟而上。封梁主棟爲淮陰王，鎖於密室。景居禁中，非故舊不得見，由是諸將多怨望。

十二月，齊主洋弑中山王。齊主每出入，常以中山王自隨，王妃太原公主恒爲之嘗飲食，護視之。至是，齊主飲公主酒，使人鴆王，殺之，并其三子，謚之曰魏孝靜帝，葬於鄴西。後忽掘而投之漳水。

齊主殺美陽公元暉業。彭城公元韶以高氏婿，寵遇異於諸元。美陽公元暉業以位望隆重，又志氣不倫，尤爲齊主所忌。嘗於宮門外罵韶曰：「爾不及一老嫗，負璽與人，何不擊碎之！我出此言，知即死，爾亦詎得幾時？」齊主聞而殺之。

壬申（五五二）

梁世祖孝元帝繹承聖元年、魏主欽元年、齊天保三年。

春，正月，齊主伐庫莫奚，敗之。齊主連年出塞。給事中唐邕練習軍書，自督將以降勞效本末及四方軍士强弱多少，番代往還，器械精粗，糧儲虚實，靡不諳悉。或時簡閲，雖數千人，不執文簿，唱其姓名，未嘗謬誤；寵待賞賜，羣臣莫及。

突厥土門襲柔然，殺頭兵可汗，自號伊利可汗。突厥土門襲擊柔然，大破之，頭兵可汗自殺。土門自號伊利可汗，號其妻爲「可賀敦」，子弟謂之「特勒」，别將兵者皆謂之「設」。

二月，梁湘東王繹遣王僧辯、陳霸先討侯景。湘東王始命僧辯等東擊侯景。二月，諸軍發尋陽，舳艫數百里。陳霸先帥甲士三萬，舟艫二千，自南江出湓口，會僧辯於白茅灣，築壇歃血，共讀盟文，流涕慷慨。使侯瑱襲南陵〔三一〕、鵲頭二戍，克之。

侯景陷東陽。侯景使謝答仁攻劉神茂於東陽，程靈洗、張彪皆勒兵將救之，神茂欲專其功，不許，營於下淮。或謂神茂曰：「賊長於野戰，下淮地平，四面受敵，不如據七里瀨。」不從。偏裨多降賊者，神茂亦請降，送建康殺之。

三月，梁王僧辯、陳霸先擊敗侯景，景亡走吳。王僧辯等至蕪湖，景聞之懼。侯子鑒據姑孰南洲以拒西師，景遣人戒之曰：「西人善水戰，勿與爭鋒。若得步騎一交，必當可破。汝但結營岸上，引船入浦以待之。」子鑒乃捨舟登岸，閉營不出。僧辯等停軍蕪湖十餘日，景黨大喜，告景曰：「西師將遁，不擊，且失之。」景乃復命子鑒爲水戰之備。僧辯至姑孰，子鑒帥步騎挑戰，又以鵃䑠千艘載戰士。僧辯麾細船皆退，留大艦夾泊兩岸。子鑒之衆謂水軍欲退，爭出趨之，大艦斷其歸路，鼓譟大呼，合戰中江，子鑒大敗，僅以身免。景大懼。僧辯督諸軍乘潮入淮，景塞淮口，緣淮作城，十餘里中，樓堞相接。僧辯問計於陳霸先，霸先曰：「前柳仲禮數十萬兵隔水而坐，韋粲在青溪，竟不渡岸，賊登高望之，表裏俱盡，故能敗我。今圍石頭，須渡北岸，諸將若不能當鋒，霸先請往。」乃進，於石頭西落星山築柵，衆軍次連八城，直出石頭西北。景恐西州路絶，自帥侯子鑒等，亦於石頭東北築五城以遏大路。王僧辯進軍招提寺北，侯景帥衆萬餘人、鐵騎八百餘匹，陳於西州之西。陳霸先命諸將分處置兵，以分其勢。景衝官軍，官軍小縮，霸先遣將軍徐度將弩手二千橫截其後，景兵却。霸先與王琳、杜龕等以鐵騎乘之，僧辯以大軍繼進，景兵敗入柵。其將盧暉略以石頭降，僧辯入據之。景與霸先殊死戰，景帥百餘騎，棄矟執刀，左右衝陳，不動，衆遂大潰。景至闕下，不敢入臺，與其黨數人東走，欲就謝答仁於吳。僧辯不戢軍士，剽掠居民，號泣滿道。是夜，軍士遺火，焚太極殿及東西堂，寶器、羽儀、輦輅無遺。明日，乃命侯瑱等帥精甲追景。王克、元羅等帥臺内舊臣迎僧辯於道，僧辯問克：「璽紱何在？」克良久曰：「趙平原持去。」僧辯曰：「王氏百世卿族，一朝墜矣。」迎太宗梓宫升朝堂，帥百官哭踊如禮。上表勸進於湘東王，且迎都建業，不許。景黨郭元建等皆請降，僧辯遣陳霸先將兵向廣陵受之。會侯子鑒渡江至廣陵，謂元建等曰：「我曹，梁之深讎，何顏復見其主？」遂皆降齊。獲王偉送建康。僧辯啓陳霸先鎮京口。

梁湘東王繹殺豫章王棟。王僧辯之發江陵也，啓湘東王曰：「平賊之後，嗣君何以爲禮？」王曰：「六門之内，自極兵威。」僧辯曰：「討賊之謀，臣爲己任。成濟之事，請别舉人。」王乃密諭朱買臣使爲之所。及景敗，豫章王棟及二弟橋、樛相扶出於密室，逢杜崱於道，爲去其鎖。二弟曰：「今日始免横死矣！」棟曰：「倚伏難知，吾猶有懼！」買臣呼之就船，並沈於水。

夏，四月，梁武陵王紀稱帝于成都。紀頗有武略，在蜀十七年，南開寧州、越巂，西通資陵、吐谷渾，内修耕桑鹽鐵之政，外通商賈遠方之利，故能殖其財用，器甲殷積，有馬八千匹。聞侯景陷臺城，湘東王繹將討之，謂僚佐曰：「七官文士，豈能匡濟！」長史劉孝勝等勸紀稱帝，紀雖未許，而大造乘輿車服。會内寢殿柱繞節生花，紀以爲己瑞，遂即帝位，立子圓照爲太子。司馬王僧略、參軍徐怦固諫，不從。僧略，僧辯之弟。怦，勉之從子也。初，臺城之圍，怦勸紀速入援，紀意不欲行，内銜之。會人告怦反，紀謂曰：「以卿舊情，當使諸子無恙。」對曰：「生兒悉如殿下，留之何益！」紀乃盡誅之，亦殺僧略。永豐侯撝歎曰：「王事不成矣！善人，國之基也，今先殺之，不亡何待！」紀徵劉璠爲中書侍郎，使者八反，乃至，又苦求還。中記室韋登私謂璠曰：「殿下忍而畜憾，足下不留，將致大禍。」璠正色曰：「卿欲緩頰於我邪？我與府侯分義已定，豈以夷險易其心乎？殿下方布大義於天下，終不逞志於一夫。」紀知必不爲己用，乃厚禮遣之。

侯景伏誅。謝答仁聞侯景敗，欲北出候之，其黨趙伯超據錢塘拒之〔三二〕。侯瑱追及景於松江，進擊，敗之，擒彭儁等斬之。景與腹心數十人單舸走，將入海。羊侃之子鵾爲景都督，殺之，送尸建康，傳首江陵，截其手，送于齊，暴景尸於市，士民爭取食之，并骨皆盡。溧陽公主亦預食焉。景五子在北，齊皆殺之。趙伯超、謝答仁皆降，王僧辯并王偉等送於江陵。始葬簡文帝，號其廟曰太宗。

盜竊梁傳國璽，歸之于齊。侯景之敗也，以傳國璽自隨，使其侍中趙思賢掌之，曰：「若我死，宜沈於江。」思賢濟江遇盜，從者棄之草間，至廣陵，以告郭元建，元建取以送鄴。

齊以楊愔爲僕射，尚太原公主。公主，即魏孝靜帝之后也。

梁遣兵救南鄭，魏人敗之。楊乾運至劍北，魏達奚武逆擊，破之。劉璠還至白馬西，爲武所獲，送長安。宇文泰素聞其名，待之如舊交。時南鄭久不下，武請屠之，泰將許之，璠請之，不許；泣請不已，泰曰：「事人當如是。」乃從其請。

梁以王僧辯爲司徒，陳霸先爲征虜將軍、開府儀同三司。

王偉等伏誅。湘東王誅王偉、吕季略、周石珍、嚴亶於市〔三三〕，趙伯超、伏知命餓死於獄，以謝答仁不失禮於太宗，特宥之。初，偉於獄中上詩，王愛其才，欲宥之。有言於王者曰：「偉作檄文甚佳。」王求得之，見其有「湘東一目」之語，乃怒誅之。

胡氏曰：侯景叛亂，爲之畫謀贊決者，皆王偉也。春秋治亂臣賊子，尤嚴於其黨。若使人知亂賊之不可與，則不能自立，而亂少弭矣。若王偉者，幸生獲之，數其惡逆，戮諸市朝〔三四〕，猶未足以雪人神之憤，洗滅亡之耻，乃以吟詠篇章，欲脱其死；及其誅也，又以一言斬己之故。是蕭繹喜怒殺生，皆爲己私，而不念君父也，豈不悖哉！

梁以魯悉達爲北江州刺史。扶風民魯悉達糾合鄉人以保新蔡，力田蓄穀。時江東饑亂，餓死者什八、九，遺民携老幼歸之。悉達分給糧廪，全濟甚衆。招集晉熙等五郡，盡有其地。使其弟廣達將兵從王僧辯討侯景，故因而命之。

齊人侵梁，圍秦郡，陳霸先擊敗之。齊主使潘樂、郭元建將兵圍秦郡，行臺辛術諫曰：「朝廷與湘東王信使不絶。陽平，侯景之土，取之可也。今王僧辯已遣嚴超達守秦郡，何得爭之？且水潦方降，不如班師。」弗從。陳霸先命徐度引兵助守。齊衆七萬，攻之甚急。僧辯使杜崱救之，霸先亦自歐陽來會，與戰，破之，斬首萬餘級。

齊以辛術爲吏部尚書。自魏遷鄴以來，大選之職，知名者數人，互有得失：高澄少年高朗，所弊者疏；袁叔德沈密謹厚，所傷者細；楊愔風流辯給，取士失於浮華。唯術性尚貞明，取士必以才器，循名責實，新舊參舉，管庫必擢，門閥不遺，考之前後，最爲折衷。

梁秦、梁刺史蕭循以州降魏。魏達奚武遣左丞柳帶韋入南鄭，説蕭循曰：「足下所固者險，所恃者援，所保者民。今險不足固，援不可恃，民不可保，而宗國喪亂，社稷無主，欲誰爲爲忠乎？」循乃請降。魏開府儀同三司賀蘭德願請攻之，大都督赫連達曰：「不戰而獲城，策之上者。豈可利其子女，貪其貨財，而不愛民命乎！且觀其士馬猶强，城池尚固，攻之縱克，必彼此俱傷。如困獸猶鬬，則成敗未可知也。」武曰：「公言是也。」乃受循降，獲男女二萬口而還。於是劍北皆入于魏。

秋，七月，梁陳霸先圍廣陵，不克，引還。齊政煩賦重，江北之民不樂屬齊，其豪傑數請兵於王僧辯〔三五〕，僧辯以與齊通好，不許。七月，廣陵僑人朱盛等潛聚黨，謀襲殺齊刺史温仲邕，遣使求援。謀泄，霸先因進軍圍廣陵。齊主使告王僧辯及霸先曰：「請釋廣陵之圍，必歸廣陵、歷陽兩城。」霸先引兵還京口，江北之民從霸先濟江者萬餘口。

梁蕭循自魏歸于江陵。蕭循之降魏也，宇文泰許其南還，久而未遣，從容問劉璠曰：「我於古誰比？」對曰：「璠常以公爲湯、武，今日所見，曾桓、文之不如。」泰曰：「何也？」對曰：「齊桓存三亡國，晉文不失信於伐原。」語未竟，泰撫掌曰：「我解爾意。」乃厚禮循，遣還江陵。循以文武千家自隨，湘東王疑之，遣使覘察，命劫竊其財。循啓輸馬仗，王乃安之。

冬，十月，齊築長城。自黄櫨嶺起長城，北至社平戍，四百餘里，置三十六戍。

梁湘州刺史王琳下獄，其長史陸納入于湘州以叛。琳本會稽兵家，其姊妹皆入湘東王宫，故琳少在王左右。琳好勇，傾身下士，所得賞賜，不以入家。麾下萬人，多江、淮羣盜，從王僧辯平侯景，與杜龕功居第一。在建康，恃寵縱暴，僧辯不能禁，乃密啓王，請誅琳。王以琳爲湘州，琳自疑及禍，使長史陸納帥部曲赴州，身詣江陵，謂納等曰：「吾若不返，子將安之？」咸曰：「請死之。」相泣而別。至江陵，王下琳吏。以子方略代琳，以黄羅漢爲長史，使與太舟卿張載至巴陵據琳軍。載有寵於王，御下峻刻，荆人疾之如讎。至軍，陸納及士卒並哭，不受命，殺載，以羅漢清謹而免之。與諸將引兵襲據湘州。

十一月，梁主繹立。梁公卿藩鎮數勸進於湘東王，王遂即位於江陵。是日，不升正殿，公卿陪列而已。侯景之亂，州郡大半入魏，自巴陵以下至建康，以長江爲限，荆州界北盡武寧〔三六〕，西拒硤口，嶺南復爲蕭勃所據，詔令所行，千里而近，民户著籍，不盈三萬。

梁以蕭循爲湘州刺史。陸納襲巴陵，循擊敗之。陸納襲擊衡州刺史丁道貴於淥口，破之，降其衆。梁主聞之，徵王僧辯等與蕭循共討納，循軍巴陵以待之。頃之，納請降，求送妻子。循曰：「此詐也，必將襲我。」乃密爲之備。納果夜以輕兵繼至，鼓譟，軍中皆驚。循坐胡牀，於壘門望之，略無懼色，徐部分將士擊之，獲其一艦。納退保長沙。

癸酉（五五三）

梁承聖二年、魏主欽二年、齊天保四年。

春，正月，魏太師泰自加都督中外諸軍事。

二月，突厥伊利可汗死，弟木杆可汗俟斤立。伊利死，子科羅立，號乙息記可汗，尋卒。捨其子攝圖而立其弟俟斤，號木杆可汗。木杆剛勇多智略，善用兵，鄰國畏之。

三月，梁武陵王紀伐江陵，魏遣大將軍尉遲迥伐成都以救之。武陵王紀帥諸軍東下，留蕭撝守成都。梁主聞之，使方士畫版爲紀像，親釘支體以厭之。世子圓照時鎮巴東，啓云：「侯景未平，荆鎮已爲所破。宜急進討。」紀信之，趣兵東下。梁主甚懼，與魏書曰：「子糾，親也，請君討之。」宇文泰曰：「取蜀制梁，在茲一舉！」諸將咸難之，大將軍尉遲迥，泰之甥也，獨以爲可克。泰問以方略，迥曰：「蜀與中國隔絶百有餘年，恃其險遠，不虞我至，若以鐵騎兼行襲之，無不克矣。」泰乃遣迥自散關伐蜀。

夏，四月，梁遣王僧辯圍湘州。僧辯軍于車輪，陸納夾岸爲城以拒之。納士卒皆百戰之餘，僧辯憚之，不敢輕進，稍作連城以逼之。納以僧辯爲怯，不設備。僧辯命諸軍水陸齊進，急攻之。僧辯親執旗鼓，蕭循身受矢石，拔其二城。納衆大敗，走保長沙，僧辯進圍之。僧辯坐壟上視築圍壘，納遣吳藏等帥鋭卒千人，開門突出，蒙楯直進。杜崱、杜龕與甲士百餘人力戰拒之。僧辯據胡牀不動，裴之横從旁擊之，藏等乃退。

魏師圍成都，梁武陵王紀還兵救之，次于西陵。武陵王紀至巴郡，聞有魏兵，遣譙淹還軍救蜀。初，潼州刺史楊乾運兄子略説乾運曰：「今侯景初平，宜同心戮力，保國寧民，而兄弟尋戈，此自亡之道也。不如送款關中，可以功名兩全。」乾運然之。迥至涪水，乾運以州降。迥進襲成都。時成都見兵不滿萬人，倉庫空竭，蕭撝嬰城自守，迥圍之。譙淹遣兵赴援，迥擊走之。紀至巴東，知侯景已平，乃悔，召圓照責之，對曰：「侯景雖平，江陵未服。」紀亦已稱尊號，不可復爲人下，欲遂東進。將卒日夜思歸，皆以爲宜還救根本，更思後圖。圓照及劉孝勝固言不可，紀從之，宣言於衆曰：「敢諫者死！」遂至西陵，軍勢甚盛。陸法和築二城於硤口兩岸，運石填江，鐵鎖斷之。梁主拔任約於獄，使助法和。紀築連城，攻絶鐵鎖。梁主復拔謝答仁於獄，配兵使助法和。

六月，梁復以王琳爲湘州刺史，陸納降。梁主遣使送王琳，令說諭陸納。僧辯使送示之，納衆悉拜且泣，使謂僧辯曰：「朝廷若赦王郎，乞聽入城。」梁主從之，納遂降。梁主復琳官爵，使將長沙兵，西援峽口。

秋，七月，梁武陵王紀衆潰，梁主殺之，及其諸子。武陵王紀遣將侯叡與陸法和相拒。梁主遣使與紀書，許其還蜀，專制一方。紀不從。頓兵日久，頻戰不利。又聞魏寇深入，成都孤危，憂懣不知所爲，乃遣樂奉業詣江陵求和。奉業啓梁主曰：「蜀軍乏糧，士卒多死，危亡可待。」梁主遂不許其和。紀以黄金一斤爲餅，餅百爲篋，至有百篋，銀五倍之，錦綵稱是。每戰，懸示將士，而不以爲賞。有請事者，辭疾不見。巴東民斬峽口城主，降於王琳。謝答仁、任約進攻侯叡，破之，拔其三壘。於是兩岸十四城俱降。紀不獲退，順流東下，將軍樊猛追擊之，紀衆大潰，赴水死者八千餘人。猛圍而守之。梁主密敕猛曰：「生還，不成功也。」猛遂斬紀及其幼子圓滿。陸法和收圓照兄弟三人送江陵。梁主絶紀屬籍，下圓照等於獄，絶其食，至齧臂啖之，十三日而死，遠近聞而悲之。

八月，成都降魏，魏以尉遲迥爲益州刺史。魏尉遲迥圍成都五旬，蕭撝屢戰，皆敗，乃請降。諸將欲不許，迥曰：「降之則將士全，遠人悦；攻之則將士傷，遠人懼。」遂受之，吏民皆復其業，唯收奴婢及儲積以賞將士，軍無私焉。魏以迥爲益州刺史。

九月，梁遣王僧辯還建康，陳霸先還京口。梁主下詔將還建康，將軍胡僧祐、黄羅漢、宗懔、劉觳諫曰：「建業王氣已盡，與虜正隔一江，若有不虞，悔無及也！」梁主令朝臣議之。侍郎周弘正、僕射王褒曰：「今百姓未見輿駕入建康，謂是列國諸王。願陛下從四海之望。」時羣臣多荆州人，皆曰：「弘正等東人，故欲東下，然非計也。」弘正面折之曰：「東人勸東，謂非良計。西人欲西，豈長策乎？」又議於後堂，會者五百人，梁主曰：「勸吾去者左袒。」左袒者過半。朱買臣言於梁主曰：「建康舊都，山陵所在。荆鎮邊疆，非王者之宅。願陛下勿疑，以致後悔。臣家在荆州，豈不願陛下居此，但恐是臣富貴，非陛下富貴耳。」梁主使術士杜景豪卜之，不吉，對曰：「未去。」退而言曰：「此兆爲鬼賊所留也。」梁主以建康彫殘，江陵全盛，意亦安之，卒從僧祐等議。乃詔王僧辯還鎮建康，陳霸先復還京口。

胡氏曰：荆州雖非王者之宅，然楚嘗王之矣。古之英雄，皆以爲用武之國，何不可都之有！然於蕭繹則不可也。宗廟社稷，皆在建康；高祖憤崩，簡文弒殞，所當嘗奉陵寢，伸至痛之情；糞除祊祧，修乏享之祀，若弗暇也。正使内無襄陽之難，外無齊、魏之虞，江陵全盛，猶不得晏安而處矣！今也孝誠不昭，義聲不播，第欲保其故有，偷爲尊顯，率此爲道，雖使據百二之勢，其爲人圖取，殆不旋踵，又何江陵、建康之擇乎？

梁以陸法和爲郢州刺史。法和爲政，不用刑獄，專以沙門法及西域幻術教化，部曲數千人。

齊納蕭退于梁，不克。齊主使郭元建治水軍於合肥，將襲建康，納梁湘潭侯退。梁主使南豫州刺史侯瑱與戰于東關〔三七〕，敗之，溺死萬人，齊師退。

冬，十月，齊主伐契丹，大破之。契丹寇齊邊，齊主伐之，至昌黎城，使安德王韓軌斷其走路，遂倍道兼行以掩之。露髻肉袒，晝夜不息，行千餘里，唯食肉飲水，壯氣彌厲。與契丹遇，奮擊，大破之。

十一月，突厥攻柔然，齊主擊之，遷柔然于馬邑川。突厥請降。突厥攻柔然，柔然舉國奔齊。齊主擊突厥，迎納柔然，廢其可汗庫提，立阿那瓌子菴羅辰爲可汗，置之馬邑川，給其廩餼繒帛。親追突厥，突厥請降，許之而還。自是貢獻相繼。

魏太師泰殺尚書元烈。烈謀殺泰，事泄，泰殺之。

十二月，齊宿預叛降于梁。齊宿預民東方白額以城降，江西州郡皆起兵應之。

甲戌(五五四)

梁承聖三年、魏恭帝廓元年、齊天保五年。

春，正月，齊主擊山胡，敗之。齊主討山胡，大破之，男子十三以上皆斬，女子及幼弱以賞軍，遂平石樓。石樓絶險，自魏世所不能至。於是遠近山胡莫不懾服。有都督戰傷，其什長不能救，齊主命剖其五藏，令九人食之，肉及穢惡皆盡。自是始爲威虐。

梁陳霸先侵齊。陳霸先自丹徒濟江，圍齊廣陵，嚴超達自秦郡進圍涇州〔三八〕，侯瑱、張彪皆出石梁，爲之聲援。使杜僧明助東方白額。

魏作九命、九秩之典。宇文泰始作九命之典，以叙内外官爵，改流外品爲九秩。

魏宇文泰廢其主欽，而立齊王廓，復姓拓跋氏。魏主自元烈之死，有怨言，密謀誅宇文泰。臨淮王育、廣平王贊垂涕切諫，不聽。泰諸子皆幼，以諸婿爲心膂，清河公李基、義城公李暉、常山公于翼分掌禁兵。由是魏主謀泄，泰廢魏主，置之雍州，立其弟齊王廓，復姓拓跋氏。魏初統國三十六，大姓九十九，後多滅絶。泰乃以諸將功高者爲三十六國，次者爲九十九姓，所將士卒亦改從其姓。

三月，梁以王僧辯爲太尉，陸法和爲司徒。法和上啓自稱司徒，梁主以爲先知，就拜之。

魏遣使如梁。魏侍中宇文仁恕聘于梁。會齊使者亦至，梁主接仁恕不及齊使，仁恕歸，以告宇文泰。梁主又請據舊圖定疆境，辭頗不遜。泰由是有圖江陵之志。梁主詧聞之，益重其貢獻。魏荆州刺史長孫儉屢陳攻取之策，泰徵儉入朝，問以經略，復命還鎮，密爲之備。馬伯符密使告梁主，梁主弗之信。

齊主殺其尚書左丞盧斐、李庶。齊中書令魏收撰魏書，頗用愛憎爲褒貶，每謂人曰：「何物小子，敢與魏收作色！舉之則使升天，按之則使入地。」既成，中書舍人盧潛、左丞盧斐、李庶皆言其誣罔不直。收啓齊主云：「臣既結怨强宗，將爲刺客所殺。」齊主怒，於是斐、庶皆坐謗史，鞭二百，配甲坊，潛亦坐繫獄。斐、庶死獄中。然時人終不服，謂之「穢史」。

夏，四月，柔然寇齊，齊主擊敗之。柔然寇齊肆州，齊主討之，至恒州，柔然散走。齊主以千餘騎爲殿，宿黄瓜堆。柔然别部數萬騎奄至，齊主安卧，平明乃起，神色自若，指畫形勢，縱兵奮擊。柔然披靡，因潰圍而出。柔然走，追擊敗之。令都督高阿那肱帥騎數千塞其走路，阿那肱以兵少，請益，齊主更減其半。阿那肱奮擊，大破之。

梁以陳霸先爲司空。

魏宇文泰弑其故主欽。

五月，魏以李遷哲爲信州刺史。魏直州、洋州亂，宇文泰命將軍李遷哲討平之。南出徇地，巴、濮之民皆附之。泰以遷哲爲信州刺史，鎮白帝。信州先無儲蓄，遷哲與軍士共采葛根爲糧，有異味，輒分嘗之，軍士感悦。屢擊叛蠻，破之。羣蠻懾服，皆送糧遣質。

梁以王琳爲廣州刺史。廣州刺史蕭勃自以非梁主所授，内不自安，啓求入朝。梁主徙勃爲晉州刺史，以琳部衆强盛，又得衆心，故使代勃以遠之。琳私謂主書李膺曰：「琳，小人也，蒙官拔擢至此。今天下未定，遷琳嶺南，如有不虞，安得琳力！竊揆官意，不過疑琳，琳分望有限，豈與官爭爲帝乎？何不以琳爲雍州刺史，鎮武寧，琳自放兵作田，爲國禦捍。」膺然其言，而弗敢啓。

六月，齊冀州刺史段韶伐梁，拔宿預。齊步大汗薩將兵四萬趣涇州，王僧辯使侯瑱、張彪助嚴超達拒之，瑱、彪遲留不進。齊冀州刺史段韶討宿預，廣陵、涇州皆告急，諸將患之。韶曰：「梁氏喪亂，國無定主，人懷去就，强者從之。霸先等外托同德，内有離心，吾揣之熟矣。」乃留兵圍宿預，自引兵倍道趣涇州，擊超達破之。回趣廣陵，霸先解圍走。杜僧明、瑱、彪等皆還。吴明徹圍海西，鎮將郎基固守，削木爲箭，翦紙爲羽，圍之十旬，卒不能克而還。韶還至宿預，使人説東方白額，白額出迎，執而斬之。

秋，八月〔三九〕，齊殺其太保高隆之。齊主之未爲魏相也，高隆之常侮之，及將受禪，隆之復以爲不可，由是銜之。隆之嘗與儀同元旭飲，謂旭曰：「與王交，當生死不相負。」至是，旭坐事賜死，人白其語，齊主怒，令壯士築殺之，并其子二十人。

齊築四城于洛陽。齊主使人於洛陽西南築四城而親巡之，欲以致魏師。魏師不出。

梁主講老子於龍光殿。

冬，十月，魏遣柱國于謹帥師伐梁。十一月，入江陵。十二月，執梁主繹，殺之。初，散騎郎庾季才言於梁主曰：「去年八月丙申，月犯心中星，今月丙戌，赤氣干北斗。心爲天王，丙主楚分，臣恐建子之月，有大兵入江陵。陛下宜整旆還都，以避其患。」梁主亦曉天文，歎曰：「禍福在天，避之何益！」至是，魏遣柱國于謹、中山公宇文護、大將軍楊忠將兵五萬伐梁。長孫儉問謹曰：「爲繹計，將如何？」謹曰：「耀兵漢、沔，還據丹楊，上策也；退保子城，以待援軍，中策也；難於移動，據守羅郭，下策也。」儉曰：「繹出何策？」謹曰：「下策。」儉曰：「何故？」謹曰：「繹懦而無謀，多疑少斷，愚民難與慮始，皆戀邑居，所以知其用下策也。」武寧太守宗均告魏兵且至，領軍胡僧祐、黃羅漢曰：「二國無隙，必應不爾。」乃復使王琛使魏。于謹至樊、鄧，梁王詧帥衆會之。梁主乃停講，戒嚴。琛至石梵，馳報羅漢曰：「境上帖然，前言皆兒戲耳。」梁主乃復講，百官戎服以聽。徵王僧辯爲大都督，命陳霸先徙鎮揚州。僧辯遣侯瑱帥程靈洗等爲前軍，杜僧明帥吳明徹等爲後軍。陸法和聞魏師至，將赴江陵，梁主使逆止之，曰：「此自能破賊。」法和還州，堊其城門，著衰絰，坐葦席，終日，乃脱之。十一月，魏軍濟漢，于謹令宇文護、楊忠帥精騎先據江津，斷東路。梁主出城行柵，插木爲之，周六十里。以將軍胡僧祐、僕射王褒分督城東、西軍事。魏軍至柵下，梁主乃徵王琳爲湘州刺史，使引兵入援。于謹令築長圍，中外遂絶。梁主巡城，猶口占爲詩，羣臣亦有和者。梁主又裂帛爲書，趣王僧辯曰：「吾忍死待公，可以至矣！」胡僧祐等出戰，皆敗。朱買臣按劍進曰：「唯斬宗懍、黃羅漢，可以謝天下。」梁主曰：「曩實吾意，宗、黃何罪！」王琳軍至長沙，長史裴政請間道先報江陵，至百里洲，爲魏人所獲。梁王詧謂政曰：「我，武皇帝之孫也，不可爲爾君乎？若從我計，貴及子孫；不然，腰領分矣。」政詭曰：「唯命。」詧鎖之至城下，使言曰：「僧辯已自爲帝，王琳不復能來。」政乃言曰：「援兵大至，各思自勉。」詧怒，命殺之，參軍蔡大業諫曰：「此民望也，殺之，則荆州不可下矣。」乃釋之。魏人百道攻城，胡僧祐親當矢石，晝夜督戰，奬勵將士，明行賞罰，衆咸致死，所向摧殄，魏不得前。俄而僧祐中流矢死，内外大駭。魏悉衆攻柵，反者開西門納魏師。梁主退保金城，令汝南王大封等質於于謹以請和。魏軍之初至也，衆以王僧辯子顗可爲都督，梁主不用，更奪其兵。及僧祐死，乃用之。時城南雖破，而城北諸將猶苦戰，日暝，聞城陷乃散。梁主乃焚古今圖書十四萬卷，以寶劍擊柱折之，歎曰：「文武之道，今夜盡矣。」命御史中丞王孝祀作降文。謝答仁諫曰：「城中兵衆猶强，乘闇突圍而出，賊必驚，因而薄之，可渡江就任約。」梁主素不便走馬，曰：「事必無成，祇增辱耳。」答仁求自扶梁主，王褒曰：「答仁，侯景之黨，豈可信！」答仁又請守子城收兵，梁主然之，褒又以爲不可，答仁嘔血而去。于謹徵太子爲質，梁主使王褒送之。謹子以褒善書，給之紙筆，褒乃書曰：「柱國常山公家奴王褒。」梁主遂白馬素衣出門，詧使鐵騎擁之入營，囚于烏幔之下。梁主性殘忍，且懲高祖寬縱之弊，故爲政尚嚴，獄中死囚常數千人。有司請釋之以充戰士，梁主不許，悉令棓殺之，事未成而城陷。中書郎殷不害失其母，時冰雪交積，死者滿溝，不害行哭於道，見溝中死人，輒投下捧視，舉體凍濕，水漿不入口，號哭不輟聲，如是七日，乃得之。或問梁主：「何意焚書？」

梁主曰：「讀書萬卷，猶有今日，故焚之。」十二月，魏人殺梁主及愍懷太子元良等。于謹收府庫珍寶及宋渾天儀、梁銅晷表及諸法物；盡俘王公以下及選百姓男女數萬口爲奴婢，分賞三軍，小弱者皆殺之，得免者三百餘家，而人馬所踐及凍死者什二、三。宇文泰賞謹奴婢千口及梁之寶物，并雅樂一部，别封新野公，謹固辭，不許。自以久居重任，乃上先所乘駿馬及所著鎧甲等，泰識其意，曰：「今巨猾未平，公豈得遽爾獨善！」遂不受。

魏取襄陽，徙梁王詧，使稱帝於江陵，屯兵守之。魏立詧爲皇帝，取其雍州之地，而資以荆州，延袤三百里。又置防主，將兵居西城，名曰「助防」，實以制詧也。初，魏師未還，詧將尹德毅説詧曰：「江東之人塗炭至此，咸謂殿下爲之。人盡讎也，誰與爲國？今魏之精鋭盡萃於此，若殿下爲設享會，預伏武士，因而斃之，分命諸將掩其營壘，大殲羣醜，俾無遺類；收江陵百姓，撫而安之，文武羣僚，隨材銓授。魏人懾息，未敢送死。王僧辯之徒，折簡可致。然後朝服濟江，入踐皇極，晷刻之間，大功可立。古人云：『天與不取，反受其咎。』願殿下恢弘遠略，勿懷匹夫之行。」詧曰：「卿此策非不善也，然魏人待我厚，若遽爲此，人將不食吾餘。」至是，闔城繫虜，又失襄陽，乃恨不用德毅之言。

梁王僧辯、陳霸先奉晉安王方智承制。

魏加益州刺史尉遲迥承制。魏加尉遲迥督十八州，自劍閣以南，得承制封拜黜陟。迥明賞罰，布威恩，綏輯新民，經略未附，華、夷懷之。

校勘記

〔一〕梁世祖承聖三年　「世祖」，殿本作「元帝」。
〔二〕齊顯祖洋天保五年　「顯祖洋」，殿本作「文宣帝」。
〔三〕東魏遣兵圍魏潁川　「潁」原作「穎」，據殿本、通鑑卷一六一梁武帝太清二年四月甲戌日條改。
〔四〕梁遣散騎常侍徐陵如東魏　「東」字原脱，據通鑑卷一六一梁武帝太清二年五月條補。
〔五〕又聞徐陵等使東魏　「東」字原脱，據通鑑卷一六一梁武帝太清二年五月條補。
〔六〕鄱陽王範密啓景謀反　「反」字原脱，據通鑑卷一六一梁武帝太清二年八月條補。
〔七〕襲譙州　「州」原作「間」，據殿本、通鑑卷一六一梁武帝太清二年十月庚寅日條、南史卷八〇侯景傳改。
〔八〕羊侃令多擲火爲火城以斷其路　「火城」之「火」字原脱，據殿本、通鑑卷一六一梁武帝太清二年十一月乙丑日條、梁書卷三九羊侃傳補。
〔九〕遣司馬吴曄　「曄」原作「華」，據殿本、通鑑卷一六一梁武帝太清二年十一月己巳日條改。
〔一〇〕由正德舟楫之助　「助」原作「勤」，據殿本改。
〔一一〕聖人教之網罟佃漁　「網」原作「罔」，據殿本改。

〔一二〕其心未必不非笑堯舜周孔　「周孔」原作「孔周」，據成化本、殿本改。
〔一三〕若觀此而不知佛學之非　「而」，成化本、殿本作「尚」。
〔一四〕夏　「夏」字原脱，據成化本、殿本補。
〔一五〕方貴以爲謀泄　「方貴」原脱，據殿本、通鑑卷一六二梁武帝太清三年四月條補。
〔一六〕遂據樊城　「樊」原作「焚」，據殿本、通鑑卷一六二梁武帝太清三年四月條改。
〔一七〕索蜜不得　「蜜」原作「密」，據殿本、通鑑卷一六二梁武帝太清三年五月丙辰日條改。
〔一八〕確引弓射鳥　「確」字原脱，據殿本、通鑑卷一六二梁武帝太清三年六月條補。
〔一九〕譽擊之　「譽」字原脱，據殿本補。
〔二〇〕不得　「不得」，殿本、通鑑卷一六二梁武帝太清三年六月條作「譽不與」。
〔二一〕澄獲徐州刺史蘭欽子京　「徐」原作「衡」，據殿本、通鑑卷一六二梁武帝太清三年八月條改。
〔二二〕子鑒執送建康　「子鑒」原脱，據殿本、通鑑卷一六二梁武帝太清三年九月癸丑日條補。
〔二三〕雍州疑迫　「州」原作「川」，據殿本、通鑑卷一六三梁簡文帝大寶元年二月條、梁書卷二九高祖三王傳改。按梁書卷三四張纘傳，雍州爲岳陽王詧之鎮地，故此以代指詧。
〔二四〕南平王恪以郢州讓之　「平」原作「康」，據殿本、梁書卷二九高祖三王傳、南史卷五二梁宗室傳下改。

〔二五〕仲禮師在近路　「路」字原脱，據殿本、通鑑卷一六三梁簡文帝大寶元年正月條補。
〔二六〕及將建中宮　「中」原作「東」，據殿本、通鑑卷一六三梁簡文帝大寶元年六月丁亥日條改。
〔二七〕每一人必當百人　「每一人」三字原脱，據殿本、通鑑卷一六三梁簡文帝大寶元年八月條補。
〔二八〕鮑泉匿牀下　「鮑」字原脱，據殿本、梁書卷四四世祖二子傳補。
〔二九〕景遣任約帥鋭卒據白堵待之　「待」原作「寺」，據殿本、通鑑卷一六四梁簡文帝大寶二年五月條改。
〔三〇〕囚之　「囚」原作「因」，據殿本、通鑑卷一六四梁簡文帝大寶二年五月條改。
〔三一〕使侯瑱襲南陵　「南」原作「江」，據殿本、通鑑卷一六四梁元帝承聖元年二月庚子日條、梁書卷四五王僧辯傳改。
〔三二〕其黨趙伯超據錢塘拒之　「黨」原作「候」，據殿本改。
〔三三〕湘東王誅王偉吕季略周石珍嚴亶於市　「石」字原脱，據殿本、通鑑卷一六四梁元帝承聖元年五月乙酉日條補。
〔三四〕戮諸市朝　「戮」原作「殘」，據殿本改。
〔三五〕其豪傑數請兵於王僧辯　「傑」原作「桀」，據殿本、通鑑卷一六四梁元帝承聖元年七月條改。

〔三六〕荆州界北盡武寧　「寧」原作「陵」，據殿本、通鑑卷一六四梁元帝承聖元年十一月己卯日條改。

〔三七〕梁主使南豫州刺史侯瑱與戰于東關　「州」字原脱，據殿本、通鑑卷一六五梁元帝承聖二年閏十月丁丑日條補。

〔三八〕嚴超達自秦郡進圍涇州　「秦」原作「齊」，據殿本、通鑑卷一六五梁元帝承聖三年正月條改。

〔三九〕秋八月　「秋」字原脱，據殿本補。

資治通鑑綱目卷三十四

起乙亥梁敬帝方智紹泰元年、魏恭帝二年、齊顯祖天保六年，盡辛卯陳高宗太建三年〔一〕、齊後主武平二年、周高祖天和六年〔二〕。凡一十七年。

乙亥(五五五)

梁敬帝方智紹泰元年、魏恭帝二年、齊天保六年、後梁中宗宣帝詧大定元年。凡四國。

春，正月，梁王詧始稱帝。梁王詧即位，改元於江陵，是爲後梁。賞刑制度並同王者，唯上疏於魏則稱臣，奉其正朔。以蔡大寶爲侍中、尚書令，王操爲五兵尚書。大寶嚴整有智謀，雅達政事，文辭贍速。操亦亞之。

梁廣州刺史王琳救江陵，弗及，次于長沙，遣兵伐後梁。琳將兵北下，至蒸城，聞江陵已陷，爲世祖發哀，三軍縞素。遣別將侯平帥舟師攻後梁。琳屯兵長沙，傳檄州郡，爲進取之計。長沙王韶及上游諸將，皆推琳爲盟主。

齊遣兵救江陵，不及，取梁郢州。齊主使清河王岳將兵攻魏安州，以救江陵。岳至義陽，江陵陷，因進軍臨江，郢州刺史陸法和舉州降之。長史王珉不從，殺之。齊使儀同三司慕容儼戍郢州。王僧辯遣侯瑱攻之。

齊遣梁貞陽侯淵明還梁稱帝，以兵納之。

二月，梁王方智立。晉安王自尋陽入建康，即梁王位，時年十三。以王僧辯爲中書監、録尚書、驃騎大將軍、都督中外軍事，加陳霸先征西大將軍。

三月，齊人克梁東關。齊主先使邢子才詣建康，與王僧辯書曰：「嗣主沖藐，未堪負荷。彼貞陽侯，梁武猶子，長沙之胤，以年以望，堪保金陵，故置爲梁主。卿宜迎接。」僧辯不從。三月，淵明至東關，散騎常侍裴之横禦之，敗死。僧辯大懼，出屯姑孰，謀納淵明。

魏免梁俘數千口。魏宇文泰得庾季才，厚遇之，令參掌太史。季才散私財，購親舊之爲奴婢者。泰問其故，對曰：「僕聞克國禮賢，古之道也。今郢都覆没，其君信有罪矣，搢紳何咎，皆爲皂隸？鄙人羈旅，不敢獻言，誠竊哀之，故私購之耳。」泰乃悟曰：「吾之過也。微君，遂失天下之望。」因出令免梁俘數千口。

夏，五月，梁王僧辯奉淵明歸建康，以梁王方智爲太子。王僧辯遣使奉啓於淵明，定君臣之禮，因求以梁王爲太子，淵明許之。自采石濟江，齊師還。淵明入建康，望朱雀門而哭，道逆者以哭對。入即位，以方智爲太子，王僧辯爲大司馬，陳霸先爲侍中。

六月，齊築長城。齊發民一百八十萬築長城，自幽州夏口西至恒州九百餘里。

齊人歸郢州于梁。齊慕容儼始入郢州，而侯瑱等奄至城下。儼隨方備禦，乘間出擊，破之。城中食盡，煑草木、靴帶食之，堅守半歲，人無異志。至是，淵明命瑱還豫章。齊人以地遠難守，割以予梁，凡梁民亦還之。

秋，七月，齊主伐柔然，大破之。

八月，齊以道士爲沙門。齊主以佛、道二教不同，欲去其一，集二家學者論難於前，遂敕道士皆剃髮爲沙門。有不從者，殺四人，乃奉命。

九月，梁陳霸先殺王僧辯，廢淵明。冬，十月，復立方智，稱藩于齊。初，王僧辯與陳霸先共滅侯景，情好甚篤。僧辯居石頭城，霸先在京口，僧辯推心待之，子頠屢諫，不聽。及僧辯納淵明，霸先遣使爭之，不從。霸先歎曰：「武帝子孫甚多，唯孝元能復讎雪耻，其子何罪，而忽廢之？吾與王公並處託孤之地，而王公一旦改圖，外依戎狄，援立非次，其志欲何爲乎？」乃密聚金帛爲賞賜之具。會有告齊師至者，僧辯遣人告霸先使爲備。霸先部分將士，分賜金帛，使徐度、侯安都帥水軍趨石頭，自帥馬步自江乘羅落會之。人皆以爲將禦齊師，不之怪也。安都引舟艦將趣石頭，霸先控馬未進，安都大懼，追霸先罵曰：「今日作賊，事勢已成，生死須決，在後欲何所望？」霸先乃進。安都至石頭城北，棄舟登岸，被甲帶刀，軍人捧之，投於女垣內，衆隨而入。霸先兵亦自南門入。僧辯方視事，外白有兵，俄而兵自内出。僧辯與子頠帥左右苦戰，敗走就執。霸先曰：「我有何辜，公欲與齊見討？而乃無備如此？」僧辯曰：「委公北門，何謂無備？」霸先殺之。既而竟無齊兵。前青州刺史程靈洗帥兵救僧辯，力戰，軍敗，久之乃降。霸先義之。淵明遜位就邸。十月，方智即皇帝位，告齊以僧辯陰圖篡逆，仍請稱藩於齊。封淵明爲建安公。

梁陳霸先自爲尚書令、都督中外諸軍事。

梁吴興太守杜龕叛，梁遣陳蒨討之。譙、秦刺史徐嗣徽、南豫州刺史任約襲建康〔三〕，不克，入于石頭以叛。十一月，齊遣兵援之。初，龕恃王僧辯之勢，不禮於陳霸先，在吴興，每以法繩其宗族，霸先深怨之。及將圖僧辯，密使兄子蒨還長城，立栅以備龕。僧辯死，龕據吴興拒霸先，義興太守韋載以郡應之。僧辯弟僧智爲吴郡太守，亦據城拒守。蒨至長城，收兵纔數百人，龕遣其將杜泰將兵攻之，數旬不克而退。霸先使周文育攻義興，不利，自表東討，留侯安都、杜稜宿衛。至義興，拔其水栅。譙、秦刺史徐嗣徽從弟嗣先，僧辯之甥也，亡就嗣徽，以州入于齊。嗣徽密結南豫州刺史任約，將兵乘虚襲建康，據石頭，游騎至闕下。侯安都閉門，令城中：「登陴闚賊者斬！」及夕，嗣徽等還，安都夜爲戰備。將旦，嗣徽等又至，安都出戰，大破之。嗣徽等奔還石頭。霸先以書諭韋載，載降，霸先引與謀議，卷甲還建康，使周文育討杜龕，裴忌攻吴郡。忌輕行夜至城下，鼓譟薄之。僧智奔吴興，忌入據郡。十一月，齊遣兵渡江，據姑孰，又遣兵渡糧馬，入石頭。霸先問計於韋載，載曰：「齊若分兵先據三吴之路，略地東境，則時事去矣。今可急於淮南築城，以通東道轉輸；分兵絶彼糧運，使進無所資，則齊將之首，旬日可致。」霸先從之。使侯安都夜燒齊船千餘艘，周鐵虎斷齊運輸。仍遣載於大航築壘，使杜稜守之。齊人亦立栅與相拒，使都督蕭軌將兵屯江北。

齊主殺其清河王岳。初，齊平秦王高歸彥幼孤，高祖令清河王岳養之，情禮甚薄，歸彥心銜之。岳屢將兵立功，有威名，而性豪侈，好酒色，起第城南。歸彥譖之，言其僭擬，齊主惡之。齊主納倡婦薛氏，有寵。既而知其嘗與岳通，益怒，使歸彥鴆岳。久之，齊主無故斬薛氏，藏首於懷，出東山宴飲。勸酬始合，忽出其首，投於柈上，一座大驚。復命收取，對之流涕，載尸以出，披髮步哭而隨之。

十二月，梁陳霸先及齊人戰，敗之。徐嗣徽、任約奔齊。陳霸先帥諸軍攻徐嗣徽柵，齊將柳達摩等渡淮置陳。霸先疾戰燒柵，齊兵大敗，溺死者以千數。嗣徽與任約引齊兵還據石頭，霸先遣兵先據要險，嗣徽等不敢進，頓浦口。霸先遣侯安都襲破之，嗣徽等單舸脱走。霸先攻石頭，城中無水，達摩請和，且求質子。時建康虛弱，糧運不繼，乃與齊和。以霸先從子曇朗及永嘉王莊、丹陽尹王冲之子珉爲質，而與齊盟。嗣徽、約皆奔齊。莊，方等之子也。

梁以陳寶應爲晉安太守。初，晉安民陳羽世爲閩中豪姓，其子寶應多權詐，郡中畏服。侯景之亂，晉安太守蕭雲以郡讓羽，羽令寶應典兵。時東境荒饉，而晉安獨豐衍。至是，羽求傳郡於寶應，霸先許之。

魏降其宗室王者爲公。

突厥滅柔然，可汗鄧叔子奔魏，突厥取而殺之。突厥木杆可汗擊柔然，滅之，柔然主鄧叔子收其餘燼奔魏。時木杆西破嚈噠，東走契丹，北并契骨，威服塞外。其地東自遼海，西至西海，長萬里，南自漢北五、六千里，皆屬焉。木杆恃其强，請盡誅鄧叔子等於魏。宇文泰收叔子以下三千餘人，付其使者，盡殺之於青門外。

丙子（五五六）

梁太平元年、魏恭帝三年、齊天保七年。

春，正月，魏初建六官，以宇文泰爲大冢宰。初，宇文泰以漢、魏官繁〔四〕，命蘇綽及尚書令盧辯依周禮定六官，至是行之。以泰爲太師、大冢宰，李弼爲太傅、大司徒，趙貴爲太保、大宗伯，獨孤信爲大司馬，于謹爲大司寇，侯莫陳崇爲大司空，自餘百官，皆倣周禮。

梁陳蒨克吳興，獲杜龕，殺之。陳蒨、周文育合軍攻杜龕於吳興。龕勇而無謀，嗜酒常醉，其將杜泰陰與蒨等通。龕戰敗，泰因説龕使降，龕然之。其妻王氏曰：「讎隙如此，豈復可和？」因出私財賞募，復擊蒨等，破之。泰遂出降，龕醉，見殺。王僧智與弟僧愔奔齊。

梁遣兵擊侯瑱於湓城。江州刺史侯瑱本事王僧辯，亦擁兵據豫章及江州，不附陳霸先。霸先使周文育將兵擊湓城，又遣侯安都、周鐵虎立柵於梁山以備之。

三月，齊儀同三司蕭軌侵梁，次于蕪湖。齊遣蕭軌等與任約、徐嗣徽合兵十萬侵梁，出柵口，向梁山。陳霸先帳内盪主黄叢逆擊破之，齊師退保蕪湖。霸先遣沈泰等就侯安都，共據梁山以禦之。

夏，五月，梁建安公淵明卒。

六月，梁陳霸先及齊師戰，敗之，殺蕭軌及徐嗣徽。齊人召建安公淵明，詐許退師，陳霸先具舟送之。會其病卒，齊兵遂至秣陵。陳霸先召周文育與徐度、杜稜禦之。齊人跨淮立橋柵渡兵，夜至方山，徐嗣徽等列艦青墩，以斷文育歸路。文育攻之，斬其驍將鮑砰，嗣徽衆大駭，因留船蕪湖，自丹楊步上。齊兵進及兒塘，建康震駭。霸先拒嗣徽等於白城，適與文育會。將戰，風急，霸先曰：「兵不逆風。」文育曰：「事急矣，何用古法！」抽槊上馬先進，衆軍從之，風亦尋轉，殺傷數百人。安都帥十二騎突其陳，破之。六月，齊兵至幕府山，霸先遣别將擊其糧運，盡獲之。齊軍殺馬驢以食。至玄武湖西北，會連日大雨，平地水丈餘，晝夜坐立泥中，懸鬲以爨，而臺中及潮溝北路燥，梁軍每得番易，然四方糧運不至。將戰，調市人得麥飯，分給軍士，士皆飢疲。會陳蒨餽米三千斛、鴨千頭，霸先命炊米煑鴨，裹以荷葉，未明，蓐食。出幕府山，與吴明徹、沈泰等首尾齊舉，縱兵大戰，侯安都自白下引兵横出其後，齊師大潰，死者不可勝計，擒徐嗣徽，斬以徇，追奔至于臨沂。諸軍相次克捷，虜蕭軌等，斬之。齊軍士縛荻筏以濟〔五〕，溺死甚衆，唯任約、王僧愔得免。軍士以賞俘貿酒，一人裁得一醉。齊人殺陳曇朗。

梁王琳遣使奉表于魏、于齊。侯平頻破後梁軍，以王琳兵威不接，不受指麾。琳遣將討之，平收其衆，奔江州，侯瑱與之結爲兄弟。琳軍勢益衰，遣使奉表於齊。江陵之陷，琳妻子没于魏，琳又獻款于魏以求之；亦稱臣于梁。

齊大治宫室。齊發丁匠三十餘萬，修廣三臺宫殿。齊主之初立也，留心政術，務存簡靖，坦於任使，人得盡力。又能以法馭下，内外肅然。至於軍國機策，獨決懷抱，每臨行陳，親當矢石，所向有功。數年之後，漸以功業自矜，遂嗜酒淫泆，肆行狂暴，袒露形體，街坐巷宿。婁太后嘗以其酒狂，舉杖擊之，齊主曰：「即當嫁此老母與胡。」太后大怒。齊主自匍匐以身舉牀，墜太后於地，頗有所傷。既醒，大慚恨，欲自焚。太后懼，挽之曰：「爾汝醉耳。」齊主乃設地席，命平秦王歸彥執杖，口自責數，脫背就罰。太后前自抱之，齊主流涕苦請，乃笞脚五十，然後衣冠拜謝，悲不自勝。因是戒酒，一旬，又復如初。雖以楊愔爲宰相，使進廁籌，以馬鞭鞭其背，流血浹袍。又嘗持槊走馬，以擬斛律金之胸者三，金立不動。高氏婦女，不問親疏，往往亂之，或以賜左右，不從者手刃之。作大鑊、長鋸、剉、碓之屬，陳之於庭，每醉，輒手殺人，以爲戲樂。楊愔乃簡死囚置仗內，謂之「供御囚」，齊主欲殺人，輒執以應命，三月不殺，則宥之。開府參軍裴謂之上書極諫，齊主謂楊愔曰：「此愚人，何敢如是？」對曰：「彼欲陛下殺之，以成名於後世。」齊主曰：「我且不殺，爾焉得名！」齊主與左右飲，曰：「樂哉！」都督王紘曰：「有大樂，亦有大苦。」齊主曰：「何謂也？」對曰：「國亡身殞，所謂大苦。」齊主欲斬之，既而捨之。一日，泣謂羣臣曰：「黑獺不受我命，奈何？」都督劉桃枝曰：「臣得三千騎，請擒之以來。」齊主壯之，賜帛千匹。趙道德進曰：「桃枝妄言應誅，陛下奈何濫賞！」齊主即回絹賜之。又嘗乘馬欲下峻岸，道德攬轡回之，齊主怒，將斬之。道德曰：「臣死不恨，當於地下啓先帝，論此兒酣酗顛狂，不可教訓。」齊主默然而止。它日，謂道德曰：「我飲酒過，須痛杖我。」道德抶之。典御丞李集面諫，比之桀、紂。齊主令縛置流中，久之引出，謂曰：「吾何如桀、紂？」集曰：「彌不及矣。」又令沈之，引出更問，如此數四，集對如初。齊主大笑曰：「天下有如此癡人，方知龍逢、比干未是俊物。」遂釋之。頃之，又有所諫，竟斬之。由此內外憯憯，各懷怨毒。而能委政楊愔，總攝機衡，百度修敕，是以主昏於上，政清於下。愔少歷屯阨，及得志，有一餐之惠者必重報之，雖先嘗欲殺己者亦不問。典選二十餘年，以獎拔賢才爲己任。性復强記，一見皆不忘其姓名。

秋，七月，梁陳霸先自爲司徒、揚州刺史，進爵長城公。

梁以侯瑱爲司空。初，余孝頃爲豫章太守，侯瑱鎮豫章，孝頃城新吴與相拒。瑱悉衆攻之，不克。侯平發兵乘虚攻豫章，瑱衆潰，奔湓城。霸先使記室蔡景歷説瑱令降，瑱乃詣闕歸罪，霸先以爲司空。

八月，魏陵州獠叛，討平之。魏江州刺史陸騰討陵州叛獠，獠因山爲城，攻之難拔。騰乃陳伎樂於城一面，獠棄兵，携妻子觀之。騰潛師三面俱上，遂平之。

齊主如晉陽。齊主將西巡，百官辭於紫陌，齊主使矟騎圍之，曰：「我舉鞭，即殺之。」黄門郎是連子暢曰：「陛下如此，羣臣不勝恐怖。」齊主乃命勿殺。

九月，梁陳霸先自爲丞相、録尚書事。

魏及突厥襲吐谷渾，敗之。突厥木杆可汗假道於涼州以襲吐谷渾，魏宇文泰使涼州刺史史寧帥騎隨之。吐谷渾奔南山，木杆將追之，寧曰：「樹敦、賀真二城，吐谷渾之巢穴也，拔其本根，餘衆自散。」木杆從之，與寧分道破二城，復與會于清海〔六〕，歎寧勇決，贈遺甚厚。

冬，十月，魏太師、大冢宰、安定公宇文泰卒，世子覺嗣。泰能駕御英豪，得其力用，性好質素，不尚虚飾，明達政事，崇佛好古，凡所施設，皆依倣三代而爲之。至是，北渡河，還至牽屯山而病，驛召中山公護至涇州，謂曰：「吾諸子皆幼，外寇方强，天下之事，屬之於汝，宜努力以成吾志！」遂卒。世子覺嗣位，爲太師、柱國、大冢宰、安定公，出鎮同州，時年十五。初，泰尚魏孝武妹馮翊公主，生覺，姚夫人生毓。毓於諸子最長，娶大司馬獨孤信女。泰將立嗣，謂公卿曰：「孤欲立嫡，恐大司馬有疑，如何？」衆未有言者，僕射李遠曰：「夫立子以嫡不以長，公何所疑？若以信爲嫌，請先斬之。」遂拔刀而起，泰起止之，於是議定。遠出外，拜謝信曰：「臨大事不得不爾。」信亦謝遠曰：「今日賴公決此大議。」遂立覺爲世子。護名位素卑，至是輔政，羣公莫服。護問計於大司寇于謹，謹曰：「今日之事，謹必以死爭之。若對衆定策，公必不得讓。」明日，會議，謹曰：「昔帝室傾危，非安定公無復今日。一旦違世，嗣子雖幼，中山公親其兄子，兼受顧託，軍國之事，理須歸之。」辭色抗厲，衆皆悚動。謹素與泰等夷，護常拜之，至是，謹起再拜，羣公亦拜，於是衆議始定。謚泰曰文公。

十一月，梁徵王琳爲司空，不至。

齊併省州縣。齊主詔以「魏末豪傑，糾合鄉部，因緣請託，各立州郡，公私煩費，丁口減於疇日，守令倍於昔時」。於是併省三州、一百五十三郡、五百八十九縣、三鎮、二十六戍。

十二月，魏太師覺自爲周公。

梁以周迪爲臨川内史。初，侯景之亂，臨川民周續起兵郡中，始興王毅以郡讓之而去。續尋爲部將所殺，其宗人迪勇冠軍中〔七〕，衆推爲主，梁朝以爲臨川内史。時民遭亂，皆棄農業，羣聚爲盜，唯迪所部獨務農桑，各有羸儲，政教嚴明，徵斂必至，餘郡乏絶者，皆仰以取給。迪性質朴，不事威儀，捘繩破篋，傍若無人，訥於言語而襟懷信實，人皆附之。

齊築長城。齊自西河總秦戍築長城，東至於海，前後所築，東西凡三千餘里，率十里一戍，其要害置州鎮，凡二十五所。

丁丑（五五七）

梁太平二年、魏恭帝四年、齊天保八年、陳高祖武帝陳霸先永定元年、周孝愍帝覺元年、九月以後世宗明帝毓元年〔八〕。是歲，梁、魏皆亡，陳、周代，並齊三大國〔九〕，後梁一小國，凡四國〔一〇〕。

春，正月，周公覺稱天王，廢魏主爲宋公。宇文護自爲大司馬。魏宇文護以周公覺幼弱，欲早使正位，以定人心，以魏主詔，奉册璽禪位于周，遷魏主出居大司馬府。周公即天王位，追尊文公爲文王，妣爲文后；封魏帝爲宋公。以木德承魏水，行夏之時，服色尚黑。以李弼爲太師，趙貴爲太傅、大冢宰，獨孤信爲太保、大宗伯，中山公護爲大司馬。

周主祀圜丘，定郊廟之制。周主祀圜丘，自謂先世出於神農，以神農配二丘，始祖獻侯莫那配南北郊，文王配明堂，廟號太祖。仍用鄭玄義，立太祖與二昭、二穆爲五廟，其有德者别爲祧廟，不毁。

吐谷渾寇周。吐谷渾攻涼、鄯、河三州。秦州都督遣渭州刺史于翼赴援，翼曰：「攻取非夷俗所長，寇來不過鈔掠耳。掠而無獲，勢將自走。」數日，間至，果如其言。

二月，梁蕭勃起兵廣州，次于南康。勃起兵於廣州，遣歐陽頠及其將傅泰、蕭孜爲前軍。南江州刺史余孝頃以兵會之。

周大司馬護殺冢宰趙貴。周楚公趙貴、衛公獨孤信故皆與太祖等夷，及晉公護專政，皆怏怏不服。貴謀殺護，信止之。護聞之，殺貴，免信官。

梁丞相霸先使周文育擊蕭勃，獲其將歐陽頠、傅泰。勃爲其下所殺。歐陽頠出南康，屯苦竹灘，傅泰據蹠口城，余孝頃出豫章，據石頭。巴山太守熊曇朗誘頠共襲高州刺史黄法氍，至城下，曇朗陽敗走，法氍乘之，頠失援而走，曇朗取其馬仗以歸。周文育於豫章立栅，分遣老弱乘故船，沿流俱下，燒豫章栅，僞若遁去者。孝頃望之，大喜，不復設備。文育由間道兼行，據頠及蕭孜、傅泰、余孝頃之間，築城饗士，頠等大駭。文育遣周鐵虎等襲頠，擒之。文育盛陳兵甲，與頠乘舟而宴，巡蹠口城下，使其將丁法洪攻泰，擒之。孜、孝頃退走。勃軍聞之，恟懼，遂殺勃。

周宇文護自爲大冢宰。

周冢宰護弑宋公。謚曰魏恭帝。

三月，周冢宰護殺趙公獨孤信。

夏，四月，梁鑄四柱錢，禁細錢。四柱錢一當十。

梁復以歐陽頠爲衡州刺史，使討廣州，克之。初，周文育送歐陽頠、傅泰于建康，陳霸先與頠有舊，釋而厚待之。蕭孜、余孝頃猶據石頭，多設船艦，夾水而陳。霸先遣侯安都助周文育。安都潛師夜燒其船艦，水陸攻之。蕭孜出降，孝頃逃歸。霸先以頠聲著南土，復以爲衡州刺史，使討嶺南。未至，其子紇已克始興。頠至，諸郡皆降，遂克廣州。

六月，梁丞相霸先遣兵擊王琳于郢城。王琳既不就徵，大治舟艦，將攻陳霸先。霸先遣侯安都、周文育將舟師會武昌以擊之。

齊大蝗。河南、北大蝗，齊主以問魏郡丞崔叔瓚，對曰：「五行志：『土功不時，蝗蟲爲災。』今外築長城，内興三臺，殆以此乎？」齊主大怒，使左右毆之，擢其髮，以溷沃之，曳足以出。

秋，八月，周人歸故梁主繹之喪于王琳。琳請之也。

九月，梁丞相霸先自爲相國，封陳公，加九錫。

周冢宰護弑其君覺及其柱國李遠，而立寧都公毓。周主覺性剛果，惡宇文護之專。司會李植、軍司馬孫桓久居權要，亦恐不見容，乃與宮伯乙弗鳳、賀拔提等共譖之曰：「護自誅趙貴以來，威權日盛，以臣觀之，將不守臣節。願陛下早圖之！」王以爲然，數引武士於後園講習，爲執縛之勢。植等又引宮伯張光洛同謀，光洛以告護。護乃出植於外，以散其謀。後王思植等，每欲召之，護泣諫，王乃止。鳳等懼，密謀刻日誅護，光洛又以告護。乃召柱國賀蘭祥、領軍尉遲綱等謀之，祥等勸護廢立。時綱總領禁兵，護遣綱入宮執鳳等，因罷散宿衛兵。王方悟，獨在内殿，令宮人執兵自守。護遣祥逼王遜位，幽於舊第。召公卿議，廢王爲略陽公，迎立岐州刺史、寧都公毓。鳳、恒等皆被誅。時李植父柱國遠鎮弘農，護召遠及植還朝，遠疑有變，沉吟久之，乃曰：「大丈夫寧爲忠鬼，安可作叛臣邪！」遂就徵。既至，護欲全之，以植付遠，使自誅之。遠素愛植，植又口辯，自陳初無此謀。遠將植謁護，護令略陽公與相質。植辭窮，乃曰：「本爲此謀，欲安社稷，利至尊耳。今日至此，何事云云！」遠聞之，自投於牀曰：「若爾，誠合萬死！」於是護乃害植，并逼遠令自殺。尋弑略陽公，黜其后元氏爲尼。寧都公至，即天王位。

冬，十月，梁陳公霸先進爵爲王，遂稱皇帝，廢梁主爲江陰王。梁主禪位于陳。陳王使中書舍人劉師知引沈恪勒兵入宮，衛送梁主如别宫。恪排闥見王，叩頭謝曰：「恪經事蕭氏，今日不忍見此。分受死耳，決不奉命！」王嘉其意，更以王僧志代之。王遂即位于南郊，奉梁主爲江陰王。

陳以蔡景歷爲中書通事舍人。是時政事皆由中書省，置二十一局，各當尚書諸曹，總國機要，尚書唯聽受而已。

陳主祠蔣帝廟。

陳置删定郎，治律令。

周祔太祖於太廟。七廟共用一太牢，始祖薦首，餘皆骨體。

梁王琳及陳人戰，敗之，獲其將周文育、侯安都，遂克江州。侯安都至武昌，王琳將樊猛棄城走，周文育自豫章會之。安都聞陳主受禪，歎曰：「今茲必敗，戰無名矣。」時兩將俱行，不相統攝，部下交爭，稍不相平。軍至郢州，圍之未克，而王琳至，安都乃悉衆詣沌口合戰，大敗，安都、文育及裨將徐敬成、周鐵虎、程靈洗皆被擒。鐵虎辭氣不屈，琳殺之，囚安都等，總以一長鎖繫之。移湘州軍府就郢城，遣樊猛襲據江州。

陳以蕭乾爲建安太守。時熊曇朗在豫章，周迪在臨川，留異在東陽，陳寶應在晉安，共相連結，閩中豪帥往往立砦以自保。陳主患之，使侍郎蕭乾諭以禍福，豪帥皆降。即以乾爲建安太守。

周以令狐整爲豐州刺史。初，梁興州刺史席固以州降魏，魏以爲豐州刺史。久之，固不遵北方制度，周人密欲代之，乃以司憲中大夫令狐整權鎮豐州。整傾身撫接，人情遂洽。於是除整刺史，徙固湖州。整遷州於武當，旬日之間，城府周備，遷者如歸。固部曲多願留爲整左右，整諭以朝制，弗許，莫不流涕而去。

齊人築重城。齊人於長城内築重城，自庫洛枝東至鳴紇戍，凡四百餘里。

十二月，齊主幽其弟永安王浚、上黨王渙於地牢。初，齊有術士言「亡高者黑衣」。齊主因問左右：「何物最黑？」對曰：「無過於漆。」齊主以上黨王渙於兄弟第七，執之。渙殺使者而逃，爲人所獲，送鄴。齊主又與永安王浚有舊怨，及即位，浚爲青州刺史，聰明矜恕，吏民悦之。浚以齊主嗜酒，私謂親近曰：「二兄因酒敗德，朝臣無敢諫者，大敵未滅，吾甚憂之。欲乘驛至鄴面諫，不知見聽否？」或密以白齊主，齊主益銜之。浚入朝，從幸東山，齊主裸裎爲樂，浚進諫曰：「此非人主所宜！」又於屏處召楊愔，譏其不諫。時齊主不欲大臣與諸王交通，愔懼，奏之，齊主大怒。浚還州，又上書切諫。詔徵浚，浚懼禍，謝疾不至。齊主遣馳驛收之，老幼泣送者數千人。至鄴，與上黨王渙皆盛以鐵籠，寘於地牢，飲食溲穢，共在一所。

戊寅（五五八）

陳永定二年、周明帝二年、齊天保九年。

春，正月，梁王琳伐陳，次于白水，遣使乞師于齊。王琳引兵十萬，下至湓城，屯於白水浦，以䝉悉達爲將軍。陳主亦以悉達爲將軍〔一一〕，各送鼓吹、女樂，悉達兩受之而無所就。琳不敢下，乃遣使求援於齊，且請納永嘉王莊以主梁祀。余孝頃遣説琳曰：「周迪、黄法𣰋皆依附金陵，陰窺間隙，大軍若下，必爲後患。不如先定南川，然後東下，孝頃請席卷所部以從下吏。」琳乃遣樊猛、李孝欽、劉廣德將兵赴之〔一二〕，使孝頃總督三將，屯於臨川故郡，徵兵糧於迪，以觀其所爲。

周宇文護自爲太師。

二月，齊北豫州刺史司馬消難叛入于周。消難以齊主昏虐滋甚，陰爲自全之計，曲意撫循所部。上黨王涣之亡也，鄴中大擾，疑其赴成皋。御史中丞畢義雲遣御史詣北豫州，先禁消難典籤家客等。消難懼，密請降于周。周遣柱國達奚武、大將軍楊忠帥騎士迎消難，三遣使，消難皆不報。武疑有變，欲還，忠曰：「有進死，無退生！」獨以千騎夜趣城下。城四面峭絶，但聞擊柝聲。武麾騎西去，忠勒餘騎不動，俟門開而入，馳遣召武。武以消難及其屬先歸，忠以三千騎爲殿。至洛南，皆解鞍而卧。齊衆來追，至洛北，忠謂將士曰：「今在死地，賊必不敢度水。」已而果然，乃徐引還。武歎曰：「達奚武自謂天下健兒，今日服矣。」

齊納梁永嘉王莊于梁軍，以王琳爲梁丞相。琳遂以莊稱帝。

夏，四月，陳主霸先弑江陰王。謚曰梁敬帝。

五月，陳主捨身於大莊嚴寺。

梁丞相琳伐臨川，不克。余孝頃等連八城以逼周迪，迪懼，請和。樊猛等欲受盟而還，孝頃貪其利，不許，樹柵圍之。由是猛等與孝頃不協。黄法氍等救之，分兵攻余孝頃別城，樊猛等不救而没。迪追擊，盡擒之。送孝頃於建康，歸樊猛於王琳。

秋，八月，陳侯安都、周文育自湓城逃歸。王琳在白水浦，周文育、侯安都等賂守者，得上岸，步投陳軍。陳主宥之，復其本官。

梁丞相琳歸于湘州。陳主遣謝哲往諭王琳，琳請還湘州，陳軍亦還。

冬，齊以常山王演録尚書事。初，常山王演以齊主沈湎，憂憤形於顔色。齊主覺之，謂曰：「但令汝在，我何爲不縱樂？」演唯啼泣拜伏，竟無所言。齊主亦大悲，抵盃於地，曰：「自今敢進酒者斬！」未幾，沈湎益甚。或於諸貴戚家角力，不限貴賤，唯演至，則内外肅然。演又密撰事條，將諫，其友王晞以爲不可，演不從，因間極言。齊主大怒，疑演假辭於晞，欲殺之。演私謂晞曰：「王博士，明日當作一條事，爲欲相活，亦圖自全，勿怪。」乃於衆中杖晞二十。齊主聞之，以故得不死，髡鞭配甲坊。居三年，演又因諫爭，大被毆撻，閉口不食。太后日夜涕泣，齊主不知所爲，數往問演疾，謂曰：「努力强食，當以王晞還汝。」乃釋晞。晞流涕曰：「殿下不食，太后亦不食，殿下縱不自惜，獨不念太后乎？」言未卒，演强坐而飯。晞由是得免，還爲王友。及演録尚書事，除官者皆詣演謝，去必辭。晞言於演曰：「受爵天朝，拜恩私第，自古以爲不可，宜一切約絶。」演從之。久之，演從容謂晞曰：「主上起居不恒，吾豈可以前逢一怒，遂爾結舌。卿宜爲撰諫草，吾當伺便極諫。」晞遂條十餘事以呈，因謂演曰：「今朝廷所恃唯殿下，乃欲學匹夫耿介，輕一朝之命。一旦禍至，柰家業何！」演歔欷不自勝，即焚之。後復承間苦諫，齊主使力士亂捶之，會醉得解。齊主褻黷之遊，遍於宗戚，唯至常山第，則不適而去。僕射崔暹屢諫，演深愧謝之。太子殷自幼温裕開朗，禮士好學，關覽時政，甚有美名。齊主以其不似己，欲廢之。使手刃囚，太子惻然，不斷其首。齊主大怒，親以馬鞭撞之，太子由是氣悸語吃，精神昏擾。齊主因酣宴，屢云：「太子性懦，社稷事重，終當傳位常山。」太子少傅魏收謂楊愔曰：「太子，國之根本，不可動摇。此言非所以爲戲！」愔白收言，齊主乃止。齊主既殘忍，有司莫不嚴酷，或燒犂耳，使囚立其上；或燒車釭，使以臂貫之。唯郎中蘇瓊所至皆以寬平爲治。有人告反者，事或付瓊，多得申雪。

齊減百官禄。齊主北築長城，南助蕭莊，士馬死者以數十萬計。重以修築臺殿，賜與無節，府藏之積，不足以供，乃減百官之禄，撤軍人常廩，併省州郡縣鎮戍之職，以節費用焉。

十二月，齊主殺永安王浚、上黨王渙。齊主如北城，因視永安王浚、上黨王渙於地牢。齊主臨穴謳歌，令浚等和之，浚等悲怖聲顫，齊主愴然泣下，將赦之。長廣王湛素與浚不睦，進曰：「猛虎安可出穴！」齊主默然，使左右刺之。浚、渙號哭呼天，乃燒殺之，遠近痛憤。齊主遂以浚、渙妃賜左右之殺浚、渙者。及齊主殂，常山王演爲政，乃收葬之，令妃還第。

陳高凉太守馮寶卒。時海隅擾亂，寶妻冼氏懷集部落，數州晏然。其子僕生九年，是歲，遣帥諸酋長入朝，詔以爲陽春太守。

己卯(五五九)

陳永定三年、周武成元年、齊天保十年。

春，正月，周王始親政。宇文護上表歸政，周王始親萬機。軍旅之事，護猶總之。

周改都督爲總管。

夏，四月，齊主殺其膠州刺史杜弼。齊主之爲魏相也，弼爲長史。齊主將受禪，弼諫止之。僕射高德政用事，弼又不爲之下，德政數短之。齊主因飲酒，遣使斬之。既而悔之，驛追不及。崔暹卒，齊主親往哭，謂其妻曰：「頗思暹乎？」對曰：「思之。」齊主曰：「然則往省之。」乃手斬其妻，擲首牆外。

閏月，周更定曆。

齊主殺其僕射高德政。德政與楊愔同爲相，愔忌之。齊主酣飲，德政數强諫，齊主不悦，謂左右曰：「高德政恒以精神凌逼人。」德政懼，稱疾。愔曰：「若用爲冀州，病當自差。」從之，德政即起，齊主大怒，殺之。

周令有司毋得糾赦前事。周主詔：「有司無得糾赦前事。唯庫厩倉廩與海内所共，若有侵盜，雖經赦免罪，徵備如法。」

周人敗吐谷渾，置洮州。周賀蘭祥與吐谷渾戰，破之，拔其洮陽、洪和二城，以其地爲洮州。

五月朔，日食。

齊主殺魏宗室二十五家。齊太史奏，今年當除舊布新。齊主問於彭城公元韶曰：「漢光武何故中興？」對曰：「爲誅諸劉不盡。」於是齊主誅始平公世哲等二十五家，囚韶等十九家。韶幽於地牢，絶食而死。

陳豫章内史熊曇朗殺周文育。周文育、周迪共討余孝頃之子公颺，豫章内史熊曇朗引兵會之。王琳遣其將曹慶攻迪，敗之，文育退據金口。曇朗因其失利，殺文育而併其衆。周敷擊破之，曇朗單騎奔巴山。

齊取梁北江州，刺史魯悉達奔陳。魯悉達部將引齊軍入城，悉達帥麾下數千人降陳。

六月，霖雨。周以霖雨，詔羣臣極諫。左光禄大夫樂遜言四事：其一，以爲「比來守令代歸期促，責其成效，專務威猛。今關東之民淪陷塗炭，若不布政優優，何以使彼勞民，歸就樂土」？其二，以爲「頃者魏都洛陽，一時殷盛，貴勢競爲侈靡，終使禍亂交興。比來朝貴器服稍華，百工造作務盡奇巧，臣誠恐物逐好移，有損政俗」。其三，以爲「選曹補擬，宜與衆共，衆心明白，然後呈奏」。其四，以爲「高洋據有山東〔一三〕，未易猝制，譬猶碁劫相持，爭行先後，若一行不當，或成彼利，誠應捨小營大，先保封域，不宜貪利邊陲，輕爲興動」。

周王賜處士韋敻號「逍遥公」，徵魏將軍寇儁入見。敻，孝寬之兄也，志尚夷簡，魏、周之際，十徵不屈。太祖重之，不奪其志。周王禮敬尤厚，號曰「逍遥公」。晉公護延之至第，訪以政事，敻仰視歎曰：「酣酒嗜音，峻宇彫墻，有一于此，未或不亡。」護不悦。驃騎大將軍、開府儀同三司寇儁少有學行，家人嘗賣物，多得絹五疋，儁知之，曰：「得財失行，吾所不取。」訪主還之。敦睦宗族，與同豐約，教訓子孫，必先禮義。自大統中，稱老疾，不朝謁。王欲見之，儁不得已入見。王引與同席，問以舊事，以御輿送之。

陳侯安都敗梁師于左里。

陳主霸先殂，兄子臨川王蒨立。陳主臨戎制勝，英謀獨運，而爲政務崇寬簡，非軍旅急務，不輕調發。性儉素，常膳不過數品，私宴用瓦器、蚌盤，殽核充事而已。後宮無金翠之飾，不設女樂。及殂，子昌、頊皆以江陵之陷，没於長安，内無嫡嗣，外有强敵，宿將在外，朝無重臣，唯中領軍杜稜典宿衛兵。章皇后召稜及中書侍郎蔡景歷入禁中定議，急召臨川王蒨於南皖。侯安都軍還，適至，遂與王俱還至建康。羣臣奉王嗣位，王謙讓不敢當。后以昌故，未肯下令，羣臣猶豫不能決。安都曰：「今四方未定，何暇及遠！臨川王有大功於天下。今日之事，後應者斬！」即按劍上殿，白皇后出璽。是日即位，以侯瑱爲太尉，安都爲司空。

齊主滅元氏之族。齊主盡誅諸元，前後死者凡七百二十一人，悉棄尸漳水，唯元蠻、元文遥等數家獲免〔一四〕。定襄令元景安欲請改姓高氏，其從兄景皓曰：「安有棄其本宗而從人之姓者乎？丈夫寧可玉碎，何能瓦全！」景安以其言白齊主，齊主誅景皓，賜景安姓高氏。

胡氏曰：元魏固多賢君，孝文治行尤美，江左五朝皆莫及也。其後爲高洋所勦，幾至於殲焉，是何也？自拓跋珪已來，殺人多也。獨孝文寬仁好儒，亦數大舉兵。夫兵，凶器，不得已而用之。得已不已，天之所惡也。天之道，生而已矣。天子之德，好生而已矣。故玩兵恃武者，難乎其有後也。雖然，彼已亡之國，固有以取之，而殺之者，亦不仁之極矣。

秋，八月，周王始稱皇帝。周御正中大夫崔猷建議，以爲「聖人沿革，因時制宜。今天子稱王，不足以威天下，請遵秦、漢舊制，稱皇帝，建年號」。從之。

陳主封子伯茂爲始興王。初，高祖追封兄道譚爲始興昭烈王，以其次子頊襲封。至是，陳主以頊在長安，本宗乏饗，徙封頊爲安成王，而以伯茂爲始興王。

周以安成公憲爲益州總管。初，周太祖平蜀，以其形勝之地，不欲使宿將居之，問諸子：「誰可往者？」皆不對。少子安成公憲請行，太祖以其幼，不許。至是，以爲益州總管，時年十六，善於撫綏，留心政術，蜀人悦之。

冬，十月，齊主洋殂，太子殷立。齊主嗜酒成疾，自知不能久，謂李后曰：「人生必有死，何足惜！但憐正道尚幼，人將奪之耳。」又謂常山王演曰：「奪則任汝，慎勿殺也！」召尚書令楊愔、領軍平秦王歸彦、侍中燕子獻、侍郎鄭頤受遺詔輔政。十月，殂於晉陽，羣臣無下泣者，唯楊愔涕泗嗚咽。太子殷即位，詔諸雜作一切停罷。

十一月，梁丞相琳敗陳師于湓城。王琳聞陳高祖殂，乃以孫瑒爲郢州刺史，總留任，奉梁主莊出屯濡須口〔一五〕。齊行臺慕容儼帥衆臨江，爲之聲援。琳攻大雷，陳遣侯瑱、侯安都及徐度將兵禦之。吴明徹夜襲湓城，琳遣任忠擊明徹，大破之，因引兵東下。

庚辰（五六〇）

陳世祖文帝蒨天嘉元年、周武成二年、齊主殷乾明元年、肅宗孝昭帝演皇建元年。

春，二月，梁丞相琳伐陳，敗績，與梁主莊皆奔齊。王琳至柵口，侯瑱出屯蕪湖，相持百餘日。周人聞琳東下，遣荆州刺史史寧將兵數萬乘虛襲郢州，孫瑒嬰城自守。琳恐衆潰，乃帥舟師東下，去蕪湖十里而泊。齊軍屯西岸，爲之聲勢。時西南風急，琳引兵直趣建康。瑱等徐躡其後，風反爲瑱用。琳擲火炬，皆反燒其船。瑱發拍擊艦，以牛皮冒蒙衝小船觸之。琳軍大敗。齊軍自相蹂踐〔一六〕，陳軍乘之，斬獲萬計。琳走奔齊。梁主莊左右皆散，獨侍中袁泌以輕舟送莊，達于齊境，拜辭而還，遂奔陳。御史中丞劉仲威奉莊奔齊，樊猛及其兄毅帥部曲降陳。

齊太傅、常山王演殺尚書令楊愔等，自爲丞相、都督中外諸軍事。齊顯祖之喪，常山王演居禁中護喪事，婁太后欲立之而不果。齊主殷立，演仍居東館，事皆咨決。楊愔等以演與長廣王湛位地親逼，恐不利於嗣主，忌之。居頃之，演出歸第，或謂之曰：「鷙鳥離巢，必有探卵之患。王何宜屢出邪？」中山太守陽休之詣演，演不見。休之謂王晞曰：「昔周公朝讀百篇書，暮見七十士，猶恐不足。王何疑而拒客邪？」晞乃謂演曰：「先帝時，東宮委一胡人傅之。今春秋尚富，驟覽萬機，殿下宜朝夕先後，親承音旨，而使他姓出納詔命，大權必有所歸，殿下雖欲守藩，其可得邪？借令得遂冲退，家祚亦何得長？」演默然久之，曰：「何以處我？」晞曰：「周公攝政七年，然後復辟，惟殿下慮之。」演曰：「我何敢自比周公！」晞曰：「殿下今日地望，欲不爲周公，得邪？」演不應。齊主還鄴，人謂演必留守根本，楊愔疑之，使與長廣王湛俱從。平秦王歸彦總知禁衛，愔留從駕五千兵於西中，陰備非常，歸彦由是亦怨愔。領軍將軍可朱渾天和每曰：「若不誅二王，少主無自安之理！」燕子獻謀處婁太后於北宮，使歸政李太后。楊愔又以爵賞多濫，悉加澄汰，由是失職之徒，歸心二王。歸彦初與楊、燕同心，既而中變，盡以其謀告二王。侍中宋欽道請去二王，齊主不許。愔等乃奏李太后，出二王爲刺史。宫人李昌儀，即高仲密之妻也，李后以啓示之，昌儀密啓婁太后。愔等又議不可令二王俱出，乃奏以湛鎮晉陽，演録尚書事。二王拜職於尚書省，大會百僚。愔等將赴之，鄭頤止之，愔不聽。湛伏家僮數十人於後室，與賀拔仁、斛律金等數人約，於坐執愔及天和、欽道、子獻，毆之。愔大言曰：「諸王反逆，欲殺忠良邪？尊天子，削諸侯，赤心奉國，何罪之有！」使人執頤，頤曰：「不用智者言至此，命也！」二王與歸彦等擁愔等突入雲龍門，開府成休寧抽刃呵演，演使歸彦諭之，不從。歸彦久爲領軍，軍士服之，皆弛仗，休寧歎息而罷。演入至昭陽殿，婁太后出坐殿上，李太后及齊主側立。演叩頭曰：「臣與陛下骨肉至親，楊遵彦等欲獨擅朝權，威福自己，若不早圖，必爲宗社之害。臣與湛等已共執之，未敢刑戮。專輒之罪，誠當萬死。」時衛士二千餘人，皆被甲待詔，武衛娥永樂武力絶倫，素爲顯祖所厚，叩刀仰視。齊主素吃訥，倉猝不知所言，婁太后令却仗，不退，又厲聲曰：「奴輩即今頭落！」乃退，永樂内刀而泣。婁太后因問：「楊郎何在？」賀拔仁曰：「一眼已出。」婁太后愴然曰：「楊郎何所能爲，留使豈不佳邪？」乃讓齊主曰：「此等懷逆，欲殺我二子，次將及我，爾何爲縱之？」齊主猶不能言。婁太后怒且悲曰：「豈可使我母子受漢老嫗斟酌！」李太后拜謝，齊主乃曰：「天子亦不敢爲叔惜，況此漢輩！但匄兒命，自下殿去，此屬任叔父處分。」遂皆斬之。演令歸彦引衛士向華林園，以京畿軍士入守門閤，斬娥永樂。婁太后臨愔喪，哭曰：「楊郎忠而獲罪。」演亦悔殺之。以中書令趙彦深代楊愔總機務。鴻臚少卿陽休之私謂人曰：

「將涉千里，殺騏驎而策蹇驢，可悲甚矣！」遂以演爲大丞相、都督中外諸軍、録尚書事。

陳衡陽王昌自周歸于陳。初，陳高祖以其子昌、頊在長安，屢請之於周，周不遣。至是，乃遣昌還。昌致書陳主，辭甚不遜。陳主召侯安都謂曰：「太子將至，須别求一藩歸老。」安都曰：「自古豈有被代天子！臣愚不敢奉詔！」請自迎之。於是陳主以昌爲衡陽王。

三月，齊丞相常山王演如晉陽。演如晉陽，謂王晞曰：「不用卿言，幾至傾覆。今當何以處我？」晞曰：「殿下往時位地，猶可以名教出處。今日事勢，遂關天時，非復人理所及。」齊主遂詔：「軍國之政，皆申晉陽，稟大丞相規算。」

胡氏曰：王晞之言何其悖歟？天時之無舛，即人理也；人理之不逆，即天時也。下盡人理，上順天時，乃名教之正道也。晞欲遂其邪謀，速演篡奪，以名教、天時、人理分爲三事，可謂巧言亂德、利口覆邦者矣！

梁郢州刺史孫瑒降陳。周軍初至郢州，得其外城，遂攻内城，燒其南面五十餘樓。孫瑒兵不滿千人，身自撫循，行酒賦食，士卒皆爲之死戰。周人不能克，乃授瑒刺史，瑒僞許以緩之，而潛修守備，一朝而具，乃復拒守。周人聞陳兵至，乃解圍去。瑒集將佐謂之曰：「吾與王公同奬梁室，勤亦至矣。今時事如此，豈非天乎！」乃以州降陳。王琳之東下也，陳主徵南川兵，周迪、黄法氍赴之。熊曇朗塞其中路，迪等圍之。及琳敗，曇朗走死。

陳主殺其弟衡陽王昌。陳衡陽王昌濟江，侯安都中流隕之，使以溺告。安都以功進爵清遠公。

陳遣使如周。初，高祖遣毛喜從安成王頊詣江陵。至是，與昌俱還，因進和親之策。陳主乃使周弘正通好於周。

夏，四月，周冢宰護進毒弒其君毓，毓弟魯公邕立。周明帝明敏有識量，宇文護憚之，使膳部中大夫李安寘毒於糖䭔而進之。周主覺之，口授遺詔五百餘言，且曰：「朕子年幼，未堪當國。魯公邕，朕之介弟，寬仁大度，海内共聞。能弘我周家，必此子也。」遂殂。邕即位。邕性深沈，有遠識，非因顧問，未嘗輒言。

六月，陳人葬梁孝元帝。

秋，八月〔一七〕，齊常山王演廢其主殷爲濟南王而自立。演以司馬王晞儒緩，恐不允武將之意，每夜載入，晝則不與語。嘗密謂曰：「比諸勳貴，每敦迫我言違天不祥，恐當有變。吾欲以法繩之，何如？」晞曰：「比者殿下倉猝所行，非復人臣之事。上下相疑，何由可久？殿下雖欲謙退，恐墜先帝之基。」演曰：「卿勿多言！」晞又密以問趙彥深，彥深曰：「我比亦驚此聲論，每欲陳聞，則口噤心悸。弟既發端，吾亦當昧死一披肝膽。」因共勸演。演遂言於婁太后〔一八〕。趙道德曰：「相王不效周公輔成王，而欲骨肉相奪，不畏後世謂之篡邪？」未幾，演自啓太后，以「人心未定，恐奄忽變生，須早定名位」。太后從之。八月，下令廢齊主爲濟南王，出居別宮，以常山王演入纂大統，且戒之曰：「勿令濟南有他也！」演遂即位於晉陽。詔紹封功臣，禮賜耆老，延訪直言，褒賞死事，追贈名德。謂王晞曰：「卿何爲自同外客，略不可見？」即敕晞與尚書陽休之、鴻臚卿崔劼日入東廊，舉録歷代禮樂、職官及田市、徵稅，或不便於時而相承施用，或自古爲利而於今廢墜，或道德高儁久在沈淪，或巧言眩俗妖邪害政者，詳思條奏，給以御食。齊主識度沈敏，少居臺閣，明習吏事，即位尤自勤勵，大革顯祖之弊。嘗問舍人裴澤得失，對曰：「陛下聰明至公，而頗傷細。帝王之度，頗爲未弘。」齊主笑曰：「朕初臨萬機，慮不周悉，故致如此。但恐後又嫌疏漏耳。」羣臣進言，皆從容受納。性至孝，太后不豫，容色貶悴，衣不解帶，食飲藥物，皆手親之。太后嘗心痛不自堪，齊主立侍帷前，以爪掐掌代痛，血流出袖。友愛諸弟，無君臣之隔。

陳太尉侯瑱攻湘州，周遣軍司馬賀若敦救之。江陵之陷也，巴、湘之地皆入於周，周使後梁守之。陳使侯瑱等將兵逼湘州，周遣軍司馬賀若敦、獨孤盛救之，軍于湘川。會糧援斷絶，敦恐瑱知之，乃於營内多爲土聚，覆之以米，召旁村人，陽有訪問，隨即遣之。瑱以爲實。敦又增修營壘，爲久留之計。先是土人多乘輕船，載肉米餉瑱軍。敦乃僞裝餉船，伏甲士於中。瑱軍望見，逆來爭取，甲士出而擒之。又敦軍數有乘馬投瑱者。敦乃別取一馬，牽以趣船，令船中逆以鞭鞭之，如是再三，馬畏不上。然後伏兵江岸，使人乘畏船馬，詐降瑱軍。瑱遣兵迎接，馬畏船不上，伏發，盡殺之。後實有饋餉及亡降者，瑱皆拒擊之。瑱襲破獨孤盛於楊葉洲，盛收兵登岸，築城自保。

冬，十一月，齊以盧叔虎爲太子庶子。齊主問時務於叔虎，叔虎請伐周，曰：「我强彼弱，我富彼貧，其勢相懸。然未能併吞者，此失於不用强富也。宜立重鎮於平陽，與彼蒲州相對，深溝高壘，運糧積甲。彼閉關不出，則蠶食其地；若彼出兵，則費損必多。我軍士年別一代，穀食豐饒。彼來求戰，我則不應；彼若退去，我乘其弊。與我相持，農業且廢，不過三年，彼自破矣。」齊主深善之。

齊主自將擊庫莫奚，走之。
十二月，陳制春夏不斷死刑。
巴陵降陳。周巴陵城主尉遲憲降陳，獨孤盛將餘衆潛遁。
齊以王晞爲侍郎，不受。齊主斬人於前，問王晞曰：「是人應死不？」晞曰：「應死，但恨死不得其地耳。臣聞『刑人於市，與衆棄之』。殿廷非行戮之所也。」齊主改容謝之。欲以爲侍郎，苦辭不受。或勸之，晞曰：「我少年以來，閱要人多矣，得志少時，鮮不顛覆。且吾性實疏緩，不堪時務，人主恩私，何由可保？萬一披猖，求退無地。非不好作要官，但思之爛熟耳。」
胡氏曰：王晞力辭要官，而以易顛難保爲戒。則晞之説演，使速取國，其心非爲富貴，直欲報顯祖之欲殺己而遷怒其子耳，不亦忮乎！
齊置屯田。初，齊境糴貴，左丞蘇珍芝建議修石鼈等屯，自是淮南軍防足食。平州刺史嵇曄建議開督亢陂，置屯田，歲收稻粟數十萬石，北境周贍。又於河内置懷義等屯，以給河南之費。自是稍止轉輸之勞。
辛巳（五六一）
陳天嘉二年、周高祖武帝邕保定元年、齊世祖武成帝湛太寧元年。
春，正月，周太師護自加都督中外諸軍事。又詔五府總於天官，事無巨細，皆先斷後聞。
齊以王琳爲揚州刺史。齊主使王琳出合肥召募，更圖進取。陳合州刺史裴景徽請爲鄉導。齊主使琳與盧潛將兵赴之，琳沈吟不決。景徽恐事泄，挺身奔齊。齊主以琳爲驃騎、開府、揚州刺史，鎮壽陽。

湘州降陳，周師還。周湘州城主殷亮降陳。侯瑱與賀若敦相持日久，不能制，乃借船送敦等渡江。敦慮其詐，報云：「必須我歸，可去我百里之外。」瑱留船江岸，引兵去之。敦乃自拔北歸。宇文護以敦失地無功，除名爲民。

二月，周以韋孝寬爲勳州刺史。周人以韋孝寬嘗立勳於玉壁，乃置勳州於玉壁，以孝寬爲刺史。孝寬有恩信，善用間諜，齊之動靜，皆先知之。有主帥以城降齊，孝寬遣諜斬之。齊境生胡數爲抄掠，不可誅討。孝寬欲築城於險要以制之，遣開府姚岳監之。岳以兵少不敢前，孝寬曰：「此城距晉州四百餘里，築之十日可畢。吾一日創手，三日敵境始知〔一九〕，晉州徵兵，三日方集〔二〇〕，謀議之間，自稽三日〔二一〕，計其軍行，二日不到，我之城隍辦矣。」乃築之。齊人果至境上，疑有大軍，停留不進。其夜，孝寬使諸村縱火，齊人以爲軍至，收兵自固。岳卒城而還。

三月，周制十二丁兵。周改八丁兵爲十二丁兵，率歲一月役。

夏，四月朔，日食。

秋，七月，周更鑄錢。文曰「布泉」，一當五，與五銖並行。

九月，齊主演弒濟南王。齊主之誅楊、燕也，許以長廣王湛爲太弟，既而立太子百年，湛心不平。齊主在晉陽，湛守鄴，散騎常侍高元海典機密。齊主以斛律羨爲領軍，分湛權，湛不聽羨視事。是時，濟南閔悼王在鄴，望氣者言「鄴中有天子氣」。平秦王歸彦恐王復立，勸齊主除之。齊主使歸彦至鄴，徵濟南王。湛内不自安，問計於高元海。元海曰：「有三策：請殿下如梁孝王故事，從數騎入晉陽，見太后、主上，請去兵權，不干朝政，此上策也；不然，表請青、齊刺史，沈靖自居，此中策也。」更問下策，曰：「發言即恐族誅。」固逼之，元海曰：「濟南世嫡，主上奪之。今集文武，示以徵濟南之敕，執斛律豐樂，斬高歸彦，尊立濟南，號令天下，以順討逆，此萬世一時也。」湛大悦，然未能用。林慮令潘子密曉占候，潛謂湛曰：「殿下當爲天下主。」湛乃送濟南王于晉陽，齊主殺之。

冬，十月朔，日食。

十一月，齊主演殂，弟長廣王湛立，廢太子百年爲樂陵王。齊主演出畋，馬驚，墜地絶肋。婁太后視疾，問濟南所在者三，齊主不對。太后怒曰：「殺之邪？不用吾言，死其宜矣！」遂去，不顧。齊主乃徵湛立之，又與書曰：「百年無罪，可以樂處置之，勿效前人。」遂殂。湛猶疑其詐，使所親先詣殯所發視。使者復命，乃喜，馳赴晉陽即位。立百年爲樂陵王。

周遣使如陳。周人許歸陳安成王頊，使司會上士京兆杜杲如陳〔二二〕。陳主遣使報之，并賂以黔中地及魯山郡。

十二月，陳立鹽賦、榷酤法。庶子虞荔、中丞孔奐以國用不足，奏立之。

壬午（五六二）

陳天嘉三年、齊河清元年、周保定二年、後梁世宗巋天保元年。

春，閏二月，齊以高歸彥爲冀州刺史，和士開爲黃門侍郎。平秦王歸彥爲肅宗所厚，恃勢驕盈。至是，侍中高元海等言其必爲禍亂，齊主亦尋其反覆之迹，漸忌之，以爲冀州刺史，敕令早發。督將悉送，拜辭而退，莫敢與語，唯趙郡王叡與語久之。齊主之爲長廣王也，和士開以善握槊、彈琵琶有寵，及即位，累遷黃門侍郎。高元海及中丞畢義雲、黃門郎高乾和皆疾之，將言其事。士開乃奏元海等交納朋黨，欲擅威福，乾和由是被疏。義雲納賂，得爲兗州刺史。

陳遣兵討其江州刺史周迪于臨川。初，陳主徵迪出鎮湓城，不至。豫章太守周敷獨先入朝，進號安西將軍，給鼓吹、女妓、金帛，還豫章。迪不平，陰與留異相結，遣兵襲敷。敷與戰，破之。閩州刺史陳寶應亦陰與異合。虞荔弟寄流寓閩中，荔思之成疾，陳主爲荔徵之，寶應留不遣。寄常從容諷以逆順，寶應輒引它語以亂之。寶應嘗使人讀漢書，卧而聽之，至蒯通説韓信曰：「相君之背，貴不可言。」蹶然起坐，曰：「可謂智士。」寄曰：「通一説殺三士，何足言智！豈若班彪王命，識所歸乎！」寄知寶應不可諫，恐禍及己，乃著居士服，居東山寺，陽稱足疾。寶應使人燒其屋，寄安卧不動，親近將扶之出，寄曰：「吾命有所懸，避將安往？」縱火者自救之。陳主乃以吴明徹爲江州刺史，督黃法𣰰、周敷共討周迪。

齊以盧潛爲揚州刺史。王琳數欲南侵，盧潛以爲未可，齊主許之，琳由是與潛有隙。齊主徵琳赴鄴，以潛爲揚州刺史。

陳改鑄五銖錢。梁末喪亂，鐵錢不行，民間私用鵝眼錢。至是，改鑄五銖錢，一當鵝眼之十。

後梁主詧殂，太子巋立。後梁主安於儉素，不好酒色，以封疆褊隘，邑居殘毁，鬱鬱不得志，疽發背而殂。

三月，陳安成王頊自周歸于陳。周遣杜杲送頊南歸，陳以爲中書監。陳主謂杲曰：「家弟蒙禮遣，實周朝之惠。然魯山不返，亦恐未能及此。」杲對曰：「安成，長安一布衣耳，而陳之介弟也，其價豈止一城而已哉！本朝敦睦九族，恕己及物，上遵太祖遺旨，下思繼好之義，是以遣之南歸。今乃云以尋常之土，易骨肉之親，非使臣之所敢聞也。」陳主甚慚，曰：「前言戲之耳。」待杲有加。項妃柳氏及子叔寶猶在穰城，陳主復遣毛喜如周請之，周人皆歸之。

陳遣兵討其縉州刺史留異于東陽，異奔晉安。異外示臣節，恒懷兩端。陳遣侯安都討之，至是敗走。

夏，四月，齊太后婁氏殂。齊主不改服，服緋袍，登三臺，置酒作樂。宫女進白袍，和士開請止樂，齊主怒撾之。

齊青州言河水清。齊主遣使祭之，改元。

周始命貴臣食邑。先是，周之羣臣受封爵者，皆未給租賦。至是，詔聽寄食他縣。

五月，齊以斛律光爲尚書令。光，金之子也。

秋〔二三〕，齊冀州刺史高歸彦作亂，伏誅。歸彦至冀州，内不自安，欲待齊主如晉陽，乘虚入鄴。

事覺，齊主遣段韶、婁叡討之。歸彦閉城拒守，長史宇文仲鸞等不從，皆殺之。齊主使尚書封子繪乘傳至信都，巡城諭以禍福，吏民降者相繼。既而城破，獲歸彦送鄴，并其子孫十五人皆棄市。齊主知歸彦前譖清河王岳，以歸彦家百口賜岳家。

九月朔，日食。

冬，十月，陳詔省諸費用。詔以「軍旅費廣，百姓空虚，凡供乘輿飲食衣服及宫中調度，悉從減削。至於百司，宜亦思省約」。

十二月，齊主殺其兄之子太原王紹德。齊主逼通昭信李后，曰：「若不從，當殺爾子。」后懼，從之。既而有娠。其子太原王紹德至閤，不得見，有怨言。后大慚，由是生女不舉。齊主詬曰：「爾殺我女，我何得不殺爾兒？」對后以刀環築殺紹德。后大哭，齊主愈怒，裸后撾之，遣爲尼。

癸未（五六三）

陳天嘉四年、周保定三年、齊河清二年。

春，正月，齊以高元海爲兗州刺史。齊主終日酣飲，朝事專委高元海。又以元海庸俗，輕之。兗州刺史畢義雲作書與元海論時事，給事中李孝貞得而奏之。齊主由是疏元海，以孝貞兼中書舍人，徵義雲還朝。和士開復譖元海，齊主以馬鞭箠元海，責曰：「汝昔教我反，以弟反兄，不義也；以鄴城抗并州，無智也。」出之兗州。

陳周迪衆潰，奔晉安。迪至晉安，陳寶應以兵資之，留異亦遣子忠臣隨之。虞寄與寶應書曰：

「自天厭梁德，英雄互起，陳氏夷凶翦亂，海内樂推，此乃天時，非人力也。且兵革已後，民皆厭亂，其孰能棄墳墓，捐妻子，出萬死不顧之計，從將軍於白刃之間乎？非我族類，其心必異，不愛其親，豈能及物？留將軍身縻國爵，子尚王姬，猶且棄而弗顧，危急之日，豈能同憂共患，不背將軍者乎？至於師老力屈，懼誅利賞，必有韓、智晉陽之謀，張、陳井陘之勢！北軍萬里遠鬭，鋒不可當。將軍自戰其地，人多顧後，衆寡不敵，將帥不倅，師出無名，未知其利。」寶應大怒，然以寄民望，優容之。

周太師護殺梁公侯莫陳崇。崇從周主如原州。周主夜還長安，人竊怪其故，崇曰：「不過晉公死耳。」或以告護，護遣使將兵就第，逼令自殺。

二月，周頒大律。周主命司憲大夫拓跋迪造大律十五篇行之。其制罪：一曰杖刑，自十五至五十；二曰鞭刑，自六十至百；三曰徒刑，自一年至五年；四曰流刑，自二千五百里至四千五百里；五曰死刑，磬、絞、斬、梟、裂〔二四〕。凡二十五等。

三月朔，日食。

齊城軹關。齊詔司空斛律光督步騎二萬城軹關，仍築長城二百里，置十二戍。

夏，四月，周主養老于太學。周主將視學，以太傅燕國公于謹爲三老，仍賜以延年杖，遂幸太學。謹入門，周主迎拜，謹答拜。有司設席於中楹，太師護設几，謹升席，南面，憑几而坐。大司馬豆盧寧正舄。周主立於斧扆之前，西面。有司進饌，周主跪設醬豆，袒割。謹食畢，周主跪授爵以酳。有司撤。周主北面，立而訪道，謹起，立於席後，對曰：「木受繩則正，后從諫則聖。明王虛心納諫以知得失，天下乃安。」又曰：「去食、去兵，信不可去，願陛下守信勿失。」又曰：「有功必賞，有罪必罰，則爲善者日進，爲惡者日止。」又曰：「言行者，立身之基，願陛下三思而言，九慮而行，勿使有過。君子之過，如日月之食，人莫不知，願陛下慎之。」周主再拜受言，謹答拜。禮成而出。

胡氏曰：憲老乞言，古先哲王成己致治之要道也。然三代而後，寥寥千五百年，行此禮者，不越數君。然亦好名慕古，以聳一時觀聽而爲之，未有真得進言之益者也。烏乎！古之善政，若井田、封建之類，其遂不可行於世耶？

六月，陳殺其司空侯安都。初，安都鎮京口，恃功驕横，賓客千人。部下將帥，多不遵法度，檢問收攝，輒奔歸安都。陳主銜之，安都弗之覺。侍宴酒酣，或箕踞傾倚。嘗陪樂遊園褉飲，謂陳主曰：「何如作臨川王時？」陳主曰：「此雖天命，抑亦明公之力。」宴訖，啓借供帳水飾。明日，載妻妾入宴，安都坐御座，賓客居羣臣位。陳主惡之，舍人蔡景歷希旨稱安都謀反。陳主慮其不受召，故以爲江州刺史。安都過建康，陳主與宴，又集其將帥會于朝堂，於坐悉收之。下詔暴其罪惡，明日，賜死。初，高祖與諸將宴，杜僧明、周文育、侯安都各稱功伐，高祖曰：「卿等悉良將也，而皆有所短。杜公志大而識闇，狎於下而驕於上；周侯交不擇人，而推心過差；侯郎傲誕而無厭，輕佻而肆志。並非全身之道。」卒皆如其言。

齊主殺其河南王孝瑜。齊侍中和士開有寵，姦諂百端，賞賜不可勝紀。每侍左右，言辭容止，極諸鄙褻，無復君臣之禮。常謂齊主曰：「自古帝王盡爲灰土，堯、舜、桀、紂，竟復何異？陛下宜及少壯，極意爲樂，縱横行之。一日取快，可敵千年。國事盡付大臣，何慮不辦？」齊主大悦。於是委趙彦深掌官爵，元文遥掌財用，唐邕掌外兵，白建掌騎兵〔二五〕，馮子琮、胡長粲掌東宫。三、四日一視朝，書數字而已。使士開與胡后握槊，河南康獻王孝瑜諫曰：「皇后，天下之母，豈可與臣下接手！」趙郡王叡及士開共譖孝瑜「奢僭，山東唯聞有河南王，不聞有陛下」。齊主酖殺之。諸侯在宫中者，莫敢舉聲，唯河間王孝琬大哭而出。

秋，九月，陳廣州刺史歐陽頠卒，以其子紇代之。

周及突厥侵齊。初，周人欲與突厥連兵伐齊，許納其女爲后，遣楊荐及王慶往結之。齊人懼，亦遣使求昏於突厥。木杆貪齊幣重，欲執荐等送齊。荐知之，責木杆曰：「太祖昔與可汗共敦鄰好，悉以蠕蠕降衆付可汗使者，以快可汗之意。如何今日遽欲背恩忘義，獨不愧鬼神乎？」木杆慘然良久，曰：「君言是也。吾意決矣！」周公卿請發十萬人擊齊，柱國楊忠獨以爲得萬騎足矣。乃遣忠將步騎一萬，與突厥伐齊，達奚武將步騎三萬，自南道出，會於晉陽。忠拔齊二十餘城。突厥以十萬騎會之，三道俱入。時大雪，平地數尺，齊主自鄴倍道赴晉陽，斛律光將步騎三萬屯平陽。周師及突厥逼晉陽，齊主欲走避之，趙郡王叡、河間王孝琬叩馬諫。齊主命六軍進止皆取叡節度，而使并州刺史段韶總之。

冬，十一月，陳討周迪，敗之，遂進軍討陳寶應。周迪復越東興嶺爲寇。詔護軍章昭達將兵討破之。迪潛竄山谷，民相與匿之，雖加誅戮，無肯言者。章昭達進軍渡嶺，趣建安，討陳寶應。詔益州刺史余孝頃督軍自東道會之。

甲申(五六四)

陳天嘉五年、周保定四年、齊河清三年。

春,正月,齊主及周師戰于晉陽,周師敗績。齊主登北城,軍容甚整。突厥咎周人曰:「爾言齊亂,故來伐之,今何可當邪?」周人以步卒爲前鋒,從西山下,去城二里許。諸將咸欲逆擊之,段韶曰:「步卒力勢有限,今又積雪,逆戰非便,不如陳以待之。彼勞我逸,破之必矣!」既至,齊悉其鋭兵,鼓譟而出。突厥震駭,引上西山,不肯戰,周師大敗而還。突厥還至長城,馬死且盡,截矟杖之以歸。達奚武至平陽,聞忠退,亦還。初,周人常懼齊兵西渡,每至冬月,守河椎冰。及是,齊嬖幸用事,朝政漸紊,反椎冰以備周兵之逼。斛律光憂之,曰:「國家常有吞關、隴之志,今日至此,而唯翫聲色乎!」

二月朔,日食。

三月,齊頒律令,制田賦。初,齊顯祖命刊定齊律,久而不成。決獄者罕依律文,相承謂之「變法從事」。世祖即位,思革其弊,乃督修者,至是而成。其刑名有五:一曰死,轘、梟、斬、絞;二曰流,投邊裔爲兵;三曰刑,自五歲至一歲;四曰鞭,自百至四十;五曰杖,自三十至十。凡十五等。其流内官及老、小、閹、癡,并過失應贖者,皆以絹代金。是後爲吏者始守法令。又敕仕門子弟常講習之。又令民十八受田輸租調,二十充兵,六十免力役,六十六還田,免租調。一夫受露田八十畝,婦人四十畝,奴婢依良人,牛受六十畝。大率一夫一婦調絹一匹,綿八兩,墾租二石,義租五斗;奴婢準良人之半;牛調二尺,墾租一斗,義租五升。墾租送臺,義租納郡以備水旱。

周初令百官執笏。

夏，六月，白虹貫日。齊主湛殺其兄之子樂陵王百年。時白虹圍日再重，又横貫而不達，赤星見，齊主欲以百年厭之。百年嘗作數敕字，教書者封奏之。齊主怒，使召百年。百年知不免，割帶玦，留與其妃斛律氏而入。齊主遣左右亂捶之，氣息將盡，乃斬之，棄諸池，池水盡赤。妃把玦哀號，不食，月餘亦卒，玦猶在手，拳不可開。其父光自擘之，乃開。

秋，八月朔，日食。

九月，周封李昞爲唐公。以追録佐命元功封。昞，虎之子也。

齊人歸宇文護之母于周。初，周太祖之從賀拔岳在關中也，遣人迎護於晉陽。護母閻氏及周主之姑皆留晉陽，齊人以配中山宫。及護用事，遣間使入齊求之，莫知音息。齊遣使者至玉壁〔二六〕，求通互市，護使人與語。韋孝寬亦爲致書言之。是時，周人謀與突厥再伐齊。齊主方懼，許歸護母，且求通好。先遣其姑歸，令人爲護母作書，言護幼時數事。護得書，悲不自勝。齊人復使其母與書，邀護重報，往返再三。時段韶拒突厥軍於塞下，齊主遣徐世榮乘傳問之。韶以「周人反覆，本無信義。護名爲相，其實主也。既爲母請和，不遣一介之使。若據移書，即送其母，恐示之以弱。不如且外許之，待和親堅定，遣之未晚」。齊主不聽，即遣之。閻氏至周，舉朝稱慶，周主爲之大赦。每四時伏臘，帥諸親戚行家人禮，稱觴上壽。

冬，十月，周太師護會突厥侵齊。突厥自幽州還，留屯塞北，更集諸部兵，遣使告周，欲與共擊齊如前約。宇文護新得其母，未欲伐齊，又恐負突厥約，更生邊患，不得已，徵内外諸軍，凡二十萬人。周主授護斧鉞，親勞其軍。護遣尉遲迥將前鋒趣洛陽，權景宣趣懸瓠，楊檦出軹關。

周迪誘陳南豫州刺史周敷殺之。周迪復出東興，陳宣城太守錢肅以城降之，迪衆復振。周敷帥所部擊之。迪紿敷言欲還朝，乞挺身共盟。敷許之，方登壇，爲迪所殺。

十一月，陳克晉安，獲陳寶應、留異，誅之。陳寶應據建安、晉安二郡，水陸爲栅，以拒章昭達。昭達與戰不利，因據上流，伐木爲筏，施拍其上。乘江漲，壞其水栅，又攻其步軍。方合戰，余孝頃自海道適至，并力乘之。寶應大敗，謂其子曰：「早從虞公計，不至今日。」昭達追擒之，及留異，送建康，斬之。陳主命昭達禮遣虞寄詣建康。既見，勞之曰：「管寧無恙。」以爲衡陽王掌書記。

齊擊周師，敗之，獲其少師楊檦。十二月，及宇文護戰于洛陽，大敗之。初，楊檦爲邵州刺史，鎮捍東境二十餘年，數與齊戰，未嘗不捷，由是輕之。既出軹關，獨引兵深入，又不設備。齊太尉婁叡將兵奄至，大破之，檦遂降。周人攻洛陽，不克。宇文護命諸將塹斷河陽路，遏齊救兵，然後同攻洛陽。諸將以爲齊兵必不敢出，唯張斥候而已。齊遣蘭陵王長恭及大將軍斛律光救洛陽，未敢進。齊主召并州刺史段韶謂曰：「洛陽危急，今欲遣王救之。突厥在北，復須鎮禦，如何？」對曰：「北虜侵邊，事等疥癬。今西鄰闚逼，乃腹心之病。」齊主乃遣韶督精騎一千救洛陽。齊主亦自晉陽赴之。韶至洛陽，與諸將觀周軍形勢。至太和谷，與周軍遇，馳告諸營，追集騎士，結陳以待之。韶爲左軍，長恭爲中軍，光爲右軍。周人不意其至，皆恟懼。韶遥謂曰：「汝宇文護纔得其母，遽來爲寇，豈欲送死耶？」周人以步兵上山逆戰，韶且戰且却以誘之，待其力弊，然後下馬擊之。周師大敗，死者甚衆。在城下者，亦解圍遁去，委棄資械，彌滿川澤，唯齊公憲、達奚武、王雄在後拒戰。雄馳馬衝斛律光陳，光退走，雄追之，按矟不及光者丈餘，欲生禽之。光惟餘一矢，射雄中額，雄走至營而卒。軍中益懼，齊公憲拊循督勵，衆心小安。至夜，收軍，憲欲待明更戰，武曰：「洛陽軍散，人情震駭，若不因夜速還，明日欲歸不得矣。」乃還。齊以韶爲太宰，光爲太尉，長恭爲尚書令。楊忠引兵應接突厥，軍糧不給。忠乃招誘稽胡酋長咸在坐，詐使王傑勒兵鳴鼓而至，曰：「大冢宰已平洛陽，欲與突厥共討稽胡之不服者。」坐者皆懼，忠慰諭而遣之。於是諸胡相帥餽輸，軍糧填積。屬周師罷歸，忠亦還。護本無將略，是行又非本心，故無功。

齊山東大水。飢死者不可勝計。

周滅宕昌，置宕州。宕昌王梁彌定屢寇周邊，周討滅之，以其地置宕州。

乙酉(五六五)

陳天嘉六年、周保定五年、齊後主緯天統元年。

春，二月，周遣使如突厥逆女。

夏，四月，陳侍中安成王頊免。頊以帝弟之重，勢傾朝野。直兵鮑僧叡恃頊勢爲不法，御史中丞徐陵爲奏彈之，從南臺官屬，引奏案而入，陳主爲斂容正坐。陵進讀奏版，時頊侍殿上，流汗失色。陵遣殿中御史引頊下殿。陳主爲之免頊侍中，朝廷肅然。

彗星見。

齊主湛傳位於太子緯，自稱太上皇帝。以祖珽爲祕書監。珽有文無行，嘗爲高祖功曹，因宴失金叵羅〔二七〕，於珽髻上得之；又坐詐盜官粟，鞭配甲坊；又嘗坐贓當絞，除名。顯祖愛其才，復令直中書省。齊主爲長廣王，珽言：「殿下有非常骨法。」及即位，擢拜中書侍郎，遷散騎常侍。與和士開共爲姦諂。珽私說士開曰：「君之寵幸，振古無比。宫車一日晚駕，欲何以克終？」士開因從問計，珽曰：「宜說主上云：『文襄、文宣、孝昭之子，俱不得立，今宜令皇太子早踐大位，以定君臣之分。』若事成，中宫、少主必皆德君，此萬全計也。請君微說主上令粗解，珽當自外上表論之。」士開許諾。會彗星見，太史奏云：「除舊布新之象。」珽於是上書言：「陛下雖爲天子，未爲極貴，宜傳位東宫，且以上應天道。」齊主從之，傳位于緯，以太子妃斛律氏爲后。於是羣公上尊號爲太上皇帝，軍國大事咸以聞。使侍郎馮子琮、左丞胡長粲輔導少主。珽拜祕書監，大被親寵。

秋，七月朔，日食。

陳遣兵擊周迪，殺之。

冬，十月，周殺其中州刺史賀若敦。周以函谷關城爲通洛防，以賀若敦爲中州刺史鎮之。敦恃才負氣，以湘州之役全軍而返，謂宜受賞，翻得除名，對臺使出怨言。宇文護怒，徵還，逼令自殺。臨死，謂其子弼曰：「吾志平江南，今而不果，汝必成吾志。吾以舌死，汝不可不思！」因引錐刺弼舌出血以誡之。

丙戌（五六六）

陳天康元年、周天和元年、齊天統二年。

春，正月，日食。

夏，四月，陳以孔奐爲太子詹事。陳主不豫，臺閣衆事，並令僕射到仲舉、尚書孔奐共決之。疾篤，奐、仲舉與司空尚書令揚州刺史安成王頊、尚書袁樞、舍人劉師知入侍醫藥。陳主以太子伯宗柔弱，謂頊曰：「吾欲遵太伯之事。」頊拜泣固辭。陳主又謂仲舉、奐等曰：「今三方鼎峙，四海事重，宜須長君。卿等宜遵此意。」孔奐流涕對曰：「皇太子聖德日躋，安成王足爲周旦。若有廢立之心，臣誠不敢奉詔。」陳主曰：「古之遺直，復見於卿。」乃以奐爲太子詹事。

司馬公曰：孔奐處腹心之重任，決社稷之大計，苟以世祖之言爲不誠，則當面辨、廷爭以絶覬覦；以爲誠邪，則當請下詔書，宣告中外。若謂太子嫡嗣，不可動揺，欲保輔而安全之，則當盡忠竭節，以死繼之。奈何於君之存，則逆探其情而求合；及其既没，則權臣移國而不能救，嗣主失位而不能死！斯乃姦諛之尤者，而世祖謂之遺直，以託六尺之孤，豈不悖哉！

陳主蒨殂，太子伯宗立。陳主起自艱難，知民疾苦。性明察儉約，每夜刺閨取外事分判者，前後相續。敕傳更籤於殿中者，必投籤於階石之上，令鎗然有聲，曰：「吾雖眠，亦令驚覺。」

五月，陳以安成王頊爲司徒、録尚書事，徐陵爲吏部尚書。陵以梁末以來，選授多濫，乃爲書示衆曰：「永安之時，聖朝草創，白銀難得，黄札易營，致令員外、常侍，路上比肩，諮議、參軍，市中無數。今衣冠禮樂，日富年華，何可猶作舊意，非理望也！」衆咸服之。

秋，八月，周信州蠻反，討平之。周信州蠻冉令賢等據巴峽反，黨與連結二千餘里，前後討之不克。詔開府陸騰督王亮、司馬裔討之。令賢於江南據險要，置十城，遠結涔陽蠻爲聲援，自帥精卒固守水邏城。諸將皆欲先取水邏，騰曰：「令賢内恃水邏之固，外託涔陽之援，資糧充實，器械精新。以我懸軍攻其嚴壘，脱一戰不克，更成其氣。不如頓軍湯口，先取江南，翦其羽毛，然後進軍水邏，此制勝之術也。」乃遣王亮帥衆拔其八城。遂間募驍勇，進攻水邏。令賢兄子龍真據水邏旁石勝城，騰密誘降之。水邏衆潰，令賢走，追斬之。信州舊治白帝，騰徙之於八陳灘北，以司馬裔爲信州刺史。

周萬榮郡民作亂，討平之。周小吏部辛昂奉使梁、益，且爲陸騰督軍糧。時臨、信、楚、合等州民多從亂，昂諭以禍福，赴者如歸。乃令老弱負糧，壯夫拒戰，咸樂爲用。使還，會巴州萬榮郡民反，攻圍郡城。昂謂其徒曰：「凶狡猖狂，若待上聞，孤城必陷。苟利百姓，專之可也。」募兵得三千人，倍道兼行，出其不意，直趣賊壘。賊以爲大軍至，望風瓦解。周以爲渠州刺史。

冬，十二月，齊主湛殺其河間王孝琬。孝琬怨執政，爲草人而射之。和士開、祖珽譖之曰：「草人以擬聖躬也。」齊上皇頗惑之。會孝琬得佛牙，置第内，夜有光。上皇聞之，使搜之，得填庫矟幡數百，以爲反具，撾之折脛而死。

齊始用士人爲縣令。魏末以來，縣令多用廝役，由是士流恥爲之。齊僕射元文遥以爲縣令治民之本，遂請革選，密擇貴遊子弟，發敕用之。悉召集神武門，令趙郡王叡宣旨，慰諭而遣之。齊之士人爲縣自此始。

丁亥(五六七)

陳主伯宗光大元年、周天和二年、齊天統三年。

春，正月朔，日食。

二月，陳安成王頊殺中書舍人劉師知，又殺僕射到仲舉。初，陳高祖爲梁相，用劉師知爲中書舍人。師知涉學工文，練習儀體，歷世祖朝，委任甚重，與安成王頊、到仲舉同受遺詔輔政。師知、仲舉恒居禁中，參決衆事，頊與左右三百人入居尚書省。師知見頊爲朝野所屬，忌之，與左丞王暹等謀出頊於外。東宮舍人殷不佞素以名節自任，馳詣相府，矯敕謂頊曰：「今四方無事，王可還東府經理州務。」中記室毛喜馳語頊曰：「此必非太后意。須更聞奏，無使姦人得肆其謀。出外，即受制於人，譬如曹爽願作富家翁，其可得邪？」領軍將軍吳明徹亦贊之。頊乃稱疾，召師知與語，使喜入言於太后。太后曰：「伯宗幼弱，政事並委二郎。此非我意。」陳主亦曰：「此自師知等所爲，朕不知也。」喜以報頊，頊因囚師知，入見太后。以師知付廷尉，賜死。以仲舉爲光禄大夫。暹亦被誅。不佞，不害之弟也，少有孝行，頊雅重之，免官而已。自是國政盡歸於頊。右衛將軍韓子高與仲舉通謀，未發。仲舉既廢，心不自安，子高亦自危求出。頊召文武議立皇太子，仲舉、子高入，皆執之，下獄，賜死。以始興王伯茂爲中衛大將軍。師知、子高之謀，伯茂預之，頊恐其扇動中外，使居禁中。

夏，四月，陳湘州刺史華皎叛附于周。皎聞韓子高死，内不自安，繕甲聚徒，撫循所部，遣使潛引周兵，又自歸於梁。陳安成王頊遣吳明徹等襲之。梁主亦上書言狀。周人議出師應之，司會崔猷曰：「前歲東征，死傷過半。比雖循撫，瘡痍未復。今陳氏保境息民，共敦鄰好，豈可利其土地，納其叛臣，違盟約之信，興無名之師乎？」宇文護不從，遣襄州總管、衛公直等將兵助之。

閏六月，齊左丞相、咸陽王斛律金卒。金門中，一皇后，二太子妃，三公主。每朝見，常聽乘步挽車至階，或以羊車迎之。然金不以爲喜，嘗謂其子大將軍光曰：「我雖不讀書，聞古來外戚，鮮有能保其族者。我家直以勳勞致富貴，何必藉女寵也！」

秋，八月，齊以東平王儼爲司徒。儼，齊主之弟也，有寵於上皇及胡后，爲司徒，領御史中丞。魏故事：中丞出，與皇太子分路，王公皆遥駐車，去牛，頓軛於地，以待其過；少遲，則前驅以赤棒棒之。自遷鄴後，此儀廢絶。上皇欲尊寵儼，命一遵舊制。儼恒在宫中，坐含光殿視事，諸父皆拜之。器玩服飾，皆與齊主同。儼性剛決，嘗言於上皇曰：「尊兄懦，何能帥左右！」上皇每稱其才，有廢立意，胡后亦勸之，既而中止。

九月，周人、梁人會華皎侵陳，敗績。陳遂襲周沔州，執其刺史裴寬。梁以華皎爲司空，遣其柱國王操將兵二萬會之。周衛公直總水陸軍，與皎俱下，與吴明徹戰于沌口。明徹募軍中小艦，令先出當西軍大艦，受其拍。西軍諸艦發拍皆盡，然後以大艦拍之，西軍大敗。皎、直皆奔江陵。周與陳既交惡，周沔州刺史裴寬白襄州總管，請益戍兵。未至，程靈洗舟師奄至城下。攻之三十餘日，陳人登城，寬猶帥衆執短兵拒戰。又二日，乃擒之。

齊山東饑。

冬，十一月朔，日食。

齊流祖珽于光州。珽與黄門侍郎劉逖友善。珽欲求宰相，乃疏僕射趙彦深、元文遥及和士開罪狀，令逖奏之，逖不敢通。彦深等聞之，先詣上皇自陳。上皇大怒，執珽詰之，珽因陳士開等朋黨弄權、賣官鬻獄事。上皇曰：「爾乃謗我！」鞭配甲坊，尋徙光州，桎梏置地牢中。夜，以蕪菁子爲燭，眼爲所熏，由是失明。

戊子（五六八）

陳光大二年、周天和三年、齊天統四年。

春，三月，周納后阿史那氏。突厥木杅可汗更許齊昏，留周使數年不返。會大雷風，壞其穹廬，旬日不止。木杅懼，以爲天譴，即備禮送其女於周。周主行親迎之禮。

周太傅、燕公于謹卒。謹勳高位重，而事上益恭，盡忠補益，特被親信；教訓諸子，務存静退。卒，謚曰文。

陳攻梁江陵，不克。陳吴明徹乘勝進攻江陵，引水灌之，梁主出頓紀南以避之。周總管高琳與梁王操守江陵，晝夜拒戰十旬，擊明徹敗之。明徹退保公安，梁主乃得還。

夏，四月，齊以和士開爲僕射。齊僕射徐之才善醫，上皇有疾，之才療之。既愈，中書監和士開欲得次遷，乃出之才爲兗州刺史而代之。

秋，七月，周隨公楊忠卒。忠子堅爲小宫伯，宇文護欲引以爲腹心。忠曰：「兩姑之間難爲婦，汝其勿往！」堅乃辭之。至是，忠卒，堅襲爵。

冬，十一月朔，日食。

陳安成王項廢其主伯宗爲臨海王，而殺始興王伯茂。始興王伯茂以安成王項專政，不平，肆惡言。項遂以太后令誣陳主，云與劉師知、華皎等通謀，廢爲臨海王，以安成王入纂。又下令黜伯茂爲温麻侯，寘諸別館，使盜殺之。

齊主湛殂。齊上皇疾作，驛追徐之才，未至，疾亟，以後事屬和士開，握其手曰：「勿負我！」遂殂。士開祕喪，三日不發。黄門侍郎馮子琮問其故，士開曰：「至尊年少，恐王公有貳心者，欲盡追集，然後議之。」士開素忌太尉、趙郡王叡及領軍婁定遠，子琮恐其矯遺詔出叡於外，奪定遠禁兵，乃説之曰：「羣臣富貴者，皆至尊父子之恩，但令在内貴臣一無改易，王公必無異志。且升遐之事，行路皆傳，久而不舉，恐有他變。」士開乃發喪。世祖驕奢淫泆，役繁賦重，吏民苦之。

周梁州獠叛，討平之。周梁州恒稜獠叛，總管長史趙文表討之。諸將欲四面進攻，文表曰：「如此，則獠無生路，必盡死以拒我，未易可克。今吾示以威恩，爲惡者誅之，從善者撫之，善惡既分，破之易矣。」遂以此意遍令軍中。恒稜聞之，猶豫未決，文表軍已至其境。獠中先有二路，一平一險，有獠帥數人來見，請爲鄉導。文表曰：「此路寬平，不須爲導。卿但慰諭子弟，使來降也。」既遣之，乃謂諸將曰：「獠帥謂吾從寬路而進，必設伏以邀我，當更出其不意。」乃引兵自險路入。乘高而望，果有伏兵。獠既失計，爭帥衆來降。文表皆慰撫之，乃徵其租税，無敢違者。周以文表爲蓬州刺史。

己丑(五六九)

陳高宗宣帝頊太建元年、周天和四年〔二八〕、齊天統五年。

春，正月，陳主頊立。

二月，齊徙東平王儼爲琅邪王。

齊殺其太尉趙郡王叡。初，和士開爲世祖所親狎，出入卧內，遂得幸於胡后。及世祖殂，齊主深委任之，威權益盛，與婁定遠等俱用事，時號「八貴」。太尉、趙郡王叡與定遠、元文遥等皆言於齊主，請出士開。會胡太后觴朝貴於前殿，叡面數士開受納貨賂、穢亂宫掖之罪，太后曰：「王欲欺孤寡邪？且飲酒，勿多言！」叡等詞色愈厲。儀同三司安吐根曰：「不出士開，朝野不定。」太后不可，叡等投冠於地，拂衣而起。明日，復詣雲龍門，令文遥入奏。太后及齊主召問士開，對曰：「陛下諒闇始爾，大臣皆有覬覦。今若出臣，正是自剪羽翼。宜謂叡等云：『文遥與臣，俱受先帝任用，可並用爲州，且令出納，待過山陵，然後遣之。』」齊主及太后乃以士開爲兖州刺史。葬畢，太后欲留士開過百日，叡不許。有中人密謂叡曰：「太后意既如此，殿下何宜苦違！」叡曰：「吾受委不輕。今嗣主幼冲，豈可使邪臣在側！不守之以死，何面戴天！」遂更見太后，苦言之。太后令酌酒賜叡，叡正色曰：「今論國家大事，非爲巵酒。」言訖，遽出。士開載美女、珠簾，詣婁定遠獻之，定遠喜，謂曰：「欲還入不？」士開曰：「不願更入，但乞王保護，長爲大州足矣。」定遠信之，送至門，士開曰：「今當遠出，願得一辭覲二宫。」定遠許之。士開由是得見太后及齊主，進説曰：「先帝一旦登遐，臣媿不能自死。觀朝貴意勢，欲以陛下爲乾明。臣出之後，必有大變，臣何面目見先帝於地下！」因慟哭，齊主、太后皆泣。問計，士開曰：「臣已得入，復何所慮，正須數行詔書耳。」於是詔出定遠爲青州刺史，責趙郡王叡以不臣之罪。旦日，叡將復入諫，妻子咸止之，叡曰：「社稷事重，吾寧死事先皇，不忍見朝廷顛沛。」至殿門，又有人謂曰：「入恐有變。」叡曰：「吾上不負天，死亦無恨。」入見太后，論執彌固。出至永巷，遇兵，執送華林園，拉殺之。叡清正自守，朝野冤惜之。復以士開爲僕射，定遠歸士開所遺，加以餘珍賂之。

夏，四月，齊以高阿那肱爲尚書令，韓長鸞爲領軍，陸令萱爲女侍中，穆提婆爲侍中，祖珽爲祕書監。齊主年少，多嬖寵。武衛將軍高阿那肱素以諂佞爲世祖所厚，多令在東宮侍齊主，由是有寵，累遷并省尚書令，封淮陰王。都督韓長鸞亦以嘗衛東宮，累遷侍中、領軍，總知内省機密。宮婢陸令萱者，坐其夫駱超謀叛，配掖庭，子提婆亦没爲奴。齊主之在襁褓，令萱養之。令萱巧黠，善取媚，有寵於胡太后，和士開、阿那肱皆爲之養子。齊主以令萱爲女侍中。令萱引提婆入侍齊主，朝夕戲狎，累遷開府儀同三司。斛律后之從婢穆舍利有寵於齊主，令萱乃爲之養母，因令提婆冒姓穆氏。然士開用事最久，諸幸臣皆依附之。齊主思祖珽，復以爲海州刺史。珽乃遺陸媪弟儀同悉達書曰：「趙彦深心腹陰沈，欲行伊、霍事，儀同姊弟豈得平安，何不早用智士邪？」士開亦以珽有膽略，欲引爲謀主，乃棄舊怨，虚心待之，與陸媪言於齊主曰：「三帝之子，皆不得立。今至尊獨在帝位者，祖孝徵之力也。其人心行雖薄，奇略出人，緩急可使。且目已盲，必無反心。」齊主乃召以爲祕書監。士開譖齊主之舅胡長仁，出刺齊州。長仁怨憤，遣人刺之。事覺，士開問珽，珽引薄昭事，遣使賜死。

秋，八月，陳廣州刺史歐陽紇反。歐陽紇在廣州十餘年，威惠著於百越。自華皎叛，陳主疑之，徵爲左衛將軍。紇懼，遂舉兵攻衡州。陳主遣徐儉持節諭旨。儉語紇曰：「呂嘉之事，誠當已遠，將軍獨不見周迪、陳寶應乎？」紇默然不應。陳主乃遣車騎將軍章昭達討之。

冬，十二月，周齊公憲侵齊，圍宜陽。

周、陳復通好。

庚寅（五七〇）

陳太建二年、齊武平元年、周天和五年〔二九〕。

春，二月，齊以斛律光爲右丞相。

陳人討歐陽紇，斬之。封陽春太守馮僕母洗氏爲石龍太夫人。歐陽紇召陽春太守馮僕至南海，誘與同反。僕遣使告其母洗夫人，夫人曰：「我忠貞兩世，今不能惜汝而負國也。」遂發兵拒境，帥諸酋長迎章昭達。昭達至始興，紇懼，出頓洭口，多聚沙石，盛以竹籠，置于水柵之外。昭達令人潛行斫籠，因縱大艦突之。紇敗，擒之，斬於建康市。紇之反也，士人流寓者皆惶駭，前著作佐郎蕭引獨恬然，曰：「管幼安、袁曜卿亦但安坐耳。君子直己以行義，何憂懼乎？」至是，陳主徵以爲侍郎。馮僕以其母功，封信都侯，遷石龍太守。遣使者持節，册命洗氏爲石龍太夫人，賜以繡幰安車、鼓吹、麾節、鹵簿，如刺史之儀。

秋，七月，齊以和士開爲尚書令。士開威權日盛，朝士不知廉耻者，或爲之假子。士開傷寒，醫云：「應服黄龍湯。」士開有難色，有候之者，請先嘗之，一舉而盡。

陳遣兵攻梁，周人救之。陳師還。章昭達攻梁，梁主與周總管陸騰拒之。周人於峽口南岸築城，横引大索，編葦爲橋，以渡軍糧。昭達爲長戟，施於樓船上，仰割之。索斷，糧絶，遂攻其城，下之。梁主告急于周，周使將軍李遷哲將兵救之。昭達兵不利，引還。

九月，齊立子恒爲太子。齊穆夫人生子恒，陸令萱欲以爲太子，恐斛律后怒，乃白齊主，使后母之，立以爲太子。

冬，十月朔，日食。

齊以蕭莊爲梁王。齊復以梁永嘉王莊爲梁王，許以興復，竟不果。及齊亡，莊憤邑，卒於鄴。

周平越巂，置西寧州。

齊築城於汾北，周齊公憲還救之。周、齊爭宜陽，久不決。勳州刺史韋孝寬謂其下曰：「宜陽一城之地，不足損益，兩國爭之，勞師彌年。彼若棄之，來圖汾北，我必失地。宜速於華谷、長秋築城，以杜其意。脱其先我，圖之寔難。」乃畫地形，且陳其狀，宇文護不聽。齊斛律光果於汾北築華谷、龍門二城。光請孝寬相見，光曰：「宜陽小城，久勞爭戰。今既舍彼，欲於汾北取償，幸勿怪也。」孝寬曰：「宜陽，彼之要衝；汾北，我之所棄。我棄彼取，其償安在？君不撫循百姓，而極武窮兵，苟貪尋常之地，塗炭疲弊之民，竊爲君不取也。」光進圍定陽，築南汾城以逼之。周人釋宜陽之圍以救汾北。

辛卯（五七一）

陳太建三年、齊武平二年、周天和六年〔三〇〕。

春，正月，齊斛律光及周韋孝寬戰于汾北，周師敗績。光築十三城於西境，馬上以鞭指畫而成，拓地五百里而未嘗伐功。

夏，四月朔，日食。

六月，齊太宰段韶圍周定陽，克之，獲汾州刺史楊敷。齊段韶引兵圍定陽，周汾州刺史楊敷固守不下。韶急攻之，曰：「此城三面重澗，皆無走路，唯慮東南一道耳。」簡精兵專守之，此必成擒。」乃令壯士千餘人伏於東南澗口。城中糧盡，敷走，伏兵擊擒之，遂取汾州。敷，愔之族子也。敷子素，少多才藝，以其父守節陷齊，未蒙贈謚，申理再三，周主大怒，命左右斬之。素大言曰：「臣事無道天子，死其分也。」周主壯其言，贈敷大將軍，謚曰忠壯。素漸見禮遇，命爲詔書，下筆立成，詞義兼美。周主曰：「勉之，勿憂不富貴！」素曰：「但恐富貴來逼臣，臣無心圖富貴也。」

齊取周四戍。齊斛律光與周師戰於宜陽城下，取周建安等四戍，捕虜千餘人而還。未至鄴，齊主敕使散兵，光以軍士有功，未得慰勞，乃密表請遣使宣旨。軍還，將至紫陌，駐營待使。齊主惡之，亟召光入見，然後宣勞散兵。

秋，七月，齊琅邪王儼殺和士開。齊琅邪王儼以和士開、穆提婆等專橫，意不平。二人忌之，出儼居北宮。時儼猶帶中丞。士開等又欲出之於外，治書侍御史王子宜説儼曰：「殿下被疏，正由士開間構，何可出北宮也？」儼謂侍中馮子琮曰：「士開罪重，殺之何如？」子琮心欲廢齊主而立儼，因勸成之。儼令子宜彈士開罪，請禁推。子琮雜他文書奏之，齊主可之。儼誑領軍庫狄伏連使收士開，伏連請覆奏，子琮曰：「琅邪受敕，何必更奏！」伏連信之，發軍士伏於神虎門外，執士開送臺，儼斬之。儼黨因逼儼帥軍士三千人屯千秋門。齊主使劉桃枝召儼，儼欲誘令萱而殺之，因對曰：「尊兄若赦臣，請令萱來迎。」令萱聞之，戰栗。齊主又使韓長鸞召儼，儼將入，所親劉辟彊牽衣諫曰：「若不斬穆提婆母子，殿下無由得入。」廣寧王孝珩、安德王延宗至〔三一〕，曰：「何不入？」辟彊曰：「兵少。」延宗顧衆而言曰：「孝昭殺楊遵彦，止八十人。今有數千，何謂少？」齊主急召斛律光。光聞儼殺士開，撫掌大笑曰：「龍子所爲，固自不似凡人。」入見。齊主帥宿衛者四百人，授甲，將出戰，光曰：「小兒輩弄兵，與交手即亂。鄙諺云：『奴見大家心死。』至尊宜自至千秋門，琅邪必不敢動。」齊主從之。光步道，使人走出，曰：「大家來！」儼徒駭散。齊主遥呼之，儼猶立不進，光就謂曰：「天子弟殺一夫，何所苦！」執其手，强引以前，請於齊主曰：「琅邪王年少，輕爲舉措，稍長自不然，願寬其罪。」齊主拔刀鐶築其辮頭，良久，乃釋之。收庫狄伏連、王子宜、劉辟彊支解之。齊主欲盡殺儼府吏，光曰：「此皆勳貴子弟，誅之，恐人心不安。」於是罪之有差。太后責儼，儼曰：「馮子琮教兒。」太后遂殺子琮。

九月，齊太宰、平原王段韶卒。韶有謀略，得士死力，功高望重，而雅性温慎，得宰相體。事後母孝，閨門雍肅，勳貴之家無能及者。卒，謚忠武。

齊主殺其弟琅邪王儼。陸令萱説齊主曰：「人稱琅邪聰明雄勇，當今無敵，觀其相表，殆非人臣。自專殺以來，常懷恐懼，宜早爲之計。」齊主未決，以食轝密迎侍中祖珽，問之〔三二〕，珽稱「周公誅管叔，季友酖慶父」。齊主乃使將軍趙元侃誘儼，元侃曰：「臣昔事先帝，見先帝愛王。今寧就死，不忍行此。」齊主乃出元侃刺豫州。而召儼，使劉桃枝拉殺之，時年十四，遺腹四男，皆幽死。既而贈儼楚恭哀帝，以慰太后心。

冬，十月，齊主幽其太后胡氏于北宮。齊胡太后出入不節，與沙門統曇獻通。齊主聞而未之信，後朝太后，見二尼，悦而召之，乃男子也。於是曇獻事亦發，皆伏誅。遂幽太后於北宮。太后或爲齊主設食，齊主亦不敢嘗。

十二月，周以基、平、鄀州與梁。梁華皎如周，過襄陽，説衛公直曰：「梁主民少國貧，望借數州以資之。」直然之，遣使言狀。周主詔以基、平、鄀三州與之。

校勘記

〔一〕陳高宗太建三年　「高宗」，成化本、殿本作「宣帝」。

〔二〕周高祖天和六年　「高祖」，成化本、殿本作「武帝」；「六」原作「五」，據成化本、殿本改。

〔三〕南豫州刺史任約襲建康　「州」字原脱，據殿本補。

〔四〕宇文泰以漢魏官繁　「泰」字原脱，據殿本、通鑑卷一六六梁敬帝紹泰元年歲末條補。

〔五〕齊軍士縛荻筏以濟　「齊」字原脱，據殿本、通鑑卷一六六梁敬帝太平元年六月條補。

〔六〕復與會于清海　「清」，通鑑卷一六六梁敬帝太平元年九月條、周書卷二八史寧傳作「青」。
〔七〕其宗人迪勇冠軍中　「人」原作「周」，據殿本、通鑑卷一六六梁敬帝太平元年十二月條改。
〔八〕九月以後世宗明帝毓元年　「毓」字原脱，據成化本、殿本補。
〔九〕陳周代並齊三大國　「陳周代並齊三」六字原作「齊陳二」，據成化本、殿本改。
〔一〇〕凡四國　「四」原作「三」，據成化本、殿本改。
〔一一〕陳主亦以悉達爲將軍　「陳主」原作「後梁」，據殿本、通鑑卷一六七陳武帝永定二年正月條改。按王琳爲梁將，陳書卷一三魯悉達傳云陳帝亦授魯爲征西將軍，送鼓吹、女樂等。
〔一二〕琳乃遣樊猛李孝欽劉廣德將兵赴之　「李孝」原作「孝李」，據殿本、通鑑卷一六七陳武帝永定二年正月條改。
〔一三〕以爲高洋據有山東　「爲」字原脱，據殿本、通鑑卷一六七陳武帝永定三年六月戊子日條補。
〔一四〕唯元鑾元文遥等數家獲免　「鑾」原作「巒」，據殿本、通鑑卷一六七陳武帝永定三年七月條、北史卷一六元叉傳改。
〔一五〕奉梁主莊出屯濡須口　「須」字原脱，據殿本、通鑑卷一六七陳武帝永定三年十一月條、南史卷六四王琳傳補。
〔一六〕齊軍自相蹂踐　「齊」字原脱，據殿本、通鑑卷一六八陳文帝天嘉元年二月丙申日條補。

〔一七〕秋八月　「秋」字原脱，據殿本補。
〔一八〕演遂言於婁太后　「演」字原脱，據殿本、通鑑卷一六八陳文帝天嘉元年七月條補。
〔一九〕三日敵境始知　「三」，月崖書堂本、通鑑卷一六八陳文帝天嘉二年二月條、周書卷三一韋孝寬傳作「二」。
〔二〇〕三日方集　「三」，周書卷三一韋孝寬傳作「二」。
〔二一〕自稽三日　「三」，通鑑卷一六八陳文帝天嘉二年二月條作「二」。
〔二二〕使司會上士京兆杜杲如陳　「杲」原作「果」，據殿本、通鑑卷一六八陳文帝天嘉二年十一月條、周書卷三九杜杲傳改。
〔二三〕秋　「秋」字原脱，據殿本補。
〔二四〕磬絞斬梟裂　「磬」原作「罄」，據殿本、通鑑卷一六九陳文帝天嘉四年二月條改。按禮記文王世子云：「公族其有死罪，則磬其甸人。」鄭玄注：「縣縊殺之曰磬。」
〔二五〕唐邕掌外兵白建掌騎兵　「兵白建掌」四字原脱，據殿本、北齊書卷五〇和士開傳補。
〔二六〕齊遣使者至玉壁　「玉」原作「壬」，據殿本、通鑑卷一六九陳文帝天嘉五年七月條改。
〔二七〕因宴失金叵羅　「宴」原作「晏」，據殿本、通鑑卷一六九陳文帝天嘉六年四月條改。
〔二八〕周天和四年　「四」原作「三」，據殿本改。
〔二九〕周天和五年　「五」原作「四」，據殿本改。

〔三〇〕周天和六年　「六」原作「五」，據殿本改。

〔三一〕廣寧王孝珩安德王延宗至　「德」原作「得」，據殿本、通鑑卷一七〇陳宣帝太建三年七月條、北齊書卷一一安德王延宗傳改。

〔三二〕問之　「問」原作「間」，據殿本、通鑑卷一七〇陳宣帝太建三年九月條改。

資治通鑑綱目卷三十五

起壬辰陳高宗太建四年、齊後主武平三年、周高祖建德元年〔一〕，盡癸卯陳後主叔寶至德元年、隋文帝堅開皇三年，凡一十二年。

壬辰(五七二)

陳太建四年、齊武平三年、周建德元年。

春，二月，齊以祖珽爲僕射。胡太后既幽北宫，珽引魏保太后故事，欲立陸令萱爲太后，且謂人曰：「陸雖婦人，然實雄傑，女媧以來，未之有也。」令萱亦謂珽爲「國師」，由此得僕射。

三月朔，日食。

周主討其太師宇文護，殺之。初，周太祖爲魏相，立左右十二軍，總屬相府。太祖殂，皆受晉公護處分。護第兵衛盛於宫闕，諸子、僚屬皆貪殘恣横，士民患之。周主深自晦匿，無所關預，人不測其淺深。護問稍伯大夫庾季才曰：「比日天道如何？」對曰：「頃上台有變，公宜歸政請老。」護遂疏之。衛公直有怨於護，勸周主誅之。周主乃密與直及宫伯中大夫宇文神舉、内史下大夫王軌、右侍上士宇文孝伯謀之。周主每於禁中見護，常行家人禮。至是，引護入謁太后，謂曰：「太后好飲，屢諫未納。」因出懷中酒誥授之，曰：「願兄以此入諫。」護入，讀未畢，周主以玉珽自後擊之，護踣於地，直出斬之。召宫伯長孫覽等收護子弟、親黨殺之。初，護既殺趙貴等，諸將多不自安。柱國侯龍恩爲護所親，其從弟開府儀同三司植謂之曰：「主上春秋既富，安危繫於數公。若多所誅戮，以自立威權，豈唯社稷有累卵之危，吾宗亦緣此而敗！兄安得不言？」龍恩不能從。植又承間言於護曰：「公以骨肉之親，當社稷之寄，願推誠王室，擬迹伊、周，則率土幸甚！」護陰忌之，植以憂卒。及護敗，龍恩及弟萬壽皆死，高祖以植爲忠，特免其子孫。齊公憲素爲護所親任，護欲有所陳，多令憲聞奏，或有可不，憲每曲而暢之，周主亦察其心。直素忌憲，固請誅之，周主不許。初，宇文孝伯與周主同日生，太祖愛而養之，幼與周主同學。及即位，欲引致左右，託言欲與講習，故護弗之疑。孝伯爲人沈正忠諒，朝政得失，外間細事，無不以聞，至是以爲車騎大將軍。周主閲護書記，得庾季才書兩紙，盛言緯候災祥，宜返政歸權，命賜粟帛，遷太中大夫。

周主親政，以其弟齊公憲爲大冢宰，衛公直爲大司徒。周主始親政，頗事威刑，雖骨肉無所寬借。齊公憲雖遷冢宰，實奪之權。又謂憲侍讀裴文舉曰：「昔魏末不綱，太祖輔政。及周室受命，晉公復執大權。積習生常，愚者謂法應如是。卿雖陪侍齊公，不得遽同爲臣，欲死於所事，宜輔以正道，勸以義方，輯睦我君臣，協和我兄弟，勿令自致嫌疑。」文舉咸以白憲，憲指心撫几曰：「吾之夙心，公寧不知！但當盡忠竭節耳，知復何言！」衛公直性浮詭貪狠，意望大冢宰，既不得，殊怏怏；更請爲大司馬，欲據兵權。周主揣知其意，曰：「汝兄弟長幼有序，豈可返居下列。」由是用爲大司徒。

夏，六月，齊主殺其左丞相、咸陽王斛律光，以祖珽知騎兵、外兵事。

祖珽勢傾朝野，斛律光惡之，謂諸將曰：「邊境消息，兵馬處分，盲人全不與吾輩語，恐誤國事。」珽覺之，私賂光從奴問之，奴曰：「自公用事，相王每夜抱膝歎曰：『盲人入，國必破矣！』」穆提婆求娶光庶女，不許。齊主賜提婆晉陽田，光言於朝曰：「此田，神武以來常種禾飼馬，以擬寇敵。今賜提婆，無乃闕軍務乎？」由是祖、穆皆怨之。斛律后無寵，珽因而間之。光弟羨爲幽州刺史，亦善治兵，突厥畏之，謂之「南可汗」。性節儉，不好聲色，罕接賓客，杜絶饋餉，不貪權勢。每朝廷會議，常獨後言，言輒合理。行兵傚其父金之法，營舍未定，終不入幕。或竟日不坐，身不脱介冑，常爲士卒先。士卒有罪，唯大杖撾背，未嘗妄殺，衆皆爭爲之死。結髪從軍，未嘗敗北。周韋孝寬密爲謡言曰：「百升飛上天，明月照長安。」又曰：「高山不推自崩，槲木不扶自舉。」令諜傳之於鄴。珽因續之曰：「盲老公背受大斧，饒舌老母不得語。」使其妻兄鄭道蓋奏之。珽與陸令萱因解之曰：「百升者，斛也。盲老公，謂珽。饒舌老母，似謂陸氏也。且斛律累世大將，明月聲震關西，豊樂威行突厥，女爲皇后，男尚公主，謡言甚可畏也。」齊主以問韓長鸞，長鸞以爲不可，事遂寢。會丞相府佐封士讓密啓云：「光前西討，還逼帝城，將行不軌。家藏弩甲，奴僮千數。若不早圖，恐事不可測。」齊主召珽告之，珽請「遣使賜以駿馬，光必入謝，因而執之」。齊主如其言。光入，至涼風堂，劉桃枝自後撲之，不仆，顧曰：「桃枝常爲如此事。我不負國家。」桃枝與三力士拉殺之，血流於地，剗之，迹終不滅。於是下詔稱其謀反，并殺其二子。珽使郎邢祖信簿録光家，得弓十五，宴射箭百，刀七，賜矟二。珽問：「更得何物？」祖信曰：「得棗杖二十束，擬奴與人鬬者，不問曲直，即杖之一百。」珽大慚。及出，人尤其抗直，祖信慨然曰：「賢宰相尚死，我何惜餘生！」遣賀拔伏恩乘驛捕羨，至幽州，門者白：「使衷甲，馬有汗，宜閉城門。」羨曰：「敕使豈可拒也！」出見之。伏恩執而殺之，及其五子。周主聞之，爲赦其境内。

胡氏曰：斛律明月能爲將矣，相則未也。方是時，祖珽之徒濁亂齊室，光爲上相，不能明告於君，數諸人迷國之罪，放流殛竄，而以空言肆詈，夫將何補？若自量智力不足辦者，委權而去，猶或免於滿溢，而光之智大不及此也〔二〕，其及宜矣！

珽遂與侍中高元海共執齊政。元海妻，陸令萱之甥也，元海數以令萱密語告珽。珽求爲領軍，元海密言於齊主曰：「孝徵漢人，目盲不可！」齊主以告珽。珽遂以元海所泄密語告令萱，令萱怒，出元海刺鄭州。珽自是專主機衡，總知騎兵、外兵事。齊主常令中要人扶侍出入，每同御榻，論決政事。

秋，八月，齊主廢其后斛律氏。

周使杜杲如陳。杲至陳，陳主謂之曰：「若合從圖齊，宜以樊、鄧見與。」對曰：「合從圖齊，豈弊邑之利！必須城鎮，宜待得之於齊，先索漢南，使臣不敢聞命。」

齊立昭儀胡氏爲后。初，胡太后自愧失德，欲求悦於齊主，乃飾其兄女置宫中，令齊主見之，齊主果悦，納爲昭儀。及斛律后廢，陸令萱欲立穆夫人。太后欲立昭儀，力不能遂，乃卑辭厚禮以求令萱，結爲姊妹。令萱亦以昭儀寵幸方隆，不得已，與祖珽白齊主立之。

九月朔，日食。

冬，十月，齊立昭儀穆氏爲右后〔三〕。齊陸令萱欲立穆昭儀爲后，以胡后有寵，不可間，乃使人行厭蠱之術，胡后遂精神恍惚，言笑無恒，齊主惡之。令萱一旦忽以后服被昭儀，坐之帳中，謂齊主曰：「如此人不作皇后，遣何物人作！」齊主乃立爲右皇后，以胡氏爲左皇后。

十一月，周毀上善殿。周主遊道會苑，以上善殿壯麗，焚之。

十二月，齊主廢其后胡氏。陸令萱一旦於太后前作色言曰：「何物親姪，作如此語！」太后問其故，令萱曰：「不可道。」固問之，乃曰：「語大家云：『太后行多非法，不可以訓。』」太后大怒，呼后出，立剃其髮，送還家，廢爲庶人。自是令萱、提婆勢傾内外，賣官鬻獄，賜與傾府藏。自太后以下皆受其指麾，殺生與奪，唯意所欲。尋以右后穆氏爲皇后。

突厥木杆可汗死，弟他鉢可汗立。又分立東、西二可汗。木杆捨其子大邏便而立其弟，是爲他鉢可汗。分立爾伏可汗統東面〔四〕，步離可汗統西面。周人與之和親，歲給繒絮錦綵十萬。齊亦厚賂之。他鉢益驕，謂其下曰：「但使我在南兩兒常孝，何憂於貧！」阿史那后無寵於周主。神武公竇毅尚襄陽公主，生女尚幼，密言於周主曰：「今齊、陳鼎峙，突厥方强，願舅抑情慰撫，以生民爲念！」周主深納之。

癸巳（五七三）

陳太建五年、齊武平四年、周建德二年。

春，正月，齊以高阿那肱録尚書事。阿那肱與穆提婆、韓長鸞共處衡軸，號曰「三貴」，蠹國害民，日月滋甚。長鸞尤疾士人，朝夕唯事譖訴；常帶刀走馬，瞋目張拳，有噉人之勢，朝士咨事，莫敢仰視。

齊置文林館。齊主頗好文學，祖珽奏置文林館，以侍郎李德林、顔之推同判館事，共撰修文殿御覽。

三月，周獲白鹿。周太子獲白鹿以獻，周主詔曰：「在德不在瑞。」

夏，四月，陳將軍吴明徹將兵擊齊，取江北數郡。陳主謀伐齊，公卿各有異同，唯鎮前將軍吴明徹決策請行。陳主謂公卿曰：「朕意已決，可舉元帥。」衆議以中權將軍淳于量位重，共署推之。僕射徐陵獨曰：「吴明徹家在淮左，悉彼風俗，將略人才，當今亦無過者。」尚書裴忌曰：「臣同徐僕射。」陵應聲曰：「裴忌亦良副也。」遂以明徹都督征討，忌監軍事，統衆伐齊。明徹出秦郡，黄法𣰋出歷陽。齊人議禦陳師，開府儀同三司王紘曰：「官軍比屢失利，人情騷動。若復出頓江、淮，恐北狄、西寇乘弊而來，則世事去矣。莫若薄賦省徭，息民養士，使朝廷協睦，遐邇歸心，天下皆當肅清，豈直陳氏而已！」不從。遣軍救歷陽，法𣰋擊破之。齊又遣開府儀同三司尉破胡救秦州。趙彦深私問計於祕書監源文宗，文宗曰：「朝廷精兵，必不肯多付諸將，數千已下，適足爲吴人之餌。破胡人品，王之所知，敗績之事，匪朝伊夕。莫若專委王琳，招募淮南三、四萬人，風俗相通，能得死力。兼命舊將將之，屯於淮北，足以固守。且琳之於頊，必不肯北面事之，明矣。若不推赤心於琳，更遣餘人掣肘，復成速禍，彌不可爲。」彦深歎曰：「此策誠足制勝，爭之十日，已不見從。時事至此，安可盡言！」因相顧流涕。文宗名彪，子恭之子也。文宗子師，攝祠部郎，嘗白高阿那肱：「龍見當雩。」阿那肱驚曰：「其色如何？」師曰：「龍星初見，禮當雩祭，非真龍也。」阿那肱怒曰：「漢兒多事，强知星宿！」遂不祭。師出，竊歎曰：「禮既廢矣，齊能久乎！」齊師選長大有膂力者爲前隊，號蒼頭、犀角、大力，其鋒甚鋭；又有西域胡善射，弦無虚發，陳軍尤憚之。將戰，吴明徹謂巴山太守蕭摩訶曰：「若殪此胡，則彼軍奪氣矣！」摩訶曰：「當爲公取之。」明徹乃召降人使指示之，摩訶馳馬衝齊軍。胡挺身出陳，彀弓未發，摩訶擲銑鋧中其額，應手而仆。大力十餘人出戰，摩訶又斬之。於是齊軍大敗。破胡之出師也，王琳謂曰：「吴兵甚鋭，宜以長策制之，慎勿輕鬭！」破胡不從而敗。齊乃使琳赴壽陽，召募以拒陳。瓦梁、廬江、歷陽、合肥皆降於陳。法氍禁侵掠，撫戍卒，與之盟而縱之。高唐、齊昌、瓜步、胡墅等城亦降於陳。

五月，齊以祖珽爲北徐州刺史。齊自和士開用事以來，政體隳紊。及珽執政，頗收舉才望，沙汰人物，又欲黜諸閹豎及羣小輩，陸令萱、穆提婆議頗同異。珽乃諷中丞麗伯律令劾主書王子冲納賂，事連提婆，欲使與令萱皆連坐。且欲引后黨爲援，乃請以胡后兄君瑜爲中領軍，君璧爲御史中丞〔五〕。令萱怒，排出之。胡后尋廢。珽日以益疏，諸宦者更共譖之。齊主以問令萱，令萱下牀拜曰：「老婢應死，孝徵大是姦臣。人實難知！」齊主令韓長鸞檢案，得其詐出敕受賜等十餘事，出刺北徐州。

齊主殺其蘭陵王長恭。齊蘭陵武王長恭貌美而勇，以邙山之捷，威名大盛，武士歌之，爲蘭陵王入陳曲，齊主忌之。及代段韶督諸軍攻定陽，頗務聚斂，其所親尉相願責之，長恭未應。相願曰：「豈非以邙山之捷，欲自穢乎？」長恭曰：「然。」相願曰：「朝廷若忌王，即當用此爲罪，無乃避禍而更速之乎？」長恭涕泣問計，相顧曰：「王但屬疾在家，勿預時事而已。」長恭然之而未能退。及江、淮用兵，恐復爲將，有疾不療，齊主酖殺之。

六月，陳克齊灊口等城。

齊主遊南苑，殺其從官六十人〔六〕。以高阿那肱爲司徒。

秋，七月，陳敗齊師，克巴、青州、山陽、廣陵等城。齊遣陸騫救齊昌，出巴、蘄，遇陳將周炅。炅留羸弱，設疑兵以當之，身帥精鋭，由間道邀其後，大破之，克巴州。齊王琳保壽陽。陳吴明徹以琳初入，衆心未固，乘夜攻之，城潰。山陽、盱眙降陳。陳復克齊青州、馬頭、廣陵等城。

八月，周太子贇納妃楊氏。妃，隨公堅之女也。太子好昵近小人，左宮正宇文孝伯言於周主曰：「皇太子春秋尚少，志業未成，請妙選正人，爲其師友，調護聖質。如或不然，悔無及矣！」周主斂容曰：「正人豈復過卿！」乃復以尉遲運爲右宫正。周主嘗問萬年丞樂運曰：「太子何如人？」對曰：「中人。」周主顧謂齊公憲曰：「百官佞我，唯運所言，乃忠直耳。」因問運中人之狀，對曰：「如齊桓公是也：管仲相之則霸，豎貂輔之則亂，可與爲善，可與爲惡。」周主曰：「我知之矣。」乃妙選宫官以輔之，太子不悦。

冬，十月，齊主殺其侍中張雕、崔季舒。齊國子祭酒張雕以經授齊主，因與寵胡何洪珍相結。洪珍薦雕爲侍中，大見委信。雕欲立效以報恩，論議抑揚，無所回避，省宫掖不急之費，禁約左右驕縱之臣，貴倖側目，陰謀陷之。左丞封孝琰、侍中崔季舒皆祖珽所厚，嘗謂珽爲「衣冠宰相」，近習惡之。會齊主將如晉陽，季舒與雕議，以爲「壽陽被圍，大軍出拒，信使往還，須禀節度。且道路相驚，以爲大駕畏避南寇，則人情必致駭動」。遂與從駕文官連名進諫。時貴臣趙彥深等意有異同，季舒與爭未決。長鸞遽言於齊主曰：「諸漢官連名總署，未必不反！」齊主悉召已署名者集含章殿，斬雕、季舒等六人，遂如晉陽。

胡氏曰：張雕侍讀齊君，義兼師友，乃交結嬖人，欲行其志。其意必曰：「姑與之合，少貶無傷也。不如是不可以成大功。」是其用經，不如王良之用轡也。忘詭遇之賤，冀十禽之獲，志不得就，用殞厥軀。末哉，雕之爲儒哉！

陳師攻齊壽陽，克之，殺其刺史王琳，遂取齊昌、徐州等城。吴明徹攻壽陽，堰肥水以灌城，城中腫泄死者什六、七。齊皮景和等救壽陽，衆數十萬，去壽陽三十里，頓軍不進。諸將皆懼，明徹曰：「兵貴神速，而彼結營不進，自挫其鋒，其不敢戰明矣！」乃攻拔之，擒王琳等，送建康。琳體貌閑雅，喜怒不形於色，佐吏千數，皆能識其姓名。刑罰不濫，輕財愛士，得將卒心，齊人亦重其忠義。及被擒，故將卒見者，皆歔欷不能仰視，爭爲請命，及致資給。明徹恐其爲變，遣使追斬之，哭者聲如雷。有一叟以酒脯來祭，哭盡哀，收其血而去。聞者莫不流涕。齊主聞之，頗以爲憂，提婆等曰：「假使國家盡失黄河以南，猶可作一龜茲國。更可憐人生如寄，唯當行樂，何用愁爲！」左右嬖臣因共贊和之，齊主即大喜，酣歌鼓舞。陳以明徹爲車騎大將軍、豫州刺史。陳主置酒，舉杯屬徐陵曰：「賞卿知人。」陵避席曰：「定策聖衷，非臣力也。」遂克齊昌、淮陰、朐山、濟陰、濟南、徐州等城。齊北徐州民多起兵以應陳，逼其州城。祖珽命不閉城門，禁人不得出衢路。反者疑城已空，不設備。珽忽令鼓譟震天，反者皆驚走。既而復結陳向城，珽令參軍王君植將兵拒之，自乘馬臨陳左右射。反者先聞其盲，謂不能出，忽見之，大驚。穆提婆欲令城陷，不遣援兵。珽且戰且守，反者竟散走。陳懸王琳首於建康市，故吏朱瑒致書徐陵，請許其葬，陳主許之。瑒瘞琳於八公山側，義故會葬者數千人。尋有壽陽人茅智勝等密送其柩於鄴。齊贈開府儀同三司，謚曰忠武，給輼輬車以葬之。

齊立婢馮氏爲淑妃。穆后愛衰，其侍婢馮小憐大幸，齊主與之誓同生死，以爲淑妃。

陳定州刺史田龍升以江北叛入于齊，陳討平之。初，梁定州刺史田龍升以城降於陳，安州刺史周炅。至是，陳徵炅入朝，龍升以江北六州、七鎮叛入于齊。陳遣炅討斬之，盡復江北之地。

甲午(五七四)

陳太建六年、齊武平五年、周建德三年。

春，正月，周詔齊公憲等皆進爵爲王。

二月朔，日食。

齊朔州行臺高思好舉兵反，敗死。思好，本高氏養子，驍勇，得邊鎮人心。齊主使嬖臣至州，不禮之，思好怒，遂反，云「欲入除君側之惡」。進軍至陽曲，軍敗，投水死。其麾下二千人，劉桃枝圍之，且殺且招，終不降，以至於盡。

三月，周太后叱奴氏殂。周叱奴太后殂。周主居倚廬，朝夕進一溢米。衛王直譖齊王憲，言其

「飲酒食肉」。周主曰：「吾與齊王異生，俱非正嫡，特以吾故，同袒括髮。汝當愧之。汝，親太后子，特承慈愛。但當自勉，無論它人！」及葬，周主跣行至陵所。詔曰：「三年之喪，達於天子。但軍國務重，須自聽朝。衰麻之節，苫廬之禮，率遵前典，以申罔極。百僚宜依遺令，既葬而除。」公卿固請依權制，周主不許，卒申三年之制。五服之內，亦令依禮。

胡氏曰：自漢文短喪之後，能斷然行三年者，惟晉武帝、魏孝文、周高祖，可謂難得矣。然春秋之義，責備賢者。晉武既爲裴、杜所惑〔七〕，行禮不備；魏孝文之禮若備矣，而服非所服；周高祖衰麻苫塊，卒三年之制，最爲賢行。然推明通喪，止於五服之內，不及羣臣，非所以教天下著於君臣之義也；而又在喪頻出遊幸，無門庭之寇，興師伐鄰：皆禮所不得爲者。由高祖不學，左右無稽古之臣以輔成之也。

夏，五月，周廢佛、道教，毁淫祠。初，周主定三教先後，以儒爲先，道爲次，釋爲後。至是，遂禁佛、道二教，經、像悉毁，沙門、道士並還俗。諸淫祀非祀典所載者，盡除之。

胡氏曰：物壞則蟲育，木朽則蠹生，人少則禽獸繁，氣衰則邪沴入。中國之有異端也亦然。聖王不作，三綱淪，九法斁，於是反常悖道之説，肆行而不可遏矣。周武奮然攘而闢之，其意善矣。然終不能絶，何也？曰：欲闢異端者，必隆儒術，求賢人，明仁義，興教化，而後人心正、邪説息矣。周武於此闕如也，又況繼以嗣子之狂昏哉！

周更鑄五行大布錢。一當十，與布泉並行。

周立通道觀。以壹聖賢之教也。

秋，七月，周衛王直反，伏誅。周主如雲陽，以尉遲運、長孫覽輔太子守長安。衛王直積怨憤，因周主在外，遂帥其黨襲肅章門，縱火焚之。運取宫中材木、牀榻以益火，膏油灌之，火轉熾，直不得進，乃退。運帥留守兵擊之，直大敗，奔荆州。周主還，擒直殺之，以運爲大將軍。

冬，十二月，陳以孔奐爲吏部尚書。時新復淮、泗，攻戰降附，功賞紛紜，奐識鑑精敏，不受請託，事無凝滯，人皆悦服。

齊殺其南陽王綽。綽喜爲殘虐，嘗見婦人抱兒，取以飼狗，復以兒血塗婦人，縱狗食之。齊主聞之，鏁詣行在，至而宥之。問：「在州何事最樂？」對曰：「聚蠍於器，置狙其中，觀之極樂。」齊主即命索蠍，置浴斛，使人裸卧斛中，號叫宛轉。齊主與綽臨觀，喜噱不已，因讓之曰：「如此樂事，何不早馳驛奏聞？」由是大有寵。韓長鸞疾之，使人誣告其反，殺之。

乙未（五七五）

陳太建七年、齊武平六年、周建德四年。

春，二月朔，日食。

三月，周使開府儀同三司伊婁謙如齊，齊人留之。齊主言語澀吶，不喜見朝士，非寵私昵狎，未嘗交語。性懦，不堪人視，雖大臣奏事，莫得仰視。承世祖奢泰之餘，後宫皆寶衣玉食，競爲新巧。盛修宫苑，窮極壯麗，所好不常，數毁又復，夜則然火照作，寒則以湯爲泥。每有災異寇盗，不自貶損，唯多設齋以爲修德。好自彈琵琶，爲無愁之曲，民間謂之「無愁天子」。於華林園立貧兒村，自衣藍縷之服，行乞其間以爲樂。寵任陸令萱、穆提婆、高阿那肱、韓長鸞等宰制朝政，宦官鄧長顒、陳德信、胡兒何洪珍等並參預機權。官由財進，獄以賄成。蒼頭劉桃枝等皆開府封王。其餘歌舞人、見鬼人等濫得富貴者，殆將萬數。庶姓封王者以百數，開府千餘人，儀同無數，乃至狗、馬及鷹亦有儀同、郡君之號，皆食其禄。一戲之賞，動踰巨萬。既而府藏空竭，乃賜郡縣，使賣官取直。由是爲守令者，率皆商賈，競爲貪縱，民不聊生。周主謀伐之，命邊鎮益儲偫，加戍卒。齊人聞之，亦增守禦。周柱國于翼諫曰：「疆埸相侵，互有勝負，徒損兵儲，無益大計。不如解嚴繼好，使彼懈而無備，然後乘間，出其不意，一舉可取也。」周主從之。韋孝寬上疏陳三策：其一曰，「齊自長淮之南，悉爲陳氏所取。內離外叛，計盡力窮。大軍若出軹關，方軌而進，兼與陳氏共爲掎角，并令廣州義旅出自三鵶，又募山南驍鋭沿河而下，復遣北山稽胡絶并、晉之路，百道俱進，並趨虜庭，必當望旗奔潰，所向摧殄」。其二曰，「若國家更爲後圖，未即大舉，宜與陳人分其兵勢。三鵶以北，萬春以南，廣事屯田，預爲貯積，募其驍悍，立爲部伍。彼既東南有敵，戎馬相持，我出奇兵，破其疆埸。彼若興師赴援，我則堅壁清野，待其去遠，還復出師。常以邊外之軍，引其腹心之衆。我無宿舂之費，彼有奔命之勞，一、二年中，必自離叛。且齊氏淫暴，政出多門，鬻獄賣官，忌害忠直，闔境嗷然，覆亡可待。乘間電掃，事等摧枯」。其三曰，「若欲更存遵養，且復相時，則宜還崇鄰好，申其盟約，安民和衆，通商惠工，蓄鋭養威，觀釁而動。斯乃長策遠馭，坐自兼并也」。書奏，周主引開府儀同三司伊婁謙入內殿，從容謂曰：「朕欲用兵，何者爲先？」對曰：「齊氏沈溺倡優，耽昏麴蘖。其折衝之將斛律明月，已斃於讒口。上下離心，道路以目，此易取也。」乃使謙聘於齊以觀釁。其參軍高遵以情告齊人，齊人留謙等不遣。

夏，四月，陳焚文錦于雲龍門。陳監豫州陳桃根得青牛以獻，陳主還之。又表上織成羅文錦被，詔於雲龍門外焚之。

胡氏曰：作爲奇巧以蕩上心者，陳桃根也，羅文錦被，夫何罪焉？義當詰責桃根，削其官任，以戒中外，猶恐不能絶也。今徒費其物而不治其人，彼必謂上於我本無怒心，姑以敦朴示天下爾。則亦何所憚哉！

秋，七月，周主伐齊，克河陰；攻金墉，不克而還。先是，周主獨與齊王憲及内史王誼謀伐齊，又遣納言盧韞乘駉三詣安州總管于翼問策，他人莫知。至是，始下詔伐齊，將出河陽。内史上士宇文弢曰：「齊雖無道，藩鎮有人。今出師河陽，精兵所聚，恐難得志。如出汾曲，戍小山平，則攻之易拔矣！」民部中大夫趙煚曰：「河南、洛陽，四面受敵，縱得之，不可守。請從河北直指太原，傾其巢穴，可一舉而定。」遂伯下大夫鮑宏曰：「往日屢出洛陽，彼既有備，故每不捷。如進兵汾、潞，直掩晉陽，出其不虞，似爲上策。」周主皆不從，帥衆六萬，直指河陰。八月，入齊境，禁伐樹踐稼，犯者皆斬。攻河陰大城，拔之。齊王憲進圍洛口，拔二城，焚浮橋。齊都督傅伏自永橋夜入中潬城，周人圍之，不下。洛州刺史獨孤永業守金墉，周主攻之，不克。永業通夜辦馬槽二千，周人聞之，以爲大軍且至，憚之。九月，周主有疾，夜引兵還。傅伏謂行臺乞伏貴和曰：「周師疲弊，願得精騎二千追擊，可破也。」貴和不許。齊王憲等降拔三十餘城，皆棄不守。

閏月，陳敗齊師于吕梁。

冬，十二月朔，日食。

丙申(五七六)

陳太建八年、齊隆化元年、周建德五年。

春，二月，周遣其太子贇伐吐谷渾。

夏，六月朔，日食。

陳太子詹事江總免。初，陳太子叔寶欲以江總爲詹事，孔奂曰：「江有潘、陸之華，而無園、綺之實，不可！」太子深以爲恨，自言於陳主。將許之，奂奏曰：「江總文士，太子文華不少，豈藉於總！願選敦重之才，以居輔導之職。」陳主曰：「然則誰可者？」奂曰：「王廓世有懿德，識性敦敏，可以居之。」太子時在側，曰：「廓，父名泰，不宜爲太子詹事。」奂曰：「范曄即范泰之子，亦爲太子詹事。」太子固爭，陳主從之。總遂與太子爲長夜之飲，養良娣陳氏爲女。太子亟微行，遊總家。陳主怒，免總官。

齊司徒趙彦深卒。彦深既卒，朝貴典機密者，唯侍中斛律孝卿一人而已，其餘皆嬖倖也。

周太子贇還長安。太子在軍多失德，宫尹鄭譯、王端等皆有寵。軍還，大將軍王軌等言之，周主怒，杖太子，除譯等名。太子復召譯，戲狎如初。周主遇太子甚嚴，每朝見，進止與羣臣無異，以其嗜酒，禁酒不得至東宫；有過，輒加捶撻。嘗謂之曰：「古來太子被廢者幾人？餘兒豈不堪立邪！」乃敕宫官録其言動，每月奏聞。太子畏懼，矯情修飾，由是過惡不上聞。王軌嘗與小内史賀若弼言：「太子必不克負荷！」弼勸軌陳之。軌後因侍坐，言曰：「太子仁孝無聞，恐不了陛下家事。陛下恒以賀若弼有文武奇才，亦常以此爲憂。」周主以問弼，對曰：「皇太子未聞有過。」既退，軌讓弼反覆，弼曰：「太子，國之儲副，豈易發言！事有蹉跌，便至滅族。本謂公密陳臧否，何得遂至昌言？」軌默然久之，乃曰：「吾專心國家，遂不存私計。向者對衆，實非所宜。」後因内宴，捋帝鬚曰：「可愛好老公，但恨後嗣弱耳。」先是周主問宇文孝伯曰：「吾兒比來何如？」對曰：「太子比懼天威，更無過失。」罷酒，周主責孝伯曰：「軌有此言，公爲誑矣！」孝伯再拜曰：「臣聞父子之際，人所難言。臣知陛下不能割慈忍愛，遂爾結舌。」周主默然久之，乃曰：「朕已委公矣，公其勉之！」軌又數言：「太子非社稷主，普六茹堅有反相。」周主不悦曰：「必天命有在，將若之何！」楊堅聞之懼，深自晦匿。周主深以軌等言爲然，但漢王贊次長，又不才，餘子皆幼，故得不廢。齊王憲亦言：「堅相貌非常，恐非人下，請早除之。」周主以問纖伯下大夫來和，和素附堅，對曰：「隨公正是守節人耳。」

胡氏曰：贇之不才，高祖知之矣〔八〕。若爲家國遠慮，以大業付齊王憲，豈遂亡乎！唐、虞爲天下擇人，尚付之異姓〔九〕。東宫既不才，餘子又幼弱，曷若授之齊王之爲愈乎？其語王軌天命云者〔一〇〕，拒諫咈然之意也。吁！亦蔽矣！

冬，十月，周主伐齊，取平陽。十一月，齊主攻之，不克。十二月，周主復伐齊，齊主大敗，走晉陽，遂奔鄴。晉陽人立安德王延宗以守，周主拔而執之。周主謂羣臣曰：「前入齊境，見其行師，殆同兒戲。況其朝廷昏亂，政由羣小，百姓嗷然，朝不謀夕。天與不取，恐貽後悔。晉州，高歡所起〔一二〕，鎮攝要重，今往攻之，彼必來援，吾嚴軍以待，擊之必克。然後乘破竹之勢，鼓行而東，足以窮其巢穴，混同文軌矣。」諸將多不願行，周主曰：「機不可失。有沮吾軍者，當以軍法裁之！」於是自將伐齊。先是，齊晉州行臺張延雋公直勤敏，儲偫有備，百姓安業，疆埸無虞。諸嬖倖惡而代之，由是公私煩擾。周主至晉州，遣內史王誼監諸軍攻平陽城，降之。齊兵大潰，遂克晉州。齊主方與馮淑妃獵於天池，告急者三至，丞相高阿那肱曰：「大家正爲樂，邊鄙小事，何急奏聞？」至暮，使至，則平陽已陷矣。齊主將還，妃請更殺一圍，從之。十一月，自帥大軍至平陽，聲勢甚盛。周主欲西還以避其鋒，大將軍宇文忻諫曰：「以陛下之聖武，乘敵人之荒縱，何患不克！若使齊得令主，君臣協力，雖湯、武之勢，未易平也。」京兆王韶曰：「取亂侮亡，正在今日。釋之而去，臣所未諭。」周主雖善其言，竟以梁士彥爲晉州刺史而還。齊師遂圍平陽，晝夜攻之。城中危急，樓堞皆盡，外援不至，衆皆震懼。士彥忼慨自若，謂將士曰：「死在今日，吾爲爾先。」於是勇烈齊奮，呼聲動地，無不一當百，齊師少却。乃令妻妾、軍民、婦女晝夜修城，三日而就。齊人作地道攻平陽，城陷十餘步，將士乘勢欲入，齊主敕且止，召馮淑妃觀之。淑妃粧點，不時至。周人以木拒塞之，城遂不下。周主還長安，明日，下詔復伐齊。十二月，至平陽，置陳二十餘里。齊兵陳於城南塹北，自旦至申，相持不決。齊高阿那肱曰：「吾兵雖多，堪戰者少，不如勿戰，却守高梁橋。」齊主意未決，諸內參曰：「彼亦天子，我亦天子。彼尚能遠來，我何爲守塹示弱！」齊主曰：「此言是也！」於是填塹南引。周主大喜，勒諸軍擊之。兵纔合，齊主與馮淑妃並騎觀戰。東偏小却，淑妃怖曰：「軍敗矣！」穆提婆曰：「大家去！大家去！」齊主即以淑妃奔高梁橋，開府儀同三司奚長諫曰：「半進半退，戰之常體。陛下馬足一動，人情駭亂，不可復振。願速還安慰之！」將軍張常山自後至，亦曰：「軍尋收訖，至尊宜回。」齊主將從之，穆提婆曰：「此言難信。」齊主遂以淑妃北走。齊師大潰，死者萬餘人，資械委棄山積，安德王延宗獨全軍而還。齊主以淑妃爲有功，將立爲左皇后，遣內參詣晉陽取褘翟等，遇於中塗，命淑妃着之而後去。周主入平陽，既而欲還，梁士彦叩馬諫曰：「今齊師遁散，衆心皆動，因其懼而攻之，其勢必舉。」周主從之，遂帥諸將追齊師。諸將固請西還，周主曰：「縱敵患生。卿等若疑，朕將獨往。」諸將乃不敢言。齊主入晉陽，問計於朝臣，皆曰：「宜省賦息役，以慰民心。速收遺兵，背城死戰。」齊主欲向北朔州，遂奔突厥，羣臣皆以爲不可，不從。有告阿那肱謀反者，以爲妄，斬之。周師至，齊主以安德王延宗爲并州刺史，謂曰：「并州兄自取之，兒今去矣！」延宗曰：「陛下爲社稷勿動，臣爲陛下出死力，戰必能破之！」穆提婆曰：「至尊計已成，王不得輒沮。」齊主乃夜斬五龍門而出，欲奔突厥，從官多散，乃回向鄴。穆提婆西奔周軍，陸令萱自殺。周主以提婆爲柱國，詔諭齊臣曰：「若違天命，官爵有加。」自是降者相繼。

胡氏曰：穆提婆亡齊之臣也，周高祖聲言其罪〔一二〕，戮諸齊境，則齊人悦服矣。既不能然，又寵秩之，且以官爵誘降齊之臣子，急於近利而昧於遠圖。行於齊，非所以伐罪弔民；施於國，非所以教忠明義，不學之過也。

并州將帥請於延宗曰：「王不爲天子，諸人實不能爲王出死力！」延宗不得已，遂即位。衆聞之，不召而至者，前後相屬。延宗發府藏及後宮以賜將士，籍没内參十餘家。齊主聞之，謂近臣曰：「我寧使周得并州，不欲安德得之。」延宗見士卒，皆親執手稱名，流涕嗚咽，衆爭爲死。童兒女子，亦乘屋攘袂，投甎石以禦敵。周主至晉陽，延宗身自拒戰，勁捷若飛，所向無前。周主攻其東門，入之，延宗擊之，死者二千餘人。周主左右略盡，齊人奮擊幾中之，僅得免，時已四更。齊人既捷，飲酒醉卧，延宗不復能整。周主欲遁去，諸將亦多勸還，宇文忻勃然進曰：「陛下自克晉州，乘勝至此。今僞主奔波，關東響振，破竹之勢已成，奈何棄之而去！」齊王憲及王誼亦以爲去必不免，降將段暢等又盛言城内空虚，周主乃駐馬，鳴角收兵，俄頃復振。明旦，還攻東門，克之。延宗力屈被擒，周主下馬執其手曰：「兩國非有怨惡，直爲百姓來耳。終不相害，勿怖也！」使復衣帽而禮之。大赦，削齊亂制，收禮文武。召伊婁謙勞之，執高遵付謙，任其報復，謙頓首請赦之。

司馬公曰：賞有功，誅有罪，此人君之任也。高遵叛臣，周高祖不自行戮，使謙復怨，失政刑矣。爲謙者，宜辭而不受，歸諸有司，以正典刑，乃請而赦之，以成其私名，美則美矣，非公義也。

齊主入鄴，廣寧王孝珩請「使任城王湝將幽州兵趣并州，獨孤永業將洛州兵趣長安，自將京畿兵鼓行逆戰」。又請出宫人珍寶賞將士，齊主不悦。斛律孝卿請齊主親勞將士，爲之撰辭，且曰：「宜忼慨流涕，以感激人心。」齊主既出，不復記所受言，遂大笑，左右亦笑，將士皆怒，無復戰心。行臺僕射高勱將兵衛太后、太子還鄴。宦官苟子溢猶縱暴民間，勱將斬之。或謂勱曰：「獨不慮後患邪？」勱攘袂曰：「今西寇已據并州，正坐此輩濁亂朝廷。若得今日斬之，明日受誅，亦無恨矣！」周主出齊宫中珍寶及宫女二千人，班賜將士，加立功者官爵有差。問高延宗以取鄴之策，辭，强問之，乃曰：「若任城王據鄴，臣不能知。若今主自守，陛下兵不血刃。」齊主引諸貴臣問以禦周之策，高勱曰：「今之叛者，多是貴人。至於卒伍，猶未離心。請追五品已上家屬，置之三臺，因脅之以戰。若不捷，則焚臺。此曹顧惜妻子，必當死戰。且王師頻北，賊徒輕我，今背城一決，理必破之。」齊主不能用。望氣者言當有革易，齊主引高元海等議禪位太子。

丁酉(五七七)

陳太建九年、齊幼主恒承光元年、周建德六年。是歲，齊亡，陳、周二大國，并後梁一小國，凡三國。

春，正月朔，齊主緯傳位于太子恒。周師圍鄴，緯出走。周主入鄴。齊丞相高阿那肱引周師追緯及恒，獲之，遂滅齊。齊太子恒即位，生八年矣。齊主緯自爲太上皇帝。莫多婁敬顯、尉相願謀伏兵斬高阿那肱，立太宰廣寧王孝珩，不果。孝珩求拒周師，謂阿那肱等曰：「朝廷不遣孝珩擊賊，豈畏孝珩反邪？孝珩若破宇文邕，遂至長安，反亦何預國家事！以今日之急，猶如此猜忌邪？」高、韓恐其爲變，出孝珩爲滄州刺史。相願拔佩刀斫柱，歎曰：「大事去矣，知復何言！」周師至鄴，圍之。齊人出戰，大敗，緯從百騎東走。周師入鄴，齊王公以下皆降。留守大將軍慕容三藏，紹宗之子也，猶拒戰，周主引見，禮之。周主先以馬腦酒鍾遺齊將鮮于世榮，世榮碎之。至是，在三臺前鳴鼓不輟，周人執之。世榮不屈，乃殺之。周主執莫多婁敬顯，數之曰：「汝有死罪三：前自晉陽走鄴，攜妾棄母，不孝也；外爲僞朝戮力，內實通啓於朕，不忠也；送款之後，猶持兩端，不信也。用心如此，不死何待！」

遂斬之。使將軍尉遲勤追齊主。齊國子博士熊安生，博通五經，聞周主入鄴，遽令掃門，語家人曰：「周帝重道尊儒，必將見我。」俄而周主幸其家，不聽拜，親執其手，引與同坐，賞賜甚厚，給安車駟馬以自隨。又遣就中書侍郎李德林宅，慰諭引入，訪以齊事。齊洛州刺史獨孤永業有甲士三萬，聞晉州敗，請出兵，不報；聞并州陷，乃降周。緯留胡太后於濟州，使高阿那肱守關，自與穆后、馮妃、幼主恒、韓長鸞等數十人奔青州，欲入陳。而高阿那肱密召周師，約生致齊主，屢啓云：「周師尚遠，已令燒斷橋路。」緯由是淹留自寬。周師至關，阿那肱即降之。周師奄至青州，緯囊金繫鞍後，與后、妃、幼主等十餘騎南走。尉遲勤追及，盡擒之，并胡太后送鄴。周主詔：「故斛律光、崔季舒等，宜追加贈謚，并爲改葬，子孫隨蔭敘録，田宅没官者還之。」指斛律光名曰：「此人在，朕安得至此！」詔毁東山、南園、三臺，以其瓦木諸物賜民。高緯至鄴，周主降階，以賓禮見之。

二月，齊廣寧王孝珩、任城王湝起兵信都，周齊王憲伐而執之。齊廣寧王孝珩以五千人會任城王湝於信都，共謀匡復。周主使齊王憲、柱國楊堅擊之，至信都，湝所署領軍尉相願以衆降。憲與湝戰，破之，執湝及孝珩，謂曰：「任城王何苦至此！」湝曰：「下官神武皇帝之子，兄弟十五人，幸而獨存。逢宗社顛覆，今日得死，無愧墳陵。」憲壯之，命歸其妻子；又親爲孝珩洗瘡傅藥，禮遇甚厚。憲善用兵，多謀略，得將士心。齊人憚其威聲，皆望風沮潰。芻牧不擾，軍無私焉。周主以齊降將封輔相爲北朔州總管。前長史趙穆等謀執輔相迎湝，不果，乃迎定州刺史、范陽王紹義。至馬邑，自肆州以北二百八十餘城皆應之。紹義引兵南出，欲取并州，至新興，而肆州已爲周守，遂奔突厥。突厥他鉢可汗甚愛重之，凡齊人在北者，悉以隸之。於是齊之州、鎮，唯東雍州行臺傅伏、營州刺史高寶寧不下，其餘皆入於周。凡得州五十，郡一百六十二，縣三百八十，户三百三萬二千五百。寶寧者，齊之疏屬，有勇略，久鎮和龍，甚得夷、夏之心。

梁主朝周于鄴。自秦兼天下，無朝覲之禮，至是始命有司草具其事：致積，致餼，設九儐、九介，受享於廟，三公、三孤、六卿致食，勞賓，還贄，致享，皆如古禮。

周詔舉山東明經幹治者。周主西還，詔：「山東諸州，各舉明經幹治者二人，若奇才異術，卓爾不羣者，不拘此數。」

三月，齊東雍州行臺傅伏降周。初，周主招齊東雍州刺史傅伏，不從。既克并州，復遣韋孝寬招之，令其子以上大將軍、武鄉公告身賜伏。伏不受，謂孝寬曰：「事君有死無貳，此兒爲臣不能竭忠，爲子不能盡孝，人所讎疾，願速斬之，以令天下！」周主自鄴還，至晉州，遣高阿那肱等百餘人臨汾水召伏，伏隔水問：「至尊何在？」阿那肱曰：「已被擒矣。」伏仰天大哭，帥衆入城，於聽事前北面哀號，良久，然後出降。周主見之曰：「何不早下？」伏流涕對曰：「臣三世爲齊臣，食齊禄，不能自死，羞見天地！」周主執其手曰：「爲臣當如此！」乃以所食羊肋骨賜伏曰：「骨親肉疏，所以相付。」遂引使宿衛，授上儀同大將軍。他日，又問：「前救河陰，得何賞？」對曰：「蒙授特進、郡公。」周主謂高緯曰：「朕三年教戰，決取河陰。正爲傅伏善守，城不可動，遂斂軍而退。公當時賞功，何其薄也！」

夏，四月，周主至長安，封高緯爲温公。周主至長安，置高緯於前，列其王公等於後，備大駕，布六軍，奏凱樂，獻俘於太廟。觀者皆稱萬歲。封緯爲温公。周主與齊君臣飲酒，令緯起舞。高延宗悲不自持，屢欲仰藥，其傅婢禁止之。

周以李德林爲内史上士。自是詔誥格式及用山東人物，並以委之。

五月，周主毁其宫室之壯麗者。周主詔以「路寢會義諸殿，皆晉公護專政時所爲，事窮壯麗，有踰清廟，悉可毁撤。彫斲之物，並賜貧民。繕造之宜，務從卑朴」。「并、鄴諸堂殿壯麗者準此。」又制：「庶人已上，唯聽衣綢、綿綢、絲布、圓綾、紗、絹、綃、葛、布等九種，餘悉禁之。朝祭之服，不拘此制。」

司馬公曰：周高祖可謂善處勝矣。他人勝則益奢，高祖勝而愈儉。

秋，八月，周定權衡度量。

周免齊雜户。初，魏虜西涼之人，没爲隸户，齊氏因之，至是悉放爲民。

周獲九尾狐，焚之。鄭州獲九尾狐，已死，獻其骨。周主曰：「瑞應之來，必彰有德。今無其時，恐非實録。」命焚之。

冬，十月，陳司空吴明徹侵周，圍彭城。陳主聞周之滅齊，欲争徐、兖，詔吴明徹督諸軍伐之。軍至吕梁，周徐州總管梁士彦帥衆拒戰，明徹擊破之。士彦嬰城自守，明徹圍之。陳主鋭意以爲河南指麾可定，蔡景歷諫曰：「師老將驕，不宜過窮遠略。」陳主怒，以爲沮衆，免官，削爵土。

周主殺温公高緯，夷其族。周人誣温公高緯與穆提婆謀反，并其宗族皆賜死。衆人多自辨理，高延宗獨攘袂泣而不言，以椒塞口而死。緯弟仁英、仁雅，以疾得免。以高湝妻盧氏賜其將斛斯徵。盧氏蓬首垢面，長齋，不言笑。徽放之，乃爲尼。齊后、妃貧者，至以賣燭爲業。

十一月，周討稽胡，降之。初，周敗齊於晉州，齊所棄甲仗，稽胡乘間竊之，仍立劉蠡升之孫没鐸爲主。至是，周將討之，議欲窮其巢穴。齊王憲曰：「步落稽種類多，山谷險絶，且當翦其魁首，餘加慰撫。」遂以憲督軍擊没鐸，擒之，餘衆皆降。

周省後宫妃嬪之數。周主性節儉，常服布袍，寢布被，後宫不過十餘人。至是，詔：「唯置妃二人，世婦三人，御妻三人，此外皆減之。」每行兵，親在行陳，步涉山谷，人所不堪；撫將士有恩，而明察果斷，用法嚴峻，由是將士畏威而樂爲之死。

是月晦，日食。

周頒刑書要制。羣盗贓一匹，及正、長隱五丁、若地頃以上，皆死。

十二月，周徙并州軍民四萬户于關中。

齊范陽王高紹義稱帝于北朔州。高寶寧自黄龍勸進於高紹義，紹義稱帝，以寶寧爲相。突厥舉兵助之。

戊戌（五七八）

陳太建十年、周宣帝贇宣政元年。

春，二月，周上大將軍王軌救彭城，獲吳明徹。吳明徹圍周彭城，環列舟艦，攻之甚急。周王軌引兵輕行，據淮口，結長圍，以鐵鎖貫車輪數百，沈之清水，以遏陳船歸路。軍中恟懼，蕭摩訶言於明徹曰：「聞王軌始鎖下流，其兩端築城未立，請往擊之。不然，吾屬皆爲虜矣。」明徹奮髯曰：「搴旗陷陳，將軍事也。長算遠略，老夫事也。」摩訶失色而退。一旬之間，水路遂斷，周兵益至。明徹苦背疾，摩訶復請曰：「今求戰不得，進退無路。潛軍突圍，未足爲耻。願公帥步卒，乘馬轝徐行，摩訶領鐵騎數千驅馳前後，必當使公安達京邑。」明徹曰：「此良圖也。然吾爲總督，必須身居其後。弟馬軍宜在前，不可緩。」摩訶因帥馬軍夜發。明徹決堰，退軍至清口，水勢漸微，舟礙車輪，不得過。王軌引兵蹙之，衆潰，明徹被執，將士、輜重皆没於周。獨蕭摩訶與將軍任忠、周羅睺全軍得還。初，陳主謀取彭、汴，以問五兵尚書毛喜，對曰：「淮左新平，邊民未輯。周氏始吞齊國，難與爭鋒。且棄舟楫，用車騎，去長就短，非我所便。不若安民保境，寢兵結好，斯久長之術也。」至是，陳主謂之曰：「卿言驗矣。」即日，召蔡景歷，復以爲征南諮議參軍。明徹憂憤而卒。

三月，周主初服常冠。其制以皂紗全幅，向後襆髮，仍裁爲四脚。

胡氏曰：君子大復古，重變古，非泥於古也。以生人之具，皆古大聖人因時制宜，各有法象意義，不可以私智更改之也。周家紗襆，此後世巾幘朝冠之所自始也，稽之法象，果何所則？求之意義，果何所據？然而行之數百年，莫有以爲非也。治天下莫大於禮。必欲盡善，其必考古而立制，夫亦何獨冠爲然哉！

夏，五月，周主邕伐突厥，有疾而還。六月，殂。太子贇立，以鄭譯爲内史中大夫。突厥寇掠幽州。周主帥諸軍伐之，以疾留雲陽宮，詔停諸軍。驛召宇文孝伯，執其手，以後事付之，令馳驛入京鎮守，以備非常。六月朔，殂，年三十六。太子即位，即逞奢欲，曾無戚容，捫其杖痕，大罵曰：「死晚矣！」閲視宫人，逼而淫之。超拜鄭譯爲内史中大夫，委以朝政。不踰月而葬。詔議即吉。樂運以爲「葬期既促，事訖即除，太爲汲汲」。不從。

周主贇殺其叔父齊王憲。周主以齊王憲屬尊望重，忌之，謂宇文孝伯曰：「公能爲朕圖齊王，當以其官相授。」孝伯叩頭曰：「先帝遺詔，不許濫誅骨肉。齊王，陛下叔父，功高德茂，社稷重臣。陛下若無故害之，臣又順旨曲從，則臣爲不忠之臣，陛下爲不孝之子矣。」周主不懌，由是疏之。乃與于智、鄭譯等密謀，使智告憲有異謀。遣孝伯召憲入殿，伏壯士執之。憲自辨理，周主使智證之。憲目光如炬，與智相質，既而嘆曰：「死生有命，寧復圖存！但老母在堂，恐留兹恨耳！」因擲笏於地，遂縊之。周主召憲僚屬，使證成憲罪。參軍李綱以死自誓，終無撓辭，撫棺號慟，躬自瘞之，哭拜而去。

閏月，周立后楊氏。

高紹義入幽州，周人討之。紹義奔突厥。高紹義聞周高祖殂，以爲得天助。幽州人盧昌期起兵，據范陽迎之，紹義引突厥兵赴之。周遣東平公神舉將兵討昌期，擒之。紹義還入突厥〔一三〕。高寶寧救范陽，未至，聞昌期死，還據和龍。

秋，七月，周以楊堅爲上柱國、大司馬。

九月，陳主及其羣臣盟。陳主立方明壇於婁湖〔一四〕，以始興王叔陵爲王宫伯，盟百官。自幸婁湖誓衆，分遣大使班下四方，以相警戒。

冬，十一月，突厥寇周。

己亥（五七九）

陳太建十一年、周静帝闡大象元年。

春，正月，周作刑經聖制。周主初立，以高祖刑書要制爲太重而除之，又數行赦宥。樂運上疏曰：「虞書所稱『眚災肆赦』，謂過誤爲害，當緩赦之。呂刑云『五刑之疑有赦』，謂刑疑從罰，罰疑從免也。謹尋經典，未有罪無輕重，溥天大赦之文。今豈可數施非常之惠，以肆姦宄之惡乎！」周主不納。既而民輕犯法，又自以奢淫多過失，惡人規諫，欲爲威虐，懾服羣下，乃更爲刑經聖制，用法益深，大醮於正武殿，告天而行之。密令左右伺察羣臣，小有過失，輒行誅譴。又居喪纔踰年，即恣聲樂、百戲，日夜不休。多聚美女，增置位號。遊宴沈湎，旬日不出。於是樂運輿櫬詣朝堂，陳帝八失：其一，「事多獨斷，不參宰輔」。其二，「采女實宫，儀同以上女不許輒嫁」。其三，「一入後宫，數日不出，所須聞奏，多附宦者」。其四，「寬刑未幾，更嚴前制」。其五，「高祖斲雕爲朴，今乃遽窮奢麗」。其六，「徭賦下民，以奉俳優角抵」。其七，「上書字誤者，即治其罪」。其八，「玄象垂誡，不能修布德政」。「若不革兹八事，臣見周廟不血食矣！」周主大怒，將殺之。朝臣恐懼，莫有救者，内史中大夫元巖歎曰：「臧洪同死，人猶願之，況比干乎！若樂運不免，吾將與之俱斃！」乃詣閤請見，曰：「樂運不顧其死，欲以求名。陛下不如勞而遣之，以廣聖度。」周主感悟。明日，召運謂曰：「朕思卿所奏，實爲忠臣。」賜御食而罷之。

二月，周治洛陽宫。周以洛陽爲東京，發山東諸州兵四萬人，治其宫室。

周主殺其徐州總管王軌及宮正宇文孝伯。軌聞鄭譯用事，自知及禍，謂所親曰：「吾昔在先朝，實申社稷至計。今日之事，斷可知矣！此州控帶淮南，鄰接强寇，欲爲身計，易如反掌。但忠義之節，不可虧違，況荷先帝厚恩，豈可以獲罪於嗣主，遽忘之邪！正可於此待死，冀千載之後，知吾心耳！」周主從容問譯曰：「我脚杖痕，誰所爲也？」對曰：「事由烏丸軌。」宇文孝伯因言軌捋須事。周主遣使殺軌，内史元巖不肯署詔；御正中大夫顔之儀切諫，不聽。巖進，脱巾頓顙，三拜三進，周主曰：「汝欲黨軌邪？」巖曰：「臣非黨軌，正恐濫誅失天下之望。」周主怒，使閹豎搏其面。軌遂死，巖亦廢于家。周主之爲太子也，尉遲運爲宮正，數進諫，不用。至是，謂宇文孝伯曰：「吾徒必不免禍，爲之奈何？」孝伯曰：「今堂上有老母，地下有武帝，爲臣爲子，知欲何之！且委質事人，本徇名義。諫而不入，死焉可逃！足下若爲身計，宜且遠之。」於是運求出爲秦州總管。它日，周主託以齊王憲事，讓孝伯曰：「公知齊王謀反，何以不言？」對曰：「臣知齊王忠於社稷，爲羣小所譖，言必不用，所以不言。且先帝付囑微臣，唯令輔導陛下。今諫而不從，實負顧託。以此爲罪，是所甘心。」周主大慚，命將出賜死。運至秦州，亦以憂死。

胡氏曰：宇文孝伯以貴戚之卿，膺顧命之重，至是，亦無所逃其死矣。然死之非難，處死之難也。使孝伯於齊王憲、烏丸軌之死也，引義力爭，爭而不從，死之可也。而孝伯於此二者，諫既不力，又贊成之，蓋將以自免也。曾不量無道之君，心常忌克；而同姓大臣居嫌疑之地，有輔拂之憎，難乎其以智計全矣！故如宇文孝伯知不免死，而不能處死者也。

周與突厥和親。突厥他鉢可汗請和於周，周主以趙王招女爲千金公主，妻之。

周主贇傳位于太子闡，自稱天元皇帝。天元傳位，驕侈彌甚，所居稱「天臺」，自比上帝。冕服、車旂，皆倍常制；以樽、彝、珪、瓚飲食。羣臣朝者，致齋三日，清身一日。不聽人有「天」、「高」、「上」、「大」之稱。遊戲不節，晨出夜還。公卿以下，常被楚撻。每捶人，皆以百二十爲度，謂之「天杖」。其後又加至二百四十。后、妃、嬪、御，亦多杖背。於是内外恐怖，人不自安。周主闡仍居東宫，號正陽宫。

夏，四月，周主贇立妃朱氏爲天元帝后。

周徙石經還洛陽。

五月，周諸王皆就國。隨公楊堅私謂大將軍汝南公慶曰〔一五〕：「天元實無積德，視其相貌，壽亦不長。又諸藩微弱，各令就國，曾無深根、固本之計。羽翮既翦，何能及遠哉！」

秋，七月，陳初用大貨六銖錢。

周主贇立四后。改天元帝后朱氏爲天皇后，立妃元氏爲天右皇后，陳氏爲天左皇后，與天元皇后楊氏〔一六〕，凡四后云。

冬，十月，周主贇復道、佛像。天元與二像並坐，大陳雜戲，令士民縱觀。

十一月〔一七〕，周行軍元帥韋孝寬侵陳，克壽陽及廣陵。

周鑄永通萬國錢。一當千。

十二月，周初作乞寒胡戲。天元以災異屢見，舍仗衛，如天興宫。百官上表請還，乃還御正武殿，集百官、宫人、外命婦，大列妓樂，作乞寒胡戲。

周取陳江北地。南、北兗、晉三州及盱眙、山陽、陽平、馬頭、秦、歷陽、沛、北譙、南梁等九郡民，並自拔還江南。周又取譙、北徐州。自是江北之地，盡没于周。

陳將軍周法尚叛降于周。法尚與長沙王叔堅不相能，叔堅譖其欲反，法尚奔周。陳主遣樊猛擊之，法尚戰而僞走，伏兵邀之，猛僅以身免。

庚子（五八〇）

陳太建十二年、周大象二年。

春，正月，周税入市者人一錢。

三月，周杞公亮作亂，韋孝寬討誅之。周杞公亮與韋孝寬將兵伐陳。其子婦尉遲氏有美色，入朝，天元逼而淫之。亮聞之，懼，還至豫州，夜襲孝寬營，不克而走。孝寬追斬之。天元即召其婦入宫，拜長貴妃。

周主贇立五后。周天元將立五后，以問小宗伯辛彦之，對曰：「皇后與天子敵體，不宜有五。」博士何妥曰：「帝嚳四妃，虞舜二妃，先代之數，何常之有？」天元大悦，免彦之官。以陳氏爲天中太皇后，尉遲妃爲天左太皇后，造下帳五，使五后各居之。陳宗廟祭器，自讀祝版而祭之。又以五輅載婦人，自帥左右步從。又令命婦執笏拜天臺者，俛伏如男子。

五月，周主贇殂。隨公楊堅自爲大丞相，假黄鉞，居東宫。徵諸王還長安。周楊后性柔婉，不妬忌，四皇后及嬪、御等，咸愛而仰之。天元昏暴滋甚，喜怒乖度。嘗譴后，逼令引訣，后母獨孤氏詣閤陳謝，叩頭流血，然後得免。后父大前疑隨公堅〔一八〕，位望隆重，天元忌之，嘗因忿謂后曰：「必滅爾家！」因召堅，欲殺之而不果。鄭譯與堅少同學，奇堅相表，傾心相結。堅既不自安，嘗私於譯曰：「久願出藩，願少留意。」譯曰：「以公德望，天下歸心。欲求多福，豈敢忘也！」會天元將遣譯攻陳，譯請元帥，天元曰：「卿意如何？」譯因請令堅行，天元從之。以堅爲揚州總管，使譯發兵會壽陽。將行，會堅暴有足疾，不果行。天元不豫，小御正劉昉素以狡諂得幸，與御正中大夫顔之儀並見親信。天元召入卧内，欲屬以後事，而瘖不能言。昉見周主闡幼沖，以楊堅后父，有重名，遂與譯及御飾大夫柳裘、韋謩、御正下士皇甫績謀引堅輔政。堅不敢當，昉曰：「公若爲，速爲之。不爲，昉自爲也。」堅乃稱受詔，居中侍疾。天元遂殂。祕不發喪。昉、譯矯詔，以堅總知中外兵馬事。之儀不從，昉等逼之儀連署，之儀厲聲曰：「主上升遐，嗣子幼沖，阿衡之任，宜在宗英。趙王合膺重寄，公等奈何一旦欲以神器假人！之儀有死而已，不能誣罔先帝！」昉等乃代署而行之。諸衛既受敕，並受堅節度。堅恐諸王在外生變，徵趙、陳、越、代、滕五王入朝。就之儀索符璽，之儀正色曰：「此天子之物，自有主者，宰相何故索之？」堅大怒，將殺之，以其民望，出爲西邊郡守。周主入居天臺，尊楊后爲皇太后，朱后爲帝太后，陳、元、尉遲三后並爲尼。以楊堅爲假黄鉞、左大丞相，百官總己以聽。堅使邗公楊惠謂李德林曰：「今欲與公共事，必不得辭！」德林曰：「願以死奉公！」堅大喜。始，劉昉、鄭譯議以堅爲大冢宰，譯自攝大司馬，昉又求小冢宰。堅私以問德林，德林曰：「宜作大丞相，假黄鉞，都督中外諸軍事。不爾，無以壓衆心。」堅從之。以正陽宫爲丞相府。時衆情未壹，堅引司武上士盧賁置左右，潛令部伍仗衛，因召公卿謂曰：「欲求富貴者宜相隨。」往往偶語，欲有去就，賁嚴兵而至，衆莫敢動。至東宫，門者拒不納，賁叱之，堅乃得入。賁遂典丞相府宿衛。以鄭譯爲長史，劉昉爲司馬，李德林爲府屬。内史下大夫高熲，明敏有器局，習兵事，多計略。堅欲引之，遣楊惠諭意，熲欣然許之，曰：「縱令公事不成，熲亦不辭滅族！」乃以爲司録。時漢王贊居禁中。劉昉飾美妓進贊，因説之曰：「大王，先帝之弟，時望所歸。孺子幼沖，豈堪大事！今羣情尚擾，宜且歸第，待事寧後，入爲天子，此萬全計也。」贊年少庸下，從之。堅革宣帝苛酷之政，更爲寛大，删略舊律，作刑書要制，奉而行之。躬履節儉，中外悦之。堅夜召太史中大夫庾季才，問曰：「天時人事何如？」季才曰：「天道精微，難可意測。以人事卜之，符兆定矣。」獨孤夫人亦謂堅曰：「騎虎之勢，必不得下，勉之！」堅以相州總管尉遲迥位望素重，必不附己，召之會葬，而以韋孝寛爲相州總管赴鄴。陳王純時鎮齊州，堅使門正崔彭徵之。彭以兩騎往，止傳舍，遣人召純。純至，彭執而鎖之，因大言曰：「陳王有罪，詔徵入朝。左右不得輒動！」其從者愕然。

周復佛、道二教。

周相州總管、蜀公尉遲迥舉兵相州，討丞相堅，堅遣韋孝寛將兵擊之。尉遲迥知丞相堅將不利於周室，謀舉兵討之。韋孝寛至朝歌，疑有變，稱疾徐行，使人伺之。孝寛兄子藝爲魏郡守，迥遣迎孝寬，悉以迥謀語孝寬。孝寬携藝西走，每至亭驛，盡驅傳馬而去，謂驛司曰：「蜀公將至，宜速具酒食。」迥尋遣騎追孝寬，至驛，輒逢盛饌，又無馬，遂遲留不進。孝寬得免。迥集文武士民，令之曰：「楊堅藉后父之勢，挾幼主以作威福，不臣之迹，暴於行路。吾與國舅甥，任兼將相，今欲與卿等糾合義勇，匡國庇民，何如？」衆咸從命。迥乃自稱大總管，奉趙王招少子以號令。堅以鄖公韋孝寬爲行軍元帥以討迥。初，天元使楊尚希撫慰山東，至相州，聞天元殂，謂左右曰：「蜀公將有他計，吾不去，懼及於難。」遂夜遁，歸長安。堅遣鎮潼關。

周丞相堅殺畢王賢。周雍州牧、畢王賢謀殺堅，事泄，堅殺賢，并其三子。

秋，七月，突厥執齊高紹義，歸之于周。周送千金公主於突厥，遣賀若誼賂他鉢可汗以求高紹義。他鉢僞與紹義獵於南境，使誼執之。紹義至長安，徙蜀，病死。

周青州總管尉遲勤舉兵應相州。勤，迥之弟子也，舉兵應迥。迥所統相、衛、黎、洺、貝、趙、冀、瀛、滄〔一九〕，勤所統青、齊、膠、光、莒等州皆從之，衆數十萬。滎、申、楚、潼、兖州、蘭陵亦應迥。迥遣將攻建、潞，圍恒、汴〔二〇〕，拔曹、亳。遣使招并州刺史李穆。穆子士榮，以穆所居天下精兵處，陰勸穆從迥，穆深拒之。堅使穆子渾往布腹心，穆使渾奉熨斗於堅曰：「願執威柄以慰安天下。」又以十三鐶金帶遺堅。十三鐶金帶者，天子之服也。堅大悦。穆兄子崇，爲懷州刺史，初欲應迥，後知穆附堅，慨然太息曰：「闔家富貴者數十人，值國有難，竟不能扶傾繼絶，復何面目處天地間乎！」不得已，亦附於堅。

周丞相堅自加都督中外諸軍事。

周鄖州總管司馬消難舉兵應相州。

周丞相堅殺趙王招、越王盛。趙王招謀殺堅，邀堅過其第，引入寢室，伏壯士於室後。堅左右皆不得從，唯腹心元冑坐户側。酒酣，招以佩刀刺爪連啗堅，欲因而刺之。冑進曰：「相府有事，不可久留。」招叱之使却，冑瞋目憤氣，扣刀入衛，扶堅趨去。招將追之，冑以身蔽户，招不得出。堅乃誣招與越王盛謀反，皆殺之，及其諸子。賞賜元冑不可勝計。周室諸王數欲伺隙殺堅，都督李圓通常保護之，由是得免。

八月，周丞相堅遣司録高熲監相州諸軍。周韋孝寬軍至永橋城，諸將請先攻之，孝寬曰：「城小而固，若攻而不拔，損我兵威。今破其大軍，此何能爲？」於是引軍壁於武陟，與迥隔沁水，相持不進。孝寬長史李詢密啓丞相堅云：「總管梁士彦、宇文忻、崔弘度並受尉遲迥金。」堅以爲憂，與鄭譯謀代之，李德林曰：「公與諸將，皆國家貴臣，未相服從，今正以挾令之威控御之耳！前所遣者，疑其乖異；後所遣者，安知其能盡腹心邪？又取金之事，虚實難明，今一旦代之，或懼罪逃逸。若加縻縶，則自鄖公以下，莫不驚疑。且臨敵易將，此燕、趙之所以敗也。如愚所見，但遣公一腹心，明於智略，素爲諸將所信服者，速至軍所，使觀其情僞。縱有異意，必不敢動，動亦能制之矣！」堅大悟，乃命少内史崔仲方往監諸軍，爲之節度，辭以父在山東；又命劉昉、鄭譯，昉辭以未嘗爲將，譯辭以母老，堅不悦。府司録高熲請行，堅喜，遣之。熲受命亟發，遣人辭母而已。自是堅措置軍事，皆與德林謀之。

周司馬消難以鄖州降陳。消難舉兵，丞相堅遣王誼討之。消難遂以九州、八鎮降陳，遣其子永爲質以求援。陳遣樊毅等應之。

周益州總管王謙起兵于蜀，丞相堅遣行軍元帥梁睿擊之。

後梁遣使如周。

梁使中書舍人柳莊奉書入周，丞相堅執莊手曰：「孤昔從役江陵，深蒙梁主殊眷。今猥蒙顧託，當相與共保歲寒耳。」時諸將競勸梁主舉兵，與尉遲迥連謀，以爲進可以盡節周氏，退可以席卷山南，梁主疑未決。會莊至，具道堅語，且曰：「昔袁紹、劉表、王淩、諸葛誕，皆一時雄傑，據要地，擁强兵，然功業莫就，禍不旋踵，良由魏、晉挾天子，保京都，仗大順以爲名故也。今尉遲迥昏耄已甚，消難、王謙，常人之下者，非有匡合之才。周朝將相，多爲身計，競效節於楊氏。以臣料之，迥等終當覆滅，隨公必移周祚。未若保境息民，以觀其變。」梁主然之。

周尉遲迥兵敗自殺。

高熲至，爲橋於沁水。尉遲迥之子魏安公惇軍沁東，於上流縱火栰，熲豫爲土狗以禦之。惇布陳二十餘里，麾兵小却，欲待孝寬軍半渡擊之。孝寬因其却，鳴鼓齊進。軍既渡，熲命焚橋，以絶士卒反顧心。惇兵大敗，孝寬乘勝進，追至鄴。迥卒十三萬，陳於城南。勤帥衆五萬〔二一〕，自青州赴迥，以三千騎先至。迥素習軍旅，老猶被甲臨陳。其麾下兵皆關中人，爲之力戰，孝寬等軍不利而却。鄴中士民觀戰者數萬人，宇文忻曰：「事急矣！吾當以詭道破之。」乃先射觀者，觀者皆走，轉相騰藉，聲如雷霆。忻乃傳呼曰：「賊敗矣！」衆復振，因其擾而乘之。迥軍敗保城，孝寬縱兵圍之。迥擲弓於地，罵堅極口而自殺。迥起兵六十八日而敗。韋孝寬分兵悉平關東。梁主聞迥敗，謂柳莊曰：「若從衆人之言，社稷已不守矣！」

周丞相堅以高熲爲司馬。丞相堅之初得政也，待劉昉、鄭譯甚厚，言無不從。及辭監軍，堅始疏之，以熲代昉爲司馬，陰敕官屬不得白事於譯。譯懼，求解職。

司馬消難奔陳，周復取鄖州。

周丞相堅以其世子勇爲洛州總管。總統舊齊之地。

冬，十月，日食。

周丞相堅殺陳王純。

周王謙敗死。

十一月，周相州總管、鄖公韋孝寬卒。孝寬久在邊境，屢抗强敵，所經略布置，人初莫之解，見其成事，方乃驚服。篤意文史，敦睦宗族，所得俸禄，不及私室。

十二月，周丞相堅自爲相國，進爵隨王〔二二〕，加九錫。

周隨王堅殺代王達、滕王逌。

辛丑（五八一）

陳太建十三年、周大象三年。二月以後隋高祖文帝楊堅開皇元年。是歲，周亡，隋代，凡三國。

春，二月，隋王堅稱皇帝。庾季才勸隋王以今月甲子應天受命，李穆、盧賁亦勸之。於是周主遜居別宫，隋王即皇帝位。時周境内，有州二百一十一，郡五百八，隋皆有之。初，隋主與周載下大夫榮建緒有舊，將受禪，建緒出爲息州刺史，隋主謂曰：「且躊躇，當共取富貴。」建緒正色曰：「明公此旨，非僕所聞。」及是來朝，隋主曰：「卿亦悔否？」對曰：「臣位非徐廣〔一三〕，情類楊彪。」竇毅之女，聞周亡，自投堂下，撫膺太息曰：「恨我不爲男子，救舅氏之患！」毅及襄陽公主掩其口，曰：「汝勿妄言，滅吾族！」由是奇之。及長，以適唐公李淵。淵，昞之子也。

隋改官名。崔仲方勸隋主除周六官，依漢、魏之舊。於是置三師、三公，及尚書、門下、内史、祕書、内侍五省，御史、都水二臺，太常等十一寺，左、右衛等十二府，以分司統職。又置上柱國至都督十一等勳官，以酬勤勞；特進至朝散大夫七等散官，以加文武官之有德聲者。改侍中爲納言。以高熲爲僕射，兼納言，虞慶則爲内史監，李德林爲内史令。

隋主追尊考爲武元帝。

隋立后獨孤氏。后家世貴盛，而能謙恭，雅好讀書，言事多與隋主意合，甚寵憚之，宮中稱爲「二聖」。隋主每臨朝，后輒與方輦而進，至閤乃止。使宦官伺隋主，政有所失，隨則匡諫。退朝，同反燕寢。有司奏稱：「周禮百官之妻，命於王后，請依古制。」后曰：「婦人預政，或從此爲漸，不可開其源也。」崔長仁，后之中外兄弟也，犯法當斬，隋主以后故，欲免之，后曰：「國家之事，焉可顧私！」長仁竟坐死。后性儉約，隋主常合止利藥，須胡粉一兩，求之宮中，不得。隋主亦懲周氏之失，不以權任假借外戚，后兄弟不過將軍、刺史。外家呂氏素微賤，求訪不知所在。及即位，始求得舅子永吉，乃追封外祖爲齊郡公，以永吉襲爵。

隋立世子勇爲太子，諸子皆爲王。廣爲晉王，俊爲秦王，秀爲越王，諒爲漢王。

隋廢周主闡爲介公，改封周太后楊氏爲樂平公主。初，劉、鄭矯詔，以隋主輔政，楊后雖不預謀，然以嗣主幼冲，恐權在他族，聞之甚喜。後知其父有異圖，意頗不平，形於言色。及禪位，憤惋愈甚。隋主愧之，改封樂平公主，欲奪其志，公主誓不許，乃止。

隋主盡滅宇文氏之族。虞慶則勸隋主盡滅宇文氏，高熲、楊惠亦依違從之，李德林固爭以爲不可，隋主作色曰：「君書生，不足與議此！」於是周太祖以下子孫皆死，而德林品位遂不進。

胡氏曰：隋文以書生斥李德林，此猾胥、險吏之常態也。隋得天下，無功不德〔二四〕，特以姿相奇偉，蓋與蕭道成同。而其亡國則有二焉：一曰隋文以胥吏治國，二曰獨孤后以妬忌治家，如是而已矣。

隋徵蘇威爲太子少保。威，綽之子也，少有令名，周宇文護强以女妻之。威見護專權，恐禍及己，屏居山寺，以諷讀爲娱。周高祖聞其賢，除車騎大將軍，辭疾不拜。隋主爲丞相，高熲薦之，隋主召見，與語，大悦。居月餘，聞將受禪，遁歸田里。熲請追之，隋主曰：「此不欲預吾事耳，置之。」及受禪，徵拜太子少保，追封綽爲邳公，以威襲爵。

三月，隋以賀若弼爲吴州總管，韓擒虎爲廬州總管。隋主有并吞江南之志，問將於高熲，熲薦弼與擒虎，故以弼鎮廣陵，擒虎守廬江，使潛爲經略。

隋以蘇威爲納言。初，蘇綽在西魏，以國用不足，爲征税法頗重，既而歎曰：「今所爲者，正如張弓，非平世法也。後之君子，誰能弛之？」威聞其言，每以爲己任。至是，奏減賦役，務從輕簡，隋主從之。隋主常怒一人，將殺之。威入閤進諫，隋主不納，將自出斬之。威當前不去，隋主避之而出，威又遮止。隋主拂衣而入，良久，乃召威謝曰：「公能若是，吾無憂矣！」謂朝臣曰：「蘇威不值我，無以措其言；我不得蘇威，何以行其道。楊素才辯無雙，至於斟酌古今，助我宣化，非威之匹也。威若逢亂世，南山四皓，豈易屈哉！」威嘗言於隋主曰：「臣先人每戒臣云：『唯讀孝經一卷，足以立身治國，何用多爲！』」隋主深然之。威與高熲同心協贊，政刑大小，無不與謀。盧賁、劉昉、元諧、李詢、張賓等謀黜熲、威，五人相與輔政。謀泄，昉等委罪於賓、賁。公卿奏二人當死，隋主以故舊，不忍誅，並除名爲民。

夏，四月，隋放散樂，禁雜戲。

隋築長城。長城之役，汾州胡千餘人亡叛。隋主召汾州刺史韋沖問之，對曰：「夷狄反覆，由牧宰不稱所致。臣請以理綏靜，可不勞兵而定。」隋主然之，命沖綏懷叛者，月餘皆至。

五月，隋主堅弑介公闡。謚曰周静帝。

秋，七月，隋定服色。初，隋詔朝服尚赤，戎服尚黄，常服通用雜色。至是，隋主始服黄，百僚畢賀。於是百官常服同於庶人，皆著黄袍。隋主朝服亦如之，唯以十三環帶爲異。

八月，吐谷渾寇涼州，隋遣兵擊敗之。

九月，隋以蜀王秀爲益州總管。

隋僕射高熲督諸軍侵陳。

隋鑄五銖錢。初，周、齊所鑄錢凡四等，及民間私錢，名品甚衆，輕重不等。隋主患之，更鑄五銖錢，背、面、好、肉，皆有周郭，每一千重四斤二兩。悉禁古錢及私錢，置樣於關〔二五〕，不如樣者，没官銷毁。自是錢幣始壹，民間便之。

隋上柱國鄭譯有罪除名。譯自以被疏，陰呼道士醮章祈福，婢告以爲巫蠱。譯又與母别居，爲憲司所劾，除名。隋主下詔曰：「譯若留之於世，在人爲不道之臣；戮之於朝，入地爲不孝之鬼。宜賜以孝經，令其熟讀。」仍遣與母共居。

冬，十月，隋初行新律。初，周法比於齊律，煩而不要，隋主命高熲、鄭譯及楊素、裴政等更加修定。政練習典故，達於從政，乃采魏、晉舊律，下至齊、梁，沿革重輕，取其折衷，去梟、轘、鞭法，非謀叛，無族罪。始制死刑二，絞、斬；流刑三，自二千里至三千里；徒刑五，自一年至三年；杖刑五，自六十至百；笞刑五，自十至五十。又制議、請、減、贖、官當之科，以優士大夫。除訊囚酷法，考掠不得過二百；枷杖大小，咸有程式。民有枉屈，縣不爲理者，聽以次經郡、州省；若仍不爲理，聽詣闕伸訴。自是法制遂定，後世多遵用之。隋主嘗怒一郎，於殿前笞之。諫議大夫劉行本進曰：「此人素清，其過又小，願少寬之。」隋主不顧，行本前曰：「陛下不以臣不肖，置臣左右，臣言若是，陛下安得不聽；若非，當致之於理。豈得輕臣而不顧也！」因置笏於地而退，隋主斂容謝之，原所笞者。

隋以梁彦光爲相州刺史，房恭懿爲海州刺史。初，彦光爲岐州刺史，岐俗質厚，彦光以静鎮之，奏課連爲天下最。隋主下詔褒美，賜粟帛，徙相州刺史。鄴自齊亡，衣冠士人多遷入關，唯工商樂户移實州郭，風俗險詖，好興謠訟，目彥光爲「著帽餳」。隋主聞之，免彥光官。彥光請復爲之，發擿姦伏，有若神明，豪猾潛竄，闔境大治。於是招致名儒，每鄉立學，親臨策試，褒勤黜怠。於是風化大變，無復訟者。新豐令房恭懿，政爲三輔之最。每朝謁，隋主呼至榻前，訪以治民之術。謂諸州朝集使曰：「房恭懿志存體國，愛養我民，卿等宜師之。」因擢爲海州刺史。由是吏多稱職，百姓富庶。

十二月，隋聽民出家，賦錢寫書、造像。隋主詔境内之民，任聽出家，仍令計口出錢，營造經像。於是時俗風靡，民間佛書，多於六經數十百倍。

突厥他鉢可汗死，分立四可汗。他鉢可汗病且卒，謂其子菴邏曰：「吾兄不立其子，委位於我。我死，汝當避大邏便。」及卒，國人以大邏便母賤，菴邏實貴，竟立爲嗣。大邏便心不服菴邏，每遣人詈辱之。菴邏不能制，因以國讓攝圖。國人共迎立之，號沙鉢略可汗，居都斤山。菴邏降居獨洛水，稱第二可汗。沙鉢略以大邏便爲阿波可汗，還領所部。又沙鉢略從父玷厥居西面，號達頭可汗。諸可汗各統部衆，分居四面。沙鉢略勇而得衆，北方皆畏附之。

突厥伐隋，隋遣都尉長孫晟如突厥。隋主既立，千金公主傷其宗祀覆没，日夜請爲周復讎。沙鉢略謂其臣曰：「我，周之親也。今隋公自立而不能制，復何面目見可賀敦乎？」乃與高寶寧合兵伐隋。隋主患之，峻長城，命虞慶則鎮并州，屯兵以備之。初，奉車都尉長孫晟送千金公主入突厥，可汗愛其善射，留之竟歲，命諸子弟、貴人與之親友。突利設處羅侯，沙鉢略之弟也，尤得衆心，陰與晟盟。晟與之遊獵，因察山川形勢，部衆强弱，靡不知之。至是，晟上書曰：「今諸夏雖安，戎虜尚梗，宜密運籌策，漸以攘之。玷厥之於攝圖，兵强而位下，外名相屬，内隙已彰；鼓動其情，必將自戰。又處羅侯者，姦多勢弱，曲取衆心，國人愛之，因爲攝圖所忌，其心殊不自安。阿波首鼠，介在其間，頗畏攝圖，受其牽率，唯强是與，未有定心。今宜遠交而近攻，離强而合弱，通使玷厥，説合阿波，則攝圖迴兵自防右地。又引處羅，遣連奚、霫，則攝圖分衆，還備左方。首尾猜嫌，腹心離阻，十數年後，乘釁討之，必可一舉而空其國矣！」隋主納之。遣太僕元暉出伊吾道，詣達頭，賜以狼頭纛。達頭使來，引居沙鉢略使上。以晟出黄龍道，齎幣賜奚、霫、契丹，遣爲鄉導，得至處羅侯所，深布心腹，誘之内附。反間既行，果相猜貳。

壬寅（五八二）

陳太建十四年、隋開皇二年。

春，正月，陳主頊殂。始興王叔陵作亂，伏誅。太子叔寶立。叔陵，陳主之次子也，性苛刻狡險，好發古冢。爲揚州刺史，與新安王伯固密圖不軌。陳主不豫，太子與叔陵及長沙王叔堅並入侍疾。陳主殂，太子哀哭俯伏，叔陵抽剉藥刀斫之，中項，悶絶。柳后來救，又斫之。叔堅手搤叔陵奪其刀，叔陵走出雲龍門，馳車還東府，召左右斷青溪道，赦東城囚以充戰士，散金帛賞賜。又召諸王、將帥，莫有至者，唯伯固單馬赴之。叔堅白柳后，以太后命召右衛將軍蕭摩訶入見受敕，帥馬步數百趣東府，屯城西門。叔陵惶恐，自知不濟，欲奔隋，臺軍邀斬之。伯固亦爲亂兵所殺。太子即位。

隋以晉王廣爲河北行臺尚書令，蜀王秀爲西南行臺尚書令，秦王俊爲河南行臺尚書令。隋主懲周氏孤弱而亡，故使二子分涖方面，盛選僚佐。以王韶、李雄、李徹總晉王府庫事，元巖爲益州長史。詔、雄、巖，俱有骨鯁名；徹，前朝舊將，故用之。雄家世以學業自通，雄獨習騎射。其兄子旦讓之，雄曰：「自古聖賢，文武不備而能成其功業者鮮矣。雄雖不敏，頗觀前志，但不守章句耳。」至是，隋主謂雄曰：「吾兒更事未多，卿才兼文武，吾無北顧之憂矣。」二王欲爲不法，詔、巖輒不奉教，或自鎖，或排閤切諫，二王甚憚之。

陳遣使請和于隋。二月，隋師還。陳遣使請和于隋。隋高熲奏，禮不伐喪，隋主乃詔熲等班師。

夏，五月，突厥伐隋，入長城。高寶寧引突厥寇隋平州，突厥悉發五可汗控弦之士四十萬，入長城。

六月，隋作新都于龍首山。隋主嫌長安城制度狹小，蘇威因勸遷都。隋主夜與威及高熲共議。明旦，庚季才奏曰：「臣仰觀玄象，俯察圖記，必有遷都之事。且漢營此城，將八百歲，水皆鹹鹵，不甚宜人。願陛下協天人之心，爲遷徙之計。」隋主愕然，謂熲、威曰：「是何神也！」乃詔熲等創新都於龍首山。

冬，十二月〔二六〕，隋遣兵拒突厥却之。隋太子勇屯兵咸陽，虞慶則屯弘化，以備突厥。行軍總管達奚長儒將兵二千，與突厥可汗十餘萬衆遇於周槃，軍中大懼，長儒神色慷慨，且戰且行，轉鬬三日，晝夜凡十四戰，五兵咸盡，士卒以拳毆之，手皆骨見，殺傷萬計。虜氣稍奪，於是解去。詔以長儒爲上柱國。時馮昱、叱列長叉、李崇皆爲突厥所敗。於是突厥縱兵，入寇武威等七郡，六畜咸盡。沙鉢略更欲南入，達頭引兵而去。長孫晟又説沙鉢略之子染干詐告沙鉢略曰：「鐵勒等反。」沙鉢略懼，引兵還。

隋罷江陵總管。隋主既立，待梁主恩禮彌厚，納其女爲晉王妃，罷江陵總管。梁主始得專制其國。

癸卯（五八三）

陳後主叔寶至德元年、隋開皇三年。

春，正月，陳以長沙王叔堅爲江州刺史。初，陳主病創，不能視事，政無大小，皆決於叔堅，權傾朝廷。叔堅頗驕縱，陳主忌之。尚書孔範、舍人施文慶日求其短構之。陳主乃出叔堅刺江州。

二月朔，日食。

陳以毛喜爲永嘉内史。陳中書通事舍人司馬申既掌機密，頗作威福。陳主欲用侍中毛喜爲僕射，申惡喜强直，言於陳主曰：「喜，臣之妻兄，高宗時稱陛下有酒德，請逐去宫臣，陛下寧忘之邪？」陳主乃止。尋以創愈，置酒自慶，引江總以下展樂賦詩。既醉，而命喜。時山陵初畢，喜不懌，欲諫，則陳主已醉。升階，陽爲心疾，仆于階下，移出省中。陳主醒，謂吏部尚書江總曰：「彼實無疾，但欲非我所爲耳。」欲殺之，不果。以爲永嘉内史。

三月，隋遷于新都。

隋減調役，弛酒、鹽禁。初令民二十一成丁，減役者歲爲二十日，調絹爲二丈。周末榷酒坊、鹽池、鹽井，至是皆罷之。

隋詔求遺書。祕書監牛弘上表曰：「典籍屢經喪亂，率多散逸。周氏聚書，僅盈萬卷。平齊所得，裁益五千。興集之期，屬膺聖世。爲國之本，莫此爲先。」隋主從之，詔獻書一卷，賚縑一匹。

夏，四月，吐谷渾寇隋臨洮。

隋遣元帥衛王爽伐突厥，大破之。突厥數入寇，隋主下詔曰：「往者周、齊抗衡，俱通突厥，以虜輕重，爲國安危。朕以爲厚斂兆庶，多惠豺狼，未嘗感恩，資而爲賊。節之以禮，不爲虛費，省徭薄賦，國用有餘。因入賊之物，加賜將士；息道路之民，務爲耕織。清邊制勝，成策在心。諸將今行，義兼含育，有降者納，有違者死。」於是命衛王爽等爲行軍元帥，分八道出塞擊之。與沙鉢略可汗遇於白道，總管李充言於爽曰：「突厥狃於驟勝，必輕我而無備，以精兵襲之，可破也。」諸將多以爲疑，唯長史李徹贊成之，遂與充帥精騎五千掩擊突厥，大破之。沙鉢略潛遁〔二七〕。其軍無食，粉骨爲糧，加以疾疫，死者甚衆。幽州總管陰壽出盧龍塞，擊高寶寧。突厥不能救，寶寧爲其下所殺，和龍悉平。

陳郢州叛降隋，隋主弗納。

隋命左、右僕射分判六部。隋改度支尚書爲民部，都官尚書爲刑部。命左僕射判吏、禮、兵三部事，右僕射判民、刑、工三部事。廢光禄、衛尉、鴻臚寺及都水臺。

五月，隋總管竇榮定與突厥戰于涼州，突厥請盟而還。隋秦州總管竇榮定帥九總管步騎三萬出涼州，與突厥阿波可汗相拒，阿波屢敗。前上大將軍史萬歲，坐事配敦煌，詣軍門，請自效。榮定遣人謂突厥曰：「士卒何罪而殺之！但當各遣一壯士決勝負耳。」突厥許諾，因遣一騎挑戰。榮定遣萬歲出應之，斬其首而還。突厥大驚，請盟而去。長孫晟時爲偏將，使謂阿波曰：「攝圖、阿波，兵勢本敵。今攝圖日勝，爲衆所崇；阿波不利，爲國生辱。攝圖必以罪歸阿波，滅北牙矣。阿波自度能禦之乎？」又謂其使曰：「今達頭與隋連和，而攝圖不能制，可汗何不依附天子，連結達頭，相合爲强，此萬全計也。」阿波然之，遣使隨晟入朝。沙鉢略聞之，遂襲北牙，大破之。阿波還，無所歸，西奔達頭。達頭大怒，遣阿波帥兵而東，其部落歸之者將十萬騎，遂與沙鉢略相攻，屢破之，復得故地，兵勢益强。貪汗可汗素睦於阿波，沙鉢略奪其衆而廢之。貪汗亡奔達頭。沙鉢略從弟地勤察别統部落，亦以衆叛歸阿波。連兵不已，各遣使詣長安請和求援，隋主皆不許。

六月，突厥寇幽州，隋總管李崇戰死。突厥寇幽州，隋總管李崇帥步騎三千拒之。轉戰十餘日，師人多死，遂保砂城，突厥圍之。城荒頽，不可守。軍士苦飢，死亡略盡。突厥諭之使降，崇知不免，令其士卒曰：「崇喪師徒，罪當萬死。今日效命，以謝國家。」乃挺刃突陳而死。

秋，八月朔，日食。

陳以長沙王叔堅爲司空。叔堅未之江州，復留爲司空，實奪之權。

冬，十一月，隋罷郡爲州。兵部尚書楊尚希曰：「今或地無百里，而數縣並置；或户不滿千，而二郡分領。僚衆費多，租調歲減。宜存要去閑，併小爲大，則國家不虧粟帛，選舉易得賢良矣。」蘇威亦以爲請，隋主從之，罷郡爲州。

十二月，陳司空長沙王叔堅免。叔堅既失恩，心不自安，爲厭媚醮祠以求福。陳主召將殺之，叔堅對曰：「臣犯天憲，罪當萬死。臣死之日，必見叔陵，願宣明詔，責之於九泉之下。」乃赦免官。

隋更定律，置博士。隋既頒律令，蘇威屢欲有所更易，李德林曰：「修律令時，公何不言？今既頒行，且宜專守，自非大爲民害，不可數更。」至是，隋主覽刑部奏，斷獄數猶至萬，以律尚嚴密，乃敕威及牛弘等更定之。除死罪八十一條，流罪一百五十四條，徒、杖等千餘條，定留五百條，凡十二卷。自是刑綱簡要，疏而不失。仍置律博士弟子員。

隋沿河置倉，運粟以給長安。隋主以長安倉廩尚虛，詔西自蒲、陝，東至衛、汴，水次十三州，募丁運米。又於衛州置黎陽倉，陝州置常平倉，華州置廣通倉，轉相灌輸，漕關東及汾、晉之粟，以給長安。

隋杞州刺史和干子免。時刺史多任武將，類不稱職。治書侍御史柳彧上表曰：「昔漢光武與二十八將披荊棘，定天下，及功成之後，無所任職。伏見詔書，以和干子爲杞州刺史。干子弓馬武用，是其所長，治民莅職，非其所解。如謂優老，可加厚賜。若令刺舉，所損殊大。」隋主善之。干子竟免。彧見隋主勤於聽受，百僚奏請，多有煩碎，上疏諫曰：「自古聖帝，莫過唐、虞，然皆勞於求賢，而逸於任使。陛下留心治道，無憚疲勞，乃至營造細小之事，出給輕微之物，一日之內，酬答百司。日旰忘食，夜分未寢，動以文簿，憂勞聖躬。願察臣言，少減煩務。唯經國大事，非臣下所能裁斷者，奏請詳決。自餘細務，責成所司。」隋主嘉之，曰：「柳彧直士，國之寶也！」彧又奏曰：「竊見京邑，爰及外州，每以正月望夜，然燈遊戲，竭貲破產，競此一時。盡室并孥，無問貴賤，男女混雜，緇素不分。穢行因此而生，盜賊由斯而起。無益有損，請行禁斷。」詔從之。

校勘記

〔一〕周高祖建德元年　「高祖」，成化本、殿本作「武帝」。

〔二〕而光之智大不及此也　「大」原作「皆」，據月崖書堂本、成化本、殿本改。

〔三〕齊立昭儀穆氏爲右后　「右」原作「左」，據殿本、通鑑卷一七一陳宣帝太建四年十月甲午日條改。

〔四〕分立爾伏可汗統東面　「面」原作「南」，據殿本、通鑑卷一七一陳宣帝太建四年十二月條改。

〔五〕君璧爲御史中丞　「璧」原作「壁」，據殿本、通鑑卷一七一陳宣帝太建五年四月癸巳日條改。

〔六〕殺其從官六十人　按綱目考證云：「『殺其從官』當作『從官暍死者』。謹按北史齊後主武平四年六月壬子，幸南苑，從官暍死者六十人。司馬公通鑑誤以『暍』爲『賜』，（綱目）提要因通鑑之誤，遂書曰『殺』，今當正之。」

〔七〕晉武既爲裴杜所惑　「杜」，殿本作「傅」，綱目質疑云：「『裴』指裴秀，『傅』指傅玄，事詳綱目晉武帝泰始七年。」

〔八〕高祖知之矣　「高」原作「世」，據殿本、周書卷五武帝紀上改。

〔九〕尚付之異姓　「之」原作「人」，據月崖書堂本、成化本、殿本改。

〔一〇〕其語王軌天命云者　「云」原作「示」，據殿本改。

〔一一〕高歡所起　「所起」之下，殿本、通鑑卷一七二陳宣帝太建八年十月條有「之地」二字。

〔一二〕周高祖聲言其罪　「高」原作「世」，據殿本、周書卷五武帝紀上改。

〔一三〕紹義還入突厥　「紹義」原脱，據殿本、通鑑卷一七三陳宣帝太建十年閏五月辛巳日條補。

〔一四〕陳主立方明壇於婁湖　「明」原作「盟」，「湖」原作「胡」，據殿本、通鑑卷一七三陳宣帝太建十年九月乙巳日條改。

〔一五〕隨公楊堅私謂大將軍汝南公慶曰　「隨」原作「隋」，據殿本、通鑑卷一七三陳宣帝太建十一年五月條、周書卷六武帝紀下、卷七宣帝紀改。

〔一六〕與天元皇后楊氏　「皇后」，殿本、通鑑卷一七三陳宣帝太建十一年二月辛巳日條作「皇太后」。

〔一七〕十一月　「十一」原作「冬十」，據殿本改。

〔一八〕后父大前疑隨公堅　「大前」原作「前大」，據殿本、通鑑卷一七四陳宣帝太建十二年五月條、周書卷七宣帝紀、隋書卷一高祖紀改。按「大前疑」爲北周貴官。

〔一九〕迥所統相衛黎洛貝趙冀瀛滄　「洺」原作「洛」，據殿本、通鑑卷一七四陳宣帝太建十二年七月條、周書卷二一尉遲迥傳改。

〔二〇〕迥遣將攻建潞圍恒汴　「汴」，殿本作「沂」。按北史卷六二尉遲迥傳云：迥遣將圍恒州，攻汴州，圍沂州。

〔二一〕勤帥衆五萬　「衆」原作「將」，據殿本、通鑑卷一七四陳宣帝太建十二年八月庚午日條改。

〔二二〕進爵隨王　「隨」原作「隋」，據殿本、通鑑卷一七四陳宣帝太建十二年十二月甲子日條、周書卷八靜帝紀改。

〔二三〕臣位非徐廣　「廣」原作「邈」，據殿本、通鑑卷一七五陳宣帝太建十三年二月甲寅日條改。按徐廣，晉時人，官秘書監。

〔二四〕無功不德　「不」，月崖書堂本、成化本、殿本作「無」。

〔二五〕置樣於闕　「樣」原作「禄」，據殿本、通鑑卷一七五陳宣帝太建十三年九月條改。

〔二六〕冬十二月　「冬」字原脱，據殿本補。

〔二七〕沙鉢略潛遁　「略」字原脱，據通鑑卷一七五陳長城公至德元年四月壬申日條補。

資治通鑑綱目卷三十六

起甲辰陳後主至德二年、隋文帝開皇四年，盡丁卯隋煬帝大業三年，凡二十四年。

甲辰(五八四)

陳至德二年、隋開皇四年。

春，正月朔，日食。

梁主入朝于隋。

隋頒甲子元曆。張賓、劉暉等所造也。

二月，突厥達頭可汗降隋。

夏，四月，隋伐吐谷渾，敗之。隋將軍賀婁子幹發五州兵擊吐谷渾，克之。隋主以隴西頻被寇掠，而俗不設村塢，命子幹勒民爲堡，仍營田積穀。子幹上書曰：「隴西、河右，土曠民稀，邊境未寧，不可廣佃。比見屯田之所〔一〕，獲少費多，虛役人功，卒逢踐暴。且隴右之民，以畜牧爲事，若更屯聚，彌不自安。但使鎮戍連接，烽堠相望，民雖散居，必謂無慮。」隋主從之。

五月，陳以江總爲僕射。

六月，隋作廣通渠。隋主以渭水多沙，深淺不常，漕者苦之，詔宇文愷鑿渠引渭，自大興城東至潼關三百餘里，名廣通渠。漕運通利，關内賴之。

秋，八月，陳將軍夏侯苗叛降於隋，隋主弗納。陳將軍夏侯苗請降於隋，隋主以通和，不納。

九月，隋詔公私文翰並宜實録。隋主不喜辭華，故有是詔。時泗州刺史司馬幼之文表華艷，詔付所司治罪。治書侍御史李諤亦上書曰：「魏之三祖，崇尚文詞，遂成風俗。江左齊、梁，其弊彌甚：競一韻之奇，争一字之巧；連篇累牘，不出月露之形，積案盈箱，唯是風雲之狀。世俗以之相高，朝廷以之擢士；以儒素爲古拙，以詞賦爲君子。故其文日繁，其政日亂，良由棄大聖之軌模，構無用以爲用也。今朝廷雖有是詔，而州縣仍踵弊風：躬仁孝之行者，不加收齒；工輕薄之藝者，舉送天朝。請加采察，送臺推劾。」又言：「士大夫矜伐干進，無復廉耻，乞明加罪黜，以懲風軌。」詔以其奏頒示四方。

隋與突厥和親。突厥沙鉢略可汗數爲隋所敗，乃請和親。千金公主自請改姓楊氏，爲隋主女。隋更封以爲大義公主。沙鉢略遣使致書，自稱「從天生大突厥天下賢聖天子沙鉢略可汗」。隋主復書曰：「大隋天子貽書大突厥沙鉢略可汗：得書，知大有善意。既爲沙鉢略婦翁，今日視沙鉢略與兒子不異。時遣大臣往彼省女，復省沙鉢略也。」於是遣僕射虞慶則往使。沙鉢略陳兵坐見慶則，稱病不能起。長孫晟曰：「突厥與隋俱大國天子，但可汗是大隋女婿，奈何不敬婦翁！」沙鉢略笑，乃起拜頓顙，跪受璽書，以戴於首。既而大慚，與羣下聚哭。慶則要以稱臣，沙鉢略謂左右曰：「何謂臣？」左右曰：「隋言臣，猶此云奴耳。」沙鉢略曰：「得爲大隋天子奴，虞僕射之力也。」贈馬千匹，以從妹妻之。

冬，十一月，隋遣使如陳。隋主遣薛道衡等如陳，戒之曰：「當識朕意，勿以言辭相折。」

陳起臨春、結綺、望仙閣。陳主起三閣，各高數十丈，連延數十間，皆以沈檀爲之〔二〕，金玉、珠翠爲飾，珠簾、寶帳，服玩瑰麗，近古未有。其下積石引水，雜植花卉。自居臨春，張貴妃居結綺，龔、孔二貴嬪居望仙，複道往來。以宫人袁大捨等爲女學士。江總雖爲宰輔，不親政務，日與尚書孔範、散騎王瑳等文士十餘人，侍宴後庭，謂之「狎客」。使諸妃嬪及女學士與狎客共賦詩，采其尤豔麗者，被以新聲。其曲有玉樹後庭花、臨春樂等，大略皆美諸妃嬪之容色。君臣酣歌，自夕達旦。張貴妃名麗華，本兵家女，性敏慧，有神彩，善候人主顔色。又有厭魅之術，置淫祀宫中，聚女巫鼓舞。百司啓奏，並因宦者以進。陳主置妃膝上，共決之。由是宦官近習，内外連結。宗戚縱横，貨賂公行。大臣有不從者，因而譖之。於是大臣皆從風諂附。孔範與孔貴嬪結爲兄妹。陳主惡聞過失，每有惡事，範必曲爲文飾，稱揚贊美，由是寵遇優渥，言聽計從。羣臣有諫者，輒以罪斥之。中書舍人施文慶頗涉書史，嘗事陳主於東宫，聰敏强記，明閑吏職，大被親幸。又薦所善沈客卿、陽惠朗、徐哲、暨慧景等有吏能〔三〕，陳主皆擢用之。客卿有口辯，頗知典故。惠朗、慧景，家本小吏，考校簿領，毫釐不差，督責苛碎，聚斂無厭，士民嗟怨。客卿總關市之稅，歲入數十倍。陳主大悦，益以文慶爲知人，轉相汲引，珥貂蟬者五十人。孔範自謂文武才能，舉朝莫及，白陳主曰：「諸將起自行伍，匹夫敵耳。」自是將帥微有過失，即奪其兵，分配文吏。由是文武解體，以至覆滅。

乙巳（五八五）

陳至德三年、隋開皇五年。

春，正月朔，日食。

隋頒五禮。禮部尚書牛弘所修也。

夏，五月，隋初置義倉，貌閱户口，作輸籍法。度支尚書長孫平奏「令民間每秋家出粟麥一石已下，貧富爲差，儲之當社，委社司檢校，以備凶年，名曰『義倉』」。隋主從之。

胡氏曰：賑飢莫要乎近其人。隋義倉取之於民不厚，而置倉于當社，飢民之得食也，其庶矣乎！後世義倉之名固在，而置倉于州縣。一有凶饑，無狀有司固不以上聞也；良有司敢以聞矣，比及報可，委吏屬出而施之，文移反復，給散艱阻，監臨胥吏相與侵没。其受惠者，大抵城郭之近，力能自達之人耳；居之遠者，安能扶老携幼，數百里以就龠合之廪哉！必欲有備無患，當以隋氏爲法，而擇長民之官，行劭農之法，輔以救荒之政。本末具舉，民之飢也，庶有瘳乎！

時民間多妄稱老、小，以免賦役。隋主命州縣大索貌閱，户口不實者，里正、黨長遠配。大功以下，皆令析籍，以防容隱。於是計帳得新附一百六十四萬餘口。高熲又言「民間課輸無定簿，難以推校，請爲輸籍法」。隋主從之。自是姦無所容矣。

梁主巋殂，太子琮立。巋孝慈儉約，境内安之。

秋，八月，突厥可汗遣子入朝于隋。突厥阿波可汗寖强，諸胡皆附，號西突厥。沙鉢略既爲達頭所困，又畏契丹，遣使告急於隋，請將部落度漠南。隋主命晉王廣以兵援之，給以衣食，賜之車服、鼓吹。沙鉢略因擊西突厥，破之。而阿拔國乘虚掠其妻子，官軍爲擊阿拔，敗之。沙鉢略大喜，乃立約，以磧爲界，因上表曰：「天無二日，土無二王，大隋皇帝真皇帝也，豈敢阻兵恃險，偷竊名號！今屈膝稽顙，永爲藩附。」遣其子庫合真入朝。自是歲時貢獻不絶。

陳主殺其中書通事舍人傅縡。縡負才使氣，人多怨之。施文慶、沈客卿共譖縡受高麗使金，陳主收縡下獄。縡於獄中上書曰：「夫君人者，恭事上帝，子愛下民，省嗜欲，遠諂佞，未明求衣，日旰忘食，是以澤被區宇，慶流子孫。陛下頃來，酒色過度，不虔郊廟大神〔四〕，專媚淫昏之鬼，小人在側，宦豎弄權，惡忠直若仇讎，視生民如草芥，後宫曳綺繡，廐馬餘菽粟，百姓流離，僵屍蔽野，貨賄公行，帑藏損耗，神怒民怨，衆叛親離。臣恐東南王氣，自斯盡矣！」書奏，陳主大怒。頃之，意稍解〔五〕，遣使謂曰：「我欲赦卿，卿能改過不？」對曰：「臣心如面，面可改，則心可改矣！」陳主益怒，遂賜死。陳主每當郊祀，常稱疾不行，故縡言及之。

隋復置江陵總管。梁大將軍戚昕以舟師襲公安，不克而還。隋主徵梁主叔父吴王岑入朝，拜大將軍，因留不遣。復置江陵總管以監之。

隋築長城。隋主發丁三萬，於朔方、靈武築長城，東距河，西至綏州，綿歷七百里。四年〔六〕，又發民十五萬，緣邊築數十城，以遏胡寇。

丙午〔七〕**（五八六）**

陳至德四年、隋開皇六年，梁後主琮廣運元年。

春，正月，党項羌請降于隋。

隋頒曆于突厥。

二月，隋制刺史上佐每歲入朝考課。

秋，閏八月，隋殺其上柱國梁士彦、宇文忻、劉昉。初，士彦討尉遲迥，破之，代爲相州刺史。忻與隋主少相厚，善用兵，有威名。隋主皆忌之，以譴去官。昉亦被疏遠，俱懷怨望。忻欲使士彦於蒲州起兵，己爲内應。士彦之甥裴通預其謀而告之。隋主隱其事，以士彦爲晉州刺史，欲觀其意。士彦欣然，謂昉等曰：「天也！」隋主因其朝謁，執而詰之，遂皆伏誅。隋主素服臨射殿，命百官射三家資物以爲誡。

冬，十月，隋以楊尚希爲禮部尚書。隋主每旦臨朝，日昃不倦，尚希諫曰：「周文王以憂勤損壽，武王以安樂延年。願陛下舉大綱，責成宰輔。繁碎之務，非人主所宜親也。」隋主善之而不能從。

隋以秦王俊爲山南行臺尚書令。

陳以江總爲尚書令。

吐谷渾太子訶請降於隋，隋主弗納。吐谷渾可汗夸吕在位百年，屢因喜怒廢殺太子。後太子懼，謀執夸吕而降，請兵於隋。邊吏請以兵應之，隋主不許。太子謀泄被殺，復立其少子嵬王訶。復懼誅，謀帥部落萬五千户降隋，遣使請兵。隋主曰：「渾賊風俗，特異人倫，父既不慈，子復不孝。朕以德訓人，何有成其惡逆乎！」乃謂使者曰：「父有過失，子當諫争，豈可潛謀非法，受不孝之名！溥天之下，皆朕臣妾，各爲善事，即稱朕心。嵬王既欲歸朕，朕唯教嵬王爲臣子之法，不可遠遣兵馬，助爲惡事。」嵬王訶乃止。

丁未(五八七)

陳禎明元年、隋開皇七年。是歲梁亡，凡二國。

春，正月，隋制諸州歲貢士三人。

二月，隋開揚州山陽瀆。

突厥沙鉢略可汗死，弟莫何可汗處羅侯立。初，沙鉢略以其子雍虞閭懦弱，遺令立其弟葉護處羅侯。沙鉢略死，雍虞閭遣使迎之。處羅侯曰：「自木杆以來，多以弟代兄，以庶奪嫡，失先祖之法，不相敬畏。汝當嗣位，我不憚拜汝。」雍虞閭曰：「叔與我父，共根連體，豈可反屈於卑幼乎！且亡父之命，何可廢也！願叔勿疑。」遣使相讓者五、六，處羅侯竟立，是爲莫何可汗。以雍虞閭爲葉護。莫何勇而有謀，以隋所賜旗鼓西擊阿波。阿波之衆以爲隋兵助之，多望風降附。遂生擒阿波，上書請其死生之命。隋主以問長孫晟，晟對曰：「若突厥背誕，須齊之以刑。今其昆弟自相夷滅，阿波之惡，非負國家，因其困窮，取而爲戮，恐非招遠之道。不如兩存之。」高熲亦曰：「骨肉相殘，教之蠹也，宜存養以示寬大。」隋主從之。

夏，五月朔，日食。

秋，九月，隋滅梁，以其主蕭琮爲莒公。隋徵梁主入朝，梁主帥其羣臣二百餘人發江陵。隋主遣武鄉公崔弘度將兵戍江陵，梁主叔父安平王巖、弟瓛等恐弘度襲之，遣使請降于陳。九月，陳荆州刺史陳慧紀引兵至江陵，巖等驅文武男女十萬口奔陳。隋主聞之，廢梁國，遣高熲安集遺民。拜梁主琮柱國，賜爵莒公。

冬，十一月，隋主如馮翊，祠故社。是行也，李德林以疾不從，敕書追之，與議伐陳之計。及還，隋主馬上舉鞭南指，曰：「待平陳之日，以七寶莊嚴公，使自山以東無及公者。」

陳臨平湖開。初隋主與陳鄰好甚篤，每獲陳諜，皆給衣馬禮遣之，而陳侵掠如故，故隋伐之。會高宗殂，隋主即命班師，遣使赴弔，書稱姓名頓首。陳主答書末云：「想彼統内如宜，此宇宙清泰。」隋主不悦，以示朝臣，上柱國楊素以爲主辱臣死，再拜請罪。隋主問取陳之策於高熲，對曰：「江北田收差晚，江南水田早熟。量彼收穫之際，微徵士馬，聲言掩襲，彼必屯兵守禦，廢其農時。彼既聚兵，我便解甲。再三若此，彼以爲常。後更集兵，彼必不信。猶豫之頃，我乃濟師，登陸而戰，兵氣益倍。江南土薄，舍多茅竹，儲積皆非地窖。當密遣人因風縱火，待彼修立，復更燒之，不出數年，財力俱盡矣。」隋主用其策，陳人始困。於是信州總管楊素、吳州總管賀若弼及光州刺史高勱等爭獻平江南之策。虢州刺史崔仲方上書曰：「今唯須武昌以下，更帖精兵，密營度計；益、信、襄、荆、基、郢等州，速造舟楫〔八〕，多張形勢。若賊以精兵赴援上流，則下流諸將即可擇便橫度；如其擁衆自衛，則上江水軍鼓行以前。彼雖恃九江、五湖之險，非德無以爲固；徒有三吴、百越之兵，無恩不能自立矣！」隋主以仲方爲基州刺史。及陳受蕭巖等降，隋主益忿，謂高熲曰：「我爲民父母，豈可限一衣帶水不拯之乎！」命大作戰船。人請密之，隋主曰：「吾將顯行天誅，何密之有！」使投其柹於江，曰：「若彼懼而能改，吾復何求！」楊素在永安，造五牙大艦，起樓五層，高百餘尺，置六拍竿，高五十尺，容戰士八百人；其次黄龍、平乘、舴艋，大小有差。晉州刺史皇甫績言陳有三可滅：「大吞小，一也。以有道伐無道，二也。納叛臣蕭巖，於我有詞，三也。陛下若命將出師，臣願展絲髮之效！」隋主勞而遣之。時江南妖異特衆，臨平湖草久塞，忽然自開。陳主惡之，乃自賣於佛寺爲奴以厭之。

陳主殺其大市令章華。吴興章華，好學能文，以無伐閲，除大市令，鬱鬱不得志。上書極諫，略曰：「陛下不思先帝之艱難，不知天命之可畏，溺於嬖寵，惑於酒色，祠七廟而不出，拜三妃而臨軒。老臣宿將，棄之草莽；諂佞讒邪，升之朝廷。今疆埸日蹙，隋軍壓境。陛下如不改絃易張，臣見麋鹿復遊於姑蘇矣！」陳主大怒，斬之。

胡氏曰：人臣之義，固不可視君垂亡而不諫，然有可否之義焉。章華忠矣，然位非公卿，官非諫爭，危言劘上，以蹈斧鉞，而其本心乃以見擯於時，鬱鬱不得志而發也。則雖死於直言，安得繼泄冶之後乎！

戊申（五八八）

陳禎明二年、隋開皇八年。

春，三月，隋下詔伐陳。詔曰：「陳叔寶據手掌之地，恣溪壑之欲〔九〕，劫奪閭閻，驅逼內外；窮奢極侈，俾晝作夜；斬直言之客，滅無罪之家；欺天造惡，祭鬼求恩。君子潛逃，小人得志。天災地孽，物怪人妖。背德違言，搖蕩疆埸。可出師授律，應機誅殄；在斯一舉，永清吳、越。」又送璽書暴陳主二十惡，寫詔三十萬紙，遍諭江外。

夏，五月，陳主廢其太子胤，立子深爲太子。胤性聰敏，好文學，然頗有過失。詹事袁憲切諫，不聽。時沈后無寵，陳主疑其母子怨望，惡之。張、孔二妃日夜構成其短，孔範之徒又於外助之。陳主欲立張貴妃子始安王深爲嗣，尚書蔡徵順旨稱贊，袁憲厲色折之。陳主卒廢胤爲吳興王，而立深爲太子。深亦聰惠，有志操，容止儼然，雖左右近侍，未嘗見其喜愠。陳主聞袁憲嘗諫胤，即日用憲爲僕射。陳主遇沈后素薄，張貴妃專後宮之政，后澹然，未嘗有所忌怨〔一〇〕，身居儉約，衣服無錦繡之飾，唯尋閱圖史及釋典爲事，數上書諫爭。陳主欲廢之而立張貴妃，會國亡，不果。

冬，十月，隋以晉王廣爲淮南行省尚書令、行軍元帥，帥師伐陳。隋置淮南行省於壽春，以晉王廣爲尚書令。陳主遣王琬、許善心聘于隋，隋人留之。遂有事於太廟，命晉王廣、秦王俊、清河公楊素皆爲行軍元帥。廣出六合，俊出襄陽，素出永安，廬州總管韓擒虎出廬州，吳州總管賀若弼出廣陵，凡總管九十，兵五十一萬八千，皆受晉王節度。旌旗舟楫，橫亘數千里。以高熲爲元帥，長史王韶爲司馬，軍事皆取決焉。熲謂郎中薛道衡曰：「江東可克乎？」道衡曰：「克之。郭璞言：『江東分王三百年，復與中國合。』今此數將周，一也。主上恭儉勤勞，叔寶荒淫驕侈，二也。國之安危，在所寄任，彼以江總爲相，唯事詩酒，拔小人施文慶，委以政事；蕭摩訶、任蠻奴爲大將，皆一夫之用耳，三也。我有道而大，彼無德而小，量其甲士，不過十萬，西自巫峽，東至滄海，分之則勢懸而力弱，聚之則守此而失彼，四也。席卷之勢，事在不疑。」秦王俊督諸軍屯漢口，爲上流節度。陳以周羅睺督諸軍拒之〔一一〕。楊素引舟師下三峽，軍至流頭灘。陳將軍戚昕以青龍百餘艘，兵數千人守狼尾灘〔一二〕，地勢險峭，隋人患之。素曰：「勝負大計，在此一舉。若晝日下船，彼見我虛實，灘流迅激，制不由人，則吾失其便。不如以夜掩之。」乃夜帥黃龍數千艘，銜枚而下。遣將軍劉仁恩帥甲騎擊昕，敗之，悉俘其衆，勞而遣之，秋毫不犯。遂帥水軍東下，舟艫被江，旌甲曜日。陳之鎮戍，相繼以聞。施文慶、沈客卿並抑而不言。陳江中無一鬭船，上流兵皆阻楊素軍，不得至。湘州刺史晉熙王叔文在職既久，大得人和，陳主忌之。自度素與羣臣少恩，恐不爲用，乃以施文慶代叔文，配以精兵二千，欲令西上。文慶深以爲喜，然懼出外之後，執事者持己短長，因進沈客卿自代。未發間，二人共掌機密。護軍將軍樊毅言於袁憲曰：「京口、采石俱是要地，各須鋭兵五千，并出金翅二百，緣江上下，以爲防備。」憲及驃騎將軍蕭摩訶皆以爲然。施文慶恐無兵從己，而客卿又利文慶之任，已得專權，白陳主曰：「此是常事，邊城將帥足以當之。若出人船，必恐驚擾。」及隋軍臨江，間諜驟至，憲等奏請再三，文慶曰：「元會將逼，南郊復邇，今若出兵，事便廢闕。」復以貨動江總，使抑憲等，由是議久不決。陳主從容謂侍臣曰：「王氣在此！齊兵三來，周師再來，無不摧敗。彼何爲者邪？」孔範曰：「長江天塹，限隔南北，今日虜軍豈能飛渡邪？邊將欲作功勞，妄言事急。臣每患官卑，虜若渡江，定作太尉公矣！」陳主以爲然，故不爲深備，奏伎、縱酒、賦詩不輟。

突厥莫何可汗死，兄子頡伽施多那都藍可汗立。

吐谷渾裨王木彌降隋。吐谷渾裨王拓跋木彌請以千餘家降於隋。隋主曰：「渾賊凶狂〔一三〕，妻子懷怖。叛夫背父，不可收納。然其本意正自避死，今若違拒，又復不仁。但宜慰撫，任其自拔，不須出兵應接。」

己酉(五八九)

隋高祖文皇帝開皇九年。

春，正月，總管賀若弼、韓擒虎進軍滅陳，獲其主叔寶。正月朔，陳主朝會，大霧四塞，陳主昏睡，至晡時乃寤。是日，賀若弼自廣陵引兵濟江。先是，弼以老馬多買陳船而匿之，買弊船五、六十艘，置於瀆内。陳人覘之，以爲中國無船。又令緣江防人交代之際，必集廣陵，大列旗幟，營幕被野。陳人以爲隋兵大至，急發兵爲備，既而知之，不復設備。又緣江時獵，人馬喧譟。及是濟江，陳人遂不之覺。韓擒虎將五百人自横江宵濟采石〔一四〕，守者皆醉，遂克之。戍主馳啓告變。陳主以蕭摩訶、樊毅、魯廣達並爲都督，司馬消難、施文慶並爲大監軍，遣樊猛帥舟師出白下。既而賀若弼拔京口，軍令嚴肅，秋毫不犯。有軍士於民間酤酒者，弼立斬之。所俘獲六千餘人，弼皆釋之，給糧勞遣，付以敕書，令分道宣諭。於是所至風靡。韓擒虎進攻姑孰，半日拔之。父老來謁者，晝夜不絕。於是弼自北道，擒虎自南道並進，緣江諸戍，望風盡走。弼進據鍾山。晉王廣遣總管杜彦與韓擒虎合軍，屯于新林。陳人大駭，降者相繼。時建康甲士尚十餘萬人，陳主唯晝夜啼泣，臺内處分，一以委施文慶。文慶既知諸將疾己，恐其有功，乃奏曰：「此等怏怏，那可專信！」由是諸將凡有啓請，率皆不行。賀若弼之攻京口也，蕭摩訶請逆戰，不許。及弼至鍾山，摩訶又曰：「弼懸軍深入，壘塹未堅，出兵掩襲，可以必克！」又不許。任忠言於陳主曰：「兵法：客貴速戰，主貴持重。今國家足食足兵，宜固守臺城，緣淮立柵，北軍雖來，勿與交戰；分兵斷江路，無令彼信得通。給臣精兵一萬，金翅三百艘，下江徑掩六合。彼大軍必謂其渡江將士已被俘獲，自然挫氣。淮南士人與臣舊相知悉，今聞臣往，必皆景從。臣復揚聲欲往徐州，斷彼歸路，則諸軍不擊自去。待春水既漲，上江周羅睺等衆軍必沿流赴援，此良策也。」陳主不能從。明日，欻然曰：「兵久不決，令人腹煩，可呼蕭郎一出擊之。」任忠叩頭苦請勿戰。孔範又奏：「請作一決，當爲官勒石燕然。」陳主從之，多出金帛充賞。使魯廣達陳於白土岡，任忠、樊毅、孔範、蕭摩訶軍以次而北，亘二十里，首尾進退不相知。賀若弼登山望之，馳下，以所部甲士八千勒陳待之。陳主通於蕭摩訶之妻，故摩訶無戰意。唯魯廣達以其徒力戰，與弼相當。隋師退走數四，弼縱煙以自隱。陳兵斬首，皆走獻求賞，弼知其驕惰，更引兵趣孔範。範兵暫交即走，諸軍亂潰，不可復止。擒蕭摩訶，釋而禮之。任忠馳見陳主言敗狀，曰：「官好住，臣無所用力矣！」陳主與金兩縢，使募人出戰，忠曰：「陛下當就上流衆軍，臣以死奉衛。」陳主信之，敕出部分。會韓擒虎自新林進軍，忠遂帥數騎迎降於石子岡，引擒虎軍直入朱雀門。陳人欲戰，忠揮之曰：「老夫尚降，諸君何事！」衆皆散走，唯袁憲在殿中，陳主謂曰：「我從來遇卿不勝餘人，今但追愧耳！」陳主遑遽，將避匿，憲正色曰：「大事如此，去欲安之！不若正衣冠，御正殿，依梁武帝見侯景故事。」陳主不從，曰：「吾自有計。」乃從宮人十餘出景陽殿，將自投于井，憲苦諫不從。後閤舍人夏侯公韻以身蔽井，陳主與爭，久之，乃得入。既而軍人窺井，呼之不應，欲下石，乃聞叫聲，以繩引之，驚其太重，及出，乃與張貴妃、孔貴嬪同束而上。沈后居處如常。太子深年十五，閉閤而坐，舍人孔伯魚侍側。軍士叩閤而入，深安坐勞之，軍士咸致敬焉。賀若弼乘勝至樂遊苑，魯廣達猶督餘兵苦戰不息，所殺獲數百人。會日暮，乃解甲，面臺再拜慟哭，謂衆曰：「不能救國，負罪深矣！」士卒皆涕泣歔欷，遂就擒。弼燒門入，聞擒虎已得叔寶，呼視之，叔寶惶懼，流汗股慄，向弼再拜。既而弼耻功在擒虎後，與之相詢，挺刃而出，欲令叔寶作降箋歸己，不果。

晉王廣入建康，誅陳都督施文慶等五人。 高熲先入建康，晉王廣使人馳告之，令留張麗華，熲曰：「昔太公蒙面以斬妲己，此豈可留也！」斬之。廣聞之變色，曰：「昔人云『無德不報』。我必有以報高公矣！」由是恨熲。尋入建康，以施文慶諂佞，沈客卿聚斂，與陽慧朗、徐折、暨慧景皆爲民害〔一五〕，斬之以謝三吳。使高熲與記室裴矩收圖籍，封府庫，一無所取，聞者賢之。以賀若弼違令先期，收以屬吏。帝驛召之，且詔廣曰：「平定江表，弼與擒虎之力也。」賜物萬段，別詔褒美。開府王頒，僧辯之子也，夜發陳高祖陵，焚骨取灰，投水而飲之。既而自縛，歸罪於廣，廣以聞而赦之。

以許善心爲散騎常侍。 帝使以陳亡告許善心，善心衰服號哭於西階之下，藉草東向坐三日。敕書唁焉。明日，就館，拜散騎常侍。善心哭盡哀，改服，垂泣，再拜受詔，明日乃朝，伏泣殿下，悲不能興。上顧左右曰：「我平陳國，唯獲此人。既能懷其舊君，即我之誠臣也！」

陳水軍都督周羅睺降。 初，羅睺守江夏，秦王俊不得進踰月。陳南康內史呂忠肅據巫峽，鑿巖綴鐵鎖〔一六〕，橫截上流，以遏隋船，竭其私財，以充軍用。楊素擊之，四十餘戰，忠肅守險力爭，隋兵死者五千餘人。既而隋師屢捷，忠肅棄柵而遁。復據荆門之延洲，素遣五牙四艘，以拍竿破其艦，遂大破之。於是巴陵以東，無復城守者。及建康平，諸城皆解甲，羅睺乃與諸將大臨三日，放兵散，然後詣俊降，上江皆平。王世積在蘄口，移書告諭江南諸郡，皆降。

遣使巡撫陳地州郡。

二月，置鄉正、里長。蘇威奏請五百家置鄉正，使治民間辭訟。李德林以爲「本廢鄉官判事，爲其里閭親識，剖斷不平。今令鄉正治民，爲害更甚」。上竟用威議，仍以百家爲里，置里長一人。

將軍宇文述拔吳、東揚州，執其刺史蕭巖、蕭瓛以歸，殺之。陳吳州刺史蕭瓛能得物情，陳亡，吳人推瓛爲主。右衛大將軍宇文述等討之，破其柵，執瓛。東揚州刺史蕭巖以會稽降，與瓛皆送長安，斬之。

陳湘州刺史陳叔慎起兵長沙，敗死。楊素之下荆門也，遣龐暉將兵略地，南至湘州，城中將士刻日請降。刺史、岳陽王叔慎年十八，置酒會僚吏，酒酣，歎曰：「君臣之義，盡於此乎？」長史謝基伏而流涕，助防遂興侯正理起曰：「主辱臣死。諸君獨非陳國之臣乎！今天下有難，實致命之秋也。縱其無成，猶見臣節，青門之外，有死不能！今日之機，不可猶豫，後應者斬！」衆咸許諾。乃刑牲結盟，遣人詐奉降書於龐暉。暉入，叔慎伏甲執之以徇，并其衆皆斬之。叔慎坐于射堂，招合士衆，數日之中，得五千人。衡陽太守樊通、武州刺史鄔居業皆舉兵助之。隋刺史薛胄將兵適至，擊之。叔慎遣陳正理、樊通拒戰，兵敗。胄乘勝入城，擒叔慎、居業，送秦王俊，斬之。

陳馮魂以嶺南降，陳地悉平。嶺南未有所附，數郡共奉高涼郡太夫人冼氏爲主。詔遣柱國韋洸等安撫嶺外。陳豫章太守徐璒據南康拒之，洸等不得進。晉王廣遣陳叔寶遺夫人書，諭以國亡，使之歸隋。夫人集首領數千人，盡日慟哭，遣其孫馮魂帥衆迎洸。洸擊斬徐璒，嶺南皆定。表魂爲儀同三司，册冼氏爲宋康郡夫人。衡州司馬任瓌勸都督王勇據嶺南，求陳氏子孫立以爲帝。勇不能用，以所部來降，瓌棄官去。於是陳國皆平，得州三十，郡一百，縣四百。詔夷建康城邑宮室，更於石頭城置蔣州。

夏，四月，晉王廣班師，俘陳叔寶至京師，獻于太廟。論功行賞有差。帝坐廣陽門觀，引陳叔寶於前，使納言宣詔勞之；内史令宣詔，責以君臣不能相輔，乃至滅亡。叔寶及其羣臣並愧懼伏地，屏息不能對。既而宥之。魯廣達追傷本朝淪覆，得疾不療，憤慨而卒。帝給賜叔寶甚厚，叔寶願得一官號，帝曰：「叔寶全無心肝！」既而以陳氏子弟多，恐其在京城爲非，乃分置邊州，給田業使爲生，歲時賜衣服以安全之。進楊素爵爲越公，賀若弼宋公。弼與韓擒虎爭功於帝前，弼曰：「臣在蔣山死戰，破其鋭卒，擒其驍將，震揚威武，遂平陳國。」擒虎曰：「臣以輕騎五百直取金陵，執陳叔寶。弼夕方至，臣啓關納之，安得與臣比！」帝曰：「二將俱爲上勳。」於是進擒虎上柱國。高熲爵齊公。從容命熲與弼論平陳事，熲曰：「弼先獻十策，後苦戰破賊。臣文吏耳，焉敢與之論功！」帝大笑，嘉其有讓。初，上嘗使熲問方略於李德林。至是，賞其功，授柱國，封郡公。已宣敕，或說熲曰：「今歸功德林，諸將必當憤惋，而公亦爲虛行矣。」熲入言之，乃止。賀若弼撰其所畫策上之，謂之御授平陳七策，帝弗省曰：「我不求名，公宜自載家傳。」後突厥來朝，帝謂之曰：「汝聞江南有陳國乎？」因命左右引突厥詣韓擒虎前曰：「此是執得陳國天子者。」擒虎厲色顧之，突厥惶恐，不敢仰視。龐晃等短高熲，帝怒，皆黜之；親禮逾密。因謂熲曰：「公猶鏡也，每被磨瑩，皎然益明。」

復故陳境十年，餘州一年。

投陳孔範等於邊裔。晉王廣之戮陳五佞也，未知孔範、王瑳、王儀、沈瓘之罪，故得免。至是，始暴其惡，投之邊裔，以謝吳、越之人。瑳，忌刻貪鄙；儀，傾巧側媚；瓘，險酷邪諂，故同罪焉。

以陳江總、袁憲等爲開府儀同三司。以江總、袁憲、蕭摩訶、任忠爲開府儀同三司。帝嘉袁憲雅操，下詔，以爲江表稱首。又以陳散騎常侍袁元友數直言，擢拜主爵侍郎。謂羣臣曰：「平陳之初，我悔不殺任蠻奴。受人榮禄，兼當重寄，不能横屍徇國，乃云無所用力，與弘演納肝何其遠也！」見周羅睺慰諭之，許以富貴。羅睺泣對曰：「臣荷陳氏厚遇，本朝淪亡，無節可紀。得免於死，陛下之賜也，何富貴之敢望！」賀若弼謂羅睺曰：「聞公郢、漢捉兵，即知揚州可得。」羅睺曰：「若得與公周旋，勝負未可知也。」伐陳之役，以陳降將羊翔爲鄉導，位至上開府儀同三司，班在羅睺上。韓擒虎戲之曰：「不知機變，乃立羊翔之下。」羅睺曰：「昔嘗謂公天下節士，今日之言，非所望也。」擒虎有愧色。初，陳散騎常侍韋鼎聘于周，遇帝而異之，謂曰：「公當大貴，貴則天下一家，歲一周天，老夫當委質於公矣。」及歸，盡賣田宅。或問其故，鼎曰：「江東王氣盡於此矣！」至是，召爲上儀同三司。

詔除毁兵仗。詔曰：「今率土大同，含生遂性。禁衛之餘，鎮守之外，戎旅軍器，皆宜停罷。武力之子，俱可學經。民間甲仗，悉皆除毀。」

殺安樂公元諧。諧性豪俠，有氣調，好排詆，不能取媚左右。與王誼善，誼誅，或告諧謀反，案驗，伏誅。

閏月，以蘇威爲僕射，楊素爲納言。

秋，七月，羣臣請封禪，不許。

八月，以王雄爲司空。左衛大將軍王雄貴寵特盛，寬容下士，朝野傾屬。帝陰忌之，以雄爲司空，實奪之權。雄乃杜門，不通賓客。

冬，十二月，詔定雅樂。帝踐祚之初，柱國鄭譯請修正雅樂，詔太常卿牛弘、國子祭酒辛彦之、博士何妥等議之，積年不決。譯言：「古樂十二律，旋相爲宮，各用七聲，世莫能通。」譯因龜兹人蘇祇婆善琵琶，始得其法，推演爲十二均、八十四調，以校太樂所奏，例皆乖越。又於七音之外更立一聲，謂之「應聲」。與邳公世子蘇夔議累黍定律。時人以音律久無通者，非譯、夔一朝可定。帝素不悦學，而牛弘不精音律，何妥自耻不逮，常欲沮壞其事，乃立議非之。或欲令各造樂，而擇其善者。妥又恐樂成，善惡易見，乃請張樂試之，先白帝云：「黄鍾象人君之德。」及奏黄鍾之調，帝曰：「滔滔和雅，與我心會。」妥因奏止用黄鍾一宮，不假餘律，上悦，從之。時又有樂工萬寶常，妙達音律。上召問之，寶常曰：「此亡國之音也。」上不悦。寶常請以水尺爲律，上從之。寶常造諸樂器，其聲率下譯調二律，其聲雅淡，不爲時人所好，蘇夔尤忌之。夔父威方用事，凡言樂者皆附之，寶常樂竟寢不行。及平陳，獲宋、齊樂器、工人，上廷奏之，歎曰：「此華夏正聲也。」乃調五音爲五夏、二舞、登歌、房内等十四調，賓祭用之。太常置清商署以掌之。至是，牛弘又奏：「中國舊音，多在江左，今得梁、陳舊樂，請加修緝，以備雅樂。其後魏、後周之樂，雜有邊裔之聲，請悉停之。」乃詔弘與許善心、姚察及虞世基參定。

以辛公義爲岷州刺史。岷俗畏疫，一人病，闔家避之，病者多死。公義命皆輿置廳事，暑月，廳廊皆滿。公義設榻，晝夜處其間，以秩禄具醫藥，身自省問。病者既愈，乃召其親戚，諭之曰：「死生有命，豈能相染！若能相染，吾死久矣！」皆慚謝而去。其後人有病者，争就使君，其家親戚固留養之，始相慈愛，風俗遂變。後遷并州刺史，下車，先至獄中，露坐驗問。十餘日間，決遣咸盡，還領新訟，事皆立決。有須禁者，公義即宿廳事，終不還閤。或諫曰：「公事有程，何自苦？」公義曰：「刺史無德，不能使民無訟，豈可禁人在獄，而安寢於家乎！」罪人聞之，咸自款服。後有訟者，鄉閭父老遽曉之曰：「此小事，何忍勤勞使君！」訟者多兩讓而止。

庚戌（五九〇）

十年。

春，二月，以李德林爲湖州刺史。德林恃才好勝，同列疾之，由是以佐命元功，十年不徙級。數與蘇威異議，高熲常助威，帝多從之。嘗賜德林莊店，使自擇之，德林請高阿那肱店。店人訴本高氏强奪民田所爲，威因奏德林誣罔自入，帝益惡之。虞慶則等奉使關東還，奏：「鄉正專理辭訟，黨與愛憎，公行貨賄。」帝令廢之。德林曰：「兹事臣本以爲不可，然始置即停，朝成暮毁，非帝王設法之義。自今羣臣於律令輒欲改張，願陛下即以軍法從事。不然，紛紜未已。」帝怒，大詬曰：「爾欲以我爲王莽邪？」先是，德林稱父爲太尉諮議，以取贈官。黄門侍郎陳茂言：「德林父實終於校書。」帝甚銜之。至是，面數其罪，出爲湖州刺史，遷懷州卒。

以柳莊爲饒州刺史。給事黄門侍郎柳莊有識度，博學，善辭令，明習典故，雅達政事，帝及高熲、蘇威皆重之。與陳茂同僚，不能降意，茂譖而出之。

殺楚州參軍李君才於殿内。帝性猜忌，不悦學，既任智以獲大位，因以文法自矜，明察臨下，恒令左右覘視内外，有過失則加以重罪。又患令史贓汙，私使人以錢帛遺之，得犯立斬。每於殿廷捶人，捶楚不甚，即命斬之。高熲、柳彧等諫曰：「朝堂非殺人之所，殿廷非決罰之地。」不納。熲等乃盡詣朝堂請罪，帝不懌，乃令殿内去杖。後李君才言帝寵高熲過甚，帝怒〔一七〕，命杖之，而殿内無杖，遂以馬鞭捶殺之。因復置杖。未幾，怒甚，又於殿廷殺人。兵部侍郎馮基固諫，不從。尋悔，宣慰基而怒羣臣之不諫者。

夏，五月，詔軍人悉屬州縣。詔曰：「魏末喪亂，軍人權置坊府，南征北伐，居處無定。今可悉屬州縣，其墾田、籍帳，一與民同。軍府統領，宜依舊式。仍罷緣邊新置軍府。」

六月，制民年五十免役收庸。

秋，七月，以楊素爲内史令。

冬，十一月，江南亂，以楊素爲行軍總管討平之。江表自東晉已來，刑法疏緩，世族陵駕寒門。平陳之後，盡反其政。蘇威復作五教，使民誦之，士民嗟怨。民間復訛言隋欲徙之入關，遠近驚駭。於是越州高智慧、蘇州沈玄懀皆舉兵反，自稱天子，攻陷州縣。陳之故境，大抵皆反，大者有衆數萬，小者數千，執縣令殺之，曰：「更能使儂誦五教邪！」詔遣楊素討之。素將濟江，使麥鐵杖戴束藁，夜，浮渡江覘賊，還而復往，爲賊所擒，遣兵三十人防之。鐵杖取賊刀亂斬防者，盡殺之而歸。素大奇之，奏授儀同三司。素帥舟師自楊子津入擊賊。玄懀敗走，追擒之。智慧據浙江東岸爲營，周亘百餘里，船艦被江。素擊之。子總管來護兒曰：「吳人輕鋭，利在舟楫，必死之賊，難與爭鋒。公宜嚴陳以待之，勿與接刃。請假奇兵數千潛渡，掩破其壁，使退無所歸，進不得戰，此韓信破趙之策也。」素從之。護兒以輕舸數百直登江岸，襲破其營，因縱火，煙焰張天。素縱兵奮擊，大破之。智慧逃入海，素遣總管史萬歲帥衆二千，踰嶺越海，攻破溪洞不可勝數。前後七百餘戰，轉鬭千餘里，寂無聲問者十旬，遠近皆謂已没。萬歲置書竹筒中〔一八〕，浮之於水，得者以告。素上其事，上嗟嘆，厚賜其家。素追智慧，克温州。智慧走保閩、越。上以素久於外，令馳傳入朝。素以餘賊未殄，復請行泛海，奄至泉州。賊帥王國慶自以海路艱阻，不設備，棄州走，餘黨皆散。素分兵追捕，密令人説國慶，使斬送智慧以自贖。餘黨悉降。江南大定。素用兵多權略，馭衆嚴整，每將臨敵，輒求人過失而斬之，多至百餘人，流血盈前，言笑自若。及其對陳，先令一、二百人赴敵，或不能陷陳而還者，悉斬之。更令二、三百人復進，還亦如之。將士股慄，有必死之心，由是戰無不勝，稱爲名將。素時貴幸，言無不從。從素行者，微功必録。至他將雖有大功，多爲文吏所譴却。故素雖殘忍，士亦以此願從焉。

胡氏曰：伐讎討逆，誅暴解紛，兵之大用也。讎未復，逆未除，暴未誅，紛未解，則有不得已而殺人者，殺敵而已，未聞先殺吾人而使之致力於殺人也，特三令五申以警懼之而已。楊素部曲，皆練習精鋭，而所當者又非强敵，乃殘忍如此，而後成功，猶稱名將，不亦異乎！

番禺夷反，遣給事郎裴矩討平之。以馮盎爲高州刺史，洗氏爲譙國夫人。番禺夷王仲宣反，嶺南首領多應之，引兵圍廣州。韋洸中流矢卒，詔以其副慕容三藏檢校軍事。又詔裴矩巡撫嶺南。矩至南康，得兵數千人，擊斬仲宣。遣别將至南海。高凉洗夫人遣其孫馮暄將兵救廣州，逗留不進。夫人大怒，遣使執暄，繫獄，更遣孫盎會三藏等，合擊仲宣，仲宣衆潰。洗氏親被甲，乘介馬，張錦繖，引彀騎，衛從裴矩巡撫二十餘州。蒼梧首領陳坦等皆來謁見，矩承制署爲刺史、縣令，使還統其部落，嶺表遂定。上以矩爲民部侍郎，拜盎高州刺史，贈馮寶譙國公，册洗氏爲譙國夫人，開幕府，置官屬，給印章，聽便宜行事。赦暄逗留之罪。番州總管趙訥貪虐，俚、獠亡叛，夫人上封事論之。上遣推訥，竟致於法。敕夫人招慰亡叛。夫人親載詔書，稱使者，歷十餘州，所至皆降。上嘉之，賜臨振縣爲湯沐邑。

辛亥（五九一）

十一年。

春，二月，吐谷渾可汗夸吕死，子世伏立。夸吕聞陳亡，大懼，遁逃保險，遣使入貢。尋卒。

以劉曠爲莒州刺史。平鄉令劉曠有異政，以義理曉諭訟者，皆引咎而去，獄中草滿，庭可張羅。高熲薦之，故有是命。

是月晦，日食。

秋，八月，殺滕王瓚。初，帝微時，與瓚不協。帝爲周相，瓚恐爲家禍，陰欲圖帝。其妃，周高祖妹順陽公主也，亦與獨孤后不平，帝命出之，瓚不可。至是，從幸栗園，遇鴆暴卒。

壬子（五九二）

十二年。

秋，七月，蘇威以開府就第，尚書盧愷除名。何妥與蘇威爭議事，積不相能。威子夔與妥議樂，復不同。議者以威故，同夔者什八、九。妥恚曰：「吾席間函丈四十餘年，反爲昨暮兒所屈邪？」遂奏：「威與盧愷、薛道衡、王弘、李同和等共爲朋黨。」帝大怒。威免官爵，以開府就第；盧愷除名。知名之士得罪者百餘人。自周以來，選無清濁。及愷攝吏部，與薛道衡等甄別士流，故涉朋黨之謗，以至得罪。未幾，上曰：「蘇威德行者，但爲人所誤耳。」命復通籍。威好立條章，每歲責民間五品不遜，答者或云「管内無五品之家」，其不相應領類如此。又爲餘糧簿，欲使有無相贍。民部侍郎郎茂以爲煩迂不急，皆奏罷之。茂嘗爲衛國令，有民張元預兄弟不睦，丞、尉請加嚴刑，茂曰：「元預兄弟本相憎疾，又坐得罪，彌益其忿，非化民之意也。」乃徐諭之以義。元預等各感悔，頓首請罪，遂相親睦。

是月晦，日食。

八月，制諸州死刑，悉移大理奏裁。帝以天下用律者多踳駁，罪同論異，故有是命。

冬，十月，新義公韓擒虎卒。

十二月，以楊素爲僕射，與高熲專掌朝政。領軍大將軍賀若弼除名。楊素性疏辯，高下在心，唯頗推高熲，敬牛弘，厚接薛道衡，視蘇威以下蔑如也。其才藝風調優於熲，至於推誠體國，處物平當，有宰相識度，則不如熲遠矣〔一九〕。賀若弼自謂功名出朝臣之右，當爲宰相，及素爲僕射，不平形於言色，由是免官，怨望愈甚。久之，上下弼獄，謂之曰：「我以高熲、楊素爲宰相，汝每昌言毀之，何也？」弼曰：「熲是臣之故人；素，臣之舅子，臣知其爲人，誠有此語。」公卿奏弼罪當死，上曰：「臣下守法不移，公可自求活理。」弼曰：「臣將八千兵擒陳叔寶，竊以此望活。」上曰：「此已格外重賞。」弼曰：「臣今還格外望活。」上低回者數日，特令除名。歲餘，復其爵位。

詔免河北、河東功、調，減田租。有司言：「府藏皆滿，無所容，積於廊廡。」於是更闢左藏院以受之。上乃詔曰：「寧積於人，無藏府庫。河北、河東今年田租三分減一，兵減半功，調全免。」

遣使均田。時天下户口歲增，京輔及三河地少而人衆，衣食不給，帝乃發使四出，均天下之田。其狹鄉每丁纔至二十畝，老少又少焉。

癸丑（五九三）

十三年。

春，二月，作仁壽宫。詔楊素營仁壽宫於岐州之北，素奏宇文愷、封德彝爲土木監。於是夷山堙谷，以立宫殿，崇臺累榭，宛轉相屬。役使嚴急，丁夫多死，覆以土石，因而築之。死者以萬數。

禁藏讖緯。

秋，七月晦，日食。

詔議明堂制度。帝命禮部尚書牛弘等議明堂制度。宇文愷獻木様，帝命有司度地立之。而諸儒議久不決，乃罷之。

突厥突利可汗請婚，許之。帝之滅陳也，以陳叔寶屏風賜突厥大義公主。公主以其宗國之覆，心常不平，書屏風爲詩，叙陳亡以自寄。帝聞而惡之，禮賜漸薄。公主遂扇惑都藍可汗，頗爲邊患。帝遣將軍長孫晟使突厥，因發公主私事，廢之。内史侍郎裴矩請説都藍使殺公主。時處羅侯之子染干號突利可汗，居北方，遣使求婚。帝使矩謂之曰〔二〇〕：「能殺大義公主，乃許婚。」突利遂譖公主於都藍，都藍因發怒殺公主，更表請婚，朝議將許之。長孫晟曰：「雍虞閭反覆無信，直以與玷厥有隙，故欲依倚國家。雖與爲婚，終當叛去。今若尚主，承藉威靈，玷厥、染干，必受其徵發。强而更反，後恐難圖。且染干者，處羅侯之子，素有誠款，前嘗乞婚，不如許之，招令南徙，兵少力弱，易以撫馴，使敵雍虞閭，以爲邊捍。」上曰：「善。」復遣晟慰諭染干，許尚公主。

甲寅（五九四）

十四年。

夏，四月，行新樂。協律郎祖孝孫從陳陽山太守毛爽受京房律法。牛弘使孝孫參定雅樂，布管飛灰，順月皆驗。又每律生五音，十二律爲六十音，因而六之，爲三百六十音，分直一歲之日以配七音，而旋相爲宫之法，由是著明。弘等乃奏請復用旋宫法，帝猶記何妥之言，不聽。於是弘等復附帝意，銷毁前代金石，以息異議。又作武舞，以象功德。至是樂成，詔行之，乃禁民間所造繁聲。萬寶常聞新樂，泫然泣曰：「淫厲而哀，天下不久盡矣！」寶常竟餓死。且死，悉取其書燒之，曰：「用此何爲！」

六月，始給公卿以下職田。先是，臺、省、府、寺及諸州皆置公廨錢，收息取給。工部尚書蘇孝慈以爲「官司出舉興生，煩擾百姓，敗損風俗，請皆禁止，給地以營農」。於是始詔「公卿以下，皆給職田，毋得治生，與民爭利」。

秋，七月，以蘇威爲納言。

詔直太史劉孝孫等定曆，已而罷之。初，張賓曆既行，劉孝孫及劉焯並言其失。賓方有寵，劉暉附之，斥罷孝孫等。後賓卒，孝孫復上其事，詔直太史，累年不調，乃抱其書，使弟子輿櫬詣闕下伏哭，執法拘而奏之。帝以問何妥，妥言其善。使與張胄玄校賓曆，久之不定。上令參問日食事，楊素等奏：「太史奏日食二十有五，皆無驗，而胄玄所刻妙中，孝孫驗亦過半。」於是上引孝孫、胄玄等親勞之。孝孫請先斬劉暉，乃可定曆，帝不懌，又罷之。孝孫尋卒。

關中旱饑。八月，帝如洛陽。上遣左右視民食，得豆屑雜糠以獻。上流涕以視羣臣，深自咎責，爲之不御酒肉者期年。至是，帥民就食於洛陽，敕斥候不得驅逼。男女參厠於仗衛之間，遇扶老攜幼者，輒引馬避之。至艱險處，見負擔者，令左右扶助之。

冬，閏十月，詔高仁英、蕭琮、陳叔寶修其宗祀，官給器物。詔以齊、梁、陳宗祀廢絶，命高仁英、蕭琮、陳叔寶以時修祭，所須器物，有司給之。叔寶侍宴出，帝目之曰：「此敗豈不由酒！以作詩之功，何如思安時事？當賀若弼渡京口，彼人密啓告急，叔寶飲酒，遂不之省。高熲至日，見啓在床下，猶未開封。誠可笑也。」

齊州刺史盧賁有罪除名。賁坐民飢閉糴，除名。皇太子爲言：「賁有佐命功，不可棄。」帝曰：「微劉昉、鄭譯、盧賁、柳裘、皇甫績等，則我不至此。然此等皆反覆子也，當周宣帝時，以無賴得幸。及帝大漸，此輩行詐，顧命於我。我將爲政，又欲亂之。自爲難信，非我棄之。衆人見此，謂我薄於功臣，斯不然矣。」賁遂廢，卒於家。

胡氏曰：是非之心，人皆有之。隋文固險黠忮忍，而其本心則未嘗泯亡。方其圖集大利，以權數相傾〔三二〕，則攘臂褰裳，爭先相附者爲能；及夫所欲既得，而反思可否，則潔身顧義、不預危事者爲是。此蘇威所以蒙殊常之顧，而譯、賁廢死，劉昉極刑也，亦可爲傾覆輕薄、厭常爲新者之深監矣！

散騎侍郎王劭上皇隋靈感志。帝好機祥小數，劭前後上表，言帝受命符瑞甚衆，又採歌謠、讖緯，捃摭佛書，曲加誣飾，撰皇隋靈感志三十卷奏之，上令宣示天下。劭集諸州朝集使，盥水焚香，閉目而讀之，曲折其聲，有如歌詠，涉旬而罷。帝益喜，賞賜優洽。

乙卯（五九五）

十五年。

春，正月，帝東巡，祀天于泰山。以歲旱謝愆咎也，禮如南郊。

二月，收天下兵器。

三月，還宫。

仁壽宫成，以封德彝爲内史舍人。仁壽宫成，幸之。時天暑，役夫死者相次於道，楊素悉焚除之，帝不悦。及至，見制度壯麗，大怒曰：「楊素爲吾結怨天下！」素聞之，慮獲譴，封德彝曰：「公勿憂，俟皇后至，必有恩詔。」明日，帝果召素入對，后勞之曰：「公知吾夫婦老，無以自娱，盛飾此宫，豈非忠孝！」賜賚厚甚。素負貴恃才，多所凌侮，唯賞重德彝，引與論議，屢薦於帝，擢爲内史舍人。

夏，六月，鑿砥柱。

焚相州所貢綾文布於朝堂。

秋，七月，納言蘇威免，尋復其位。威坐從祠不敬，免，俄而復位。帝謂羣臣曰：「世人言蘇威詐清，家累金玉，此妄言也。然其性很戾，不切世要，求名太甚，從己則悦，違之必怒，此其大病耳。」

冬，十月，以韋世康爲荆州總管。世康和静謙恕，爲吏部尚書十餘年，時稱廉平。常有止足之志，謂子弟曰：「禄豈須多，防滿則退；年不待暮，有疾便辭。」因懇乞骸骨，不許，使鎮荆州。時天下唯有四總管，并、楊、益、荆，以晉、秦、蜀三王及世康爲之。

十二月，敕盗邊糧升以上皆斬。

詔文武官以四考受代。

賜汴州刺史令狐熙帛三百匹。熙考績爲天下之最，賜帛，頒告天下。

丙辰（五九六）

十六年。

夏，六月，初制工商不得仕進。

秋，八月，詔死罪三奏，然後行刑。

以光化公主妻吐谷渾。

丁巳（五九七）

十七年。

春，二月，遣太平公史萬歲討南寧羌，平之。初，梁睿之克王謙也，夷、獠皆附，唯南寧州酋帥爨震不服。睿上疏乞因平蜀之衆略定之，帝未之許。至是，乃以史萬歲爲行軍總管，帥衆擊之，入自蜻蛉川，過諸葛亮紀功碑，渡西洱河，入渠濫川，行千餘里，破其三十餘部，虜獲男女二萬餘口。諸夷大懼，遣使請降，獻明珠徑寸，於是勒石頌隋德。萬歲請將其酋長爨翫入朝。翫賂萬歲，萬歲捨之。

桂州亂，遣軍討平之。以令狐熙爲總管。桂州俚帥李光仕作亂，遣周法尚討斬之。上以夷、越數反，以令狐熙爲桂州總管，許以便宜從事，承制補授。熙至部，大弘恩信，其溪洞渠帥更相謂曰：「前時總管皆以兵威相脇，今者乃以手教相諭，我輩其可違乎？」於是相帥歸附。先是州縣生梗，長吏多寄治於總管府，熙悉遣之，爲建城邑，開學校，華、夷感化焉。

三月，詔諸司論屬官罪，聽律外決杖。帝以所在屬官不敬憚其上，事難克舉，故有是詔。於是上下相驅，迭行捶楚，以殘暴爲幹能，守法爲懦弱。又以盜賊繁多，命盜一錢以上皆棄市。或三人共盜一瓜，事發即死。於是行旅皆晏起早宿，天下懔懔。有數人劫執事而謂之曰：「吾豈求財者邪？但爲枉人來耳！而爲我奏至尊，自古立法，未有盜一錢而死也。而不以聞，吾更來，而屬無類矣！」帝聞，乃爲停之。又嘗乘怒，欲以六月杖殺人，大理少卿趙綽固爭，帝曰：「六月雖曰生長，此時必有雷霆。我則天而行，有何不可？」遂殺之。掌固來曠告綽濫免徒囚，推驗無實，帝怒，命斬之。綽又固爭，帝拂衣入閤。綽託奏他事，復入，再拜曰：「臣有死罪三：不能制馭掌固，使觸天刑，一也。囚不合死，不能死爭，二也。本無他事，妄言求入，三也。」帝意解。會獨孤后在坐，命賜綽酒及二金盃。曠因免死。蕭摩訶子世略在江南作亂，摩訶當從坐，綽固諫，上命綽退，綽曰：「臣奏獄未決，不敢退。」帝乃釋之。刑部侍郎辛亶嘗衣緋褌，帝以爲厭蠱，斬之。綽曰：「法不當死，臣不敢奉詔。」帝怒甚，命引綽斬之。綽曰：「寧殺臣，不可殺亶。」至朝堂，解衣就刑。上復使人問之，對曰：「執法一心，不敢惜死。」帝乃釋之。帝以綽誠直，前後賞賜萬計。與大理卿薛胄俱名平恕，然胄原情而綽守法。帝晚節用法益峻，元會衣劍有不齊者，御史不劾，殺之；諫議大夫毛思祖諫，又殺之。帝既喜怒不恒，不復依準科律。信任楊素，素復任情不平，與鴻臚少卿陳延有隙，嘗經蕃客館，庭中有馬屎，又衆僕於氈上樗蒲，以白帝。帝大怒，主客令及樗蒲者皆杖殺之，捶延幾死。帝遣親衛大都督屈突通往隴西檢覆羣牧，得隱匿馬二萬餘匹，帝大怒，將斬大僕卿以下千五百人。通諫曰：「人命至重，陛下奈何以畜産之故殺千餘人！臣敢以死請！」帝瞑目叱之，通又頓首曰：「臣一身分死，就陛下匄千餘人命。」帝感寤，皆減死論。擢通爲右武候將軍。

上柱國劉昶子居士有罪伏誅。昶與帝有舊，帝甚親之。其子居士任俠，不遵法度，數有罪，帝每原之。居士轉驕恣，取公卿子弟雄健者，以車輪括其頸，能不屈者，釋而與交。黨與三百人，多所侵奪。或告居士謀爲不軌，帝怒，斬之。

夏，四月，頒新曆。楊素、牛弘等復薦張胄玄曆術。帝令素與術數人立議六十一事，皆舊法久難通者，令劉暉與胄玄辯析之。暉不能答〔二二〕，胄玄通者五十四。拜太史令，令參定新術。至是曆成，頒之。暉等除名。

秋，七月，桂州亂，遣將軍虞慶則討平之。桂州人李世賢反，上議討之，諸將數人請行，帝顧慶則曰：「位居宰相，爵乃上公，國家有賊，遂無行意，何也？」慶則恐懼請行，卒討平之。

并州總管秦王俊有罪免。俊幼仁恕，喜佛教。及爲并州總管，奢侈好內，其妃進毒得疾，徵還，免官。廢妃，賜死。楊素諫曰：「秦王之過不至此，願陛下詳之。」帝曰：「若如公意，何不別制天子兒律？周公尚誅管、蔡，況我不及周公，安敢虧法乎！」卒不許。

以安義公主妻突厥突利可汗。突厥突利可汗來逆女，帝舍之太常，教習六禮，妻以宗女安義公主。帝欲離間都藍，故特厚其禮。令長孫晟説之，使帥衆南徙，居度斤舊鎮，錫賚優厚。都藍怒曰：「我，大可汗也，反不如染干乎？」於是朝貢遂絶，亟掠邊鄙。突利伺知動静，輒遣奏聞，由是邊鄙每先有備。

冬〔二三〕，欽州刺史甯長真來朝。初，散騎侍郎何稠使嶺南，及還，欽州刺史甯猛力請隨入朝，稠以其疾篤，遣還而卒。帝不懌，稠曰：「猛力與臣約，假令身死，當遣子入侍矣。」猛力臨終，果誡其子長真葬畢登路。至是，長真嗣爲刺史，如言入朝。帝大悦曰：「何稠著信蠻夷，乃至於此！」

十二月，殺魯公虞慶則。慶則之討桂州也，以婦弟趙什住爲長史。什住通於慶則愛妾，恐事泄，乃宣言慶則不欲行。帝聞之，禮賜甚薄。慶則還，至臨桂嶺，曰：「此誠險固，加以足糧，若守得其人，攻不可拔！」什住入奏事，因告慶則謀反，案驗坐死。拜什住爲柱國。

高麗王湯卒。湯聞陳亡，大懼，治兵積穀，爲拒守之策。是歲，帝賜湯璽書責之。會病卒，子元嗣。帝使使拜元爲遼東王。

吐谷渾弑其可汗世伏。吐谷渾大亂，國人殺世伏，立其弟伏允爲主，遣使陳謝，且請依俗尚主，從之。自是朝貢歲至。

戊午（五九八）

十八年。

春，二月，高麗寇遼西，遣漢王諒將兵討之。高麗王元帥靺鞨萬餘人寇遼西，營州總管韋冲擊走之。帝大怒，以漢王諒、王世積將水陸三十萬伐高麗，以高熲爲諒長史。

夏，五月，禁畜猫鬼、蠱毒、厭魅野道者。獨孤后之弟延州刺史陁有婢事猫鬼，能使之殺人。

會后與楊素妻鄭氏俱有疾，醫皆曰：「猫鬼疾也。」上意陁所爲，令高熲等雜治之，具得其實。詔夫婦皆賜死，后爲之請，曰：「陁若蠹政害民者，妾不敢言。今爲妾身，敢請其命。」陁弟整亦詣闕求哀，於是免陁死。詔自今有犯者投四裔〔二四〕。

秋，九月，罷漢王諒兵。諒軍出臨渝關，值水潦，餽運不繼，軍中飢疫。總管周羅睺自東萊泛海趣平壤城，亦遭風，船多飄没。九月，師還，死者什八、九。高麗王元亦遣使謝罪，於是罷兵。

冬，十二月，置行宫十二所。自京師至仁壽宫之道也。

南寧夷爨翫反。太平公史萬歲以罪除名。爨翫復反。蜀王秀奏：「史萬歲受賂縱賊，致生邊患。」帝怒，命斬之。高熲及元旻等固請曰：「萬歲雄略過人，將士樂爲致力，雖古名將，未能過也。」上意少解，於是除名。

己未（五九九）

十九年。

春，二月，遣楊素等分道伐突厥都藍可汗〔二五〕。未至，都藍擊突利可汗，敗之。夏，四月，突利來奔。諸軍遂破都藍及達頭部。突厥突利可汗奏都藍可汗欲攻大同城。詔以漢王諒爲元帥，高熲出朔州道，楊素出靈州道，燕榮出幽州道以擊都藍，皆取諒節度。然諒竟不行。都藍聞之，與達頭可汗結盟，合兵掩襲突利，大敗之，遂入蔚州。突利部落散亡，夜與長孫晟以五騎南走，比旦，收得數百騎。與其下謀奔玷厥，晟知之，密遣使者入伏遠鎮，令速舉烽。突利見四烽俱發，以問晟，晟紿之曰：「隋法：賊少舉二烽，來多舉三烽，大逼舉四烽。彼見賊多而近耳。」突利大懼投城，晟留其達官執室領其衆，自將突利馳驛入朝。四月，至長安。帝大喜，厚待之。以晟爲左勳衛驃騎將軍，持節護突厥。高熲使柱國趙仲卿將兵三千爲前鋒，與突厥戰，大破之。突厥復大舉而至，仲卿爲方陳，四面拒戰五日。會高熲大兵至，合擊之，突厥敗走，追奔七百餘里而還。楊素軍與達頭遇。先是諸將與突厥戰，慮其騎兵奔突，皆以戎車步騎相參，設鹿角爲方陳，騎在其内。素曰：「此自固之道，未足以取勝也。」於是更爲騎陳。達頭喜曰：「天賜我也！」下馬仰天而拜，帥騎兵十萬直前。周羅睺曰：「賊陳未整，請擊之。」先帥精騎逆戰，素以大兵繼之，突厥大敗，殺傷不可勝計。

六月，殺宜陽公王世積。世積爲凉州總管，其親信皇甫孝諧有罪，吏捕之，亡抵世積，世積不納。孝諧因上變，告世積嘗令道人相其貌，有惡言。世積坐誅，以孝諧爲上大將軍。

秋，八月，除左僕射高熲名。獨孤后性妬忌，後宫莫敢進御。尉遲迥女孫没宫中，得幸，后陰殺之。帝大怒，單騎入山谷間二十餘里。高熲、楊素等追及，扣馬苦諫。帝告之故，熲曰：「陛下豈以一婦人而輕天下！」帝意解，還宫。后流涕拜謝，熲、素等和解之，因置酒極歡。先是，后以熲父客，甚親禮之，至是，聞熲謂己爲「一婦人」，遂銜之。時太子勇失愛，帝潛有廢立之志，從容謂熲曰：「有神告晉王妃，言王必有天下，若之何？」熲曰：「長幼有序，其可廢乎！」后知熲不可奪，陰欲去之。會帝令選東宫衛士入上臺，熲奏曰：「若盡取强者，恐宫衛太劣。」帝作色曰：「太子左右，何須壯士！我熟見前代，公不須仍踵舊風！」熲子表仁娶太子女，故帝以此言防之。熲夫人卒，后請爲之娶，帝告之，熲流涕謝曰：

「臣今已老，退朝，唯齋居讀佛經而已，納室非所願也。」帝乃止。既而愛妾生男，帝聞之喜，后不悦曰：「陛下尚復信高熲邪？始陛下欲爲熲娶，而熲面欺。今其詐已見矣。」帝由是疏熲。伐遼之役，熲固諫，不從。及師無功，后言於帝曰：「熲初不欲行，陛下强遣之，妾固知其無功矣！」又帝以漢王諒年少，專委軍事於熲，諒所言多不用，甚銜之，及還，泣言於后曰：「兒幸免爲高熲所殺。」帝聞之，彌不平。及擊突厥，進圖入磧，遣使請兵，近臣緣此言熲欲反。帝未之答，熲已破突厥而還矣。及王世積誅，推覈之際，有宫禁中事，云於熲得之，上大驚。有司又奏熲與世積交通。賀若弼、宇文弢、薛胄、斛律孝卿、柳述等明熲無罪，上愈怒，皆以屬吏。自是朝臣莫敢言，熲遂坐免，以齊公就第。帝謂侍臣曰：「我於高熲，勝於兒子，自其解落，瞑然忘之。人臣不可以身要君也。」頃之，熲國令言熲子表仁謂熲曰：「司馬仲達託疾不朝，遂有天下。公今遇此，焉知非福！」於是帝大怒，囚熲鞫之。有司請斬之，帝曰：「去年殺虞慶則，今兹斬王世積，如更誅熲，天下其謂我何？」於是除名爲民。熲初爲僕射，其母誡之曰：「汝富貴已極，但有一斫頭耳，爾其慎之！」熲由是常恐禍變。至是，歡然無恨色。先是，國子祭酒元善言於帝曰：「楊素麤疏，蘇威怯弱，可付社稷，唯高熲耳。」帝初然之。及熲得罪，帝深責之，善憂懼而卒。

九月，以牛弘爲吏部尚書。弘選舉先德行而後文才，務在審慎，雖致停緩，而所進用多稱職。侍郎高孝基鑒賞機晤，清慎絶倫，然爽俊有餘，迹似輕薄，時宰多以此疑之，弘獨推心任委，得人爲多。

冬，十月，以突厥突利爲啓民可汗，妻以義成公主，處之朔州。突厥歸啓民者，男女萬餘。帝命長孫晟於朔州築大利城以處之。時安義公主已卒，復以宗女義成公主以妻之。晟奏「請徙五原，以河爲固，於夏、勝之間，東西至河，南北四百里，掘爲横塹，令處其内，使得畜牧」。帝從之。又令趙仲卿屯兵二萬，爲啓民防達頭。

十二月，突厥弑其都藍可汗雍虞閭。帝遣楊素、韓僧壽、史萬歲、姚辯分道擊都藍。未出塞，都藍爲部下所殺，達頭自立爲步迦可汗，其國大亂。長孫晟曰：「今官軍臨境，虜主被殺，乘此招撫，可以盡降。請遣染干部下分道招慰。」帝從之。降者甚衆。

庚申（六〇〇）

二十年。

春，二月，賀若弼坐事下獄，赦出之。弼復坐事下獄，帝數之曰：「公有三太猛：嫉妬心太猛，自是非人心太猛，無上心太猛。」既而釋之。他日，帝謂侍臣曰：「弼將伐陳，謂高熲曰：『不作「高鳥盡、良弓藏」邪！』後又語熲曰：『皇太子於己無所不盡，公終久何必不得弼力，何脉脉邪？』意圖鎮廣陵，又圖荆州，皆作亂之地也。」

夏，四月，突厥達頭可汗犯塞，詔晉王廣等擊却之。突厥達頭可汗犯塞，詔晉王廣及楊素、漢王諒及史萬歲分道擊之。長孫晟毒水上流，突厥人畜多死，大驚，夜遁。晟追之，斬首千餘級。萬歲出塞，與虜遇。達頭遣使問：「隋將誰？」候騎報：「史萬歲也。」達頭懼而引去。萬歲馳追百餘里，縱擊大破之，逐北入磧，數百里而還。

六月，秦王俊卒，國除。俊久疾未能起，遣使奉表陳謝。帝謂其使者曰：「我戮力創業，作訓垂範，汝爲吾子而欲敗之，不知何以責汝？」俊慚怖，疾遂篤，六月，卒。上哭之，數聲而已。俊所爲侈麗之物，悉命焚之。僚佐請立碑，上曰：「欲求名，一卷史書足矣，何用碑爲！若子孫不能保家，徒與人作鎮石耳。」俊子浩，崔妃所生，庶子曰湛。羣臣希旨，奏二子、母皆有罪，不合承嗣，帝從之。以秦國官爲喪主。

冬，十月，廢太子勇爲庶人。初，帝使太子勇參決政事，時有損益，帝皆納之。勇性寬厚，率意任情，無矯飾之行。帝性節儉，勇嘗飾蜀鎧，帝見而不悦，戒之曰：「自古帝王，未有好奢侈而能久長者。汝當以儉約爲先，乃能奉承宗廟。吾昔日衣服，各留一物，時復觀之，以自警戒。今賜汝以我舊所帶刀一枚，并葅醬一合，汝昔作上士時常所食也。若存記前事，應知我心。」後遇冬至，百官皆詣勇，勇張樂受賀。帝不悦，下詔停之。自是恩寵始衰，漸生猜阻。勇多内寵，昭訓雲氏尤幸。其妃元氏無寵，遇疾而卒，獨孤后意其有他，深以責勇。然昭訓自是遂專内政，生長寧王儼及平原王裕、安成王筠，諸姬子又數人。后彌不平，遣人伺求勇過。晉王廣知之，彌自矯飾，後庭有子皆不育，后由是數稱廣賢。大臣用事者，廣皆傾心與交。帝及后每遣左右至廣所，廣必與蕭妃厚禮之，往來者無不稱其仁孝。帝與后嘗幸其第，廣悉屏匿美姬於别室，唯留老醜者，衣以縵綵，給事左右。屏帳改用縑素，故絶樂器之絃，不令拂去塵埃。帝見之喜，由是愛之，特異諸子。嘗密令來和遍視諸子，對曰：「晉王貴不可言。」廣美姿儀，敏慧嚴重，好學能文，敬接朝士，由是聲名籍甚。自揚州入朝，將還鎮，入宫辭后，伏地流涕，曰：「臣性識愚下，不知何罪失愛東宫，恒蓄盛怒，欲加鴆毒。」后忿然曰：「睍地伐漸不可耐，我爲之娶元氏女，竟不以夫婦禮待之，專寵阿雲，使有如許豚犬。前新婦遇毒而夭，我亦不能窮治，何故復於汝發如此意？我在尚爾，我死後，當魚肉汝乎〔二六〕！每思東宮竟無正嫡，至尊千秋萬歲之後，遣汝等兄弟向阿雲兒前再拜問訊，此是幾許苦痛邪！」廣又拜，嗚咽不能止，后亦悲不自勝。自是后決意欲廢勇立廣矣。司馬張衡爲廣畫奪宗之策。廣問計於安州總管宇文述，述曰：「皇太子失愛已久，令德不聞。大王仁孝著稱，才能蓋世，數經將領，頻有大功，主上、内宫咸所鍾愛，四海之望，實歸大王。然廢立大事，未易謀也。能移主上意者，唯楊素耳。素所與謀者，唯其弟約。述雅知約，請朝京師，與約圖之。」廣大悦，多賫金寶，資述入關。約時爲大理少卿。述請約與飲，博陽不勝，以所賫金寶盡輸之，因説之曰：「此晉王之賜，令述與公爲歡樂耳。」約驚問故，述因道廣意，且説之曰：「公兄弟功名蓋世，當塗用事有年矣，朝臣爲足下家所屈辱者，可勝數哉！又儲后以所欲不行，每切齒於執政。主上一旦棄羣臣，公亦何以取庇哉！今太子失愛於皇后，主上素有廢黜之心。請立晉王，在賢兄之口耳。誠能因此時建大功，王必永銘骨髓。斯則去累卵之危，成太山之安矣！」約然之，以白素，素聞之大喜。後數日，入侍宴，微稱「晉王孝悌恭儉，有類至尊」。后泣曰：「公言是也。阿麽大孝愛，晛地伐常欲潛殺之。」素因盛言太子不才，后遂遺素金，使贊帝廢立。勇頗知之，憂懼，計無所出，使人造諸厭勝。帝又使素觀勇所爲。素至東宫，還言：「勇怨望，恐有他變。」帝益疑之。后又遣人伺覘東宫，纖介事皆聞奏，因加誣飾以成其罪。帝遂疏忌勇，東宫宿衛名籍，悉令屬諸衛府，有勇健者咸屏去之。廣又令段達私賂東宫幸臣姬威，令伺太子動静，密告楊素。於是内外諠謗，過失日聞。段達因脅威告之。九月，詔執左庶子唐令則等數人付所司訊鞫，命楊素陳東宫事狀以告近臣。帝曰：「此兒不堪承嗣久矣，皇后恒勸我廢之。我以布衣時所生，地復居長，望其漸改，隱忍至今。其婦初亡，我疑其遇毒，嘗責之，勇懟曰：『會殺元孝矩。』此欲害我而遷怒耳。長寧初生，朕與皇后共抱養之，自懷彼此，連遣來索。且雲定興女，在外私合而生，想此何必是其體胤！儻其非類，便亂宗祏。我終不以萬姓付不肖子！我恒畏其加害，如防大敵。今欲廢之，以安天下！」左衛大將軍元旻諫曰：「廢立大事，詔旨若行，後悔無及。讒言罔極，惟陛下察之。」帝不應，命姬威悉陳太子罪惡。威對曰：「嘗令師姥卜吉凶，語臣云：『至尊忌在十八年，此期促矣。』」帝泫然曰：「誰非父母生，乃至於此！」於是禁勇及諸子、黨與，楊素鍛鍊以成其獄。居數日，有司奏元旻嘗曲事勇，在仁壽宫，勇以書與之，題云「勿令人見」。帝乃執旻。威又言：「至尊在仁壽宫，太子常飼馬千匹，云『徑往守城門，自然餓死』。」素以威言詰勇，勇不伏，曰：「竊聞公家馬數萬匹，勇忝備太子，馬千匹，乃是反乎！」素又發東宫服翫，似加琱飾者，悉陳之於庭，以示文武，爲太子之罪。帝及后迭遣使責問勇，勇不服。十月，使人召勇，勇驚曰：「得無殺我邪？」帝戎服陳兵，御武德殿，集百官、諸親，引勇及諸子列於殿庭，宣詔廢勇，及其男、女並爲庶人。勇再拜泣下，舞蹈而去，左右莫不閔默。長寧王儼上表乞宿衛，辭情哀切，帝覽之閔然。楊素進曰：「伏願聖心同於螫手，不宜復留意。」遂詔元旻、唐令則、鄒文騰等誅戮有差，移勇於内史省。賞楊素物三千段。文林郎楊孝政上書諫曰：「皇太子爲小人所誤，宜加訓誨，不宜廢黜。」帝怒，撻其胸。初，雲昭訓父定興出入東宫無節，數進其奇服異器，以求悦媚。左庶子裴政屢諫，勇不聽。政謂定興曰：「公所爲不合法度。又元妃暴卒，道路籍籍，此於太子，非令名也。公宜自引退，不然，將及禍。」定興以告勇，勇疏政，出之。唐令則爲勇所昵狎，每令以絃歌教内人，右庶子劉行本責之曰：「庶子當輔太子以正道，何有取媚於房帷之間哉？」令則甚慚而不能改。劉臻、明克讓、陸爽並以文學爲勇所親，行本怒其不能調護，每謂三人曰：「卿等正解讀書耳！」夏侯福嘗於閤内與勇戲，大笑，聲聞於外。行本付執法者治之。數日，勇爲之請，乃釋之。勇嘗得良馬，欲令行本乘而觀之，行本正色曰：「至尊令臣輔導殿下，非弄臣也。」勇慚而止。及勇敗，二人已卒，帝歎曰：「向使裴政、劉行本在，勇不至此。」勇嘗宴宮臣，唐令則自彈琵琶，歌娬媚娘。洗馬李綱起白勇曰：「令則身爲宮卿，職當調護，乃於廣座，自比倡優，進淫聲，穢視聽。事若上聞，豈不爲殿下之累邪？臣請速治其罪！」勇曰：「我欲爲樂耳，君勿多事！」綱遂趨出。至是，帝召東宮官屬切責之，皆惶懼無敢對者。綱獨曰：「廢立大事，今文武大臣皆知其不可而莫肯發言，臣何敢畏死不一爲陛下别白言之乎！太子性本中人，可與爲善，可與爲惡。曏使陛下擇正人輔之，足以嗣守鴻基。今乃以唐令則爲左庶子，鄒文騰爲家令，二人唯知以絃歌鷹犬娛悦太子，安得不至於是邪！此乃陛下之過，非太子之罪也。」因伏地流涕嗚咽。帝慘然良久，曰：「李綱責我，非爲無理，然我擇汝爲宮臣，而勇不親任，雖更得正人，何益哉！」對曰：「臣之所以不被親任者，良由姦臣在側故也。陛下但斬令則、文騰，更選賢才以輔太子，安知臣之終見疏棄也。自古國家廢立冢嫡，鮮不傾危，願陛下深留聖思，無貽後悔。」帝不悦，罷朝，左右皆爲之股栗。會尚書右丞缺，有司請人，帝指綱曰：「此佳右丞也。」即用之。

殺太平公史萬歲。萬歲伐突厥還，楊素忌之，奏寢其功。會廢太子，萬歲方與將士在朝堂稱冤，帝問萬歲何在，素曰：「謁東宮矣。」帝以爲然，召之。既見帝，言「將士有功，爲朝廷所抑」！詞氣憤厲。帝大怒，令左右擽殺之。既而追之，不及。天下共冤惜之。

十一月，立晉王廣爲皇太子。是日，天下地震。廣請降章服，宮官不稱臣，許之。以宇文述爲左衛率，郭衍爲左監門率，亦預奪宗之謀也。帝因故太子勇於東宮，付廣掌之。勇頻請見上申冤，而廣遏之不得聞。初，帝之克陳也，天下皆以爲將太平，監察御史房彥謙私謂所親曰：「主上忌刻而苛酷，太子卑弱，諸王擅權，天下雖安，方憂危亂。」其子玄齡亦密言於彥謙曰：「主上本無功德，以詐取天下，諸子皆驕奢不仁，必自相誅夷，今雖承平，其亡可翹足待。」彥謙，法壽之玄孫也。高孝基名知人，見玄齡，歎曰：「僕閱人多矣，未見如此郎者，異日必爲偉器，恨不見其大成耳。」見杜杲之兄孫如晦，謂曰：「君有應變之才，必任棟梁之重。」俱以子孫託之。

禁毀佛、天尊及神像。帝晚年深信佛道、鬼神，故有是詔。

徵同州刺史蔡王智積入朝。智積，帝之弟子也，性修謹，門無私謁，自奉簡素，帝甚憐之。智積有五男，止教讀論語、孝經，不令交通賓客。或問其故，智積曰：「卿非知我者！」其意恐諸子有才能以致禍也。

以王伽爲雍令。齊州行參軍王伽送流囚李參等七十餘人詣京師，行至滎陽，謂曰：「卿輩自犯國刑，身嬰縲紲，固其職也。重勞援卒，豈不愧心！」參等辭謝。伽乃悉脫其枷鎖，停援卒，與約曰：「某日當至京師，如致前却，吾當爲汝受死。」遂捨之而去。流人感悅，如期而至，一無離叛。帝聞而驚異，召見與語，稱善久之。於是悉召流人，宴而赦之。因下詔曰：「使官盡王伽，民皆李參，刑厝其何遠哉！」乃擢伽爲雍令。

辛酉（六〇一）

仁壽元年。

春，正月，改元。初，太史令袁充表曰：「京房有言：『太平，日行上道；升平，行次道；霸代，行下道。』蓋日去極近，則景短而日長；去極遠，則景長而日短。今自隋興，晝日漸長，開皇元年，冬至之景長一丈二尺七寸二分；自爾漸短，至十七年，短於舊三寸七分矣。」上臨朝，謂百官曰：「日長之慶，天之祐也。今當改元，宜取此意以爲號。」仍命百工作役，並加程課，丁匠苦之。

以蘇威爲僕射。

二月朔，日食。

夏，五月，突厥九萬口來降。

六月，遣十六使巡省風俗。

廢太學及州縣學，改國子爲太學。詔以學校生徒多而不精，唯簡留國子學生七十人，太學、四門及州縣學並廢。劉炫上表切諫，不聽。尋改國子爲太學。

冬，十一月，祀南郊。初，帝受周禪，恐民心未服，故多稱符瑞以耀之，其僞造而獻者，不可勝計。

至是郊祀，板文備述以報謝云。

以衛文昇爲遂州總管。山獠作亂。資州刺史衛文昇初到官，單騎造其營，説以利害，渠帥感悦，解兵而去，前後歸附者十餘萬口。帝大悦，故有是命。

以馮盎爲漢陽太守。潮、成等五州獠反，高州酋長馮盎馳詣京師，請討之。帝敕楊素與盎論賊形勢，素歎曰：「不意蠻夷中有如是人！」即遣盎發江、嶺兵擊之。事平，除盎漢陽太守。

壬戌（六〇二）

二年。

春，三月，突厥入寇，楊素擊破走之。突厥思力俟斤等南渡河，大掠啓民人畜而去。行軍元帥楊素帥諸軍追擊，轉戰六十餘里，大破之，悉得人畜以歸啓民〔二七〕。自是突厥遠遁，磧南無復寇抄。

秋，七月，以韋雲起爲通事舍人。兵部尚書柳述尚蘭陵公主，怙寵使氣，自楊素之屬皆下之。帝問符璽直長韋雲起以外間不便事，述時侍側，雲起曰：「柳述驕豪，未嘗經事，兵機要重，非其所堪。臣恐物議以爲『陛下官不擇賢，專私所愛』，斯亦不便之大者。」帝甚然之，顧謂述曰：「雲起之言，汝藥石也，可師友之。」會詔内外官各舉所知，述舉雲起，除通事舍人。

徵蜀王秀還京師。益州總管蜀王秀，容貌瓌偉，有膽氣，好武藝。帝每謂獨孤后曰：「秀必以惡終。我在當無慮，至兄弟，必反矣。」大將軍劉噲之討西爨也，帝令楊武通將兵繼進。秀以嬖人萬智光爲武通行軍司馬，帝譴責之，因謂羣臣曰：「壞我法者，子孫也。譬如猛虎，物不能害，反爲毛間蟲所損食耳。」自長史元巖卒，秀漸奢僭，車馬被服，擬於乘輿。及晉王廣爲太子，秀意甚不平。太子恐其爲患，陰令楊素求其罪而譖之。帝遂徵秀，秀猶豫，欲謝病不行。司馬源師諫，秀作色曰：「此自我家事，何預卿也？」師垂涕對曰：「師忝參府幕，敢不盡心！敕追已淹時月，王乃遷延未去。聖上發雷霆之詔，降一介之使，王何以自明？願熟計之。」朝廷恐秀生變，以獨孤楷爲益州總管，馳傳代之。楷至，諷諭久之，乃就路。楷察秀有悔色，因勒兵爲備。秀行四十餘里，將還襲楷，覘知有備，乃止。

八月，皇后獨孤氏崩。后崩，太子對帝及宫人哀慟絶氣，若不勝喪者；其處私室，飲食言笑如平常。又每朝令進二溢米，而私取肥肉脯鮓，置竹筩中，以蠟閉口，衣襆裹而納之。

冬，十月，以楊達爲納言。

閏月，詔修定五禮。詔楊素、蘇威與牛弘等修之。

葬獻皇后。帝令上儀同三司蕭吉爲皇后擇葬地，得吉處，云：「卜年二千，卜世二百。」帝曰：「吉凶由人，不在於地。」然竟從吉言。吉退，告人曰：「皇太子遣宇文左率深謝余云：『公前稱我當爲太子，竟有其驗。今卜山陵，令我早立，當以富貴相報。』吾語之曰：『後四載，太子御天下。』然太子得政，隋必亡矣！吾前紿云『二千』者，三十也；『二百』者，二傳也。汝其識之！」

十二月，廢蜀王秀爲庶人。除治書侍御史柳彧名，配懷遠鎮。蜀王秀至長安，帝不與語，使使切讓之。秀謝罪，太子、諸王流涕庭謝。帝曰：「頃者秦王糜費財物，我以父道訓之。今秀蠹害生民，當以君道繩之。」於是付執法者。開府慶整諫曰：「庶人勇既廢，秦王已卒，陛下見子無多，何至如是！蜀王性甚耿介，今被重責，恐不自全。」帝大怒，欲斷其舌，因謂羣臣曰：「當斬秀於市以謝百姓。」乃令楊素等推治之。太子陰作偶人，縛手釘心，枷鎖杻械，書帝及漢王姓名，密埋之華山下，楊素發之。又云秀妄述圖讖，并作檄文，置秀集中以聞。帝曰：「天下寧有是邪！」乃廢秀爲庶人，幽之內侍省。素嘗以少譴敕送南臺，命治書侍御史柳彧治之。彧據案坐，立素於庭，辯詰事狀。素由是銜之。秀嘗從彧求李文博所撰治道集，彧與之。秀遣彧奴婢十口。及秀得罪，素奏彧以內臣交通諸侯，除名爲民，配戍懷遠鎮。久之，貝州長史裴肅遣使上書，曰：「高熲以天挺良才，元勳佐命，爲衆所疾，以至廢棄。願陛下録其大功，忘其小過。又二庶人得罪已久，寧無革心！願陛下弘君父之慈，顧天性之義，各封小國，觀其所爲：若能遷善，漸更增益；如或不悛，貶削非晚。」書奏，帝謂楊素曰：「裴肅憂我家事，此亦至誠也。」於是徵肅入朝。太子聞之，謂左庶子張衡曰：「使勇自新，欲何爲也？」衡曰：「觀肅之意，欲令如吴太伯、漢東海王耳。」肅至，帝面諭而罷之。

詔楊素三、五日一入省論大事。素兄弟、諸父並爲尚書、列卿，諸子位至柱國、刺史，廣營資産，家僮數千，妓妾亦千數，第宅華侈，制擬宮禁。既敗太子及蜀王，威權愈盛，違忤者誅夷，附會者進擢，朝廷靡然，莫不畏附。敢與抗者，獨柳彧及尚書右丞李綱、大理卿梁毗而已。始毗爲西寧州刺史十一年，蠻夷酋長皆以金多者爲豪儁，遞相攻奪，略無寧歲，毗患之。後因諸酋長相帥以金遺毗，毗置金坐側，對之慟哭，而謂之曰：「此物飢不可食，寒不可衣，汝等以此相滅，不可勝數。今將此來，欲殺我耶！」一無所納。於是蠻夷感悟，遂不相攻擊。帝聞而善之，徵爲大理卿，處法平允，毗見素專權，恐爲國患，乃上封事曰：「臣聞臣無有作威作福，其害于而家，凶于而國。今楊素幸遇愈重，權勢日隆，所私皆非忠讜，所進咸是親戚，子弟布列，兼州連縣。天下無事，容息異圖；四海有虞，必爲禍始。陛下若以素爲阿衡，臣恐其心未必伊尹也。伏願揆鑒古今，量爲處置，俾鴻基永固，率土幸甚！」書奏，帝大怒，收毗繫獄，親詰之。毗極言「素擅寵弄權，殺戮無道。又太子及蜀王罪廢之日，百僚無不震悚，惟素揚眉奮肘，喜見容色，利國家有事，以爲身幸」。帝乃釋之。其後，帝亦寖疏忌素，乃下敕曰：「僕射，國之宰輔，不可躬親細務，三、五日一向省，評論大事。」外示優崇，實奪之權也。素由是不復通判省事。出楊約爲伊州刺史。於是吏部尚書柳述益用事，參掌機密。素深惡之。太子嘗問於賀若弼曰：「楊素、韓擒虎、史萬歲皆稱良將，其優劣何如？」弼曰：「楊素猛將，非謀將；韓擒虎鬬將，非領將；史萬歲騎將，非大將。」太子曰：「然則大將誰也？」弼拜曰：「唯殿下所擇！」弼意自許也。

交州俚帥作亂，遣總管劉方討降之。交州俚帥李佛子作亂。楊素薦瓜州刺史劉方有將帥之略，詔以爲交州道行軍總管，統二十七營而進。方軍令嚴肅，有犯必斬；然仁愛士卒，有疾病者，親臨撫養，士卒亦以此懷之。踰嶺遇賊，擊破之。進軍臨營，諭以禍福。佛子懼，請降。

癸亥(六〇三)

三年。

秋，八月，幽州總管燕榮有罪，誅。榮性嚴酷，鞭撻左右，動至千數。元弘嗣當爲幽州長史，懼，固辭。帝乃敕榮曰：「弘嗣杖十已上，皆須奏聞。」榮怒，遣弘嗣監納倉粟，颺得一糠一粃，輒罰之。

每答雖不滿十，然一日之中，或至三數。久之，遂收付獄，絶其糧。其妻詣闕稱冤，帝遣使案驗。徵還，賜死。以弘嗣代榮，酷又甚之。

九月，置常平官。

龍門王通獻策，不報。通詣闕獻太平十二策，帝不能用，罷歸。通遂教授於河、汾之間，弟子自遠至者甚衆，累徵不起。楊素甚重之，勸之仕，通曰：「通有先人之弊廬，足以庇風雨，薄田足以具饘粥，讀書談道足以自樂。願明公正身以治天下，使時和年豐，通也受賜多矣，不願仕也。」或譖通於素曰：「彼實慢公，公何敬焉？」素以問通，通曰：「使公可慢，則僕得矣；不可慢，則僕失矣。得失在僕，公何預焉？」素待之如初。弟子賈瓊問息謗，通曰：「無辨。」問止怨，曰：「不爭。」通嘗稱：「無赦之國，其刑必平；重斂之國，其財必削。」又曰：「聞謗而怒者，讒之囮也；見譽而喜者，佞之媒也。絶囮去媒，讒佞遠矣。」大業末，卒於家，門人謚曰文中子。

胡氏曰：隋文在位二十有三年，其賢其否，固哲士所量以行藏其道者。使王通而不知，或知之而猶與之言，皆不足以爲智矣。且通誠有太平之策，不待君之求之，而登門自獻，不惟自處之不重，亦豈所以養其君尊德樂道之心，而望之以大有爲之功哉！

突厥啓民可汗歸國。突厥步迦可汗所部大亂，鐵勒僕骨等十餘部皆叛降於啓民。步迦西奔吐谷渾。長孫晟送啓民置磧口，啓民於是盡有步迦之衆。

甲子(六〇四)

四年。

春，正月，帝如仁壽宮。

秋，七月，太子廣弒帝于大寶殿而自立；遂殺故太子勇，流尚書柳述、侍郎元巖于嶺南。四月，帝不豫。七月，疾甚，卧與百僚辭訣，握手歔欷。越四日，崩於大寶殿。高祖性嚴重，令行禁止，勤於政事。雖嗇於財，至於賞賜有功，即無所愛。愛養百姓，勸課農桑，輕徭薄賦。自奉儉素，乘輿御物，故弊者隨令補用；非享宴，不過一肉；後宮皆服澣濯之衣。天下化之，丈夫率衣絹布，裝帶不過銅鐵骨角，無綾綺、金玉之飾焉。受禪之初，民户不滿四百萬，末年，踰八百九十萬。然猜忌苛察，信受讒口，功臣故舊，無始終保全者；乃至子弟，皆如仇敵。初，文獻皇后既崩，帝以陳高宗女爲宣華夫人，有寵。及寢疾，僕射楊素、兵部尚書柳述、黄門侍郎元巖皆入閤侍疾，召太子入居殿中。太子慮帝有不諱，須預防擬，手自爲書，封出問素，素條録事狀以報。宫人誤送帝所，帝覽而大恚。陳夫人旦出更衣，爲太子所逼，拒之得免。上怪其神色有異，問故，夫人泫然曰：「太子無禮！」上恚，抵牀曰：「畜生何足付大事！獨孤誤我！」乃呼柳述、元巖曰：「召我兒！」述等將呼太子，上曰：「勇也。」述、巖出閤爲敕書。素聞以白太子〔二八〕，矯詔執述、巖繫獄，追東宫兵帖，上臺宿衛。門禁出入，並取宇文述、郭衍節度。令右庶子張衡入殿侍疾，盡遣後宫出就别室。俄而上崩。故中外頗有異論。陳夫人聞變，戰栗失色。晡後，太子封小金合，遣使者賜夫人。夫人以爲鴆毒，懼甚，發之，乃同心結也。夫人恚而却坐，不肯致謝。諸宫人共逼之，乃拜使者。其夜，太子烝焉。明日，發喪，即位。會楊約來朝，太子遣約入長安，矯稱高祖之詔，賜故太子勇死，縊殺之。然後陳兵集衆，發凶問。追封勇爲房陵王，不爲置嗣。除述、巖名，徙之嶺南。令蘭陵公主與述離絶，欲改嫁之。公主以死自誓，表請與述同徙，帝大怒。公主憂憤而卒。

胡氏曰：隋文疑所不當疑，而加以謀逆之名；信所不當信，而被其弑殺之禍，亦可爲聽牝雞之晨、忽主器之重者之永監矣！柳述、元巖親逢事會，則當白帝，併召廣、素，質問陳夫人，正其罪，而廢廣出諸外；熟議故太子可立則召之，否則别命子孫之賢者。素若不從，請降詔旨，以軍法從事，登時而宗社定矣。乃出閤爲詔，受制於賊，俄傾之間，轉福爲禍。述、巖死有餘負矣！

貶許善心爲給事郎。袁充奏：「皇帝即位，與堯受命年合。」諷百官表賀。禮部侍郎許善心議以爲「國哀甫爾，不宜稱賀」。宇文述素惡善心，諷御史劾之。左遷，降品二等。

并州總管、漢王諒起兵晉陽。遣楊素擊虜以歸，殺之。諒有寵於高祖，爲并州總管，自山以東至海，南距河，五十二州皆隸焉。特許以便宜從事。諒自以所居天下精兵處，見太子勇、蜀王秀得罪，常不自安，陰蓄異圖。言於高祖，以「突厥方强，宜修武備」。於是繕治器械，招集私人，殆將數萬。突厥嘗寇邊，諒禦之不克，將帥多坐除解。諒以其宿舊，奏請留之，高祖怒曰：「爾爲藩王，惟當敬依朝命，何得私論宿舊，廢國家憲法邪？」諮議參軍王頍者，僧辯之子，倜儻好奇略，與蕭摩訶俱不得志，每鬱鬱思亂，皆爲諒所親善，贊其陰謀。會熒惑守東井，諒以儀曹傅弈曉星曆〔二九〕，問之，對曰：「東井，黄道所經，熒惑過之，乃常理耳。」諒不悦。及高祖崩，煬帝以高祖璽書徵之。先是高祖與諒密約：「若璽書召汝，敕字傍别加一點，又與玉麟符合，則就徵。」及發書無驗，諒知有變，遂發兵反。司馬皇甫誕流涕諫曰：

「竊料大王兵資，非京師之敵，加以君臣位定，逆順勢殊，士馬雖精，難以取勝。一旦陷身叛逆，欲爲布衣不可得也。」諒怒，囚之。嵐州刺史喬鍾葵將赴諒，其司馬陶模拒之，曰：「漢王所圖不軌，公荷國厚恩，當竭誠效命，豈得身爲厲階乎！」鍾葵臨之以兵，辭氣不橈，義而釋之。於是從諒反者凡十九州。王頍説諒曰：「王將吏家屬盡在關西，若用此等，則宜長驅深入，直據京都，所謂疾雷不及掩耳。若但欲割據舊齊之地，宜任東人。」諒不能決，乃兼用二策，唱言楊素反，將誅之。兵曹裴文安説諒曰：「分遣羸兵，屯守要害，仍令隨方略地；帥其精鋭，直入蒲津，頓於霸上，則京師震擾，兵不暇集，旬日之間，事可定矣。」諒大悦。於是遣諸將分道四出，署文安爲柱國，與紇單貴、王聃等直指京師。諒簡精鋭數百騎，戴羃羅〔三〇〕，詐稱宫人還長安，徑入蒲州，城中豪傑亦有應之者。文安等未至蒲津百餘里，諒忽改圖，令紇單貴斷河橋，守蒲州，而召文安還。代州總管李景發兵拒諒〔三一〕，諒遣喬鍾葵帥兵三萬攻之。景戰士不過數千，加以城池不固，攻輒崩毁，景且戰且築，士皆死鬭，鍾葵屢敗。景司馬馮孝慈、司法吕玉並驍勇善戰，儀同三司侯莫陳乂多謀畫，善拒守，景推誠任之，己無所預，唯在閤持重，時出撫循而已。楊素將輕騎五千襲蒲州，夜，至河際，收商賈船，得數百艘，置草其中，踐之無聲，遂銜枚而濟。遲明，擊之。單貴敗走，聃以城降。詔以素爲并州道行軍總管，帥衆數萬以討諒。諒之初起兵也，妃兄豆盧毓爲府主簿，苦諫不從，私謂其弟懿曰：「吾匹馬歸朝，自得免禍，此乃身計，非爲國也，不若且僞從之，徐伺其便。」毓兄賢言於帝曰：「臣弟毓素懷志節，必不從亂，臣請從軍，與毓爲表裏，諒不足圖也。」帝許之。賢密遣家人以敕書諭毓。諒將往介州，令毓與總管屬朱濤留守。毓與濤謀出兵拒之，濤不可，毓追斬之，出皇甫誕與謀。部分未定，諒聞之，還擊，毓、誕皆死。諒將綦良攻慈、相，不克，遂攻黎州，塞白馬津。余公理自太行下河内。帝以史祥爲行軍總管，軍河陰。祥曰：「公理輕而無謀，恃衆而驕，不足破也。」乃於下流潛濟，公理聞之，引兵逆戰。未及成列，祥擊敗之。遂趣黎陽，綦良軍潰。帝將發幽州兵，疑總管竇抗有貳心，以李子雄爲上大將軍，又以長孫晟爲相州刺史，發山東兵，與子雄共經略之。晟辭以男在諒所，帝曰：「公體國之深，終不以兒害義。」子雄馳至幽州，止傳舍，召募得千餘人。抗來謁，子雄伏甲擒之，遂發其兵步騎三萬，自井陘西擊諒。李景被圍月餘，詔朔州刺史楊義臣救之。義臣帥馬步二萬，夜出西陘，喬鍾葵悉衆拒之。義臣自以兵少，悉取軍中牛驢，得數千頭，令兵數百人，人持一鼓，潛驅之，匿於澗谷間。晡後，復戰，兵合，命驅牛驢者鳴鼓疾進，塵埃張天，鍾葵軍潰，縱擊破之。諒遣其將趙子開擁衆十萬，柵絶徑路，屯據高壁，布陳五十里。素令諸將以兵臨之，自引奇兵潛入霍山，緣崖谷而進。營於谷口，使軍司簡留三百人守營。軍士憚北軍之强，多願守營。素聞之，即召所留三百人，悉斬之。更令簡留，無願留者。素乃引軍馳出北軍之北，直指其營，鳴鼓縱火。北軍不知所爲，自相蹂踐，殺傷數萬。諒聞之，大懼，自將兵十萬拒素。會大雨，欲引還，王頍諫曰：「楊素懸軍深入，士馬疲弊，王以鋭卒自將擊之，其勢必克。今乃望敵而退，是沮戰士之心，而益西軍之氣也。願王勿還。」諒不從。頍謂其子曰：「氣候不佳，兵必敗矣。」楊素進擊諒，大破之，擒蕭摩訶。諒退保晉陽，素進兵圍之。諒窮蹙請降，頍自殺。羣臣奏諒當死，帝不許，除名爲民，竟以幽死。所部吏民坐死徙者二千餘家〔三二〕。

胡氏曰：舉兵必有其名，立事不可行詐。隋文之崩，中外異論，諒所被書，不如私約，即可用此聲問大行寢疾晏駕不明之故。以十九州附從之衆，用王頍長驅深入之策，天不共戴，死生以之，豈不忠孝兩得乎！而詭言素反，詐而無名，是自爲逆也而可乎！

初，高祖與獨孤后甚相愛重，誓無異生之子，嘗謂羣臣曰：「前世天子，溺於嬖幸，嫡庶分爭，或至亡國。朕旁無姬侍，五子同母，可謂真兄弟也，豈有此憂邪！」又懲周室諸王微弱，故使諸子分據大鎮。及其晚節，迭相猜忌，五子皆不以壽終。

司馬公曰：昔辛伯諗周桓公曰：「内寵並后，外寵貳政，嬖子配嫡，大都偶國，亂之本也。」隋高祖知嫡庶之多爭，孤弱之易摇，曾不知勢鈞位逼，雖同産至親，不能無相傾奪。考諸辛伯之言，得其一而失其三乎！

冬，十月，葬太陵。

除婦人及奴婢、部曲之課，令男子二十二成丁。

十一月，帝如洛陽。章仇太翼言於帝曰：「陛下木命，雍州爲破木之衝，不可久居。又讖云：『修治洛陽還晉家。』」帝以爲然，遂幸洛陽，留晉王昭守長安。

塹龍門，達上洛，以置關防。發丁男數十萬掘塹，自龍門東接長平、汲郡，抵臨清關，渡河至浚儀、襄城，達於上洛，以置關防。

陳叔寶卒。贈長城縣公，謚曰煬。

以洛陽爲東京。

乙丑（六〇五）

煬帝大業元年。

春，正月，立皇后蕭氏。

廢諸州總管府。

立晉王昭爲皇太子。

遣劉方擊林邑。羣臣有言林邑多奇寶者。時天下無事，劉方新平交州，乃授方驩州道行軍總管，經略林邑。

二月，以楊素爲尚書令。敕有司大陳金寶、器物、錦綵、車馬，引楊素及諸將討并州有功者立於前〔三三〕，使奇章公牛弘宣詔，賜賚有差。以素爲尚書令。

詔天下公除。惟帝服淺色黄衫、鐵裝帶。

三月，命楊素營東京宫室。詔楊素營東京，役丁二百萬人，徙洛州郭内居民及諸州富商大賈數萬户以實之。敕將作大匠宇文愷與内史舍人封德彝等營顯仁宫。發江、嶺之間奇材異石，輸之洛陽。又求海内嘉木、異草、珍禽、奇獸，以實園苑。

開通濟渠引汴水，開邗溝，置離宫，造龍舟。詔曰：「古者聽採輿頌，謀及庶民，故能審刑政之得失。今將巡歷淮、海，觀省風俗。」遂命尚書右丞皇甫議發丁百萬，開通濟渠，自西苑引穀、洛水達于河，復自板渚引河入汴，引汴入泗，以達于淮。又發民十萬，開邗溝入江。渠廣四十步，旁築御道，樹以柳。自長安至江都，置離宫四十餘所。遣黄門侍郎王弘等往江南造龍舟及雜船數萬艘。官吏督役嚴急，役丁死者什四、五。

夏，四月，劉方大破林邑。還，卒于師。林邑王梵志遣兵守險，劉方擊走之。師渡闍黎江，林邑兵乘巨象，四面而至。方戰不利，乃多掘小坑，草覆其上，與戰僞北，林邑逐之，象多顛躓。以弩射之，象却走，蹂其陳。因以鋭師繼之，林邑大敗。引兵追之，過馬援銅柱南，八日至其國都。四月，梵志走入海。方入城，獲其廟主十八，皆鑄金爲之，刻石紀功而還。士卒腫足，死者什四、五，方亦得疾，卒於道。初，尚書右丞李綱數以異議忤楊素、蘇威，素薦綱爲方行軍司馬。方承素意，屈辱之，幾死。軍還，威復遣綱詣南海，應接林邑，久而不召。綱自歸奏事，威劾奏之，下吏，免官，屏居於鄠。

五月，築西苑。苑周二百里。其内爲海，周十餘里。爲方丈、蓬萊、瀛洲諸山，高百餘尺，臺觀宫殿，羅絡山上。海北有渠，縈紆注海。内緣渠作十六院，門皆臨渠，每院以四品夫人主之，窮極華麗。宫樹彫落，則翦綵爲花葉綴之。沼内亦翦綵爲荷芰菱芡，色渝則易以新者。十六院競以殽羞精麗相高，求市恩寵。上好以月夜從宫女數千騎遊西苑，作清夜遊曲，於馬上奏之。

秋，七月，廢滕王綸、衛王集，徙之邊郡。帝待諸王恩薄，多所猜忌。綸、集憂懼，呼術者問吉凶，及章醮求福。或告其怨望呪咀，除名徙邊。

八月，帝如江都。上幸江都。龍舟四重，高四十五尺，長二百尺，上重有正殿、内殿、朝堂，中二重有百二十房，皆飾以金玉，下重内侍處之。皇后乘翔螭舟，制度差小。別有浮景九艘，三重，皆水殿也。餘數千艘，後宫、諸王、公主、百官、僧尼、道士、蕃客乘之。共用挽士八萬餘人，皆以錦綵爲袍。衛兵所乘，又數千艘。舳艫相接，二百餘里。騎兵翊兩岸而行。所過州縣，五百里内皆令獻食，多者一州至百轝，極水陸珍奇。後宫厭飫，將發之際，多棄埋之。

契丹寇營州。遣謁者韋雲起以突厥兵討平之。契丹寇營州，詔通事謁者韋雲起護突厥兵討之，啓民可汗發騎二萬，受其處分。雲起分爲二十營，四道俱引，營相去一里，不得交雜，聞鼓聲而行，聞角聲而止，自非公使，勿得走馬，三令五申，擊鼓而發。有紇干犯約，斬以徇。於是突厥將帥入謁，皆膝行股慄，莫敢仰視。契丹本事突厥，不相猜忌。雲起既入其境，使突厥詐云向柳城與高麗交易，敢漏泄事實者斬。契丹不爲備，去其營五十里，馳進襲之，虜獲甚衆，以女子及畜産之半賜突厥，餘皆收之以歸。帝大喜，擢爲治書侍御史。

鐵勒叛西突厥，自立爲莫何可汗。初，西突厥阿波可汗爲葉護可汗所虜，國人立鞅素特勒之子，是爲泥利可汗。泥利卒，子達漫立，號處羅可汗。其母向氏，本中國人，更嫁泥利之弟婆實特勒。開皇末，俱入朝，留長安。處羅多居烏孫故地，撫御失道，國人多叛，復爲鐵勒所困。鐵勒者，匈奴遺種，族類最多，有僕骨、同羅、契苾、薛延陁等部，其酋長皆號俟斤。大抵與突厥同俗，以寇抄爲生，無大君長，分屬東、西兩突厥。是歲，處羅引兵擊鐵勒諸部，厚税其物，又忌薛延陀，集其酋長數百人，盡殺之。於是鐵勒皆叛，立俟利發俟斤契苾歌楞爲莫何可汗，又立薛延陀俟斤字也咥爲小可汗，與處羅戰，屢破之。

莫何勇毅絶倫，甚得衆心，爲鄰國所憚，伊吾、高昌、焉耆皆附之。

丙寅(六〇六)

二年。

春，正月，併省州縣。

二月，新作輿服、儀衛。詔牛弘等議定輿服、儀衛制度。以何稠爲太府少卿，使之營造，送江都。稠參會古今，多所損益。兖冕畫日、月、星辰，皮弁用漆紗爲之。大抵務爲華盛，以稱上意。課州縣送羽毛，民求捕之，殆無遺類。烏程有高樹，踰百尺，上有鶴巢，民欲取之，不可，乃伐其根。鶴恐殺其子，自拔氅毛投於地，時人或稱以爲瑞。役工十萬人，費以鉅億計。

夏，四月，還東京。三月，上發江都。四月，自伊闕陳法駕，備千乘萬騎入東京。御端門，大赦。制五品已上文官乘車，在朝弁服，佩玉；武官馬加珂，戴幘，服袴褶。文物之盛，近世莫及也。

六月，以楊素爲司徒。

秋，七月，制百官不得計考增級。制百官不得計考增級，必有德行、功能灼然顯著者，進擢之。帝頗惜名位，羣臣當進職者，多令兼假而已。時牛弘爲吏部尚書，不得專行其職，蘇威、宇文述、張瑾、虞世基、裴藴、裴矩參掌選事，而與奪之筆，世基獨專之，受納賄賂，黜陟任意。

胡氏曰：煬帝非能惜名器也，特貪欲忌克，又有輕視士大夫之心，以謂莫足以當我之官爵爾。當是之時，興唐才智之臣，皆如金玉隱於沙石之中，而莫之知也。則其靳惜名器，祇足以失士，爲他人之資耳。

太子昭卒。元德太子昭自長安來朝，數月，將還，欲乞少留，不許。拜請無數，昭體素肥，因致疾，卒。帝哭之數聲而止，尋奏聲伎，無異平日。

始建進士科〔三四〕。

楊素卒。越公楊素雖有大功，特爲帝所猜忌，外示殊禮，内情甚薄。太史言隋分野有大喪，乃徙素爲楚公，意楚與隋同分，欲以厭之。素寢疾，不肯餌藥，謂弟約曰：「我豈須臾活邪！」

八月，封孫倓爲燕王、侗爲越王、侑爲代王。皆昭之子也。

冬，十月，置洛口、回洛倉。置洛口倉於鞏東南原上，城周二十餘里，穿三千窖。置回洛倉於洛陽北七里，城周十里〔三五〕，穿三百窖。窖皆容八千石。

徵天下散樂。初，齊高緯之世，有魚龍、山車等戲，謂之散樂。周宣帝時，鄭譯奏徵之。及高祖受禪，牛弘定樂，悉放遣之。帝以啓民可汗將入朝，欲以富樂誇之。太常少卿裴蘊希旨，奏括天下前世樂家子弟皆爲樂户，其六品以下至庶人有善音樂者，皆直太常，帝從之。於是四方散樂大集東京。課京兆、河南製其衣，錦綵爲空。帝多製艷篇，令樂正白明達造新聲播之，音極哀怨。

丁卯(六〇七)

三年。

春，正月，突厥啓民可汗來朝。啓民請襲冠帶，帝大悦。

三月，殺故長寧王儼及其弟七人。初，雲定興坐媚事太子勇，與妻子皆没官爲奴婢。上即位，多所營造，聞其有巧思，召之，使典其事。時宇文述用事，定興以明珠絡帳賂述，述大喜，兄事之。薦使監造兵器，因謂之曰：「兄所作器仗，並合上心，而不得官者，爲長寧兄弟未死耳。」定興曰：「此無用物，何不勸上殺之？」述因奏請處分，帝然之。乃鴆殺長寧王儼及其七弟，襄城王恪之妃柳氏自殺。

夏，四月，詔頒新律。帝以高祖末年法令峻刻，詔牛弘等造大業律十八篇，頒行之。民久厭嚴刻，喜於寬政。其後征役繁興，民不堪命，有司臨時迫脅，以求濟事，不復用律令矣。旅騎尉劉炫預修令，弘嘗從容問劉炫曰：「周禮士多而府史少，今令史百倍於前，減則不濟，其故何也？」炫曰：「古人委任責成，歲終考其殿最，按不重校，文不繁悉，府史之任，掌要目而已。今之文薄，恒慮覆治，若鍛鍊不密，則萬里追證百年舊案。故諺云：『老吏抱案死。』事繁政弊，職此之由。」弘曰：「魏、齊之時，令史從容而已，今則不遑寧處，何也？」炫曰：「往者州唯置綱紀，郡置守、丞，縣置令而已。其餘具僚，則長官自辟。今大小之官，悉由吏部，纖介之迹，皆屬考功。省官不如省事，官事不省而望從容，其可得乎！」弘善其言而不能用。

改州爲郡。

更定官制。改上柱國已下官爲大夫。置殿内省，與尚書、門下、内史、祕書爲五省。增謁者、司隷臺，與御史爲三臺。分太府寺置少府監，與長秋、國子、將作、都水爲五監。又增改左、右翊衛等爲十六府。廢伯、子、男爵。

六月，詔爲高祖建别廟。初，高祖受禪，唯立四親廟，同殿異室而已。帝即位，命有司議七廟之制。禮部侍郎許善心等奏請爲太祖、高祖各立一殿，準周文、武二祧，與始祖而三，餘並分室而祭，從迭毁之法。帝謂柳䛒曰：「今始祖及二祧已具，後世子孫處朕何所？」乃詔爲高祖建廟。既而方事巡幸，竟不果立。

帝北巡，次榆林郡。啓民可汗及義成公主來朝，吐谷渾、高昌皆入貢。車駕北巡。發河北十餘郡丁男鑿太行山，達于并州，以通馳道。過雁門，太守和丘獻食甚精；至馬邑，太守楊廓獨無所獻，帝不悦。以和爲博陵太守，使廓至博陵觀之。由是所至獻食，競爲豐侈。至榆林，遂欲出塞耀兵，徑突厥中，恐啓民驚懼，先遣長孫晟諭旨。啓民奉詔，因召所部諸酋長咸集。晟欲令啓民親除草，示諸部以明威重，乃指帳前草曰：「此根大香。」啓民遽嗅之，曰：「殊不香也。」晟曰：「天子行幸所在，諸侯躬自掃除，以表至敬之心。今牙内蕪穢，謂是留香草耳。」啓民乃悟曰：「奴之罪也！」遂拔所佩刀，自芟庭草。其貴人及諸部争效之。於是發榆林北境，東達於薊，開爲御道，長三千里，廣百步。啓民及義成公主來朝行宫。吐谷渾、高昌並遣使入貢。太府卿元壽言於帝曰：「御營之外，請分爲二十四軍，日發一軍，相去三十里，使旗幟鉦鼓，千里不絶。」定襄太守周法尚曰：「不然，兵亘千里，動間山川，猝有不虞，難以相救，乃取敗之道也。」帝不懌曰：「卿意如何？」法尚曰：「結爲方陳，四面外拒，六宫及百官家屬並在其内。若有變起，所當之面，即令抗拒，内引奇兵，出外奮擊，車爲壁壘，重設鉤陳。若戰而捷，抽騎追奔；萬一不捷，屯營自守，此萬全策也。」帝曰：「善！」因拜法尚武衛將軍。令宇文愷爲大帳，其下可坐數千人，以宴啓民及其部落，作散樂，諸胡駭悦。帝賜啓民路車乘馬，鼓吹幡旗，贊拜不名，位在諸侯王上。

秋，七月，築長城。詔發丁男百餘萬築長城。西距榆林，東至紫河。蘇威諫，不聽。

殺太常卿高熲、尚書宇文弢、光禄大夫賀若弼。帝之徵散樂也，太常卿高熲諫，不聽。退謂丞李懿曰：「周天元以好樂而亡，殷鑑不遠，安可復爾！」又以帝遇啓民過厚，謂何稠曰：「此虜頗知中國虛實，山川險易，恐爲後患。」宇文弢私謂熲曰：「天元之侈，以今方之，不亦甚乎？」賀若弼亦私議宴可汗大侈。並爲人所奏。帝以爲誹謗朝政，皆殺之。熲有文武大略，明達世務，以天下爲己任。蘇威、楊素、賀若弼、韓擒虎皆熲所薦。及死，天下莫不傷之。

免内史令蕭琮、僕射蘇威官。琮以皇后故，甚見親重，與賀若弼善，弼既誅，又有童謠曰：「蕭蕭亦復起。」帝由是忌之，遂廢於家，未幾而卒。蘇威以諫築長城，故威亦坐免。

八月，帝至金河，幸啓民可汗帳。車駕發榆林，甲士五十餘萬，旌旗輜重，千里不絶。令宇文愷等造觀風行殿，容數百人，離合爲之，下施輪軸。又作行城，周二千步，以布衣板，樓櫓悉備。胡人驚以爲神。帝幸啓民廬帳，啓民捧觴上壽，王侯以下，袒割帳前，莫敢仰視。帝大悦，賦詩曰：「呼韓頓顙至，屠耆接踵來。何如漢天子，空上單于臺。」皇后亦幸義成公主帳，賜與甚厚。

還至太原，營晉陽宮。

宴御史大夫張衡宅。上自太行開直道九十里，至濟源，幸衡宅，留宴三日。

遂還東都。

以楊文思爲納言。

冬，以裴矩爲黄門侍郎，經略西域。西域諸胡，多至張掖交市，帝使吏部侍郎裴矩掌之。矩知帝好遠略，訪諸商胡，以其國山川風俗，撰西域圖記三卷，入朝奏之。仍别造地圖，窮其要害，從西傾以去，縱横所亘，將三萬里，發自敦煌，至于西海，凡爲三道，北道從伊吾，中道從高昌，南道從鄯善。且云：「以國家威德，將士驍雄，泛濛汜而越崑崙，易如反掌。況今羌、胡之國，並因商人密送誠款，引領翹首，願爲臣妾。若服而撫之，務存安輯，混壹戎、夏，其在兹乎！」帝大悦。矩因盛言「胡中多諸珍寶」。帝因是慨然將通西域，以矩爲黄門侍郎，復使至張掖，引致諸胡，啗之以利，勸令入朝。自是西域諸胡往來相繼，所經郡縣，糜費以萬萬計，卒令中國疲弊，以至於亡，矩唱之也。

校勘記

〔一〕比見屯田之所　「比見」原脱，據殿本、通鑑卷一七六陳長城公至德二年四月丁巳日條、隋書卷五三賀婁子幹傳補。

〔二〕皆以沈檀爲之　「爲之」原脱，據殿本、通鑑卷一七六陳長城公至德二年十一月條補。

〔三〕又薦所善沈客卿陽惠朗徐哲暨慧景等有吏能 「陽」原作「楊」，據殿本、通鑑卷一七六陳長城公至德二年十一月條、南史卷七七沈客卿傳改。

〔四〕不虔郊廟大神 「神」原作「祀」，據殿本、通鑑卷一七六陳長城公至德三年十月條、陳書卷三〇傅縡傳改。

〔五〕意稍解 「稍」字原脱，據殿本、通鑑卷一七六陳長城公至德三年十月條、陳書卷三〇傅縡傳補。

〔六〕四年 「四年」原脱，據殿本、通鑑卷一七六陳長城公至德四年二月丁亥日條補。

〔七〕丙午 「丙午」原脱，據殿本補。

〔八〕速造舟楫 「楫」原作「頞」，據殿本、通鑑卷一七六陳長城公禎明元年十一月條改。

〔九〕恣溪壑之欲 「欲」原作「險」，據殿本、通鑑卷一七六陳長城公禎明二年三月戊寅日條改。

〔一〇〕未嘗有所忌怨 「怨」原作「然」，據殿本、通鑑卷一七六陳長城公禎明二年五月庚子日條改。

〔一一〕陳以周羅睺督諸軍拒之 「睺」原作「侯」，據殿本、通鑑卷一七六陳長城公禎明二年十二月條改。

〔一二〕兵數千人守狼尾灘 「狼尾灘」原作「之」，據殿本、通鑑卷一七六陳長城公禎明二年十二月條改。

〔一三〕渾賊凶狂　「凶」，殿本、通鑑卷一七六陳長城公禎明二年十二月條作「惛」。
〔一四〕韓擒虎將五百人自横江宵濟采石　「宵」原作「霄」，據殿本、通鑑卷一七七隋文帝開皇九年正月乙丑日條改。
〔一五〕與陽慧朗徐折暨慧景皆爲民害　「折」，月崖書堂本、通鑑卷一七七隋文帝開皇九年正月丙戌日條、隋書卷三煬帝紀上作「析」；殿本、南史卷七七沈客卿傳作「哲」。
〔一六〕鑿巖綴鐵鎖　「鐵」字原脱，據殿本、通鑑卷一七七隋文帝開皇九年正月條補。
〔一七〕帝怒　「帝」字原脱，據殿本、通鑑卷一七七隋文帝開皇十年四月條補。
〔一八〕萬歲置書竹筒中　「竹」字原脱，據殿本、通鑑卷一七七隋文帝開皇十年十一月條補。
〔一九〕則不如頞遠矣　「頞」字原脱，據殿本、通鑑卷一七八隋文帝開皇十二年十二月乙酉日條補。
〔二〇〕帝使矩謂之曰　「帝使」原脱，據殿本、通鑑卷一七八隋文帝開皇十三年末條補。
〔二一〕以權數相傾　「傾」原作「須」，據成化本、殿本改。
〔二二〕暉不能答　「不能」，殿本、通鑑卷一七八隋文帝開皇十七年四月戊寅日條作「一無所」。
〔二三〕冬　「冬」字原脱，據殿本補。
〔二四〕詔自今有犯者投四裔　「投四裔」原作「族誅之」，據殿本、通鑑卷一七八隋文帝開皇十八年四月辛亥日條、隋書卷二高祖紀下改。

〔二五〕遣楊素等分道伐突厥都藍可汗　「等」字原脱，據殿本補。
〔二六〕當魚肉汝乎　「乎」原作「爲」，據殿本、通鑑卷一七九隋文帝開皇二十年九月條改。
〔二七〕悉得人畜以歸啓民　「啓民」原脱，據殿本、通鑑卷一七九隋文帝仁壽二年三月條補。
〔二八〕素聞以白太子　「聞以」原脱，據殿本、通鑑卷一八〇隋文帝仁壽四年七月條補。
〔二九〕諒以儀曹傅奕曉星曆　「曆」原作「歷」，據殿本、通鑑卷一八〇隋文帝仁壽四年八月條改。
〔三〇〕戴羃羅　「羅」原作「離」，據通鑑卷一八〇隋文帝仁壽四年八月條改。
〔三一〕代州總管李景發兵拒諒　「景」原作「貴」，據殿本、通鑑卷一八〇隋文帝仁壽四年八月條、北史卷七六李景傳改。
〔三二〕所部吏民坐死徙者二千餘家　「千餘」，殿本、通鑑卷一八〇隋文帝仁壽四年八月條作「十餘萬」。
〔三三〕引楊素及諸將討并州有功者立於前　「討」原作「詔」，據殿本、通鑑卷一八〇隋煬帝大業元年二月條改。
〔三四〕始建進士科　此五字原脱，據殿本補。
〔三五〕城周十里　「周十」原作「北七」，據殿本、通鑑卷一八〇隋煬帝大業二年十二月條改。

資治通鑑綱目卷三十七

起戊辰隋煬帝大業四年，盡丁丑隋煬帝大業十三年，凡一十年。

戊辰（六〇八）

四年。

春，正月，開永濟渠。發河北諸軍百餘萬衆，穿永濟渠，引沁水南達于河，北通涿郡。丁男不供，始役婦人。

以元壽爲内史令。

二月，西突厥入貢。裴矩聞西突厥處羅可汗思其母，請遣使招懷之。帝遣謁者崔君肅齎詔諭之。處羅甚踞，受詔不肯起，君肅謂之曰：「突厥中分爲二，每歲交兵，積數十歲，莫能相滅。今啓民舉其部落，卑躬折節，入臣天子，欲借兵大國，共滅可汗。天子許之，師出有日矣。顧可汗母向夫人懼西國之滅，旦夕守闕，哭泣哀祈，匍匐謝罪，請發使召可汗，令入内屬。天子憐之，故復遣使至此。今可汗乃踞慢如是，則夫人爲誑天子，必伏尸都市，傳首虜庭。發大隋之兵，資東國之衆，左提右挈，以擊可汗，亡無日矣！奈何愛兩拜之禮，絕慈母之命，惜一語稱臣，使社稷爲墟乎！」處羅矍然而起，流涕再拜，跪受詔書，因遣使者隨君肅貢汗血馬。

三月，倭國入貢。倭王遺帝書曰：「日出處天子致書日没處天子無恙。」帝覽之不悦，詔鴻臚「蠻夷書無禮者勿奏」。

帝如五原，遂巡長城。行宫設六合板城，載以槍車。每頓舍，則外其轅以爲外圍，内布鐵菱；次施弩牀，以繩連機，人來觸繩，則弩機旋轉，向所觸而發。

夏，四月，營汾陽宫。帝無日不治宫室，兩京及江都苑囿雖多，久而益厭。乃備責天下山川之圖，以求勝地，因營是宫。

齊王長史柳謇之有罪，除名。初，元德太子卒，齊王暕次當爲嗣，元德吏兵二萬餘人，悉隸於暕，帝爲之妙選僚屬，以柳謇之爲長史，且戒之曰：「齊王德業修備，富貴自鍾卿門。若有不善，罪亦相及。」暕寵遇日隆，驕恣不法，昵近小人。樂平公主嘗言柳氏女美，帝久未答，主以進暕。帝復問知之，不悦。暕從幸汾陽宫，大獵，大獲麋鹿以獻，而帝未有得也，乃怒從官，皆言爲暕左右所遏。帝於是發怒，求暕罪。時制：縣令無故不得出境。暕幸伊闕令皇甫詡，擕之至宫。御史韋德裕希旨劾之，帝令甲士大索暕第，因窮治其事。暕妃韋氏早卒，暕與妃姊元氏婦通。召相工遍視後庭，相工指妃姊言：「當爲皇后。」暕以元德太子有三子，恐不得立，陰挾左道爲厭勝，至是皆發。帝大怒，斬暕左右數人，賜妃姊死，暕府僚皆斥邊遠，謇之亦坐除名。時趙王杲尚幼，帝謂侍臣曰：「朕唯有暕一子，不然者，當肆諸市朝以明國憲。」暕自是恩寵日衰，不復預政。帝恒令虎賁郎將一人監其府事，所給左右，皆以老弱備員而已。

置城造屋於萬壽戍，以處突厥啓民可汗。

秋，七月，復築長城。發丁男二十餘萬築之，自榆谷而東。

裴矩以鐵勒擊吐谷渾，大破之。裴矩說鐵勒使擊吐谷渾，大破之。吐谷渾可汗伏允遣使求救，帝遣安德王雄、許公宇文述迎之。吐谷渾畏隋兵盛，不敢降，帥衆西遁。述追之，拔曼頭、赤水二城，獲其王公以下二百人。伏允南奔雪山。其地東西四千里，南北二千里，皆置郡、縣、鎮、戍，天下輕罪徒居之。

九月，徵天下鷹師。至者萬餘人。

冬，十月，赤土入貢。赤土，南海中遠國也。帝遣使賫詔賜之，泛海百餘日，入境月餘，乃至其都。其王居處器用，窮極珍麗，遣子入貢。

遣將軍薛世雄擊伊吾，降之。

己巳（六〇九）

五年。

春，正月，改東京爲東都。

詔均天下田。

禁民間兵器。鐵叉、搭鈎、𥎞刃之類，皆禁之。

三月，帝巡河右。夏，四月，遣兵擊吐谷渾，不克。西域諸國來朝，獻地。置西海等郡。

三月，西巡河右。四月，出臨津關，陳兵講武，將擊吐谷渾。五月，至浩亹川。吐谷渾可汗伏允帥衆保覆袁川，帝分命內史元壽等圍之。伏允遁去，遣其名王詐稱伏允，保車我真山。詔大將軍張定和、光禄大夫梁默等追討，皆爲所殺。獨衛尉卿劉權出伊吾，至青海，虜獲千餘口，追奔至伏俟城而還。初，帝嘗謂給事郎蔡徵曰：「自古天子有巡狩之禮，而江東諸帝多傅脂粉，坐深宮，不與百姓相見，此何理也？」及將西巡，命裴矩説高昌王麴伯雅及伊吾吐屯設等，啗以厚利，召使入朝。至是，至燕支山，伯雅、吐屯設等及西域二十七國謁於道左。帝復令武威、張掖士女盛飾縱觀，以示中國之盛。車服不鮮者，郡縣督課之。吐屯設獻地數千里，帝大悦。置西海、河源、鄯善、且末等郡，謫天下罪人爲戍卒以守之。命劉權鎮河源郡積石鎮，大開屯田，扞禦吐谷渾，以通西域之路。進裴矩銀青光禄大夫。是時，天下凡有郡一百九十，縣一千二百五十五，户八百九十萬有奇。東西九千三百里，南北萬四千八百一十五里。隋氏之盛，極於此矣。自西京及西北諸郡，皆轉輸塞外，歲鉅億計。或遇寇鈔，死亡不達，郡縣皆徵破其家。由是百姓失業，西方先困矣。初，伏允使其子順來朝，帝留不遣。至是，伏允敗走，帝立順爲可汗，遣之，不果入而還。

冬，十一月，還東都。車駕東還，行經大斗拔谷，山路隘險，風雪晦暝，文武飢餒沾濕，士卒凍死者太半，後宮妃、主或狼狽相失，與軍士雜宿山間。

以裴蘊爲御史大夫。民部侍郎裴蘊以民間版籍多脱漏户口，詐注老小，奏令貌閲，若一人不實，則官司解職。又許民糾得一丁者，令被糾之家代輸賦役。是歲，進丁二十四萬，口六十四萬。帝謂百官曰：「前代無賢才，致此罔冒。今户口皆實，全由裴蘊。」擢授御史大夫，與裴矩、虞世基參掌機密。蘊善候伺人主微意，所欲罪者，則鍛成其罪；所欲宥者，則附從輕典。是後大小之獄，皆以付蘊，輕重皆由其口，人不能詰。

突厥啓民可汗死，立其子咄吉爲始畢可汗。始畢表請尚公主，詔從其俗。

殺司隸大夫薛道衡。道衡以才學有盛名，自番州刺史召還〔一〕，上高祖頌。帝不悦曰：「此魚藻之義也。」拜司隸大夫，將罪之。司隸刺史房彦謙勸以杜絶賓客，卑辭下氣，道衡不能用。會議新令，久不決，道衡謂人曰：「向使高熲不死，令決當久。」有人奏之，帝怒，付執法者推之。裴蘊奏：「道衡負才悖逆，有無君之心。」縊殺之，妻子徙且末。天下冤之。

庚午（六一〇）

六年。

春，正月，盗入建國門。有盗數十人，素冠練衣，焚香持華，自稱彌勒佛，入建國門，奪衛士仗，將爲亂。齊王暕遇而斬之。於是都下大索，連坐者千餘家。

諸蕃來朝，陳百戲于端門以示之。帝以諸蕃酋長畢集洛陽，陳百戲於端門街，執絲竹者萬八千人，自昏達旦，終月而罷，所費巨萬。自是歲以爲常。諸蕃請入豐都市交易，許之。先命整飾店肆，盛設帷帳，珍貨充積，人物華盛。胡客過酒食店，悉令邀入，醉飽而散，不取其直，紿之曰：「中國豐饒，酒食例不取直。」胡客皆驚嘆。其黠者頗覺之，見以繒帛纏樹，曰：「中國亦有貧者，衣不蓋形，何如以此物與之，纏樹何爲？」市人慚不能答。帝稱裴矩之能，謂羣臣曰：「裴矩大識朕意，凡所陳奏，皆朕之成算而未發者。自非奉國盡心，孰能若是！」是時矩及大將軍宇文述、内史侍郎虞世基、御史大夫裴藴、光禄大夫郭衍皆以諂諛有寵。述容止便辟，侍衛者咸取則焉。衍嘗勸帝五日一視朝，曰：「無效高祖，空自勤苦爲也。」帝臨朝凝重，發言可觀；而内存聲色，日於苑中林亭盛陳酒饌，敕燕王倓與梁公蕭鉅、千牛左右宇文晶及高祖嬪御爲一席，僧尼、道士、女官爲一席，帝與諸寵姬爲一席，略相連接，酒酣殽亂，靡所不至。楊氏婦女之美者，往往進御。晶出入不限門禁；妃嬪、公主，皆有醜聲，帝亦不之罪也。

遣兵攻流求，殺其王，虜其衆以歸。帝遣使招撫流求，不從。遣虎賁郎將陳稜發兵泛海擊之，斬其王渴刺兜，虜其民而還。

詔自今非有功者不賜爵。詔以「近世茅土妄假，名實相乖，自今唯有功勳，乃得賜封，仍令子孫承襲」。於是舊賜五等爵，非有功者皆除之。

以散樂配太常。以所徵散樂悉配太常，皆置博士弟子以相傳授，樂工至三萬餘人。

三月，帝如江都。

除榆林太守張衡名，以王世充領江都宮監。初，帝營汾陽宮，令張衡具圖奏之。衡進諫曰：「比年勞役繁多，百姓疲弊，願稍加抑損。」帝意不平，謂侍臣曰：「張衡自謂由其計畫，令我有天下也。」

乃録前幸涿郡，父老謁見，衣冠不整，衡爲憲司，不能舉正之罪，出爲榆林太守。久之，敕督役江都宮。禮部尚書楊玄感，素之子也，使至江都，衡謂之曰：「薛道衡真爲枉死。」玄感奏之。江都郡丞王世充又奏衡頻減頓具。帝怒，將斬之，久乃得釋，除名爲民。以世充領江都宮監。世充，本西域胡人，姓支氏，父收，幼從母嫁王氏[二]，因冒其姓。世充性譎詐，有口辯，頗涉書傳，好兵法，習律令。帝數幸江都，世充能伺候顔色，雕飾池臺，奏獻珍物，由是有寵。

冬，十二月，文安侯牛弘卒。弘寬厚恭儉，學術精博，隋室舊臣，始終信任，悔吝不及者，一人而已。弟弼酗酒，射殺弘駕車牛。弘自外還，其妻迎謂之曰：「叔射殺牛。」弘無所問，直云：「作脯。」坐定，其妻又言，弘曰：「已知之矣。」顔色自若，讀書不輟。

穿江南河。自京口至餘杭八百餘里，廣十餘丈，欲東巡會稽也。

詔百官戎服從駕。帝以百官從駕，皆服袴褶，於軍旅間不便，詔「皆戎衣，五品以上通著紫袍，六品以下兼用緋緑，胥吏以青，庶人以白，屠商以皁，士卒以黄」。

徵高麗王元入朝，不至。帝之幸啓民帳也，高麗使者在啓民所，啓民不敢隱，與之見帝。裴矩説帝曰：「高麗，漢、晉皆爲郡縣，今乃不臣，先帝欲征之久矣。今其使者，親見啓民舉國從化，可因其恐懼，脅使入朝。」帝從之。敕牛弘宣旨，令使者還，語高麗王入朝。至是不至，乃謀討之。課天下富人買馬，匹至十萬錢；簡閲器仗，或有濫惡，使者立斬。

辛未（六一一）

七年。

春，二月，帝自將擊高麗。夏，四月，至臨朔宮，徵天下兵會涿郡。帝御龍舟渡河，入永濟渠，仍敕選部、門下、内史、御史於船前選補〔三〕，其受選者三千餘人，或徒步隨船三千餘里，凍餒疲頓，死者什一、二。遂下詔討高麗。敕幽州總管元弘嗣往東萊海口造船三百艘，官吏督役，晝夜立水中，不敢息，自腰以下皆生蛆，死者什三、四。又敕河南、淮南、江南造戎車五萬乘送高陽，供載衣甲幔幕，令兵士自挽之，發河南、北民夫以供軍須。江、淮以南民夫及船運黎陽及洛口諸倉米，舳艫千里，往還常數十萬人，晝夜不絶，死者相枕，天下騷動。

山東、河南大水。漂没三十餘郡。

冬，十月，底柱崩。偃河逆流數十里。

西突厥酋長射匱逐處羅可汗。處羅來朝。初，帝西巡，遣使召西突厥處羅可汗，令與車駕會大斗拔谷，不至，帝大怒。會其酋長射匱遣使求婚，裴矩因奏曰：「處羅不朝，恃强大耳。臣請以計弱之，分裂其國，即易制也。射匱者，達頭之孫，世爲可汗，今以失職，附屬處羅。若厚其禮，拜以爲大可汗，則突厥勢分矣。」帝然之，因召其使者諭之，令誅處羅，然後爲婚。射匱大喜，興兵襲處羅。處羅大敗〔四〕，將數千騎東走高昌。帝遣裴矩與向氏馳至玉門關，諭處羅入朝。十二月，至臨朔宮，帝大悦，接以殊禮。處羅終有怏怏之色。

王薄、張金稱、高士達、竇建德等兵起。帝自去歲謀討高麗，詔山東置府，令養馬以供軍役。

又發民夫運米塞下，車牛往者皆不返，士卒死亡過半。耕稼失時，穀價踊貴，東北邊尤甚，斗米直數百錢。所運米或粗惡，令民糴以償之。又發鹿車夫六十餘萬，二人共推米三石，道途險遠，不足充糇糧，至鎮無可輸，皆懼罪亡命。重以官吏侵漁，百姓窮困，於是始相聚爲羣盜。鄒平民王薄擁衆據長白山，剽掠齊、濟之郊，自稱「知世郎」，言事可知矣。又作無向遼東浪死歌以相感勸，避征役者多往歸之。平原東有豆子䴚，負海帶河，地形深阻，羣盜多匿其中。有劉霸道者，家於其旁，喜俠，食客常數百人，遠近多往依之，有衆十餘萬，號「阿舅賊」。漳南人竇建德，少尚氣俠，膽力過人。會募人征高麗，建德以選爲二百人長。同縣孫安祖亦以驍勇選爲征士，安祖辭以家爲水漂，妻子餒死，縣令怒笞之。安祖殺令，亡抵建德。建德謂曰：「文皇帝時，天下殷盛，發百萬之衆以伐高麗，尚爲所敗。今水潦爲災，百姓困窮，加之往歲西征，行者不歸，瘡痍未復。主上不恤，乃更發兵親擊高麗，天下必大亂。丈夫不死，當立大功，豈可但爲亡虜邪！」乃集無賴少年，得數百人，使安祖將之，入高雞泊中爲羣盜。時鄃人張金稱聚衆河曲，蓨人高士達聚衆於清河，郡縣疑建德與賊通，悉收其家屬殺之。建德帥麾下二百人亡歸士達。士達自稱東海公，以建德爲司兵。頃之，安祖爲金稱所殺，其衆盡歸建德，建德兵至萬餘人。建德能傾身接物，與士卒均勞逸，由是人爭附之，爲之致死。自是所在羣盜蜂起，不可勝數，徒衆多者至萬餘人，攻陷城邑。敕都尉、鷹揚與郡縣追捕，然莫能禁。

壬申（六一二）

八年。

春，正月，分西突厥爲三部。帝分西突厥爲三，使處羅之弟闕達度設將羸弱萬餘口居會寧，特勒大奈别將餘衆居樓煩，處羅將五百騎常從巡幸，賜號曷娑那可汗。

道士潘誕伏誅。誕自言三百歲，爲帝合鍊金丹。帝爲之作嵩陽觀，所費巨萬。誕云金丹應用石膽、石髓，發工鑿石，深百尺者數十處，不得。乃言：「若得童男女膽、髓各三斛六斗，可以代之。」帝怒，鎖詣涿郡，斬之。

遣諸軍分道擊高麗。四方兵皆集涿郡，帝徵合水令庾質，問曰：「高麗之衆，不能當我一郡。今朕以此衆伐之，卿以爲克不？」對曰：「伐之可克。然陛下親行，戰或未克，懼損威靈。若車駕留此，命猛將勁卒，指授方略，倍道兼行，出其不意，克之必矣。事機在速，緩則無功。」帝不悦。尚方監耿詢上書切諫，帝大怒，命左右斬之，何稠苦救，得免。詔左十二軍出鏤方、樂浪等道，右十二軍出黏蟬、襄平等道，絡驛引途，總集平壤，凡一百一十三萬人，其餽運者倍之。帝親授節度：每軍，大將、亞將各一人，騎兵四十隊，隊百人，十隊爲團；步卒八十隊，分爲四團；團各有偏將一人，其鎧胄、纓拂、旗旛，每團異色；受降使者一人，承詔慰撫，不受大將節制；其輜重、散兵等，亦爲四團，使步卒挾之而行。日遣一軍，相去四十里，連營漸進。御營六軍後發。首尾亘千餘里，近古出師之盛，未之有也。

内史令元壽卒。

三月，左候衛大將軍段文振卒于師〔五〕。文振嘗上表曰：「陛下寵待突厥太厚，處之塞内，資以兵食，戎狄之性，無親而貪，異日必爲國患，宜以時諭遣，令出塞外，然後明設烽候，緣邊鎮防，務令嚴重，此萬歲之長策也。」兵曹郎斛斯政以器幹有寵，帝使專掌兵事。文振屢言政險薄，不可委以機要，不從。及征高麗，爲左候衛大將軍，出南蘇道。道病，上表曰：「陛下以遼東未服，親降六師。夷狄多詐，深須防擬，口陳降款，毋宜遽受。水潦方降，不可淹遲。唯願嚴勒諸軍，星馳速發，水陸俱前，出其不意，則平壤孤城，勢必可拔。如不時定，脱遇秋霖，兵糧必竭，强敵在前，靺鞨出後，遲疑不決，非上策也。」及卒，帝甚惜之。

諸軍渡遼水，擊敗高麗兵，遂圍遼東。師進至遼水，高麗兵阻水拒守，隋兵不得濟。將軍麥鐵杖謂人曰：「丈夫性命自有所在，豈能卧死兒女手中乎！」乃自請爲前鋒。帝命造浮橋於西岸。既成，趣東岸〔六〕，橋短不及岸丈餘。高麗兵大至，鐵杖躍而登岸，與錢士雄、孟叉等皆戰死。何稠接橋，二日而成，諸軍繼進大戰，高麗兵敗。諸軍乘勝進圍遼東城，即漢之襄平城也。車駕渡遼，引曷薩那可汗及高昌王伯雅觀戰處以懾憚之。命尚書衛文昇撫其民，給復十年，建置郡縣。

夏，五月，納言楊達卒。

六月，帝至遼東，攻城，不克。諸將之東下也，帝親戒之曰：「今者弔民伐罪，非爲功名。諸將或欲輕兵掩襲，孤軍獨鬬，立一身之名以邀勳賞，非大軍行法。公等進軍，當分爲三道，有所攻擊，必三道相知。凡軍事進止，皆須奏聞待報。」至是，遼東嬰城固守，帝命諸軍攻之。又敕諸將，高麗若降，即宜撫納，不得縱兵。城將陷，城中輒請降，諸將不敢赴，先令馳奏，比報至，城中守禦亦備，隨出拒戰。如此再三，帝終不悟。既而城久不下，帝幸遼東城南，召諸將責之曰：「公今畏死，莫肯盡力，謂我不能殺公邪！」因留止城西。高麗諸城各堅守不下。

將軍來護兒以水軍攻平壤，敗績。護兒帥江、淮水軍，舳艫數百里，浮海先進，入自浿水，去平壤六十里，與高麗相遇，進擊，大破之。護兒欲乘勝趣其城，副總管周法尚止之，請俟諸軍俱進。護兒不聽，直造城下。高麗伏兵郭内，出兵與戰而僞敗，護兒逐之，入城，縱兵俘掠，無復部伍。伏發，大敗而還。高麗追至船所，周法尚整陳待之，高麗乃退。

秋，七月，將軍宇文述等九軍大敗於薩水而還。將軍宇文述、于仲文、辛世雄、衛文昇等九人分出諸道，會於鴨緑水西。兵自瀘河、懷遠二鎮，人馬皆給百日糧，又給衣資、戎具、火幕，人别三石已上，重莫能勝。述令軍中「遺棄米粟者斬」！士卒皆於幕下掘坑埋之，纔及中路，糧已將盡。高麗遣大臣乙支文德詣其營詐降，實欲觀虚實。于仲文先奉密旨：「若高元及文德來者，必擒之。」至是，仲文將執文德，慰撫使劉士龍固止之，遂聽其還。既而悔之，遣人召之，不至。述以糧盡欲還，仲文議以精鋭追文德，述固止之。仲文怒曰：「古之良將能成功者，軍中之事，決在一人。今人各有心，何以勝敵！」時帝以仲文有計畫，令諸軍諮禀節度。由是述等不得已而從之，與諸將渡水追文德。文德見述軍士有飢色，故欲疲之，每戰輒走。述一日之中，七戰皆捷，遂濟薩水，去平壤城三十里，因山爲營。文德復遣使詐降於述，曰：「若旋師者，當奉高元朝行在所。」述見士卒疲弊，不可復戰，又平壤險固，渡難猝拔，遂還至薩水。軍半濟，高麗自後擊之。辛世雄戰死，諸軍俱潰，將士奔還，一日夜至鴨緑水，行四百五十里。王仁恭爲殿，擊高麗却之。來護兒亦引兵還。唯衛文昇一軍獨全。初，九軍渡遼，凡三十萬五千人，及還至遼東，唯二千七百人，資械蕩盡。帝大怒，鎖繫述等而還。是行也，唯於遼水西拔高麗武厲邏，置遼東郡及通定鎮而已。

九月，帝還東都。慰撫使劉士龍伏誅，諸將皆除名。宇文述素有寵，其子士及尚帝女南陽公主，故帝不忍誅，與于仲文等皆除名爲民。斬劉士龍以謝天下。諸將皆委罪於于仲文，帝獨繫之。仲文憂恚病卒。

山東大旱。

殺張衡。衡既放廢，帝每令親人覘之。及還自遼東，衡妾告衡怨望謗訕，詔賜自盡。衡臨死大言曰：「我爲人作何等事，而望久活！」監刑者塞耳，促令殺之。

癸酉(六一三)

九年。

春，正月，徵天下兵集涿郡，始募民爲驍果。

靈武白瑜娑兵起。賊帥白瑜娑劫牧馬，連突厥，隴右多被其患，謂之「奴賊」。

命代王侑留守西京。以刑部尚書衛文昇輔之。

二月，復宇文述官爵。詔曰：「兵糧不繼，乃軍吏失於支料，非述罪也，宜復其官爵。」尋加開府儀同三司。

三月，濟陰孟海公起兵據周橋。海公衆至數萬，見人稱引書史，輒殺之。

帝復自將擊高麗，命越王侗留守東都。帝議復伐高麗，光禄大夫郭榮諫曰：「千鈞之弩，不爲鼷鼠發機，奈何親辱萬乘以敵小寇乎！」不聽而行。命民部尚書樊子蓋輔侗守東都。

齊郡丞張須陀擊王薄等，破之。時所在盜起：齊郡王薄、孟讓，北海郭方預，清河張金稱，平原郝孝德，河間格謙，勃海孫宣雅，各聚衆攻剽，多者十餘萬，少者數萬人，山東苦之。天下承平日久，人不習兵，郡縣吏每與賊戰，望風沮敗。唯齊郡丞張須陀得士衆心，勇決善戰，將郡兵擊王薄，大破之。薄北連孫宣雅、郝孝德等十餘萬攻章丘，須陀帥步騎二萬擊之，賊衆大敗。賊帥裴長才等衆二萬掩至城下，須陀未暇集兵，帥五騎與戰，賊競赴之，圍百餘重，身中數創，勇氣彌厲。會城中兵至，賊稍却，須陀督衆擊之，敗走。郭方預等合軍攻陷北海，大掠而去。須陀謂官屬曰：「賊恃其强，謂我不能救，吾今速行，破之必矣！」乃簡精兵，倍道進擊，大破之。歷城羅士信，年十四，從須陀擊賊於濰水上。賊始布陳，士信馳至陳前，刺殺數人，斬一人首，擲空中，以矟承之，揭以略陳。賊徒愕眙，莫敢近。須陀因引兵奮擊，賊衆大潰。須陀歎賞，引置左右。每戰，須陀先登，士信爲副。

夏，四月，帝渡遼水，遣諸將擊高麗。車駕渡遼，遣宇文述與楊義臣趣平壤。王仁恭出扶餘道，進至新城，高麗兵數萬拒戰。仁恭帥勁騎一千擊破之，高麗嬰城固守。帝命諸將攻遼東，聽以便宜從事。飛樓、橦、雲梯、地道，四面俱進，晝夜不息，而高麗應變拒之，二十餘日不拔，主客死者甚衆。

六月，楚公楊玄感起兵黎陽，圍東都。玄感驍勇，便騎射，好讀書，喜賓客，海內知名之士多與之遊。蒲山公李密，弼之曾孫也，少有才略，志氣雄遠，輕財好士，爲左親侍。帝見之，謂宇文述曰：「左仗下黑色小兒，瞻視異常，勿令宿衛！」述乃諷密，使稱病自免。密遂屏人事，專務讀書。嘗乘黃牛讀漢書，楊素遇而異之，與語大悅，謂玄感等曰：「汝等不及也。」由是玄感與爲深交。時或侮之，密曰：「若決機兩陳之間，喑嗚咄嗟，使敵人震懾，密不如公；驅策天下賢俊，各申其用，公不如密。豈可以階級稍崇，而輕天下士大夫邪！」玄感笑而服之。素恃功驕倨，或失臣禮，帝心銜而不言。及素卒，謂近臣曰：「使素不死，終當族滅。」玄感知之，內不自安，且以朝政日紊，乃與諸弟潛謀作亂。帝方事征伐，玄感自言：「世荷國恩，願爲將領。」帝喜，寵遇日隆，頗預朝政。至是，命玄感於黎陽督運，遂與虎賁郎將王仲伯、汲郡贊治趙懷義等謀，故爲逗遛，欲令諸軍乏食。弟郎將玄縱、萬石並從幸遼東，玄感潛召之，皆亡還。萬石至高陽，爲人所執，斬於涿郡。時來護兒以舟師自東萊將入海，趣平壤，玄感遣家奴僞爲使者從東方來，詐稱護兒反。六月，玄感入黎陽，大索男夫，移書傍郡，以討護兒爲名，各令發兵，會於倉所。以懷義爲衛州刺史，元務本爲黎州刺史，河內主簿唐褘爲懷州刺史。御史游元督運在黎陽，玄感謂曰：「獨夫肆虐，陷身絕域，此天亡之時也。我今親帥義兵以誅無道，卿意如何？」元正色曰：「尊公荷國寵靈，近古無比，公之弟兄，青紫交映，當謂竭誠盡節，上答鴻恩。豈意墳土未乾，親圖反噬！僕有死而已，不敢聞命！」玄感怒而囚之，屢脅以兵，不能屈，乃殺之。元，明根之孫也。玄感選運夫少壯者，得五千餘人，篙梢三千餘人，刑三牲誓衆，且諭之曰：「主上無道，不以百姓爲念，天下騷擾，死遼東者以萬計。今與君等起兵，以救兆民之弊，何如？」衆皆踴躍稱萬歲，乃勒兵部分。唐褘逃歸河內。先是，玄感陰遣召李密及弟玄挺。密至，玄感大喜，問計，密曰：「天子出征，遠在遼外，去幽州猶隔千里。公擁兵出其不意，長驅入薊，扼其咽喉。高麗聞之，必躡其後，不過旬日，資糧皆盡，其衆不降則潰，可不戰而擒，此上計也。」玄感曰：「更言其次。」密曰：「關中四塞，天府之國，雖有衛文昇，不足爲意。今帥衆鼓行而西，經城勿攻，直取長安，收其豪傑，撫其士民，據險而守之。天子雖還，失其根本，可徐圖也。」玄感曰：「更言其次。」密曰：「簡兵倍道，襲取東都，以號令四方。但恐唐禕告之，先已固守。若引兵攻之，百日不克，天下之兵四面而至，非僕所知也。」玄感曰：「不然，今百官家口並在東都，若先取之，足以動其心。且經城不拔，何以示威！公之下計，乃上策也。」遂引兵向洛陽，遣玄挺將千人爲前鋒，先取河内。唐禕據城拒守，又使人告東都越王侗等勒兵爲備。玄感渡河，從者如市。使弟積善將兵三千緣洛水西入，玄挺逾邙山南入，玄感將三千餘人隨其後。其兵皆執單刀、柳楯，無弓矢、甲胄。東都遣河南令達奚善意將精兵五千人拒積善，將作監裴弘策將八千人拒玄挺。善意兵潰，鎧仗皆爲積善所取。弘策戰敗走，玄挺不追。弘策退收散兵，復結陳以待之。玄挺徐至，坐息良久，忽起擊之，弘策又敗，如是五戰，直抵太陽門。弘策將十餘騎馳入宫城，餘皆歸於玄感。玄感每誓衆曰〔七〕：「我身爲上柱國，家累鉅萬金，至於富貴，無所求也。今不顧滅族者，但爲天下解倒懸之急耳。」衆皆悦。父老爭獻牛酒，子弟詣軍門請自效者，日以千數。内史舍人韋福嗣爲玄感所獲，使掌文翰，爲書遺樊子蓋，數帝罪惡，云：「欲廢昏立明。」子蓋新自外藩入爲京官，東都舊官多慢之，至於部分軍事，未甚承稟。裴弘策失利，更使出戰，不肯行，子蓋斬以徇。於是將吏震肅，無敢仰視，令行禁止。玄感盡鋭攻城，子蓋隨方拒守，玄感不能克。然達官子弟應募從軍者，聞弘策死，皆不敢入城。韓擒虎子世咢等四十餘人，皆降於玄感，玄感悉以親要重任委之。收兵得五萬餘人，遣世咢圍滎陽，顧覺取虎牢，以爲鄭州刺史。代王侑使衛文昇帥兵救東都，至華陰，掘楊素冢，焚其骸骨，示士卒以必死，直趨東都城北。玄感屢破之。玄感身先士卒，所向摧陷，又善撫悦其下，皆樂爲致死。由是每戰多捷，衆至十萬。文昇衆寡不敵，死傷且盡，乃更進屯卬山之陽，與玄感決戰。會楊玄挺中流矢死，玄感軍乃稍却。

帝引軍還，遣宇文述、來護兒等擊楊玄感。遼東城久不拔，帝遣造布囊百萬貯土，欲積爲大道，高與城齊，使戰士登而攻之；又作八輪樓車，高出於城，欲俯射城内。會楊玄感反書至，帝大懼，引蘇威入帳中，謂曰：「此兒聰明，得無爲患？」威曰：「玄感麄疏，必無所慮。但恐因此寖成亂階耳。」帝又聞達官子弟皆在玄感所，益憂之。兵部侍郎斛斯政素與玄感通謀，内不自安，亡奔高麗。帝夜召諸將，使引軍還，資械委棄，衆心恟懼，無復部分。高麗覺之，然疑其詐，經二日，乃出兵追躡，而不敢逼。帝遣虎賁郎將陳稜攻元務本於黎陽，又遣宇文述、屈突通乘傳發兵以討玄感。來護兒至東萊，聞玄感圍東都，召諸將議旋軍救之。諸將咸以無敕，不宜擅還。護兒厲聲曰：「洛陽被圍，心腹之疾。高麗逆命，猶疥癬耳。公家之事，知無不爲，專擅在吾，不關諸人。有沮議者，軍法從事。」即日迴軍，令子弘、整馳驛奏聞。帝時還至涿郡，已敕護兒救東都，見弘、整甚悦。先是，將軍李子雄坐事除名，從軍自效，帝疑之，詔鎖子雄送行在所。子雄殺使者，逃奔玄感。

秋，七月，餘杭劉元進兵起。元進手長尺餘，臂垂過膝，自以相表非常，陰有異志。會帝再發三吴兵征高麗，三吴兵皆相謂曰：「往歲天下全盛，吾輩父兄征高麗者，猶太半不返。今已罷弊，復爲此行，吾屬無遺類矣！」由是多亡命。郡縣捕之急，聞元進舉兵，亡命者雲集，旬月間，衆至數萬。

楊玄感引兵趣潼關。八月，宇文述等追之，玄感敗死。楊玄感得韋福嗣，委以心膂，不復專任李密。福嗣每畫策，皆持兩端。密揣知其意，謂玄感曰：「福嗣元非同盟，實懷觀望。明公聽之，必爲所誤，請斬之。」玄感不聽。密退謂所親曰：「楚公好反而不欲勝，吾屬今爲虜矣。」李子雄勸玄感速稱尊號，玄感以問密，密曰：「兵起以來，雖復頻捷，至於郡縣，未有從者。東都守禦尚强，天下救兵益至，公當挺身力戰，早定關中，廼亟欲自尊，何示人不廣也！」玄感笑而止。屈突通引軍屯河陽，宇文述繼之，子雄曰：「通曉習兵事，若一得渡河，則勝負難決，不如分兵拒之。通不能濟，則樊、衛失援。」玄感然之，將拒通。樊子蓋知其謀，數擊其營，玄感不得往。通濟河，軍於破陵。玄感分爲兩軍，西抗文昇，東拒通。子蓋復出兵大戰，玄感軍屢敗。子雄曰：「援軍益至，不可久留，不如直入關中，開永豐倉以振貧乏，三輔可指麾而定，據有府庫，東面而争天下，亦霸王之業也。」會華陰諸楊請爲鄉導，玄感引兵西趣潼關。宇文述等諸軍躡之。至弘農宫，太守蔡王智積曰：「玄感聞大軍將至，欲西圖關中，若成其計，則難克也。當以計縻之，使不得進，不出一旬，可以成擒。」及玄感軍至城下，智積登陴詈之。玄感怒，留攻之。李密諫曰：「公今詐衆西入，軍事貴速，況乃追兵將至，安可稽留！若前不得據關，退無所守，大衆一散，何以自全？」玄感不從，遂攻之，三日不拔，乃引而西。至閿鄉，宇文述、衛文昇、來護兒、屈突通等軍追及之。玄感布陳亘五十里，且戰且行，一日三敗，乃獨與十餘騎奔上洛。自度不免，謂積善曰：「我不能受人戮辱，汝可殺我！」積善抽刀斫殺之，因自刺，不死，追兵執之。

以唐公李淵爲弘化留守。帝以弘化留守元弘嗣，斛斯政之親也，遣衛尉少卿李淵馳往執之，因代爲留守。淵御衆寬簡，人多附之。帝以淵相表奇異，又名應圖讖，忌之。未幾，徵詣行在所。淵遇疾未謁，其甥王氏在後宮，帝問曰：「汝舅來何遲？」王氏以疾對，帝曰：「可得死否？」淵聞之，懼，因縱酒、納賂以自晦。

吴郡朱燮、晉陵管崇兵起。燮涉獵經史，頗知兵法，爲崑山縣博士，與數十學生起兵，民苦役者赴之如歸。崇志氣倜儻，隱居常熟〔八〕，羣盜相與奉之。時帝在涿郡，命虎牙郎將趙六兒將兵萬人屯楊子，以備南賊。崇遣將陸顗襲破其營，收其器械軍資，衆至十萬。

殺楊玄感黨與三萬餘人。帝使大理卿鄭善果、御史大夫裴藴、刑部侍郎骨儀與留守樊子蓋推玄感黨與，謂曰：「玄感一呼而從者十萬，益知天下人不欲多，多即相聚爲盜耳。不盡加誅，無以懲後。」由是所殺三萬餘人，枉死者太半。玄感之圍東都也，開倉賑給百姓，凡受米者，皆阬之於都城之南。玄感所善文士王胄，坐徙邊，亡命，捕得，誅之。帝善屬文，不欲人出其右。薛道衡死，帝曰：「更能作『空梁落燕泥』否？」胄死，帝誦其佳句曰：「『庭草無人隨意緑』，復能作此語邪？」帝自負才學，每驕天下之士，嘗謂侍臣曰：「天下皆謂朕承藉緒餘而有四海，設令朕與士大夫高選，亦當爲天子。」謂祕書郎虞世南曰：「我性不喜人諫，若位望通顯而諫以求名者，彌所不耐。至於卑賤之士，雖少寬假，然卒不置之地上。汝其知之！」世南，世基之弟也。

冬，十月，遣將軍吐萬緒擊劉元進。劉元進將渡江，會玄感敗，朱燮、管崇共迎元進，推以爲主，據吴郡，稱天子，署置百官，毗陵、東陽、會稽、建安豪傑多執長吏以應之。帝遣左屯衛大將軍吐萬緒、光禄大夫魚俱羅將兵討之。

十一月，將軍馮孝慈擊張金稱，敗死。

十二月，内史舍人韋福嗣等伏誅。楊玄感之西也，韋福嗣亡詣東都歸首。樊子蓋得其書草，封以呈帝，帝命執送行在。李密亡命，爲人所獲，送東都。子蓋鎖送福嗣、密及楊積善、王仲伯等十餘人詣高陽。密與仲伯等竊謀亡去，悉使出其所賫金以示使者曰：「吾等死日，此金並留付公，幸用相瘞，其餘即皆報德。」使者許諾，防禁漸弛。密請通市酒食，每宴飲，諠譁竟夕，使者不以爲意。行至魏郡石梁驛，飲防守者皆醉，穿墻而逸。密呼福嗣，福嗣曰：「我無罪，天子不過一面責我耳。」至高陽，帝以書草示福嗣，收付大理。宇文述請爲重法以肅將來。十二月，就野外，縛諸應刑者於格上，使九品以上持兵斫射，支體糜碎。積善、福嗣仍加車裂。

唐縣、扶風妖人作亂，討平之。

吐萬緒擊劉元進，破之，管崇敗死。詔徵緒還，遣王世充代將。元進、朱燮皆敗死。劉元進攻丹楊，吐萬緒濟江擊破之。元進結栅拒緒，相持百餘日。元進兵潰，夜遁保壘，與朱燮、管崇等連營百餘里。緒乘勝進擊，復破之，斬崇。然百姓從亂者如歸市，賊敗而復聚，其勢益盛。緒以士卒疲弊，請息甲待來春，帝不悦。魚俱羅亦以賊非歲月可平，潛迎諸子於洛。帝怒，有司希旨，奏緒怯懦，俱羅敗岡，俱羅坐斬，徵緒詣行在。緒憂憤，道卒。帝更遣江都丞王世充發淮南兵數萬人討元進。世充渡江，頻戰皆捷，元進、爕敗死，餘衆降散。世充召降者於通玄寺瑞像前，焚香爲誓，約降者不殺。散者聞之，歸首略盡，世充悉阬之，死者三萬餘人。由是餘黨復相聚爲盜，官軍不能討，以至隋亡。帝以世充有將帥才，益加寵任。又詔凡爲盜者，籍没其家。時羣盜所在皆滿，郡縣官因之各專威福，生殺任情矣。

杜伏威起兵，掠江、淮。章丘杜伏威與臨濟輔公祏爲刎頸交〔九〕，俱亡命爲羣盜。伏威年十六，每出則居前，入則殿後，由是其徒推以爲帥。下邳苗海潮亦聚衆爲盜，伏威使公祏謂之曰：「我與君同苦隋政，各舉大義，力分勢弱，常恐被擒，若合而爲一，則足以敵隋矣。君能爲主，吾當敬從；自揆不堪，宜來聽命。不則，一戰以決雌雄。」海潮懼，即帥其衆降之。伏威轉掠淮南。江都留守遣校尉宋顥討之，伏威與戰，陽敗，引顥衆入葭葦中，因從上風縱火，顥衆皆燒死。

甲戌（六一四）

十年。

春，二月，徵天下兵伐高麗。三月，帝如涿郡。秋，七月，次懷遠鎮。高麗遣使請降。詔百僚議伐高麗，數日無敢言者，遂復徵天下兵，百道俱進。三月，帝發高陽，士卒在道，亡者相繼。至臨渝宫，禡祭，斬叛軍者以釁鼓，亦不能止。時天下已亂，所徵兵多不至。高麗亦困弊。來護兒至卑奢城，高麗舉兵逆戰，護兒擊破之，將趣平壤。高麗王元懼，遣使乞降，囚送斛斯政。帝大悦，遣使持節召護兒還。護兒集衆曰：「大軍三出，未能平賊，勞而無功，吾竊耻之。今高麗實困，以此衆擊之，不日可克，吾欲進兵徑圍平壤，取高元，獻捷而歸，不亦善乎！」答表請行。長史崔君肅固爭，護兒不可，曰：「吾在閫外，事當專決。寧得高元，還而獲譴；捨此成功，所不能矣。」君肅告衆曰：「若違詔書，必當獲罪。」諸將懼，俱請還，護兒乃奉詔。八月，帝班師。邯鄲賊帥楊公卿帥其黨八千人抄駕後第八隊，得飛黄上廄馬四十二匹而去。

冬，十月，還西京。以高麗使者及斛斯政告太廟。仍徵高麗王元入朝，元竟不至。敕將帥嚴裝，更圖後舉，竟不果行。初，開皇之末，國家殷盛，朝野皆以高麗爲意，劉炫獨以爲不可，作撫夷論以刺之，至是，其言始驗。殺斛斯政，烹其肉，使百官噉之，佞者或噉之至飽。

十一月，祀南郊，大風。有事于南郊，帝不齋于次。詰朝，備法駕，至即行禮。是日，大風。一獻禮畢，御馬疾驅而歸。

胡氏曰：董子有言：「自非大無道之君，天必扶持而安全之，故時出災異以警戒之，至于再，至于三，而猶不悛，然後改命有德。」若隋煬十有四年之間，無復災異之變，蓋其奪宗爲儲，是日四海地震，天既以告文帝而不知戒焉，則亦已矣。天意若曰：「罪惡如煬者，非所告也。」中間山東、河南大水，底柱偃河逆流，則是徵兵遠伐，山東盗起，人心愁怨，侵迫陰陽之應爾。或曰：「使煬而知懼，罷兵修政，可有瘳乎？」曰：「罪有輕重，惡有大小。惡輕罪小，悔而改往，聖人所許也。五刑之屬三千，而無弑父之條，是不孝不足以盡之，而煬也犯焉。縱使息役罷兵，省德修政，是一杯水不足以救一車薪之火，亦無全而歸之之理矣。至是，郊而大風，正與慕容超同符〔一〇〕，蓋天動威以絶之也。」

離石胡劉苗王兵起。衆至十萬。

汲郡王德仁起兵據林慮山。擁衆數萬。

十二月，帝如東都，殺太史令庾質。帝將如東都，太史令庾質諫曰：「比歲伐遼，民實勞弊，陛下宜鎮關內，使百姓盡力農桑，三、五年間，四海稍豐實，然後巡省，於事爲宜。」帝不悅。質辭疾不從，帝怒，下質獄，殺之。

齊郡孟讓兵掠盱眙，王世充擊破之。孟讓自長白山寇掠諸郡，至盱眙，衆十餘萬，據都梁宮，阻淮爲固。江都丞王世充將兵拒之，栅塞險要，羸形示弱。民間亦皆結堡自固，野無所掠，賊衆漸餒，乃留兵圍栅，分人於南方抄掠。世充伺其懈，縱兵出擊，大破之，讓遁去。

以張須陀爲河南討捕大使。齊郡賊帥左孝友衆十萬屯蹲狗山，張須陀列營逼之，孝友窘迫出降。須陀威振東夏，以功遷通守，領河南道十二郡黜陟討捕大使。涿郡賊帥盧明月衆十餘萬，軍祝阿，須陀將萬人邀之。相持十餘日，糧盡，將退，謂將士曰：「賊見吾退，必悉衆來追，若以千人襲據其營，可有大利。此誠危事，誰能往者？」衆莫對，唯羅士信及秦叔寶請行。於是須陀委栅而遁，使二人分將千兵，伏葭葦中。明月悉衆追之，士信、叔寶馳至其栅，栅門閉，二人超升其樓，各殺數人，營中大亂。二人斬關以納外兵，因縱火焚其三十餘栅，煙焰漲天。明月奔還，須陀回軍奮擊，大破之，明月以數百騎遁去，所俘斬無算。

乙亥（六一五）

十一年。

春，正月，增祕書省官百二十員。帝好讀書著述，自爲揚州總管，置王府學士至百人，常令修撰，自經術、文章、兵、農、地理、醫、卜、釋、道，乃至蒱博、鷹狗，皆爲新書，無不精洽，共成萬七千餘卷。初，西京嘉則殿有書三十七萬卷，帝命祕書監柳顧言等詮次，除其複重猥雜，得三萬七千餘卷，納於東都修文殿。又寫五十副本，分置西京、東都宮、省官府。

二月，詔村塢皆築城。

上谷王須拔、魏刀兒兵起。上谷賊帥王須拔自稱漫天王，魏刀兒自稱歷山飛，衆各十餘萬，北連突厥，南寇燕、趙。

殺郕公李渾，夷其族。初，高祖夢洪水没都城，意惡之，故遷都大興。申公李穆卒，孫筠襲爵。叔父渾忿其吝嗇，使兄子善衡殺之，而謂妻兄宇文述曰：「若得紹封，當歲奉國賦之半。」述爲之言，得爲嗣。二歲後，遂不復以國賦與述，述大恨之。至是，累官大將軍，改封郕公。帝以其門族强盛，忌之。會有方士言「李氏當爲天子」，勸帝盡誅李姓。渾從子將作監敏，小名洪兒，帝疑其名應讖，嘗面告之，冀其引決。敏大懼，數與渾及善衡屏人私語。述譖之於帝，遣郎將裴仁基表告渾反。帝收渾等，遣裴藴等雜治之，數日，不得反狀。帝更遣述，述誘教敏妻爲表，誣告渾謀因渡遼，與子弟襲御營，立敏爲天子，持入奏之。殺渾、敏、善衡及宗族三十二人，敏妻亦鴆死。

孔雀集朝堂，百官稱賀。有二孔雀自西苑飛集朝堂，親衛校尉高德儒等十餘人見之，奏以爲鸞。

時孔雀已去，無可得驗，於是百官稱賀。拜德儒朝散大夫，賜物百段。

夏，四月，帝如汾陽宫。

以李淵爲山西、河東撫慰大使。以淵承制黜陟，討捕羣盜。淵行至龍門，擊賊帥毋端兒，破之。

秋，八月，帝巡北邊。突厥始畢可汗入寇。帝入雁門，始畢圍之。九月乃解。初，裴矩以突厥始畢可汗部衆漸盛，獻策分其勢，欲以宗女嫁其弟叱吉設，拜爲南面可汗。叱吉不敢受，始畢聞而漸怨。突厥之臣史蜀胡悉多謀略，矩詐與爲互市，誘殺之，遣使詔始畢曰：「史蜀胡悉叛可汗來降，我已相爲斬之。」始畢由是不朝。八月，帝巡北邊，始畢帥騎數十萬謀襲乘輿，義成公主先遣使者告變。車駕馳入雁門，齊王暕以後軍保崞縣。突厥圍雁門，城中兵民十五萬口，食僅可支二旬。雁門四十一城，突厥盡克之，唯雁門、崞不下。突厥急攻雁門，矢及御前，帝大懼，抱趙王杲而泣，目盡腫。宇文述勸帝簡精鋭，潰圍而出，蘇威曰：「城守則我有餘力，輕騎乃彼之所長，陛下萬乘之主，豈宜輕動！」尚書樊子蓋曰：「陛下乘危徼幸，一朝狼狽，悔之何及！不若據堅城以挫其鋭，坐徵四方兵使入援。陛下親撫循士卒，諭以不復征遼，厚爲勳格，必人人自奮，何憂不濟！」内史侍郎蕭瑀以爲：「突厥之俗，可賀敦預知軍謀，且義成公主以帝女嫁外夷，必恃大國之援。若使一介告之，借使無益，庸有何損？又發明詔，諭將士以赦高麗，專討突厥，則衆心皆安，人自爲戰矣。」瑀，皇后之弟也。虞世基亦以是勸帝，帝從之。帝親巡將士，謂之曰：「努力擊賊，苟能保全，凡在行陳，勿憂富貴，必不使有司弄刀筆，破汝勳勞。」乃下令：「守城有功者，無官直除六品，有官以次增益。」於是衆皆踊躍，晝夜拒戰。又詔天下募兵，守令競來赴難。李淵之子世民，年十六，應募，隸屯衛將軍雲定興，說之曰：「始畢敢舉兵圍天子，必謂我倉猝不能赴援故也。宜晝則引旌旗，令數十里不絕，夜則鉦鼓相應，虜必謂救兵大至，望風遁去。」定興從之。帝遣間使求救於義成公主，公主遣使告始畢云：「北邊有急。」諸郡援兵亦至。九月，始畢解圍去。帝遣騎追躡，得老弱二千餘人而還。

冬，十月，帝還東都。車駕還至太原。蘇威曰：「今盜賊不息，士馬疲弊，願陛下亟還西京，深根固本，爲社稷計。」帝初然之，宇文述曰：「從官妻子，多在東都，宜向洛陽，自潼關入。」帝從之。既至東都，顧眄街衢，謂侍臣曰：「猶大有人在。」意謂平楊玄感，殺人尚少故也。蘇威追論勳格太重，宜加斟酌，樊子蓋固請，以爲不宜失信，帝曰：「公欲收物情邪！」子蓋懼，不敢對。帝性吝官賞，初平楊玄感，應授勳者多，乃更置戎秩：建節、奮武、宣惠、綏德、懷仁、秉義、奉誠、立信等尉。將士守雁門者萬七千人，至是得勳者纔千五百人，一戰得第一勳者進一階，先無戎秩者止得立信尉，無勳者四戰進一階。又議伐高麗，由是將士憤怨。初，蕭瑀以外戚有才行，得掌機務。瑀性剛鯁，數言事忤旨，帝漸疏之。及雁門圍解，帝謂羣臣曰：「突厥狂悖，勢何能爲！蕭瑀遽相恐動，情不可恕！」候衛將軍楊子崇從至汾陽，知突厥必爲寇，屢請早還，不納。至是，怒之曰：「子崇怯懦，驚動衆心，不可居爪牙官。」皆出爲郡守。

詔江都更造龍舟。楊玄感之亂，龍舟皆焚，詔江都更造數千艘，制度仍大於舊者。

東海李子通據海陵。子通有勇力，先依長白山賊帥左才相，羣盜皆殘忍，而子通獨寬仁，由是人多歸之，未半歲，有衆萬人。才相忌之，子通引去，渡淮，與杜伏威合。伏威選軍中壯士養爲假子，凡三十餘人，濟陰王雄誕、臨濟闞稜爲之冠。既而子通謀殺伏威，遣兵襲之。伏威被創，雄誕負之以逃，收散兵復振。將軍來整又擊子通，破之。子通帥其餘衆奔海陵，復收兵得二萬人。

城父朱粲兵起。粲始爲縣佐史，從軍，亡命，聚衆爲盜，謂之「可達寒賊」，自稱迦樓羅王，衆至十餘萬，引兵轉掠荆、沔及山南郡縣，所過噍類無遺。

十二月，李淵擊敬盤陀等，降之。詔樊子蓋發關中兵數萬，擊絳賊敬盤陀等，自汾北村塢盡焚之，賊有降者皆阬之。百姓怨憤，益相聚爲盜。詔以李淵代之。有降者，淵引置左右，由是賊衆多降。

丙子(六一六)

十二年。楚帝林士弘太平元年。

春，正月，分遣使者發兵擊諸起兵者。朝集使不至者二十餘郡[一一]，始議分遣使者十二道，發兵討捕盜賊。

作毗陵宫。詔毗陵通守集十郡兵數萬人，於郡東南起宫苑，周圍十二里，内爲十六離宫，大抵倣東都西苑之制，而奇麗過之。

三月，宴羣臣於西苑。上巳，帝與羣臣飲於西苑水上，命學士采古水事七十二，以木爲之，間以妓航、酒船，人物自動，能成音曲。

張金稱擊破平恩等郡。金稱比諸賊尤殘暴，所過民無孑遺。

夏，四月，大業殿火。大業殿西院火，帝以爲盜起，驚走，匿草間，火定乃還。帝自八年以後，每夜眠中恒驚悸，云有賊，令數婦人搖撫乃得眠。

魏刀兒將甄翟兒攻太原，將軍潘長文戰死。

五月朔，日食，既。

除納言蘇威名。

帝問侍臣盜賊，翊衛大將軍宇文述曰：「漸少。」納言蘇威引身隱柱，帝呼問之，對曰：「臣非所司，不委多少，但患漸近。」帝曰：「何謂也？」威曰：「他日賊據長白山，今近在汜水。且往日租賦、丁役，今皆何在？豈非其人皆化爲盜乎！比見奏賊皆不實，遂使失於支計，不時翦除。又昔在雁門，許罷征遼，今復徵發，賊何由息？」帝不悅。屬五月五日，百僚多饋珍玩，威獨獻尚書。或譖之曰：「尚書有五子之歌，威意甚不遜。」帝益怒。頃之，帝問威以伐高麗事，威欲帝知天下多盜，對曰：「今茲之役，願不發兵，但赦羣盜，自可得數十萬，遣之東征，高麗可滅。」帝不懌。威出，裴蘊奏曰：「此大不遜！天下何處有許多賊〔一二〕！」帝曰：「老革多姦，以賊脅我！欲批其口，且復隱忍。」蘊知帝意，遣河南白衣張行本奏：「威昔典選，濫授人官。」案驗獄成〔一三〕，詔除名爲民。後月餘，復有奏威與突厥陰圖不軌者，蘊處威死。威無以自明，但摧謝而已。帝憫而釋之，遂并其子孫皆除名。

秋，七月，帝如江都，命越王侗留守。殺諫者任宗、崔民象、王愛仁。

江都龍舟成，送東都。宇文述勸幸江都，帝從之。將軍趙才諫曰：「今百姓疲勞，府藏空竭，盜賊蜂起，禁令不行，願陛下還京師，安兆庶。」帝大怒，以屬吏，旬日，出之。朝臣皆不欲行，無敢諫者。建節尉任宗上書極諫，即日於朝堂杖殺之。遂幸江都，命越王侗與光祿大夫段達、太府卿元文都、民部尚書韋津、右武衛將軍皇甫無逸、右司郎盧楚等總留後事。帝以詩留別宮人曰：「我夢江都好，征遼亦偶然。」奉信郎崔民象以盜賊充斥，於建國門上表諫，帝大怒，先解其頤，然後斬之。虞世基以盜賊充斥，請發兵屯洛口倉，帝曰：「卿是書生，定猶恇怯。」敕移箕山、公路二府於倉內，仍令築城以備不虞。至汜水，奉信郎王愛仁復上表請還西京，斬之。至梁郡，郡人邀駕上書曰：「陛下若遂幸江都，天下非陛下之有！」又斬之。

遣光祿大夫陳稜擊李子通等，敗之。 時李子通據海陵，左才相掠淮北，杜伏威屯六合，衆各數萬。帝遣稜將宿衛精兵八千討之，往往克捷。

冬，十月，許公宇文述卒。 初，述子化及、智及皆無賴，化及事帝於東宮，帝寵昵之，從幸榆林，化及、智及冒禁與突厥交市，帝怒，將斬之，既而釋之，賜述爲奴。述卒，帝復以化及爲右屯衛將軍，智及爲將作少監。

翟讓、李密起兵，攻滎陽。張須陀擊之，敗死。 李密之亡也，往依郝孝德，孝德不禮之；又入王薄，薄亦不之奇也。密困乏，變姓名，聚徒教授。郡縣疑而捕之，密亡去，抵其妹夫雍丘令丘君明。君明轉寄於遊俠王秀才家，爲君明從姪懷義所告。帝令懷義與梁郡通守楊汪捕之。汪遣兵圍秀才宅，值密出外，獲免。韋城翟讓爲東都法曹，坐事當斬。獄吏黃君漢奇其驍勇，夜謂讓曰：「天時人事，抑亦可知，豈能守死獄中乎！」讓驚喜叩頭，君漢即破械出之。讓再拜曰：「讓蒙再生之恩則幸矣，奈曹主何！」因泣下，君漢怒曰：「本以公爲大丈夫，可救生民之命，故不顧其死以奉脫，奈何反效兒女子涕泣相謝乎！君但努力自免，勿憂吾也！」讓遂亡命於瓦崗爲羣盜，同郡單雄信驍健，善馬槊，聚少年往從之。離狐徐世勣年十七，有勇略，說讓曰：「東郡於公與勣，皆爲鄉里，人多相識，不宜侵掠。滎陽、梁郡，汴水所經，剽行舟、商旅，足以自資。」讓然之，引衆入二郡界，掠公私船，資用豐給，附者益衆，至萬餘人。時又有外黃王當仁、濟陽王伯當、韋城周文舉、雍丘李公逸等皆擁衆爲盜。李密自雍丘亡命，往來諸帥間，説以取天下之策，始皆不信，久之，稍以爲然，相謂曰：「今人皆云楊氏將滅，李氏將興。吾聞王者不死。斯人再三獲濟，豈非其人！」由是漸敬密〔一四〕。密察諸帥，唯翟讓最强，乃因王伯當以見讓，爲讓畫策，往説諸小盜，皆下之。讓悦，密因説讓曰：「劉、項皆起布衣爲帝王。今主昏於上，民怨於下，鋭兵盡於遼東，和親絶於突厥，方乃巡遊揚、越，委棄東都，此亦劉、項奮起之會也。以足下雄才大略，士馬精鋭，席卷二京，誅滅暴虐，隋氏不足亡也！」讓謝曰：「吾儕羣盜，偷生草間，君言非所及也。」有李玄英者，自東郡逃來，經歷諸賊，求訪李密，云「斯人當代隋家」。人問其故，玄英言：「比來民間謡歌曰：『桃李子，皇后繞揚州，宛轉花園裏。勿浪語，誰道許！』『桃李子』，謂逃亡者李氏之子也；『莫浪語，誰道許』者，密也。」既與密遇，遂委身事之。前宋城尉房彦藻自負其才，恨不爲時用，預於楊玄感之謀，變姓名亡命，遇密，遂與俱遊漢、沔，徧入諸賊，説其豪傑。還日，從者數百人，仍爲遊客，處於讓營。讓見密爲豪傑所歸，欲從其計，猶豫未決。有賈雄者，曉陰陽占候，言無不用，密深結之，使託術數以説讓。讓果以密言問之，對曰：「吉不可言。然公自立恐未必成，若立斯人，事無不濟。」讓然之。密因説讓曰：「今四海糜沸，不得耕耘，公士衆雖多，食無倉廩，唯資野掠，常苦不給，若曠日持久，加以大敵臨之，必渙然離散。未若先取滎陽，休兵館穀，待士馬肥充，然後與人争利。」讓從之。於是攻滎陽諸縣，多下之。

帝徙張須陀爲滎陽通守以討之。讓屢數爲須陀所敗，聞其來，大懼，將避之。密曰：「須陀勇而無謀，兵又驟勝，既驕且狠，可一戰擒也。」分兵千餘人伏林間。須陀方陳而前，讓與戰，不利，須陀乘之，逐北十餘里。密發伏掩之，須陀兵敗。密與讓及徐世勣、王伯當合軍圍之，須陀戰死，部兵號泣，數日不止，河南郡縣爲之喪氣。詔以裴仁基代領其衆，徙鎮虎牢。讓乃令密建牙，别統所部，號蒲山公營。密部分嚴整，躬服儉素，所得金寶，悉頒賜麾下，由是人爲之用。然麾下多爲讓士卒所陵辱，亦不敢報也。讓謂密曰：「今資糧粗足，意欲還向瓦崗，公若不往，唯公所適，讓從此别矣。」乃帥輜重東引。密亦西行，至康城，説下數城，大獲資儲。讓尋悔之，復引兵從密。

十二月，鄱陽林士弘稱楚帝，據江南。鄱陽賊帥操師乞自稱元興王，攻陷豫章郡，以其鄉人林士弘爲大將軍。詔治書侍御史劉子翊將兵討殺之。士弘代統其衆，與子翊戰，殺子翊，兵遂大振，至十餘萬人。自稱皇帝，國號楚，建元太平。豪傑爭殺隋守令，以郡縣應之。北自九江，南及番禺，皆爲所有。

以李淵爲太原留守，擊甄翟兒，破之。詔以李淵爲太原留守，以郎將王威、高君雅爲之副。將兵討甄翟兒，遇於雀鼠谷。淵衆纔數千，賊圍數匝，李世民將精兵救之，拔淵於萬衆之中。會步兵至，合擊，大破之。

蔡王智積卒。帝疏薄骨肉，智積每不自安，及病，不呼醫，臨終，謂所親曰：「吾今日始知得保首領没於地矣！」

太僕楊義臣擊張金稱、高士達，斬之。竇建德收其衆，取饒陽。詔罷義臣兵。羣盜寇掠河北，屠陷郡縣。隋將帥敗亡相繼，唯虎賁中郎將王辯、清河郡丞楊善會數有功。善會前後七百餘戰，未嘗負敗。至是，太僕楊義臣討張金稱。義臣引兵據永濟渠爲營，去金稱營四十里，深溝高壘，不與戰。金稱日引兵至，義臣勒兵擐甲，約與之戰，既而不出。如是月餘，金稱以爲怯，屢逼其營詈辱之，義臣乃謂曰：「汝明旦來，我當必戰！」金稱易之，不復設備。義臣簡精騎二千，夜自館陶濟河，伺金稱離營，即入擊其累重。金稱引還，義臣從後擊之，金稱大敗，與左右逃於清河之東。月餘，楊善會擒殺之。詔以善會爲清河通守。時涿郡通守郭絢將兵討高士達。士達自以才略不及竇建德，乃進建德爲軍司馬，悉以兵授之。建德請士達守輜重，自簡精兵拒絢，詐爲與士達有隙而叛，遣人請降於絢，願爲前驅自效。絢引兵隨之，至長河，建德襲之，殺數千人，斬絢首。張金稱餘衆皆歸建德。楊義臣乘勝欲討之，建德謂士達曰：「歷觀隋將善用兵者，無如義臣，今滅張金稱而來，其鋒不可當。請引兵避之，使其欲戰不得，坐費歲月，將士疲倦，然後乘間擊之，乃可破也。不然，恐非公之敵。」士達不從，留建德守營，自帥精兵逆擊義臣，戰小勝，因縱酒高宴。建德聞之曰：「東海公未能破敵，遽自矜大，禍至不久矣。」後五日，義臣大破士達，斬之，其兵皆潰。建德與百餘騎亡去，至饒陽，乘其無備，攻陷之，收兵，得三千餘人。義臣以爲建德不足憂，引去。建德還平原，收散兵，葬死者，爲士達發喪，軍復大振，自稱將軍。先是，羣盜得隋官及士族子弟，皆殺之，獨建德善遇之，由是隋官稍以城降之，聲勢日盛，勝兵至十餘萬人。內史郎虞世基以帝惡聞賊盜〔一五〕，諸將有告敗求救者，皆不以聞，或杖其使者，以爲妄言，由是盜賊徧海內，帝皆弗之知。楊義臣破降河北賊數十萬，列狀上聞，帝歎曰：「我初不聞賊頓如此，義臣降賊何多也！」世基對曰：「小竊雖多，未足爲慮，義臣克之，擁兵不少，久在閫外，此最非宜。」帝曰：「卿言是也。」遽追義臣，放散其兵，賊由是復盛。治書侍御史韋雲起劾奏：「世基及御史大夫裴藴職典樞要，四方告變，不爲奏聞，賊多言少，致發兵不多，往皆不克，故使官軍失利，賊黨日滋。請付有司，結正其罪。」大理卿鄭善果奏：「雲起言不實。」左遷大理司直。

帝至江都。帝至江都，江、淮郡官謁見者，專問禮餉豐薄，豐則超遷，薄則停解。江都郡丞王世充獻銅鏡屏風，遷通守；歷陽郡丞趙元楷獻異味，遷江都郡丞。由是郡縣競務刻剥，以充貢獻。民外爲盜賊所掠，内爲郡縣所賦，生計無遺，加之饑饉，民始采樹皮葉，或擣藁、煑土而食之，諸物皆盡，乃自相食，而官倉猶充牣，吏皆畏法，莫敢振救。王世充密爲帝簡閲江、淮民間美女獻之，由是益有寵。

遣江都通守王世充擊河間格謙，斬之。謙黨高開道收其衆，掠燕地。謙擁衆十餘萬，據豆子䴚，自稱燕王。帝命王世充將兵討斬之。謙將高開道收餘衆，寇掠燕地，軍勢復振。

虎賁郎將羅藝起兵涿郡。初，帝謀伐高麗，器械資儲，皆積於涿郡。又臨朔宫多珍寶，諸賊競來侵掠。留守官不能拒，唯虎賁郎將羅藝獨出戰，前後破賊甚衆。將作亂，先宣言以激其衆曰：「吾輩討賊數有功，城中倉庫山積，制在留守之官，而莫肯散施以濟貧乏，將何以勸將士！」衆皆憤怨。軍還，郡丞出城候藝，藝因執之，陳兵而入，發庫物以賜戰士，開倉廩以振貧乏，境内咸悦。殺勃海太守唐禕等數人，柳城、懷遠並歸之。藝自稱幽州總管，改柳城郡爲營州，以鄧暠爲總管。

詔李淵擊突厥。突厥數寇北邊，詔李淵與馬邑太守王仁恭擊之。時突厥方强，兩軍不滿五千，淵選善騎射者二千人，使之飲食舍止一如突厥，或與突厥遇，則伺便擊之，前後屢捷。

丁丑(六一七)

十三年。恭帝侑義寧元年。長樂王竇建德丁丑元、魏公李密元、定楊可汗劉武周天興元、梁王梁師都永隆元、秦主薛舉秦興元、梁王蕭銑鳴鳳元。是歲，并楚凡八國。

春，正月，陳稜討杜伏威，敗績。伏威遂據歷陽。稜討杜伏威，伏威帥衆拒之。稜閉壁不戰，伏威遺以婦人之服，謂之「陳姥」。稜怒，出戰，伏威奮擊，大破之，乘勝破高郵，引兵據歷陽，自稱總管，以輔公祏爲長史，分遣諸將徇屬縣，所至輒下，江、淮間小盜爭附之。伏威常選敢死之士五千人，謂之「上募」，寵遇甚厚，有攻戰，令先擊之，戰罷閱視，有傷在背者即殺之；所獲資財，皆以賞軍；士有戰死者，以妻妾殉葬，故人自爲戰，所向無敵。

竇建德稱長樂王。

魯郡徐圓朗兵起。圓朗攻陷東平，分兵略地，自琅邪以西，北至東平盡有之，勝兵二萬餘人。

盧明月掠河南，遣王世充擊斬之。明月轉掠河南，至于淮北，衆號四十萬。帝命王世充討之，戰於南陽，大破之，斬明月，餘衆皆散。

二月，馬邑校尉劉武周、朔方郎將梁師都各據郡起兵。馬邑太守王仁恭多受貨賂，不能振施。郡人劉武周驍勇，喜任俠，爲鷹揚府校尉，仁恭甚親厚之，令帥親兵屯閤下。武周與仁恭侍兒私通，恐事泄，謀亂，先宣言曰：「今百姓饑饉，僵屍滿道，王府君閉倉不賑恤，豈爲民父母之意乎！」衆皆憤怒。武周稱疾臥家，豪傑來候問，武周椎牛縱酒，因大言曰：「壯士豈能坐待溝壑！今倉粟爛積，誰能與我共取之？」豪傑皆許諾。武周入謁仁恭，其黨隨入，斬仁恭，持其首出徇，郡中無敢動者。於是開倉以賑飢民，馳檄境內，收兵得萬餘人。遣使附于突厥。師都亦殺郡丞，據郡附突厥。

翟讓、李密據興洛倉，擊敗東都兵。讓推密稱魏公，略取河南諸郡。李密說翟讓曰：「今東都空虛，越王沖幼，政令不壹，士民離心。段達、元文都闇而無謀，以僕料之，彼非將軍之敵。若將軍能用僕計，天下可指麾而定也。」乃遣其黨覘東都虛實，留守官司覺之，始爲守備，馳告江都。密曰：「事勢如此，不可不發。今百姓饑饉，洛口倉多積粟，將軍若親行掩襲，彼未能救，取之如拾遺耳。發粟以賑窮乏，遠近孰不歸附！百萬之衆，一朝可集，枕威養鋭，以逸待勞，縱彼能來，吾有備矣。然後檄召四方，引賢豪而資計策，選驍悍而授兵柄，除亡隋之社稷，布將軍之政令，豈不盛哉！」讓曰：「此英雄之略，非僕所堪，惟君之命，盡力從事。」於是密、讓將精兵七千人出陽城，襲興洛倉，開倉恣民所取，老弱襁負相屬。時德叡以尉氏應密，祖君彦往歸之。君彦，珽之子也，博學强記，文辭贍敏，薛道衡嘗薦之於高祖，高祖曰：「是歌殺斛律明月人兒邪？朕不須此輩！」帝即位，尤疾其名，調宿城令。君彦恒鬱鬱思亂，密得之喜，引爲上客。越王侗遣郎將劉長恭帥步騎二萬討密〔一六〕，而使河南討捕使裴仁基等自汜水西入以掩其後。時東都人皆以密爲飢賊盜米，烏合易破，爭來應募，衣服鮮華，旗鼓甚盛，陳於石子河西。密、讓選驍雄，分爲十隊，令四隊伏嶺下以待仁基，以六隊陳於石子河東。長恭等見密兵少，輕之。

讓先接戰，不利，密帥麾下橫衝之，隋兵大敗，死者什五、六。密、讓威聲大振。讓於是推密爲主，號魏公，稱元年，其文書行下，稱行軍元帥府。拜讓司徒，單雄信、徐世勣爲大將軍，各領所部；房彥藻、邴元真爲長史，祖君彥爲記室。於是趙、魏以南，江、淮以北，羣盜莫不響應，悉拜官爵，使各領其衆，置百營簿以領之，衆至數十萬。乃廣築洛口城，周四十里而居之。遣彥藻將兵東略地，取安陸、汝南、淮安、濟陽，河南郡縣多陷於密。

三月，突厥立劉武周爲定楊可汗，取樓煩、定襄、雁門諸郡。武周襲破樓煩郡，進取汾陽宮，獲隋宮人，以賂突厥始畢可汗。始畢以馬報之，兵勢益振，又攻陷定襄。突厥立武周爲定楊可汗，遺以狼頭纛。武周即皇帝位，改元，以衛士楊伏念爲左僕射，妹壻苑君璋爲内史令。引兵圍雁門，郡丞陳孝意悉力拒守，乘間出擊，武周屢破之。既而外無救援，遣間使詣江都，皆不報。孝意誓以必死，旦暮向詔敕庫俯伏流涕，悲動左右。百餘日，食盡，校尉張倫殺孝意以降。

梁師都取雕陰、弘化、延安等郡，自稱梁帝，引突厥寇邊。師都略定雕陰、弘化、延安等郡，遂即皇帝位，國號梁。始畢遺以狼頭纛，號爲大度毗伽可汗。師都乃引突厥居河南之地，攻破鹽川郡。

流人郭子和起兵榆林，突厥以爲屋利設。翊衛郭子和坐事徙榆林。會郡中大饑，子和潛結敢死士十八人〔一七〕，執郡丞，數以不恤百姓，斬之，開倉賑施。自稱永樂王，有二千餘騎，南連梁師都，北附突厥。始畢以劉武周爲定楊天子，梁師都爲解事天子，子和爲平楊天子〔一八〕。子和辭不敢當，乃更以爲屋利設。

夏，四月，金城校尉薛舉起兵隴西，自稱西秦霸王。舉驍勇絶倫，家貲巨萬，交結豪傑，雄於西邊，爲金城府校尉。時隴右盜起，金城令郝瑗募兵得數千人，使舉將而討之。方授甲，置酒饗士，舉與其子仁果及同黨十三人〔一九〕，於座劫瑗發兵，開倉賑施，自稱西秦霸王。招集羣盜，掠官牧馬。賊帥宗羅睺帥衆歸之。選精鋭克枹罕。岷山羌酋鍾利俗擁衆二萬歸之，舉兵大振。以仁果爲齊王，領東道行軍元帥，少子仁越爲晉王，兼河州刺史，羅睺爲興王，以副仁果。未幾，盡得隴西之地，衆至十三萬。

河南討捕使裴仁基以虎牢降李密。密攻東都，入其郛。李密以孟讓爲總管，使夜帥步騎入東都外郭燒掠。於是東都居民悉遷入宮城。鞏縣長柴孝和、監察御史鄭頲以城降密，密以孝和爲護軍，頲爲右長史。裴仁基每破賊，得軍資，悉以賞士卒，監軍御史蕭懷静不許，屢求仁基長短劾奏之。倉城之戰，仁基失期不至，恐獲罪。李密使人説之。賈閏甫勸仁基降密，仁基曰：「如蕭御史何？」閏甫曰：「蕭君如栖上雞，若不知機變，在明公一刀耳。」仁基從之，遣閏甫詣密請降。密大喜，以閏甫爲參軍，使之復命。仁基還屯虎牢。蕭懷静密表其事，仁基知之，遂殺懷静，帥其衆以虎牢降密。密以仁基爲上柱國。仁基子行儼驍勇善戰，密亦以爲上柱國。密得秦叔寶及程齩金，皆以爲驃騎。齩金，後更名知節。羅士信、趙仁基皆帥衆歸密，密署爲總管，使各統所部。遣裴仁基、孟讓帥二萬餘人襲回洛東倉，破之。遂燒天津橋，縱兵大掠。東都出兵擊之，仁基等敗走，密自帥衆屯回洛倉。攻偃師、金墉，皆不克，還洛口。東都城内乏粮，而布帛山積，至然布以爨。越王侗使人運回洛倉米入城，遣兵屯豐都市、上春門、北邙山，爲九營以備密。汝陰、淮陽降密。密復據回洛倉，段達等出兵拒之，敗走。密遂移檄郡縣，數帝十罪，且曰：「罄南山之竹，書罪無窮；決東海之波，流惡難盡。」祖君彦之辭也。越王侗遣太常丞元善達間行詣江都，奏曰：「李密圍逼東都，城内無食。若陛下速還，烏合必散。不然者，東都決没。」因歔欷嗚咽，帝爲之改容。虞世基進曰：「越王年少，此輩誑之。若如所言，善達何緣來至？」帝乃怒曰：「善達小人，敢廷辱我！」因使向東陽催運，善達遂爲羣盜所殺。是後，人莫敢以賊聞。世基容貌沈審，言多合意，特爲帝所親愛，鬻官賣獄，其門如市，朝野共疾怨之。舍人封德彝託附世基，以世基不閑吏務，密爲指畫，諂順帝意，表疏忤旨者，皆屏而不奏。鞫獄多峻文深詆，行賞則抑削就薄。故世基之寵日隆，而隋政益壞，皆德彝所爲也。

五月，李淵起兵太原，殺副留守王威、高君雅。初，淵娶於神武肅公竇毅，生四男：建成、世民、玄霸、元吉，一女，適太子千牛備身臨汾柴紹。世民聰明勇決，識量過人，見隋室方亂，陰有安天下之志，傾身下士，散財結客，咸得其歡心。娶長孫晟女。晟族弟右勳衛順德，與右勳侍劉弘基皆避遼東之役，亡命晉陽，與世民善。左親衛竇琮亦亡命太原，素與世民有隙，世民加意待之，琮意乃安。晉陽宮監裴寂、晉陽令劉文静相與同宿，見城上烽火，寂歎曰：「貧賤如此，復逢亂離，何以自存？」文静笑曰：「時事可知，吾二人相得，何憂貧賤？」文静見李世民而異之，深自結納，謂寂曰：「此人雖少，命世才也。」寂初未然之。文静坐與李密連昏繫獄，世民就省之。文静曰：「天下大亂，非高、光之才，不能定也。」世民曰：「安知其無，但人不識耳。我來相省，非兒女之情，欲與君議大事也。計將安出？」文静曰：「今主上南巡江、淮，李密圍逼東都，羣盜殆以萬數。當此之際，有真主驅駕而用之，取天下如反掌耳。太原百姓皆避盗入城，文静爲令數年，知其豪傑，一旦收集，可得十萬人，尊公所將之兵，復且數萬，一言出口，誰敢不從！以此乘虛入關，號令天下，不過半年，帝業成矣。」世民笑曰：「君言正合我意。」乃陰部署賓客，淵不之知也。世民恐淵不從，久不敢言。淵與裴寂有舊，每相與宴語，或連日夜。文静欲因寂關説，乃引寂與世民交。世民出私錢數百萬與寂博，稍以輸之，寂大喜，由是款狎。世民乃以其謀告之，寂許諾。會突厥寇馬邑，淵遣高君雅將兵與王仁恭拒之，不利，恐并獲罪，甚憂之。世民乘間屏人説淵曰：「今主上無道，百姓困窮，晉陽城外皆爲戰場。大人若守小節，下有寇盗，上有嚴刑，危亡無日。不若順民心，興義兵，轉禍爲福，此天授之時也。」淵大驚曰：「汝安得爲此言！吾今執汝以告縣官。」世民徐曰：「世民覩天時、人事如此，故敢發言。必欲執告，不敢辭死！」淵曰：「吾豈忍告汝，汝慎勿出口！」明日，世民復説淵曰：「人皆傳李氏當應圖讖，故李金才無罪，一朝族滅。大人設能盡賊，則功高不賞，身益危矣。唯昨日之言，可以救禍，此萬全之策也。願大人勿疑！」淵乃歎曰：「吾一夕思汝言，亦大有理。今日破家亡軀亦由汝，化家爲國亦由汝矣！」先是，裴寂私以晉陽宫人侍淵，至是，淵從寂飲，酒酣，寂從容言曰：「二郎陰養士馬，欲舉大事，正爲寂以宫人侍公，恐事覺并誅耳。衆情已協，公意如何？」淵曰：「事已如此，當復奈何？正須從之耳！」帝以淵與王仁恭不能禦寇，遣使者執詣江都。淵大懼，世民與寂等復説淵曰：「事已迫矣，宜早定計。且晉陽士馬精强，宫監蓄積巨萬，代王幼冲，關中豪傑並起，公若鼓行而西，撫而有之，如探囊中之物耳。奈何受單使之囚，坐取夷滅乎？」淵然之，密部勒將發。會帝遣使馳驛赦淵及仁恭，淵謀亦緩。大理司直夏侯端謂淵曰：「今帝座不安，參墟得歲，必有真人起於其分，非公而誰乎！」司馬許世緒、司鎧武士彠、前勳衛唐憲、憲弟儉皆勸淵舉兵。時建成、元吉尚在河東，故淵遷延未發。劉文静謂裴寂曰：「先發制人，後發制於人。且公爲宫監，而以宫人侍客，公死可爾，何誤唐公也？」寂甚懼，屢趣淵起兵。淵乃使文静詐爲敕書，發太原、西河、雁門、馬邑民年二十已上爲兵，擊高麗，由是人情恟恟，思亂者衆。及劉武周據汾陽宫，世民言於淵曰：「大人爲留守，而盜賊竊據離宫，不早建大計，禍今至矣！」淵乃集將佐謂之曰：「武周據汾陽宫，吾輩罪當族滅，若之何？」王威等皆懼，請計，淵曰：「朝廷用兵，皆稟節度。今賊在數百里内，江都在三千里外，加以道路險要，復有他賊據之。以嬰城膠柱之兵，當巨猾豕突之勢，必不全矣。進退維谷，何爲而可？」威等皆曰：「公地兼親賢，同國休戚，要在平賊，專之可也。」淵陽若不得已而從之者，曰：「然則先當集兵。」乃命世民與劉文静、長孫順德、劉弘基等各募兵，遠近赴集，旬日間近萬人，仍密遣使召建成、元吉於河東，柴紹於長安。王威、高君雅見兵大集，疑淵有異志，謂武士彠曰：「順德、弘基皆背征三侍，安得將兵？」欲收按之。士彠曰：「二人皆唐公客，若爾，必大致紛紜。」威等乃止。威、君雅欲因晉祠祈雨討淵。五月，淵使世民伏兵於晉陽宫城之外。旦，與威、君雅共坐視事，使劉文静引開陽府司馬劉政會入，告「威、君雅潛引突厥入寇」。君雅攘袂大詬，世民已布兵塞路，文静因與弘基、順德等共執威、君雅繫獄〔二〇〕。會突厥數萬衆寇晉陽，淵命裴寂等勒兵爲備，而悉開諸城門，突厥不敢進。衆以爲威、君雅實召之也，於是斬威、君雅以徇。突厥大掠而去。

東都遣兵擊李密，大破之，密退屯洛口。

帝命將軍龐玉、郎將霍世舉將關内兵援東都。柴孝和說李密曰：「秦地山川之固，秦、漢所憑以成王業者也。今不若使翟司徒守洛口，裴柱國守回洛，明公自簡精鋭西襲長安，然後東向以平河、洛，傳檄而天下定矣。不早爲之，必有先我者，悔之無及！」密曰：「此誠上策。但昏主尚存，從兵猶衆，我兵皆山東人，誰肯從我西入？諸將出於羣盜，留之各競雌雄，如此，則大業隳矣！」孝和曰：「然則僕請間行觀釁。」密許之。孝和與數十騎至陝縣，山賊歸之者萬餘人。會密爲流矢所中，卧營中，越王侗使段達與龐玉等夜出兵與戰，大破之。密乃棄回洛，奔洛口。孝和衆散，輕騎歸密。密以鄭頲、鄭乾象爲左、右司馬。

六月，李淵遣使如突厥。李建成、李元吉棄其弟智雲於河東而去，吏執送長安，殺之。六月，建成、元吉與柴紹偕至晉陽。劉文靜勸李淵與突厥相結，資其士馬以益兵勢。淵從之，自爲手啓，卑辭厚禮，遺始畢可汗云：「欲舉義兵迎主上，復與突厥和親。若能與我俱南，願勿侵暴百姓。若但和親，坐受寶貨，亦唯可汗所擇。」始畢得啓，謂其大臣曰：「隋主爲人，我所知也，若迎以來，必害唐公而擊我無疑矣。苟唐公自爲天子，我當以兵馬助之。」即命以此意爲復書。使者七日而返，將佐皆喜，請從突厥之言，淵不可，曰：「諸君宜更思其次。」寂等乃請尊天子爲太上皇，立代王爲帝，以安隋室；移檄郡縣，改易旗幟，雜用絳白，以示突厥。淵曰：「此可謂『掩耳盜鍾』，然逼於時事，不得不爾。」乃許之，遣使以此告突厥。

李淵遣世子建成及世民擊西河郡，拔之，斬郡丞高德儒。西河郡不從淵命，淵使建成、世民將兵擊之。時軍士新集，咸未閲習，建成、世民與之同甘苦，遇敵則以身先之。近道菜果，非買不食，軍士有竊之者，輒求其主償之，亦不詰竊者，兵民皆悦。至西河城下，郡丞高德儒閉城拒守，攻拔之。執德儒至軍門，世民數之曰：「汝指野鳥爲鸞，以欺人主，取高官，吾興義兵，正爲誅佞人耳！」遂斬之。自餘不戮一人，秋毫無犯，各慰撫使復業，遠近聞之大悦。建成等引兵還晉陽，往返凡九日。淵喜曰：「以此行兵，雖横行天下可也。」遂定入關之計。

李淵自稱大將軍，開府置官屬。淵開倉以賑貧民，應募者日益多。淵命爲三軍，分左右，通謂之義士。裴寂等上淵號爲大將軍。淵以寂爲長史，劉文靜爲司馬，唐儉、温大雅爲記室，大雅仍與弟大有共掌機密，武士彠爲鎧曹，劉政會及崔善爲、張道源爲户曹，姜謩爲司功參軍，殷開山爲府掾，長孫順德、劉弘基、竇琮及王長諧、姜寶誼、陽屯爲左、右統軍，自餘文武，隨才授任。以世子建成爲隴西公、左領軍大都督，左三統軍隸焉；世民爲敦煌公、右領軍大都督，右三統軍隸焉，各置官屬。以柴紹爲右領軍府長史。諮議〔二一〕。

李密復取回洛倉。李密復帥衆向東都，大戰于平樂園。密左騎右步，中列强弩，鳴千鼓以衝之，東都兵大敗。密復取回洛倉。

突厥遣使至太原，李淵遣劉文靜報之。突厥遣其柱國康鞘利等送馬千匹，詣李淵爲互市，許發兵送淵入關。淵拜受書，擇其馬之善者，止市其半。義士請以私錢市其餘，淵曰：「虜饒馬而貪利，其來將不已，恐汝不能市也。吾所以少取者，示貧且不以爲急故爾，當爲汝貨之，不足爲汝費也。」淵命劉文靜使於突厥以請兵，私謂文靜曰：「胡騎入中國，生民之大蠹也。吾所以欲得之者，恐劉武周引之共爲邊患。又胡馬行牧，不費芻粟，聊欲藉之以爲聲勢耳。數百人之外，無所用之。」

秋，七月，李淵引兵至霍邑，代王侑遣郎將宋老生、將軍屈突通將兵拒之。

李淵以子元吉爲太原太守，留守晉陽宮；帥甲士三萬發晉陽，誓衆移檄，諭以尊立代王之意。西突厥阿史那大奈亦帥其衆以從。淵至西河，慰勞吏民，賑贍窮乏。民年七十已上，皆除散官，其餘豪傑，隨才授任，一日除千餘人。至賈胡堡，去霍邑五十餘里。代王侑遣郎將宋老生帥精兵二萬屯霍邑〔一二〕，大將軍屈突通將驍果數萬屯河東以拒淵。會積雨，淵不得進。劉文靜至突厥，見始畢可汗請兵，且與之約曰：「若入長安，民衆土地入唐公，金玉繒帛歸突厥。」始畢大喜。淵以書招李密，密自恃兵强，欲爲盟主，復書曰：「所望左提右挈，戮力同心，執子嬰於咸陽，殪商辛於牧野。」淵得書，笑曰：「密妄自矜大，非折簡可致。吾方有事關中，若遽絶之，乃是更生一敵，不如卑辭推奬以驕其志，使爲我塞成皋之道，綴東都之兵，我得專意西征。俟關中平定，據險養威，徐觀蚌鷸之勢，以收漁人之功，未爲晚也。」乃復書曰：「天生蒸民，必有司牧。當今爲牧，非子而誰？老夫年逾知命，願不及此。欣戴大弟，攀鱗附翼，唯弟早膺圖籙，以寧兆民！宗盟之長，屬籍見容，復封於唐，斯榮足矣。」密得書甚喜，以示將佐曰：「唐公見推，天下不足定矣！」自是信使往來不絶。雨久不止，淵軍中糧乏；劉文靜未返，或傳突厥與劉武周乘虛襲晉陽，淵欲北還。裴寂等亦以爲「隋兵尚强，未易猝下。李密姦謀難測，武周惟利是視，不如還救根本，更圖後舉」。李世民曰：「今禾菽被野，何憂乏糧？老生輕躁，一戰可擒。李密顧戀倉粟，未遑遠略。武周與突厥，外雖相附，內實相猜。武周雖遠利太原，豈可近忘馬邑！本興大義，奮不顧身，以救蒼生，當先入咸陽，號令天下。今遇小敵，遽已班師，恐從義之徒，一朝解體。還守太原一城之地，爲賊耳，何以自全！」建成亦以爲然。淵不聽，促令引發。世民將復入諫，會淵已寢，不得入，號哭於外，聲聞帳中。淵召問之，世民曰：「今兵以義動，進戰則克，退還則散。衆散於前，敵乘於後，死亡無日，何得不悲〔二三〕？」淵乃悟曰：「軍已發，奈何？」世民曰：「右軍嚴而未發，左軍去亦未遠，請自追之。」淵笑曰：「吾之成敗皆在爾，唯爾所爲！」世民乃與建成分道夜追左軍復還。既而太原運糧亦至。

胡氏曰：武王伐商，數紂之罪則多矣，煬帝皆有之，而弒父殺兄，則紂之所未有，其當討無疑矣。李淵聲其大逆不道之罪，而舉兵討之，則雖德非成湯，亦無愧於自亳之載。世民不必用宫人私侍以劫父也，不必詐爲敕書發民以鼓怨也，不必稱臣突厥也，不必尊江都而立代王也，不必推奬李密以驕其志也，堅守晉陽，收召豪傑，厚集其衆，分擊二京，義聲既振，羣盜自下，乃遣良將總鋭師，南指揚土，則不逾旬時，罪人斯得，天下歸唐，其孰能禦之！惜乎！世民有安天下之志，才足以撥亂，而無湯、武反身之學；劉文靜智謀之士耳，裴寂又出其下，故雖乘時舉事，不旋踵成功，而用智術，違義理者多矣。

武威司馬李軌起兵河西，自稱凉王。軌家富，任俠。薛舉起兵金城，軌與同郡曹珍、關謹、梁碩、李贇、安修仁等謀曰：「薛舉必來侵暴，郡官庸怯，勢不能禦，吾輩豈可束手，并妻孥爲人所虜邪！不若相與并力拒之，保據河右，以待天下之變。」衆皆以爲然，欲推一人爲主，各相讓，莫肯當。曹珍曰：「久聞圖讖李氏當王。今軌在謀中，乃天命也。」遂相與拜軌，奉以爲主。軌乃令修仁集諸胡，自結民間豪傑，共起兵，稱河西大涼王，置官屬。關謹等欲盡殺隋官，分其家貲，軌曰：「今興義兵以救生民，乃殺人取貨，此羣盜耳，將何以濟！」乃止。薛舉遣其將常仲興濟河擊軌，與軌將李贇戰於昌松，仲興舉軍敗沒。軌欲縱遣之，贇曰：「力戰獲俘，復縱以資敵，將焉用之！不如盡阬之。」軌曰：「天若祚我，當擒其主，此屬終爲我有。若其無成，留此何益？」乃縱之。未幾，攻張掖、敦煌、西平、枹罕，皆克之，盡有河西五郡之地。

薛舉自稱秦帝，徙據天水。薛舉稱帝，立仁杲爲太子。遣仁杲將兵取天水，徙都之。仁杲多力，善騎射，軍中號「萬人敵」，然性貪而好殺。其克天水，悉召富人，倒懸之，以醋灌鼻，責其金寶。舉每戒之曰：「汝之才略足以辦事，然苛虐無恩，終當覆我國家。」

涿郡留守薛世雄擊李密，竇建德襲破之，遂圍河間。詔涿郡留守薛世雄將燕地精兵三萬討李密，命王世充等諸將皆受節度，所過盜賊，隨便誅翦。世雄行至河間，軍於七里井。竇建德士衆惶懼，悉拔諸城南遁，聲言還入豆子䴚。世雄以爲畏己，不復設備。建德謀還襲之。其處去世雄營百四十里，建德帥敢死士二百八十人先行，令餘衆續發，約曰：「夜至，則擊其營；已明，則降之。」未至二里所，天欲明，建德惶惑議降。會天大霧，咫尺不辨，建德喜曰：「天贊我也！」遂突入其營擊之，士卒大亂，世雄遁歸涿郡，恐恚發病卒。建德遂圍河間。

八月，李淵與宋老生戰，斬之，遂取霍邑。八月，雨霽，李淵趣霍邑。淵恐宋老生不出，建成、世民曰：「老生勇而無謀〔二四〕，以輕騎挑之，理無不出；脫其固守，則誣以貳於我，彼恐爲左右所奏，安敢不出？」淵然之，乃與數百騎先至霍邑城東數里以待步兵，使建成、世民將數十騎至城下，舉鞭指麾，若將圍城之狀，且詬之。老生怒，引兵三萬分道而出，淵使殷開山趣召後軍。後軍至，淵欲使軍士先食而戰，世民曰：「時不可失。」淵乃與建成陳於城東，世民陳於城南。淵、建成戰小却，世民與軍頭段志玄自南原引兵馳下，衝老生陳，出其背。老生兵敗投塹，劉弘基就斬之。僵屍數里。日已暮，淵即命登城，時無攻具，將士肉薄而登，遂克之。及行賞，軍吏疑奴應募者不得與良人同，淵曰：「矢石之間，不辨貴賤，論勳之際，何有等差？宜並從本勳授。」引見霍邑吏民，勞賞如西河，選其丁壯使從軍。關中軍士欲歸者，並授五品散官，遣歸。或諫以官太濫，淵曰：「隋氏吝惜勳賞，此所以失人心也，奈何效之！且收衆以官，不勝於用兵乎！」

李淵克臨汾、絳郡。劉文靜以突厥兵至，遂下韓城。李淵入臨汾，絳郡通守陳叔達拒守，進攻，克之。叔達，陳高宗之子，有才學，淵禮而用之。至龍門，劉文靜、康鞘利以突厥兵五百人、馬二千匹來至。淵喜其來緩，謂文靜曰：「吾西行及河，突厥始至，兵少馬多，皆君將命之功也。」汾陽薛大鼎説淵：「請勿攻河東，自龍門直濟河，據永豐倉，傳檄遠近，關中可坐取也。」淵將從之，諸將請先攻河東，河東縣户曹任瓌説淵曰：「關中豪傑皆企踵以待義兵。瓌在馮翊積年，知其豪傑，請往諭之，必從風而靡。義師自梁山濟河，指韓城，逼郃陽。蕭造文吏，必望塵請服；孫華之徒，皆當遠迎，然後鼓行而進，直據永豐，雖未得長安，關中固已定矣。」淵悦。時關内羣盜，孫華最强。淵至汾陰，以書招之。華來見淵，淵慰獎之。以任瓌爲招慰大使，瓌説韓城，下之。淵謂王長諧等曰：「屈突通精兵不少，相去五十餘里，不敢來戰，足明其衆不爲之用。然通畏罪，不敢不出。若自濟河擊卿等，則我進攻河東，必不能守；若全軍守城，則卿等絶其河梁，前扼其喉，後拊其背，彼不走，必爲擒矣。」

九月，以江都婦女配將士。驍果在江都者多逃亡，帝患之，以問裴矩，對曰：「人情非有匹偶，難以久處，請聽軍士於此納室。」帝從之，悉召江都境内寡婦、處女集宫下，恣將士所取。

武陽郡降李密。武陽郡丞元寶藏以郡降李密，密以爲上柱國。寶藏使其客鉅鹿魏徵爲啓謝密，且請改武陽爲魏州，又請帥所部西取魏郡，南會諸將取黎陽倉。密喜，即以寶藏爲魏州總管，召徵掌記室。徵少孤貧，好讀書，有大志，落拓不事生業。始爲道士，寶藏召典書記。密愛其文辭，故召之。初，貴鄉長魏德深爲政清静，不嚴而治。遼東之役，徵税百端，民不堪命，唯貴鄉閭里不擾，有無相通，不竭其力，所求皆給。元寶藏受詔捕賊，數調器械，動以軍法從事。其鄰城營造，皆聚於聽事，官吏督責，猶不能濟。德深聽隨便修營，唯戒吏以不須過勝餘縣，使百姓勞苦。然民各竭心，常爲諸縣之最。縣民愛之如父母。寶藏害其能，遣將千兵赴東都。所領兵聞寶藏降密，思其親戚，輒出都門，東向慟哭而返。或勸之降密，皆泣曰：「我與魏明府同來，何忍棄去！」

李密遣徐世勣取黎陽倉。河南、山東大水，餓莩滿野，詔開黎陽倉賑之，吏不時給，死者日數萬人。徐世勣言於李密曰：「天下大亂，本爲饑饉。今更得黎陽倉，大事濟矣。」密遣世勣帥麾下五千人濟河，會元寶藏、郝孝德共襲破黎陽倉，據之，開倉恣民就食，浹旬間，得勝兵三十餘萬。竇建德、朱粲之徒，亦遣使附密。泰山道士徐洪客獻書於密，以爲：「大衆久聚，恐米盡人散，師老厭戰，難可成功。」勸密「乘進取之機，因士馬之鋭，沿流東指，直向江都，執取獨夫，號令天下」。密壯其言，以書招之，洪客竟不出，莫知所之。

胡氏曰：洪客之謀，奇而正，非惟李密不及，唐初諸人皆不及也。天下未嘗無才，或隱於屠販，或寄於盜賊，洪客、魏徵皆優游黄冠中，而抱匡時之略，懷濟世之具，顧人不能知耳。然李密不足與言，豈洪客未知晉陽興師，或無路以自達，而於密發之耶？以此一言觀之，其胸中之奇固多矣，而迄不自見，豈其不及唐室之興而死歟？抑如黄石公、魯仲連之流歟？嗚呼！其可謂高士矣！

馮翊太守蕭造降於李淵。淵留兵圍河東，自引軍西。時河東未下，三輔豪傑至者日以千數。淵欲引兵西趣長安，猶豫未決。裴寂曰：「屈突通擁大衆，憑堅城，吾捨之而去，若進攻長安不克，退爲河東所踵，腹背受敵，此危道也。不若先克河東，然後西上。」李世民曰：「不然。兵貴神速，吾席累勝之威，撫歸附之衆，鼓行而西，長安之人望風震駭，智不及謀，勇不及斷，取之若振槁葉耳。若淹留自弊於堅城之下，彼得成謀、修備以待我，坐費日月，衆心離沮，則大事去矣。且關中蜂起之將，未有所屬，不可不早招懷也。屈突通自守虜耳，不足爲慮。」淵兩從之，留諸將圍河東，自引軍而西。朝邑法曹靳孝謨以蒲津、中潬二城降，華陰令李孝常以永豐倉降，京兆諸縣亦多遣使請降。

王世充救東都，合擊李密於洛口。王世充等帥所領救東都，越王侗使劉長恭、龐玉等帥兵，與世充等合擊李密於洛口。詔諸軍皆受世充節度。江都郡丞馮慈明向東都，爲密所獲，密素聞其名，延坐勞問，禮意甚厚，因謂曰：「隋祚已盡，公能與孤共立大功乎？」慈明曰：「公家歷事先朝，榮禄兼備，不能善守門閥，乃與玄感舉兵，偶脱罔羅，得有今日，唯圖反噬，未諭高旨。莽、卓、敦、玄，非不强盛，一朝夷滅，罪及祖宗。僕死而後已，不敢聞命！」密怒，囚之。慈明説防人席務本，使亡走。奉表江都，及致書東都，論賊形勢。至雍丘，爲密將李公逸所獲，密又義而釋之。出至營門，翟讓殺之。密之克洛口也，箕山府郎將張季珣固守不下，罵密極口，密怒，攻之，不能克。時密衆數十萬，季珣所領不過數百人，而執志彌固，誓以必死。久之，糧盡水竭，士卒羸病，季珣撫循之，一無離叛，自三月至于是月，城遂陷。季珣見密，不肯拜，曰：「天子爪牙，何容拜賊！」密殺之。

李淵濟河，遣建成守潼關，世民徇渭北。李淵帥諸軍濟河，關中士民歸之者如市。淵遣世子建成、劉文静帥王長諧等諸軍屯永豐倉，守潼關，以備東方兵；慰撫使竇軌等受其節度；世民帥劉弘基等諸軍徇渭北，慰撫使殷開山等受其節度。冠氏長于志寧、安養尉顔師古及世民婦兄長孫無忌謁見淵於長春宫。志寧、師古皆以文學知名，無忌仍有才略，淵皆禮而用之。屈突通署郎將堯君素領河東通守，使守蒲坂，自引兵數萬趣長安，爲劉文静所遏。淵遣其將吕紹宗等攻河東，不能克。

柴紹妻李氏及李神通、段綸各起兵以應李淵。關中羣盗悉降於淵。柴紹之赴太原也，謂其妻李氏曰：「尊公舉兵，今偕行則不可，留此則及禍，奈何？」李氏曰：「君弟速行，我一婦人，易以潛匿，當自爲計。」紹遂行。李氏歸鄠縣别墅，散家貲，聚徒衆。淵從弟神通亦在長安，亡入鄠縣山中，與長安大俠史萬寶等起兵以應淵。西域商胡何潘仁入司竹園爲盗，有衆數萬，劫李綱爲長史。李氏使其奴馬三寶説潘仁，與之就神通，合勢攻鄠縣，下之。神通衆踰一萬，以令狐德棻爲記室。李氏又使馬三寶說羣盜李仲文、向善志、丘師利等，皆帥衆從之。徇盩厔、武功、始平，皆下之，衆至七萬。左親衛段綸娶淵女，亦聚徒於藍田，得萬餘人。各遣使迎淵。淵使柴紹將數百騎並南山迎李氏。關中羣盜皆請降，淵以書慰勞，使受世民節度。

冬，十月，李淵合諸軍圍長安。京兆内史衛文昇年老，聞淵軍至，憂懼成疾，獨將軍陰世師、郡丞骨儀奉代王侑乘城拒守。淵如永豐倉勞軍，賑飢民。進屯馮翊。世民所至，吏民及羣盜歸之如流，世民收其豪傑以備僚屬，營于涇陽，勝兵九萬。李氏將精兵萬餘，會世民於渭北，與柴紹各置幕府，號「娘子軍」。隰城尉房玄齡謁世民於軍門，世民一見如舊識，署記室參軍，引爲謀主。玄齡罄竭心力，知無不爲。淵命劉弘基、殷開山分兵西略扶風，有衆六萬，南渡渭水，屯長安故城。城中出戰，弘基逆擊，破之。世民引兵趣司竹，軍令嚴整，秋毫不犯。遣使白淵，請期日赴長安。淵命建成選倉上精兵，趣長樂宮。世民帥新附諸軍，北屯長安故城。延安、上郡、雕陰皆請降。淵引軍西行，所過離宫、園苑皆罷之，出宫女還其親屬。十月，至長安，諸軍皆集，合二十餘萬。淵命各依壘壁，毋得入村落侵暴。遣使至城下諭衛文昇等，不報。命諸軍進圍城。

蕭銑起兵巴陵，自稱梁王。巴陵校尉董景珍、雷世猛、旅帥鄭文秀、徐德基、張繡等謀據郡叛隋，推景珍爲主。景珍曰：「吾素寒賤，不爲衆所服。羅川令蕭銑，梁室之後，寬仁大度，請奉之以從衆望。」乃遣使報銑。銑喜，從之，聲言討賊，召募得數千人。銑，巖之孫也。會頴川賊帥沈柳生寇羅川，銑與戰不利，因謂其衆曰：「今天下皆叛，隋政不行，巴陵豪傑起兵，欲奉吾爲主。若從其請，以號令江南，可以中興梁祚。以此召柳生，亦當從我矣。」衆皆悅，聽命，乃自稱梁公，改隋服色、旗幟，皆如梁舊。柳生即帥衆歸之，銑以爲車騎將軍。起兵五日，遠近歸附者至數萬人，遂向巴陵。景珍遣徐德基帥郡中豪傑數百人出迎，柳生與其黨謀曰：「我先奉梁公，勳居第一。今巴陵諸將，皆位高兵多，我若入城，返出其下。不如殺德基，質其首領，獨挾梁公，進取郡城，則無出我右者矣！」遂殺德基，入白銑，銑大驚曰：「今欲撥亂返正，忽自相殺，吾不能爲若主矣！」因步出軍門。柳生大懼，伏地請罪，銑責而赦之，陳兵入城。景珍言於銑曰：「徐德基建義功臣，而柳生無故擅殺之，此而不誅，何以爲政？且柳生爲盗日久，今雖從義，凶悖不移，共處一城，勢必爲變。失今不取，後悔無及！」銑又從之。景珍收柳生斬之，其徒皆潰。銑乃築壇燔燎，自稱梁王。

王世充及李密戰於洛北，敗績。王世充營於黑石，分兵守營，自將精兵陳於洛北。李密引兵渡洛逆戰，大敗。密帥精騎度洛南，餘衆東走月城，世充追圍之。密策馬直趣黑石，營中懼，連舉六烽。世充釋月城之圍，狼狽自救。密還與戰，大破之，斬首三千餘級。

十一月，李淵克長安，殺留守官陰世師等十餘人。李淵命諸軍攻城，約「毋得犯七廟及代王、宗室，違者夷三族」。十一月，克長安。代王左右奔散，唯侍讀姚思廉侍側。軍士將登殿，思廉厲聲訶之曰：「唐公舉義兵，匡帝室，卿等毋得無禮！」衆皆愕然，布立庭下。淵迎王於東宮，遷居大興殿後聽〔二五〕。思廉扶王至閤下，泣拜而去。淵還，舍於長樂宮，與民約法十二條，悉除隋苛禁。淵之起兵也，留守官發其墳墓，毀其五廟。至是，衛文昇已卒，執陰世師、骨儀等十餘人斬之，餘無所問。馬邑郡丞三原李靖素與淵有隙，淵將斬之，靖大呼曰：「公興義兵，欲平暴亂，乃以私怨殺壯士乎！」世民爲之固請，乃捨之。世民因召置幕府。靖少負志氣，有文武才略，其舅韓擒虎每撫之曰：「可與言將帥之略者，獨此子耳！」

王世充與李密戰于石子河，敗績。王世充堅壁不出，越王侗遣使勞之。世充慚懼，請戰，與密夾石子河而陳。密布陳十餘里。翟讓先戰不利，世充逐之，王伯當、裴仁基從旁横斷其後，密勒中軍擊之，世充大敗。

李密誘翟讓殺之。翟讓司馬王儒信勸讓自爲大冢宰，總統衆務，以奪密權，讓不從。讓兄弘曰：「天子汝當自爲，奈何與人！汝不爲者，我當爲之。」讓但大笑，不以爲意，密聞而惡之。讓謂房彦藻曰：「君前破汝南，大得寶貨，獨與魏公，全不與我。魏公，我之所立，事未可知！」彦藻懼，與鄭頲共説密曰：「讓貪愎不仁，宜早圖之。」密乃置酒召讓，弘與裴仁基、郝孝德共坐，單雄信等皆立侍，房彦藻、鄭頲往來檢校。密曰：「今日不須多人。」密左右皆引去，讓左右猶在。彦藻白密曰：「今方爲樂，天時甚寒，司徒左右，請給酒食。」讓許之，乃引讓左右盡出，獨密下壯士蔡建德持刀立侍。食未進，密出良弓，與讓習射，讓方引滿，建德自後斫之，并弘、儒信皆殺之。徐世勣走出，門者斫之傷頸，王伯當遥訶止之。單雄信叩頭請命，密釋之。左右驚擾，莫知所爲，密大言曰：「與君等同起義兵，本除暴亂。司徒專行貪虐，陵辱羣僚，今所誅止其一家，諸君無預也〔二六〕。」命扶徐世勣置幕下，親爲傅創。讓麾下欲散，密使單雄信前往宣慰，密尋獨騎入其營，歷加撫諭，令世勣、雄信、伯當分領其衆，中外遂定。讓殘忍，儒信貪縱，故死之日，所部無哀之者。然密之將佐始有自疑之心矣。

李淵立代王侑爲皇帝，尊帝爲太上皇。侑時年十三。

淵自爲大丞相，封唐王，以建成爲唐王世子，世民爲秦公，元吉爲齊公。以武德殿爲丞相府，改教稱令。置丞相府官屬，以裴寂爲長史，劉文靜爲司馬。何潘仁使李綱入見，淵留之，以爲丞相府司録，專掌選事。又以竇威爲司録參軍，使定禮儀。淵傾府庫以賜勳人，國用不足，光禄大夫劉世龍獻策，以爲「今義師數萬，並在京師，樵蘇貴而布帛賤，請伐六街及苑中樹爲樵，以易布帛，可得十數萬匹」。淵從之。

滎陽郡降李密。河南諸郡盡附李密，唯滎陽太守郇王慶、梁郡太守楊汪尚爲隋守。密以書招慶，爲陳利害，且曰：「王之先世，家住山東，本姓郭氏，初非楊族。」初，慶祖父元孫隨母郭氏養於舅族，及武元帝從周文帝起兵關中，元孫在鄴，恐爲高氏所誅，冒姓郭氏，故密云然。慶即以郡降密，復姓郭氏。

十二月，唐王淵追謚其大父爲景王，考爲元王，夫人竇氏爲穆妃。

薛舉侵扶風，唐王淵遣秦公世民擊敗之。薛舉遣其子仁杲寇扶風，唐弼拒之。舉遣使招弼，弼乃請降。仁杲乘其無備，襲破之，悉并其衆，勢益張，衆號三十萬，謀取長安。唐王淵使世民將兵擊之，大破之，追奔至隴坻而還。薛舉大懼，問其羣臣曰：「自古天子有降事乎？」黄門侍郎褚亮曰：「趙佗歸漢，劉禪仕晉，轉禍爲福，自古有之。」衛尉卿郝瑗趨進曰：「陛下失問！褚亮之言，又何悖也！昔漢高祖屢經奔敗，蜀先主亟亡妻子，卒成大業。陛下奈何以一戰不利，遽爲亡國之計乎！」舉亦悔之，曰：「聊以此試君等耳。」乃厚賞瑗，引爲謀主。

河池太守蕭瑀以郡降唐。唐以瑀爲禮部尚書，封宋國公。時榆林、靈武、平涼、安定、漢陽諸郡相繼皆降于唐。

唐王淵遣李孝恭、張道源招慰山南、山東諸州，下之。孝恭，淵之從父兄子也。擊破朱粲，諸將請盡殺其俘，孝恭曰：「不可。自是以往，誰復肯降矣？」皆釋之。於是降附者三十餘州。

屈突通降唐。唐遣通招河東通守堯君素，不下。屈突通與劉文静相持月餘，復使桑顯和夜襲文静營，文静悉力苦戰，顯和敗走。通勢益蹙。或説通降，通泣曰：「吾歷事兩主，恩顧甚厚。食人之禄而違其難，吾不爲也！」每自摩其頸，曰：「要當爲國家受一刀。」勞勉將士，未嘗不流涕，人亦以此懷之。及聞長安不守，家屬皆爲淵所虜，乃留顯和鎮潼關，引兵東出，將趣洛陽。顯和即以城降。文静遣竇琮等與顯和追之，及於稠桑。通結陳自固，竇琮遣通子壽往諭之，通罵曰：「此賊何來！昔與汝爲父子，今與汝爲仇讎！」命左右射之。顯和謂其衆曰：「今京城已陷，汝輩皆關中人，去欲何之？」衆皆釋仗而降。通知不免，下馬，東南再拜號哭，曰：「臣力屈至此，非敢負國。」軍人執送長安，淵以爲兵部尚書，賜爵蔣公，兼秦公長史。遣至河東城下，招諭堯君素，君素歔欷不自勝，通亦泣下霑衿，因謂君素曰：「事勢如此，卿當早降！」君素曰：「公爲國大臣，主上委公以關中，代王付公以社稷，奈何負國生降，更爲人作説客耶？且公所乘馬，代王所賜也，公何面目乘之哉！」通曰：「我力屈耳！」君素曰：

「我力猶未屈，何用多言！」通慚而退。

王世充襲李密，敗績。東都米斗三千，人餓死者什二、三。王世充軍士有亡降李密者，密問：「世充軍中何爲？」軍士曰：「比見益募兵，再饗將士，不知其故。」密謂裴仁基曰：「吾幾落奴度中。吾久不出兵，世充芻糧將竭，求戰不得，故募兵饗士，欲乘月晦以襲倉城耳。宜速備之。」乃命郝孝德、王伯當、孟讓勒兵分屯城側以待之。其夕，世充兵果至，伯當遇之，不利，總管魯儒拒却之，伯當收兵擊之，斬其驍將，士卒戰溺死者千餘人。世充屢戰不勝，越王侗遣使勞之，世充訴以兵少，侗以兵七萬益之。

唐劉文靜取弘農。

唐王淵遣使徇巴、蜀，下之。

蕭銑取豫章，林士弘退保餘干。

校勘記

〔一〕自番州刺史召還 「番州刺史」原作「襄州總管」，據通鑑卷一八一隋煬帝大業五年末條、隋書卷五七薛道衡傳、卷四八楊素傳改。又「番」，殿本作「潘」，誤。按隋有番州，無潘州。

〔二〕父收幼從母嫁王氏 「收幼」原脫，據殿本、通鑑卷一八一隋煬帝大業六年三月條、北史卷七九王世充傳補。

〔三〕御史於船前選補　「船前」原作「前船」，據殿本、通鑑卷一八一隋煬帝大業七年二月乙亥日條改。

〔四〕處羅大敗　「處羅」原脱，據殿本、通鑑卷一八一隋煬帝大業七年十二月條補。

〔五〕左候衛大將軍段文振卒于師　「候衛」原作「衛候」，據殿本、通鑑卷一八一隋煬帝大業八年三月辛卯日條改。

〔六〕既成趣東岸　此五字原脱，據月崖書堂本、成化本、殿本、通鑑卷一八一隋煬帝大業八年三月條補。月崖書堂本、成化本無「既」，殿本「既」作「未」。

〔七〕玄感每誓衆曰　「玄感」原脱，據殿本、通鑑卷一八二隋煬帝大業九年四月條補。

〔八〕隱居常熟　「熟」原作「孰」，據殿本、通鑑卷一八二隋煬帝大業九年八月癸卯日條改。

〔九〕與臨濟輔公祏爲刎頸交　「祏」原作「祐」，據月崖書堂本、殿本、舊唐書卷五六輔公祏傳、新唐書卷八七輔公祏傳改。

〔一〇〕正與慕容超同符　「超」原作「德」，據殿本改。

〔一一〕朝集使不至者二十餘郡　「二」原作「三」，據殿本、通鑑卷一八三隋煬帝大業十二年正月條改。

〔一二〕天下何處有許多賊　「許多」原作「多許」，據殿本、通鑑卷一八三隋煬帝大業十二年五月條、北史卷七四裴藴傳改。

〔一三〕案驗獄成　「案」原作「安」，據殿本、通鑑卷一八三隋煬帝大業十二年五月條改。
〔一四〕由是漸敬密　「密」原作「皆」，據殿本、通鑑卷一八三隋煬帝大業十二年十月條改。
〔一五〕内史郎虞世基以帝惡聞賊盜　「郎」，通鑑卷一八三隋煬帝大業十二年十二月條、隋書卷五恭帝紀作「侍郎」。
〔一六〕帥步騎二萬討密　「二萬」，月崖書堂本、成化本、通鑑卷一八三隋恭帝義寧元年二月條作「二萬五千」，殿本作「一萬五千」。
〔一七〕子和潛結敢死士十八人　「士」原作「二」，據殿本、通鑑卷一八三隋恭帝義寧元年三月條改。
〔一八〕子和爲平楊天子　「楊」原作「陽」，據通鑑卷一八三隋恭帝義寧元年三月條改。
〔一九〕舉與其子仁杲及同黨十三人　「杲」原作「果」，據殿本、舊唐書卷五五薛仁杲傳、新唐書卷八六薛仁杲傳改。
〔二〇〕文靜因與弘基順德等共執威君雅繫獄　「弘」原作「玄」，據殿本、通鑑卷一八三隋恭帝義寧元年五月癸亥日條改。
〔二一〕以柴紹爲右領軍府長史諮議　諸本同。按通鑑卷一八四隋恭帝義寧元年六月條，柴紹官右領軍府長史，爲諮議者劉瞻，綱目誤繫之柴紹官銜下。
〔二二〕代王侑遣郎將宋老生帥精兵二萬屯霍邑　「代」原作「伏」，據殿本、通鑑卷一八四隋恭帝義寧元年七月壬子日條、隋書卷五恭帝紀改。

〔二三〕何得不悲　「何」原作「可」，據殿本、通鑑卷一八四隋恭帝義寧元年七月丙子日條改。

〔二四〕老生勇而無謀　「勇」原作「老」，據殿本、通鑑卷一八四隋恭帝義寧元年八月條改。

〔二五〕遷居大興殿後聽　「大」原作「天」，據殿本、通鑑卷一八四隋恭帝義寧元年十一月丙辰日條、隋書卷五恭帝紀改。

〔二六〕諸君無預也　「君」原作「軍」，據殿本、通鑑卷一八四隋恭帝義寧元年十一月條改。

資治通鑑綱目卷三十八

起戊寅隋恭帝侗皇泰元年、唐高祖武德元年，盡甲申唐高祖武德七年，凡七年。

戊寅（六一八）

隋恭帝侑義寧二年、恭帝侗皇泰元年、唐高祖神堯皇帝李淵武德元年。夏王竇建德五鳳元、凉王李軌安樂元、楚王朱粲昌達元年。是歲，隋煬帝廣、恭帝侑、秦、魏亡，并楚士弘、魏、定楊、梁師都、梁銑，凡十二國〔一〕。

春，正月，唐王淵自加殊禮。劍履上殿，贊拜不名。王既克長安，以書諭降郡縣，於是東自商洛，南盡巴、蜀，郡縣長吏、盜賊、氐、羌爭遣子弟入見請降，有司復書，日以百數。

魏公密敗隋王世充于洛北。王世充既得東都兵，進擊李密於洛北，敗之，遂屯鞏北。命諸將各造浮橋渡洛，橋成者先進，前後不一。密帥敢死士乘之，溺死數萬人，世充僅免，諸軍皆潰。世充復收合亡散，得萬餘人，屯含嘉城。密乘勝進據金墉城，擁兵三十萬，陳於北邙，南逼上春門。越王侗使段達、韋津拒之。達望見密兵盛，懼而反走，密縱兵乘之，軍潰，津死。城中乏食，於是偃師、柏谷、河陽、河内皆降於密。竇建德等並遣使奉表勸進，密曰：「東都未平，未可議此。」

唐遣世子建成、秦公世民救東都，以齊公元吉爲太原道行軍元帥。

三月，隋宇文化及弑其君廣於江都，立秦王浩。煬帝至江都，荒淫益甚，酒巵不離口，然見天下危亂，亦不自安，退朝，則幅巾短衣，徧歷臺館，汲汲顧景，唯恐不足。常仰視天文，謂蕭后曰：「外間大有人圖儂，然且共樂飲耳！」因引滿沈醉。又引鏡自照，曰：「好頭頸，誰當斫之！」后驚問故，帝笑曰：「貴賤苦樂，更迭爲之，亦復何傷？」見中原已亂，無心北歸，欲保江東。門下録事李桐客曰：「江東卑濕，土地險狹，内奉萬乘，外給三軍，民不堪命，恐亦將散亂耳。」御史劾之。於是公卿皆阿意，言：「江東之民望幸已久，陛下撫而臨之，此大禹之事也。」乃命治丹楊宮，將徙都之。時江都糧盡，從駕驍果多關中人，思歸。郎將司馬德戡、元禮、直閤裴虔通等共謀亡去，因轉相招引，日夜結約，於廣坐明論叛計，無復畏避。宮人聞之，言於帝，帝怒斬之，自是無敢言者。郎將趙行樞以告將作少監宇文智及，智及大喜曰：「上雖無道，威令尚行，卿等亡去，徒取死耳。今天實喪隋，英雄並起，同心叛者已數萬人，因行大事，此帝王之業也。」德戡等然之。行樞因請以智及兄許公化及爲主。化及聞之，變色流汗，既而從之。德戡等乃悉召驍果，諭以所爲，皆曰：「唯將軍命！」乃夜於東城集兵，得數萬人，舉火與城外相應。帝望見火，聞外喧囂，問曰：「何事？」虔通對曰：「草坊失火，外人共救之耳。」帝以爲然。明日，未明，德戡使虔通將數百騎入宮，屯衛將軍獨孤盛與左右十餘人拒戰而死。千牛獨孤開遠帥殿内數百人叩閤，請帝自出臨戰，無應者，軍士稍散。先是，帝選驍健官奴數百人置玄武門，謂之「給使」，以備非常。至是，化及等結帝所信司宮魏氏，使矯詔聽給使出外。德戡遂引兵自玄武門入，帝聞亂，易服逃於西閣。

虔通等入永巷，問：「陛下安在？」有美人出指之。校尉令狐行達拔刀直進，扶帝下閣，勒兵守之。至旦，以甲騎迎化及，化及戰栗不能言。既至，德戡等迎謁，引入朝堂，號爲丞相。虔通逼帝出宫，化及見之，曰：「何用持此物出，亟還與手。」於是引帝還至寢殿，虔通等露刃侍立。帝嘆曰：「我何罪至此？」賊黨馬文舉曰：「陛下違棄宗廟，巡遊不息，外勤征討，内極奢淫，使丁壯盡於矢刃，女弱填於溝壑，四民喪業，盜賊蜂起，專任佞諛，飾非拒諫，何謂無罪？」帝曰：「我實負百姓。至於爾輩，榮禄兼極，何乃如是？今日之事，孰爲首邪？」德戡曰：「溥天同怨，何止一人！」化及又使封德彝數帝罪，帝曰：「卿乃士人，何爲亦爾！」德彝赧然而退。帝愛子趙王杲，年十二，在側號慟不已，虔通斬之，血濺御服。欲遂弑帝，帝曰：「天子死自有法，何得加以鋒刃！取鴆酒來。」文舉等不許，使令狐行達縊殺之。初，帝每巡幸，常以蜀王秀自隨，化及既弑帝，欲迎立之，衆議不可，乃殺之，及齊王暕，宗戚無少長皆死。唯秦王浩素與智及往來，且以計全之。暕素失愛於帝，恒相猜忌，帝聞亂，謂蕭后曰：「得非阿孩耶？」化及使人誅暕，暕謂帝使收之，曰：「詔使且緩兒，兒不負國家！」父子至死不相明。又殺虞世基、裴藴、來護兒等。世基弟世南抱世基號泣，請以身代，化及不許。化及自稱大丞相，總百揆。以皇后令立秦王浩爲帝，居别宫，以兵守之，令發詔畫敕而已。以智及、裴矩爲僕射，士及爲内史。初，矩知將有亂，雖廝役皆厚遇之，又建策爲驍果娶婦，故免於難。化及至，又迎拜於馬首，故化及亦以爲僕射。化及之入朝堂也，百官畢賀，蘇威亦往，給事郎許善心獨不至，化及殺之。其母范氏年九十二，撫柩不哭，曰：「吾有子矣！」不食而卒。唐王之入關也，張季珣之弟仲琰爲上洛令，死之。至是，仲琰弟琮爲千牛左右，亦爲化及所殺，兄弟皆死國難，時人愧之。唐王聞變，慟哭曰：「吾北面事人，失道不能救，敢忘哀乎！」追謚曰煬。

唐王淵自爲相國，加九錫。隋以唐王爲相國，總百揆，加九錫。王謂僚屬曰：「此諂諛者所爲耳。孤秉大政，而自加寵錫，可乎？必若循魏、晉之迹，彼皆繁文僞飾，欺天罔人，孤竊恥之。」或曰：「歷代所行，亦何可廢？」王曰：「堯、舜、湯、武，各因其時，取與異道，皆推其至誠以應天順人，未聞夏、商之末必效唐、虞之禪也。」但改丞相爲相國府，其九錫殊禮，皆歸之有司。

范氏曰：唐高祖可謂不自欺矣。然以兵取，而必曰「受禪」，是未免襲衰世之迹也。

胡氏曰：天道誠，聖人亦誠，人非生知安行，必勉於思誠，思而不息，亦能學知而利行矣。湯、武之德，不及堯、舜，而列於聖人者，由此其選也。故其於桀、紂也，尚爲君，則臣之；天命殛之，則伐之，固不虚爲臣之之名，而實爲伐之之事也。唐王惟不正名楊廣爲弑父與君之賊而舉師，是故節目繁多，詭正並用，興王之術，駁而不懿也。夫殊禮固不可自加也，前日都督、丞相、唐王之命，果出恭帝耶？能言湯、武之誠，而不悟在己之多僞，由不學之過也！

宇文化及發江都。宇文化及擁衆十餘萬，據有六宫，自奉如煬帝。以少主浩付尚書省，令衛士守之，遣吏取其畫勑，百官不復朝參。下令欲還長安，奪人舟楫以行。至顯福宫，虎賁郎將麥孟才等與折衝郎將沈光謀曰：「吾儕受先帝厚恩，今俛首事讎，何面目視息世間哉！吾必欲殺之，死無所恨！」光泣曰：「是所望於將軍也。」乃與孟才糾合恩舊，帥所將數千人，將以晨襲化及。語洩，化及殺之，其麾下皆鬬死，無一降者。

隋吳興太守沈法興起兵，據江表十餘郡。法興聞宇文化及弑逆，舉兵討之，得精卒六萬，攻餘杭、毗陵、丹楊，皆下之，據十餘郡。

夏，四月，唐世子建成等還長安。世子建成、秦公世民引兵至東都，城中多欲爲内應者，世民曰：「吾新定關中，根本未固，雖得東都，不能守也。」遂不受。將還，世民又曰：「城中見吾還，必來追躡。」乃設三伏以待之。段達果來追，遇伏而敗。世民遂置新安、宜陽二郡，分兵守之而還。

宇文化及至彭城，魏公密拒之。化及引兵入東郡。宇文化及至彭城，奪人車牛，載宫人、珍寶，而使軍士自負戈甲，道遠疲劇，軍士皆怨。司馬德戡謂趙行樞曰：「君大謬誤我，當今撥亂，必藉英賢。化及庸暗，羣小在側，事將必敗，若之何？」行樞曰：「在我等耳，廢之何難！」遂與諸將謀殺化及。事泄，化及執德戡等讓之，德戡曰：「本殺昏主，苦其淫虐，推立足下，而又甚之。逼於物情，不得已也。」化及殺之，并其黨十餘人。李密據鞏、洛以拒化及，化及不得西，引兵入東郡，通守王軌以城降之。

梁王銑稱皇帝。梁公蕭銑即帝位，置百官，徙都江陵，修復園廟。引岑文本爲中書侍郎，委以機密。又使張繡徇嶺南，郡縣多降。始安郡丞李襲志散財募士，以保郡城，羣盜攻之，皆不能下。聞煬帝遇弑，帥吏民臨三日。或以尉佗之事説之，襲志怒曰：「吾世繼忠貞，江都雖覆，宗社尚存，尉佗狂僭，何足慕也！」欲斬説者，衆乃不敢言。堅守二年，外無聲援，至是城陷，爲銑所虜。於是東自九江，西抵三峽，南盡交趾，北距漢川，銑皆有之，勝兵四十萬。

五月，唐王淵稱皇帝。隋恭帝禪位于唐，唐王即皇帝位。推五運爲土德，色尚黄。

唐罷郡置州，以太守爲刺史。

隋越王侗稱皇帝。東都留守官聞煬帝凶問，奉越王侗即位。段達、王世充爲納言，元文都爲内史令，共掌朝政。侗眉目如畫，温厚仁愛，風格儼然。

突厥遣使如唐。時突厥强盛，東自契丹、室韋，西盡吐谷渾、高昌，諸國皆臣之，控弦百餘萬。唐初起兵，資其兵馬，前後餉遺，不可勝紀。突厥恃功驕倨，每遣使者至長安，多暴横，唐主優容之。

唐定律令，置學校。命裴寂、劉文静等修律令，行之。置國子、太學、四門生三百餘員，郡縣學亦置生員。

六月，唐以趙公世民爲尚書令，裴寂爲右僕射、知政事，劉文靜爲納言，竇威、蕭瑀爲内史令。唐主待裴寂特厚，羣臣莫及，日賜御膳，言無不從，稱爲裴監而不名。委蕭瑀以庶政，事無大小，莫不關掌。瑀亦孜孜盡力，繩違舉過，人皆憚而毁之，瑀終不自理。嘗有敕，不時宣行，唐主責之，瑀對曰：「大業之世，内史宣敕，或前後相違，有司不知所從。今王業經始，事繫安危，故臣每受一敕，必勘審，使與前敕不違，始敢宣行。稽緩之愆，實由於此。」唐主曰：「卿用心如此，吾復何憂！」唐主每視事，自稱名，引貴臣同榻而坐。劉文静諫曰：「貴賤失位，非常久之道。」唐主曰：「諸公皆名德舊齒，平生親友，宿昔之歡，何可忘也！」

胡氏曰：裴、劉皆非宰相才，一時起事同謀，次第至此耳。然自二人長短論之，文靜智計出寂右，建義之舉，又文靜先言，而高祖待寂特厚者，寂之爲人宜於高祖，而文靜之爲人合於太宗也。夫高祖不取磊落奇士，而眷眷於私暱狎比之徒，久而不忘，故唐室初政無足觀者。人主之職，亦論相而止矣。

唐立四親廟。追尊皇高祖熙曰宣簡公，皇曾祖天賜曰懿王，皇祖虎曰景皇帝，廟號太祖，皇考昞曰元皇帝，廟號世祖。妣皆爲后。謚妃竇氏曰穆皇后。每歲祀昊天上帝、皇地祇、神州地祇，以景帝配；感生帝、明堂，以元帝配。

唐立世子建成爲皇太子，世民爲秦王，元吉爲齊王。宗室封王者八人。

秦主舉侵唐涇州。

唐以永安王孝基爲陝州總管。時邊要州皆置總管府，以統數州之兵。

唐廢隋帝侑爲酅國公，而選用其宗室。詔曰：「近世已來，時運遷革，前代親族，莫不誅夷，興亡之效，豈伊人力！其隋蔡王智積等子孫，並付所司，量才選用。」

范氏曰：商之孫子，侯服于周，誅其罪人之身，而立其子，天下公義也，況宗族乎？高祖始即位，而録隋子孫，由漢以來，最爲忠厚，其享國長世，宜哉！

唐以孫伏伽爲治書侍御史。萬年縣法曹孫伏伽上表曰：「隋以惡聞其過亡天下，故陛下得之。然陛下徒知得之之易，而未知隋失之之不難也。謂宜易其覆轍，務盡下情。凡人君言動，不可不慎。陛下今日即位，而明日有獻鷂雛者，此乃少年之事，豈聖主所須哉！又百戲散樂，亡國淫聲，近太常於民間借婦女裙襦以充妓衣，擬五月五日玄武門遊戲，此亦非所以爲子孫法也。夫善惡之習，漸染易移。太子、諸王參僚左右，宜謹擇其人，有門風不睦、素無行義、專好奢靡、以聲色遊獵爲事者，皆不可近。自古骨肉乖離，以至敗亡，未有不因左右離間而然也。」唐主大悦，下詔褒稱，擢爲治書侍御史，賜帛三百疋，仍頒示遠近。

范氏曰：天下之勢，如人一身，必氣血周流無壅，而後能存。諫者使下情上通，上意下達，如血氣之周流於一身也。故言路開則治，言路塞則亂。高祖鑒隋之所以亡，首闢言路，可謂知先務矣。是以民知上之憂己，而疾痛將有所赴愬也。唐室之興，不亦宜乎！

唐竇威卒，以竇抗、陳叔達爲納言。

魏公密敗宇文化及於黎陽，奉表降隋。東都聞宇文化及西來，上下震懼。有蓋琮者上疏，請説李密與之合勢以拒化及，元文都、盧楚以爲然，使琮賫敕書賜密。化及引兵北趣黎陽。李密將徐世勣先據黎陽，畏其軍鋒，西保倉城。化及渡河，保黎陽，分兵圍世勣。密壁於清淇，與世勣以烽火相應，深溝高壘，不與戰。密與化及隔水而語，數之曰：「卿本匈奴皂隸，世受隋恩，主上失德，不能死諫，反行弒逆，天地所不容，將欲何之！」化及默然良久，大言曰：「與爾論相殺事，何須作書語耶！」乃盛修攻具以逼倉城，世勣擊敗之。密畏東都議其後，見蓋琮至，大喜，遂上表乞降，請滅化及以贖罪。隋主引見其使，册拜密太尉、尚書令，封魏公，俟平化及，入朝輔政。元文都等喜於和解，於上東門置酒作樂。王世充作色曰：「朝廷官爵，乃以與賊，其志欲何爲邪？」文都等亦疑世充欲以城應化及，由是有隙。七月，李密悉以精兵東擊化及。化及食盡，入汲郡求軍糧，又遣使拷掠東郡吏民，以責米粟。王軌等不堪其弊，詣密請降。化及大懼，引餘衆二萬北趣魏縣。密知其無能爲，西還鞏、洛，留徐世勣以備之。蘇威在東郡，亦詣密降，密虛心禮之。威初不言帝室艱危，唯再三舞蹈，稱「不圖今日復覩聖明」。時人鄙之。

秋，七月，唐秦王世民與秦主舉戰于高墌，敗績。

薛舉進逼高墌，秦王深溝高壘，不與戰。會得瘧疾，委軍政於長史劉文靜，且戒之曰：「薛舉懸軍深入，食少兵疲，若來挑戰，慎勿應也。俟吾疾愈，爲君等破之。」文靜欲曜武以威之，乃陳於高墌西南，恃衆而不設備。舉潛師掩其後，士卒死什五、六，大將劉弘基等皆没。世民引還長安，舉遂拔高墌。文靜等皆坐除名。

隋王世充殺元文都，隋主以世充爲僕射。魏公密如東都，不至而復。

李密每戰勝，輒使告捷於隋，隋人皆喜。世充獨曰：「文都輩刀筆吏耳，吾觀其勢，必爲李密所擒。且吾軍士屢與密戰，殺其父兄子弟，前後已多，一旦爲之下，吾屬無類矣！」欲以激怒其衆。文都懼，謀因世充朝，伏甲誅之。段達以告世充，世充夜勒兵襲含嘉門。文都入奉隋主御殿，閉門拒守。世充攻太陽門，得入，殺盧楚。隋主使人問世充：「稱兵何爲？」世充下馬謝曰：「元文都、盧楚横見規圖，請殺文都，甘從刑典。」段達令人執送文都，隋主慟哭遣之。世充殺之，及其諸子。段達開門納世充，世充悉遣人代宿衛者，然後入見，謝曰：「文都等欲召李密以危社稷，疾臣違異，深積猜嫌。迫於救死，不暇聞奏。」被髮爲誓，詞淚俱發。隋主以爲誠，以世充爲左僕射、總督内外諸軍事。世充移居尚書省，使兄世惲入居禁中，子弟咸典兵馬，隋主拱手而已。密將入朝，至温，聞變而還。初，密獲東都國子祭酒徐文遠，以故嘗受業，備弟子禮，北面拜之。文遠曰：「將軍之志欲爲伊、霍，以繼絶扶傾，則老夫雖遲暮，猶願盡力。若爲莽、卓，乘危邀利，則無所用老夫矣！」密頓首曰：「願竭庸虚，康濟國難，此密之本志也。」文遠曰：「將軍，名臣之子，失塗至此，若不遠而復，猶不失爲忠義之臣！」密頓首受教。至是，密復問計，文遠曰：「世充亦門人也，其人殘忍，必有異圖。將軍前計爲不諧矣。非破世充，不可入朝也。」

唐詔廢隋離宫。

長樂王建德定都樂壽。初，隋河間郡丞王琮守郡城，建德攻之，歲餘不下。琮聞煬帝凶問，帥吏民發喪。建德遣使弔之，琮乃降，建德退舍待之。琮言及隋亡，俯伏流涕，建德亦爲之泣。諸將請烹之，建德曰：「琮，忠臣也，吾方賞之以勸事君，奈何殺之！往在高雞泊爲盗，容可妄殺人；今欲安百姓，定天下，豈得害忠良乎！」以琮爲瀛州刺史。於是河北郡縣聞之，爭附於建德。先是，建德陷景城，執户曹張玄素，將殺之，縣民千餘號泣，請代其死，曰：「户曹清慎無比，殺之何以勸善？」建德釋之，以爲治書侍御史，固辭。及聞江都敗，以爲黄門侍郎，玄素乃起。饒陽令宋正本，博學有才氣，説建德以定河北之策，建德引爲謀主。定都樂壽，備置百官。

八月，秦主舉卒，子仁杲立。郝瑗言於薛舉曰：「唐兵新破，關中騷動，宜乘勝直取長安。」舉然之，會病卒。仁杲立，居折墌城。

唐立李軌爲涼王。唐主欲與李軌共圖秦、隴，遣使招撫之，謂之從弟。軌大喜，遣弟入貢。遂册拜軌爲涼王。

唐遣秦王世民伐秦。

隋人葬煬帝於江都。隋江都太守陳稜求得煬帝之柩，略備儀衛葬之。

魏公密與隋戰，大敗，遂以其衆降唐。李密驕矜，不恤士衆。徐世勣嘗譏其短，密不懌，使出鎮黎陽以疏之。洛口倉無防守文券，取者隨意委棄衢路，米厚數寸。羣盜來就食者，近百萬口。東都降者，日以百數。淘米洛水，兩岸十里，粲如白沙。密喜，謂賈閏甫曰：「此可謂足食矣！」閏甫曰：「國以民爲本，民以食爲天。今民襁負而至者，以所天在此故也。而有司不吝，屑越如此，一旦米盡民散，孰與成大業哉！」時隋軍乏食，密軍少衣，王世充請交易，密許之，東都降者遂少。世充簡兵擊密，密留王伯當守金墉，邴元真守洛口，自引精兵出偃師北，阻邙山以待之。召諸將會議，裴仁基曰：「世充悉衆而至，洛下必虛，可簡精兵三萬，傍河西出，以逼東都。世充還，我且按甲。如此，則我有餘力，彼勞奔命，破之必矣！」密曰：「公言大善。」既而諸將欲戰者什七、八，密又惑而從之。仁基苦爭不得。魏徵亦言於長史鄭頲曰：「公雖驟勝，而驍將鋭卒多死，戰士心怠，難以應敵。且世充乏食，志在死戰，未若深溝高壘以拒之，不過旬月，世充必退，追而擊之，蔑不勝矣。」頲曰：「此老生之常談耳！」密輕世充，不設壁壘。世充夜遣騎潛入北山，伏谿谷中，命軍士皆秣馬蓐食。遲明薄密，密兵未及成列，世充縱擊之。世充士卒皆江、淮剽勇，出入如飛。戰方酣，伏兵乘高馳下，密衆大潰，馳向洛口。元真已遣人潛引世充矣。單雄信亦降於世充。密自度不能支，帥輕騎奔虎牢。王伯當亦棄金墉，保河陽。密欲南阻河，北守太行，東連黎陽，以圖進取。諸將曰：「兵新失利，衆心危懼，難以成功。」密曰：「孤所恃者衆也，衆既不願，孤道窮矣。諸君幸不相棄，當共歸關中。」衆咸曰：「然。」從密入關者二萬人。於是密之將帥、州縣多降於隋。元真本縣吏，坐贓亡命，從翟讓，讓以爲書記。及密開幕府，薦以爲長史，密不得已用之，未嘗使預謀畫。元真貪鄙，宇文温勸密殺之，元真知之，故叛。雄信驍捷，善馬槊，軍中號「飛將」。房彦藻以雄信輕於去就，勸密除之，密愛其材，不忍也。至是，果叛。

秦圍涇州，唐兵敗績，守將劉感死之。唐將軍劉感鎮涇州，薛仁杲圍之。唐長平王叔良將兵至，仁杲僞遁，又遣高墌人僞以城降，叔良命感帥衆赴之，大敗。仁杲擒感，復圍涇州，令感語城中云：「援兵已敗，不如早降。」感許之，至城下，大呼曰：「逆賊飢餒，亡在朝夕。秦王帥數十萬衆，四面俱集，城中勉之！」仁杲怒，埋感至膝，馳騎射之。至死，聲色逾厲。

唐遣使如突厥，突厥遣使報之。唐遣鄭元璹以女妓賂始畢可汗，始畢遣使報之。唐主與之宴，引升御坐以寵之。

唐行戊寅曆。白馬道士傅仁均所造也。

隋宇文化及弑秦王浩，自稱許帝。宇文化及兵勢日蹙，兄弟酣宴，醉，尤智及曰：「今所向無成，負弑君之名，天下不容，必將滅族，豈不由汝！」智及怒，數相鬬鬩。其衆多亡，化及嘆曰：「人生固當死，豈不一日爲帝乎！」於是鴆殺秦王浩，稱帝於魏縣，國號許。

冬，十月朔，日食。

唐以李密爲光禄卿、邢國公。密將至，唐主遣使迎勞相望，密喜曰：「我擁衆百萬，解甲歸唐，比於竇融，功亦不細，豈不以台司見處乎！」至長安，乃拜光祿卿，賜爵邢國公，密大失望。

唐以淮安王神通爲山東安撫大使。

朱粲自稱楚帝，取唐鄧州，刺史呂子臧死之。鄧州刺史呂子臧與撫慰使馬元規擊朱粲破之，言於元規曰：「粲新敗危懼，併力擊之，一舉可滅。若復遷延，其徒稍集，則爲患深矣。」元規不從。既而粲收集餘衆，兵復大振，自稱楚帝，進攻鄧州。子臧撫膺謂元規曰：「老夫今日坐公死矣！」會霖雨城壞，所親勸子臧降，子臧曰：「安有天子方伯降賊者乎！」帥麾下赴敵而死。俄而城陷，元規亦死。

隋以王世充爲太尉。徐文遠復入東都，見世充，必先拜。或問曰：「君倨見李密而敬王公，何也？」文遠曰：「魏公，君子也，能容賢士；王公，小人也，能殺故人，吾何敢不拜！」

唐以李襲譽爲太府少卿。隋末羣盜起，冠軍司兵李襲譽説西京留守陰世師遣兵據永豐倉，發粟以賑窮乏，出庫物賞戰士，移檄郡縣，同心討賊，世師不能用。乃求募兵山南。唐主克長安，召爲太府少卿，附屬籍。

唐納言竇抗罷。

十一月，凉王軌稱帝。

唐秦王世民破秦兵，圍折墌。秦主仁杲出降。薛仁杲之爲太子也，與諸將多有隙；及即位，衆心猜懼。郝瑗哭舉而死，由是寖弱。秦王世民至高墌，仁杲使宗羅睺將兵拒之。世民堅壁不出，諸將請戰，世民曰：「我軍新敗，士氣沮喪，賊恃勝而驕，有輕我心，宜閉壘以待之。彼驕我奮，可一戰而克也。」乃令軍中曰：「敢言戰者斬！」相持六十餘日，仁杲糧盡，所部多降。世民乃命梁實營於淺水原以誘之，羅睺大喜，盡鋭攻之。數日，世民度其已疲，謂諸將曰：「可以戰矣！」使龐玉陳於原南，羅睺并兵擊之，玉幾不能支，世民乃引大軍自原北出其不意，自帥驍騎陷陳，羅睺軍潰，世民帥騎追之，竇軌叩馬苦諫，世民曰：「破竹之勢不可失也！」遂進圍之。仁杲將士多叛，計窮出降，得其精兵萬餘人。諸將皆賀，因問曰：「大王一戰而勝，遽捨步兵，又無攻具，直造城下，衆皆以爲不克，而卒取之，何也？」世民曰：「羅睺所將，皆隴外驍將悍卒，吾特出其不意而破之，斬獲不多，若緩之，則皆入城，仁杲撫而用之，未易克也；急之，則散歸隴外，折墌虛弱，仁杲破膽，不暇爲謀，此吾所以克也。」衆皆悦服。世民所得降卒，悉使仁杲兄弟及羅睺等將之，與之射獵，無所疑間。賊畏威銜恩，皆願效死。世民聞褚亮名，求訪獲之，引爲文學。唐主使李密迎世民於豳州，密自恃智略功名，見唐主猶有傲色，及見世民，不覺驚服，私謂殷開山曰：「真英主也！不如是，何以定禍亂乎！」唐以姜謩爲秦州刺史，撫以恩信，士民安之。

徐世勣降唐，賜姓李氏。徐世勣據李密舊境，未有所屬。魏徵隨密至長安，無所知名，乃自請安集山東，唐主以爲祕書丞，乘傳至黎陽，勸世勣早降。世勣遂決計西向，謂長史郭孝恪曰：「此民衆土地，皆魏公有也，吾若獻之，是利主之敗，自爲功以邀富貴也，吾實耻之。今宜籍郡縣户口士馬之數以啓魏公，使自獻之。」乃使孝恪詣長安。唐主初怪世勣無表，既而聞之，嘆曰：「世勣不背德，不邀功，真純臣也。」賜姓李氏。使孝恪與世勣經營虎牢以東。

范氏曰：古者天子建國，賜姓命氏，所以别其族類之所出，子孫各本於其祖，不可改也。漢祖賜婁敬姓爲劉，鄙陋無稽甚矣！而唐世遂以爲法，或加於盜賊、夷虜，遂以逆族異類爲同宗。然則古人賜姓者，别之；而後之賜姓者，亂之也。夫天親不可以人爲，而强欲同之，豈理也哉！上瀆其姓，下忘其祖，非先王之制，不可爲後世法也！

唐斬薛仁杲於市。秦王世民還至長安，斬薛仁杲於市。唐主享勞將士，謂羣臣曰：「諸公共相翊戴以成帝業，若天下承平，可共保富貴。使王世充得志，公輩豈有種乎！如仁杲君臣，豈可不以爲鑑也！」

唐遣李密收撫山東。李密遇大朝會，職當進食，深耻之；退，以告王伯當，伯當曰：「天下事，在公度内耳。」乃言於唐主曰：「臣蒙榮寵，曾無報效，山東之衆，皆臣故時麾下，請往收之。憑藉國威，取世充如拾芥耳。」羣臣皆以密狡猾好反，不可遣，唐主不聽。密請賈閏甫偕行，唐主許之，引升御榻，飲勞甚厚。又以王伯當爲副而遣之。

夏王建德取深、冀、易、定等州。有大鳥五，集於樂壽，羣鳥數萬從之。又有得玄圭以獻者，建德羣臣曰：「此天所以錫大禹也。」乃改國號夏，改元五鳳。初，王須拔掠幽州，中流矢死，其將魏刀兒代領其衆，據深、澤，掠冀、定，衆至十萬，建德襲擊斬之，并其衆。易、定亦降，唯冀州刺史麴稜不下，攻拔之。建德見稜曰：「忠臣也。」以爲内史令。

唐以秦王世民爲陝東大行臺。蒲州及河北兵馬並受節度。

唐殺隋河東守將堯君素。隋將堯君素守河東，唐遣獨孤懷恩攻之，不下。招之，不從。遣其妻至城下，謂之曰：「隋室已亡，君何自苦？」君素曰：「天下名義，非婦人所知！」引弓射之，應弦而倒。君素志在守死，每言及國家，未嘗不歔欷，謂將士曰：「吾大義不得不死。必若隋祚永終，天命有屬，自當斷頭以付諸君，持取富貴。今城池甚固，倉儲豐備，大事猶未可知，不可横生心也。」久之，食盡，又聞江都傾覆，左右殺君素以降。別將王行本誅作亂者，復乘城拒守，懷恩引兵圍之。

唐以羅藝爲幽州總管，擊夏兵敗之。 初，宇文化及遣使招羅藝，藝曰：「我，隋臣也。」斬其使，爲煬帝發喪，臨三日。竇建德、高開道各遣使招之，藝曰：「二子皆劇賊耳，唐公乃吾主也。」遂與漁陽、上谷諸郡皆奉表降唐，唐以爲幽州總管，其將薛萬徹、萬均亦皆授以官爵。竇建德帥衆十萬寇幽州，藝將逆戰，萬均曰：「彼衆我寡，出戰必敗。不若使羸兵阻水爲陳，彼必渡水擊我。萬均請以百騎伏於城旁，俟其半渡而擊之，蔑不勝矣。」藝從之，大破建德。相拒百餘日，建德引還。藝司馬温彦博贊其歸唐之計，唐徵爲中書侍郎。與兄黄門侍郎大雅對居近密，時人榮之。

唐以西突厥曷娑那可汗爲歸義王。 曷娑那獻大珠，唐主曰：「珠誠至寶，然朕寶王赤心，珠無所用。」竟還之。

唐李密叛，行軍總管盛彦師討斬之。 李密之出關也，長史張寶德上封事，言其必叛。唐主乃勑密還，更受節度。密謂賈閏甫曰：「無故召還，恐無生理，不若破桃林縣，收兵渡河。苟得至黎陽，大事必成。公意如何？」閏甫曰：「明公既已委質，復生異圖，雖破桃林，兵豈暇集，一稱叛逆，誰復容人？爲明公計，不若且應朝命，以明元無異心。」密怒曰：「唐使吾與絳、灌同列，吾何以堪之！」閏甫曰：「自翟讓受戮之後，人皆謂明公棄恩忘本，今日誰肯復以兵委公者？大福不再，願熟思之。」密大怒，揮刃欲擊之，閏甫奔熊州。密遂斬使者，入桃林縣，驅掠徒衆，直趣南山〔二〕，乘險而東，使人馳告故將伊州刺史張善相，令以兵應接，而聲言向洛。行軍總管盛彥師聞之，率衆踰熊耳山，南據要道，令其衆夾路而伏，令之曰：「俟賊半渡，一時俱發。」或曰：「聞密欲向洛，而公入山，何也？」彥師曰：「密聲言向洛，實欲出人不意，走襄城，就張善相耳。若賊入谷，我自後追之，山路險隘，一夫殿後，必不能制。今吾得先入谷，擒之必矣。」密果南出，半度，彥師擊斬之，及伯當，傳首長安。李世勣在黎陽，唐主遣使以密首示之，世勣北面號慟，表請收葬。詔歸其屍，世勣舉軍縞素葬之。密素得士心，哭之者多嘔血。善相亦降於唐。

高開道據漁陽，自稱燕王〔三〕。

唐以李素立爲侍御史。有犯法不至死者，唐主特命殺之，監察御史李素立諫曰：「三尺法，王者所與天下共也。法一動搖，人無所措手足。陛下甫創鴻業，奈何棄法！臣不敢奉詔。」唐主從之。命所司授以七品清要官，擬雍州司户，唐主曰：「要而不清。」又擬祕書郎，唐主曰：「清而不要。」遂擢授侍御史。

唐以舞胡安叱奴爲散騎侍郎。唐主以舞胡安叱奴爲散騎侍郎。禮部尚書李綱諫曰：「古者樂工不與士齒。今天下新定，建義功臣，行賞未遍，高材碩學，猶滯草萊，而先擢舞胡爲五品，使鳴五曳組，趨翔廊廟，非所以規模後世也。」唐主曰：「吾業已授之，不可追也。」

陳嶽曰：受命之主，發號施令，爲子孫法。一不中理，則爲厲階，豈可謂業已授之而不可追歟！

涼大饑。李軌發民築臺，勞費甚廣。河右饑，人相食，軌傾家財賑之，不足，議發倉粟，羣臣皆以爲然。謝統師等故隋官，心不服軌，乃曰：「百姓餓者，自是羸弱，勇壯之士，終不至此。倉粟以備不虞，豈可散之以飼羸弱！」軌以爲然。由是士民離怨。

己卯(六一九)

隋恭帝侗皇泰二年、唐武德二年。鄭主王世充開明元、梁王沈法興延康元、吴王李子通明政元年。是歲，隋、涼、楚粲亡〔四〕，并楚、夏、定楊、梁師都、梁銑爲十一國。

春，正月，隋王世充殺總管劉孝元、獨孤武都。王世充盡取隋朝顯官、名士爲官屬，杜淹、戴胄皆預焉。世充專總朝政，事無大小，悉關太尉府，臺省閴然。上書陳事者，日以百數，世充悉引見，殷勤慰諭，人人自喜，然終無所施行。下至士卒廝養，皆以甘言悦之，而實無恩施。馬軍總管獨孤武都爲世充所親任，步兵總管劉孝元等謀召唐兵，使崔孝仁説武都曰：「王公徒爲兒女之態以説下愚，而鄙隘貪忍，不顧親舊，豈能成大業哉！唐起晉陽，奄有關内，兵不留行，英雄景附。且坦懷待物，舉善責功，不念舊惡，據勝勢以争天下，誰能敵之？今其兵近在新安，若遣間使召之，吾曹爲内應，事無不集矣。」武都從之。事泄，世充皆殺之。

唐淮安王神通擊宇文化及於魏縣，走之。

淮安楊士林擊破朱粲，唐以爲顯州行臺。朱粲有衆二十萬，剽掠漢、淮間，每破州縣，食其積粟，將去，悉焚其餘。軍中乏食，乃教士卒烹婦人、嬰兒噉之，曰：「肉之美者，無過於人，但使它國有人，何憂於餒！」初，以隋著作佐郎陸從典、通事舍人顏愍楚爲賓客，其後闔家皆爲所噉。又税諸城堡細弱以供軍食。淮安土豪楊士林起兵攻粲，諸州皆應之。粲大敗，奔菊潭。士林帥漢東四郡請降，詔以爲顯州道行臺。

二月，唐定租庸調法。每丁，租二石，絹二疋，綿三兩，自兹以外，不得横斂。

唐置宗師。詔：「諸宗姓居官者在同列之上，未仕者免徭役〔五〕。每州置宗師一人以攝總，别爲團伍。」

唐使吐谷渾伐凉。初，唐册使至凉州，李軌欲去帝號，受唐官爵，曹珍曰：「隋失其鹿，天下共逐之。唐帝關中，凉帝河右，固不相妨。必欲以小事大，請依蕭詧事魏故事。」軌從之。遣其右丞鄧曉入見，奉書稱「皇從弟大凉皇帝臣軌」。唐主怒，始議討之。初，隋煬帝征吐谷渾，可汗伏允奔党項。煬帝立其質子順爲主，不果入。會中國喪亂，伏允還收其故地。唐主即位，遣使與伏允連和，使擊李軌，許以順還之。伏允喜，起兵擊軌，數遣使入貢請順，唐主遣之。

朱粲降唐，唐以爲楚王。

夏王建德破宇文化及於聊城，誅之。宇文化及誘海曲諸賊帥共守聊城。竇建德謂其下曰：「隋爲吾君，吾爲隋民。化及弑逆，不可不討！」乃引兵趣聊城。時唐淮安王神通攻聊城，化及糧盡，請降，神通不許。建德軍且至，神通引退。建德與化及連戰，大破之，生擒化及。先謁隋蕭后，稱臣，素服哭煬帝盡哀。收傳國璽，執智及與其黨，集隋官而斬之。建德每克城，得資財，悉以分將士，常食蔬茹粟飯。妻曹氏，不衣紈綺，婢妾纔十許人。得隋宫人千數，即時散遣。以裴矩爲左僕射，自餘隨才授職〔六〕，欲詣關中及東都者聽之。又與王世充結好，奉表於隋。隋封建德爲夏王。裴矩爲定朝儀，制律令，建德甚悦。

胡氏曰：商紂既亡，子孫皆臣服于周，惟妹土頑民，乃有哀號呼天，欲紀其緒。未聞殷之賢臣，爲紂斬衰擗踊，敬事妲己者也。隋煬之罪，視紂爲浮，竇建德於是焉數宇文化及以世受國恩，不能匡諫，親行弑逆，輒自稱尊，討而殺之可也；而爲昏煬發哀，拜謁蕭后，則施之不當，何足以感動人心！其與漢祖爲義帝之節異矣。

唐以宇文士及爲上儀同，封德彝爲内史侍郎。初，唐主與宇文士及善，化及既死，手詔召之，士及與封德彝來降。時士及妹爲昭儀，由是授上儀同。唐主以德彝諂巧不忠，罷遣就舍。德彝以祕策干唐主，唐主悦，拜内史舍人，俄遷侍郎。

范氏曰：甚矣，佞人之難遠也！自古君子易疏，小人易親。蓋君子難於進而果於退，小人不恥於自售，而戚於不見知。其進也，無所不至，人君一爲所惑，鮮有不至禍敗者也。

胡氏曰：禍亂之臣，於與國無怨惡也，而不可不戮者，天下之惡一也，既以謝塗炭之人，又以訓吾之臣子也。德彝、士及，身爲大臣，産禍召亂，又與叛逆詬詈其君，此而不誅，反寵秩之，唐之官賞爲不足貴矣。

隋王世充侵唐穀州。王世充以秦叔寶、程知節爲將軍，待之皆厚。然二人疾世充多詐，知節謂叔寶曰：「王公器度淺狹，多妄語，好呪誓，乃老巫嫗耳，豈撥亂之主乎！」至是，世充與唐兵戰於九曲，叔寶、知節以數十騎西馳百許步，下馬拜世充曰：「僕荷公殊禮，深思報效。公猜忌信讒，非僕託身之所，請從此辭。」遂降于唐。秦王世民聞其名，厚禮之，以叔寶爲總管，知節爲統軍。既而將軍李君羨、田留安亦降于唐，世民置君羨左右，以留安爲統軍。世充攻獲嘉，唐陟州刺史李育德與弟三人皆戰死。

唐并州總管、齊王元吉免，尋復本任。殿内監竇誕、右衛將軍宇文歆助齊王元吉守晉陽。元吉性驕侈，好田獵，載網罟三十餘車〔七〕，嘗言：「我寧三日不食，不能一日不獵。」嘗與誕獵，蹂踐人禾稼。縱左右掠奪民物，當衢射人，觀其避箭。歆乃表言其狀，元吉坐免官。尋諷父老留己，詔復從之。

唐以楊恭仁爲凉州總管。恭仁素習邊事，曉羌、胡情僞〔八〕，民夷悦服，自葱嶺以東，並入朝貢。

突厥始畢可汗死，弟處羅可汗立。

隋東海、北海、東平、須昌、淮南諸郡皆降于唐。

隋王世充自稱鄭王，加九錫。初，王世充既殺元、盧，慮人情未附，猶媚事隋主，既而漸驕横。嘗賜食宫中，還家大吐，疑爲遇毒，自是不復朝謁。其侵穀州也，外示攻取，實召文武議受禪。李世英深以爲不可，曰：「四方所以歸附東都者，以公能中興隋室故也。今九州之地，未清其一，而遽正位號，恐遠人皆思叛去矣！」戴胄亦曰：「君臣，猶父子也，休戚同之。明公若能竭忠徇國，則家國俱安矣。」世充詭辭稱善而遣之。及議受九錫，胄復固諫，世充怒，出爲鄭州長史。乃使段達等言於隋主，隋主曰：「鄭公近平李密，已拜太尉，自是已來，未有殊績。俟天下稍平，議之未晚。」達曰：「太尉欲之。」隋主熟視曰：「任公！」達等遂稱詔進世充爵鄭王，加九錫。世充奉表三讓。納言蘇威年老，不任朝謁，世充以威隋氏重臣，欲以眩耀士民，每勸進，必冠威名。及受殊禮之日，扶威置百官之上，然後南面正坐受之。

唐以鄭善果爲内史侍郎。初，宇文化及以隋大理卿鄭善果爲民部尚書，從至聊城，爲化及督戰，中流矢。及城破，王琮獲之，責之曰：「公，名臣之家，隋室大臣，奈何爲弑君之賊效命至此乎！」善果大慚，欲自殺。奔長安，唐主優禮之。

夏，四月，定楊可汗武周擊唐并州，取榆次。劉武周引突厥寇并州，兵鋒甚盛。齊王元吉遣將軍張達以步卒百人當之。達以兵少辭，强遣之，至則俱没。達忿恨，引武周襲榆次，陷之。

楚王朱粲殺唐使者，奔東都。唐散騎常侍段確奉詔慰勞朱粲，乘醉侮粲曰：「聞卿好噉人，人作何味？」粲曰：「噉醉人，正如糟彘肉。」確怒，駡曰：「狂賊入朝，爲一頭奴耳，復得噉人乎！」粲烹食之。遂屠菊潭，奔王世充。

鄭王世充稱帝。世充令長史韋節等造禪代儀，遣段達等入奏隋主曰：「天命不常，鄭王功德甚盛，願陛下遵唐、虞之迹！」隋主怒曰：「天下者，高祖之天下。若隋祚未亡，此言不應發；必天命已改，何煩禪讓！公等或祖禰舊臣，或台鼎高位，既有斯言，朕復何望？」世充乃稱隋主命，禪位於鄭，幽隋主於含凉殿，雖有三表陳讓，及敕書敦勸，隋主皆不之知。世充遂備法駕入宫，即皇帝位。立子玄應爲太子，玄恕爲漢王。奉隋主爲潞國公。以蘇威爲太師。以陸德明爲漢王師，令玄恕就其家行束脩禮，德明耻之，故服巴豆散，對之遺利，竟不與語。世充聽朝，語詞重複，百司疲於聽受。御史大夫蘇良諫曰：「陛下語太多而無領要，計云爾即可，何煩許辭？」世充不能改。

夏王建德立楊政道爲鄖公。建德聞王世充自立，乃絶之，始建天子旌旗，出入警蹕。立隋齊王暕遺腹子政道爲鄖公，然猶倚突厥以壯兵勢。隋義成公主遣使迎蕭后，建德遣之；又傳宇文化及首，以獻公主。

定楊可汗武周圍并州，齊王元吉拒却之。

鄭主世充取唐伊州，總管張善相死之。

唐遣安興貴襲執涼主軌以歸，殺之。河西平。李軌將安修仁兄興貴，仕長安，表請說軌，唐主曰：「軌阻兵恃險，豈口舌所能下！」興貴曰：「臣家在涼州，奕世豪望，爲民夷所附。弟修仁爲軌所信任，子弟在機近者以十數。軌聽臣固善，若其不聽，圖之易矣。」唐主乃遣之。興貴至，乘間說軌曰：「涼地不過千里，土薄民貧。今唐起太原，取函秦，宰制中原，戰勝攻取，此殆天啓，非人力也。若往歸之，則竇融之功，復見於今日矣！」軌曰：「吾據河山之固，彼若我何！汝自唐來，爲唐游説耳。」興貴退，與修仁陰結諸胡，起兵擊軌。軌敗，嬰城自守。興貴徇曰：「大唐遣我來誅李軌，敢助之者，夷三族！」城中人爭出，軌計窮，興貴執之以聞。河西悉平。鄧曉在長安，舞蹈稱慶，唐主曰：「汝爲人使臣，聞國亡而不戚，既不忠於李軌，其肯爲朕用乎！」遂廢之終身。軌至長安，伏誅。以興貴、修仁爲左、右武候大將軍。

五月，鄭主世充弑隋主侗。世充以尚書裴仁基、將軍裴行儼有威名，忌之。仁基父子知之，亦不自安，乃與尚書左丞宇文儒童等謀殺世充，復立隋主。事泄，皆夷三族。齊王世惲言於世充曰：「儒童等謀反，正爲隋主尚在故也，不如早除之。」世充遣人鴆之。隋主請與太后訣，不許。乃布席禮佛曰：「願自今以往不復生帝王家！」飲藥，不能絶，以帛縊殺之。謚曰恭皇帝。

六月，定楊將宋金剛擊唐并州，唐以裴寂爲總管拒之。初，易州賊宋金剛有衆萬餘，爲竇建德所敗，西奔劉武周，武周得之甚喜，號曰宋王，委以軍事。金剛説武周圖晉陽，南向以争天下。武周從之，使將兵寇并州。武周進陷介州。唐主以爲憂，裴寂請自行，聽以便宜從事。

秋，七月，唐置十二軍。置十二軍，分統關内諸府，皆取天星爲名。每軍將副各一人，督以耕戰之務。由是士馬精强，所向無敵。

唐以徐圓朗爲兖州總管。海岱賊帥徐圓朗以數州降唐，唐以爲總管。

鄭將羅士信降唐。先是，士信從李密擊世充，兵敗，爲士充所得，世充厚禮之，與同寢食。既而得邴元真等，待之如士信，士信耻之，故降唐。唐以爲陜州道行軍總管。

鄭人侵唐穀州，刺史任瓌大破之。

西突厥、高昌遣使入貢于唐。初，西突厥曷娑那可汗入朝于隋，隋人留之，國人立其叔父，號射匱可汗。射匱者，達頭可汗之孫也。既立，拓地東至金山，西至海，遂與北突厥爲敵，建庭於龜兹北三彌山。射匱卒，弟統葉護可汗立。統葉護勇而有謀，北并鐵勒，控弦數十萬，據烏孫故地，又移庭於石國北千泉。西域諸國皆臣之，葉護各遣吐屯監之，督其征賦。至是，入貢于唐。

八月，唐酇公卒。謚曰隋恭帝。

夏王建德取唐邢、滄、洺、相州。建德將兵十餘萬，陷邢、滄，趣洺、相，淮安王神通不能拒，就李世勣於黎陽。

梁王師都以突厥寇延州，唐總管段德操擊破之。梁師都與突厥合數千騎寇延州，唐總管段德操初以兵少不敵，閉壁不戰，伺師都稍怠，遣副總管梁禮將兵擊之。戰方酣，德操以輕騎掩擊其後，師都軍潰，逐北二百餘里，破其魏州，虜男女二千餘口。

梁主銑遣兵侵唐峽州，刺史許紹擊破之。先是，唐主遣開府李靖詣夔州經略蕭銑。靖至峽州，阻銑兵，久不得進。唐主怒其遲留，陰敕許紹斬之。紹惜其材，爲之奏請，獲免。

唐殺其民部尚書劉文靜。文靜自以材略功勳在裴寂之右，而位居其下，意甚不平。家數有妖，弟文起召巫厭勝。文靜有妾無寵〔九〕，使其兄上變告之。唐主以文靜屬吏，遣寂問狀，文靜曰：「建義之初，忝爲司馬，計與長史位望略同。今寂爲僕射，據甲第；臣官賞不異衆人，東西征討，老母留京師，風雨無所庇，實有觖望之心。」唐主曰：「觀此言，反明白矣！」李綱、蕭瑀皆明其不反，秦王世民爲之固請曰：「昔在晉陽，文靜先定非常之策，始告寂知。及克京城，任遇懸隔。今文靜觖望則有之，非敢謀反。」寂曰：「文靜材略過人，性復麤險，天下未定，留之必貽後患！」唐主素親寂，低回久之，卒用寂言，殺文靜，籍没其家。

胡氏曰：文靜首唱大謀，賞不酬勳，又以讒死，而太宗不能力救，何也？曰：非不能也，不敢也。文靜晉陽引寂見世民之時，有漢高、魏武之比，而未嘗歸心高祖。寂則高祖所厚，而世民所薄也。其不敢力諫，爲是也與？在世民則當然，而李綱、蕭瑀不能數批逆鱗，使勳舊寃死，其責大矣。爲文靜者，功名已著，退以全身，何善如之！而乃芥蔕自取猜毒，其材智雖高，而識量淺矣。

沈法興稱梁王於毗陵，李子通稱吳帝於江都。沈法興稱梁王，都毗陵。性殘忍，專尚威刑，其下離怨。時杜伏威據歷陽，陳稜據江都，李子通據海陵，俱有窺江表之心。子通攻江都，克之，稜奔伏威。子通入江都，即帝位，國號吳。

杜伏威降唐，唐以爲和州總管。

唐裴寂軍潰，定楊可汗武周取并州，齊王元吉奔長安。裴寂至介休，宋金剛擊之，寂軍潰，自晉州以北城鎮俱没。劉武周進逼并州，元吉紿其參佐，夜携妻妾奔還長安。寂表謝罪，唐主慰諭之，復使鎮撫河東。晉陽强兵數萬〔一〇〕，食支十年，興王之基，一旦棄之。唐主怒，謂李綱曰：「元吉未習時事，故遣竇誕、宇文歆輔之。今日之敗，誕之罪也。」聞歆首畫此策，我當斬之！」綱曰：「王年少驕逸，誕曾無規諫，又掩覆之。歆諫，王不悛，尋皆聞奏，乃忠臣也，豈可殺哉！」唐主悦，引綱升御坐，詔曰：「我得公，遂無濫刑。元吉自爲不善，非二人所能禁也。」并誕赦之。武周據太原，遣宋金剛攻晉州，拔之，進逼絳州，陷龍門。

唐殺西突厥曷娑那。曷娑那在長安，北突厥遣使請殺之，唐主不許。羣臣皆曰：「保一人而失一國，後必爲患！」秦王曰：「人窮歸我，殺之不義。」久之，引曷娑那入内殿，既而送中書省，縱北突厥使者殺之。

唐以李綱爲太子少保。初，綱以尚書領太子詹事，太子建成始甚禮之。久之，漸昵近小人，以秦王世民功高，忌之。綱屢諫不聽，乃乞骸骨。唐主罵曰：「卿爲何潘仁長史，乃恥爲朕尚書邪！」綱曰：「潘仁，賊也，每欲妄殺人，臣諫之則止，爲其長史，可以無愧。陛下創業明主，臣所言，如水投石；言於太子亦然。臣何敢久污天臺、辱東朝乎！」唐主曰：「知公直士，勉留輔吾兒。」以爲太子少保，尚書、詹事如故。綱復諫太子飲酒無節，及信讒慝，疏骨肉，太子不懌。綱固稱老病辭職，乃解尚書，仍爲少保。唐主嘗考第羣臣，以綱及孫伏伽爲第一，謂裴寂曰：「隋以主驕臣諂亡天下。朕即位已來，每虚心求諫，唯綱盡忠款，伏伽誠直，餘人皆踵弊風，俯眉而已，豈朕所望哉！朕視卿如愛子，卿當視朕如慈父，有懷必盡，勿自隱也。」

夏王建德取唐趙州。建德陷趙州，執總管張志昂、慰撫使張道源，以其不早下，欲殺之。國子祭酒凌敬曰：「人臣各爲其主用，彼堅守不下，乃忠臣也。大王殺之，何以勵羣下乎？」建德怒不解，敬曰：「大王使高士興拒羅藝於易水，藝纔至，興即降，大王以爲何如哉？」建德乃悟，釋之〔一一〕。

冬，唐賜羅藝姓李氏。藝破夏兵於衡水。

定楊將宋金剛取澮州，唐遣秦王世民擊之。宋金剛攻澮州，陷之，軍勢甚鋭。裴寂恇怯無將略，唯促民入堡〔一二〕，焚其積聚，民驚擾愁怨，悉起爲盗。寂討之，爲所敗。詔永安王孝基等討之。時王行本據蒲坂，猶未下，亦與武周相應，關中震駭。唐主曰：「賊勢如此，難與爭鋒，宜棄大河以東，謹守關西而已。」秦王世民請曰：「太原，王業所基，國之根本；河東殷實，京邑所資，若舉而棄之，臣竊憤恨。

願假臣精兵三萬，必平殄武周，克復汾、晉。」唐主於是發關中兵以益世民，使擊武周。

夏王建德克唐黎陽，虜淮安王神通，李世勣降。遂克衛、滑、齊、兖等州。竇建德進趣衛州，過黎陽三十里，自將千騎前行。世勣遣騎將丘孝剛偵之，與建德遇，擊之，建德敗走。其大軍救之，斬孝剛。建德怒，還攻黎陽，克之，虜淮安王神通及世勣父蓋、魏徵等，世勣走免。數日，以父故，還詣建德降。建德使守黎陽，而以其父爲質。以魏徵爲起居舍人。滑州刺史王軌奴殺軌，携其首詣建德降，建德曰：「奴殺主，大逆。」立命斬奴，反軌首於滑州。吏民感悦，即日請降。於是其旁州縣及徐圓朗等皆望風歸附。建德還洺州，築宫，徙都之。

鄭主世充徇地至滑臺，唐汴、亳州降之。

唐以夏侯端爲祕書監。初，唐主遣大理卿郎楚之安撫山東，祕書監夏侯端安撫淮左。端至黎陽，李世勣發兵送之，自澶淵濟河，傳檄州縣，東至於海，南至於淮，二十餘州，皆遣使來降。行至譙州，會汴、亳降於王世充，還路遂絶。端素得衆心，所從二千人，雖糧盡，不忍委去。端謂曰：「卿等鄉里皆已從賊，可斬吾首歸賊，必獲富貴。」衆皆曰：「公於唐室非有親屬，直以忠義，志不圖存。某等雖賤，心亦人也，寧肯害公以求利乎？」乃復同進，潛行五日，餒死及遇賊奔潰，唯存五十二人。時河南之地皆入世充，唯杞州刺史李公逸爲唐堅守，遣兵迎端，館給之。世充遣使召端，解衣遺之，送除書，以端爲淮南郡公。端對使者焚書毁衣，曰：「夏侯端天子大使，豈受王世充官乎！汝欲吾往，唯取吾首耳。」因解節旄懷之，置刃於竿，自山中西走，冒踐荆棘，晝夜兼行，得達宜陽，從者墜崖溺水、爲虎狼所食，又喪其半。

端詣闕見唐主，但謝無功，初不自言艱苦，唐主復以爲祕書監。楚之至山東，亦爲竇建德所獲，楚之不屈，竟得還。王世充攻雍丘，李公逸遣使求救，唐主以隔賊境，不能救。公逸乃留其屬李善行守雍丘，身帥輕騎入朝。至襄城，爲世充所獲，世充謂曰：「卿越鄭臣唐，其説安在？」公逸曰：「我於天下，惟知有唐，不知有鄭。」世充怒，斬之。善行亦没。

十一月，秦王世民擊宋金剛，屯柏壁。秦王世民引兵自龍門渡河，屯柏壁，與金剛相持。民聞世民來，莫不歸附，至者日多，然後漸收其糧，軍食以充。乃休兵秣馬，唯令偏裨乘間抄掠，大軍堅壁不戰，由是賊勢日衰。永安王孝基等攻賊黨吕崇茂，崇茂求救於金剛。金剛遣其將尉遲敬德、尋相將兵奄至夏縣，虜孝基等。敬德等將還，世民遣兵部尚書殷開山等邀之於美良川，大破之。頃之，敬德、相潛引精騎援王行本於蒲反〔一三〕，世民自將步騎三千，從間道邀擊，又大破之。敬德、相僅以身免，悉俘其衆，復歸柏壁。諸將咸請與金剛戰，世民曰：「金剛懸軍深入，兵精將猛，虜掠爲資，利在速戰。我閉營養鋭，以挫其鋒，分兵汾、隰，衝其心腹，彼糧盡計窮，自當遁走。當待此機，未宜速戰。」孝基謀逃歸，劉武周殺之。

夏人克鄭新鄉，虜其將劉黑闥。李世勣欲歸唐，恐禍及其父，謀於郭孝恪，孝恪曰：「吾新事竇氏，動則見疑，宜先立效以取信，然後可圖也。」世勣從之。襲王世充獲嘉，多所俘獲以獻；又擊新鄉，虜其將劉黑闥，竇建德由是親之。黑闥，漳南人，少驍勇，與建德善，後事王世充，常竊笑其所爲。世充使守新鄉。至是，建德署爲將軍，使將奇兵東西掩襲，往來乘間奮擊，克獲而還。於是世勣説建德曰：「曹、戴二州，户口完實，孟海公竊有其地。今以大軍取之，而臨徐、兗，則河南可不戰而定矣。」建德然之，欲自將以徇河南，先遣其行臺曹旦等將兵五萬濟河，世勣引兵三千會之。

庚辰（六二〇）

唐武德三年。是歲，并楚、夏、定楊、梁師都、梁銑、鄭、梁法興、吴，凡九國。定楊、梁法興亡。

春，正月，唐克蒲反，隋守將王行本降。行本糧盡援絶，乃出降，斬之。

李世勣復歸于唐。李世勣謀俟建德至河南，掩襲其營，殺之，冀得其父，并建德土地歸唐。建德久之不至。曹旦在河南多侵擾，諸賊羈屬者皆怨之。世勣以謀告中潬賊帥李商胡之母霍氏。霍氏亦善騎射，號霍總管，令商胡召旦偏裨飲，皆殺之。乃遣人告世勣。世勣欲襲其營，聞已有備，遂與郭孝恪帥數十騎奔唐。建德羣臣請誅李蓋，建德曰：「世勣，唐臣，爲我所虜，不忘本朝，乃忠臣，其父何罪！」遂赦之。旦取濟州。

定楊取唐長子、壺關。

唐工部尚書獨孤懷恩謀反，伏誅。初，獨孤懷恩攻蒲反，久不下，唐主數誚讓之，懷恩由是怨望。唐主嘗戲謂之曰：「姑之子皆已爲天子，次應至舅之子乎？」懷恩亦頗以此自負，時扼腕曰：「我家豈女獨貴乎？」遂與麾下元君寶謀反。會懷恩、君寶與唐儉、劉世讓皆没於尉遲敬德，君寶謂儉曰：「獨孤尚書近謀大事，若能早決，豈有此辱哉！」及美良川之戰，懷恩逃歸，唐主復使攻蒲反。儉恐懷恩遂成其謀，説敬德，使劉世讓還與唐連和，遂以懷恩反狀聞。時王行本已降，懷恩入據其城。唐主欲幸懷恩營，已登舟矣，世讓適至。唐主大驚曰：「吾得免，豈非天也！」乃使召懷恩，懷恩未知事露，輕舟來至，遂誅之。

突厥立楊政道爲隋王。居定襄。

二月，唐改官名。納言爲侍中，内史令爲中書令。

唐以封德彝爲中書令。

夏，四月，唐秦王世民擊宋金剛，破之。定楊可汗武周及金剛皆走死。宋金剛戰屢敗，食盡，北走。秦王世民追及尋相於吕州，大破之，乘勝逐北，一晝夜行二百餘里，戰數十合。總管劉弘基諫曰：「大王逐北，深入不已，不愛身乎？且士卒飢疲，宜留壁於此，俟兵糧畢集，復進未晚也。」世民曰：「金剛計窮而走，衆心離沮。功難成而易敗，機難得而易失，必乘此勢取之。若更淹留，使之計立備成，不可復攻矣。吾竭忠徇國，豈顧身乎！」遂策馬而進，將士不敢復言飢。追及金剛於雀鼠谷，一日八戰，皆破之，俘斬數萬人。世民不食二日，不解甲三日矣，軍中止有一羊，與將士分食之。引兵趣介休，金剛以衆二萬出西門，背城布陣，南北七里。李世勣與戰，小却，世民帥精騎擊之，出其陳後，金剛大敗。尉遲敬德、尋相舉介休及永安降。世民得敬德，喜甚，使將其舊衆八千，與諸營相參。屈突通慮其爲變，驟以爲言，世民不聽。劉武周聞金剛敗，大懼，棄并州，走突厥。金剛欲復戰，衆莫肯從，亦走突厥。世民入并州，武周所得州縣皆入于唐。唐以唐儉爲并州道安撫大使，李仲文爲總管。未幾，金剛謀走上谷，突厥追獲，腰斬之。武周之南寇也，其黨苑君璋諫曰：「唐主舉一州之衆，直取長安，所向無敵，此乃天授，非人力也。不如北連突厥，南結唐朝，南面稱孤，足爲長策。」武周不聽。及敗，泣謂君璋曰：「不用公言，以至於此。」久之，謀亡歸馬邑，事泄，突厥殺之，而使君璋統其餘衆。

五月，夏人侵唐幽州，不克。竇建德遣兵擊幽州，李藝再擊破之。建德大將王伏寶，勇略冠軍中，諸將疾之，言其謀反，建德殺之。伏寶曰：「大王奈何聽讒，自斬左右手乎！」

唐立老子廟。晉州人吉善行自言於羊角山見白衣老父，曰：「爲吾語唐天子，吾爲老君。吾，而祖也。」詔於其地立廟。

范氏曰：唐祖老子，由妖人之言，而讒諛者附會之。高祖啓其原，高宗、明皇扇其風，遂用方士之言，而躋之於上帝。卑天誣祖，悖道甚矣！

六月，顯州人殺唐行臺楊士林，以降于鄭。

秋，七月，唐遣秦王世民督諸軍伐鄭。初，王世充所部降唐者相繼，世充令：一人亡叛，舉家就戮，父子、兄弟、夫婦，許相告而免之；舉家亡者，四鄰皆坐誅。而亡者益甚。又以宫城爲大獄，意所忌者，并繫其家屬。繫者不下萬口，餒死者日有數十。至是，唐主議擊之。世充聞之，選諸州鎮驍勇，皆集洛陽。七月，唐詔秦王世民督諸軍擊世充。屈突通二子在洛陽，唐主謂通曰：「今欲使卿東征，如卿二兒何？」通曰：「臣昔爲俘囚，分當就死，陛下釋縛，加以恩禮。當是時，臣心口相誓，期以更生餘年爲陛下盡節，但恐不獲死所耳。今得備先驅，二兒何足顧乎！」唐主嘆曰：「徇義之士，一至此乎！」秦王世民遣行軍總管史萬寶自宜陽南據龍門，劉德威自太行東圍河内，王君廓自洛口斷其餉道，黄君漢攻迴洛城，大軍屯于北邙，連營以逼之。世充陳於青城宮，世民亦置陳當之。世充隔水謂世民曰：「唐帝關中，鄭帝河南，世充未嘗西侵，王忽舉兵東來，何也？」世民使應之曰：「四海咸仰皇風，唯公獨阻聲教，爲此而來。」世充曰：「相與息兵講好，不亦善乎？」又應之曰：「奉詔取東都，不令講好也。」至暮，各引兵還。

胡氏曰：唐帝長安，鄭帝洛陽，迹其所以取之，未有大相過者，故王世充有隔水之問，而秦王所以答之者，語雖大而理不暢也。使唐初舉事，若湯伐桀，若武誅紂，沛公誅無道秦，則其文告之辭，豈止如是而已乎！

九月，鄭顯州總管田瓚以二十五州降唐。自是襄陽聲問與世充絶。

唐攻鄭轘轅，拔之。秦王世民遣王君廓攻轘轅，拔之，遂東徇地，至管城而還。先是，世充將郭士衡等掠唐境，君廓以策擊却之，詔勞之曰：「卿以十三人破賊一萬，自古以少制衆，未之有也。」於是河南州縣相繼降唐。劉武周降將尋相等多叛去，諸將疑尉遲敬德，囚之。屈突通、殷開山言於世民曰：「敬德驍勇絶倫，留之恐爲後患，不如殺之。」世民曰：「敬德若叛，豈在尋相之後耶？」遽命釋之，引入卧內，賜之金，曰：「丈夫意氣相期，勿以小嫌介意。吾終不信讒言以害忠良，公宜體之。必欲去者，以此金相資，表一時共事之情也。」世民以五百騎行戰地，世充帥步騎萬餘猝至，圍之，單雄信引槊直趨世民，敬德躍馬大呼，橫刺雄信墜馬，翼世民出圍。更帥騎兵還戰，屈突通引大兵繼至，世充大敗，僅以身免。世民謂敬德曰：「公何相報之速也！」自是寵遇日隆。

鄭濮州降唐。初，王世充以邴元真爲滑州行臺僕射。李密故將杜才幹守濮州，恨元真叛密，詐以其衆降之。元真自往招慰，才幹迎入就坐，執而數之曰：「汝本庸才，魏公置汝元僚，不建毫髮之功，乃構滔天之禍，今來送死，是汝之分！」遂斬之，遣人齎其首至黎陽，祭密墓。以濮州降唐。

冬，十月，夏王建德圍幽州，高開道遣使降唐。竇建德之圍幽州也，李藝告急于高開道，開道帥二千騎救之，建德兵引去。開道因藝遣使降唐，唐以爲蔚州總管，賜姓李氏，封北平郡王。建德帥衆二十萬復攻幽州。兵已攀堞，薛萬均、萬徹帥敢死百人，從地道出其背，擊走之。

鄭管、滎、汴州降唐。李密之敗也，楊慶歸洛陽，王世充以爲管州總管。秦王世民逼洛陽，慶潛遣人請降，世民遣總管李世勣將兵往據其城。時世充太子玄應鎮虎牢，軍于滎、汴之間，聞之，引兵趣管城，李世勣擊却之。滎州刺史魏陸、陽城令王雄、汴州刺史王要漢皆來降。玄應聞諸州皆叛，大懼，奔還洛陽。

突厥處羅可汗死，弟頡利可汗咄苾立。初，梁師都説突厥處羅可汗曰：「比者中原喪亂，分爲數國，勢均力弱，故皆北面歸附突厥。今定楊既亡，天下將悉爲唐有。師都不辭灰滅，亦恐次及可汗。不若及其未定，南取中原，師都請爲鄉導。」處羅從之，謀大舉入寇而卒。立其弟莫賀咄設咄苾〔一四〕，號頡利可汗。

鄭遣使如夏乞師。初，王世充侵黎陽，竇建德襲破其殷州以報之。自是二國交惡，信使不通。及唐兵逼洛陽，世充遣使求救於建德。夏中書侍郎劉彬曰：「天下大亂，唐得關西，鄭得河南，夏得河北，共成鼎足之勢。今唐舉兵臨鄭，鄭地日蹙，唐强鄭弱，勢必不支，鄭亡，則夏不能獨立矣。不如解仇除忿，發兵救之，夏擊其外，鄭攻其内，破唐必矣。唐師既退，徐觀其變，若鄭可取則取之，併二國之兵，乘唐師之老，天下可取也。」建德從之。

十二月，鄭許、亳等十一州降唐。

唐峽州兵伐梁，拔荆門鎮。梁主蕭銑性褊狹，多猜忌。諸將恃功恣横，好專誅殺，銑患之，乃宣言罷兵營農，實欲奪諸將之權。大司馬董景珍弟爲將軍，怨望，謀作亂，事泄，伏誅。景珍時鎮長沙，據郡降唐，唐遣峽州刺史許紹出兵應之。紹即攻梁，拔荆門鎮。銑遣其將張繡攻長沙，景珍謂曰：「『前年醢彭越，往年殺韓信。』卿不見之乎，何爲相攻？」繡不應，景珍欲走，爲麾下所殺。銑以繡爲尚書令。繡恃功驕横，銑又殺之。由是功臣、諸將皆有離心，兵勢益弱。紹所部與梁、鄭鄰接，二境得紹士卒皆殺之，紹得二境士卒，皆資給遣之。敵人愧感，不復侵掠，境内以安。

吴主子通敗梁兵，取京口。杜伏威擊之，子通敗走。襲梁，梁王法興走死。李子通渡江攻沈法興，取京口，法興敗走吴郡。於是丹陽、毗陵等郡皆降於子通。杜伏威遣輔公祏攻之，子通大敗，棄江都，保京口，江西之地盡入於伏威。伏威徙居丹陽。子通復東走太湖，收合亡散，得二萬人，襲沈法興於吴郡，大破之。法興赴江溺死。子通軍勢復振，帥其羣臣徙都餘杭，盡收法興之地，北自太湖，南至嶺，東包會稽，西距宣城皆有之。

辛巳(六二一)

唐武德四年。是歲，夏、鄭、梁銑、吳亡，并楚、梁師都、吳，凡四國。

春，正月，唐黔州兵攻梁，拔其五州、四鎮。

唐秦王世民擊鄭，鄭主世充與戰，敗走。秦王世民選精鋭千騎，皆皂衣玄甲，分爲左右，使秦叔寶、程知節、尉遲敬德、翟長孫將之。每戰，自被玄甲帥之，以爲前鋒，所向摧破，敵人畏之。屈突通將兵行屯，猝遇王世充，戰不利。世民帥玄甲赴之，世充敗走。

二月，唐以趙郡王孝恭爲夔州總管，李靖爲行軍總管。李靖説孝恭攻取蕭銑十策，孝恭上之。以孝恭爲夔州總管，使大造舟艦，習水戰。以靖爲行軍總管，委以軍事。靖説孝恭悉召巴、蜀酋長子弟，量材授任，置之左右，外示引擢，實以爲質。

唐秦王世民敗鄭主世充於穀水，進圍洛陽。王玄應自虎牢運糧入洛陽，世民遣李君羨邀擊，大破之，玄應僅以身免。世民奏請進圍東都，唐主曰：「今取洛陽，正欲息兵，克城之日，乘輿、法物、圖籍、器械，可悉收之。子女、玉帛，分賜將士。」世民移軍青城，壁壘未立，王世充帥衆二萬，臨穀水以拒之。諸將皆懼，世民曰：「賊勢窘矣，悉衆而出，徼幸一戰，今日破之，後不敢復出矣！」命屈突通帥步卒五千，渡水擊之。兵交，世民引騎南下，身先士卒，與通合勢。衆殊死戰，散而復合者數四，自辰至午，世充兵始退。世民縱兵乘之，直抵城下，遂圍之。城中守禦甚嚴，世民四面攻之，旬餘不能克。將士皆疲弊思歸，總管劉弘基請班師，世民曰：「東方諸州已望風款服，唯洛陽孤城，勢不能久，功在垂成，奈何棄之？」乃下令軍中曰：「敢言班師者斬！」衆乃不敢復言。唐主亦密敕世民使還，世民遣封德彝言於唐主曰：「世充號令所行，一城而已，智盡力窮，克在朝夕。若旋師，賊勢復振，後必難圖。」唐主從之。世民又遣王君廓夜襲虎牢，拔之。

夏王建德虜孟海公。

三月，唐襲夏鄴城。竇建德普樂令程名振降唐，唐使將兵徇河北。名振夜襲鄴，俘其男女千餘人。去鄴八十里，閱婦人乳有湩者九十餘人，悉縱遣之，鄴人感其仁。

突厥寇汾陰。突厥頡利可汗士馬雄盛，有憑陵中國之志。王世充使人説之曰：「昔啓民奔隋，賴文帝之力，有此土宇，子孫享之。今唐天子，非文帝子孫，宜奉楊政道伐之，以報文帝之德。」頡利然之。唐主以中國未寧，待突厥甚厚，而頡利求請無厭，言辭驕慢。至是，寇汾陰。

夏王建德將兵救鄭。夏，五月，唐秦王世民大破擒之。鄭主世充降。唐兵圍洛陽，掘塹築壘而守之。城中乏食，民食草木泥餅，死者相倚於道。竇建德悉發孟海公、徐圓朗之衆，西救洛陽，陷管州、滎陽、陽翟等縣，水陸並進，兵十餘萬，軍於成皋之東原〔一五〕，遣使與王世充相聞。先是，建德遺秦王世民書，請退軍潼關，返鄭侵地，復修前好。世民集將佐議之，皆請避其鋒，郭孝恪曰：「世充窮蹙，垂將面縛，建德遠來助之，此天意欲兩亡之也。宜據武牢之險以拒之，伺間而動，破之必矣。」記室薛收曰：「世充府庫充實，所將皆江、淮精鋭，但乏糧食，故爲我持。建德自將遠來，亦當極其精鋭。若縱之至此，兩寇合從，轉河北之粟以饋洛陽，則戰爭方始，混一無期〔一六〕。今宜分兵守洛陽，深溝高壘，勿與戰。大王親帥驍鋭，先據成皋，以逸待勞，決可克也。建德既破，世充自下，不過二旬，兩主就縛矣！」世民善之。蕭瑀、屈突通、封德彝皆欲退保新安以承其弊，世民曰：「建德新克海公，將驕卒惰，吾扼其咽喉，取之甚易。若其不戰，旬月之間，世充潰矣。若不速進，賊入武牢，諸城新附，必不能守；兩賊併力，其勢必强，何弊之承！吾計決矣！」中分麾下，使通等副齊王守東都，世民將驍勇三千五百人東趣武牢。正晝出兵，歷北邙，抵河陽，趨鞏而去。世充莫測，竟不敢出。世民入武牢，將驍騎五百出覘建德營。緣道分留，使李世勣、程知節、秦叔寶將之，伏於道旁，纔餘四騎偕進。去建德營三里所，建德遊兵遇之，世民大呼曰：「我秦王也。」引弓射之，斃其一將。建德大驚，出五、六千騎逐之。世民按轡徐行，追騎將至，則射之；止而復來，如是再三。世民逡巡稍却以誘之，既入伏，世勣等奮擊，大破之。建德迫於武牢，累月不得進，戰數不利，將士思歸。世民又遣王君廓將輕騎千餘抄其糧運。凌敬言於建德曰：「大王宜悉兵濟河，攻取懷州、河陽，使重將守之，遂建旗鼓，踰太行，入上黨，徇汾、晉，趣蒲津，蹈無人之境，拓地收兵，則關中震懼，而鄭圍自解矣。」建德將從之，而世充遣使告急，又陰以金玉啗建德諸將，諸將皆曰：「凌敬書生，安知戰事？」建德乃謝敬，敬固爭之，建德怒，令扶出。其妻曹氏曰：「祭酒之言，不可違也。」建德曰：「此非女子所知也。」諜告曰：「建德伺唐牧馬於河北〔一七〕，將襲武牢矣。」五月，世民北濟河，南臨廣武而還，故留馬千餘疋，牧於河渚以疑之。建德果悉衆出牛口，置陳亘二十里，鼓行而進。諸將皆懼，世民升高而望之，謂諸將曰：「賊起山東，未嘗見大敵，今渡險而囂，是無紀律；逼城而陣，有輕我心。我按兵不出，彼勇氣自衰，陳久卒飢，勢將自退，追而擊之，無不克矣。」建德列陳自辰至午，士卒飢倦，皆坐列，又爭飲水，逡巡欲退。世民命宇文士及將三百騎經建德陳西，馳而南上，建德陳動，世民曰：「可擊矣！」世民帥輕騎先進，大軍繼之，直薄其陳。建德方朝羣臣，召騎兵使拒唐兵，阻朝者不得過，建德揮朝者令却，進退之間，唐兵已至，於是大戰。世民帥史大奈、程知節、秦叔寶等卷旆而入，出其陳後，張唐旗幟，建德將士見之，大潰。建德中槊墜馬，車騎將軍楊武威擒之。世民讓之曰：「我討世充，何預汝事！」建德曰：「今不自來，恐煩遠取。」建德將士皆潰去，俘獲五萬人，世民即日散遣，使還鄉里。封德彝入賀，世民笑曰：「不用公言，得有今日。」遂囚建德至洛陽城下，以示世充。世充議突圍，南走襄陽，諸將曰：「吾所恃者夏王，今爲擒，雖出，終必無成。」世充乃素服，帥其太子、羣臣二千餘人詣軍門降。於是部分諸軍，先入洛陽，分守市肆，禁止侵掠，無敢犯者。世民乃入宮城，命房玄齡收隋圖藉、制詔，已爲世充所毁。命蕭瑀等封府庫，收其金帛，頒賜將士。收段達、單雄信、朱粲等十餘人斬之。初，秦王府屬杜如晦叔父淹事王世充，譖如誨兄，殺之，又囚其弟楚客，餓幾死。至是，淹當死，楚客請如晦救之，不從。楚客曰：「曩者叔已殺兄，今兄又殺叔，一門之内，相殘而盡，豈不痛哉！」欲自剄，如晦乃爲之請，淹得免死。秦王坐閶闔門，蘇威請見，稱老病不能拜，世民遣人數之曰：「公隋室宰相，危不能扶，使君弑國亡。見李密、王世充皆拜伏舞蹈，今既老病，何勞相見！」世民觀隋宮殿，歎曰：「逞侈心，窮人欲，無亡得乎！」命撤端門樓，焚乾陽殿，毁則天門闕，廢諸道場。建德餘衆走至洺州，欲立建德養子爲主，徵兵以拒唐。僕射齊善行曰：「夏王英武，士馬精强，一朝爲擒，易如反掌，豈非天命有所屬邪！今喪敗如此，必無所成，不若委心請命於唐。」乃與裴矩、曹旦帥百官奉建德妻曹氏及傳國八璽請降于唐。王世充弟世辯亦以徐、宋等三十八州請降。淮安王神通又徇下山東三十餘州。世充、建德之地悉平。

胡氏曰：凌敬之策，誠善策也。然長安、并州將帥，自足以當建德，而汾、晉、蒲津豈不戰所能下？延引日月，適足以孤洛陽之心爾。而秦王攻圍益急，世充其能不破乎！既破世充，北取建德，不過遲時月間耳。

又曰：蘇威罪固大矣，比之封德彝、裴矩、宇文士及之徒，不有間乎？秦王能責蘇威，而不能戮德彝等，反寵任之，其失甚矣！

秋，七月，唐以蘇世長爲諫議大夫。王世充僕射豆盧行褒、蘇世長以襄州來降。唐主與之皆有舊，先是，屢以書招之，行褒輒殺使者，既至長安，唐主誅行褒，而以世長爲諫議大夫。嘗從校獵高陵，大獲禽獸，上曰：「今日樂乎？」世長曰：「不滿十旬，未足爲樂！」唐主變色，既而笑曰：「狂態復發邪？」對曰：「於臣則狂，於陛下甚忠。」嘗侍宴披香殿，酒酣，謂唐主曰：「此殿煬帝之所爲耶？」唐主曰：「卿諫似直而實多詐，豈不知此殿朕之所爲乎？」對曰：「臣實不知，但見其華侈如傾宮、鹿臺，非興王之所爲耳。昔侍陛下於武功，見所居宅僅庇風雨，當時亦以爲足。今因隋之宮室，已極侈矣，而又增之，將何以矯其失乎？」唐主深然之。

唐秦王世民至長安，獻俘太廟。赦王世充，斬竇建德。秦王世民至長安，披黃金甲，齊王元吉、李世勣等二十五將從其後，鐵騎萬匹，甲士三萬人，前後部鼓吹，俘王世充、竇建德獻于太廟，行飲至之禮以饗之。詔赦世充爲庶人，徙蜀；斬建德於市。以天下略定，大赦，百姓給復一年。陝、虢轉輸勞費，幽州久隔寇戎，皆復二年。既而王、竇餘黨尚有遠徙者，孫伏伽上言：「兵、食可去，信不可去。陛下已赦而復徙之，使臣民何所憑依？且世充尚蒙寬宥，況於餘黨，所宜縱釋。」上從之。世充未行，定州刺史獨孤修德矯敕殺之，詔免修德官。

胡氏曰：王、竇皆非唐之叛臣也，而世充事煬帝不忠〔一八〕，致隋失天下，又弒恭帝而自立，淫刑以逞，虐及無罪，其罪爲重，宜數其罪而戮之，而待建德以不死，則刑有章矣。而唐不然，其不戮世充也，得非内省有疚與？其誅建德也，無乃畏惡其能與？已而使人潛殺世充，豈所謂與衆棄之與？

唐初行開元通寶錢。隋末，錢弊濫薄，至裁皮糊紙爲之，民間不勝其弊。至是，初行開元通寶錢，徑八分，重二銖四參，積十錢重一兩，輕重大小，最爲折衷，遠近便之。置監於洛、并、幽、益等州，秦王世民、齊王元吉賜三鑪，裴寂賜一鑪，聽鑄錢。餘盜鑄者，身死家没。

竇建德故將劉黑闥起兵漳南。竇建德諸將居閭里，暴横爲民患，唐官吏以法繩之，皆驚懼不安。會詔悉徵建德故將，於是范願、高雅賢等相謂曰：「王世充以洛陽降唐，其將相大臣皆夷滅。吾屬至長安，必不免矣。且夏王得淮安王，遇以客禮，唐得夏王即殺之。吾屬皆爲夏王所厚，今不爲之報仇，無以見天下之士！」乃謀作亂，卜之，以劉氏爲主吉，因相與之漳南，見建德故將劉雅。雅曰：「天下適安定，吾將老於耕桑，不願復起兵。」衆怒，殺之。故漢東公劉黑闥屏居漳南，諸將詣之，告以其謀，黑闥方種蔬，即殺耕牛與之飲食，定計聚衆，襲縣據之。是時，諸道有事，則置行臺尚書省，無事則罷之。朝廷聞黑闥作亂，乃置山東道行臺於洺州，魏、冀、定、滄並置總管府，以淮安王神通爲行臺僕射。

八月朔，日食。

劉黑闥據鄃縣，唐遣兵擊之。黑闥陷鄃縣，竇建德舊黨稍出歸之，衆至二千人，爲壇於漳南，祭建德，告以舉兵之意，自稱大將軍。詔發關中步騎三千，使將軍秦武通、李玄通等擊之。又詔李藝引兵會擊。

唐徐圓朗舉兵應劉黑闥。初，洛陽既平，徐圓朗請降，拜兗州總管。黑闥作亂，圓朗與通謀。唐主使盛彦師安集河南，行至任城，圓朗執之，舉兵反。兗、鄆、陳、杞、伊、洛、曹、戴等八州皆應之。圓朗自稱魯王，厚禮彦師，使作書與其弟，令舉虞城降。彦師爲書曰：「吾奉使無狀，爲賊所擒，爲臣不忠，誓之以死。汝善侍老母，勿以吾爲念。」圓朗初色動，乃笑曰：「盛將軍有壯節，不可殺也。」待之如舊。

唐括户口。

唐蠲太常樂工爲民。詔以太常樂工皆前代因罪配没，子孫相承，多歷年所，並蠲爲民，且令執事，若仕宦入流，勿更進集〔一九〕。

唐淮安王神通擊劉黑闥，敗績。淮安王神通至冀州，與李藝合兵。與黑闥戰於饒陽，乘風擊之，既而風反，神通大敗，藝歸幽州。黑闥兵勢大振。

冬，十月，唐以秦王世民爲天策上將。唐主以秦王世民功大，前代官皆不足以稱之，特置天策上將，位在王公上，以世民爲之，開府置屬。世民以海内浸平，乃開館以延文學之士，杜如晦、房玄齡、虞世南、褚亮、姚思廉、李玄道、蔡允恭、薛元敬、顔相時、蘇勗、于志寧、蘇世長、薛收、李守素、陸德明、孔穎達、蓋文達、許敬宗爲文學館學士，分爲三番，更日直宿。世民暇日，輒至館中，討論文籍，或至夜分。使庫直閻立本圖像，褚亮爲贊，號「十八學士」。士大夫得預其選者，時人謂之「登瀛洲」。時府僚多補外官，如晦亦出爲陝州長史〔二〇〕，房玄齡曰：「餘人不足惜，杜如晦王佐之才，大王欲經營四方，非如晦不可。」世民驚曰：「微公言，幾失之。」即奏留之，使參謀帷幄。軍中多事，如晦剖決如流。世民每克城，諸將爭取寶貨，玄齡獨收采人物，致之幕府。每令入奏事，唐主曰：「玄齡爲吾兒陳事，雖隔千里，皆如面談。」

唐遣趙郡王孝恭、李靖伐梁，梁主銑降。唐發巴、蜀兵，以孝恭、李靖統之，自夔州東擊蕭銑。時峽江方漲，諸將請俟水落，李靖曰：「兵貴神速。今吾乘江漲，掩其不備，此必成擒，不可失也。」孝恭乃帥戰艦二千餘艘東下，銑果不爲備。孝恭等拔其荆門、宜都二鎮，屢破其兵，進至夷陵，入北江。銑以罷兵營農，宿衛纔數千人，聞唐兵至，倉猝徵兵，未集，乃悉見兵出拒戰。孝恭將擊之，靖曰：「彼救敗之師，策非素立，勢不能久。不若且泊南岸，緩之一日，彼必分兵歸守，兵分勢弱，乘其懈擊之，蔑不勝矣。若急之，則併力死戰，楚兵剽鋭，未易當也。」孝恭不從，出戰，果敗。銑衆委舟，收掠軍資，靖見其衆亂，縱兵奮擊，大破之，乘勝直抵江陵，入其外郭，大獲舟艦，靖使散之江中，諸將皆曰：「破敵所獲，當藉其用，奈何棄以資敵？」靖曰：「蕭銑之地，南出嶺表，東距洞庭。吾懸軍深入，若攻城未拔，援兵四集，吾表裏受敵，進退不獲，雖有舟楫，將安用之？今棄舟艦，使塞江而下，援兵見之，必謂江陵已破，未敢輕進，往來覘伺，動淹旬月，吾取之必矣！」援兵見之，果疑不進。遂圍江陵，銑内外阻絶，問策於岑文本，文本勸銑降。銑謂羣下曰：「天不祚梁，不可復支矣！必待力屈，則百姓蒙患，奈何以我之故，陷百姓於塗炭乎！」以太牢告廟，下令出降，守城者皆哭。銑帥羣臣緦衰布幘詣軍門〔二一〕，曰：「當死者唯銑耳，百姓無罪，願不殺掠。」孝恭入城，諸將欲大掠，文本曰：「江南之民遭隋虐政，重以戰爭，跂踵延頸，以望真主，是以蕭氏君臣決計歸命，庶幾有所息肩。今若縱兵俘掠，使士民失望，恐自此以南，無復向化之心矣！」孝恭稱善，遽禁止之。諸將又言：「梁將帥拒鬭死者，請籍其家以賞將士。」靖曰：「王者之師，宜使義聲先路。彼爲其主鬭死，乃忠臣也，豈可同之叛逆之科乎！」於是城中安堵，秋毫無犯。南方州縣聞之，皆望風款附。孝恭送銑長安，斬於都市。以孝恭爲荆州總管，靖爲上柱國，安撫嶺南。先是，銑遣劉洎略地嶺表，得五十餘城，未還而銑敗，洎以所得城來降。靖既渡嶺，所至皆下。銑桂州總管李襲志帥所部來降。以靖代之，引兵下九十六州，得户六十餘萬。

范氏曰：蕭銑，故梁子孫，因隋之亂，保據荆、楚，欲復先業，非唐之叛臣也；唐師伐之，銑又以百姓之故，不忍固守而降，然則唐初割據之主，銑最無罪，高祖誅之，淫刑甚矣！

胡氏曰：蕭銑志復舊業，非唐叛臣。唐若以文告之辭，招而撫之，再三不下，然後用兵，既服其人，當矜其志，胙以江南百里之國，使奉梁祀，則唐之德，庶幾乎武王下車之政矣！而以盜賊待之，必殺之而後慊，不仁甚矣！

十一月，唐杜伏威擊李子通，執送長安。伏威於是盡有淮南、江東之地。

劉黑闥取唐定州，總管李玄通死之。劉黑闥執玄通，愛其才，欲以爲大將，玄通不可。故吏有以酒肉饋之者，玄通飲醉，謂守者曰：「吾能劍舞，願假吾刀。」守者與之。玄通舞竟，太息曰：「大丈夫受國厚恩，鎮撫方面，不能保全所守，亦何面目視息世間哉！」引刀自刺而死。

高開道叛唐，自稱燕王。幽州饑，李藝告糴於高開道，許之。李藝發三千人，車數百乘，驢馬千匹往受粟，開道悉留之，告絶於藝，復稱燕王。北連突厥，南與劉黑闥相結，恒、定、幽、易咸被其患。

十二月，唐命秦王世民、齊王元吉擊劉黑闥。初，黑闥既破淮安王神通，移書趙、魏，竇建德故將卒爭殺唐官吏以應之。李世勣走保洺州，黑闥追擊破之，拔相、黎、衛州。半歲之間，盡復建德舊境，遣使北連突厥。將軍秦武通、程名振等皆自河北遁歸長安。乃命秦王世民、齊王元吉討之。

壬午（六二二）

唐武德五年。漢東王劉黑闥天造元年。是歲，楚亡，并梁，凡三國。

春，正月，劉黑闥自稱漢東王。黑闥稱王，改元，都洺州。建德時文武悉復本位。其設法行政，悉師建德，而攻戰勇決過之。

三月，突厥遣使如唐。先是，處羅可汗與劉武周寇并州，上遣鄭元璹往諭以禍福，處羅不從。未幾，處羅病死，國人疑元璹毒之，留不遣。上又遣漢陽公瓌使頡利〔二二〕，頡利欲令瓌拜，不從，亦留之。上復遣使賂頡利，且許結昏，頡利乃遣使送元璹等還。

唐秦王世民破劉黑闥於洺水，黑闥奔突厥。秦王世民軍至獲嘉，黑闥棄相州，世民取之。

進軍肥鄉，列營洺水上以逼之。李藝以兵數萬來會，黑闥自將拒之。程名振載鼓六十具，於城西隄上急擊之，城中地皆震動。范願馳告黑闥，黑闥遽還，遣兵擊藝於鼓城，大敗。洺水人據城來降，世民遣王君廓守之。黑闥引兵還攻甚急，世民三引兵救之，不得進。恐君廓不能守，行軍總管羅士信請代君廓守之。世民登城西南高冢，以旗招君廓，君廓帥其徒力戰，潰圍而出，士信乘之入城。黑闥晝夜急攻，會大雪，救兵不得往，凡八日，城陷。黑闥素聞其勇，欲生之，士信辭色不屈，乃殺之。世民復拔洺水，與藝營於洺水之南。黑闥數挑戰，世民堅壁不應。李世勣逼其營，高雅賢出戰，敗死。黑闥運糧，水陸俱進，程名振邀之，沉其舟，焚其車。相持六十餘日，世民度黑闥糧盡必來決戰，乃使人堰洺水上流。黑闥果帥步騎二萬，南渡洺水，壓唐營而陳，世民自將精騎擊破之。黑闥帥衆殊死戰，自午至昏，戰數合，黑闥勢不能支，遂先遁。餘衆不知，猶格戰。守吏決堰，水大至，衆遂潰。黑闥與范願等奔突厥，山東悉平。

夏，六月，劉黑闥引突厥寇山東，又寇定州。

秋，七月，唐秦王世民擊徐圓朗。杜伏威入朝于唐。秦王世民擊徐圓朗，下十餘城，聲震淮、泗。杜伏威懼，遂請入朝。世民以淮、濟略定，使淮安王神通及任瓌、李世勣攻圓朗而還。

李子通叛唐，伏誅。子通謂樂伯通曰：「伏威既來，江東未定，往收舊兵，大功可立。」遂相與亡走，至藍田，爲吏所獲，伏誅。

隋漢陽太守馮盎降唐。盎承李靖檄，以所部降唐。以其地爲高、羅、春、白、崖、儋、林、振八州，以盎爲總管。先是，或説盎宜效趙佗稱王，盎曰：「吾家居此，爲牧伯者五世，富貴極矣。常懼不克負荷，爲先人羞，敢效佗乎！」遂降唐。嶺南悉平。

八月，突厥寇并州，唐遣鄭元璹如師，頡利引兵還。突厥頡利可汗將十五萬騎入雁門，寇并州，命太子建成、秦王世民禦之。唐主謂羣臣曰：「和戰孰利？」鄭元璹曰：「戰則怨深，不如和利。」封德彝曰：「突厥恃犬羊之衆，有輕中國之意，若不戰而和，示之以弱，明年將復來。臣愚以爲擊之，既勝而後與和，則恩威兼著矣！」唐主從之。襄邑王神符、汾州刺史蕭顗連破突厥，斬首五千餘級。乃遣鄭元璹詣頡利，責以負約，頡利頗慚。元璹因說之曰：「唐與突厥，風俗不同，突厥雖得唐地，不能居也。今虜掠所得，皆入國人，於可汗何有？不如還師修好，坐受金幣，孰與棄昆弟積年之歡，結子孫無窮之怨乎？」頡利悦，引兵還。元璹自義寧以來，五使突厥，幾死者數焉。

冬，十月，唐遣齊王元吉擊劉黑闥。淮陽王道玄與黑闥戰，敗没。時道玄將兵三萬，與副將史萬寶不協。道玄帥輕騎先出犯陳，萬寶擁兵不進，由是敗没，時年十九。秦王世民深惜之曰：「道玄嘗從吾征伐，見吾深入賊陳，心慕效之，以至於此。」爲之流涕。世民自起兵以來，前後數十戰，常身先士卒，輕騎深入，雖屢危殆，而未嘗爲矢刃所傷。

楚王林士弘卒，其衆遂散。初，蕭銑之敗也，散卒多歸士弘，士弘軍勢復振。至是，攻循州，不克，其將王戎以南昌州降唐。士弘懼，亦請降，復走保安成山洞。洪州總管若干則擊破之。會士弘死，其衆遂散。

十一月，唐遣太子建成擊劉黑闥。淮陽王道玄之敗也，山東震駭，劉黑闥盡復故地，進據洺州。齊王元吉不敢進，而太子建成請行，故遣之。初，唐主之起兵晉陽也，皆秦王世民之謀，唐主謂世民曰：「事成，當以汝爲太子。」將佐亦以爲請，世民固辭而止。太子喜酒色遊畋，齊王多過失，皆無寵。世民功名日盛，建成内不自安，乃與元吉協謀，共傾世民，曲意事諸妃嬪，諂諛賂遺，無所不至，以求媚於上。世民獨不事之。由是諸妃嬪爭譽建成、元吉，而短世民。時世民、元吉皆居别殿，與上臺、東宮晝夜通行，無復禁限，相遇如家人禮。太子令、秦、齊王教與詔敕並行，有司莫知所從，唯據得之先後爲定。世民以淮安王神通有功，給田數十頃。張婕妤求之，手敕賜之，神通以教給在先，不與。婕妤訴於唐主，唐主怒，以責世民，復謂裴寂曰：「此兒久典兵在外，爲書生所教，非復昔日子也。」

胡氏曰：太子令、二王教與詔敕並行，雖高祖隆愛諸子之失，而世民獨不知其不可而辭之耶？房、杜諸人亦無所警發，何也？高祖不思因事更制，乃謂秦王爲書生所教，可謂易其言矣！

秦王每侍宴宮中，思太穆皇后早終，不得見唐主有天下，或歔欷流涕，唐主不樂。諸妃嬪曰：「陛下春秋高，宜相娱樂，而秦王如此，正是憎疾妾等。陛下萬歲後，妾母子必無孑遺矣！皇太子仁孝，陛下以妾母子屬之，必能保全。」唐主爲之愴然。由是無易太子意，待世民浸疏，而建成、元吉日親矣。太子中允王珪、洗馬魏徵亦説太子曰：「秦王功蓋天下，中外歸心，殿下但以年長居東宮，無大功以鎮服海内。今劉黑闥散亡之餘，衆不滿萬，以大軍臨之，勢如拉朽，殿下宜自擊之以取功名，因結納山東豪傑，庶可自安。」於是太子請行。

范氏曰：立子以長不以功，以德不以衆，古之道也。晉獻公使申生伐東山，里克入而諫君，出而勉太子以孝。君子曰：「善處父子之間矣。」王、魏輔導東宮，當勸建成以孝友，則儲位安矣。秦王有定天下之功，高祖苟欲立之，能爲太伯，不亦善乎！乃使建成擊賊以立威，結豪傑以自助，是導之以爭也，禍亂何從而息乎？以王、魏之賢猶如此，況庸人乎！

胡氏曰：人之大倫，有常有變。若王、魏能勸建成如東海王彊力請而去，則父子、君臣之間，變而不失其正矣。

唐封宗室道宗爲任城王。道宗爲靈州總管，梁師都引突厥數萬圍之，道宗乘間出擊，大破之。突厥與師都連結，遣郁射設入居故五原，道宗逐出之，斥地千餘里。唐主以道宗武幹，立爲任城郡王。

十二月，唐魏州總管田留安擊劉黑闥，破之。劉黑闥擁兵而南，河北州縣皆附之，唯魏州總管田留安不下。黑闥攻之，留安奮擊破之，獲其將孟柱，降六千人。是時，山東豪傑多殺長吏以應黑闥，上下相猜。留安獨坦然無疑，白事者皆令直入卧内，謂吏民曰：「吾與爾曹爲國禦賊，固宜同心協力，必欲棄順從逆，但斬吾首去。」吏民相戒曰：「田公推至誠以待人，當共竭死力報之。」卒收其用。

唐太子建成兵至昌樂，劉黑闥亡走。太子建成、齊王元吉軍至昌樂，劉黑闥引兵拒之，再陳，皆不戰而罷。魏徵言於太子曰：「前破黑闥，其將帥皆懸名處死，故齊王之來，雖有詔赦其黨與之罪，皆莫之信。今宜悉解其囚俘，慰諭遣之，則可坐視其離散矣！」太子從之。黑闥食盡，衆多亡降，黑闥遂與數百騎遁去。

癸未(六二三)

唐武德六年。是歲,漢東亡,并梁,凡二國。

春,正月,漢東將諸葛德威執其君黑闥降唐,唐斬之。時太子遣騎將劉弘基追黑闥,黑闥奔走,不得休息,至饒陽,從者纔百餘人,餒甚。黑闥所署刺史諸葛德威出迎,饋之食,未畢,勒兵執之,送詣太子,斬於洺州。黑闥臨刑,嘆曰:「我幸在家鉏菜,爲高雅賢輩所誤至此!」

二月,唐平陽公主卒。平陽昭公主卒,詔加鼓吹、班劍、武賁甲卒以葬。太常奏:「禮:婦人無鼓吹。」上曰:「鼓吹,軍樂也。公主親執金鼓,興義兵以輔成大業,豈與常婦人比乎!」

徐圓朗走死,其地皆入于唐。

林邑遣使入貢于唐。初,隋破林邑,分其地爲三郡;及中原喪亂,林邑復國。至是,始入貢。

幽州總管李藝入朝于唐。藝入朝,唐以爲左翊衛大將軍。

唐廢參旗等十二軍。

三月,梁將賀遂索同以十二州降唐。

唐前洪州總管張善安反。

夏,唐以裴寂、蕭瑀爲僕射,楊恭仁、封德彝爲中書令。

高開道寇唐幽州,敗走。

六月，苑君璋奔突厥，高滿政以馬邑降唐。先是，前并州總管劉世讓除廣州總管，將之官，上問以備邊之策，世讓對曰：「突厥比數爲寇，良以馬邑爲之中頓故也。請以勇將戍崞城，多貯金帛，募有降者厚賞之，數出騎兵蹂其禾稼，敗其生業，不出歲餘，彼無所食，必降矣！」上然其計，曰：「非公，誰爲勇將！」即命世讓戍崞城，馬邑病之。是時，馬邑人多不願屬突厥，上復遣人招諭苑君璋，君璋不從。高滿政因衆心所欲，夜襲君璋，君璋奔突厥，滿政殺突厥戍兵而降。君璋復與突厥寇馬邑，滿政與戰，破之。遂以滿政爲朔州總管。

唐岐州刺史柴紹擊吐谷渾，敗之。先是，吐谷渾寇洮、岷二州，遣柴紹救之，爲其所圍。虜乘高射之，矢下如雨。紹遣人彈胡琵琶，二女子對舞。虜怪之，相與聚觀。紹察其無備，潛遣精騎，出虜陣後擊之，虜衆大潰。

秋，八月，唐淮南道行臺僕射輔公祏反。初，杜伏威與公祏友善，兄事之，軍中謂之「伯父」，畏敬與伏威等。伏威浸忌之，潛奪其兵權。公祏知之，陽爲學道、辟穀以自晦。及伏威入朝，留公祏守丹楊，令王雄誕典兵爲之副〔二三〕。公祏詐雄誕，奪其兵，諭以反計，雄誕曰：「今天下方平定，吴王在京師，奈何無故自求族滅乎？」公祏殺之。詐稱伏威貺書令其起兵〔二四〕，尋稱帝於丹楊，國號宋。詔趙郡王孝恭、李靖等討之。孝恭將發，與諸將宴集，命取水，忽變爲血，在坐皆失色，孝恭舉止自若，曰：「此乃公祏授首之徵也〔二五〕！」飲而盡之，衆皆悅服。

冬，十月，唐殺其崞城總管劉世讓。突厥惡世讓爲己患，遣其臣曹般陁來，言世讓與可汗通謀，欲爲亂。唐主信之，殺世讓，籍没其家。

唐朔州殺其總管高滿政，降突厥。初，唐主遣將軍李高遷助高滿政守馬邑。頡利大發兵攻之，高遷懼，宵遁。滿政出兵禦之，一日戰十餘合。會突厥求婚于唐，唐主曰：「釋馬邑之圍，乃可議也。」頡利欲解兵，義成公主固請攻之。馬邑糧盡，救兵未至，右虞候杜士遠懼不免，殺滿政以降。突厥復請和親，乃以馬邑歸唐。

唐置屯田於并州。突厥數爲邊患，并州長史竇静表請於太原置屯田以省餽運，議者以爲煩擾。静切論不已，徵静入朝，與裴寂等相問難於上前，寂等不能屈，乃從静議。歲收穀數千斛。秦王復請增置屯田於并州之境，從之。

十二月，唐安撫使李大亮討張善安，執之。初，輔公祏之反，與張善安連兵。黄州總管周法明將兵擊輔公祏，善安遣刺客殺之。至是，李大亮擊善安於洪州，隔水而陳，遥相與語，諭以禍福，善安曰：「善安初無反心，爲將士所誤。欲降，又恐不免。」大亮曰：「張總管有降心，則與我一家耳。」因單騎入其陳，執手共語，善安大悦，遂許降。既而善安詣大亮營，大亮執之。善安營中聞之，將攻大亮。大亮遣人諭之曰：「總管自言『赤心歸國』；還營，恐將士或有異同』。故留不去耳。卿輩何怒於我？」衆遂潰去。送善安於長安，赦其罪。及公祏敗，得所與往還書，乃殺之。

甲申〔二六〕**（六二四）**

唐高祖神堯皇帝武德七年〔二七〕。是歲，高開道、輔公祏皆敗死，唯梁師都至貞觀二年乃亡。

春，正月，置大中正。依周、齊舊制，州置中正一人，掌知州内人物，品量望第，以門望高者領之，無品秩。

二月，封高麗王建武爲遼東王。上以隋末戰士多没於高麗，賜高麗王建武書，使悉遣還。亦索高麗人在中土者，遣歸其國。建武奉詔遣還，前後萬數。至是，又請頒曆，乃遣使册封之。

置州、縣、鄉學。詔：「州、縣、鄉皆置學。有明一經以上者，咸以名聞。」

帝詣國子學，釋奠于先聖、先師。詔王公子弟各就學。

改大總管府爲大都督府〔二八〕。

高開道爲其下所殺。詔以其地爲嬀州。開道見天下皆定，欲降，自以數反覆不敢。其將卒咸有離心。開道選勇敢數百人，謂之「假子」，嘗直閤内，使其將張金樹領之。金樹遣人入與假子遊戲，因潛斷其弓弦，竊其刀槊以出，乃帥其黨攻開道，假子將禦之，弓弦皆絶，刀槊已失，爭出降。開道知不免，乃自殺。金樹悉收假子斬之，遣使來降。以其地置嬀州，以金樹爲北燕州都督。

吳王杜伏威卒。輔公祏之反也，詐稱伏威之命以令其衆。公祏平，詔追除伏威名，没其妻子。太宗即位，知其冤，赦之，復其官爵。

三月，初定官制。以太尉、司徒、司空爲三公，次尚書、門下、中書、祕書、殿中、内侍爲六省，次御史臺，次太常至太府爲九寺，次將作監，次國子學，次天策上將府，次左、右衛至左、右領衛爲十四衛；

東宫置三師、三少、詹事及兩坊、三寺、十率府；王公置府佐、國官，公主置邑司，並爲京職事官。州、縣、鎮、戍爲外職事官。自開府儀同三司至將仕郎二十八階，爲文散官；驃騎大將軍至陪戎副尉三十一階，爲武散官；上柱國至武騎尉十二等，爲勳官。

范氏曰：三公論道經邦，燮理陰陽，故不以一職名官。太尉掌武，大司馬之職也；司徒主民，司空主土，皆六卿之任，非三公也。自漢以來失之，而唐不能革也。且既有三公，而又有尚書省，是政出於二也；既有尚書省，又有九寺，是政出於三也。夫天地之有四時，百官之有六職，天下萬事，備盡於此，如網之在綱，裘之挈領，雖百世不可易也。如欲稽古以正名，苟捨周官，未見其可也。

胡氏曰：國學之地重矣，夫豈與他官府有司比也，而次于匠監之下，非失之大乎？若以尚書、門下、中書、國子監、祕書、殿中爲六省，而降内侍于寺監之下，則尊儒重道之意明，而閹尹與政之階替矣。

趙郡王孝恭克丹楊，斬輔公祏。先是，公祏遣其將馮慧亮等將舟師，陳正通等將步騎，以拒官軍。趙郡王孝恭與李靖帥舟師次舒州，李世勣帥步卒一萬度淮，次硤石。慧亮等堅壁不戰。皆曰：「慧亮擁强兵，據水陸之險，攻之不可猝拔，不如直指丹楊，掩其巢穴。」靖曰：「今此諸栅尚不能拔，公祏保據石頭，兵亦不少，豈易取哉！進攻丹楊，旬月不下，慧亮等躡吾後，腹背受敵，此危道也。慧亮、正通皆百戰餘賊，其心非不欲戰，正以公祏立計，使之持重，以老我師耳。今攻其城以挑之，一舉可破也。」孝恭然之，使羸兵先攻賊壘，而勒精兵結陳以待之。攻壘者不勝而走，賊出兵追之，遇大軍與戰，大敗。乘勝逐北，兩戍皆潰。公祏棄城走，野人執送丹楊，梟首。江南皆平。

夏，四月，頒新律令。比開皇舊制，增新格五十三條。

初定均田、租、庸、調法。丁、中之民，給田一頃，篤疾，減什之六，寡妻妾，減七，皆以什之二爲世業，八爲口分。每丁，歲入租粟二石。調隨土地所宜，綾、絹、絁、布。歲役二旬，不役則收其傭，日三尺；有事而加役者，旬有五日，免其調；三旬，租、調俱免。水、旱、蟲、霜爲災，什損四以上免租，損六以上免調，損七以上課、役俱免。凡民貲業分九等。百户爲里，五里爲鄉，四家爲鄰，四鄰爲保。在城邑者爲坊，田野者爲村。食禄之家，無得與民爭利；工商雜類，無預士伍。男女始生爲黄，四歲爲小，十六爲中，二十爲丁，六十爲老。歲造計帳，三年造户籍。

范氏曰：自井田廢，而貧富不均，後世未有能制民之産，使之養生送死無憾者也。唐之法蓋庶幾焉！然爲治者，唯能省力役，薄賦斂，務本抑末，尚儉去奢，占田有限，困窮有養，使貧者足以自立，富者不得兼之，則均天下之本也。不然，雖有法令，徒文具而已，何益於治哉！

胡氏曰：食禄之家，無得與民爭利，此以廉耻待士大夫之美政也。然古之仕者世禄，故仕則不稼；後世用人不慎，升黜無常，則此制將有不可行者。必也仕者視其品而給之田，進而任用，則有禄以酬其勞；置而不用，則有田以資其生；必有大罪，然後收其田里。如此，則不得爭利之法可行，而廉耻之風益勸矣。

六月，慶州都督楊文幹反，遣秦王世民討平之。初，齊王元吉勸太子建成除秦王世民，曰：「當爲兄手刃之！」世民從上幸元吉第，元吉伏甲欲刺之，建成止之，元吉愠曰：「爲兄計耳，於我何有！」建成擅募驍勇二千餘人爲東宫衛士，發幽州突騎三百置諸坊，又私使慶州都督楊文幹募壯士。至是，上幸仁智宫，建成居守，世民、元吉皆從。建成使元吉就圖世民，又使人以甲遺文幹，使之舉兵，表裏相應。上聞之怒，召建成，建成懼，不敢赴。詹事主簿趙弘智勸其貶損車服，屏從者，詣上謝罪，建成乃詣仁智宫見上，叩頭謝罪，奮身自擲。上怒不解，置之幕下，以兵守之。文幹遂發兵反。上召秦王世民，告之曰：「文幹事連建成，恐應之者衆。汝宜自行，還，立汝爲太子。吾不能效隋文帝自誅其子，當封建成爲蜀王，蜀兵脆弱，它日苟能事汝，汝宜全之；不能事汝，汝取之易耳！」世民既行，元吉與妃嬪更迭爲建成請，封德彝復爲營解於外，上意遂變，遣建成還守京師。惟責以兄弟不睦，歸罪於王珪、韋挺、杜淹，並流嶲州。文幹陷寧州，世民軍至，其黨殺之，傳首京師。

范氏曰：建成擅募兵甲以危君父，其罪大矣，高祖不以公義廢之，乃惑於姦臣之計，牽於妃嬪之請，至使兄弟不相容於天下，皆高祖不明之過也。

秋，閏七月，突厥入寇，遣秦王世民將兵禦之。或説上曰：「突厥所以屢寇關中者，以子女、玉帛皆在長安故也。若焚長安而不都，則胡寇自息矣。」上欲從之，秦王世民諫曰：「戎狄爲患，自古有之。陛下以聖武龍興，所征無敵，奈何爲此以貽四海之羞，爲百世之笑乎！願假數年之期，臣請係頡利之頸，致之闕下。若其不效，遷都未晚。」上曰：「善。」建成與妃嬪因共譖世民曰：「突厥犯邊，得賂則退。秦王外託禦寇之名，内欲總兵權，成其簒奪之謀。」上大怒，召世民責之。會有司奏突厥入寇，上乃改容勞勉。詔世民、元吉將兵出豳州以禦之。上每有寇盜，輒命世民討之，事平之後，猜嫌益甚。

命韋仁壽檢校南寧州都督。仁壽性寬厚，有識度，初爲蜀郡司法書佐，所論囚至市，猶西向爲仁壽禮佛，然後死。時西南夷内附，朝廷遣使撫之，類皆貪縱，遠民患之。上聞仁壽名，命檢校南寧州都督。仁壽既受命，將兵五百人至西洱河，周歷數千里，蠻夷望風歸附。仁壽承制置七州、十五縣，各以其豪帥爲刺史、縣令，法令清肅，蠻夷説服，各遣子弟入貢。

八月，突厥受盟而還。頡利、突利二可汗舉國入寇，連營南上，秦王世民引兵拒之。會關中久雨，糧運阻絶，士卒飢疲，器械頓弊，朝廷以爲憂。世民與虜遇於豳州，二可汗帥萬餘騎奄至城西。元吉懼不敢出，世民乃帥騎馳詣虜陳，告之曰：「國家與可汗和親，何爲負約，深入我地？我秦王也，可汗能鬬，獨出與我鬬；若以衆來，我直以此百騎相當耳。」頡利不之測，笑而不應。世民又前，遣騎告突利曰：「爾往與我盟，有急相救。今乃引兵相攻，何無香火之情也？」突利亦不應。世民又前，將渡溝水，頡利見世民輕出，又聞香火之言，疑突利與世民有謀，乃遣止世民曰：「王不須渡，我但欲與王申固盟約耳。」乃引兵稍却。是後，雨益甚，世民謂諸將曰：「虜所恃者弓矢耳，今積雨彌時，筋膠俱解，弓不可用。吾屋居火食，刀槊犀利，以逸制勞，此而不乘，將何復待！」乃潛師夜出，冒雨而進，突厥大驚。世民又遣人説突利。頡利欲戰，突利不可，乃請和親，世民許之。突利因自託於世民，請爲兄弟。世民亦以恩意撫之，與盟而去。

冬，十一月〔二九〕，以裴矩權侍中。

校勘記

〔一〕隋煬帝廣恭帝侑秦魏亡并楚士弘魏定楊梁師都梁銑凡十二國　「隋煬帝廣恭帝侑秦魏亡」十字，殿本在「凡十二國」後。

〔二〕直趣南山　「南山」原作「山南」，據殿本、通鑑卷一八六唐高祖武德元年十二月庚子日條、舊唐書卷五三李密傳、新唐書卷八四李密傳改。

〔三〕自稱燕王　「王」原作「主」，據殿本、通鑑卷一八六唐高祖武德元年十二月條、舊唐書卷五五高開道傳改。

〔四〕隋涼楚粲亡　「楚粲」原脱，據殿本補。

〔五〕未仕者免徭役　「免」原作「使」，據殿本、通鑑卷一八七唐高祖武德二年二月丙戌日條改。

〔六〕自餘隨才授職　「授」原作「受」，據殿本、通鑑卷一八七唐高祖武德二年閏二月條改。

〔七〕載網罟三十餘車　「網」原作「罔」，據殿本、通鑑卷一八七唐高祖武德二年閏二月壬戌日條改。

〔八〕曉羌胡情僞　「胡」原作「明」，據殿本、通鑑卷一八七唐高祖武德二年閏二月己巳日條改。

〔九〕文靜有妾無寵　「靜」原作「勝」，據殿本、通鑑卷一八七唐高祖武德二年九月辛未日條改。

〔一〇〕晉陽强兵數萬　「强兵」原作「兵强」，據殿本、通鑑卷一八七唐高祖武德二年九月條、舊唐書卷六二李綱傳改。

〔一一〕釋之　此二字原脱，據殿本、通鑑卷一八七唐高祖武德二年九月庚寅日條補。

〔一二〕唯促民入堡　「堡」原作「保」，據殿本、通鑑卷一八七唐高祖武德二年十月條改。

〔一三〕援王行本於蒲反　「反」，成化本作「坂」，殿本作「阪」。

〔一四〕立其弟莫賀咄設咄苾　「咄苾」之「咄」原脱，據殿本、通鑑卷一八八唐高祖武德三年十一月條補。

〔一五〕軍於成皋之東原　「成」原作「城」，據月崖書堂本、成化本、通鑑卷一八九唐高祖武德四年三月條改。

〔一六〕混一無期　「混」原作「密」，據殿本、通鑑卷一八九唐高祖武德四年三月條改。

〔一七〕建德伺唐牧馬於河北　「伺唐」原脱，據殿本、通鑑卷一八九唐高祖武德四年四月己未日條補。

〔一八〕而世充事煬帝不忠　「帝」字原脱，據殿本補。

〔一九〕勿更進集　「更」原作「令」，據殿本、通鑑卷一八九唐高祖武德四年九月癸未日條改。

〔二〇〕如晦亦出爲陝州長史　「陝」原作「峽」，據殿本、通鑑卷一八九唐高祖武德四年十月條改。

〔二一〕銑帥羣臣緦衰布幘詣軍門　「衰」，殿本、通鑑卷一八九唐高祖武德四年十月乙巳日條作「縗」。

〔二二〕上又遣漢陽公瓌使頡利 「公」字原脱，據殿本、通鑑卷一八九唐高祖武德四年四月戊申日條補。

〔二三〕令王雄誕典兵爲之副 「王」字原脱，據殿本、通鑑卷一九〇唐高祖武德六年八月壬子日條補。

〔二四〕詐稱伏威貺書令其起兵 「貺」，殿本、通鑑卷一九〇唐高祖武德六年八月壬子日條作「貽」。

〔二五〕此乃公祏授首之徵也 「授」原作「受」，據殿本、通鑑卷一九〇唐高祖武德六年八月乙丑日條改。

〔二六〕甲申 此二字原脱，據殿本補。

〔二七〕唐高祖神堯皇帝武德七年 「高祖神堯皇帝」原脱，據月崖書堂本、成化本、殿本補。

〔二八〕改大總管府爲大都督府 「大都督府」之「大」字原脱，據殿本、通鑑卷一九〇唐高祖武德七年二月戊午日條、舊唐書卷一高祖紀補。

〔二九〕冬十一月 「一」字原脱，據殿本、通鑑卷一九一唐高祖武德七年十一月條補。

資治通鑑綱目卷三十九

起乙酉唐高祖武德八年，盡庚子唐太宗貞觀十四年，凡一十六年。

乙酉（六二五）

八年。

春，正月，以張鎮周爲舒州都督。鎮周，舒州人也，到州，就故宅，召親故酣宴十日，贈以金帛，泣與之别，曰：「今日張鎮周猶得與故人歡飲，明日之後，則舒州都督治百姓耳。」自是犯法者，一無所縱，境内肅然。

詔許突厥、吐谷渾互市。突厥、吐谷渾各請互市，詔皆許之。先是，中國喪亂，民乏耕牛。至是，資於戎狄，雜畜被野。

夏，四月，西突厥遣使請昏，許之。西突厥統葉護可汗遣使請昏，上以問裴矩，對曰：「今北寇方强，國家且當遠交而近攻，臣謂宜許其昏，以威頡利。俟數年之後，徐思其宜耳。」上從之。

范氏曰：自漢以女嫁匈奴，而後世習爲故常，不以爲耻，而以爲法。以爲畏之邪？則是以天下之大而畏人；至於納女，耻也。以爲謀之邪？則是以女爲間，而欲奪人之國，亦耻也。高祖不謀於衆賢，而問諸亡國之臣，宜其不知耻也。夫匹士求偶，猶以其類，今乃以天子之女而棄之戎狄，變華爲夷，豈不哀哉！然終唐之世，人君行之不以爲難，其臣亦不以爲非，由高祖啓之也。

復置十二軍。初，上以天下大定，罷十二軍。既而突厥爲寇不已，復置之，簡練士馬，議大舉擊突厥。

秋，七月，突厥寇邊。詔右衛大將軍張瑾禦之，敗績。先是，上與突厥書，用敵國禮，至是，上謂侍臣曰：「突厥貪婪無厭，朕將征之。自今勿復爲書，皆用詔敕。」突厥遂寇靈、相、潞、沁、韓、朔等州。張瑾與戰太谷，全軍皆没，瑾僅以身免。長史温彦博爲虜所執，虜以彦博職在機近，問以國家兵糧虚實，彦博不對，虜遷之陰山。靈州都督、任城王道宗擊破虜兵。頡利遣使請和而退。

九月，令太府檢校諸州權量。

冬，十一月，裴矩罷，以宇文士及權侍中。

加秦王世民中書令，齊王元吉侍中。

丙戌（六二六）

九年。

春，正月，詔太常少卿祖孝孫定雅樂。

以裴寂爲司空。日遣員外郎一人更直其第。

二月，以齊王元吉爲司徒。

初令州縣、里閈各祀社稷。初令州縣祀社稷，士民里閈亦相從立社。各申祈報，用洽鄉黨之歡。

夏，沙汰僧道。太史令傅奕上疏曰：「佛在西域，言妖路遠。漢譯胡書，恣其假託。使不忠不孝，削髮而揖君親。遊手遊食，易服以逃租賦。僞啓三途，謬張六道，遂使愚迷，妄求功德，不憚科禁，輕犯憲章。且生死壽夭，由於自然，刑德威福，關之人主。貧富貴賤，功業所招，而愚僧矯詐，皆云由佛。竊人主之權，擅造化之力，其爲害政，良可悲矣！自漢以前，初無佛法，君明臣忠，祚長年久。自立胡神，羌、戎亂華，主庸臣佞，政虐祚短，梁武、齊襄，足爲明鏡。今天下僧尼，數盈十萬，請令匹配，即成十萬餘户，産育男女，十年長養，一紀教訓，可以足兵。」詔百官議之，惟太僕卿張道源是奕言〔一〕，蕭瑀曰：「佛，聖人也，而奕非之。非聖人者無法，當治其罪。」奕曰：「人之大倫，莫如君父。佛以世嫡而叛其父，以匹夫而抗天子。蕭瑀不生於空桑，乃遵無父之教。非孝者無親，瑀之謂矣！」瑀不能對，但合手曰：「地獄之設，正爲是人！」上亦惡沙門、道士苟避征徭，不守戒律，詔命有司沙汰天下僧、尼、道士、女冠，其精勤練行者，遷大寺觀；庸猥麤穢者，勒還鄉里。京師留三寺、二觀，諸州各留一所。奕性謹密，以職在占候，杜絶交遊，所奏災異，悉焚其藁。

六月，太白經天。秦王世民殺太子建成、齊王元吉。立世民爲皇太子，決軍國事。世民既與建成、元吉有隙，以洛陽形勝之地，恐一朝有變，欲出保之，乃以行臺尚書温大雅鎮洛陽。建成夜召世民飲酒而鴆之，世民暴心痛，吐血數升。上謂世民曰：「首建大謀，削平海内，皆汝之功。吾欲立汝爲嗣，而汝固辭；且建成爲嗣日久，吾不忍奪也。觀汝兄弟，似不相容，不可同處，當遣汝居洛陽，自陝以東皆主之。仍建天子旌旗，如漢梁孝王故事。」世民泣辭，不許。將行，建成、元吉相與謀曰：「秦王若至洛陽，不可復制。不如留之長安，則一匹夫，取之易矣！」乃密令數人上封事，言「秦王左右聞往洛陽，無不喜躍。觀其志趣，恐不復來」。上乃止。元吉密請殺世民，秦府僚佐皆惶懼不知所出。行臺郎中房玄齡謂長孫無忌曰：「今嫌隙已成，一旦禍機竊發，豈惟府朝塗地，乃實社稷之憂。莫若勸王行周公之事，以安家國。存亡之機，正在今日。」無忌以告世民。召杜如晦謀之，亦勸世民如玄齡言。建成、元吉以秦府多驍將，欲誘之使爲己用，密以金銀器一車贈尉遲敬德，敬德辭不受，以告世民。世民曰：「公心如山嶽，雖積金至斗，知公不移。」元吉乃譖敬德於上，將殺之，世民固請，得免。又譖程知節，出爲康州刺史。知節謂世民曰：「大王股肱羽翼盡矣，身何能久！知節以死不去，願早決計。」建成謂元吉曰：「秦府智略之士，可憚者獨房玄齡、杜如晦耳。」皆譖之於上而逐之。世民腹心惟長孫無忌在，與其舅高士廉、將軍侯君集及尉遲敬德等日夜勸世民決計。世民猶豫，問於李靖及李世勣，皆辭，世民由是重二人。會突厥入塞，建成薦元吉將兵擊之。元吉請尉遲敬德等與之俱，又悉簡秦府精卒以益其軍。率更丞王晊密告世民曰：「太子語齊王：『吾與秦王餞汝於昆明池，使壯士拉殺之，因遣人説上，授我以國，而立汝爲太弟。』」世民以告長孫無忌，無忌等勸世民先事圖之。世民嘆曰：「骨肉相殘，古今大惡。吾誠知禍在朝夕，欲俟其發，然後以義討之，不亦可乎！」敬德曰：「人情誰不愛其死！今衆人以死奉王，乃天授也。大王不用敬德之言，敬德將竄身草澤，不能留居大王左右，交手受戮也！」無忌曰：「不從敬德之言，無忌亦當相隨而去，不能復事大王矣！」世民曰：「公更圖之。」敬德曰：「大王素所畜養勇士八百餘人，今已入宮擐甲執兵，事勢已成，大王安得已乎！」世民訪之府僚，皆曰：「齊王凶戾，終不肯事其兄，嘗謂護軍薛實曰：『但除秦王，取東宮如反掌耳。』彼與太子謀亂未成，已有取太子之心。亂心無厭，何所不至！若使二人得志，天下非復唐有。大王奈何徇匹夫之節，忘社稷之計乎！」世民猶未決，衆曰：「大王以舜爲何如人？」曰：「聖人也。」衆曰：「使舜浚井而不出，塗廩而不下，則井中之泥、廩上之灰耳，安能澤被天下，法施後世乎？是以小杖則受，大杖則走，蓋所存者大也。」世民命卜之，幕僚張公謹自外來，見之，取龜投地，曰：「卜以決疑，不疑何卜！卜而不吉，庸得已乎？」世民意乃決。於是太白再經天，傅奕密奏：「太白見秦分，秦王當有天下。」上以其狀授世民。於是世民密奏建成、元吉淫亂後宮，且曰：「兄弟專欲殺臣，似爲世充、建德報讎。臣今永違君親，亦當恥見諸賊於地下。」上驚報曰：「明當鞫問，汝宜早參。」明日，世民帥長孫無忌等入，伏兵於玄武門。張婕妤竊知世民表意，馳語建成。建成召元吉謀之，元吉曰：「宜勒兵不朝，以觀形勢。」建成曰：「兵備已嚴，當俱入參，自問消息。」乃俱入。至臨湖殿，覺有變，欲還。世民追射建成，殺之。尉遲敬德射殺元吉。於是東宮、齊府將帥薛萬徹等率衆大至，攻玄武門，敬德以二人首示之，乃頗散去。上方泛舟海池，世民使敬德入侍。敬德擐甲持矛，直至上所，奏曰：「太子、齊王作亂，秦王兵已誅之矣。恐驚動陛下，遣臣宿衛。」上謂裴寂等曰：「不圖今日乃見此事，當如之何？」蕭瑀、陳叔達曰：「建成、元吉本不豫義謀，又無功於天下，疾秦王功高望重，共爲姦謀。今秦王已討而誅之，陛下若處以元良，委之國務，無復事矣！」上曰：「此吾之夙心也。」時秦府兵與二宫左右戰猶未已，敬德請降手敕，令内外諸軍一受秦王節度，衆然後定。上召世民撫之，世民跪吮上乳，號慟久之。建成、元吉諸子皆坐誅。諸將又欲盡誅建成、元吉左右百餘人，敬德曰：「此非所以求安也！」乃止。遂立世民爲皇太子，「軍國庶事，悉委太子處決，然後聞奏」。太子命縱禁苑鷹犬，罷四方貢獻，聽百官各陳治道，政令簡肅，中外大悦。召傅奕謂曰：「汝前所奏，幾爲吾禍。然凡有天變，卿宜盡言，勿以前事爲懲也。」

司馬公曰：立嫡以長，禮之正也。然高祖所以有天下，皆太宗之功；隱太子以庸劣居其右，地嫌勢逼，必不相容。向使高祖有文王之明〔二〕，隱太子有泰伯之賢，太宗有子臧之節，則亂何自而生哉！既不能然，太宗始欲俟其先發，然後應之，如此，則事非獲已，猶爲愈也。既而爲羣下所迫，遂至蹀血禁門，推刃同氣，貽譏千古，惜哉！夫創業垂統之君，子孫之所儀刑也，彼中、明、肅、代之傳繼，得非有所指擬以爲口實乎！

范氏曰：建成雖無功，太子也；太宗雖有功，藩王也。太子，君之貳，父之統也，而殺之，是無君父也。立子以長不以功，所以重先君之世也。故周公不有天下，弟雖齊聖，不先於兄久矣。或以太宗殺建成、元吉，比周公誅管、蔡者，亦非也。昔象日以殺舜爲事，而舜封之；管、蔡啓商以叛周〔三〕，而周公誅之，其迹不同，其道一也。蓋象得罪於舜而已，故封之；管、蔡將危周公以間王室，得罪於天下，故誅之，非周公誅之，天下所當誅也。後世王者，不幸而有弟如象，則當如舜封之是也；不幸而有兄如管、蔡，則當如周公誅之是也。舜處其常，周公處其變，此聖人所以同歸于道也。夫建成、元吉非得罪於天下者也，則殺之者，己之私耳，豈周公之心乎！　或曰：「使建成爲天子，輔以元吉，則唐必亡矣！　奈何？」曰：「古之賢人，守死而不爲不義者，義重於死故也。　必若悖天理、滅人倫而有天下，不若亡之愈也。」故爲唐史者，書曰：「秦王世民殺皇太子建成、齊王元吉，立世民爲皇太子。」然則太宗之罪著矣。

罷沙汰僧道。

以魏徵、王珪爲諫議大夫。初，洗馬魏徵常勸建成早除秦王，及建成敗，太子召徵謂曰：「汝何爲離間我兄弟？」徵舉止自若，對曰：「先太子早從徵言，必無今日之禍！」太子改容禮之，引爲詹事主簿。亦召王珪、韋挺於巂州，皆以爲諫議大夫。

范氏曰：聞之程子：齊桓公殺公子糾，召忽死之，管仲不死，又相桓公以霸，而孔子取之，何哉？　桓公、子糾皆以公子出奔，子糾未嘗爲世子也。　桓公先入而得齊，非取諸子糾也。　桓公既入而殺子糾，惡則惡矣，然納桓公者齊也，春秋書：「公伐齊納糾。」不稱子，不當立者也。「齊小白入于齊。」以小白繫之齊，當立者也。　是以管仲不得讎桓公，而得以之爲君。　建成爲太子，且兄也；秦王爲藩王，又弟也。　王、魏受命爲東宮之臣，則建成其君也，豈有人殺其君，而可北面爲之臣乎？以弟殺兄、以藩王殺太子而奪其位，太宗亦非可事之君矣。　食君之禄而不死其難，朝以爲讎，暮以爲君，於其不可事而事之，皆有罪焉。　臣之事君，如婦之從夫也，其義不可以不明。　苟不明於義，而委質於人，雖曰「不利」，吾不信也。

帝自稱太上皇。

廬江王瑗反幽州，將軍王君廓殺之。初，上以瑗爲幽州都督，又以其懦怯，非將帥才，使王君廓佐之。君廓故羣盗，勇悍險詐，瑗推心倚仗之。太子建成謀害秦王，密與瑗相結。建成死，詔遣使馳驛召瑗。瑗心不自安，謀於君廓，君廓欲取瑗以爲功，乃曰：「大王若入，必無全理。」瑗曰：「我今以命託公，舉事決矣！」乃發驛徵兵，又召燕州刺史王詵計事，欲除君廓，以詵代之。君廓知之，往見詵，斬之，持其首告衆曰：「李瑗與王詵同反，汝何故從之，取族滅乎？」遂帥麾下踰城而入，執瑗縊之。詔以君廓爲幽州都督，以瑗家口賜之。

秋，七月，以高士廉爲侍中，房玄齡、宇文士及爲中書令，蕭瑀、封德彝爲僕射。

遣魏徵宣慰山東。建成、元吉之黨亡在民間，雖更赦令，猶不自安，徼幸者爭告捕以邀賞。諫議大夫王珪以啓太子，太子令：「事連東宮、齊王及李瑗者，並不得告，違者反坐。」遣魏徵宣慰山東，聽以便宜從事。徵至磁州，遇州縣錮送前太子千牛李志安、齊王護軍李思行詣京師，徵曰：「前宮、齊府左右已赦不問，今復送思行等，則誰不自疑？雖遣使者，人誰信之？吾不可以顧身嫌，不爲國慮！且既蒙國士之遇，敢不以國士報之乎！」遂皆解縱之。太子聞之，甚喜。

八月，太子即位。詔傳位於太子，太子固辭，不許，乃即位。

放宮女三千餘人。

立妃長孫氏爲皇后。后少好讀書，造次必循禮法，上爲秦王，后奉事高祖，承順妃嬪，甚有內助。及爲后，務崇節儉，服御取給而已。上深重之，嘗與之議賞罰，后辭曰：「『牝雞之晨，惟家之索。』妾婦人，安敢豫聞政事？」固問之，終不對。

突厥入寇，至便橋，帝出責之，突厥請盟而退。梁師都所部離叛，國浸衰弱，乃朝於突厥，勸令入寇。於是頡利、突利二可汗合兵十餘萬騎寇涇州。頡利進至渭水便橋之北，遣其腹心執失思力入見，以觀虛實。思力盛稱「二可汗將兵百萬，今至矣」。上讓之曰：「吾與汝可汗面結和親，贈遺無算。今汝可汗背盟入寇，於我無愧！汝雖戎狄，亦有人心，何得全忘大恩，自誇强盛？我今先斬汝矣！」思力懼，乃囚之。上乃自與高士廉、房玄齡等六騎徑詣渭水上，與頡利隔水而語，責以負約。突厥大驚，皆下馬羅拜。俄而諸軍繼至，旌甲蔽野。頡利見思力不返，而上輕出，軍容甚盛，有懼色。上麾諸軍，使却布陳，獨留與頡利語。蕭瑀叩馬固諫，上曰：「突厥所以敢傾國而來者，以我國內有難，朕新即位，謂我不能抗禦也。我若示之以弱，虜必放兵大掠，不可復制。故朕輕騎獨出，示若輕之；震曜軍容，使知必戰。虜既深入，必有懼心，與戰則克，與和則固。制服突厥，在此舉矣。」是日，頡利來請和，詔許之，斬白馬與盟于便橋之上。突厥引兵退。蕭瑀請曰：「突厥未和之時，諸將爭欲戰，陛下不許，而虜自退，其策安在？」上曰：「突厥之衆多而不整，君臣之志唯賄是求，昨其達官皆來謁我，我若醉而縛之，因擊其衆，伏兵邀其前，大軍躡其後，覆之如反掌耳。然吾即位日淺，國家未安，一與虜戰，結冤既深，彼或懼而修備，則吾未可以得志也。故卷甲韜戈，啗以金帛，彼既得所欲，志必驕墮，然後養威俟釁，一舉可滅也。

『將欲取之，必固與之。』此之謂也。」瑀謝不及。頡利獻馬三千匹，羊萬口，上不受，詔歸所掠中國户口。

九月，引諸衛將卒習射於顯德殿。上日引諸衛將卒數百人習射殿庭，諭之曰：「朕不使汝曹穿池築苑，專習弓矢，居閑無事，則爲汝師，突厥入寇，則爲汝將，庶幾中國之民可以少安！」羣臣多諫曰：「於律，以兵刃至御在所者絞。今使將卒習射殿庭，萬一狂夫竊發，出於不意，非所以重社稷也。」上曰：「王者視四海如一家，封域之内，皆朕赤子，朕一一推心置其腹中，奈何宿衛之士亦加猜忌乎？」由是人思自勵，數年之間，悉爲精鋭。上嘗言：「吾自少經略四方，頗知用兵之要，每觀敵陳，則知其强弱，常以吾弱當其强，强當其弱。彼乘吾弱，逐奔不過數十百步；吾乘其弱，必出其陳後，反而擊之，無不潰敗矣。」

范氏曰：有國家者，雖不可忘戰，然教習士卒，乃有司之事，殿庭非其所也。將帥得人，何患士之不勇，技之不精乎！且以萬乘之主，而爲卒伍之師，既非所以示德；即位之初，不以教化禮樂爲先務，而急於習射，志則陋矣。雖士勵兵强，征伐四克，非帝王之盛節，亦不足貴也！

定勳臣爵邑。上面定勳臣爵邑，命陳叔達唱名示之，且曰：「所叙未當，宜各自言。」於是諸將爭功，紛紜不已。淮安王神通曰：「臣舉兵關西，首應義旗，今房玄齡、杜如晦等專弄刀筆，功居臣上，臣竊不服。」上曰：「叔父雖首唱舉兵，蓋亦自營脱禍。及竇建德吞噬山東，叔父全軍覆没。劉黑闥再合餘燼，叔父望風奔北。玄齡等運籌帷幄，坐安社稷，論功行賞，固宜居叔父之先。叔父國之至親，朕誠無所愛，但不可以私恩濫與勳臣同賞耳！」諸將乃相謂曰：「陛下至公，淮安王尚無所私，吾儕何敢不安其分！」遂皆悦服。

房玄齡嘗言：「秦府舊人未遷官者，皆嗟怨。」上曰：「王者至公無私，故能服天下之心。設官分職，以爲民也，當擇賢才而用之，豈以新舊爲先後哉！必也新而賢，舊而不肖，安可捨新而取舊乎？今不論其賢不肖，而直言嗟怨，豈爲政之體乎！」其後或請追秦府舊兵入宿衛，上曰：「朕以天下爲家，惟賢是與，豈舊兵之外皆無可信乎？汝之此意，非所以廣朕德於天下也。」

禁淫祀雜占。

置弘文館。上於弘文殿聚四部書二十餘萬卷，置弘文館於殿側，選天下文學之士虞世南、褚亮、姚思廉、歐陽詢、蔡允恭、蕭德言等，以本官兼學士，令更日宿直。聽朝之隙，引入内殿，講論前言往行，商榷政事，或至夜分乃罷。又取三品已上子孫充弘文館學士〔四〕。

上謂侍臣曰：「朕觀煬帝文辭奥博，亦知是堯、舜而非桀、紂，然行事何其相反也？」魏徵對曰：「人君雖聖哲，猶當虚己以受人，故智者獻其謀，勇者竭其力。煬帝恃其俊才，驕矜自用，故口誦堯、舜之言，而身爲桀、紂之行，曾不自知，以至覆亡也。」上曰：「前事不遠，吾屬之師也。」

胡氏曰：太宗之問，豈獨煬帝爲然！魏徵當因此力陳堯、舜所以爲堯、舜者〔五〕，使其君有修進企及之方，則其益大矣。顧以虚己受人爲言，何其見堯、舜之淺耶！

上問給事中孔穎達曰：「論語『以能問於不能，以多問於寡，有若無，實若虚』。何謂也？」穎達具釋其義以對，且曰：「非獨匹夫如是。帝王内藴神明，外當玄默，若位居尊極，炫燿聰明，以才陵人，飾非拒諫，則下情不通，取亡之道也。」

胡氏曰：太宗有善，惟恐人之不知，穎達所對，亦足以箴之矣。雖然，吾友從事於斯之意，則未易曉也。夫既能矣，不自以爲能，可也；而又問於不能。既多矣，不自以爲多，可也；而又問於少，彼不能與少者，將何以益我，不幾於僞以下人者乎？是不然，惟善學者志不倦，心不盈，一善之不聞，一義之不知，歉然如飲食之不飽也。此何所爲而然哉？誠以道無量，理無極，而事無方也。使太宗而知此，庶乎其少進矣！

上曰：「朕每臨朝，欲發一言，未嘗不三思，恐爲民害，是以不敢多言。」知起居事杜正倫曰：「臣職在記言，陛下之言失，臣必書之，豈徒有害於今，亦恐貽譏於後。」

上嘗謂傅奕曰：「佛教玄妙可師，卿何獨不悟其理？」對曰：「佛乃胡中桀黠，誑耀彼土。中國邪僻之人，取莊、老玄談，飾以妖幻之語，用欺愚俗，無益於民，有害於國，臣非不悟，鄙不學也。」上頗然之。後因謂侍臣曰：「梁武帝惟談苦空，侯景之亂，百官不能乘馬；元帝爲周師所圍〔六〕，猶講老子，百官戎服以聽，此深足爲戒！朕所學者，惟堯、舜、周、孔之道，如鳥之有翼，魚之有水，失之則死，不可暫無耳。」

胡氏曰：太宗可謂知所去取矣。而劫父臣虜，殺兄及弟，駭君親而代其位，室弟婦欲以爲妻，此人道所不得爲者，孰謂堯、舜、周、孔之道而有是哉！

上謂裴寂曰：「比多上書言事者，朕皆粘之屋壁，得出入省覽，數思治道，或深夜方寢。公輩亦當恪勤職業，副朕此意。」

有上書請去佞臣者，上問：「佞臣爲誰？」對曰：「願陛下與羣臣言，或陽怒以試之，彼執理不屈者，直臣也；畏威順旨者，佞臣也。」上曰：「君，源也；臣，流也。濁其源而求其流之清，不可得矣。君自爲詐，何以責臣下之直乎！朕方以至誠治天下，見前世帝王好以權譎小數接其臣下者，常竊恥之。卿策雖善，朕不取也。」

范氏曰：太宗可謂知君道矣！夫君以一人之身，而御四海之廣，應萬務之衆，苟不以至誠與賢，而役其獨智以先天下，則耳目心志之所及者，其能幾何？是故人君必清心以蒞之，虛己以待之，如鑑之明，如水之止，則物至而不能罔矣。且我以其正，彼以其頗，我以其直，彼以其僞，何患乎邪之不察，佞之不辨，而必行詐以試之哉？一爲不誠，則心且蔽矣，邪正何能辨乎？惟能御以至誠，則忠直者進，而憸邪無自入矣！

上與羣臣論止盜。或請重法以禁之，上曰：「朕當去奢省費，輕徭薄賦，選用廉吏，使民衣食有餘，則自不爲盜，安用重法耶！」自是數年之後，海内升平，路不拾遺，外户不閉，商旅野宿焉。

范氏曰：季康子患盜，問於孔子，孔子曰：「苟子之不欲，雖賞之不竊。」信哉，斯言也！蓋君者，本也；民者，末也。君者，源也；民者，流也。本正則末正，源清則流清矣。是以先王之治，必反求諸己，己正而物莫不應矣！夫重法以止盜，法繁而盜愈多；則去奢省費，輕徭薄賦，此清源、正本、止欲之道也，太宗行之，其效如此。君人者，無以迂言爲難行，而以峻法爲足恃，則知致治之方矣。

上嘗曰：「君依於國，國衣於民。刻民以奉君，猶割肉以充腹，腹飽而身斃，君富而國亡矣。然人君之患，不自外來，常由身出。蓋欲盛則費廣，費廣則賦重，賦重則民愁而國危。朕常以此思之，不敢縱欲也。」

上謂公卿曰：「昔禹鑿山治水，而民無謗讟者，與人同利故也。秦始皇營宫室，而民怨叛者，病人以利己故也。夫美麗珍奇，固人之所欲，若縱之不已，則危亡立至。朕欲營一殿，材用已具，鑑秦而止。王公已下，宜體朕此意。」由是二十年間，風俗素朴，衣無錦繡，公私富給。

上謂侍臣曰：「吾聞西域賈胡得美珠，剖身以藏之，有諸？」侍臣曰：「有之。」上曰：「人皆知笑彼之愛珠，而不愛其身也。吏受賕抵法，與帝王徇奢欲而亡國者，何以異於胡之可笑邪？」魏徵曰：「昔魯哀公謂孔子曰：『人有好忘者，徙宅而忘其妻。』孔子曰：『又有甚者，桀、紂乃忘其身。』亦猶是也。」上曰：「然。朕與公輩宜戮力相輔，庶免爲人笑也！」

上患吏多受賕，密使左右試賂之。有司門令史受絹一疋，上欲殺之，民部尚書裴矩諫曰：「爲吏受賂，罪誠當死。但陛下使人遺之而受，乃陷人於法也，恐非所謂『道之以德，齊之以禮』。」上悦，告羣臣曰：「裴矩能當官力争，不爲面從，儻每事皆然，何憂不治！」

司馬公曰：古人有言：「君明臣直。」裴矩佞於隋而忠於唐，非其性之有變也。君惡其過，則忠化爲佞；君樂聞直言，則佞化爲忠。是知君者表也，臣者景也，表動則景隨矣。

冬，十月朔，日食。

詔追封故太子爲息隱王，齊王爲海陵剌王，改葬之。後詔復息隱王爲隱太子，海陵剌王號巢剌王〔七〕。

立子承乾爲皇太子。承乾生八年矣。

蕭瑀免。初，蕭瑀薦封德彝於上皇，上皇以爲中書令。及上即位，瑀爲僕射。議事已定，德彝數反之於上前，由是有隙。時房玄齡、杜如晦新用事，皆疏瑀而親德彝，瑀不能平，遂上封事論之，由是忤旨。會與陳叔達忿爭於上前〔八〕，皆坐不敬免官。

詔民遭突厥暴踐者，計口給絹。民部尚書裴矩奏：「民遭突厥暴踐者，户給絹一疋。」上曰：「朕以誠信御下，不欲虚有存恤之名而無其實。户有大小，豈得雷同給賜乎！」於是計口爲率。

十一月，降宗室郡王爲縣公。初，上皇欲强宗室以鎮天下，自三從昆弟以上，雖童孺皆爲王。上問羣臣：「徧封宗子於天下，利乎？」封德彝以爲「今封爵太廣，恐非所以示天下至公」。上曰：「然。朕爲天子，所以養百姓也，豈可勞百姓以養己之宗族乎？」降宗室郡王皆爲縣公，唯有功者數人不降。

十二月，益州獠反。益州奏獠反，請發兵討之。上曰：「獠依阻山林，時出鼠竊，乃其常俗。牧守苟能撫以恩信，自然率服，安可輕動干戈，漁獵其民，比之禽獸，豈爲民父母之意邪！」不許。

遣使點兵。上厲精求治，數引魏徵入卧内，訪以得失，徵知無不言，上皆欣然嘉納。上遣使點兵，封德彝奏：「中男雖未十八，其壯大者亦可并點。」上從之。敕出，徵固執以爲不可，上怒，召而讓之，對曰：「夫兵在御之得其道耳，何必多取細弱以增虚數乎？且陛下每云：『吾以誠信御天下。』今即位未幾，失信者數矣！」上愕然曰：「何也？」對曰：「陛下初詔『悉免負逋官物』。有司以爲負秦府國司者非官物，徵督如故。陛下以秦王升爲天子，國司之物，非官物而何？又曰：『關中免二年租調，關外給復一年。』既而繼有敕云：『已役已輸者，以來年爲始。』散還之後，方復更徵，百姓固已不能無怪。今復點兵，何謂來年爲始乎？又陛下所與共治天下者，在於守宰，至於點兵，獨疑其詐，豈所謂以誠信爲治乎？」上悦，從之。

以張玄素爲侍御史。上聞景州録事參軍張玄素名，召見，問以政道，對曰：「隋主自專庶務，不任羣臣。以一人之智，決天下之務，借使得失相半，乖謬已多；下諛上蔽，不亡何待！陛下誠能擇羣臣而分任以事，高拱穆清而考其成敗，何憂不治！」上善其言，擢爲侍御史。

以張蘊古爲大理丞。前幽州記室張蘊古上大寶箴，其略曰：「聖人受命，拯溺亨屯，故以一人治天下，不以天下奉一人。」又曰：「壯九重於内，所居不過容膝；彼昏不知，瑶其臺而瓊其室。羅八珍於前，所食不過適口；惟狂罔念，丘其糟而池其酒。」又曰：「勿没没而闇，勿察察而明，雖冕旒蔽目而視於未形，雖黈纊塞耳而聽於無聲。」上嘉之，賜以束帛，除大理丞。

丁亥（六二七）

太宗文武皇帝貞觀元年。

春，正月，宴羣臣。上宴羣臣，奏秦王破陳樂，上曰：「朕昔受委專征，民間遂有此曲，雖非文德之雍容，然功業所由，不敢忘也！」封德彝曰：「陛下以神武平海内，文德豈足比乎！」上曰：「戡亂以武，守成以文，文武之用，各隨其時。卿謂文不及武，斯言過矣！」

制諫官隨宰相入閤議事。

更定律令。命吏部尚書長孫無忌與法官更議定律令，寬絞刑五十條爲斷右趾。上曰：「肉刑廢已久，宜有以易之。」於是有司請改爲加役流，流三千里，居作三年，從之。

以戴胄爲大理少卿。上以選人多詐冒資蔭，敕令自首，不首者死。未幾，有詐冒事覺者，上欲殺之，胄奏：「據法應流。」上怒曰：「卿欲守法而使朕失信乎？」對曰：「敕者，出於一時之喜怒；法者，國家所以布大信於天下也。陛下忿選人之多詐，故欲殺之，既而知其不可，復斷之以法，此乃忍小忿而存大信也。」上曰：「卿能執法〔九〕，朕復何憂！」胄前後犯顏執法，言如涌泉，上皆從之，天下無冤獄。將軍長孫順德受人饋絹，事覺，上於殿庭賜絹數十疋，大理少卿胡演以爲不可，上曰：「彼有人性，得絹之辱，甚於受刑；如不知愧，一禽獸耳，殺之何益！」

燕郡王李藝反涇州，統軍楊岌討殺之。藝之初入朝也，恃功驕倨，毆上左右。至是，將兵戍涇州，懼誅，詐稱奉敕，勒兵入朝，遂引兵據豳州。統軍楊岌勒兵攻之，藝衆潰，將奔突厥，左右斬之，傳首長安。

二月，分天下爲十道。隋末，豪傑據地，自相雄長。唐興，相帥來歸，上皇割置州縣以寵禄之。上以民少吏多，悉併省之。因山川形便，分爲十道，曰關内、河南、河東、河北、山南、隴右、淮南、江南、劍南、嶺南。

三月，皇后帥内外命婦親蠶。

閏月朔，日食。

命京官五品以上更宿中書内省。上謂太子少師蕭瑀曰：「朕少得良弓十數，自謂無以加，近以示弓工，乃曰：『皆非良材，木心不正，則脉理皆邪，弓雖勁而發矢不直。』朕以弓矢定四方，識之猶未能盡，況天下之務乎！」乃命京官五品以上更宿中書内省，數延見，問民疾苦，政事得失。

范氏曰：傳曰：「國之將興也，君子自以爲不足；其亡也，若有餘。」太宗因識弓之未精，而知天下之理，已不能盡，詢謀於衆而不自用，此其所以興也！

胡氏曰：工人之意，借弓爲喻以規之也，猶曰：「君心不正，則言行皆邪，勢雖尊嚴，而出政不善云爾。」太宗雖愧於聽德之聰，然能因是延見京官，問民疾苦，政事得失，是亦爲君之道也。

夏，五月，苑君璋降。初，君璋引突厥陷馬邑，殺高滿政，退保恒安，數與突厥入寇。至是，見頡利政亂，知其不足恃，遂帥衆來降。

六月，封德彝卒。初，上令封德彝舉賢，久無所舉，上詰之，對曰：「非不盡心，但於今未有奇才耳！」上曰：「君子用人如器，各取所長。古之致治者，豈借才於異代乎？正患己不能知，安可誣一世之人！」德彝慚而退。御史大夫杜淹奏：「諸司文案恐有稽失，請令御史就司檢校。」上以問德彝，對曰：「設官分職，各有所司。果有愆違，御史自應糾舉。如淹所言，太爲煩碎。」淹默然。上問淹：「何故不復論執？」對曰：「德彝所言，真得大體，臣誠心服，不敢遂非。」上悦曰：「公等各能如是，朕復何憂！」

以蕭瑀爲左僕射。上與侍臣論周、秦修短，蕭瑀對曰：「紂爲不道，武王征之。周及六國無罪，始皇滅之。得天下雖同，人心則異。」上曰：「公知其一，未知其二。周得天下，增修仁義；秦得天下，益尚詐力，此修短之所以殊也。蓋取之或可以逆，而守之不可以不順故也。」瑀謝不及。

范氏曰：取之以仁義，守之以仁義者，周也；取之以詐力，守之以詐力者，秦也，此周、秦之所以異也。太宗以湯、武之征伐爲逆取，而不知征伐順天應人，所以爲仁義也。其曰「取之或可以逆」，亦非也。既謂之逆，則無時而可矣。

山東旱，詔所在賑恤，蠲其租賦。

秋，七月，以長孫無忌爲右僕射。無忌與上爲布衣交，加以外戚，有佐命功，上委以腹心，欲相者數矣，皇后固請曰：「妾備位椒房，貴寵極矣，誠不願兄弟執國政。吕、霍、上官可爲切骨之戒。」上不聽，卒用之。

胡氏曰：無忌亦常才也，若從皇后之言，不使知政，退避權勢，保其寵禄，又安有黔南之禍哉〔一〇〕！

初，突厥性淳厚，政令質略。頡利可汗得華人趙德言，委用之，變更舊俗，政令煩苛，國人始不悦。加以兵革歲動，連年饑饉，内外離叛。言事者多請擊之，上問羣臣，蕭瑀以爲擊之便，無忌曰：「虜不犯塞，而棄信勞民，非王者之師也。」上乃止。

高士廉罷。坐寢王珪密奏也。

九月朔，日食。

宇文士及罷，御史大夫杜淹參預朝政。他官參預政事自此始。淹薦刑部員外郎邸懷道，曰：「煬帝幸江都，懷道獨言不可。」上曰：「卿以懷道爲賢，當時何不自諫？」對曰：「臣爾日不居重任，知諫不從，徒死無益。」上曰：「卿仕世充，位不卑矣，何亦不諫？」對曰：「臣非不諫，但不從耳。」上曰：「然則何以立於其朝？」淹不能對，上曰：「今日尊任矣，可以諫未？」對曰：「願盡死！」上笑。

冬，十月，嶺南酋長馮盎遣子入朝。初，盎與諸酋長迭相攻擊，諸州皆奏盎反，上欲發兵討之，魏徵諫曰：「嶺南瘴癘險遠，不可以宿大兵。且告者已數年，而盎兵未嘗出境，此不反明矣。若遣信臣，示以至誠，可不煩兵而服。」上乃遣使諭之，盎遣其子智戴隨使者入朝。上曰：「魏徵一言，勝十萬之師，不可不賞！」乃賜絹五百疋。

十二月，蕭瑀免。

詔殿中侍御史崔仁師按獄青州。青州有謀反者，逮捕滿獄，詔崔仁師等覆按之。仁師至，悉去杻械，與飲食湯沐，止坐其魁首十餘人。孫伏伽謂仁師曰：「足下平反者多，恐人情貪生，見其徒侶得免，未肯甘心耳。」仁師曰：「凡治獄當以仁恕爲本，豈可自規免罪，知其冤而不爲伸耶！萬一誤有所縱，以一身易十囚之死，亦所願也。」及敕使至，更訊諸囚，皆曰：「崔公平恕無枉，請速就死。」無一人異辭者。

以孫伏伽爲諫議大夫。上好騎射，孫伏伽諫，以爲：「天子居則九門，行則警蹕，非欲苟自尊嚴，乃爲社稷生民之計也。夫走馬射的，乃少年諸王所爲，非今日天子事業也。既非所以安養聖躬，又非所以儀刑後世，臣竊爲陛下不取。」上悅。以伏伽爲諫議大夫。

上神采英毅，羣臣進見，皆失舉措，上知之，每假以辭色。嘗謂公卿曰：「人欲自見其形，必資明鏡；君自欲知其過，必待忠臣。苟其君愎諫自賢，其臣阿諛順旨，君既失國，臣豈能獨全！如隋煬帝、虞世基者，亦足以觀矣！公輩宜用此爲戒。事有得失，無惜盡言也。」

令吏部四時選集，併省吏員。隋世選人，十一月集，至春而罷，人患其期促。至是，吏部侍郎劉林甫奏四時聽選，隨闕注擬，人以爲便。唐初，士大夫以亂離之後，不樂仕進，官員不充，州府多以赤牒補官。至是，皆勒赴省選，集者七千餘人，林甫隨才銓敘，各得其所，時人稱之。上謂房玄齡曰：「官在得人，不在員多。」遂併省之，留文武總六百四十三員。

徵隋祕書監劉子翼，不至。子翼有學行，性剛直，朋友有過，常面責之。李百藥常稱：「劉四雖復罵人，人終不恨。」是歲，有詔徵之，辭以母老，不至。

以李乾祐爲侍御史。鄃令裴仁軌私役門夫，上怒，欲斬之，殿中侍御史李乾祐諫曰：「法者，陛下所與天下共也。今仁軌坐輕罪而抵極刑，臣恐人無所措手足矣。」上悅，從之。以乾祐爲侍御史。上嘗語及關中、山東人，意有同異，殿中侍御史張行成曰：「天子以四海爲家，今有東西之異，示人以隘。」上善其言，厚賜之。

鴻臚卿鄭元璹還自突厥。初，突厥既强，敕勒諸部分散，有薛延陀、回紇、都播、骨利幹、多濫葛、同羅、僕固、拔野古、思結、渾、斛薛、結〔一一〕、阿跌、契苾、白霫等十五部皆居磧北。頡利政亂，薛延陀、回紇等叛之，頡利不能制。會大雪，羊馬多死，民大飢。鴻臚卿鄭元璹使還，言於上曰：「戎狄興衰，專以羊馬爲候。今突厥民飢畜瘦，將亡之兆也。」羣臣多勸上乘間擊之，上曰：「背盟不信，利災不仁，乘危不武。縱其種落盡叛，六畜無餘，朕終不擊，必待有罪，然後討之。」

戊子（六二八）

二年。

春，正月，長孫無忌罷。時有密表稱無忌權寵過盛者，上以表示之，曰：「朕於卿洞然無疑，故以示卿。若各懷所聞而不言，則君臣之意有不通。」無忌自懼滿盈，固求遜位，皇后又力爲之請，上乃許之。

置六司侍郎、左右司郎中。

三月朔，日食。

詔自今大辟，並令兩省四品及尚書議之。大理進每月囚帳，上命自今大辟，皆令中書、門下四品已上及尚書議之，庶無冤濫。既而引囚，至岐州刺史鄭善果，上曰：「善果官品不卑，豈可使與諸囚爲伍。自今三品已上犯罪，聽於朝堂俟進止。」

胡氏曰：三品以上，貴近之臣也，太宗不使與諸囚同引，得待臣以恥之道矣。然諸囚蒙引，而貴近之臣反不見引，設有誣陷冤抑，欲面訴而無由，其所失又多矣。不欲使與囚同引者，别引可也。

關内旱，饑。赦天下。關内旱，饑，民多賣子，詔出御府金帛，贖以還之。上嘗謂侍臣曰：「古語有之，『赦者，小人之幸，君子之不幸。』『一歲再赦，善人喑啞。』夫養稂莠者害嘉穀，赦有罪者賊良民，故朕即位以來，不欲數赦，恐小人恃之，輕犯憲章故也。」至是，以連年水旱赦天下，且曰：「使年豐穀稔，天下乂安，移災朕身，是所願也！」所在有雨，民大悅。

夏，四月，詔收瘞隋末暴骸。

突厥突利可汗請入朝。初，突厥頡利可汗以薛延陀、回紇等叛，遣突利討之，敗還，拘而撻之，突利由是怨，表請入朝。上謂侍臣曰：「曏者突厥方强，憑陵中夏，用是驕恣，以失其民，今困窮如是！朕聞之，且喜且懼。何則？突厥衰則邊境安，故喜；然朕或失道，亦將如此。卿曹不惜苦諫以輔不逮。」

遣右衛大將軍柴紹等討梁師都，其下殺之以降。以其地爲夏州。

六月，祖孝孫奏唐雅樂。初，上皇命孝孫定雅樂。孝孫以爲梁、陳之音多吳、楚，周、齊之音多胡、夷，於是考古聲，作唐雅樂，凡八十四調、三十一曲、十二和，至是奏之。上曰：「禮樂者，聖人緣物以設教，治之隆替，豈由於此？」杜淹曰：「齊之將亡，作伴侶曲；陳之將亡，作玉樹後庭花，其聲哀思，聞者悲泣，豈可謂治不在樂乎！」上曰：「悲喜在心，非由樂也。將亡之政，民必愁苦，故聞樂而悲耳。今二曲俱存，爲公奏之，公豈悲乎？」魏徵曰：「樂在人和，不在聲音也。」

司馬公曰：禮者，聖人之所履也；樂者，聖人之所樂也。聖人履中正而樂和平，又思與四海共之，百世傳之，於是乎作禮樂焉。夫禮樂有本有文：中和者，本也；容聲者，末也，二者不可偏廢。

先王守禮樂之本，未嘗須臾去於心；行禮樂之文，未嘗須臾遠於身。興於閨門，著於朝廷，被於鄉遂比鄰，達於諸侯，流於四海，自祭祀軍旅，至於飲食起居，未嘗不在禮樂之中。如此數十百年，然後治化周浹，鳳皇來儀也。苟無其本，徒有其末，一日行之，而百日舍之，則雖韶、夏、濩、武之音，亦不能有以化一夫矣。況齊、陳淫昏之主，亡國之音，暫奏於庭，烏能變一世之哀樂乎！而太宗遽云治之隆替不由於樂，何其發言之易，而果於非聖人也，惜哉！

畿内蝗。上入苑中，見蝗，掇數枚，祝之曰：「民以穀爲命，而汝食之，寧食吾之肺腸。」欲吞之，左右諫曰：「惡物或成疾。」上曰：「朕爲民受災，何疾之避！」遂吞之。是歲，蝗不爲災。

裴虔通除名，流驩州。詔以「辰州刺史裴虔通，煬帝故人，身爲逆亂，雖更赦令，不可牧民，除名，流驩州」。虔通常言「身除隋室，以啓大唐」。及得罪，怨憤而死。又詔宇文化及之黨牛方裕等亦除名徙邊。

秋，九月，令致仕官位在本品之上。

詔非大瑞不得表聞。上曰：「比見羣臣屢上祥瑞，夫家給人足而無瑞，不害爲堯、舜；百姓愁怨而多瑞，不害爲桀、紂。後魏之世，吏焚連理木，煮白雉而食之，豈足爲至治乎！」乃詔：「自今大瑞聽表聞，餘申所司而已。」嘗有白鵲巢於寢殿槐上，合歡如腰鼓，左右稱賀，上曰：「我嘗笑隋煬帝好祥瑞。瑞在得賢，此何足賀？」命毁其巢。

出宫人三千餘人。天少雨，中書舍人李百樂言：「往年雖出宫人，無用者尚多，陰氣鬱積，亦足致旱。」上命簡出之，前後三千餘人。

冬，十月，杜淹卒。

殺瀛州刺史盧祖尚。上以盧祖尚廉平公直，欲遣鎮撫交趾，祖尚既謝而復悔之，以疾辭。上遣杜如晦等諭旨，祖尚固辭。上大怒曰：「我使人不行，何以爲政！」命斬於朝堂，尋悔之。他日，與侍臣論齊文宣帝之爲人，魏徵對曰：「文宣狂暴，然人與之爭，事理屈，則從之。有青州長史魏愷使梁還，除光州長史，不肯行，文宣怒而責之，愷曰：『臣先任大州，有勞無過，更得小州，所以不行。』文宣赦之。此其所長也。」上曰：「然。曏者盧祖尚雖失人臣之義，朕殺之亦爲太暴，由此言之，不如文宣矣！」命復其官蔭。徵容貌不逾中人，而有膽略，善回人主意，每犯顔苦諫，或上怒甚，亦爲之霽威。上嘗得佳鷂，自臂之，望見徵來，匿懷中；徵奏事故久，鷂竟死懷中。嘗謁告上冢，還，言於上曰：「人言陛下欲幸南山，嚴裝已畢，而竟不行，何也？」上笑曰：「初實有此心，畏卿嗔，故中輟耳。」

十二月，以王珪爲侍中。故事：軍國大事，則中書舍人各執所見，雜署其名，謂之「五花判事」。中書侍郎、中書令省審之，給事中、黄門侍郎駁正之。至是，上謂珪曰：「國家本置中書、門下以相檢察，正以人心所見，互有不同，苟論難往來，務求至當，捨己從人，亦復何傷？比來或護己短，遂成怨隙，或避私怨，知非不正，順一人之顔情，爲兆民之深患，此乃亡國之政，煬帝之世是也。當時羣臣如此，必皆自謂有智，禍不及身。及天下大亂，家國兩亡，其幸免者，亦爲時論所貶，終古不磨。卿曹各當徇公忘私，勿雷同也。」後又謂侍臣曰：「中書、門下，機要之司，詔敕有不便者，皆應論執。比來唯睹順從，不聞違異，若但行文書，則誰不可爲，何必擇才也！」房玄齡等皆頓首謝。

范氏曰：不明之君，自以無過，惡人之言，是以政亂而上不聞。太宗勑責而使之言，雖欲不治，不可得也。

上又嘗謂珪曰：「開皇中旱，隋文帝不許賑給，而令百姓就食山東。比至末年，天下儲積可供五十年，煬帝恃之，卒亡天下。但使倉庾之積足以備凶年，其餘何用哉！」

上嘗問珪曰：「近世治不及古，何也？」對曰：「漢世尚經術，宰相多用儒士，故風俗淳厚；近世重文輕儒，參以法律，此治化之所以益衰也。」上然之。

上閑居與珪語，有美人侍側，指示珪曰：「此廬江王瑗之姬也，瑗殺其夫而納之。」珪避席曰：「陛下以廬江納之爲是邪？非邪？」上曰：「殺人而取其妻，卿何問是非？」對曰：「昔齊桓公知郭公之所以亡，由善善而不能用，然棄其所言之人，管仲以爲無異於郭公。今此美人尚在左右，臣以爲聖心是之也。」上悦，即出之。

上使祖孝孫教宫人樂，不稱旨，責之。珪與温彦博諫曰：「孝孫雅士，今乃使之教宫人，又從而譴之，臣竊以爲不可。」上怒曰：「卿等當竭忠直以事我，乃爲孝孫遊説邪！」彦博拜謝，珪不拜，曰：「陛下責臣以忠直，今臣所言，豈私曲邪？」上默然而罷。明日，謂房玄齡曰：「自古帝王納諫誠難。朕昨責二公，至今悔之。公等勿爲此不盡言也。」

詔舉堪縣令者。上曰：「爲朕養民者，唯在都督、刺史，朕嘗疏其名於屏風，坐卧觀之，得其在官善惡之迹，皆注於名下，以備黜陟。縣令尤爲親民，不可不擇。」乃命五品已上，各舉堪爲縣令者以名聞。

詔自今奴告主者斬之。上曰：「比有奴告主反者，夫謀反不能獨爲，何患不發，何必使奴告之邪！自今奴告主勿受，仍斬之。」

遣使立薛延陀夷男爲真珠可汗。突厥北邊多叛頡利，歸薛延陀，共推其俟斤夷男爲可汗，夷男不敢當。上方圖頡利，乃遣使間道册拜夷男爲真珠毗伽可汗，賜以鼓纛。夷男建牙於大漠之鬱督軍山下，回紇、拔野古、阿跌、同羅、僕骨、霫諸部皆屬焉。

己丑(六二九)

三年。

春，正月，耕籍東郊。

裴寂卒。司空裴寂坐與妖人交通，免官。上數曰：「計公勳庸，安得至此！武德之際，貨賂公行，紀綱紊亂，皆公之由也。」尋復有罪，流静州，卒。

二月，以房玄齡、杜如晦爲僕射，魏徵守祕書監，參預朝政。上謂玄齡、如晦曰：「公爲僕射，當廣求賢人，隨才授任。比聞聽訟，日不暇給，安能助朕求賢乎？」因敕「尚書細務屬左右丞，唯大事當奏者，乃關僕射」。

范氏曰：太宗責宰相以求賢，而不使之親細務，可謂能任相以其職矣[一二]。苟不務此，而治簿書期會，百吏之事，豈所謂相乎！

上又嘗謂玄齡等曰：「爲政莫若至公。昔諸葛亮竄廖立、李嚴於南夷，亮卒，而二人哭泣有死者，非至公能如是乎！又高熲相隋，公平識治體〔一三〕，隋之興亡，繫熲存没。朕慕前世之明君，卿等不可不法前世之賢相也！」

玄齡明達吏事，輔以文學，夙夜盡心，唯恐一物失所；用法寬平，聞人有善，若己有之，不以求備取人，不以己長格物。與如晦引拔士類，常如不及。上每與玄齡謀事，必曰：「非如晦不能決。」及如晦至，卒用玄齡之策。蓋玄齡善謀，如晦能斷也。二人同心徇國，故唐世稱賢相，推房、杜焉。

玄齡監修國史，上語之曰：「漢書載子虛、上林賦，浮華無用。其上書論事，詞理切直者，朕從與不從，皆載之。」

胡氏曰：太宗於此，其心廣矣，不敢自以爲是，而没人之善，使後世有考焉。雖然，切直之言，猶瞑眩之藥，將以已疾也。知其可服，舍而不服，而姑存其方，豈若自克，勉而從之，以收益身之用乎！

或告魏徵私其親戚，上使御史大夫温彦博按之，無狀。上以徵不避嫌疑，讓之曰：「自今宜存形迹。」徵曰：「君臣同體，宜相與盡誠。若但存形迹，則國之興喪未可知也。臣不敢奉詔。」上曰：「吾已悔之。」徵再拜曰：「臣幸得奉事，願使臣爲良臣，勿使臣爲忠臣。」上曰：「忠、良有異乎？」對曰：「稷、契、皋陶，君臣協心，俱享尊榮，所謂良臣。龍逢、比干，面折廷爭，身誅國亡，所謂忠臣。」上悦。

上問魏徵曰：「人主何爲而明，何爲而暗？」對曰：「兼聽則明，偏聽則暗。昔堯清問下民，舜明目達聰，故共、鯀、驩、苗不能蔽也。秦二世偏信趙高，以成望夷之禍；梁武帝偏信朱异，以取臺城之辱；

隋煬帝偏信虞世基，以致彭城閣之變。是故人君兼聽廣納，則貴臣不得壅蔽，而下情得以上通也。」上曰：「善！」

言事者多請上親覽表奏，以防壅蔽，上以問魏徵，對曰：「斯人不知大體，必使陛下一一親之，豈惟朝堂，州縣之事亦當親之矣。」

范氏曰：人主任賢則萬事治，不憂其壅蔽也。君臣日相與處，而盻盻然防其欺，是左右前後皆無可信者，誰與爲治乎？

上謂魏徵曰：「齊後主、周天元皆重斂百姓，厚自奉養，力竭而亡，譬如饞人自噉其肉，肉盡而斃，何其愚也！然二主孰爲最劣？」對曰：「齊後主懦弱，政出多門；周天元驕暴，威福在己，雖同爲亡國，齊主尤劣也。」

上謂侍臣曰：「人言天子至尊，無所畏憚。朕則不然，上畏皇天之鑑臨，下憚羣臣之瞻仰，兢兢業業，猶恐不合天意，未副人望。」魏徵曰：「此誠致治之要，願陛下慎終如始，則善矣！」

房玄齡、王珪掌内外官考，侍御史權萬紀奏其不平，上命推之。魏徵諫曰：「二人素以忠直被委任，所考既多，其間能無一、二不當！然察其情，終非阿私。且萬紀比在考堂，曾無駁正；及身不得考，乃始陳論，此非竭誠徇國也。今推之，未足裨益朝廷，徒失委任大臣之意。臣所愛者治體，非敢私二臣也。」上乃釋不問。

夏，四月，上皇徙居大安宫。

六月，以馬周爲監察御史。茌平人馬周客游長安，舍於中郎將常何之家。會以旱求言，何武人，不學，周代之陳便宜二十餘條。上怪問之，何對曰：「此臣家客馬周爲臣具草耳。」上即召見，與語甚悦，除監察御史。以何爲知人，賜絹三百匹。

秋，八月朔，日食。

冬，十一月，以荀悦漢紀賜凉州都督李大亮。上遣使至凉州，都督李大亮有佳鷹，使者諷使獻之，大亮密表曰：「陛下久絶畋游，而使者求鷹。若陛下之意，深乖昔旨；如其自擅，乃是使非其人。」上悦，手詔褒美，賜以荀悦漢紀。

以李靖爲定襄道行軍總管〔一四〕，統諸軍討突厥。初，薛延陀真珠可汗遣其弟入貢，突厥頡利可汗大懼，始遣使稱臣，請尚公主。代州都督張公謹上言突厥可取之狀，曰：「頡利縱欲逞暴，誅忠良，暱姦佞，一也。諸部皆叛，二也。突利諸設皆得罪無所容，三也。塞北霜旱，糇糧乏絶，四也。疏其族類，親委諸胡，大軍一臨，必生内變，五也。華人入北，所在嘯聚，大軍出塞，自然響應，六也。」上以頡利既請和親，復援梁師都，命李靖爲行軍總管討之，以公謹爲副。突厥俟斤九人及拔野古、僕骨、同羅、奚酋長並帥衆來降。於是復以李世勣、柴紹、薛萬徹爲諸道總管，衆合十餘萬，皆受靖節度，分道出擊突厥。

十二月，突厥突利可汗入朝。上曰：「往者太上皇以百姓之故，稱臣於突厥，朕常痛心焉。今單于稽顙，庶幾可雪前耻矣。昔人謂禦戎無上策，朕今治安中國，而四夷自服，豈非上策乎！」

杜如晦罷。以疾遜位故也。

閏十二月，蠻酋謝元深等來朝〔一五〕。時遠方諸國來朝貢者甚衆，服裝詭異，中書侍郎顏師古請作王會圖以示後，從之。是歲，户部奏：中國人自塞外歸及四夷前後降附者，男女一百二十餘萬口。

濮州刺史龐相壽有罪免。相壽坐贓免，上以其秦府舊人，復其官。魏徵曰：「秦府左右甚多，若人人皆恃恩私，則爲善者懼矣。」上悦，謂相壽曰：「我昔爲一府主，今爲天下主，不得獨私故人。」賜帛遣之，相壽流涕而去。

庚寅（六三〇）

四年。

春，二月，李靖襲破突厥於陰山，頡利可汗遁走。李靖帥驍騎三千自馬邑進，夜襲定襄，破之。頡利不意靖猝至，大驚，乃徙牙於磧口。靖復遣諜離其心腹，頡利所親康蘇密以隋蕭后及楊政道來降。李世勣出雲中，戰于白道，亦大破之。頡利既敗，竄于鐵山，衆尚十餘萬，遣執失思力入見，謝罪求朝。上遣鴻臚卿唐儉等慰撫之，又詔李靖將兵迎之。頡利外爲卑辭，內實猶豫，謀走磧北。靖引兵與世勣會白道，謀曰：「頡利雖敗，其衆猶盛，若走渡磧北，則難圖矣。今詔使至彼，虜必自寬，若選萬騎襲之，不戰可擒矣。」張公謹曰：「詔書許降，使者在彼，奈何擊之？」靖曰：「此韓信所以破齊也。唐儉輩何足惜！」遂勒兵夜發，世勣繼之。頡利見儉來，大喜。靖前鋒去牙帳七里，頡利始知之，乘千里馬先走，其衆遂潰。唐儉脱身得歸。靖殺義成公主，斬首萬餘級，俘男女十餘萬。世勣軍磧口，酋長皆帥衆降，世勣虜五萬餘口而還。斥地自陰山北至大漠，露布以聞。

以温彦博爲中書令，戴胄參預朝政，蕭瑀參議朝政。

三月，四夷君長詣闕，請帝爲天可汗，許之。四夷君長詣闕，請帝爲天可汗，上曰：「我爲大唐天子，又下行可汗之事乎！」羣臣及四夷皆稱萬歲。是後以璽書賜西北君長，皆稱天可汗。

范氏曰：太宗以萬乘之主，而兼爲夷狄之君，不耻其名，而受其佞，事不師古，不足爲後世法也！

蔡公杜如晦卒。如晦疾篤，上遣太子問疾，又自臨視之。及卒，上語及必流涕，謂房玄齡曰：「公與如晦同佐朕，今獨見公，不見如晦矣。」

夏，四月，行軍副總管張寶相擒突厥頡利可汗以獻。頡利敗走，往依沙鉢羅設蘇尼失部落。任城王道宗引兵逼之，使蘇尼失執頡利。行軍副總管張寶相取之以獻，蘇尼失舉衆來降，漢南遂空。上御樓受俘，館之太僕。上皇聞之，歎曰：「漢高祖困白登不能報。今我子能滅突厥，吾付託得人，復何憂哉！」突厥既亡，其部落或北附薛延陀，或西奔西域，其降唐者尚十萬口，詔羣臣議區處之宜，朝士多言：「北狄自古爲中國患，今幸破亡，宜悉徙之河南兖、豫之間，分其種落，散居州縣，教之耕織，可以化爲農民。」顔師古請「寘之河北，分立酋長，領其部落」。李百藥以爲「突厥雖云一國，然種類區分，各有酋帥。宜因其離散，各署君長，使不相臣屬，則國分勢敵，不能抗衡中國矣。仍於定襄置都護府，爲其節度，此安邊之長策也」。温彦博請「準漢武故事，置於塞下，順其土俗，以實空虛之地，使爲中國扞蔽」。

魏徵以爲「戎狄人面獸心，弱則請服，强則叛亂，若留之中國，數年之後，蕃滋倍多，必爲腹心之疾。西晉之禍，前事之明鑑也！宜縱之，使還故土便」。彦博曰：「王者之於萬物，天覆地載，靡有所遺。今突厥以窮來歸，奈何棄之？若救其死亡，授以生業，數年之後，悉爲吾民。選其酋長，使入宿衛，畏威懷德，何後患之有！」上卒用彦博策，處突厥降衆，東自幽州，西至靈州；分突利故地爲四州，又分頡利之地爲六州，左置定襄、右置雲中二都督府，以統其衆。以突利爲順州都督。初，頡利族人思摩無寵於頡利，頡利之亡，親近者皆離散，獨思摩不去，竟與俱擒。上以頡利爲右衛大將軍，蘇尼失、思摩皆封郡王，其餘拜官有差，五品以上百餘人，因而入居長安者近萬家。

范氏曰：先王之制，戎狄荒服，夷不亂華，所以辨族類，别内外也。太宗苟欲冠帶四夷，以誇示天下，而不知亂華亦甚矣。是以唐室世有戎狄之亂，豈非太宗之所啓乎！

胡氏曰：顔師古、李百藥之謀，雖無大失，未若魏徵之盡善也，而太宗不從，顧用温彦博之策，何也？彦博之策，太宗所欲爲者也，其先意承志，不得爲忠矣。天無不覆，地無不載，而中國、夷狄之不可同處，亦非人爲，乃天地之氣，有淳正、偏駁之殊也。有教無類，豈糅雜華、夷之謂乎！

詔訟不決者聽於東宫上啓。詔：「訟者經尚書省判不服，聽於東宫上啓，委太子裁決。不服，然後聞奏。」

范氏曰：太子之職，在於視膳問安。古之教者，必以禮樂，而置師保以輔翼之。苟學問明而德性成，何患不能聽訟乎？且太子纔年十二，而使之聽訟，若其不能，宫臣必教之以欺其君父，非所以養德也。

加李靖光禄大夫。御史大夫蕭瑀劾奏李靖御軍無法，請付法司推之，詔勿劾。及靖入見，頓首謝，上讓之曰：「隋史萬歲破達頭可汗，有功不賞，以罪見誅。朕則不然，録公之功，赦公之罪。」乃加靖左光禄大夫，賜絹千疋。既而謂曰：「前者人或讒公，今朕已寤，公勿以爲懷。」復賜絹二千疋。

林邑遣使入貢。林邑獻火珠[一六]，有司以其表辭不順，請討之，上曰：「好戰者亡，如煬帝、頡利皆所親見也。小國勝之不武，況未可必乎！」

胡氏曰：太宗不以夷狄一言之慢，遽興兵革，幾於能忍。然林邑表辭敢爲不順者，以獻火珠嘗試朝廷也，還其獻，則善矣。今不聞還其獻，則是太宗貪其寶而甘其慢也。

六月，修洛陽宫。給事中張玄素上書曰：「洛陽未有巡幸之期，而預修宫室，非今日之急務也。且陛下初平洛陽，凡隋氏宫室之宏侈者，皆令毀之。曾未十年，復加營繕，何前日惡之而今日效之也！且以今日財力，何如隋世？陛下役瘡痍之人，襲亡隋之弊，恐又甚於煬帝矣！」上謂玄素曰：「然則何如桀、紂？」對曰：「若此役不息，亦同歸于亂耳！」上歎曰：「吾思之不熟，乃至於是！」顧謂房玄齡曰：「玄素所言有理，可即罷之。後以事至洛，雖露居，亦無傷也！」

秋，七月朔，日食。

敕百司：「詔敕未便者，皆執奏。」上問房玄齡、蕭瑀曰：「隋文帝如何主也？」對曰：「文帝勤於爲治，臨朝或至日昃，五品已上引坐論事，衛士傳餐而食，雖性非仁厚，亦勵精之主也。」上曰：「公得其一，未知其二。文帝不明而喜察，不明則照有不通，喜察則多疑於物，事皆自決，不任羣臣，一日萬機，豈能一一中理！羣臣既知主意，則唯取決受成，雖有愆違，莫敢諫諍，此所以二世而亡也。朕則不然，擇天下賢才寘之百官，使思天下之事，關由宰相，審熟便安，然後奏聞。有功則賞，有罪則刑，誰敢不竭心力以修職業，何憂天下之不治乎！」因敕百司：「自今詔敕有未便者，皆應執奏，毋得阿從，不盡己意。」

范氏曰：君以知人爲明，臣以任職爲良。君知人，則賢者得行其所學；臣任職，則不賢者不得苟容於朝，此庶事所以康也！若夫君行臣職，則叢脞矣；臣不任君之事，則惰矣，此萬事所以墮也。君人者，如天運於上，而四時寒暑各司其序，則不勞而萬物生矣；不明之君，不能知人，故務察而多疑，欲以一人之身代百官之所爲，故賢者不得行其志，而持祿之士得以保其位，此天下所以不治也。是以隋文勞而無功，太宗逸而有成，彼不得其道，而此得其道故也。

以李綱爲太子少師，蕭瑀爲太子少傅。李綱有足疾，上賜以步輿，使之乘至閤下。每至東宮，太子親拜之。先是，上命蕭瑀與宰相參議朝政，瑀氣剛而辭辯，房玄齡等皆不能抗。玄齡等嘗有微過，瑀劾奏之，上皆不問，瑀由此怏怏。既爲少傅，遂罷御史大夫，不復預聞朝政。

李大亮爲西北道安撫大使。西突厥種落散在伊吾，詔以李大亮爲安撫大使，貯糧磧口以賑之。大亮言：「欲懷遠者必先安近。中國如本根，四夷如枝葉，疲中國以奉四夷，猶拔本根以益枝葉也。今招致西突厥，但有勞費，未見其益。況河西州縣蕭條，不堪供億，不如罷之。其或自立君長，求內屬者，羈縻受之，使居塞外，爲中國藩蔽，此乃施虚惠而收實利也。」上從之。

詔定常服差等。三品以上服紫，四品、五品服緋，六品、七品服緑，八品服青。婦人從其夫色。

胡氏曰：朝服當以正色，緋近於朱，猶之可也；惡紫奪朱，而加於緋上，可乎？青者，色之正也，緑爲間色，而加於青上，可乎？必欲歸諸正，必則古昔、師先王可也。

以李靖爲右僕射。靖性沈厚，每與時宰參議，恂恂似不能言。

九月，伊吾來降，置西伊州〔一七〕。

以張儉檢校代州都督。思結部落飢貧，張儉招集之，其不來者，仍居磧北，親屬私相往還，儉亦不禁。及儉代去，思結將叛，詔儉往察之。儉單騎説諭，徙之代州。即以儉檢校代州都督。儉因勸使營田，歲大稔。儉又恐其蓄積多，有異志，奏請和糴以充邊儲。部落喜，營田轉力，而邊備實焉。

冬，十一月，以侯君集參議朝政。

除鞭背刑。上讀明堂鍼灸書云：「人五藏之系，咸附於背。」故有是命。

胡氏曰：太宗誠有意於養民者也，故耳目所接，其心必在於民。禁笞囚背，亦可謂善推其所爲者矣。

高昌王麴文泰入朝。文泰入朝，西域諸國皆因文泰請朝，上令文泰使人迎之。魏徵諫曰：「昔光武不聽西域送侍子，置都護，以爲不以蠻夷勞中國。前者文泰之來，緣道供億甚苦，若諸國皆來，將不勝其弊。姑聽其商賈往來，與邊民交市，則可矣。儻以賓客遇之，非中國之利也。」時所使人已行，上遽止之。

大有年。上之初即位也，嘗與羣臣語及教化，上曰：「今承大亂之後，恐斯民未易化也。」魏徵對曰：「不然。久安之民驕佚，驕佚則難教；經亂之民愁苦，愁苦則易化。譬猶飢者易爲食，渴者易爲飲也。」上深然之。封德彝曰：「三代以還，人漸澆訛，故秦任法律，漢雜霸道，蓋欲化而不能，豈能之而不欲邪！魏徵書生，未識時務，信其虛論，必敗國家。」徵曰：「五帝、三王不易民而化，湯、武皆承大亂之後，身致太平。若謂古人淳樸，漸致澆訛，則至于今日，當悉化爲鬼魅矣，人主安得而治之！」上卒從徵言。元年，關中饑，米斗直絹一疋；二年，天下蝗；三年，大水。上勤而撫之，民雖東西就食，未嘗嗟怨。是歲，天下大稔，流散者咸歸鄉里，米斗不過三、四錢，終歲斷死刑纔二十九人。東至于海，南及五嶺，皆外户不閉，行旅不齎糧，取給於道路焉。帝謂長孫無忌曰：「貞觀之初，議者皆云『人主當獨運威權，不可委之臣下』。又云『宜震耀威武，征討四夷』。唯魏徵勸朕『偃武修文，中國既安，四夷自服』。朕用其言。今頡利成擒，其酋長並帶刀宿衛，皆襲衣冠，徵之力也，但恨不使封德彝見之耳。」徵再拜謝曰：「此皆陛下威德，臣何力之有焉！」帝曰：「朕能任公，公能稱朕所任，則其功豈獨在朕乎！」

范氏曰：魏徵仁義之言，欲順天下之理而治之；封德彝刑罰之言，欲咈天下之性而治之。夫民莫不惡危而欲安，惡勞而欲息，故治天下在順之而已；咈之而能治者，未之聞也。太宗從魏徵而不從德彝，行之四年，遂致太平，仁義之效，如此其速也！及其成功，復歸美於下，此前世帝王之所不及也。

胡氏曰：一治一亂，天地之大數也。亂極人少，則氣厚而人淳；治極人夥，則氣漓而人澆。蓋或三、二百歲，或五、六百歲，淳漓一變，而天地之氣，虛盈消息，後世誠不及古遠矣！若夫人之所以爲人，出於本心不可泯滅者，則古猶今爾。是故可以懷之以仁，理之以義，先之以敬讓，示之以好惡也。魏徵有見於飢渴者易爲飲食，而無見於人心之未忘者，故其效止於斗米數錢，外户不閉，則無以進矣。固不能使人人有士君子之器也。

上謂侍臣曰：「朕有二喜一懼：比年豐稔，斗粟三錢，一喜也；北虜久服，邊鄙無虞，二喜也。治安則驕侈易生，驕侈則危亡立至，此一懼也。」房玄齡奏：「閲府庫甲兵，遠勝隋世。」上曰：「甲兵武備，誠不可闕。然煬帝甲兵豈不足邪，卒亡天下！若公等盡力，使百姓乂安，此乃朕之甲兵也。」

辛卯（六三一）

五年。

春，正月，詔僧、道致拜父母。

皇太子冠。有司言皇太子冠，用二月吉，請追兵備儀仗。上曰：「東作方興，宜改用十月。」少傅蕭瑀奏：「據陰陽書，不若二月。」上曰：「吉凶在人。若動依陰陽，不顧禮義，吉可得乎？循正而行，自與吉會。農時急務，不可失也。」

詔諸州剗削京觀〔一八〕，加土爲墳。

以金帛賜突厥，贖男女八萬口。隋末，中國人多没於突厥，突厥降，上遣使以金帛贖之，凡得男女八萬口。

夏，六月，新昌公李綱卒。謚曰貞。初，周齊王憲女孀居無子，綱贍恤甚厚。綱卒，其女以父禮喪之。

秋，八月，遣使詣高麗，葬隋戰士。

殺大理丞張蘊古。河內人李好德有心疾，爲妖言，大理丞張蘊古按之，奏：「好德實被疾，不當坐。」治書侍御史權萬紀劾奏：「蘊古，相州人，而好德兄厚德爲其刺史，故蘊古阿意縱之。」上怒，斬之，既而悔之，因詔：「自今有死罪，雖令即決，仍三覆奏乃行刑。」萬紀與侍御史李仁發俱以告訐有寵，大臣數被譴怒。魏徵諫曰：「此等小人，不識大體，以訐爲直，以讒爲忠。陛下非不知其無堪，但取其無所避忌，欲以警策羣臣耳。而彼挾恩依勢，逞其姦謀，凡所彈射，皆非有罪。陛下縱未能舉善以厲俗，奈何昵姦以自損乎！」上默然。既而萬紀等皆得罪。

九月，修洛陽宮。上欲修洛陽宮，民部尚書戴胄表諫，以「亂離甫爾，百姓彫弊，營造不已，勞費難堪」。上甚嘉之。既而竟命將作大匠竇璡修之，璡鑿池築山，彫飾華靡。上怒，遽命毀之，免璡官。

帝獵於後苑。上逐兔於後苑，將軍執失思力諫曰：「天命陛下爲華、夷父母，奈何自輕！」上又將逐鹿，思力脱巾解帶，跪而固諫，上爲之止。

冬，十月，詔議封建。初，上問公卿以享國久長之策，蕭瑀對曰：「三代封建而長久，秦孤立而速亡。」上以爲然，令羣臣議之。魏徵以爲：「京畿税少，多資畿外，若盡以封建，經費頓闕。又燕、秦、趙、代俱帶外夷，若有警急，追兵內地，難以奔赴。」李百藥以爲：「勳戚子孫皆有民社，易世之後，將驕淫自恣，攻戰相殘，害民尤深，不若守令之迭居也。」顏師古以爲：「不若分王宗子，勿令過大，間以州縣，雜錯而居，互相維持，足扶京室；爲置官寮，皆省司選用，法令之外，不得擅作威刑，朝貢禮儀，具爲條式。一定此制，萬代無虞。」於是詔：「宗室勳賢，宜令作鎮藩部，貽厥子孫，所司明爲條例，定等級以聞。」

十一月，林邑、新羅入貢。林邑獻五色鸚鵡，新羅獻美女，各付使者歸之。

十二月，開党項之地爲十六州。党項内屬者前後三十萬口。

制自今決死刑者皆覆奏；決日，徹樂減膳。上謂侍臣曰：「朕以死刑至重，故令三覆，蓋欲思之詳熟也。而有司須臾之間，三覆已訖。又斷獄者，唯據律文，雖情在可矜，而不敢違法，其間豈能盡無冤乎？古者刑人，君爲之徹樂減膳。朕庭無常設之樂，然常爲之不啖酒肉，但未有著令耳。」於是制：「決死囚者，二日中五覆奏，下諸州者三覆奏；行刑之日，尚食勿進酒肉，内教坊及太常不舉樂，皆令門下覆視。有據法當死而情可矜者，録狀以聞。」由是全活甚衆。

上嘗與侍臣論獄，魏徵曰：「煬帝時常有盜發，捕得栲訊，服罪者二千餘人，悉令斬之。大理丞張元濟尋其狀〔一九〕，唯五人嘗爲盜，餘皆平民，竟不敢執奏，盡殺之。」上曰：「此豈惟煬帝無道，其臣亦不盡忠。君臣如此，何得不亡！公等宜戒之。」上又嘗謂執政曰：「朕常恐因喜怒妄行賞罰，故欲公等極諫；公等亦宜受人諫，不可以己之所欲，惡人違之。苟自不能受諫，安能諫人？」

康國求内附。康國求内附。上曰：「前代帝王，好招來絶域，以求服遠之名，無益於用，而糜弊百姓。今康國内附，儻有急難，於義不得不救，師行萬里，豈不疲勞！勞百姓以取虛名，朕不爲也。」遂不受。上謂侍臣曰：「治國如治病，病雖愈，尤宜將護，儻遽自放縱，病復作，則不可救矣。今中國幸安，四夷俱服，誠自古所希，然朕日慎一日，唯懼不終，故欲數聞卿輩諫爭也。」魏徵曰：「内外治安，臣不以爲喜，惟喜陛下居安思危耳。」

范氏曰：太宗知招來絶域之弊而不爲，然以兵克者則郡縣置之，其疲勞百姓也亦多矣。豈先行其言而後從之者與！然其不受康國，則足以爲後世法。使其行事每如此，其盛德可少貶哉！

高州總管馮盎入朝。盎有地方二千里，爲治勤明，所部愛之。

壬辰（六三二）

六年。

春，正月朔，日食。

羣臣請封禪，不許。初，羣臣表請，上曰：「卿輩皆以封禪爲帝王盛事，朕意不然。若天下乂安，家給人足，雖不封禪，庸何傷乎！昔秦始皇封禪，而漢文帝不封禪，後世豈以文帝不及始皇邪！且事天掃地而祭何必登泰山之巔，封數尺之土，然後可以展其誠敬乎！」羣臣請不已，上亦欲從之，魏徵獨以爲不可。上曰：「公不欲朕封禪者，以功未高邪？德未厚邪？中國未安，四夷未服邪？年穀未豐，符瑞未至邪？」對曰：「今雖有此六者，然户口未復，倉廪尚虚，車駕東巡，供頓勞費；又伊、洛以東，灌莽極目，而遠夷君長，皆當扈從，此乃引戎狄入腹中，而示之以虚弱也。況賞賚不貲，未厭遠人之望；給復連年，不償百姓之勞。崇虚名而受實害，陛下將焉用之！」會河南、北數州大水，事遂寢。明年，羣臣復以爲請，上諭以舊有氣疾，恐登高增劇。乃止。

范氏曰：古者天子巡守〔二〇〕，至于方岳，必告祭柴望，所以尊天而懷柔百神也。後世學禮者失其傳，而諸儒之諂諛者爲説以希世主，謂之封禪，實自秦始，古無有也。人主不法三代而法秦，亦已謬矣；太宗方明，朝多賢臣，而佞者猶倡其議，獨魏徵以爲時未可，而亦不以其事爲非也。後議其禮，徵亦預焉。高宗、明皇遂踵行之。終唐之世，惟柳宗元以封禪爲非。嗚呼！禮之失也久矣，世俗之惑可勝救哉！

胡氏曰：自聖學不傳，學者以天人爲二致，不能監觀休咎之符，往往推以天道難知，置於冥漠而不省也。以太宗之明，房、杜、王、魏並侍左右，正旦日食，天變爲大，不聞胥訓告教誨，以消陰沴、復陽德，而羣臣獻諛，請登泰山〔二一〕；太宗口雖不允，實欲從之，至稱功高德厚，偃然自足。徵雖以空虛勞費爲言，若非河南、北數州大水，亦未必爲止也。夫大水者，陰氣沴也；日食者，陽氣微也。較之二者，日者君像，尤當儆懼，而不知戒焉，豈非以天人爲二致，不學不知道之過耶！及羣臣再請，正當披窮經訓，辨其是非以示子孫，乃以氣疾爲解，誤矣〔二二〕！

三月，如九成宮。上幸九成宮避暑，監察御史馬周上疏曰：「大安宮在城西，制度卑小，而車駕獨爲避暑之行，是太上皇留暑中，而陛下居涼處也。温清之禮，臣竊有所未安焉。且太上皇春秋已高，陛下宜朝夕視膳。今九成宮去京師三百餘里，太上皇或時思念陛下，陛下何以赴之？然今行計已成，不可復止，願速示返期，以解衆惑；仍亟增修大安，以稱中外之望。」又言：「比來樂工、園人超授官爵，嗚玉曳履，與士君子比肩，臣竊耻之！」

楊氏曰：馬周之論此行，善矣！然不止其行而速其返，是所謂月攘一雞者，豈所以堯、舜其君哉！

胡氏曰：自古繼世之君得養其母者多矣，鮮有及父之生而事之者也。得養其母，未足以盡人子之心；事父致孝，然後爲慊。周宜以此深啓帝心，使力慕大舜事親之道，則太宗必聞言感動，而九成之車不枙自止矣。

以長樂公主嫁長孫冲。長樂公主將出降，敕有司資送倍於永嘉長公主。魏徵諫曰：「昔漢明帝欲封皇子，曰：『我子豈得與先帝子比！』皆令半楚、淮陽。今奈何資送公主，反倍於長主乎！」上入告皇后，后歎曰：「妾數聞陛下稱重魏徵，不知其故，今觀其引禮義以抑人主之私情，乃知真社稷之臣也！」因請遣中使厚賜徵，且語之曰：「聞公正直，乃今見之。願公常秉此心，勿轉移也。」上嘗罷朝，怒曰：「會須殺此田舍翁！」后問爲誰，上曰：「魏徵每廷辱我！」后退，具朝服，曰：「妾聞主明臣直。今魏徵直，由陛下之明故也。妾敢不賀！」上乃悦。

置三師官。

夏，四月，鄒公張公謹卒。公謹卒，上出次發哀。有司奏辰日忌哭，上曰：「君臣猶父子也，情發於衷，安避辰日！」遂哭之。

秋，閏七月，宴近臣於丹霄殿。上宴近臣於丹霄殿，長孫無忌曰：「王珪、魏徵，昔日仇讎，不謂今日得同此宴。」上曰：「徵、珪盡心所事，故我用之。然徵每諫，我不從，我與之言輒不應，何也？」魏徵對曰：「臣以事爲不可，故諫；若陛下不從而臣應之，則事遂施行，故不敢應。」上曰：「應而復諫，何傷？」對曰：「昔舜戒羣臣：『爾無面從，退有後言。』臣心知其非而口應陛下，乃面從也，豈稷、契事舜之意邪！」上大笑曰：「人言魏徵舉止疏慢，我視之更覺嫵媚，正爲此耳！」徵起，拜謝曰：「陛下開臣使言，故臣得盡其愚；若陛下拒而不受，臣何敢數犯顔色乎！」

上謂王珪曰：「玄齡以下，卿宜悉加品藻，且自謂與數子何如？」曰：「孜孜奉國，知無不爲，臣不如玄齡。才兼文武，出將入相，臣不如李靖。敷奏詳明，出納惟允，臣不如彦博。處繁治劇，衆務畢舉，臣不如戴胄。耻君不及堯、舜，以諫争爲己任，臣不如魏徵。至於激濁揚清，嫉惡好善，臣於數子，亦有微長。」上深以爲然，衆亦服其確論。

上指殿屋謂侍臣曰：「治天下如建此屋，營構既成，勿數改移。苟易一椽，正一瓦，踐履動摇，必有所損。若慕奇功，變法度，不恒其德，勞擾實多。」

上曰：「人主惟有一心，而攻之者甚衆，或以勇力，或以辯口，或以諂諛，或以姦詐，或以嗜慾，輻湊攻之，各求自售，以取寵禄；人主少懈而受其一，則危亡隨之，此其所以難也。」

范氏曰：人主不可以有偏好，偏好者，姦邪之所趨，而讒賊之所入也。書曰：「惟精惟一，允執厥中。」夫如是則衆莫得而攻之矣！

上嘗臨朝，謂侍臣曰：「朕爲人主，常兼將相之事。」給事中張行成退而上書，以爲：「禹不矜伐，而天下莫與之爭；陛下撥亂反正，羣臣誠不足望清光，然不必臨朝言之。以萬乘之尊，乃與羣臣校功爭能，臣竊爲陛下不取。」上甚善之。

九月，如慶善宮。慶善宮，上生時故宅也。因宴賦詩，被之管絃，命曰功成慶善樂，使童子八佾爲九功之舞，大宴會，與破陳舞偕奏於庭。同州刺史尉遲敬德與坐者爭長，毆任城王道宗目幾眇。上不懌而罷，謂敬德曰：「朕欲與卿等共保富貴，然卿居官數犯法，乃知韓、彭葅醢，非高祖之罪也。」敬德由是始懼而自戢。

冬〔二三〕，以陳叔達爲禮部尚書。帝謂叔達曰：「卿武德中有讜言，故相報。」對曰：「臣見隋室父子相殘以亡，當日之言，非爲陛下，乃社稷之計耳。」

胡氏曰：陳叔達天下之公論，於秦王非私交也。以叔達端良，自宜在親近之地，苟欲遷序，何患無名？而太宗乃舉武德中讜言，是以危疑向背誘臣下爲後日計，豈君道哉！

癸巳（六三三）

七年。

春，正月，宴玄武門，奏七德、九功舞。更名破陳樂曰七德舞。太常卿蕭瑀以爲「形容未盡，請并寫武周、仁果、建德、世充擒獲之狀」。上曰：「彼皆一時英雄，朝臣或嘗北面事之，覩其故主屈辱之狀，能不傷乎？」瑀謝不及。魏徵欲上偃武修文，每侍宴，見七德舞，輒俯首不視；見九功舞，則諦觀之。

王珪罷，以魏徵爲侍中。上與侍臣論安危之本，温彦博曰：「願陛下常如貞觀初則善矣。」帝曰：「朕此來怠於爲政乎？」魏徵曰：「貞觀之初，陛下節儉，求諫不倦。比來營繕微多，諫者頗有忤旨，此其所以異耳。」帝欣然納之。

上問魏徵曰：「羣臣上書可采，及召對多失次，何也？」對曰：「臣觀百司奏事，常數日思之，及至上前，三分不能道一。況諫者怫意觸忌，非陛下借之辭色，豈敢盡其情哉！」上由是接羣臣辭色愈温，嘗曰：「煬帝多猜忌，對羣臣多不語。朕則不然，君臣相親如一體耳。」

上謂侍臣曰：「朕比來決事，或不能皆如律令，公輩以爲事小，不復執奏。夫事無不由小以致大，此乃危亡之端也。昔龍逢忠諫而死，朕每痛之。煬帝驕暴而亡，公輩所親見也。公輩常宜爲朕思煬帝之亡，朕常爲公輩念龍逢之死，何患君臣不相保乎！」

上謂魏徵曰：「爲官擇人，不可造次。用一君子，則君子皆至；用一小人，則小人競進。」對曰：「然。天下未定，則專取其才，不考其行；喪亂既平，則非才行兼備，不可用也。」

范氏曰：太宗之言，王者之言也。魏徵所謂才行者，不亦異乎？夫才有君子之才，有小人之才。古之所謂才者，君子之才也，兼德行而言之也；後世之所謂才者，小人之才也，辯給以禦人，詭詐以用兵，僻邪險詖，趨利就事而已爾。王者創業垂統，敷求哲人，以遺後嗣，故能長世，豈其以天下未定，而專用小人之才乎！夫有才無行之小人，無時而可用，退之猶懼其或進也，豈可先用而後廢，乃取才行兼備之人乎！徵之學，駁而不純，故所以輔導其君者，卒不至於三王之治也。

造渾天儀。直太史李淳風以靈臺候儀制度疏略，但有赤道，更請造渾天黄道儀。至是，奏之。

秋，九月，山東、河南四十餘州水〔二四〕，遣使賑之。

赦死囚三百九十人。先是，上親録繫囚，見應死者，閔之，縱使歸家，期以來秋來就死；仍敕天下死囚皆縱遣，使至期來詣京師。至是，皆如期自詣朝堂，上皆赦之。

胡氏曰：罪既至死，無可赦者，此三百九十人者，其間寧無殺人償死者乎？而赦之，何被殺者之不幸，而蒙赦者之幸也！況既得一年之期，必嘗相約以如期而集，則可免死。太宗悦其信服，而忘其刑赦之頗也。然不敢違逸而皆至，情則可矜矣。要之，始者縱之過也。

冬，十一月，以長孫無忌爲司空。無忌固辭，上曰：「吾爲官擇人，惟才是與。苟不才，雖親不用；如有才，雖讎不棄。今日之舉，非私親也。」

十二月，帝奉太上皇置酒未央宫。上從上皇宴故漢未央宫。上皇命頡利可汗起舞，馮智戴詠詩，既而笑曰：「胡、越一家，古未有也。」帝捧觴上壽，曰：「此皆陛下教誨，非臣智力所及。昔漢高祖亦從太上皇宴此宫，妄自矜大，臣不取也。」上皇大悦。

賜太子庶子于志寧、孔穎達等金帛。帝謂志寧曰：「朕年十八，猶在民間，民之疾苦情僞，無不知之。及區處世務，猶有差失。況太子生長深宫，百姓艱難，耳目所未涉，能無驕逸乎！卿等不可不極諫！」太子好嬉戲，頗虧禮法，志寧與穎達數直諫，上聞而嘉之，各賜金一斤、帛五百匹。

削工部尚書段綸階。綸奏徵巧匠，上令試之。綸使造傀儡，上曰：「求巧工以供國事，今先造戲具，豈百工相戒無作淫巧之意耶！」乃削綸階。

甲午（六三四）

八年。

春，正月，以李靖等爲黜陟大使，分行天下。上欲分遣大臣循行黜陟，未得其人，李靖薦魏徵，上曰：「徵箴規朕失，不可一日離左右。」乃命靖等十三人分行天下，「察長吏賢不肖，問民間疾苦，禮高年，賑窮乏，褒善良，起滯淹，俾使者所至，如朕親覩」。

夏，五月朔，日食。

秋，七月，山東、河南大水。

冬，十月，營大明宮。營大明宮，以爲上皇清暑之所。未成，而上皇寢疾，不果居。

以李靖爲特進。靖以疾遜位。上曰：「朕嘉公意，欲以公爲一代楷模，故不相違。」乃拜特進，俟疾小瘳，間三、二日，至門下、中書平章政事。

吐蕃遣使入貢。吐蕃在吐谷渾西南，未嘗通中國。其王稱贊普，俗不言姓，王族皆曰「論」，宦族皆曰「尚」。近世浸强，勝兵數十萬。贊普棄宗弄讚有勇略，四鄰畏之。詔遣使者往慰撫之。

吐谷渾寇凉州，以李靖爲大總管，帥諸軍討之。吐谷渾可汗伏允老耄，其臣天柱王用事，數入塞侵盜。詔大舉討之。上欲以李靖爲將，爲其老，重勞之。靖聞之，請行，上大悦，以靖爲西海道行軍大總管，節度諸軍討之。

聘鄭氏爲充華，既而罷之。帝聘鄭仁基女爲充華，册使將發，魏徵聞其嘗許嫁士人陸爽，遽上表諫，帝大驚，自責，命停册使。房玄齡等奏：「許嫁無顯狀。」爽亦表言初無此議。帝謂徵曰：「羣臣或容希合，爽亦自陳，何也？」對曰：「彼以陛下爲外雖捨之，或陰加罪譴故爾。」帝笑曰：「朕之言不能使人必信如此邪！」

以皇甫德參爲監察御史。中牟丞皇甫德參上言：「修洛陽宫，勞人；收地租，厚斂。俗好高髻，蓋宫中所化。」上怒，謂房玄齡等曰：「德參欲國家不役一人，不收斗租，宫人皆無髮，乃可其意邪！」欲罪之。魏徵曰：「言不激切，不能動人主之心，陛下擇焉可也。」上曰：「朕罪此人，則誰復敢言者！」乃賜絹二十疋。他日，徵奏言：「陛下近日不好直言，雖勉强含容，非曩時之豁如。」上乃更加優賜，拜監察御史。

中書舍人高季輔上言：「外官卑品，猶未得禄，飢寒切身，難保清白。宜量加優給，然後可責以不貪。比見帝子拜諸叔，叔皆答拜，紊亂昭穆，宜訓之以禮。」上善之。

西突厥咄陸可汗卒〔二五〕。弟沙鉢羅咥利失可汗立。

乙未（六三五）

九年。

春，正月，分民貲爲九等。

夏，五月，太上皇崩。

李靖伐吐谷渾〔二六〕，破之。李靖擊吐谷渾，伏允悉燒野草，輕兵走入磧。諸將以爲「馬無草，未可深入」。侯君集曰：「虜一敗之後，鼠逃鳥散，取之易於拾芥，此而不乘，後必悔之。」李靖從之。中分其軍爲兩道：靖與薛萬均、李大亮由北道，君集與道宗由南道。靖等敗吐谷渾於牛心堆，又敗諸赤水原。君集、道宗引兵行無人之境二千餘里，盛夏降霜，人齕冰，馬噉雪，追及伏允於烏海，與戰，大破之。靖督諸軍經積石河源，窮其西境，襲破伏允牙帳，斬首數千級，獲雜畜二十餘萬。伏允子順斬天柱王來降。伏允脱身走，衆散稍盡，爲左右所殺。國人立順爲可汗，詔以爲西平郡王。順未能服其衆，命李大亮將精兵數千爲其聲援。既而順竟爲國人所殺。上復使侯君集將兵立其子諾曷鉢爲可汗。總管高甑生後軍期，李靖按之。甑生誣靖謀反，按驗無狀，甑生坐減死徙邊。或言：「甑生，秦府功臣，宜寬其罪。」上曰：「國家功臣多矣，若甑生獲免，則人人犯法，安可復禁乎！」靖自是闔門杜絶賓客，雖親戚不之見。

秋，七月，詔禮官議廟制。諫議大夫朱子奢請立三昭三穆，而虚太祖之位。於是增修太廟，祔弘農府君及高祖并舊神主四爲六室。房玄齡等議以凉武昭王爲始祖，于志寧以爲武昭王非王業所因，不可爲始祖，上從之。

冬，十月，葬獻陵。初，詔：「山陵依漢長陵故事。」祕書監虞世南上疏，以爲「聖人薄葬其親，非不孝也，深思遠慮，以厚葬適足爲親之累，故不爲耳。陛下聖德度越唐、虞，而厚葬其親，乃以秦、漢爲法，臣竊爲陛下不取。願依白虎通爲三仞之墳，節損制度，刻石陵旁，藏書宗廟，用爲子孫之法」。疏奏，不報。世南又奏：「漢天子即位，即營山陵，遠者五十餘年。今以數月之間，爲數十年之功，於人力有所不逮。」上乃詔有司議之。房玄齡等以爲：「漢長陵高九丈，原陵高六丈，今九丈則太崇，三仞則太卑，請依原陵之制。」從之。又詔太原立高祖廟。秘書監顔師古以爲：「寢廟應在京師，漢世郡國立廟，非禮。」乃止。

十一月，以蕭瑀爲特進，參預政事。上曰：「武德季年，高祖有廢立之心而未定，我不爲兄弟所容，實有功高不賞之懼。斯人也，不可以利誘，不可以死脅，真社稷臣也！」因賜瑀詩曰：「疾風知勁草，板蕩識誠臣。」

范氏曰：太宗以蕭瑀無貳心於己而嘉之，可謂能知臣矣！人君以此取人，豈不得忠正之士乎！

丙申（六三六）

十年。

春，正月，突厥阿史那社爾來降。社爾，處羅可汗之子也，年十一，以智略聞。處羅以爲拓設，建牙於磧北。頡利既亡，西突厥亦亂，社爾詐往降之，襲取其地幾半，有衆十餘萬。乃曰：「破我國者，薛延陀也，我當爲先可汗報仇，擊滅之。」諸部皆諫，社爾不從。擊之，大敗，遂帥衆來降。以爲左驍衛大將軍，處其部落於靈州之北。留社爾於長安，尚公主，典屯兵。

二月，以荆王元景等爲諸州都督。諸王之藩，上與之别，曰：「兄弟之情，豈不欲常共處邪？但以天下之重，不得不爾。諸子尚可復有，兄弟不可復得。」因流涕嗚咽不能止。

胡氏曰：臨湖之變，太宗不能以義命少忍；然理義出於人心，雖下愚蠢蠢，猶不可亡滅，而況英傑之資乎？事往時遷，終必自悔，然已不可如何矣！此太宗所以悲也。人倫之際，易以失恩，可不慎乎！

魏王泰爲相州都督，不之官。上以泰好文學，特命於其府别置文學館〔二七〕，聽自引召學士。泰有寵於上，或言諸大臣多輕之，上怒，召諸大臣讓之，曰：「隋文帝時，大臣皆爲諸王所頓躓，我若縱之，豈不能折辱公輩耶！」房玄齡等皆謝，魏徵正色曰：「若紀綱大壞，固所不論；聖明在上，魏王必無頓辱羣臣之理。隋文帝驕其諸子，卒皆夷滅，又足法乎？」上悦曰：「朕以私愛忘公義，及聞公言，方知理屈。人主發言，何得容易乎！」王珪嘗奏：「三品以上道遇親王降乘非禮。」上曰：「卿輩輕我子耶？」魏徵曰：「諸王位次三公。今三品皆九卿、八座，爲王降乘，誠非所宜。」上曰：「人命難期。萬一太子不幸，安知諸王不爲公輩之主乎！」對曰：「自周以來，皆子孫相繼，不立兄弟，所以絶庶孽之窺窬，塞禍亂之原本，此爲國者所深戒也。」上乃從珪奏。

三月，吐谷渾請頒曆，遣子入侍。

夏，六月，以温彦博爲右僕射，楊師道爲侍中，魏徵爲特進。徵屢以目疾辭位，上不得已，以爲特進，知門下省事，參議得失。

皇后長孫氏崩。后性仁孝儉素，好讀書，常與上從容商略古事，因而獻替，裨益弘多。撫視庶孽，逾於所生。妃嬪以下，無不愛戴。訓諸子，常以謙儉爲先，太子乳母以東宫器用少，請奏益之，后不許，曰：「太子患德不立，名不揚，何患無器用邪！」后得疾，太子請「奏赦罪人，度人入道」。后曰：「死生有命，非智力所移。赦者，國之大事，不可數下。道、釋，異端之教，蠹國病民，皆上素所不爲，奈何以吾一婦人，使上爲所不爲乎！」及疾篤，與上訣。時房玄齡以譴歸第，后曰：「玄齡事陛下久，小心慎密，苟無大故，不可棄也。妾之本宗，因緣葭莩，以致祿位，既非德舉，易致顛危，欲保全之，慎勿處之權要。妾生無益於人，願勿以丘壟勞費天下，但因山爲墳，器用瓦木可也。更願陛下親君子，遠小人，納忠諫，屏讒慝，省作役，止遊畋，則妾死不恨矣！」后嘗集自古婦人得失事爲女則三十卷，又嘗著論譏漢明德馬后不能抑退親戚之權〔二八〕，而徒戒其車如流水馬如龍，是開其禍敗之源而禁其末流也。至是，宮司奏之，上覽之悲慟，以示近臣曰：「皇后此書，足以垂範百世。朕非不知天命而爲無益之悲，但入宮不復聞規諫之言，失一良佐，故不能忘懷耳！」乃召玄齡，使復其位。

秋〔二九〕，**禁上書告訐者。**上問羣臣曰：「朕開直言之路，以利國也；而比來上封事者，多訐人細事。自今復有爲是者，朕當以讒人罪之。」

范氏曰：太宗欲聞直言而惡告訐，可謂明且遠矣！此爲君、爲長之道也。

冬，十一月，葬文德皇后。時將軍段志玄、宇文士及分統士衆。帝夜使宮官至二人所，士及納之，志玄不納，曰：「軍門不可夜開。」使者曰：「此有手敕。」志玄曰：「夜中不辨真僞。」竟留使者至明。帝聞而歎曰：「真將軍也！」帝爲文刻石，稱：「皇后節儉，遺言薄葬，不藏金玉，當使子孫奉以爲法。」帝念后不已，於苑中作層觀以望昭陵。嘗引魏徵同登，使視之，徵熟視之曰：「臣昏眊，不能見。」上指示之，徵曰：「臣以爲陛下望獻陵，若昭陵，則臣固見之矣。」上泣，爲毁觀。

十二月，朱俱波、甘棠遣使入貢。朱俱波在葱嶺之北，去瓜州三千八百里。甘棠在大海南。上曰：「中國既安，四夷自服。然朕不能無懼者。秦始皇威振胡、越，二世而亡，惟諸公匡其不逮耳。」

黜治書侍御史權萬紀。萬紀上言：「宣、饒銀大發采之，歲可得數百萬緡。」上曰：「朕貴爲天子，所乏者非財也，但恨無嘉言可以利民耳。與其得數百萬緡，何如得一賢才！卿未嘗進一賢才，而專言銀利。昔堯、舜抵璧於山，投珠於谷；漢之桓、靈乃聚錢爲私藏，卿欲以桓、靈俟我邪！」是日，黜萬紀使還家。

更命統軍、別將爲折衝、果毅都尉。凡十道，置府六百三十四，而關内二百六十一，皆隸諸衛及東宫六率。凡上府兵千二百人，中府千人，下府八百人。三百人爲團，團有校尉；五十人爲隊，隊有正；十人爲火，火有長。每人兵甲糧裝各有數，輸之庫，征行給之。二十爲兵，六十而免。能騎射者爲越騎，其餘爲步兵。每歲季冬，折衝都尉帥以教戰，當給馬者，官予直；當宿衛者番上，兵部以遠近給番，遠疏、近數，皆一月而更。

丁酉〔三〇〕**（六三七）**

十一年。

春，正月，以吴王恪等爲諸州都督。諸王將之官，上賜書戒敕，且曰：「吾欲遺汝珍玩，恐益驕奢，不如得此一言耳。」

作飛山宫。魏徵上疏曰：「煬帝恃其富强，不虞後患，窮奢極欲，使百姓困窮，以至身死人手，社稷爲墟。陛下撥亂返正，宜思隋之所以失，我之所以得，撤其峻宇，安於卑宫；若因基而增廣，襲舊而加飾，此則以亂易亂，殃咎必至，難得易失，可不念哉！」

定律令。房玄齡等先受詔定律令，以爲：「舊法，兄弟異居，蔭不相及，而謀反連坐皆死；祖孫有蔭，而止應配流。據禮論情，深爲未愜。今定律，祖孫與兄弟緣坐者，俱配役。」從之。凡定律五百條，立刑名二十等，比隋律減大辟九十二條，減流入徒者七十一條，凡削煩去蠹、變重爲輕者，不可勝紀。又定令一千五百九十餘條。舊制，釋奠於太學，以周公爲先聖，孔子配饗；玄齡等以孔子爲先聖，顏回配饗。又删武德以來敕格，定留七百條，至是行之。又定枷、杻、鉗、鏁、杖、笞，皆有長短廣狹之制。自張蘊古之死，法官以出罪爲戒；時有失入者，又不加罪。上嘗問大理卿劉德威曰：「近日刑網稍密，何也？」對曰：「此在主上，不在羣臣。律文：失入減三等，失出減五等。今乃失入無辜，失出獲罪，是以吏各自免，競就深文。陛下儻一斷以律，則此風立變矣〔三一〕。」上悅，從之。由是斷獄平允。上又嘗曰：「法令不可數變，數變則煩；官長不能盡記，吏得爲姦。自今變法，宜詳慎之。」

二月，豫爲山陵終制。上以漢世豫作山陵，免子孫蒼猝勞費，又志在儉葬，恐子孫從俗奢靡，自爲終制，因山爲陵，容棺而已。

范氏曰：厚葬之禍，古今所明知，然後之人主爲之以賈禍，迹相接而莫或戒也。太宗雖自爲終制，而昭陵之葬，亦不爲儉。及唐之末，不免暴露，豈非高宗之過乎！

幸洛陽宫。上至顯仁宫，官吏以闕儲偫被譴。魏徵諫曰：「陛下以儲偫譴官吏，臣恐承風相扇，異日民不聊生，殆非行幸之本意也。昔煬帝諷郡縣獻食，視其豐儉以爲賞罰，故海内叛之。此陛下所親見，奈何欲效之乎！」上驚曰：「非公不聞此言。」因謂長孫無忌等曰：「朕昔過此，買飯而食，僦舍而宿。今供頓如此，豈得猶嫌不足乎！」至洛陽宫西苑，泛積翠池，顧謂侍臣曰：「煬帝作此宫苑，結怨於民，今悉爲我有，正由宇文述、虞世基之徒内爲諂諛，外蔽聰明故也，可不戒哉！」

范氏曰：富而不忘貧，則能保其富矣；貴而不忘賤，則能保其貴矣。夫以萬乘之貴，四海之富，而猶以爲不足，何哉？忘其始之賤貧，而欲大無窮也。是以周公作書以戒成王，恐其不知稼穡之艱難而驕逸也。漢文有言曰：「朕能任衣冠，念不至此。」是以恭儉愛民，惟恐煩之。嗚呼！其可謂有德者矣。若太宗聞諫而能自省，此其所由興也。

三月朔，日食。

詔行新禮。房玄齡、魏徵所定，凡百三十八篇。

以王珪爲魏王泰師。上謂泰曰：「汝事珪當如事我。」泰見珪，輒先拜，珪亦以師道自居。

胡氏曰：爲人師者，豈徒禮貌云乎哉！必有道以授人，而道以人倫爲至。泰是時於兄弟間漸生異慮，而王珪訓告之方，教誨之道，未之聞也。卒以窺伺，廢斥而死，珪與有責矣。

以南平公主嫁王敬直。敬直，珪之子也。先是，公主下嫁，皆不以婦禮事舅姑，珪曰：「主上欽明，動循禮法，吾受公主謁見，豈爲身榮，所以成國家之美耳。」乃與其妻就席坐，令公主執笄行盥饋之禮。是後公主始行婦禮。

詔議封禪禮。祕書監顔師古等議其禮，房玄齡裁定之。

夏，五月，虞公温彦博卒〔三二〕。

六月，以荆王元景、長孫無忌等爲諸州刺史，子孫世襲。

秋，七月，穀、洛溢。詔百官極言過失。大雨，穀、洛溢入洛陽宫，壞官寺、民居，溺死者六千餘人。詔：「水所毁宫，少加修繕，纔令可居。廢明德宫、玄圃院，以其材給遭水者。令百官上封事，極言朕過〔三三〕。」其後上謂侍臣曰：「上封事者皆言朕遊獵太頻。今天下無事，武備不可忘，但與左右獵於後苑，無一事煩民，夫亦何傷！」魏徵曰：「先王惟恐不聞其過，苟其言無取，亦無所損。」乃皆勞而遣之。侍御史馬周上疏，以爲：「三代及漢，歷年多者八百，少者不減四百，良以恩結人心，人不能忘故也。自是以降，多者六十年，少者纔二十餘年，皆無恩於人，本根不固故也。今之户口，不及隋之什一，而給役者，兄去弟還，道路相繼。營繕不休，器服華侈。陛下少居民間，知民疾苦，尚復如此，況皇太子生長深宫，不更外事，萬歲之後，固聖慮所當憂也。臣觀自古百姓愁怨，國未有不亡者，人主當修之於可修之時，不可悔之於既失之後。貞觀之初，天下饑歉，斗米直疋絹，而百姓不怨者，知陛下憂念不忘故也。今比年豐穰，疋絹得粟十餘斛，而百姓怨咨者，知陛下不復念之，多營不急之務故也。自古以來，國之興亡，不以蓄積多少，在於百姓苦樂。且以近事驗之，隋貯洛口倉，而李密因之；東都積布帛，而世充資之；西京府庫，亦爲國家之用，至今未盡。夫蓄積固不可無，要當人有餘力，然後收之，不可强斂以資寇敵也。夫儉以息人，貞觀之初，陛下所親行也，豈今日而難之乎！欲爲長久之計，但如貞觀之初，則天下幸甚！又陛下寵遇諸王過厚，亦不可不深思也。魏武帝愛陳思王，及文帝即位，遂遭囚禁。然則武帝愛之，適所以苦之也。又百姓所以治安，唯在刺史、縣令；今重内官而輕州縣，刺史多用武臣，或京官不稱職始補外任。邊遠之處，用人更輕。所以百姓未安，殆由於此。」疏奏，上稱善久之，謂侍臣曰：「刺史，朕當自選。縣令，宜詔京官五品以上各舉一人。」

魏徵上疏曰：「人主善始者多，克終者寡，豈取之易而守之難乎？蓋以殷憂則竭誠以盡下，安逸則驕恣而輕物；盡下則胡、越同心，輕物則六親離德，雖震之以威怒，亦皆貌從而心不服故也。人主誠能見可欲則思知足，將興繕則思知止，處高危則思謙降，臨滿盈則思挹損，遇逸樂則思撙節，在宴安則思後患，防壅蔽則思延納，疾讒邪則思正己，行爵賞則思因喜而僭，施刑罰則思因怒而濫，兼是十思，而選賢任能，則可以無爲而治矣。」又曰：「陛下欲善之志，不及於昔時；聞過必改，少虧於曩日。譴罰積多，威怒微厲。乃知貴不期驕，富不期侈，非虚言也。在昔隋之未亂也，自謂必無亂；其未亡也，自謂必無亡。故賦役無窮，征伐不息，以至禍將及身而尚未之寤也。夫鑑形莫如止水，鑑敗莫如亡國。伏願取鑑於隋，去奢從約，親忠遠佞，以今之無事，行昔之恭儉，則盡善盡美矣。夫取之實難，守之甚易，陛下能得其所難，豈不能保其所易乎！」又曰：「今立政致治，必委之君子；事有得失，或訪之小人。其待君子也敬而疏，遇小人也輕而狎；狎則言無不盡，疏則情不上通。夫中智之人，豈無小慧，然才非經國，慮不及遠，雖竭力盡誠，猶未免有敗，況内懷姦宄，其禍豈不深乎！夫雖君子不能無小過，苟不害於正道，斯可略矣。陛下誠能慎選君子，以禮信用之，何憂不治！不然，危亡之期，未可保也。」上賜手詔褒美曰：「得公之諫，朕知過矣。當置之几案，以比弦、韋。」

冬，十月，獵洛陽苑。上獵洛陽苑，有羣豕突出，前及馬鐙，民部尚書唐儉投馬搏之，上拔劍斬豕，顧笑曰：「天策長史不見上將擊賊邪，何懼之甚？」對曰：「陛下以神武定四方，豈復逞雄心於一獸！」上悅，爲之罷獵。

安州都督吳王恪免。安州都督吳王恪數出畋獵，頗損居人〔三四〕。侍御史柳範彈奏，恪坐免官。上以長史權萬紀不能匡正，欲罪之。範曰：「房玄齡猶不能止陛下畋獵，豈得獨罪萬紀哉！」上大怒，拂衣而入。久之，獨引範謂曰：「何面折我？」對曰：「陛下仁明，臣不敢不盡愚直。」上悅。後褚遂良以爲：「諸皇子典州者，多幼稚，未知從政，不若留京師，教以經術；俟其長而遣之。」上以爲然。

以武氏爲才人。故荆州都督武士彠女，年十四，上聞其美，召入後宮。

戊戌(六三八)

十二年。

春，正月，頒氏族志。先是，山東人士崔、盧、李、鄭諸族自矜地望，凡爲昏姻，必多責財幣；或捨其鄉里而妄稱名族，或兄弟齊列而更以妻族相陵。上惡之，命吏部尚書高士廉等偏責天下譜諜，質史籍以考其真僞，褒進忠賢，貶退姦逆，分爲九等。士廉等以黄門侍郎崔民幹爲第一，上曰：「漢高祖與蕭、曹、樊、灌皆起布衣，至今推仰，以爲英賢，豈在世禄乎！高氏偏據山東，梁、陳僻在江南，雖有人物，蓋何足言！況其子孫衰替，而猶卬然以門地自負，販鬻松檟，無復廉耻，不知世人何爲貴之？今三品以上，皆以德行、勳勞、文學貴顯，彼衰世舊門，何足慕哉！今欲釐正訛謬，捨名取實，而卿曹猶以民幹爲第一，是輕我官爵而徇流俗之情也。」乃更命刊定，專以今朝品秩爲高下，於是以皇族爲首，外戚次之，民幹爲第三。凡二百九十三姓，千六百五十一家，頒於天下。

二月，帝發洛陽，觀砥柱，祠禹廟，遂至蒲州。蒲州刺史趙元楷飾樓觀，盛儲偫，上怒曰：「此乃亡隋之弊俗也。」

贈隋堯君素蒲州刺史。詔曰：「君素雖桀犬吠堯，有乖倒戈之志，而疾風勁草，實表歲寒之心。可贈蒲州刺史。」

閏二月朔，日食。

帝還宮。

宴五品以上於東宮。上曰：「貞觀之前，從朕經營天下，玄齡之功也。貞觀以來，繩愆糾繆，魏徵之功也。」皆賜之佩刀。上謂徵曰：「朕政事何如往年？」對曰：「威德所加，比往年則遠矣；人心悅服，則不逮也。」上曰：「何也？」對曰：「陛下往以未治爲憂，故日新；今以既治爲安，故不逮。」上曰：「今日所爲，亦何以異於往年邪？」對曰：「陛下初年，恐人不諫，常導之使言，中間悅而從之。今則勉强從之，而猶有難色也。」上曰：「其事可得聞歟？」對曰：「陛下昔欲殺元律師，孫伏伽以爲法不當死，陛下賜以蘭陵公主園，直百萬。或云：『太厚。』陛下云：『朕即位以來，未有諫者，故賞之。』此導之使言也。司户柳雄妄訴隋資，陛下欲誅之，納戴胄之諫而止，是悅而從之也。近皇甫德參上書諫修洛陽宮，陛下恚之，雖以臣言而罷，勉從之也。」上曰：「非公不能及此。人苦不自知耳！」

夏，五月，永興公虞世南卒。世南外和柔而内忠直，上嘗稱世南有五絶：一德行，二忠直，三博學，四文辭，五書翰。世南嘗獻聖德論，上賜詔曰：「卿論太高，朕何敢當！然卿適覩其始，未覩其終。若朕能慎終如始，則此論可傳；不然，恐徒使後世笑卿也。」

胡氏曰：孔子作春秋，常事不書，惟敗常反理，乃書于策，以訓後世，使正其心術，復常循理，交適於治而已矣。聖學不明，爲上者，有一善則矜夸自足；爲臣者〔三五〕，於君之失德闕政，則默不敢言，而務爲歸美之習，詠歌贊誦，惟恐在後。於是天變動於上而不知，地變動於下而不聞，民心違怨，厥口詛祝而不悟，求不危亡，不可得矣！世南清尚文雅，唐名士也，亦爲聖德論，比太宗於堯、舜，其未深知孔子之教耶？

秋，七月，以高士廉爲右僕射。

吐蕃寇松州。初，上遣使者馮德遐撫慰吐蕃，吐蕃遣使隨德遐入朝，奉表求婚，上未之許。使者還，言：「初，唐待我甚厚，會吐谷渾王入朝，相離間，唐禮遂衰，亦不許婚。」弄讚遂發兵擊吐谷渾，進破党項、白蘭諸羌，帥衆二十餘萬屯松州西境，遣使貢金帛，迎公主。尋進攻松州。詔吏部尚書侯君集擊敗之，弄讚懼，引兵退。遣使謝罪，因復請婚，上許之。

以薛延陀真珠可汗二子爲小可汗。上以薛延陀强盛，恐後難制，拜其二子皆爲小可汗，各賜鼓纛，外示優崇，實分其勢。

冬，十一月，置屯營飛騎。初置左、右屯營飛騎於玄武門，以諸將軍領之。又簡飛騎才力驍健、善騎射者，號「百騎」，以從遊幸。

十二月，以馬周爲中書舍人。周有機辯，岑文本常稱：「馬君論事，援引事類，揚榷古今，舉要删煩，會文切理，一字不可增減，聽之靡靡，令人忘倦。」

以霍王元軌爲徐州刺史。元軌好讀書，恭謹自守，舉措不妄。與處士劉玄平爲布衣交。人問玄平王所長，玄平曰：「無長。」問者怪之，玄平曰：「人有所短，乃見所長。至於霍王，無所短，何以稱其長哉！」

西突厥乙毗咄陸可汗立。初，西突厥分其國爲十部，每部酋長各賜一箭，謂之十箭。又分左、右廂，左廂號五咄陸，置五大啜；右廂號五弩失畢，置五大俟斤，通謂之十姓。至是，咥利失失衆心〔三六〕，爲其臣所逐，走焉耆，尋復得其故地。西部遂立欲谷設爲乙毗可汗，中分其地。

己亥（六三九）

十三年。

春，正月，加房玄齡太子少師。房玄齡爲太子少師。太子欲拜之，玄齡不敢謁見而歸，時人美其有讓。

玄齡以度支繫天下利害，嘗有闕，求其人未得，乃自領之。

上嘗問侍臣：「創業與守成孰難？」玄齡曰：「草昧之初，與羣雄並起，角力而後臣之，創業難矣！」魏徵曰：「自古帝王莫不得之於艱難，失之於安逸，守成難矣！」上曰：「玄齡與吾共取天下，出百死得一生，故知創業之難。徵與吾共安天下，常恐驕奢生於富貴，禍亂生於所忽，故知守成之難。然創業之難，既已往矣；守成之難，方當與諸公慎之。」玄齡等拜曰：「陛下之言及此，四海之福也。」

范氏曰：自古創業而失之者少，守成而失之者多，蓋禍亂未嘗不生於安逸也。

永寧公王珪卒。珪性寬裕，自奉養甚薄。三品以上當立家廟，珪祭於寢，爲法司所劾，上不問，命有司爲之立廟以愧之。

二月，以尉遲敬德爲鄜州都督。上嘗謂敬德曰：「人或言卿反，何也？」對曰：「臣從陛下征伐四方，身經百戰，今之存者，皆鋒鏑之餘也。天下已定，乃更疑臣反乎？」因解衣投地，出其瘢痍，上流涕而撫之。上又嘗謂敬德曰：「朕欲以女妻卿，何如？」敬德謝曰：「臣妻雖陋，相與共貧賤久矣。臣雖不學，聞古人富不易妻，此非臣所願也。」乃止。

詔内職有闕，選良家有才行者充。尚書奏：「近世掖庭之選，或微賤之族，禮訓蔑聞，或刑戮之家，憂怨所積。請自今後宫及東宫内職有闕，皆選良家有才行者，以禮聘納；其没官口、賤人不得補用〔三七〕。」上從之。

詔停襲封刺史。上既詔宗室、功臣襲刺史，于志寧以爲古今事殊，恐非久安之道，上疏争之。馬周亦言：「堯、舜之父，猶有朱、均之子。儻有孩童嗣職，萬一驕愚，兆庶被殃，國家受敗。則與其毒害於見存之百姓，寧使割恩於已亡之一臣矣。是則向所謂愛之者〔三八〕，乃所以傷之也。臣謂宜賦以茅土，疇其户邑，必有材行，隨器授官，使其人得奉大恩，而子孫終其福禄。」會長孫無忌等皆不願之國，且言：

「臣披荆棘事陛下，今海内寧一，奈何棄之外州乎？」上曰：「割地以封功臣，古今通義，朕欲令公子孫世爲有土之君，而公薄之，朕豈强公以茅土耶！」乃詔停之。

范氏曰：柳宗元有言曰：「封建非聖人意也，勢也。」蓋自上古以來有之，聖人不得而廢也。周室既衰，併爲十二，列爲六、七，而封建之禮已亡。秦滅六國以爲郡縣，三代之制不可復矣。必欲法上古而封之，弱則不足以藩屏，强則必至於僭亂，此後世封國之弊也。況諸侯之後嗣，或賢，或不肖，而必使之繼世，是以一人而害一國也。然則如之何？記曰：『禮時爲大，順次之。』三代封國，後世郡縣，時也。因時制宜，以便其民，順也。古之法不可用於今，猶今之法不可用於古也。後世如有王者，親親而尊賢，務德而愛民，慎擇守令，以治郡縣，亦足以致太平而興禮樂矣。何必如古封建，乃爲盛哉！」

胡氏曰：太宗嘗讀周官書「辨方正位，體國經野，設官分職，以爲民極」之言，慨然嘆曰：「不井田，不封建，不足以法三代之治。」詔羣臣議封建，其本於此乎？夫封建與天下共其利，天道之公也；郡縣以天下奉一人，人欲之私也。魏徵蓋未嘗詳考古制，鹵莽甚矣。而近世范、蘇二公亦謂封建不可行，始皇、李斯、柳宗元之論，聖人不能易也。烏乎，豈其然乎！宗元之言曰〔三九〕：「封建非聖人意也，勢也。」誠使上古諸侯已爲民害，聖人不得已而存之，則唐、虞之際，洪水懷襄，民無所定；武王、周公誅紂伐奄，滅國五十，皆天下之大變也，此數聖人不能因時之變，更立制度，以爲郡縣，乃畫壤裂土，修明侯甸之法，何哉？宗元又曰：「德在人者，死必奉其嗣，故封建非聖人意也，勢也。」夫爲其德之不可忘，是以憫其絶，此仁之至，義之盡，而出於人心之固然者，固非聖人之私意，而歸之勢，可乎？宗元又曰：「諸侯國亂，天子不得變其君。」夫孟子所言貶爵、削地、六師移之之法，皆先王之制也，烏在其不敢變乎？漢不能制侯王未萌之惡，及大逆不道，然後勤兵而夷之，此非三代故事，自漢之失，袁盎固言之矣，豈可舉此以例禹、湯、文、武所爲哉？方三代盛時，諸侯或自其國入爲三公，王室有難，諸侯或釋位以間王政；至其衰也，五霸雖强大，猶且攘夷狄以尊戴天下之共主。凡若此類，宗元皆略而不稱，乃摘取衰微禍亂之一二，欲舉封建而廢之，是猶見刖者而欲廢天下之屨也。宗元又曰：「湯資三千諸侯以黜夏，武資八百諸侯以翦商，故不敢變易也。」是聖人於未舉兵之前，要結衆力，及成功之後，姑息苟安：此十六國、五代庸主之所行，而謂湯、武爲之乎？宗元又曰：「封建非公之大者，公天下自秦始。」夫謂三代聖王無公心，以封建自私，是伯夷而爲盗跖之事也；謂秦無私意，以郡縣公天下，是飛廉而有比干之忠也。一何不類之甚與！宗元又曰：「諸侯繼世而立，又有世大夫食禄采地，以盡其封域。雖聖賢生于其時，無以立于天下。」天子聖明，公卿必得其人，諸侯不敢越亂法度，世固多賢也；而又有鄉舉里選之法，有明明側陋之揚，何患乎材之不用也？若上無明君，下無賢臣，如周之衰，如秦之季，如漢、魏、隋、唐之時，在位者無非小人，而興邦之良佐悉沉于民伍不見庸也，雖守宰徧宇内，將何救於此！故凡宗元封建論皆無稽而不可信也。夫爲君如堯、舜、湯、禹，亦足矣；帝王之治，至於唐、虞、三代，亦無以加矣。井天下之田，使民各有以養其生；經天下之國，使賢才皆得以施其用。人主自治，不過千里，大小相維，輕重相制，外無强暴侵陵、微弱不立之患，内無廣土衆民、奢泰恣肆之失〔四〇〕，是以義處利，均天地之施，故曰：「封建之法，天道之公也。」若秦則妬民之兼并，而自爲兼并；筦天下之利以自奉，故曰：「郡縣之制，人欲之私也。」蘇子講之不詳，乃以封建爲爭之端，不知聖人所以息爭也。果以爲爭者，何三代封建之長，而秦、漢以來不封建之短也？蘇子又曰：「漢、唐以來，卿大夫不世襲，則無篡弒之禍。」夫襲封之大者，莫過於帝王矣，劉劭、楊廣皆襲封者也。設欲救此，其必如唐、虞官天下而後可；則王莽、董卓、曹操、劉裕之徒又將何以止之？而三代之君一姓，多者至三十餘君；其諸侯篡弒，亦不聞出於文、武、成、康之時，安得以封建爲爭之端而亂之始歟？或曰：「然則封建今可行乎？」曰：「何獨封建也！二帝、三王之法，孰不可行者，在人而已矣！然欲行封建，先自井田始。」范子亦惑於宗元謂「今之法不可用於古，猶古之法不可用於今」。夫後世之法私意妄爲，固不可行於古。而爲天下者，不以二帝、三王善政良法爲則，則又何貴於稽古而建事哉！

夏，四月，如九成宫。

突厥結社率作亂，伏誅。初，突利可汗之弟結社率入朝，爲中郎將，久不進秩。陰結故部落四十餘人作亂，夜襲御營，折衝孫武開等帥衆奮擊，久之，乃退，馳入御廐，盜馬北走，追獲，斬之。

五月，旱，詔五品以上言事。魏徵上疏，言：「陛下志業，比貞觀之初，漸不克終者凡十條。」其一以爲「頃年輕用民力，乃云：『百姓無事則驕佚，勞役則易使。』自古未有因百姓逸而敗，勞而安者。此恐非興邦之言也」。上深奬歎，報云：「已列諸屏障，朝夕瞻仰。」仍録付史官。

范氏曰：有國者不憂百姓之貧，而疑其財之有餘，取之不已；不恤百姓之勞，而疑其力之有餘，使之不已。此二者，亡之道也。人主曷不反諸己！己欲富而惡貧，欲逸而惡勞，則富而逸者，民之所欲也。與其所欲，去其所惡，而不王者，未之有也。

秋，七月，立李思摩爲突厥可汗。自結社率之反，言事者多云突厥留河南不便，上乃賜懷化郡王阿史那思摩姓李氏〔四一〕，立以爲乙彌泥孰俟利苾可汗〔四二〕，賜之鼓纛，使帥其種落還舊部。突厥咸憚薛延陀，不肯出塞。上賜薛延陀璽書，言：「前破突厥，止爲頡利一人爲百姓害，實不貪其土地，今使還其故國爾。薛延陀受册在前，突厥受册在後，當以先後爲大小。各守土疆，毋或踰分，其有故相抄掠，我則發兵往問其罪。」薛延陀奉詔。於是遣思摩帥所部建牙於河北，遣趙郡王孝恭等齎册書〔四三〕，築壇於河上而立之。上謂侍臣曰：「中國，根幹也；四夷，枝葉也。割根幹以奉枝葉，木安得滋榮！朕不用魏徵言，幾致狼狽。」

八月朔，日食。

冬，十一月，以楊師道爲中書令，劉洎爲黃門侍郎、參知政事。

十二月，以侯君集爲交河大總管，將兵擊高昌。初，高昌王麴文泰多遏絶西域朝貢，及拘留中國人，詔令入朝，又不至；與西突厥共擊破焉耆，焉耆訴之。上遣使問狀，文泰曰：「鷹飛于天，雉伏于蒿，猫遊于堂，鼠噍于穴，各得其所，豈不能自生邪！」上怒，欲發兵擊之，薛延陀可汗遣使請爲鄉導。上猶冀文泰悔過，復下璽書，示以禍福，徵之入朝。文泰竟稱疾不至。至是，乃遣君集及薛萬均將兵擊之。

太史令傅奕卒。傅奕精究術數之書，而終不之信，遇病，不呼醫餌藥。有僧自西域來，能呪人使立死，復呪即蘇。上試之，驗，以告奕，奕曰：「此邪術也。臣聞邪不干正，請使呪臣，必不能行。」上命僧呪奕，奕初無所覺，須臾，僧忽僵仆，遂不復蘇。又有婆羅門僧言得佛齒，所擊輒碎，長安士女輻湊如市。奕謂其子曰：「吾聞有金剛石者，性至堅，物莫能傷，唯羚羊角能破之，汝往試焉。」其子如言叩之，應手而碎，觀者乃止。奕年八十五卒。臨終，戒其子無得學佛書。又集魏、晉以來駁佛教者爲高識傳十卷，行於世。

西突厥咥利失可汗卒。子乙毗沙鉢羅葉護可汗立，號南庭。咄陸爲北庭。

庚子（六四〇）

十四年。

春，正月，幸魏王泰第。赦雍州、長安繫囚，免延康里今年租賦，賜泰府僚屬有差。

二月，詣國子監。上幸國子監，觀釋奠，命祭酒孔穎達講孝經，賜諸生帛有差。是時，上大徵天下名儒爲學官，數幸國子監，使之講論，學生能明一經已上皆得補官。增築學舍千二百間，增學生滿三千二百六十員，自屯營飛騎，亦給博士，使授以經，有能通經者，聽得貢舉。於是四方學者雲集京師，乃至高麗、百濟、新羅、高昌、吐蕃諸酋長亦遣子弟請入國學，升講筵者至八千餘人。上以師説多門，章句繁雜，命穎達與諸儒定五經疏，謂之正義，令學者習之。

范氏曰：古之教者，家有塾，黨有庠，遂有序，國有學。士修之於家，而後升於鄉；升於鄉，而後升於國；升於國，而後達於天子。其教之有素，養之有漸，升之有序，故其賢才不可勝用。後世鄉里之學廢，人君能教者，不過聚天下之士，而烏合於京師，眩曜於一時而已，非有教養之實也。唐之儒學，惟貞觀、開元爲盛，其所成就者，亦可覩矣！孟子曰：「學所以明人倫也。」故有國者以爲先。然爲學而不復三代之制，亦未知其可也。

三月，流鬼國入貢。流鬼去京師萬五千里，濱於北海。

夏，五月，侯君集滅高昌，以其地爲西州。高昌王文泰聞唐兵起，謂其國人曰：「唐去我七千里，而沙磧居二千里，地無水草，寒風如刀，熱風如燒，安能致大軍乎！」及聞唐兵臨磧口，憂懼發疾，卒。子智盛立。刻日將葬，諸將請襲之，侯君集曰：「天子以高昌無禮，故使吾討之。今襲人於墟墓之間，非問罪之師也。」於是鼓行而進，詰朝攻之，及午而克，智盛出降。君集分兵略地，下其二十二城，戶八千四十六。上欲以高昌爲州縣，魏徵諫曰：「文泰有罪，故王誅加之。今罪人已死，其子又服，宜撫其百姓，存其社稷，復立其子，則威德被於遐荒，四夷皆悅服矣。若以爲州縣，當復遣兵鎮守，勞費不貲，死亡相繼，而陛下終不得高昌撮粟尺帛，以佐中國，所謂散有用以事無用也。」上不從，以其地爲西州，置安西都護府。去年，計天下州府凡三百五十八，縣千五百一十一。至是，又平高昌。唐地東極于海，西至焉耆，南盡林邑，北抵大漠，皆爲州縣，凡東西九千五百一十里，南北一萬九百一十八里(四四)。

以劉仁軌爲櫟陽丞。初，陳倉折衝都尉魯寧坐事繫獄，自恃高班，慢罵陳倉尉劉仁軌，仁軌杖殺之。州司以聞。上怒，追至長安，將面詰而斬之。仁軌曰：「魯寧對臣百姓，辱臣如此，臣實忿而殺之。」

辭色自若。魏徵侍側，曰：「隋末，百姓强而陵官吏，多如魯寧之比，隋以是亡。」上乃擢仁軌爲櫟陽丞。上將幸同州校獵，仁軌上言：「大稔未穫，使農民供獵事，治道葺橋，動費一、二萬功。願少停旬日，則公私俱濟矣。」上賜璽書嘉納，遷新安令。

冬，十一月，詔李淳風考定戊寅曆。時戊寅曆以癸亥爲十一月朔，李淳風表稱：「古曆分日起於子半，今歲甲子朔冬至，而傅仁均減餘稍多，子初爲朔，遂差三刻，用乖天正，請更加考定。」從之。

更定服制。禮官奏請加高祖父母服齊衰五月，嫡子婦服期，嫂、叔、弟妻、夫兄、舅皆服小功。從之。

范氏曰：人莫不有本，自高祖以上，推而至於無窮。苟或知之，何可忘其所從來也！然既遠矣，則服有時而絶。而先王之意，非以服盡而親絶也。後世不達於禮者，或益之，或損之，皆出於私意，不足法也。嫂、叔之無服，古之人豈獨於此無恩乎？傳曰：「其夫屬乎父道者。妻皆母道也。」嫂不可以爲母，則無屬；而又不可以屬乎妻道也，故遠之，以明人倫也。凡喪服從先主之禮，則正矣。

以太常卿韋挺爲封禪使。百官復請封禪，詔許之也。

貶司門員外郎韋元方爲華陰令。司門員外郎韋元方給給使過所稽緩，給使奏之。上怒，出元方爲令，魏徵諫曰：「宦者輕爲言語，易生患害，獨行遠使，深非事宜，漸不可長。」上納其言。

十二月，下侯君集等獄，既而釋之。君集之破高昌也，私其珍寶。將士競爲盜竊，君集不能禁，爲有司所劾。詔下君集等獄，岑文本上疏曰：「命將出師，主於克敵，苟能克敵，雖貪可賞；若其敗績，雖廉可誅。是以黄石公曰：『使智，使勇，使貪，使愚，故智者樂立其功，勇者好行其志，貪者急趨其利，愚者不計其死。』今君集等雖自挂綱羅，願録其微勞而宥之，則雖屈法而德彌顯矣。」上乃釋之。又有告薛萬均私高昌婦女者，付大理對辨。魏徵諫曰：「臣聞『君使臣以禮，臣事君以忠』。今遣大將軍與亡國婦女對辨，實則所得者輕，虚則所失者重。」上遽釋之。高昌之平也，諸將皆即受賞，行軍總管阿史那社爾以無敕旨，獨不受，及別敕既下，乃受之，所取唯老弱故弊而已。

以張玄素爲銀青光禄大夫。上聞玄素在東宫數諫争，擢銀青光禄大夫，行左庶子。玄素嘗爲刑部令史，上嘗對朝臣問之，玄素深以爲耻。諫議大夫褚遂良上疏，以爲「君能禮其臣，乃能盡其力。玄素雖出寒微，陛下重其才，擢至三品，翼贊皇儲，豈可復對羣臣窮其門户乎」！孫伏伽亦嘗爲令史，及貴，或於廣坐自陳往事，一無所隱。

詔諸州有犯十惡罪者，勿劾刺史。戴州刺史賈崇以所部有犯十惡者，御史劾之。上曰：「昔唐、虞大聖，貴爲天子，不能化其子；況崇爲刺史，獨能使其民比屋爲善乎！若坐是貶黜，則州縣互相掩蔽，縱捨罪人矣。自今勿劾，但令明加糾察，如法施罪。」

校勘記

〔一〕惟太僕卿張道源是奕言　「惟」原作「進」，據殿本、通鑑卷一九一唐高祖武德九年四月條改。

〔二〕向使高祖有文王之明　「向」原作「即」，據殿本改。「向」，月崖書堂本、成化本作「嚮」，通鑑卷一九一唐高祖武德九年六月條作「嚮」。

〔三〕管蔡啓商以叛周　「叛」原作「判」，據殿本改。

〔四〕又取三品已上子孫充弘文館學士　「士」，殿本作「生」。

〔五〕魏徵當因此力陳堯舜所以爲堯舜者　「徵」原作「證」，據殿本改。

〔六〕元帝爲周師所圍　「周」，殿本作「魏」。按梁元帝於圍城中講老子事見通鑑卷一六五梁承聖三年條，圍城者爲西魏軍，故此作「周」字似誤。

〔七〕後詔復息隱王爲隱太子海陵剌王號巢剌王　此十八字原爲大字，據月崖書堂本、成化本、殿本改爲小字注文。

〔八〕會與陳叔達忿爭於上前　「上」字原脱，據殿本、通鑑卷一九二唐高祖武德九年十月庚辰日條補。

〔九〕卿能執法　「能」原作「欲」，據殿本、通鑑卷一九二唐太宗貞觀元年正月條改。

〔一〇〕又安有黔南之禍哉　「南」，月崖書堂本、成化本作「川」，殿本、新唐書卷一〇五長孫無忌傳作「州」。

〔一一〕結　「結」，殿本作「奚結」。

〔一二〕可謂能任相以其職矣　「可謂」原脱，據月崖書堂本、成化本、殿本補。

〔一三〕公平識治體　「體」字原脱，據月崖書堂本、成化本、殿本補。

〔一四〕以李靖爲定襄道行軍總管　「定襄」原作「通漢」，據殿本、通鑑卷一九三唐太宗貞觀三年十一月庚申日條、舊新書卷二太宗紀上、卷六七李靖傳改。

〔一五〕蠻酋謝元深等來朝　「深」原作「悰」，據殿本、通鑑卷一九三唐太宗貞觀三年閏十二月丁未日條、新唐書卷二二二下南蠻傳改。

〔一六〕林邑獻火珠　「火」原作「大」，據殿本、通鑑卷一九三唐太宗貞觀四年五月條改。

〔一七〕置西伊州　「西伊」原作「伊西」，據殿本、通鑑卷一九三唐太宗貞觀四年九月戊辰日條改。

〔一八〕詔諸州剗削京觀　「剗削」原脱，據殿本、通鑑卷一九三唐太宗貞觀五年二月甲辰日條補。綱目考異云：「提要無『剗削』二字。」

〔一九〕大理丞張元濟尋其狀　「張」字原脱，據殿本、通鑑卷一九三唐太宗貞觀五年十二月條補。

〔二〇〕古者天子巡守　「守」，殿本作「狩」。

〔二一〕請登泰山　「登」，殿本作「祭」。

〔二二〕誤矣　「誤」原作「悟」，據月崖書堂本、成化本、殿本改。

〔二三〕冬　「冬」字原脱，據殿本、通鑑卷一九四唐太宗貞觀六年十一月庚寅日條補。

〔二四〕山東河南四十餘州水　「河南」原脱，據殿本、通鑑卷一九四唐太宗貞觀七年九月條、舊唐書卷三太宗紀下補。

〔二五〕西突厥咄陸可汗卒　「咄」原作「吐」，據殿本、通鑑卷一九四唐太宗貞觀八年十二月條改。

〔二六〕李靖伐吐谷渾　「吐」原作「咄」，據殿本、通鑑卷一九四唐太宗貞觀九年五月條改。

〔二七〕特命於其府別置文學館　「特」原作「時」，據殿本、通鑑卷一九四唐太宗貞觀十年二月乙丑日條改。

〔二八〕譏漢明德馬后不能抑退親戚之權　「退」原作「檢」，據殿本、通鑑卷一九四唐太宗貞觀十年六月己卯日條改。

〔二九〕秋　「秋」字原脱，據殿本補。

〔三〇〕丁酉　「丁」原作「乙」，據殿本改。

〔三一〕則此風立變矣　「此」原作「化」，據殿本、通鑑卷一九四唐太宗貞觀十一年正月條改。

〔三二〕夏五月虞公温彦博卒　按通鑑卷一九五唐太宗貞觀十一年六月條、舊唐書卷三太宗紀下、新唐書卷二太宗紀載，温卒於是年六月，疑綱目記載誤。

〔三三〕詔水所毁宫至極言朕過　此三十七字，據通鑑卷一九五唐太宗貞觀十一年七月條知，「水所毁宫少加修繕纔令可居」、「令百官上封事極言朕過」二十二字爲七月乙未日詔書之文，「廢明德宫玄圃院以其材給遭水者」十四字爲七月壬寅日詔書之文。綱目雜糅二詔之文爲一，疑誤。

〔三四〕頗損居人　「頗」原作「破」，據殿本、通鑑卷一九五唐太宗貞觀十一年十月丁丑日條改。

〔三五〕爲臣者　「者」字原脱，據月崖書堂本、成化本、殿本補。

〔三六〕咥利失失衆心　「咥利失」之「失」原脱，據殿本、通鑑卷一九五唐太宗貞觀十二年十二月條補。

〔三七〕其没官口賤人不得補用　「没」字原脱，據殿本、通鑑卷一九五唐太宗貞觀十三年二月戊戌日條補。

〔三八〕是則向所謂愛之者　「愛」原作「憂」，據殿本、通鑑卷一九五唐太宗貞觀十三年二月條改。

〔三九〕宗元之言曰　「宗」原作「安」，據殿本改。

〔四〇〕奢泰恣肆之失　「泰」原作「秦」，據成化本、殿本改。

〔四一〕上乃賜懷化郡王阿史那思摩姓李氏　「化」原作「北」，據殿本、通鑑卷一九五唐太宗貞觀十三年七月庚戌日條改。

〔四二〕立以爲乙彌泥孰俟利苾可汗　「乙彌」原脱，據月崖書堂本、通鑑卷一九五唐太宗貞觀十三年七月庚戌日條補。

〔四三〕遣趙郡王孝恭等齎册書　「郡」原作「部」，據殿本、通鑑卷一九五唐太宗貞觀十三年六月條改。

〔四四〕南北一萬九百一十八里　「百」原作「伯」，據殿本改。

資治通鑑綱目卷四十

起辛丑唐太宗貞觀十五年，盡辛酉唐高宗龍朔元年，凡二十一年。

辛丑（六四一）

十五年。

春，正月，以文成公主嫁吐蕃。吐蕃復遣其相禄東贊來請昏。上嘉其善應對，欲以琅邪公主外孫段氏妻之，辭曰：「臣國中有婦，父母所聘，不可棄也。且贊普未得謁公主，陪臣何敢先娶？」上益賢之，然欲撫以恩厚，竟不從其志。命江夏王道宗持節送文成公主于吐蕃。贊普大喜，慕中國衣服、儀衛之美，爲公主别築城郭宫室而處之。其國人皆以赭塗面，公主惡之，贊普禁之。亦漸革其猜暴之性，遣子弟入國學，受詩、書。

胡氏曰：禄東贊雖夷狄，然知敬父母之命，守伉儷之情，則當聽其義，成其美，乃中國禮義之教矣。欲撫以厚恩者，獨無它道乎！

如洛陽宫。

夏，四月，詔以來年二月有事於泰山。

命太常博士吕才刊定陰陽雜書。上以近世陰陽雜書訛僞尤多，命太常博士吕才刊定上之。才皆爲之叙，質以經史。其序宅經曰：「近世巫覡妄分五姓，如張、王爲商，武、庚爲羽，似取諧韻；至於以柳爲宫，以趙爲角，又復不類。或同出一姓，分屬宫商；或複姓數字，莫辨徵羽。此則事不稽古，義理乖僻者也。」叙禄命曰：「禄命之書，多言或中，人乃信之。然長平坑卒，未聞共犯三刑；南陽貴士，何必俱當六合！今亦有同年同禄而貴賤懸殊，共命共胎而夭壽更異。此皆禄命不驗之著明者也。」其叙葬曰：「古者卜葬，蓋以朝市遷變，泉石交侵，不可前知，故謀之龜筮。近代或選年月，或相墓田，以爲窮達壽夭，皆因卜葬所致。按禮：天子、諸侯、大夫葬，皆有月數，是古人不擇年月也。春秋：『九月丁巳，葬定公，雨，不克葬，戊午，日下昃，乃克葬。』是不擇日也。鄭葬簡公，司墓之室當路，毁之，則朝而窆；不毁，則日中而窆，子産不毁，是不擇時也。古之葬者，皆於國都之北，兆域有常處，是不擇地也。今以妖巫妄言，遂於擗踊之際，擇地選時以希富貴。或云辰日不可哭泣，遂莞爾而對弔客；或云同屬忌於臨壙，遂吉服不送其親。傷教敗禮，莫斯爲甚！」識者以爲確論。

五月，有星孛于太微，詔罷封禪。從褚遂良之請也。

起復于志寧爲太子詹事。詹事于志寧遭母喪，起復舊職。太子治宫室，妨農功；好鄭、衛之樂；寵昵宦官；役使司馭，不許分番；私引突厥入宫。志寧上書切諫，太子大怒，遣刺客張師政、紇干承基殺之。二人入其第，見志寧寢處苫塊，竟不忍殺。

胡氏曰：太子之於詹事，學爲父子焉，學爲君臣焉。太宗使志寧輔導太子，而奪其喪，豈其未之思歟？然志寧不能力辭，乃以無事之時，從金革之例，冒哀居官，則何以訓太子矣？宜太子之不納其諫也。然太子之欲殺志寧，則是刺客之不如矣，其不能終，宜哉！

西突厥咄陸可汗殺沙鉢羅可汗。

遣職方郎中陳大德使高麗。大德初入其境，欲知山川風俗，所至城邑，以綾綺遺其守者，遂得遊歷。見中國人，隋末從軍没於高麗者，因問親戚存没，大德曰：「皆無恙。」咸涕泣相告。數日後，隋人望之而哭者，徧於郊野。大德歸，言於上，上曰：「高麗本四郡地耳，吾發卒數萬，取之不難。但山東州縣彫瘵未復，吾不欲勞之耳！」

范氏曰：大德出使絶域，當布宣德澤，以懷遠人，使聲教所及，無思不服；而以賂遺詭詐，爲諜於外國，失使之職，豈不辱乎！

冬，十一月，以李世勣爲兵部尚書。并州長史世勣在州十六年，令行禁止，民夷懷服。上曰：「隋煬帝勞百姓，築長城以備突厥，卒無所益。朕唯置李世勣於晉陽，而邊塵不驚，其爲長城，豈不壯哉！」因有是命。

薛延陀攻突厥，遣李世勣等將兵討破之。薛延陀真珠可汗聞上將東封，曰：「天子封泰山，邊境必虚，我以此時取思摩，如拉朽耳。」乃命其子大度設發諸部兵合二十萬，擊突厥。思摩不能禦，帥部落入長城，保朔州，遣使告急。詔遣世勣等分道擊之。諸將辭行，上戒之曰：「薛延陀負其强盛，踰漠而南，行數千里，馬已疲瘦，見利不能速進，不利不能速退。吾已敕思摩燒薙秋草，彼糧糗日盡，野無所獲。卿等俟其將退，與思摩一時奮擊，破之必矣！」十二月，世勣敗薛延陀於諾真水，斬首三千餘級，捕虜五萬餘人。大度設脱身走，值大雪，人畜凍死者什八、九。世勣還軍定襄。

壬寅（六四二）

十六年。

春，正月，魏王泰上括地志。泰好學，司馬蘇勗説泰以古之賢王皆招士著書，故泰奏請修括地志。於是大開館舍，門庭如市，至是上之。泰月給踰於太子，褚遂良上疏曰：「聖人制禮，庶子雖愛，不得踰嫡，所以塞嫌疑之漸，除禍亂之源也。若當親者疏，當尊者卑，則佞巧之姦，乘機而動矣。今魏王新出閤，宜示以禮。」上從之。上又令泰徙居武德殿，魏徵曰：「此殿海陵昔嘗居之，陛下愛魏王，常欲使之安全，宜每抑其驕奢，不可處之嫌疑之地。」上遂遣泰歸第。

徙死罪者實西州。

括浮民附籍。

以岑文本專知機密。

夏，六月，詔太子用庫物，有司勿爲限制。詔太子用庫物，有司勿爲限制。於是太子發取無度，左庶子張玄素上太子書曰：「恩旨未踰六旬，用物已過七萬，驕奢之極，孰云過此！苦藥利病，苦言利行，伏惟居安思危，日慎一日。」太子惡之，令户奴陰伺擊之，幾斃。

胡氏曰：周官内府膳夫、酒正有「王及后、世子不會」之文，以愚度之，非武王、周公之法也。夫日用之切身者，莫大乎膳服；而易以溺人者，莫若酒。今以尊貴之故，惟意所取，不限多少，則珠襦玉食，長夜之飲，由此起矣，豈聖人節以制度，自家刑國之道哉！或者以爲冢宰之職，量入爲出，得以九式佐王均節財用，是以雖曰「不會」，而會在其中，特不使有司以法沮止，若自下而制上者耳。是或一説也。太宗之詔，蓋不考於此而失之。諸賢在朝，亦不聞以爲不可，何哉？

秋，七月，以長孫無忌爲司徒，房玄齡爲司空。

九月，以魏徵爲太子太師。初，魏徵有疾，上手詔問之，且言：「不見數日，朕過多矣。若有聞見，可封狀進來。」徵上言：「比者弟子陵師，奴婢忽主，下多輕上，漸不可長。」又言：「陛下臨朝，嘗以至公爲言，退而行之，未免私僻。或畏人知，横加威怒，欲蓋彌彰，竟有何益！」徵宅無堂，上命輟小殿之材以構之，五日而成，仍賜以素屏、褥、几、杖等，以遂其所尚。徵上表謝，上手詔曰：「處卿至此，蓋爲黎元與國家，何事過謝？」會上問侍臣以國家急務，褚遂良曰：「太子、諸王宜有定分，此爲最急。」時太子承乾失德，魏王泰有寵，羣臣日有疑議，故遂良對及之。上乃曰：「方今羣臣，忠直無踰魏徵，我遣傅太子，用絶天下之疑。」乃以徵爲太子太師。徵以疾辭，上曰：「知公疾病，可卧護之。」徵乃受詔。

范氏曰：太子、魏王方爭，羣臣有黨，太宗使徵爲太子師，以重太子也。不聞告其君以嫡庶之别，訓太子以禍敗之戒；處父子、兄弟危疑之際，依違而已，豈其疾之耄乎？卒之身没而見疑，讒人得以間之，惜哉！

上嘗謂侍臣曰：「朕雖平定天下，其守之甚難。」徵對曰：「臣聞『戰勝易，守勝難』。陛下之及此言，宗廟社稷之福也。」

上嘗問徵：「比來朝臣殊不論事，何也？」對曰：「陛下虛心采納，必有言者。凡臣徇國者寡，愛身者多，彼畏罪，故不言耳。」

房玄齡、高士廉遇少府少監竇德素於路，問：「北門近何營繕？」德素奏之。上怒，讓玄齡等曰：「君但知南牙政事，北門小營繕，何預君事！」玄齡等拜謝。魏徵進曰：「玄齡等爲陛下股肱耳目，於中外事豈有不應知者！使所營是，則當助成之；非，則當請罷之。不知何罪而責，亦何罪而謝也！」上甚愧之。

上嘗問侍臣曰：「或君亂而臣治，或君治而臣亂，孰愈？」魏徵對曰：「君治，則善惡明，賞罰當，臣安得而亂之；苟爲不治，縱暴愎諫，雖有良臣，將安所施！」上曰：「齊文宣得楊遵彥，非君亂而臣治乎？」對曰：「彼纔能救亡耳，烏足爲治哉！」

西突厥寇伊州，安西都護郭孝恪擊敗之。西突厥咄陸可汗既并沙鉢羅之衆，自恃强大，遣兵寇伊州，郭孝恪擊敗之。初，高昌既平，歲發兵千餘人戍守其地，褚遂良上疏曰：「陛下取高昌，調人屯戍，破產辦裝，死亡者衆。設使張掖、酒泉有烽燧之警，陛下豈得高昌一夫、斗粟之用，終當發隴右諸州兵食以赴之耳。然則河西者，中國之心腹；高昌者，它人之手足，奈何糜弊本根以事無用之土乎！願擇高昌子弟，使君其國，永爲藩輔，内安外寧，不亦善乎！」上弗聽。及是，上悔之，曰：「魏徵、褚遂良勸我復立高昌，吾不用其言，今方自咎耳。」

范氏曰：有國者，喪師之禍小而或以霸，得地之禍大而或以亡。是故先王患德之不足，而不患地之不廣；患民之不安，而不患兵之不强。封域之外，聲教所不及者，不以煩中國也。太宗不從忠諫，卒自咎悔；況不若太宗之强盛而可爲乎！

西突厥咄陸可汗爲其下所逐，遣使立射匱可汗。西突厥咄陸可汗擊破米國，不分虜獲與其下，又斬其將泥熟啜。泥熟啜部將胡屋禄襲擊之，咄陸走保白水胡城。所部詣闕請廢之，更立可汗。上遣使立莫賀咄之子爲乙毗射匱可汗。帥諸部擊咄陸，咄陸敗之。使人招其故部落，皆曰：「使我千人戰死，一人獨存，亦不汝從！」咄陸自知不爲衆所附，乃奔吐火羅。

冬，十月，鄖公宇文士及卒。上嘗止樹下，愛之，士及從而譽之不已，上正色曰：「魏徵嘗勸我遠佞人，我不知佞人爲誰，意疑是汝，今果不謬！」士及叩頭謝。至是，卒，謚曰縱。

范氏曰：大禹曰：「何畏乎巧言令色孔壬。」孔子曰：「佞人殆。」夫佞人者，止於諛説順從而已，而近之必至於殆，何也？彼佞人者，不知義之所在，而惟利之從故也。利在君父，則從君父；利在權臣，則附權臣；利在敵國，則交敵國；利在戎狄，則親戎狄。忠臣則不然，從義而不從君，從道而不從父，使君不陷於非義，父不入於非道，故雖有所不從，將以處君父於安也。君有不義，不從也，而況於權臣乎？父有不義，不從也，而況於它人乎？古人佞者，其始未必有悖逆之心，及其患失，則無所不至，故終至於弑君而亡國。是故堯、舜畏之，而孔子以爲殆，人君可不遠之乎？

許以新興公主嫁薛延陀。上謂侍臣曰：「薛延陀屈强漠北，今御之有二策，苟非發兵殄滅之，則與之婚姻以撫之耳。」房玄齡對曰：「兵凶戰危，臣以爲和親便。」先是，契苾何力歸省其母於涼州，會契苾部落皆欲歸薛延陀，何力不可，部落執之以降。何力拔佩刀東向大呼曰：「豈有大唐烈士而受屈虜廷！」因割左耳以自誓[一]。上聞契苾叛，曰：「何力心如鐵石，必不叛我！」會有使者自薛延陀來，具言其狀，上即命兵部侍郎崔敦禮持節使薛延陀，許以新興公主妻之，以求何力，何力由是得還。

十一月，高麗泉蓋蘇文弒其王建武。高麗東部大人泉蓋蘇文凶暴多不法，其王及大臣議誅之。蓋蘇文知之，勒兵盡殺諸大臣，因馳入宮，手弒其王，立王弟子藏爲王；自爲莫離支，其官如中國吏兵尚書也。蓋蘇文狀貌雄偉，意氣豪逸，身佩五刀，左右莫敢仰視。亳州刺史裴思莊奏請伐高麗[二]，上曰：「高麗職貢不絕，爲賊臣所弒，朕甚哀之。但山東彫弊，吾未忍言用兵耳。」

廣州都督党弘仁有罪，徙欽州。高祖之入關也，党弘仁將兵有功，其後歷官，所至有聲迹。至是，爲廣州都督，坐贓當死，上欲宥之，召五品已上謂曰：「法者，人君所受於天，不可以私。今朕私党弘仁而欲赦之，是自亂其法，上負於天，欲席藁於南郊三日，日一進蔬食以謝罪。」羣臣以爲自貶太過，頓首固請，上乃降手詔曰：「朕有三罪：知人不明，一也；以私亂法，二也；善善未賞，惡惡未誅，三也。」於是黜弘仁爲庶人，徙欽州。

十二月，獵于驪山。上獵于驪山，登山，見圍有斷處，顧謂左右曰：「吾見其不整而不刑，則墮軍法；刑之，則是吾登高臨下以求人之過也。」乃託以道險，引轡入谷以避之。

詔議反逆緣坐律。刑部以「反逆緣坐律，兄弟没官爲輕，請改從死。」敕八座議之，議者皆以爲「秦、漢之法，反者族夷，宜如刑部之請」。給事中崔仁師駁曰：「古者父子兄弟罪不相及，奈何以亡秦酷法變隆周中典！」上從之。

十七年。

癸卯（六四三）

春，正月，鄭公魏徵卒。魏徵寢疾，上與太子同至其第，指衡山公主，欲以妻其子叔玉。徵卒，命百官赴喪，給羽葆鼓吹，陪葬昭陵。其妻裴氏曰：「徵平生儉素，今葬以羽儀，非其志也。」悉辭不受，以布車載柩而葬。上登苑西樓，望哭盡哀。自製碑文，并爲書石。謂侍臣曰：「人以銅爲鏡，可以正衣冠；以古爲鏡，可以見興替；以人爲鏡，可以知得失。魏徵没，朕亡一鏡矣！」

以張亮爲洛州都督。侯君集自以有功而下吏，怨望有異志。會亮出爲洛州，君集謂曰：「我平一國來，逢嗔如屋大，鬱鬱殊不聊生！公能反乎？與公反！」亮密以聞。上曰：「卿與君集皆功臣，語時旁無他人，若下吏，君集必不服。卿且勿言。」待君集如故。

圖功臣於凌煙閣。上命圖畫功臣長孫無忌、趙郡王孝恭、杜如晦、魏徵、房玄齡、高士廉、尉遲敬德、李靖、蕭瑀、段志玄、劉弘基、屈突通、殷開山、柴紹、長孫順德、張亮、侯君集、張公謹、程知節、虞世南、劉政會、唐儉、李世勣、秦叔寶等於凌煙閣。

齊州都督齊王祐反，伏誅。祐性輕躁，昵近羣小，好畋獵，長史權萬紀驟諫，不聽。恐并獲罪，乃條祐過失，迫令表首，上以敕書戒之。祐大怒曰：「長史賣我以爲功，必殺之！」萬紀拘持祐益急，不聽出城門，悉解縱鷹犬，劾其左右數十人。上遣使按之，詔祐入朝。祐殺萬紀，驅民入城，繕甲兵樓堞。詔發兵討之。賜手敕曰：「吾常戒汝勿近小人，正爲此耳。」兵未至，齊府兵曹杜行敏等執祐送京師，賜死。上檢祐家文疏，得記室孫處約諫書，嗟賞之，累遷中書舍人。

夏，四月，太子承乾謀反，廢爲庶人；立晉王治爲皇太子，貶魏王泰爲東萊郡王。

太子承乾少有躄疾，喜聲色畋獵，所爲奢靡，畏上知之，對宮臣常論忠孝，或至涕泣，退歸宮中，則與羣小相褻狎。宮臣有欲諫者，太子揣知其意，輒迎拜自責。募亡奴盜民間馬牛，親臨烹煮，與所幸廝役共食之。又好效突厥語及服飾、飲食，謂左右曰：「一朝有天下，當帥數萬騎獵於金城西，然後解髮、委身思摩，若當一設，不居人後矣。」漢王元昌所爲多不法，上數譴責之，由是怨望。太子與之親善，朝夕同遊戲，大呼交戰，擊刺流血，以爲娛樂。嘗曰：「我爲天子，極情縱欲，有諫者，輒殺之，不過殺數百人，衆自定矣！」私幸太常樂童，與同卧起。上怒，殺之。太子於宮中構室立像，朝夕奠祭，稱疾不朝謁者數月。魏王泰多能，有寵，潛有奪嫡之志，折節下士，以求聲譽。上命韋挺、杜楚客攝泰府事，二人俱爲泰要結朋黨。太子畏其逼，陰養刺客紇干承基等，謀殺之。吏部尚書侯君集怨望，以太子暗劣，欲乘釁圖之，因勸之反，太子大然之。厚賂中郎將李安儼，使爲中詗。洋州刺史趙節、駙馬都尉杜荷皆預其謀，割臂爲誓。荷謂之曰：「天文有變，當速發，但稱暴疾危篤，主上必親臨視，因茲可以得志。」會齊王祐反，事連承基，繫獄當死，上變告太子謀反。敕大理、中書、門下參鞫之，反形已具。上面責承乾，承乾曰：「臣爲太子，復何所求？但爲泰所圖，時與朝臣謀自安之術，不逞之人遂教臣爲不軌耳。今若泰爲太子，所謂落其度内也。」上乃謂侍臣曰：「將何以處承乾？」羣臣莫敢對，通事舍人來濟進曰：「陛下不失爲慈父，太子得盡天年，則善矣！」上從之。詔廢承乾爲庶人，幽之；元昌賜自盡，君集、安儼、節、荷等皆伏誅；庶子張玄素等以不諫諍，免爲庶人。獨于志寧以數諫見褒。君集被收，上謂侍臣曰：「君集有功，欲乞其生，可乎？」羣臣不可。上乃泣謂之曰：「與公長訣矣！」遂斬之，而原其妻子。上嘗使李靖教君集兵法，君集言於上曰：「靖將反矣！」上問其故，對曰：「靖獨教臣以其粗，而匿其精，以是知之。」上以問靖，對曰：「此乃君集欲反耳。今諸夏已定，臣之所教，足以制四夷，而君集固求盡臣之術，非反而何？」江夏王道宗嘗從容言於上曰：「君集自負微功，耻在房、李之下，以臣觀之，必將爲亂。」上不之信。至是，上乃謝道宗曰：「果如卿言。」承乾既獲罪，魏王泰日入侍奉，上面許立爲太子，岑文本、劉洎亦勸之。長孫無忌固請立晉王治。上謂侍臣曰：「昨青雀投我懷云：『臣今日始得爲陛下子。臣有一子，臣死之日，當爲陛下殺之，傳位晉王。』朕甚憐之。」諫議大夫褚遂良曰：「陛下失言。此國家大事，存亡所繫，願熟思之。且陛下萬歲後，魏王據天下之重，肯殺其愛子以授晉王哉！陛下前者以嫡庶之分不明，致此紛紜。今必立魏王，願先措置晉王，始得安全耳。」上流涕曰：「吾不能也。」因起入宫。魏王泰恐上立晉王，謂之曰：「汝與元昌善，得無憂乎？」治憂形於色。上怪，屢問其故，治以狀告。上憮然，始悔立泰之言矣。上獨留長孫無忌、房玄齡、李世勣、褚遂良，謂曰：「我三子一弟，所爲如是，我心誠無聊賴！」因自投于牀，抽佩刀欲自刺，遂良奪刀以授晉王。無忌等請上所欲，上曰：「我欲立晉王。」無忌曰：「謹奉詔。」上乃使治拜無忌曰：「汝舅許汝矣。」即御太極殿，召羣臣謂曰：「承乾悖逆，泰亦凶險，諸子誰可立者？」衆皆讙呼曰：「晉王仁孝，當爲嗣。」上悦。詔立晉王治爲皇太子，時年十六。上謂侍臣曰：「我若立泰，則是太子之位可經營而得。自今太子失道，藩王窺伺者，皆兩棄之，傳諸子孫，永爲後法。且泰立，則承乾與治皆不全；治立，則承乾與泰皆無恙矣。」乃降泰爵東萊郡王，幽之北苑；府僚親狎者，皆遷嶺表。

司馬公曰：唐太宗不以天下大器私其所愛，以杜亂禍之原，可謂能遠謀矣！

以太子太保蕭瑀、詹事李世勣同中書門下三品。詔以長孫無忌爲太子太師，房玄齡爲太傅，蕭瑀爲太保，李世勣爲詹事，瑀、世勣並同中書門下三品。同三品自此始。又以李大亮、于志寧、馬周、蘇勗、高季輔、張行成、褚遂良皆爲寮屬。世勣嘗得暴疾，方云「鬚灰可療」，上自翦鬚，爲之和藥。又嘗從容謂曰：「朕求羣臣可託幼孤者，無以踰公，公往不負李密，豈負朕哉！」世勣流涕辭謝，齧指出血。

定太子見三師儀：迎於殿門外，先拜，三師答拜；每門讓於三師。三師坐，太子乃坐。其與書，前後稱名、「惶恐」。

黄門侍郎劉洎言：「太子宜勤學問，親師友。今入侍宫闈，動踰旬朔，師保以下，接對甚希。」上乃命洎與岑文本、褚遂良、馬周更詣東宫，與太子遊。

上自立太子，遇物則誨之，見其飯，則曰：「汝知稼穡之艱難，則常有斯飯矣。」見其乘馬，則曰：「汝知其勞而不竭其力，則常得乘之矣。」見其乘舟，則曰：「水所以載舟，亦所以覆舟。民猶水也，君猶舟也。」見其息於木下，則曰：「木從繩則正，后從諫則聖。」

上疑太子柔弱，密謂長孫無忌曰：「雉奴懦〔三〕，恐不能守社稷。吴王恪英果類我，我欲立之，何如？」無忌力争以爲不可，上曰：「公以恪非己之甥耶？」無忌曰：「太子仁厚，真守文良主。儲副至重，豈可數易！」上乃止。謂恪曰：「父子雖至親，及其有罪，則法不可私。漢立昭帝，燕王不服，霍光折簡誅之。此不可以不戒！」

上謂羣臣曰：「吾如治年時，頗不能循常度。治自幼寬厚，諺曰：『生狼，猶恐如羊。』冀其稍壯，自不同耳。」無忌對曰：「陛下神武，乃撥亂之才。太子仁恕，實守文之德也。」

胡氏曰：太宗深知太子懦弱，謂無忌黨其甥是也；無忌言儲副不可數易，亦是也。然太宗胡不於廢承乾時，孰察諸子而慎選之？乃聽無忌而舍吴王，至是則不可易矣。故曰：「君子慎始。」始之不圖，終悔何及？

又曰：凡爲人謀，猶不可不忠，況爲君父謀乎？爲君父謀，雖薄物細故，猶不可不得其當，況建太子乎？無忌以懿戚居輔相，所宜援立英果，以靖國家，乃私於其甥，擁護晉王。其意以爲晉王既立，則可以長保富貴也。爲國則輕，爲身則重，其不忠莫甚焉！然曾不幾何，困於誣罔，竟被誅絶，不能自明。於是向之所以自營者，適所以自伐。亦可以爲大臣謀國、置嗣不忠之戒矣！

六月朔，日食。

遣太常丞鄧素使高麗。素還，請於懷遠戍增兵以逼高麗，上曰：「『遠人不服，則修文德以來之。』未聞一、二百戍兵能威絶域者也〔四〕。」

范氏曰：太宗之言豈不美哉！然非能行之，直以辯折其臣下而已。其始不欲增戍，而卒親征之，不爲其小而爲其大，豈大者足以勝德乎？書曰：「非知之艱，行之惟艱。」太宗之謂矣！

高士廉罷，仍同三品。

詔太子知左、右屯營兵馬事。

胡氏曰：太子奉冢嗣之粢盛，朝夕視君膳者也。君行則守，有守則從，從曰撫軍，守曰監國，古之制也。東宫有兵，馴致禍亂，承乾謀逆，其事未遠，又使太子知兵馬事，太宗其未之思歟？

薛延陀來納幣，詔絶其昏。

薛延陀真珠可汗使其姪突利設來納幣，獻羊馬。契苾何力上言：「薛延陀不可與昏。」上曰：「吾許之矣，可食言乎？」何力對曰：「願且遷延。敕夷男使親迎，彼必不敢來，則絶之有名矣。」上從之，乃詔幸靈州，召真珠可汗會禮。真珠欲行，其臣曰：「不可，往必不返。」真珠曰：「天子聖明，遠近朝服，今親幸靈州，以愛主妻我。我得見天子，死不恨矣！薛延陀何患無君！」又多以羊馬爲聘，經砂磧，耗死過半。乃責以聘禮不備，絶之。褚遂良上疏曰：「往者夷、夏咸言陛下欲安百姓，不愛一女，莫不懷德。今一朝忽有改悔之心，得少失多，臣竊爲國家惜之。嫌隙既生，必構邊患。彼國蓄見欺之怒，此民懷負約之慚，恐非所以服遠人、訓戎士也。夫龍沙以北，部落無算，中國誅之，終不能盡，當懷之以德，使爲惡者在夷不在華，失信者在彼不在此耳。」上不聽。薛延陀先無府庫，至是厚斂諸部，以充聘財。諸部怨叛，薛延陀由是遂衰。

司馬公曰：唐太宗審知薛延陀不可妻，則初勿許其昏可也；既許之矣，乃復恃强棄信而絶之，雖滅薛延陀，猶可羞也。王者發言出令，可不慎哉！

遣使册高麗王藏爲遼東郡王。上曰：「蓋蘇文弑其君而專國政，誠不可忍，以今日兵力，取之不難，但不欲勞百姓，吾欲且使契丹、靺鞨擾之何如？」長孫無忌曰：「蓋蘇文自知罪大，畏討，必嚴設守備，陛下姑爲之隱忍。彼得以自安，必更驕惰，討之未晚也。」上曰：「善。」於是遣使持節，册命高藏爲遼東郡王。

秋，七月，貶杜正倫爲交州都督。初，太子承乾失德，上密謂庶子杜正倫曰：「吾兒果不可教，當來告我。」正倫屢諫不聽，乃以上語告之。承乾表聞，上責正倫，正倫對曰：「臣以此恐之，冀其遷善耳。」上怒。及承乾敗，貶正倫督交州。

踣魏徵碑。初，魏徵嘗薦杜正倫、侯君集有宰相材。至是，正倫以罪黜，君集謀反誅，上始疑徵阿黨。又有言徵自録前後諫辭以示起居郎褚遂良者，上愈不悦，乃罷叔玉尚主，而踣所撰碑。

房玄齡等上高祖、今上實録。上嘗謂褚遂良曰：「卿知起居注，所書可得觀乎？」對曰：「史官書人君言動，備記善惡，庶幾人君不敢爲非。未聞自取而觀之也。」上曰：「朕有不善，卿亦記之邪？」對曰：「臣職當載筆，不敢不記。」黄門侍郎劉洎曰：「借使遂良不記，天下亦皆記之矣！」

范氏曰：人君言行，被於天下，其得失何可私也？欲其可傳於後世，莫若自修而已，何畏乎史官之記邪？劉洎之言，足以儆君心而全臣職矣。

楊氏曰：劉洎之言善矣！然特可以動夫好名之君耳，理則有所未盡也。夫言行，君子之樞機，善則千里之外應之，不善則千里之外違之，雖使莫或記之，而民之從違如此，則亦何可掩乎？

上又謂監修國史房玄齡曰：「朕之心異於前世帝王，所以欲觀國史，蓋欲知前日之惡，爲後來之戒耳。公可撰次以聞。」諫議大夫朱子奢上言：「陛下獨覽起居，於事無失。若以此法傳示子孫，或有飾非護短，史官不免刑誅，則莫不順旨全身，千載何所信乎！」上不從。玄齡乃與給事中許敬宗等刪爲高祖、今上實録，書成，上之。上見書六月四日事，語多微隱，謂玄齡曰：「昔周公誅管、蔡以安周，季友鴆叔牙以存魯，朕之所爲亦類是耳，史官何諱焉？」即命直書其事。

范氏曰：古者官守其職，史書善惡，君、相不與焉，此姦臣賊子所以懼也。後世人君得以觀史，而宰相監修，欲其直筆，不亦難乎！人君任臣以職，而宰相不與史事，則善惡庶乎可信也！

九月，新羅乞兵伐高麗，遣使諭之。新羅遣使言百濟與高麗連兵，謀絶新羅入朝之路，乞兵救援。上遣使齎璽書諭之，蓋蘇文不奉詔。使還，上曰：「蓋蘇文弑君，不可以不討！」諫議大夫褚遂良曰：「今中原清晏，四夷讋服，陛下之威望大矣。乃欲渡海遠征小夷，萬一蹉跌，傷威損望，更興忿兵，則安危難測也。」李世勣曰：「間者薛延陀入寇，陛下欲發兵窮追，用魏徵之言，遂失機會。不然，薛延陀無遺類矣！」上曰：「然。此誠徵之誤；朕尋悔之，而不欲言，恐塞嘉言之路耳。」遂欲自征高麗，遂良復諫曰：「天下譬猶一身：兩京，心腹也；州縣，四肢也；四夷，身外之物也。高麗罪大，誠當致討，但命一、二猛將，將四、五萬衆，取之如反掌耳。今太子新立幼穉，諸王，陛下所知，一旦棄金湯之全，踰遼海之險，以天下之君，輕行遠舉，皆臣之所甚憂也。」羣臣亦多諫者，上皆不聽。

范氏曰：高麗臣屬於唐，而其主爲賊臣所弑，爲大國者，不可不討，然何至於自征之乎？太宗若從遂良之言，雖伐而不克，未大失也。

徙故太子承乾於黔州，順陽王泰於均州。

冬，十一月，詔黜封德彝贈謚。初，上與隱太子、巢剌王有隙，封德彝陰持兩端。上皇欲廢隱太子，德彝固諫而止。至是，侍御史唐臨追劾其事，請黜官奪爵。尚書唐儉等請降贈改謚，詔從之。改謚曰繆〔五〕。

甲辰（六四四）

十八年。

春三月，以薛萬徹爲右衛大將軍。上嘗謂侍臣曰：「於今名將，惟世勣、道宗、萬徹三人而已。世勣、道宗不能大勝，亦不大敗，萬徹非大勝，即大敗。」

秋，七月，以劉洎爲侍中，岑文本、馬周爲中書令。文本既拜，還家，有憂色，母問其故，文本曰：「非勲非舊，濫荷寵榮，位高責重，所以憂懼。」語賀客曰：「今受吊，不受賀也。」

上嘗謂侍臣曰：「朕欲自聞其失，諸公其直言無隱。」劉洎曰：「頃有上書不稱旨者，陛下皆面加窮詰，恐非所以廣言路。」馬周曰：「陛下比來賞罰，微以喜怒有所高下。」上皆納之。

上文學辯敏，羣臣言事者，引古今以折之，多不能對。劉洎上書諫曰：「以至愚而對至聖，以極卑而對至尊，虛襟以納其説，猶恐未敢對敭；況動神機，縱天辯，飾辭以折其理，引古以排其議，欲令凡庶何階應答？且多記損心，多語損氣，願爲社稷自愛。」上飛白答之曰：「非慮無以臨下，非言無以述慮，比有談論，遂致煩多，輕物驕人，恐由兹道，形神心氣，非此爲勞。今聞讜言，虛懷以改。」

九月，以褚遂良爲黄門侍郎，參預朝政。上嘗問遂良曰：「舜造漆器，諫者十餘人，此何足諫？」對曰：「奢侈者，危亡之本，漆器不已，將以金玉爲之。忠臣愛君，必防其漸。若禍亂已成，無所復諫矣。」上曰：「然。朕見前世帝王拒諫者，多云『業已爲之』，終不爲改。如此，欲無危亡，得乎？」

范氏曰：所貴乎賢者，爲其能止亂於未然，閑邪於未形也。若其已然，則衆人之所能知也，何賴於賢乎？危亡之言，惟明主能信，而闇主忽焉。是以自古無事之時，常患諫之難入也。故聖主能從諫於未然，賢主能改過於已然；諫而不聽者，斯爲下矣。太宗求諫，其有意於防未然者乎！

上詔長孫無忌等曰：「人苦不自知其過，卿可爲朕明言之。」無忌對曰：「陛下武功文德，臣等將順之不暇，又何過之可言？」上曰：「朕問公以己過，公等乃曲相諛悦，朕欲面舉公等得失以相戒而改之，何如？」皆拜謝。上曰：「長孫無忌善避嫌疑，敏於決斷，而總兵攻戰，非其所長。高士廉臨難不改節，當官無朋黨，所乏者骨鯁規諫耳。唐儉言辭辯捷，善和解人，事朕三十年，遂無言及於獻替。楊師道性行純和，而情實怯懦，緩急不可得力。岑文本性質敦厚，持論恒據經遠，自當不負於物。劉洎性最堅貞，有利益，然意尚然諾，私於朋友。馬周見事敏速，直道而言，朕比任使，多能稱意。褚遂良學問稍長，性亦堅正，每寫忠誠，親附於朕，譬如飛鳥依人，人自憐之。」

范氏曰：君臣以道相與，以義相正，有朋友之義，非徒以分相使而已。太宗欲聞過，而無忌納諂以悦之，其罪大矣。然太宗論羣臣之得失，亦豈皆中於理哉？遂良直道犯顔，盡忠無隱，王、魏之比也，而譬之飛鳥，輕侮其臣，不恭孰甚焉！

郭孝恪擊焉耆，執其王突騎支。焉耆貳於西突厥，朝貢多闕。郭孝恪帥步騎三千擊之，執其王突騎支。上謂太子曰：「焉耆王不求賢輔，不用忠謀，自取滅亡，係頸萬里。人以此思懼，則懼可知矣。」

高麗遣使入貢，却之。蓋蘇文貢白金，褚遂良曰：「此郜鼎之類，不可受也。」上從之，謂其使者曰：「蓋蘇文弑逆，汝曹不能復讎，更爲遊説以欺大國，罪孰大焉！」悉以屬大理。

冬，十月朔，日食。

帝如洛陽，命房玄齡留守。十一月，以張亮、李世勣爲行軍大總管。詔親征高麗。十一月，上至洛陽。前宜州刺史鄭元璹已致仕，上以其常從隋煬帝伐高麗，召問之，對曰：「遼東道遠，糧運艱阻。東夷善守城，攻之不可猝下。」上曰：「今日非隋之比，公但聽之。」上聞洺州刺史程名振善用兵，召問方略，嘉其才敏，勞勉之。名振失不拜謝，上試責怒，以觀其所爲，名振謝曰：「疏野之臣未嘗親奉聖問，適方心思所對，故忘拜耳。」舉止自若，應對愈明辯。上乃歎曰：「奇士也。」即日拜右驍衛將軍。以張亮爲平壤大總管，帥兵四萬，艦五百，自萊州泛海趨平壤；又以李世勣爲遼東大總管，帥步騎六萬及蘭、河降胡趣遼東。手詔諭天下，以「高麗蓋蘇文弑主虐民，今問其罪，所過營頓，無爲勞費」。「昔隋煬帝殘暴，高麗王仁愛，故不能成功。今以大擊小，以順討逆，以治乘亂，以逸敵勞，以悦當怨，何憂不克？布告元元，勿爲疑懼！」

十二月，武陽公李大亮卒。大亮恭儉忠謹，每宿直，必坐寐達旦。房玄齡每稱其有王陵、周勃之節。初，大亮爲李密所獲，賊帥張弼見而釋之。及大亮貴，求弼。弼爲將作丞，自匿不言。大亮遇諸途而識之，持弼而泣，以家貲遺弼，不受；言於上，乞悉以其官爵授之，上爲之擢弼爲中郎將。時人皆賢大亮不負恩，而多弼之不伐也。至是，副玄齡守京師，卒，遺表請罷高麗之師。家餘米五斛，布三十疋。親戚早孤，爲大亮所養，喪之如父者十有五人。謚曰懿。

故太子承乾卒。

突厥徙居河南，可汗李思摩入朝。突厥俟利苾可汗北渡河〔六〕，薛延陀惡之，數相攻。俟利苾有衆十萬，不能撫御其衆，悉南渡河，請處於勝、夏之間，上許之。羣臣皆曰：「陛下方遠征遼左，而置突厥於河南，距京師不遠〔七〕，豈得不爲後慮？願留鎮洛陽，遣諸將東征。」上曰：「夷狄亦人耳，其情與中夏不殊。以德洽之，則可使如一家。且彼不北走薛延陀，而南歸我，其情可見矣。」俟利苾既失衆，輕騎入朝，上以爲右武衛將軍。

胡氏曰：子貢問博施濟衆，子曰：「堯、舜其猶病諸。」四海至廣矣。施必極於博，濟必周於衆，聖人心所欲也，而勢有弗及爾。是故先王畿，次中夏，外四夷，雖一視同仁，然必篤近而舉遠也。於是畫爲五服，要荒在外，爲之限禁，其來有時，以杜亂華之階，遏謀夏之禍。自堯、舜、三代皆不敢廢。夫聖人之心與天同，誠必不爲猜忌也。而太宗所見特異乎此，豈以二帝三王有所未盡耶？夫厚遇夷狄，則於中國將薄矣；推誠歡心，則於可信將疑矣。是以有征遼造舟之擾，絶昏仆碑之失，蓋必然之理也。

十九年。

乙巳(六四五)

春，正月，帝發洛陽。上謂侍臣曰：「朕自發洛陽，唯噉肉飯，雖春蔬亦不之進，懼其煩擾故也。」

見病卒，召至榻前存慰，付州縣療之，士卒咸悦。

封比干墓。詔謚殷太師比干曰忠烈，命所司封其墓，春秋祠以少牢，給五户灑掃。上至鄴，自爲文祭魏太祖，曰：「臨危制變，料敵設奇，一將之智有餘，萬乘之才不足。」

胡氏曰：知人則易，自知則難。太宗之評魏武者，正所以自狀耳。或問漢高祖、光武、昭烈、魏武、唐文皇人品如何？曰：高祖尚矣，光武、昭烈猶魯、衛之政也；魏武、太宗並驅中原，未知鹿死誰手，其所長短，蓋略相當。光武、昭烈才德俱優，魏武、太宗才優於德，然規模建立，皆在漢高範圍之内耳。

三月，至定州，詔皇太子監國。詔太子監國，留居定州，命太傅高士廉、詹事張行成、庶子高季輔及侍中劉洎、中書令馬周同掌機務以輔之。將行，太子悲泣數日，上曰：「爲國之要，在於進賢退不肖，賞善罰惡，至公無私，汝當努力行此。悲泣何爲！」

發定州。長孫無忌、岑文本、楊師道從。上親佩弓矢，手結雨衣於鞍後。

夏，四月，諸軍至玄菟、新城。李世勣軍發柳城，多張形勢，若出懷遠鎮者，而潛師北趣甬道，出高麗不意。自通定濟遼水，至玄菟。高麗大駭，城邑皆閉。遼東副總管、江夏王道宗將兵數千至新城，折衝都尉曹三良引十餘騎直壓城門，城中驚擾，無敢出者。營州都督張儉將胡兵爲前鋒，進渡遼水，趨建安城，破高麗兵，斬首數千級。

岑文本卒，以許敬宗檢校中書侍郎。上悉以軍中資糧、器械、簿書委岑文本，文本夙夜勤力，精神耗竭，遇暴疾卒。上召許敬宗代之。

李世勣拔蓋牟城。李世勣拔蓋牟城，獲其戍卒七百人，皆請從軍自效。上曰：「汝爲我戰，高麗必族汝家。得一人之力而滅一家，吾不忍也。」皆廩賜而遣之，以其城爲蓋州。

五月，張亮拔卑沙城。張亮帥舟師渡海，襲卑沙城，其城四面懸絶，惟西門可上。程名振引兵夜至，副總管王文度先登〔八〕。五月，拔之，獲男女八千口。

帝渡遼，拔遼東城。李世勣進至遼東城下，高麗步騎四萬救之，江夏王道宗將四千騎逆擊之。軍中皆以爲衆寡懸絶，不若深溝高壘，以俟車駕之至。道宗曰：「吾屬爲前軍，當清道以待乘輿，乃更以賊遺君父乎！」既合戰，唐兵不利，道宗登高而望，見高麗陣亂，與驍騎數十衝之，世勣引兵助之，高麗大敗。車駕至遼澤，泥淖二百餘里，布土作橋以渡。既渡，撤之，以堅士卒之心。上至遼東城下，見士卒負土填塹，即分其尤重者，自於馬上持之，從官爭負土致城下。時世勣攻城已十二日矣，上引精兵會之，圍其城數百里，縱火登城，高麗力戰不能敵，遂克之，所殺萬餘人，得勝兵萬餘人，男女四萬，以其城爲遼州。

進軍白巖城。六月，降之。進軍白巖城，李思摩中流矢，上親吮血。將士聞之，莫不感動。契苾何力擊高麗救兵，挺身陷陳，槊中其腰，尚輦奉御薛萬備單騎往救，拔何力於萬衆之中而還。何力氣益憤，束瘡而戰，遂破高麗兵。白巖城請降，既而中悔。上怒其反覆，攻之，令軍中曰：「得城，當悉以人物賞戰士。」六月，復請降，上將受之，李世勣請曰：「士卒所以爭冒矢石，不顧其死者，貪虜獲耳。今城垂拔，奈何更受其降，孤戰士之心？」上下馬謝曰：「將軍言是也。然縱兵殺人而虜其妻孥，朕所不忍。將軍麾下有功者，朕以庫物賞之，庶因將軍贖此一城。」世勣乃退。上受其降，以爲巖州。何力瘡重，上自爲傅藥，求得刺何力者，使自殺之，何力曰：「彼爲其上冒白刃，忠勇之士，不可殺也。」遂捨之。

進攻安市城，大破其救兵於城下。車駕至安市城，攻之。高麗北部耨薩延壽、惠真帥兵十五萬救安市〔九〕。上曰：「今爲延壽策有三：引兵直前，連城爲壘，據險食粟，掠吾牛馬，攻之不可猝下，欲歸則泥潦爲阻，坐困吾軍，上策也。拔城中之衆，與之宵遁，中策也。不度智能，來與吾戰，下策也。卿曹觀之，彼必出下策，成擒在吾目中矣！」高麗有對盧，年老習事，謂延壽曰：「秦王内芟羣雄，外服戎狄，獨立爲帝，此命世之才，今舉海内之衆而來，不可敵也。爲吾計者，莫若頓兵不戰，曠日持久，分遣奇兵，斷其運道，糧食既盡，求戰不得，欲歸無路，乃可勝也。」延壽不從，引軍直進。上猶恐其不至，命阿史那社爾將千騎以誘之，兵始交而僞走。高麗相謂曰：「易與耳！」競進乘之，至安市城東南八里，依山而陳，長四十里。上與無忌等從數百騎，乘高觀望形勢。江夏王道宗曰：「高麗傾國以拒王師，平壤之守必弱，願假臣精兵五千，覆其本根，則數十萬衆可不戰而降矣。」上不應。命李世勣將步騎萬五千陳於西嶺，長孫無忌將精兵萬一千自山北出狹谷以衝其後，上自將步騎四千爲奇兵，挾鼓角，偃旗幟，登北山；敕諸軍聞鼓角，齊出奮擊。延壽等見世勣布陳，勒兵欲戰。上望見無忌軍塵起，命作鼓角，舉旗幟，諸軍鼓譟並進。延壽等大懼，欲分兵禦之，而陳已亂。薛仁貴大呼陷陳，所向無敵，大軍乘之，高麗兵大潰。延壽、惠真帥衆請降。舉國大駭，後黃城、銀城皆自拔遁去，數百里無復人煙。上乃更名所幸山曰駐蹕山，刻石紀功焉。驛書報太子及高士廉等曰：「朕爲將如此，何如？」

范氏曰：太宗少也奮於布衣，志氣英果，百戰百勝，以取天下。治安既久，不能深居高拱，猶思所以逞志，扼腕踴躍，喜於用兵，如馮婦搏虎，不能自止；非有理義以養其志，中和以養其氣也。至於一戰而克，自以爲功，矜其智能，夸示臣下，其器小矣。抑對盧之謀，正太宗所謂上策者，使延壽從之，則唐師豈不殆哉！

秋，七月，張亮至建安城，破高麗兵。張亮軍過建安城下，壁壘未固，高麗兵奄至。亮素怯，踞胡牀，直視不言，將士見之，更以爲勇，相與擊高麗兵，破之。

九月，薛延陀真珠可汗死，子多彌可汗拔灼立。初，真珠可汗請分國，立其二子皆爲可汗，詔從之。至是，拔灼殺其兄曳莽而自立〔一〇〕，是爲多彌可汗。

帝攻安市城，不下。詔班師。上之克白巖也，謂李世勣曰：「安市城險而兵精，建安兵弱而糧少，若出其不意，攻之必克。建安下，則安市在吾腹中，此兵法所謂『城有所不攻』者也。」對曰：「建安在南，安市在北，吾軍糧皆在遼東，今踰安市而攻建安，若賊斷吾運道，將若之何？」上從之。世勣遂攻安市，不下。上怒，世勣請克城之日，男子皆阬之，安市人聞之，益堅守，攻久不下。高延壽、高惠真共請曰：「烏骨城主老耄，不能堅守，移兵臨之，朝至夕克。其餘小城，必望風奔潰。然後收其資糧，鼓行而進，平壤必不守矣。」羣臣亦請召張亮拔烏骨，渡鴨緑水，直取平壤。上將從之，長孫無忌以爲：「天子親征，異於諸將，不可乘危徼幸。若向烏骨，則建安、新城之虜必躡吾後，不如先取安市、建安，然後進。」乃止。江夏王道宗督衆築土山以逼其城，城中亦增城以拒之。士卒交戰，日六、七合，衝車礮石，壞其樓堞，城中隨立木栅以塞其缺。晝夜不息，凡六旬，用功五十萬，山頹壓城，城崩。會守將傅伏愛私離所部，高麗自缺城出戰，遂奪土山，塹而守之。上怒，斬伏愛以徇，命諸將攻之，三日不能克。上以遼左早寒，草枯水凍，士馬難久留，且糧食將盡，敕班師。先拔遼、蓋二州户口渡遼，乃耀兵於安市城下而旋。城主登城拜辭，上嘉其固守，賜縑百疋，以勵事君。還師，渡遼，暴風雪，士卒沾濕多死者。

冬，十月，遣使祀魏徵，復立所仆碑。凡征高麗，拔十城，徙遼、蓋、巖三州户口入中國者七萬人。新城、建安、駐蹕三大戰，斬首四萬餘級，戰士死者幾二千人，戰馬死者什七、八。上以不能成功，深悔之，歎曰：「魏徵若在，不使我有是行也！」命馳驛祀徵以少牢，復立所製碑，召其妻子詣行在，勞賜之。

范氏曰：太宗玩武不已，困於小夷，無異於煬帝。蓋不能慎終如始，日新其德，而欲功過五帝，地廣三王，是以失之。然見危而思直臣，知過而能自悔，此其所以爲賢也。

帝還至營州，祭戰亡士卒。上至營州，詔戰亡士卒骸骨並集柳城，命有司具太牢，上自作文以祭之，臨哭盡哀。

贖諸軍所虜高麗民萬四千口。上聞太子奉迎將至，乃從飛騎三千人馳入臨渝關，道逢太子。上之發定州也，指所御褐袍謂太子曰：「俟見汝，乃易此袍耳。」在遼左，雖盛暑流汗，弗之易。至是，太子進新衣，乃易之。諸軍所虜高麗民萬四千口，先集幽州，將以賞軍，上愍其父子夫婦離散，命有司平其直，悉以錢布贖爲民，歡呼之聲，三日不息。

十一月，易州司馬陳元璹以罪免。元璹使民於地室蓄火種蔬而進之。上惡其諂，免元璹官。

十二月，薛延陀寇夏州。

殺侍中劉洎。初，上將東行，謂侍中劉洎曰：「我今遠征，爾輔太子，安危所寄，宜深識我意。」對曰：「願陛下無憂，大臣有罪者，臣謹即行誅。」上以其妄發，怪之。及上還，不豫，洎色悲懼，謂同列曰：「疾勢如此，聖躬可憂！」或譖於上曰：「洎言國家事不足憂，但當輔幼主，行伊、霍故事，大臣有異志者，誅之自定矣。」上以爲然，詔賜自盡。

孫氏曰：劉洎之死，據舊史所書，由遂良之譖也。然伐遼之行，洎有誅大臣之對矣；及太宗不豫，則洎初無是語也，遂良不應以此譖之。蓋遂良後諫廢立被譴，姦人從而譖之，故洎子訴冤，李義府助之，遂良譖洎之言當出於此。又正觀實録〔一一〕，敬播所修，號爲詳正。後許敬宗頗以愛憎改易舊文，則遂良譖洎之事安可信乎？

胡氏曰：遂良，王、魏之亞，豈肯譖人者；而洎又直臣，遂良以何事言之耶？孫甫辨之當矣。然太宗殺洎甚遽，大臣亦不聞有諫臂者，何也？太宗盛意伐遼，挫屈而歸，慚怒之氣無所發泄，正爾臥疾，而譖者觸其諱惡，是故雷震霆擊，不復思惟也。故人主必以禮義養其心志，使氣合太和，則喜無過差，怒無暴悖矣！

以馬周攝吏部尚書。周以四時選爲勞，請復十一月選，至三月畢，從之。

丙午（六四六）

二十年。

春，正月，夏州兵擊薛延陀，大破之。

遣大理卿孫伏伽等巡察四方。遣大理卿孫伏伽等二十二人以六條巡察四方，伏伽等多所貶黜，其人詣闕稱冤者，前後相屬。上令褚遂良類狀以聞，上親臨決，以能進擢者二十人，以罪死者七人，流以下除免者數百千人。

帝還京師。上謂李靖曰：「吾以天下之衆困於小夷，何也？」靖曰：「此道宗所解。」上顧問道宗，具陳在駐蹕時乘虛取平壤之言，上悵然曰：「當時匆匆，吾不憶也。」

胡氏曰：太宗對敵，有嘉謀而不取，何也？道宗陳計，正值太宗經度延壽之時，故不見答；既克延壽，又方驛報太子，自伐爲將之功，道宗故不敢復言也。太宗於是志滿而氣驕，所以親將大衆而屈於小醜也與！

三月，詔皇太子聽政。上疾未全平，欲專保養，詔太子間日聽政於東宮，既罷，則入侍藥膳，不離左右。褚遂良請遣太子旬日一還東宮，與師傅講論，從之。

殺刑部尚書張亮。人告亮有反謀，上命按之，亮不服。命百官議其獄，皆言亮反，當誅。獨將作少匠李道裕言：「亮反形未具，不當死。」上不聽，斬之。後歲餘，刑部侍郎缺，上曰：「朕得其人矣。往者李道裕議張亮獄，朕雖不從，至今悔之。」遂以爲刑部侍郎。

閏月朔，日食。

夏，五月，高麗遣使謝罪，却之。高麗王藏及莫離支蓋金遣使謝罪，并獻二美女。金即蘇文也。上以師還之後，金益驕恣，表辭詭誕，待使者倨慢；屢違詔攻新羅，詔勿受其朝貢，復議討之。

六月，西突厥遣使入貢。西突厥乙毗射匱可汗遣使入貢，且請昏。上許之，使割龜茲、于闐、疏勒、朱俱波、葱嶺五國以爲聘禮。

秋，八月，帝如靈州，遣李世勣擊薛延陀，降之。敕勒諸部遣使請吏。薛延陀多彌可汗猜褊好殺，廢棄父時貴臣，專用己所親昵，國人不附。回紇諸部擊之，大敗。上詔江夏王道宗等將兵擊之，國中驚擾，多彌出走，回紇殺之，盡據其地。餘衆西走，猶七萬餘口，共立真珠兄子咄摩支，遣使奉表，請居鬱督軍山之北。詔遣使安集之。敕勒九姓酋長聞其來，皆懼；朝議亦恐其爲磧北之患，乃遣李世勣圖之。上自詣靈州招撫。太子當從行，少詹事張行成以爲「不若使之監國，接對百寮，明習庶政」。上然之。李世勣至鬱督軍山，咄摩支降。道宗兵既渡磧，薛延陀拒戰，道宗擊破之。遣使招諭敕勒諸部，其酋長皆喜，請入朝。駕至浮陽，回紇等十一姓各遣使歸命，乞置官司。上大喜，遣使納之。詔曰：「朕聊命偏師，遂擒頡利；始弘廟略，已滅延陀。鐵勒百餘萬户，請爲州郡；混元以降，殊未前聞。宜備禮告廟，仍頒示普天。」上爲詩曰：「雪耻酬百王，除凶報千古。」勒石於靈州。

冬，十月，貶蕭瑀爲商州刺史。瑀性狷介，與同僚多不合，嘗言：「房玄齡等朋黨不忠，但未反耳。」上不聽。瑀内不自得，因自請出家，既而悔之。上以瑀反覆不平，詔曰：「朕於佛教，非意所遵。梁武、簡文，窮心釋氏，覆亡不暇，社稷爲墟，報施之徵，何其謬也！瑀踐覆車之餘軌，襲亡國之遺風，自請出家，尋復違異，豈具瞻之量乎！可商州刺史。」

十二月，帝生日，罷宴樂。上謂長孫無忌等曰：「今日吾生日，世俗皆爲樂，在朕翻成傷感。今君臨天下，富有四海，而承歡膝下永不可得。此子路所以有負米之恨也。詩云：『哀哀父母，生我劬勞。』奈何以劬勞之日，更爲宴樂乎！」因泣數行下，左右皆悲。

幸房玄齡第。房玄齡嘗以微譴歸第，褚遂良諫曰：「玄齡翼贊聖功，冒死決策，選賢立政，勤力爲多。自非罪在不赦，不可遐棄。若以其衰老，亦當退之以禮。」上然之。因幸芙蓉園，玄齡敕子弟汛掃門庭，曰：「乘輿且至！」有頃，上幸其第，因載玄齡還宫。

丁未（六四七）

二十一年。

春，正月，申公高士廉卒。士廉卒，上將往哭之，房玄齡、長孫無忌諫曰：「陛下餌金石，於方不得臨喪，奈何不爲宗廟自重！」不聽。無忌中道伏卧，流涕固諫，上乃還，入東苑，南望而哭，涕下如雨。及柩出，登樓望哭。

以敕勒諸部爲州縣。

回紇諸部皆來朝請吏。詔以爲六府、七州，各以其酋長爲都督、刺史，各賜金繒遣之。諸酋長奏：「請於回紇以南、突厥以北開一道，謂之參天可汗道，置六十八驛。」上許之。於是北荒悉平，然回紇、吐迷度已私自稱可汗，官號皆如突厥故事。

范氏曰：中國之有夷狄，如晝之有夜，陽之有陰，君子之有小人也。中國失政，則四夷交侵。先王所以御之者，亦可得而略聞矣。舜曰：「而難任人，蠻夷率服。」又曰：「無怠無荒，四夷來王。」蓋柔遠能邇，治内安外，而殊俗之民嚮風慕義，不以利誘，不以威脅，而自至矣。故不勞民，不費財。至於後世之君，或讎疾而欲殄滅之，或愛悦而欲招來之，是二者皆非也。何則？彼雖夷狄，亦人類也，王者於天地間無所不養，況人類而欲殘之乎！殘之固不可，況不能勝而自殘其民乎！仁人之所不爲也，爲之者，秦始皇是也。山川之所限，風氣之所移，得其地不可居，得其民不可使，列爲州縣，是崇虚名而受實弊也。且得之既以爲功，則失之必以爲耻。不在於己，則在子孫。故有征伐之勞，餽餉之煩，民不堪命，而繼之以亡，隋煬帝是也。且中國地非不廣也，民非不衆也，曷若修德行政以惠養之，使男有餘粟，女有餘布，兵革不試，以致太平，不亦帝王之盛美乎！夫有求於外，如彼其難也；無求於外，如此其易也。然而人君常捨所易而行所難，何哉？忽近而喜遠，厭故而謀新，雖或未至於亡，而常與之同事，其累德豈細哉！太宗好大無窮，兼蓄夷、夏，非所以遺後嗣、安中國之道。此當以爲戒，而不可慕也。

詔以來年仲春有事於泰山。

以牛進達、李世勣爲行軍大總管，伐高麗。上將復伐高麗，朝議以爲：「高麗依山爲城，攻之不可猝拔。前大駕親征，國人不得耕種，太半乏食。今若遣偏師，更迭擾其疆埸，使彼疲於奔命，釋耒入堡，數年之間，千里蕭條，則人心自離，鴨綠以北，可不戰而取矣。」上從之，遣牛進達、李世勣水陸並進以討之。

范氏曰：太宗以蓋蘇文弒君，故舉問罪之師，誅其賊，弔其人，置君而去之，則德刑舉矣。伐而不克，益發忿兵，欲擾之使不得耕稼，則是爲寇，非禦寇也。

夏，四月，作翠微宮。初，上得風疾，苦京師盛暑，命修終南山太和廢宮爲翠微宮。

以李素立爲燕然都護。以李素立爲燕然都護，統瀚海等六府，皋蘭等七州。素立撫以恩信，夷落懷之，共率馬牛爲獻。素立惟受其酒一杯，餘悉還之。

上問侍臣曰：「自古帝王雖平中夏，不能服戎狄。朕才不逮古人，而成功過之，何也？」羣臣稱頌功德，上曰：「不然。朕所以能及此者，止由五事耳：自古帝王多疾勝己者〔一二〕，朕見人之善，若己有之；人之行能，不能兼備，朕常棄其所短，取其所長；人主往往進賢則欲寘諸懷，退不肖則欲推諸壑，朕見賢者則敬之，不肖者則憐之；人主多惡正直，陰誅顯戮，無代無之，朕踐祚以來，正直之士比肩於朝，未嘗黜責一人；自古皆貴中華，賤夷狄，朕獨愛之如一，故其部落皆依朕如父母。此五者，朕所以成今日之功也。」

五月〔一三〕，如翠微宮。冀州進士張昌齡獻翠微宮頌，上愛其文，命於通事舍人裏供奉。初，昌齡與王公治皆有文名〔一四〕，考功員外郎王師旦知貢舉，黜之。上問其故，師旦曰：「二人文體輕薄，終非令器。若置之高第，恐後進效之，傷陛下雅道。」上善其言。

胡氏曰：太宗於皇甫德參則欲加以罪，於張昌齡則欲賞以官，於以見在位日久，德不加修，志已怠矣。古之聖王慎終如始，日新又新之德，太宗蓋有愧焉。蓋聖學不傳，雖納諫自勉，而不治其本，故無聖王成德之效也。

李世勣破南蘇城。世勣軍既度遼，歷南蘇數城，高麗多背城拒戰。世勣破其兵，焚羅郭而還。

以李緯爲洛州刺史。初，上以緯爲户部尚書。時房玄齡留守京師，有自京師來者，上問：「玄齡何言？」對曰：「玄齡但云李緯美髭鬢。」上遽改除洛州刺史。

秋，七月，作玉華宮。

牛進達拔石城。

八月，詔停封禪。以薛延陀新降，土功屢興，河北水災故也。

骨利幹遣使入貢。骨利幹於鐵勒諸部爲最遠，晝長夜短，日没後，天色正曛，煑羊脾適熟，日已復出矣。

立皇子明爲曹王。曹王明母楊氏，巢剌王之妃也，有寵於上，文德皇后之崩也，欲立爲皇后，魏徵諫曰：「陛下方比德唐、虞，奈何以辰嬴自累！」乃止。尋以明繼元吉後。
范氏曰：太宗殺弟而納其妃，其瀆人倫甚矣！又以明繼元吉後，是彰其母之爲弟婦也。

發江南工人造大船。欲復征高麗也。

冬，十一月〔一五〕，突厥車鼻可汗遣使入貢。車鼻，本突厥同族，頡利之敗，諸部欲立之，時薛延陀方强，車鼻不敢當，帥衆歸之。薛延陀以車鼻貴種，有勇略，恐其爲後患，欲殺之。車鼻逃去，建牙金山之北，自稱可汗，突厥餘衆稍歸之。及薛延陀敗，車鼻勢益張，遣子入見，又請入朝。遣使徵之，車鼻不至。

徙順陽王泰爲濮王。

十二月〔一六〕，遣阿史那社爾等擊龜茲。龜兹王阿黎布失畢浸失臣禮，侵漁鄰國。上怒，詔阿史那社爾、契苾何力、郭孝恪等將兵擊之。

戊申〔一七〕（六四八）

二十二年。

春，正月，作帝範以賜太子。上作帝範十二篇以賜太子，曰君體、建親、求賢、審官、納諫、去讒、戒盈、崇儉、賞罰、務農、閲武、崇文，且曰：「修身治國，備在其中。一旦不諱，更無所言矣。然汝當更求古之哲王爲師，如吾，不足法也。夫取法於上，僅得其中；取法於中，不免爲下。吾即位已來，不善多矣。顧弘濟蒼生，肇造區夏，功大益多，故人不怨，業不墮；然比之盡美盡善，固多愧矣。汝無我之功勤，而承我之富貴，竭力爲善，則國家僅安；驕惰奢縱，則一身不保。且成遲敗速者，國也；失易得難者，位也，可不惜哉！可不慎哉！」初，羣臣或請集上文章，上曰：「朕之辭令，有益於民者，史皆書之，足爲不朽；若其無益，集之何用？梁武帝父子、陳後主、隋煬帝皆有文集，何救於亡？人主患無德政，文章何爲！」遂不許。

中書令馬周卒。上親爲調藥，使太子臨問。

以崔仁師爲中書侍郎，參知機務。

遣薛萬徹伐高麗。

以長孫無忌檢校中書令。

結骨俟利發入朝。結骨人皆長大，赤髮緑睛，自古未通中國。至是，其俟利發失鉢屈阿棧來朝，請除一官。詔以爲堅昆都督。是時四夷君長爭入獻見，每元正朝賀，常數百千人。上曰：「漢武帝窮兵三十餘年，所獲無幾；豈如今日綏之以德，使窮髮之地盡爲編户乎！」

如玉華宮。上營玉華宮，務爲儉約，惟寢殿覆瓦，餘皆茅茨，然所費已巨億計。充容徐惠上疏曰：「今東征高麗，西討龜茲，營繕相繼，服玩華靡；夫以有盡之農功，填無窮之巨浪，圖未獲之他衆，喪已成之我軍。地廣非常安之術，人勞乃易亂之源也。」「珍玩技巧，乃喪國之斧斤；珠玉錦繡，實迷心之酖毒。」「作法於儉，猶恐其奢；作法於奢，何以制後？」上善其言，甚禮重之。

崔仁師以罪除名，流連州。坐有伏閤訴冤者，仁師不奏也。

三月，故隋后蕭氏卒。詔復其位號，謚曰愍，使三品護葬江都。

夏，四月，遣武候將軍梁建方擊松外蠻〔一八〕，降之。

西突厥葉護賀魯來降。咄陸既奔吐火羅，部落亡散，其葉護阿史那賀魯帥其餘衆數千帳内屬。詔以爲瑶池都督。

五月，遣右衛長史王玄策使天竺，因襲擊之，執其王以歸。初，中天竺兵最强，四天竺皆臣之。王玄策奉使至其國，會其王卒，其臣阿羅那順自立，發胡兵攻玄策。玄策脱身宵遁，抵吐蕃西境，徵隣國兵，吐蕃、泥婆國皆遣兵赴之。玄策帥之，進至中天竺，連戰三日，大破之，城邑聚落降者五百八十餘所，俘阿羅那順以歸。

宋公蕭瑀卒。瑀卒，太常議謚曰德，尚書議謚曰肅。上曰：「謚者，行之迹，當得其實，可謚貞褊。」子鋭嗣。初，鋭尚上女襄城公主，上欲爲之營第，公主固辭，曰：「婦事舅姑，當朝夕侍側，若居别第，所闕多矣。」上命即瑀第營之。

殺華州刺史李君羡。太白屢晝見，太史占云：「女主昌。」民間又傳祕記，云：「唐三世之後，女主武王代有天下。」上惡之。以武衛將軍李君羡小名五娘，而官稱、封邑皆有「武」字，出爲華州刺史。御史復奏君羡謀不軌，上遂誅之。上嘗密問太史令李淳風：「祕記所云，信有之乎？」對曰：「臣仰稽天象，俯察曆數，其人已在宮中，自今不過三十年，當王天下，殺唐子孫殆盡，其兆既成矣。」上曰：「疑似者盡殺之，何如？」對曰：「天之所命，人不能違也。王者不死，徒多殺無辜。且自今以往三十年，其人已老，庶幾頗有慈心，爲禍或淺。今借使得而殺之，天或生壯者肆其怨毒，恐陛下子孫無遺類矣！」上乃止。

司空梁公房玄齡卒。玄齡留守京師，疾篤，上徵赴玉華宮，肩輿入殿，相對流涕，因留宮下，候問不絕。玄齡謂諸子曰：「吾受主上厚恩，今天下無事，惟東征未已，羣臣莫敢諫，吾知而不言，死有餘責。」乃上表曰：「老子曰：『知足不辱，知止不殆。』陛下威名功德亦可足矣，拓地開疆亦可止矣，且陛下每決一重囚，必令三覆五奏，膳素止樂者，重人命也。今驅無罪之士卒，委之鋒刃之下，使之肝腦塗地，獨不足愍乎？向使高麗違失臣節，誅之可也；侵擾百姓，滅之可也；它日能爲中國患，除之可也。今無此三條而坐煩中國，内爲前代雪耻，外爲新羅報讎，豈非所存者小，所損者大乎！願陛下許高麗自新，焚陵波之船，罷應募之衆，自然華、夷慶賴，遠肅邇安。臣旦夕入地，儻蒙録此哀鳴，死且不朽！」上自臨視，握手與訣，悲不自勝。卒，謚曰文昭。

柳芳曰：玄齡佐太宗定天下，及終相位，凡三十二年，天下號爲賢相。然無迹可尋，德亦至矣。故太宗定禍亂而房、杜不言功，王、魏善諫諍而房、杜讓其賢，英、衛善將兵而房、杜行其道，理致太平，善歸人主，爲唐宗臣，宜哉！

秋，八月朔，日食。

九月，以褚遂良爲中書令。

冬，十月，帝還宫。

雅、眉、邛州獠反。初，上以高麗困弊，議以明年發三十萬衆，一舉滅之。或以劍南隋末無寇，屬者遼東之役又不預徵發，百姓富庶，宜使造舟。上從之，遣使發民造船，役及山獠。於是三州獠反，發隴右、陜中兵二萬餘人以擊之。蜀人苦造船之役，州縣督迫嚴急，民至賣田宅、鬻子女不能供，穀價踊貴，劍外騷然。

范氏曰：佳兵者不祥之器〔一九〕，不得已而用之。太宗伐高麗，其得已而不已者乎！及其不服，則又不能反己，至欲傾天下之力以逞其志，何其迷而不復也？夫天下如一身，四方猶手足，師役，手足之病也；以高麗之役不及於蜀，而必欲疲之，是一支病，而使别支皆被其痛，豈愛身之道乎！

十一月〔二〇〕，奚、契丹内屬。

回紇吐迷度爲其下所殺，詔立其子婆閏。

十二月，阿史那社爾擊龜茲，執其王布失畢。阿史那社爾引兵自焉耆之西趨龜茲北境，分兵爲五道，出其不意，焉耆王奔龜茲，社爾遣兵擊斬之，進屯磧口。龜茲王布失畢及相那利戰敗，走保都城。社爾進軍逼之，拔其城，使郭孝恪守之。布失畢走保撥換城，社爾追擒之。那利收合餘燼，潛引西突厥之衆，襲殺孝恪。驍衛將軍曹繼叔等擊那利獲之。社爾破其大城五，遣使諭降七百餘城，立王弟葉護爲王。西域震駭，社爾勒石紀功而還。

己酉（六四九）

二十三年。

春，正月，遣驍衛郎將擊突厥車鼻可汗。

三月，帝有疾，詔太子聽政。

夏，四月，如翠微宮。

五月，以李世勣爲疊州都督。上謂太子曰：「李世勣才智有餘，然汝與之無恩。我今黜之，若其即行，俟我死，汝用爲僕射，親任之；若徘徊顧望，當殺之耳。」乃左遷世勣爲疊州都督。世勣受詔，不至家而去。

范氏曰：太宗以世勣爲何如人哉？以爲愚也，則不可託幼孤而寄天下矣；以爲賢也，當任而勿疑。乃憂後嗣之不能懷服，先黜之而後用，是以犬馬蓄之也。夫欲奪其心，而折之以威；欲得其力，而懷之以恩：此漢祖馭黥彭狙詐之術，五霸所不爲也。苟以是心待其臣，則利祿之士可使也；若夫祿之以天下而不顧，繫馬千駟而不視者，豈得而用之哉！

孫氏曰：君待臣以道，臣以道報之；君待臣以利，臣以利報之，此必然之理也。太宗以勣輔太子，而爲此詭計。勣之機心，豈不曉其利誘乎？廢立之際，不肯盡忠，雖勣無大臣之節，亦太宗以利啓其心也。

衛公李靖卒。

帝崩。長孫無忌、褚遂良受遺詔輔太子。還宮發喪，罷遼東兵。上苦利增劇，太子晝夜不離側，或累日不食，髮有變白者。上召長孫無忌、褚遂良入卧内，謂之曰：「太子仁孝，善輔導之！」謂太子曰：「無忌、遂良在，汝勿憂天下！」又謂遂良曰：「無忌盡忠於我，我有天下，多其力也；我死，勿令讒人間之。」仍令遂良草遺詔。有頃，上崩。祕不發喪。無忌等請太子先還，飛騎、勁兵及舊將皆從。大行御馬輿繼至。發喪，宣遺詔，罷遼東之役及諸土木之功。四夷入仕及朝貢者數百人，聞喪皆慟哭，剪髮、剺面、割耳，流血灑地。

以于志寧、張行成爲侍中，高季輔爲中書令。

六月，太子即位。高宗初即位，召朝集使謂曰：「朕初即位，事有不便於百姓者悉宜陳，不盡者更封奏。」自是日引刺史十人入閤，問以百姓疾苦，及其政治。嘗問大理卿唐臨繫囚之數，對曰：「見囚五十餘人，唯二人應死。」上悦〔二一〕。上嘗録繫囚，前卿所處者多號呼稱冤，臨所處者獨無言。上怪問其故，囚曰：「唐卿所處，本自無冤。」上歎息良久，曰：「治獄者不當如是邪！」有洛陽人李弘泰誣告長孫無忌謀反〔二二〕，上立命殺之。無忌、遂良同心輔政，上亦尊禮二人，恭己以聽之，故永徽之政，百姓阜安，有貞觀之遺風。

改官名犯先帝諱者。先是，太宗二名，令天下不連言者勿避；至是，始避之。

以長孫無忌爲太尉，李勣爲開府儀同三司，並同三品。

秋，八月，地震。晉州尤甚，壓殺五千餘人。

葬昭陵。阿史那社爾、契苾何力請徇葬，上遣人諭以先旨不許。蠻夷君長爲先帝所擒服者頡利等十四人，皆琢石爲像，列於北司馬門內。

范氏曰：太宗以武撥亂，以仁勝殘，其材略優於漢高而規模不及也，恭儉不若孝文而功烈過之矣。迹其性本强悍，勇不顧親，而能畏義好賢，屈己從諫，刻厲矯揉，力於爲善，此所以致正觀之治也。夫賢君不世出，自周武、成、康，歷八百餘年，而後有漢；漢八百餘年，而後有太宗，其所成就者如此，豈不難得哉！人君擇其善者而從之，足以得師；其不善者而戒之，足以爲資矣！

胡氏曰：太宗見隋煬拒諫而亡，力反其道，勉强納諫，自漢已後，一人而已，可謂賢矣。然前失雖更，後失繼作。其初讜言交至，則治安之效著；其後忠益向少，則危亂之漸多。其比太甲之處仁遷義，成王之懲前毖後，豈直倍蓰哉！當時以諫爭爲己任，而爲太宗所畏敬者，莫若魏徵矣，然其生也，嘗欲殺之，其死也，竟納讒間。太甲、成王豈有是耶！夫伊尹、周公心傳堯、舜之道而無差者也，鄭文貞公口言堯、舜之道而或中者也，然伊、周能使太甲、成王爲商、周之賢王，而猶不能使之爲湯、武也，則魏徵格君與太宗所就止於如是，無足怪矣！

冬，十二月〔二三〕，詔濮王泰開府，置僚屬。

九月，以李勣爲左僕射。

庚戌（六五〇）

高宗皇帝永徽元年。

春，正月，立妃王氏爲皇后。

詔衡山公主俟喪畢成昏。太宗女衡山公主應適長孫氏，有司以爲服既公除，欲以今秋成昏。于志寧言：「漢文立制，本爲百姓。公主服本斬衰，縱使服隨例除，豈可情隨例改，請俟三年喪畢成昏。」上從之。

范氏曰：君喪三年，自古以來未之改也。漢文率情變禮，雖欲自損以便人，而不知使人入於夷狄也。自是以後，民不知戴君之義，而嗣君遂亦不爲三年之服。唐之人主鮮能謹於禮者，故有公除而議昏，亮陰而舉樂。忘父子之親，固不可矣。然如漢文之制，志寧之議，是亦有父子而無君臣也。內無父子，外無君臣，而欲教化行，禮俗成，難矣！爲國家者，必務革漢文之薄制，遵三代之隆禮，教天下以方喪三年，則衆著於君臣之義矣。

秋，九月，高侃擊突厥車鼻可汗，擒之。侃至阿息山。車鼻發諸部兵，皆不應，遂以數百騎走，侃追獲之。送京師，獻於廟社及昭陵而赦之。置狼山都督於鬱督軍山，統其餘衆。於是突厥諸部盡爲內臣，置單于、瀚海二都護府，十都督、二十二州分統之。自是北邊無寇三十餘年。

冬，十月〔二四〕，李勣解僕射，仍同三品。

以褚遂良爲同州刺史。監察御史韋思謙劾奏遂良抑買人地，左遷同州刺史。

辛亥（六五一）

二年。

春，正月，以黄門侍郎宇文節、中書侍郎柳奭同三品。

秋，七月，西突厥賀魯殺射匱可汗，自立爲沙鉢羅可汗。詔武候大將軍梁建方等討之。

瑶池都督阿史那賀魯招集離散，廬帳漸盛，聞太宗崩，以其衆叛，擊破射匱可汗，併其衆，自號沙鉢羅可汗，西擊射匱，滅之，勝兵數十萬。與乙毗咄陸連兵，處月、處密及西域諸國多附之。至是，進寇庭州，攻陷金嶺城。詔梁建方、契苾何力發兵三萬及回紇五萬騎以討之。

八月，以于志寧、張行成爲僕射、同三品，高季輔爲侍中。

冬，十一月，詔：「獻鷹隼犬馬者罪之。」

壬子（六五二）

三年。

春，正月，吐谷渾、新羅、高麗、百濟並遣使入貢。

梁建方等大破處月朱邪於牢山。先是，處月朱邪孤注殺招慰使，與突厥賀魯相結。建方破之於牢山，生擒孤注，斬首九千級。軍還，御史劾奏建方逗留，高德逸敕令市馬而自取駿者，上以其有功，釋不問。大理卿李道裕奏請以其馬實中廐，上曰：「道裕法官，進馬非其本職，妄希我意，豈朕行事不爲臣下所信邪？朕方自咎，故不復黜道裕耳。」

以褚遂良爲吏部尚書、同三品。

二月，御安福門樓，觀百戲。上謂侍臣曰：「朕舊聞胡人善爲擊鞠，嘗一觀之。昨初升樓，即有羣胡擊鞠，意謂朕篤好之也。帝王所爲，豈宜容易！朕已焚此鞠，冀杜胡人窺望之情，亦因以自誡。」

范氏曰：高宗即位之初，問民疾苦，尊禮輔相，察道裕希旨而自責，覩胡人進戲而自戒，率是道也，豈不足爲賢君哉！不數年而悖謬昏惑，卒成武氏之簒，何哉？初親賢，後用佞也。可不戒哉！

三月，以宇文節爲侍中，柳奭爲中書令，韓瑗爲黃門侍郎、同三品。

秋，七月，立陳王忠爲皇太子。王皇后無子，其舅柳奭爲后謀，以忠母微賤，勸后請立爲太子。上從之。

九月，以中書侍郎來濟同三品。

冬，十一月，濮王泰卒。

癸丑（六五三）

四年。

春，二月，散騎常侍房遺愛及高陽公主謀反，伏誅；遂殺荊王元景、吳王恪，流宇文節於嶺表。初，房遺愛尚太宗女高陽公主，公主驕恣甚，與浮屠辯機等數人私通，事覺，怨望，遂使掖廷令陳玄運伺宫省機祥。遺愛亦與駙馬都尉薛萬徹、柴令武謀奉荊王元景爲主以舉事。至是，公主謀黜遺愛兄遺直封爵，使人誣告遺直罪。上令長孫無忌鞫之，更獲遺愛及主反狀。吳王恪有文武才，素爲物情所向，太宗欲立之，無忌固争而止，遂與無忌相惡，無忌欲因事誅之。遺愛因言與恪同謀，冀得免死。於是遺愛、萬徹、令武皆斬，元景、恪、高陽、巴陵公主並賜自盡。恪且死，罵曰：「長孫無忌竊弄威權，構害良善，宗社有靈，當族滅不久！」宇文節、江夏王道宗、執失思力並坐與遺愛交通，流嶺表。道宗素與無忌及褚遂良不協，故皆得罪。罷玄齡配饗。

胡氏曰：唐起晉陽，裴、劉之謀；太宗承統，房、杜之策也。是其富貴安榮，當與有唐相爲始終，而禍敗之及，或在其身，或在其子孫，何也？裴寂以貧賤爲歎；文靜在縲紲之中，贊唐公父子起事，非有拯亂匡時之略，亦欲自免，因圖富貴而已。房、杜之賢，固非裴、劉所敢班，然太白經天之際，密進籌畫，使太宗手剪兄弟，并殺其子十人，此不但陳平之陰禍而已。其宗嗣不延，宜哉！故四族既隕，而唐之子孫亦幾殲于武氏。善惡之積，各以類應；反爾之戒，酷亦甚矣！然後知聖人行一不義，殺一不辜而得天下則不爲者，豈徒然哉！

又曰：無忌因遺愛之獄，濫及吳王，遂良所宜救止也；既不能然，復以素不相協而斥道宗，夫其不能保終而來讒口，有以也夫。

又曰：父子兄弟，罪不相及，今以遺愛絀玄齡〔二五〕，而無忌、遂良奉承不諫，其以爲嫌乎？抑以爲是乎？二者必居一焉，皆失也。

以李勣爲司空。

秋，九月，北平公張行成卒，以褚遂良爲右僕射。

冬，十一月，以崔敦禮爲侍中。

十二月，高季輔卒。

西突厥咄陸可汗死。乙毗咄陸卒，其子頡苾達度設號真珠葉護，與沙鉢羅有隙，擊破之；尋復爲沙鉢羅所併。

甲寅（六五四）

五年。

春，三月，以太宗才人武氏爲昭儀。初，蕭淑妃有寵，王后疾之。上之爲太子也，入侍太宗，見才人武氏而悅之。太宗崩，武氏出爲尼。忌日，上詣寺行香，見之，泣。后聞之，陰令長髮，納之後宮，欲以間淑妃之寵。武氏巧慧，多權數，初入宫，屈體事后，后數稱其美。未幾，大幸，拜爲昭儀，后及淑妃寵皆衰，更相與譖之，上皆不納。昭儀欲追贈其父而無名，故託以褒賞功臣，徧贈屈突通等，而武士彠預焉。

夏，閏四月，帝在萬年宫，夜大水。上在萬年宫。夜，大雨，山水衝玄武門，衛士皆走。郎將薛仁貴曰：「天子有急，敢畏死乎！」登門枕大呼以警宫内。上遽出乘高，俄而水入寢殿，漂溺三千餘人。

六月，恒州大水。漂溺五千餘家。

胡氏曰：謂治亂非天數耶？則周、秦卜世，漢家陽九，隋蕭平仲、唐李淳風之言，不誣也；謂皆天數耶？則高宗正厥事，周公代兄死，宣王側身修行，旱不爲灾之應，不誣也。古先聖王所以不恃天命，必盡人事，如醫者療疾，雖有死徵，而必冀其生也。唐太宗有功在人，無一世即亡之理，故天於高宗，再三譴告，庶其覺悟，惜乎高宗之不察也！即位之歲，地震晉陽；武氏入宫，水溺寢殿。雖父之詔子，諄諄焉命之，不若是切矣。高宗既視之漠然，大臣亦無以恐懼修省告其君者，豈天固欲中微唐室耶？何人謀之忽，不如天意之昭也？

柳奭罷。 奭以王后寵衰，求罷，許之。

冬，十一月〔二六〕**，築長安外郭。** 雍州參軍薛景宣上言：「漢惠帝城長安，尋晏駕。今復城之，必有大咎。」于志寧等以景宣言涉不順，請誅之，上曰：「景宣雖狂妄，若得罪，恐絶言路。」遂赦之。

上嘗謂宰相曰：「聞所在官司行事，互觀顔面，多不盡公。」長孫無忌對曰：「此豈能無，然亦不至肆情曲法。至於小小收取人情，恐陛下亦不能免。」上嘉納之。

胡氏曰：常情易私而難公，況帝王位尊，威福自我，雖格以公道，猶肆於情欲也，況爲開其私邪之路乎！高宗以官司不盡公問無忌，無忌宜勸其君正身以率臣下，其私徇曲法者，刑責加焉，則朝廷正矣！無忌乃導以收取人情，其爲蠹政，豈有既耶！

上嘗出畋，遇雨，問諫議大夫谷那律曰：「油衣若爲則不漏？」對曰：「以瓦爲之，必不漏。」上悦，爲之罷獵。

引駕盧文操盗左藏物，上命誅之。諫議大夫蕭鈞諫曰：「文操情實難原，然法不至死。」上乃免之，顧侍臣曰：「此真諫議也！」

上嘗謂五品以上曰：「頃在先帝左右，見五品以上論事，或仗下面陳，或退上封事，終日不絶。豈今日獨無事耶，何公等皆不言也？」范氏曰：以高宗之闇，而求言如此，由祖宗爲之法也。詩曰：「詒厥孫謀。」太宗之謂矣。

大稔。洛州粟米斗兩錢半，秔米斗十一錢。隋開皇中户八百七十萬，今三百八十萬。

以長孫無忌子三人爲朝散大夫。王皇后、蕭淑妃與武昭儀更相譖訴。后不能曲事上左右，昭儀伺后所不敬者，必傾心與相結，由是后及淑妃動静，昭儀必知之，皆以聞於上。后寵雖衰，然上未有意廢也。會昭儀生女，后憐而弄之。后出，昭儀潛扼殺之。上至，昭儀陽歡笑，發被觀之，女已死矣，即驚啼。問左右，左右皆曰：「皇后適來此。」上大怒曰：「后殺吾女！」昭儀因泣數其罪。后無以自明，上由是有廢立之志。又恐大臣不從，乃與昭儀幸長孫無忌第，酣飲極驩，拜無忌寵姬子三人皆爲朝散大夫，仍載金寶繒錦十車以賜無忌。上因從容言皇后無子以諷無忌，無忌對以他語，上及昭儀皆不悦而罷。禮部尚書許敬宗亦數勸無忌，無忌厲色折之。范氏曰：大臣欲以義正君，而先没於利，則不足以爲重矣。高宗欲利誘無忌，使之從己。無忌苟能辭官反賜，使知大臣之不可誘以利，亦足以格其非心矣。不知出此，卒致武后之怨，來姦臣之謀。高宗無足譏焉，惜乎無忌之不學也！

乙卯（六五五）

六年。

春，二月，遣營州都督程名振等擊高麗。高麗與百濟、靺鞨連兵侵新羅，取三十三城。新羅王遣使求援，遣程名振、蘇定方發兵擊高麗。既渡遼水，高麗逆戰，名振等奮擊，大破之。

夏，五月，遣屯衛大將軍程知節討沙鉢羅。

以韓瑗爲侍中，來濟爲中書令。唐因隋制，後宮有貴妃、淑妃、德妃、賢妃，皆視一品。上欲特置宸妃，以昭儀爲之，韓瑗、來濟諫，以爲故事無之，乃止。

秋，七月，貶柳奭爲榮州刺史。初，武昭儀誣王后與其母爲厭勝，禁不得入宮；因并貶奭。

以李義府爲中書侍郎。中書舍人李義府爲長孫無忌所惡，左遷壁州司馬。義府問計於中書舍人王德儉，德儉曰：「上欲立武昭儀，恐宰臣異議。君能建策立之，則轉禍爲福矣。」義府然之，叩閤表請。上悅，留之，超拜中書侍郎。於是衛尉卿許敬宗、御史大夫崔義玄、中丞袁公瑜皆潛布腹心於昭儀矣。

八月，始置員外同正官。

以裴行儉爲西州長史。長安令裴行儉聞將立武昭儀，以國家之禍必由此始，與長孫無忌、褚遂良私議其事。袁公瑜聞之，以告昭儀母楊氏，行儉坐左遷。

九月，貶褚遂良爲潭州都督。上召長孫無忌、李勣、于志寧、褚遂良入内殿。遂良曰：「今日之召，多爲中宫。上意既決，逆之必死。太尉元舅，司空功臣，不可使上有殺元舅、功臣之名。遂良起於草茅，無汗馬之勞，致位至此，且受顧託，不以死爭之，何以下見先帝！」勣稱疾。無忌等入，上曰：「武昭儀有子，欲立爲后，何如？」遂良對曰：「皇后名家子，先帝爲陛下娶之。臨崩，執陛下手謂臣曰：『朕佳兒佳婦，今以付卿。』非有大故，不可廢也。」上不悅而罷。明日，又言之，遂良曰：「陛下必欲易皇后，請擇令族，何必武氏！武氏經事先帝，衆所共知，萬代之後謂陛下爲如何？臣今忤陛下意，罪當死。」因置笏於殿階，叩頭流血，曰：「還陛下笏，乞放歸田里。」上大怒，命引出。昭儀在簾中大言曰：「何不撲殺此獠？」無忌曰：「遂良受先朝顧命，有罪不可加刑。」于志寧不敢言。韓瑗因泣涕極諫，上不納。瑗又上疏曰：「妲己傾殷，褒姒滅周，每覽前古，常興歎息，不謂今日，塵瀆聖代。陛下不用臣言，臣恐宗廟不血食矣！」來濟上表曰：「王者立后，上法乾坤，必擇禮教名家，幽閑令淑，副四海之望，稱神祇之心。漢成以婢爲后，卒使社稷傾淪。惟陛下察之！」上皆不納。它日，李勣入見，上問之曰：「朕欲立武昭儀爲后，遂良固執以爲不可。事當且已乎？」對曰：「此陛下家事，何必更問外人！」上意遂決。

范氏曰：高宗欲廢立而取決於李勣之一言。勣若以爲不可，則武氏必不立矣。勣非惟不諫，又勸成之。親賢遭禍，唐室中絶，皆勣之由，其禍博矣！太宗以勣爲忠，託以幼孤，而其大節如此！書曰：「知人則哲，惟帝其難之。」信矣！

許敬宗宣言於朝曰：「田舍翁多收十斛麥，尚欲易婦；况天子立一后，何豫諸人事而妄生異議！」昭儀令左右以聞。貶遂良爲潭州都督。其後韓瑗上疏爲褚遂良訟冤曰：「遂良體國忘家，損身徇物，風霜其操，鐵石其心，社稷之舊臣，陛下之賢佐，無罪斥去，内外咸嗟。願鑑無辜，稍寬非罪。」上不聽。瑗復言曰：「昔微子去而殷國以亡，張華存而綱紀不亂。陛下無故棄逐舊臣，恐非國家之福。」上不納。

胡氏曰：褚遂良忠矣，然昧於消息盈虚之理，姤壯勿取之義，毫釐不伐，至用斧柯而無所及。兹人謀有未盡，不可歸之天數也。若當武氏長髮之時，率協羣公上書皇后，沮止其事，深諫高宗，割制邪慾，勿干先帝之私，悉意竭忠，不遺餘力，其勢必可遏也。當其時而不治，及事既成，雖叩首出血，無益矣。

冬，十月，廢皇后王氏爲庶人，立昭儀武氏爲皇后。詔曰：「武氏門著勳庸，地華纓黻，往以才行，選入後庭。朕昔在儲貳，常得侍從，嬪嬙之間，未曾迕目，聖情鑑悉，每垂賞歎，遂以賜朕，事同政君，可立爲皇后。」后上表曰：「陛下前以妾爲宸妃，韓瑗、來濟面折庭爭，乞加褒賞。」上以表示之，瑗等大懼，屢請去，不許。百官朝后於肅儀門。故后王氏、淑妃蕭氏並囚於别院，上嘗念之，間行至其所，呼之，王后泣對曰：「至尊若念疇昔，使得再見日月，幸甚。」上曰：「朕即有處置。」武后聞之，大怒，遣人斷去手足，投酒甕中，曰：「令二嫗骨醉。」數日而死，又斬之。后數見王、蕭爲祟，如死時狀，故多在洛陽，不敢歸長安。

胡氏曰：孔子曰：「其身正，不令而行；其身不正，雖令不從。」太宗作帝範以訓太子，其事備矣，然皆空言也。高宗之所取法者，太宗之所行爾。武氏之立，其以納巢剌王妃爲法乎？故唐世無正家之法，由太宗首惡也。

以中書侍郎李義府參知政事。義府容貌温恭，與人語，必嬉怡微笑，而狡險忌克，故當時人謂義府笑中有刀；又以其柔而害物，謂之李猫。

丙辰（六五六）

顯慶元年。

春，正月，以太子忠爲梁王，立代王弘爲皇太子。弘，武后所生也，生四年矣。初，許敬宗奏曰：「在東宮者所出本微，今知國家已有正嫡，必不自安，恐非宗廟之福。」於是遂廢忠而立弘。忠既廢，官屬無敢見者，右庶子李安仁獨候見，泣涕拜辭而去。

二月，贈武士彠司徒，賜爵周國公。

夏〔二七〕，免山東丁役。上謂侍臣曰：「朕思養人之道，未得其要。」來濟對曰：「君之養人，在省征役。今山東役丁，歲别數萬，役之則人大勞，取庸則人大費。願量公家所須外，餘悉免之。」上從之。

六月，詔以高祖配昊天於圓丘，太宗配五帝於明堂。

崔敦禮卒。

秋，七月，貶王義方爲萊州司户。李義府恃寵用事。洛州婦人淳于氏美色，繫大理獄，義府屬大理丞畢正義枉法出之，將納爲妾。事覺，義府逼正義自縊以滅口，上知而不問。侍御史王義方欲奏彈之，先白其母曰：「義方爲御史，視姦臣不糾則不忠，糾之則身危而憂及於親爲不孝，奈何？」母曰：「昔王陵之母殺身以成子之名。汝能盡忠以事君，吾死不恨！」義方乃奏曰：「義府擅殺六品寺丞，就云自殺，亦由畏義府威，殺身以滅口。如此，則生殺之威，不由上出，漸不可長。」對仗叱義府令下，義府顧望不退。義方三叱，義府始趨出，義方乃讀彈文。上以義方毁辱大臣，貶之。

九月，括州暴風，海溢。

冬，十二月，程知節討沙鉢羅不克，免官。程知節引軍至鷹娑川，遇西突厥，前軍總管蘇定方帥五百騎馳擊，敗之。副總管王文度害其功，矯稱別得旨，以知節恃勇輕敵，委文度節制，遂收軍，不許深入。定方言於知節曰：「上以公爲大將，必不更遣軍副專其號令，請囚文度，飛表以聞。」知節不從。至恒篤城，有羣胡歸附，文度欲殺之而取其資，定方曰：「如此，乃自爲賊耳，何名伐叛！」文度竟殺之，分其財，獨定方不受。師旋，文度坐矯詔，減死除名，知節亦坐逗遛免官。

丁巳（六五七）

二年。

春，正月，遣蘇定方等復擊沙鉢羅。

三月，以褚遂良爲桂州都督，李義府兼中書令。

夏，五月〔二八〕，帝始隔日視事。上自即位，每日視事。宰相奏天下無虞，請隔日視事，許之。

遣天竺方士歸國。天竺方士娑婆寐自言有長生之術，太宗頗信之，發使詣婆羅門諸國采藥。藥竟不就，乃放還。上即位，復詣長安。上復遣歸，謂宰相曰：「自古安有神仙！秦始皇、漢武帝求之，卒無所成，果有不死之人，今皆安在？」李勣對曰：「此人再來，容髮衰白，已改於前，何能長生！」竟未及行而死。

秋，八月，貶韓瑗、來濟、褚遂良皆爲遠州刺史。許敬宗、李義府誣奏韓瑗、來濟與褚遂良潛謀不軌，以桂州用武之地授遂良，欲爲外援，遂皆坐貶，瑗振州，濟台州，遂良愛州，柳奭象州。劉洎之子訟其父冤，言爲遂良所譖而死，李義府助之。給事中樂彦瑋曰：「劉洎自比伊、霍，不爲無罪。今雪洎罪，則先帝爲用刑不當矣。」上然其言，事遂寢。

胡氏曰：父有失德，子不可揚，而道之隱諱可也。國家政刑，治亂所係，苟不當理而拂人心，安得避嫌而不改！改之所以掩之也。避嫌而不改，則其失常在，天下非之，萬世議之，是豈所以爲孝乎？劉洎之子欲雪父冤，以褚今罪逐〔二九〕，故假以爲名，庶其必行。彦瑋之言，雖爲先帝蓋用刑之失，亦恐遂良由此重獲罪耳。其意則是，其言則非，不可不察也。

廢六天之祀，合方丘、神州爲一祭。

以許敬宗爲侍中，杜正倫爲中書令。

冬，十月，蘇定方擊沙鉢羅，獲之。分立興昔亡、繼往絶二可汗。蘇定方至曳咥河西，沙鉢羅帥兵十萬拒戰。定方擊敗之，斬獲數萬。會大雪，平地二尺，軍中咸請俟晴而行，定方曰：「虜恃雪深，謂我不能進，必且休息，亟追之，可及也。」乃兼行，至其牙帳，縱兵擊之，斬獲又數萬。沙鉢羅脱走，趣石國。定方於是息兵，諸部各歸所居，通道路，置郵驛，掩骸骨，問疾苦，畫疆場，復生業，凡爲沙鉢羅所掠者，悉括還之，十姓安堵如故。乃命蕭嗣業將兵追沙鉢羅，獲之。分西突厥地置崑陵、濛池二都護府，以彌射爲興昔亡可汗，押五咄陸部落；步真爲繼往絶可汗，押五弩失畢部落。

以洛陽宫爲東都。

詔禁僧尼受父母及尊者拜。

以劉祥道爲黄門侍郎、知選事。祥道以「取士傷濫，每年入流之數一千四百有餘；内外文武官萬三千四百六十五員，約準三十年，則萬三千餘人略盡矣。若年别入流者五百人，足充所須之數。望有釐革」。而大臣憚於改作，事遂寢。

戊午（六五八）

三年。

春，正月，詔行新禮。先是，議者謂貞觀禮節文未備，故命長孫無忌等修之。時許敬宗、李義府用事，所損益多希旨，學者非之。博士蕭楚材等以爲凶事非臣子所宜言，敬宗、義府深然之，焚國恤篇，凶禮遂闕。

夏，五月，徙安西都護府於龜茲。初，龜茲王布失畢妻與其相那利私通，由是君臣猜阻，互來告難。上兩召之，囚那利，遣左領軍郎將雷文成送布失畢歸國。龜茲大將羯獵顛發衆拒之。詔屯衛大將軍楊胄發兵討之，擒羯獵顛，誅之。乃徙安西都護府於龜茲，高昌但爲西州都督府。

冬十一月，貶杜正倫爲横州刺史，李義府爲普州刺史。李義府有寵於上，諸子孩抱者並列清貫。而義府貪冒無厭，賣官鬻獄，其門如市。中書令杜正倫每以先進自處，由是有隙，訟於上前。上兩責之。

以許敬宗爲中書令，辛茂將爲侍中。

鄂公尉遲敬德卒。敬德晚年閑居，學延年術，不交通賓客，凡十六年。卒，謚忠武。

愛州刺史褚遂良卒。

己未（六五九）

四年。

夏，四月，以于志寧同三品，許圉師參知政事。

削太尉、趙公長孫無忌官封，黔州安置。武后以長孫無忌受重賜而不助己，深怨之；以于志寧中立不言，亦不悦，令許敬宗伺其隙而陷之。會人告太子洗馬韋季方罪，敕敬宗與辛茂將鞫之。季方自刺，不死，敬宗因誣奏季方欲與無忌謀反。上驚曰：「舅爲小人所間，小生疑阻則有之，何至於反！」敬宗曰：「反狀已具，願陛下勿疑。」上泣曰：「我家不幸。往年高陽公主與房遺愛謀反，今元舅復然，將若之何？」對曰：「遺愛乳臭兒，與一女子謀反，勢何所成！無忌與先帝謀取天下，天下服其智；爲宰相三十年，百姓畏其威，若一旦竊發，内外響應，陛下遣誰當之乎？」上曰：「朕決不忍加刑於無忌！」敬宗對曰：「漢文帝，漢之賢主也，其舅薄昭止坐殺人，帝使公卿哭而殺之，後世不以爲非。今無忌謀移社稷，其罪與昭不可同年而語。陛下少更迁延，臣恐變生肘腋，悔無及矣！」上以爲然，竟不引問，詔削無忌官封，黔州安置。敬宗又奏：「無忌謀逆，由褚遂良、柳奭、韓瑗構扇而成，于志寧亦其黨也。」於是詔追削遂良官爵，除奭、瑗名，免志寧官。凉州刺史趙持滿多力善射，其舅長孫銓，無忌之族弟也，銓坐無忌，流巂州。敬宗恐持滿作難，誣以同反，召至下獄，訊掠備至，終無異辭，曰：「身可殺也，辭不可更！」

吏乃代爲獄辭結奏，誅之，尸於城西，親戚莫敢視。友人王方翼收而葬之。上聞之，不罪也。銓至流所，縣令希旨杖殺之。

六月，改氏族志爲姓氏録。初，太宗修氏族志，升降去取，時稱允當。至是，許敬宗等以其書不叙武氏本望，奏請改之，以后族爲第一等，其餘悉以仕唐官品高下爲準。於是士卒以軍功致位五品者，豫士流，時人謂之「勳格」。

初，太宗疾山東士人自矜門地，既修氏族志，例降一等，王妃、主婿皆取勳臣家。而魏徵、房玄齡、李勣家皆盛與爲昏，常左右之，由是舊望不減。李義府爲其子求昏不獲，恨之，故以先帝之旨，勸上矯其弊。詔山東六族不得自爲昏姻，然終不能禁。其衰宗落譜，往往反自稱禁昏家，益增厚價。

以許圉師爲侍中。

辛茂將卒。

詔許敬宗議封禪儀。敬宗請「以高祖、太宗俱配上帝，太穆、文德二后並配地祇」。從之。

秋，七月，殺長孫無忌、柳奭、韓瑗。七月，詔御史追柳奭、韓瑗，枷鏁詣京師。敬宗又遣袁公瑜詣黔州，再鞫長孫無忌，逼令自縊。詔斬瑗、奭。瑗已死，發驗而還。藉没三家，近親皆流嶺南爲奴婢。

貶高履行爲永州刺史，于志寧爲榮州刺史。長孫氏、柳氏緣無忌、奭坐貶者十三人，于氏貶者九人。自是政歸中宫矣。

冬，十月，思結反。遣蘇定方討降之。

庚申(六六〇)

五年。

春二月，帝如并州。皇后宴親戚、故舊、鄰里於朝堂，婦人於内殿，頒賜有差。詔：「并州婦人年八十已上，皆版授郡君。」

夏，四月，作合璧宫。

六月朔，日食。

秋，七月，廢梁王忠爲庶人。梁王忠年浸長，頗不自安，或衣婦人服以備刺客，又數自占吉凶。或告其事，廢爲庶人，徙黔州。

盧承慶免。

遣蘇定方等伐百濟，降之。初，百濟恃高麗之援，數侵新羅，新羅王上表求救。詔蘇定方等率水陸十萬以伐之。定方引軍自成山濟海，直趣其都。百濟傾國來戰，大破之。百濟王義慈降。百濟故有五部，分統三十七郡、二百城、七十六萬户，詔以其地置熊津等五都督府。郎將劉仁願鎮百濟府城。定方前後滅三國，皆生擒其主。

冬，十月，初令皇后決百司奏事。上初苦風眩，不能視百司奏事，或使皇后決之。后性明敏，涉玂文史，處事皆稱旨。由是始委以政事，權與人主侔矣。

辛酉（六六一）

龍朔元年。

夏，四月，遣兵部尚書任雅相等征高麗。任雅相等及諸胡兵凡三十五軍，水陸並進。上欲自將大軍繼之，皇后表諫，乃詔班師。蘇定方破高麗於浿江，屢戰皆捷，遂圍平壤城。高麗蓋蘇文遣其子男生以精兵數萬守鴨緑水。契苾何力至，值冰大合，引衆乘冰，鼓譟而進，高麗大潰，斬首三萬級，餘衆悉降。會有詔班師，乃還。

六月，以西域諸國爲州府。凡府八、州七十六。

徙潞王賢爲沛王。沛王賢聞王勃善屬文，召爲修撰。時諸王鬭雞，勃戲爲檄周王鬭雞文。上見之，怒曰：「此乃交構之漸。」斥勃出沛府。

鐵勒犯邊，詔武衛將軍鄭仁泰等將兵討之。回紇、同羅、僕固犯邊，詔以鄭仁泰爲鐵勒道行軍大總管討之。

校勘記

〔一〕因割左耳以自誓　「左」原作「右」，據殿本、通鑑卷一九六唐太宗貞觀十六年十月條、舊唐書卷一〇九契苾何力傳改。

〔二〕亳州刺史裴思莊奏請伐高麗　「刺史」原脱，據殿本、通鑑卷一九六唐太宗貞觀十六年十一月條補。

〔三〕雉奴懦　「雉」原作「治」，據殿本、通鑑卷一九七唐太宗貞觀十七年十一月癸巳日條改。

〔四〕未聞一二百戍兵能威絶域者也　「一二」原作「三」，據殿本、通鑑卷一九七唐太宗貞觀十七年六月丁亥日條改。

〔五〕改謚曰繆　「繆」原作「謬」，據殿本、通鑑卷一九七唐太宗貞觀十七年十一月壬辰日條、舊唐書卷六三封倫傳改。

〔六〕突厥俟利苾可汗北渡河　「俟」原作「候」，據殿本、通鑑卷一九七唐太宗貞觀十八年十二月條、舊唐書卷一九四突厥傳上改。

〔七〕距京師不遠　「距」原作「拒」，據殿本、通鑑卷一九七唐太宗貞觀十八年十二月條改。

〔八〕副總管王文度先登　「文」原作「大」，據通鑑卷一九七唐太宗貞觀十九年五月己巳日條、舊唐書卷八三蘇定方傳改。

〔九〕高麗北部耨薩延壽惠真帥兵十五萬救安市　「北部」原作「南北部」，據殿本、通鑑卷一九八唐太宗貞觀十九年六月丁巳日條、新唐書卷二二〇高麗傳删「南」。

〔一〇〕拔灼殺其兄曳莽而自立　「曳莽」原作「莽曳」，據殿本、通鑑卷一九八唐太宗貞觀十九年九月壬申日條、新唐書卷二一七下回紇傳下改。

〔一一〕又正觀實録　「正」，殿本作「貞」。宋人避仁宗趙禎諱，改「貞觀」作「正觀」。下同。

〔一二〕自古帝王多疾勝己者　「多」原作「各」，據殿本、通鑑卷一九八唐太宗貞觀二十一年五月庚辰日條改。

〔一三〕五月　「五」上原衍「夏」字，據殿本删。

〔一四〕命於通事舍人裏供奉初昌齡與王公治皆有文名　「命於通事舍人裏供奉初」十字原脱，據殿本、通鑑卷一九八唐太宗貞觀二十一年五月戊子日條補。

〔一五〕冬十一月　「冬」字原脱，據殿本補。

〔一六〕十二月　「十」上原衍「冬」字，據殿本删。

〔一七〕戊申　此二字原脱，據殿本補。

〔一八〕遣武候將軍粱建方繫松外蠻　「建」原作「達」，據殿本、通鑑卷一九九唐太宗貞觀二十二年四月丁巳日條改。

〔一九〕佳兵者不祥之器　「佳」，殿本作「惟」。

〔二〇〕十一月　「十」上原衍「冬」字，據殿本删。

〔二一〕上悦　此二字原脱，據殿本、通鑑卷一九九唐太宗貞觀二十三年十月乙亥日條補。

〔二二〕有洛陽人李弘泰誣告長孫無忌謀反　「弘泰」原作「泰弘」，據通鑑卷一九九唐高宗永徽元年正月辛酉日條、新唐書卷一〇四于志寧傳改。

〔二三〕冬十二月　「冬」字原脱，據殿本補。

〔二四〕冬十月　此三字原脱，據殿本補。

〔二五〕今以遺愛紬玄齡　「玄」原作「元」，據殿本改。

〔二六〕冬十一月　「十一月」，殿本作「十月」。按通鑑卷一九九唐高宗永徽五年十月條，築長安外郭事在是年十月。疑宋本衍「一」字。

〔二七〕夏　「夏」原作「三月」，據殿本、通鑑卷二〇〇唐高宗顯慶元年四月己未日條改。

〔二八〕夏五月　「五」原作「六」，據殿本、通鑑卷二〇〇唐高宗顯慶二年五月庚子日條改。

〔二九〕以褚今罪逐　「今」原作「令」，據殿本改。

資治通鑑綱目卷四十一

起壬戌唐高宗龍朔二年，盡丙申唐中宗嗣聖十三年，凡三十五年。

壬戌（六六二）

二年。

春，正月，改百官名。以門下省爲東臺，中書省爲西臺，尚書省爲中臺；侍中爲左相，中書令爲右相，僕射爲匡政，左、右丞爲肅儀，尚書爲太常伯，侍郎爲少常伯；其餘並以義訓更其名，而職任如故。

任雅相卒于軍，蘇定方引軍還。雅相爲將，未嘗奏親戚故吏從軍，皆移所司補授，謂人曰：「官無大小，皆國家公器，豈可便私！」由是軍中賞罰皆平，人服其公。至是，卒。會沃沮道總管龐孝泰敗死，蘇定方圍平壤久不下，引軍還。

三月，鄭仁泰等敗鐵勒於天山。鐵勒九姓聞鄭仁泰至，合衆十餘萬以拒之，選驍健者數十人挑戰，薛仁貴發三矢，殺三人，餘皆下馬請降。仁貴悉阬之，度磧北，擊其餘衆，獲葉護兄弟三人而還。軍中歌之曰：「將軍三箭定天山，壯士長歌入漢關。」思結、多濫葛等部落先保天山，聞之皆降。仁泰等縱兵擊之，掠其家。虜相帥遠遁，仁泰將輕騎赴之，踰大磧，至仙萼河，不見虜，糧盡而還。值大雪，士卒飢凍，人自相食，比入塞，餘兵纔八百人。司憲大夫楊德裔劾奏：「仁泰誅殺已降，使虜逃散，不計資糧，棄甲資寇。」詔皆釋之。以契苾何力爲鐵勒道安撫使，安輯餘衆。何力簡精騎五百，馳入九姓中，謂曰：「國家知汝皆脅從，赦汝之罪，罪在酋長，得之則已。」其部落大喜，共執其葉護等以授何力，何力斬之，九姓遂定。

夏，五月，以許圉師爲左相。

秋，七月，熊津都督劉仁願等大破百濟於熊津。

初，蘇定方既平百濟，留郎將劉仁願鎮守。以王文度爲熊津都督，撫其餘衆。文度卒，百濟故將福信聚衆據周留城，迎故王子豐立之，引兵圍仁願。時劉仁軌坐罪，白衣從軍，詔以爲帶方州刺史，將文度之衆，發新羅兵以救仁願。仁軌請唐曆及廟諱而行，曰：「吾欲掃平東夷，頒大唐正朔於海表。」仁軌御軍嚴整，轉鬬而前，所向皆下。新羅糧盡，引還。福信招集徒衆，其勢益張。仁軌衆少，與仁願合軍，休息士卒。會平壤軍還，敕仁願等西歸，仁軌以爲如此「則百濟餘燼，不日更興，高麗逋寇，何時可滅」！乃守便宜，乘百濟無備，帥衆破之，拔其數城。奏請益兵，詔發淄、青、萊、海之兵七千人赴之。福信專權，與百濟王豐浸相猜忌。豐殺福信，遣使詣高麗、倭國乞師以拒唐兵。

八月，以許敬宗同三品。

冬，十月，以上官儀同三品。

許圉師免。

駟海總管蘇海政矯詔殺興昔亡可汗。駟海道總管蘇海政受詔討龜茲，敕興昔亡、繼往絶二可汗發兵與俱。繼往絶素與興昔亡有怨，密請海政矯敕收斬之。其部落亡走，海政追討平之。繼往絶尋卒，十姓無主，附於吐蕃。

西突厥寇庭州，刺史來濟死之。西突厥寇庭州，刺史來濟將兵拒之，謂其衆曰：「吾久當死，幸蒙存全，以至今日，當以身報國。」遂不釋甲冑，赴敵而死。

胡氏曰：褚遂良至愛州上表，自陳定策之功，受遺之寄，曰：「螻蟻餘命，乞陛下哀憐。」君子悲之，而亦嫌其氣衰而志挫也。來濟赴敵而死，可謂善處死矣。人孰不死，處之爲難。使無忌而知此，則能廷爭武氏矣〔一〕；遂良而知此，則能待盡無言矣。

癸亥(六六三)

三年。

春，正月，以李義府爲右相。夏四月，除名，流嶲州。義府兼知選事，恃勢賣官，怨讟盈路。上從容戒之，義府勃然變色曰：「誰告陛下？」緩步而去，上不悦。義府又與術者微服出城，候望氣色。或告義府陰有異圖，鞫之，有實。詔除名，流嶲州。朝野稱慶。

蓬萊宫成。初，隋文帝遷長安城，立宫於西北隅。至是，營蓬萊宫於其東北，制度宏壯於舊，門曰丹鳳，殿曰含元，移仗居之，命故宫曰西内，新宫曰東内，亦曰大明宫云。

五月，詔鄭仁泰等分屯涼、鄯以備吐蕃。吐蕃、吐谷渾互相攻，各上表論曲直，求援，上不許。吐蕃擊吐谷渾，大破之。吐谷渾可汗曷鉢與弘化公主帥數千帳棄國走涼州。上以鄭仁泰等分屯涼、鄯備吐蕃。又以蘇定方節度諸軍，援吐谷渾。吐蕃表吐谷渾之罪，且請和。詔責讓之。

秋，九月，熊津總管孫仁師攻百濟，拔之。初，劉仁願、劉仁軌既克真峴城，詔孫仁師將兵，浮海助之，軍勢大振。諸將以加林城水陸之衝，欲先攻之，仁軌曰：「周留城，虜之巢穴，若克周留，諸城自下。」於是水陸並進，遇倭兵於白江口，四戰皆捷。百濟王豐奔高麗，子忠勝等帥衆降。百濟盡平，唯任存城不下。百濟人黑齒常之、沙吒相如各帥衆降，仁軌使各將其衆取任存城。仁師曰：「此屬獸心，何可信也！」仁軌曰：「吾觀二人，皆忠勇有謀，敦信重義，是其感激立效之時，不用疑也。」遂給糧仗，分兵隨之，拔任存城。詔留仁軌鎮百濟，召仁師、仁願還〔二〕。仁軌瘞骸骨，籍户口，理村聚，署官長，通橋道，補堤塘，課耕桑，賑貧老，立唐社稷，頒正朔及廟諱，百濟大悦。然後修屯田，儲糗糧，訓士卒，以圖高麗。仁願至京師，上問之曰：「卿所奏事，皆合機宜。卿本武人，何能如是？」仁願曰：「皆仁軌所爲也。」上悦，加仁軌六階，遣使勞勉之。西臺侍郎上官儀曰：「仁軌遭黜削而能盡忠，仁願秉節制而能推賢，皆可謂君子矣！」

甲子（六六四）

麟德元年。

春，正月，以殷王旭輪爲單于大都護。初，李靖破突厥，遷三百帳于雲中城，阿史德氏爲其長。

至是，部落漸衆，請立可汗以統之。上曰：「今之可汗，古之單于也。」故更爲單于都護府，而使皇子殷王遥領之。

郇公孝協坐贓賜死。

孝協爲魏州刺史，坐贓賜死。有司奏孝協父叔良死王事，不可絶其嗣，上曰：「畫一之法，不以親疏異制。苟害百姓，雖太子亦不赦也。」孝協竟自盡於第。

胡氏曰：高宗昏懦肆恣，棄太宗之法如掃塵爍凍，然而於孝協之贓，確守畫一如此，何哉？且必以治庶人者治皇族，而其言及於太子。它日東宫連見廢殺，則畫一不赦之教也。

秋，七月，詔以三年正月封禪。

八月，以劉祥道、竇德玄爲左、右相〔三〕。

冬，十月，遣兵代戍熊津。

熊津都督劉仁軌上言：「戍兵疲羸者多，衣服貧弊，唯思西歸，無心展效。臣問以『往時百姓應募，或請自辦衣糧，何爲今日士卒如此？』咸言：『今日官府與曩時不同。曩時没王事者，敕使弔祭，追贈官爵，回授子弟，凡渡遼者，皆賜勳一轉。自顯慶五年以來，渡海者官不記録，死者無人誰何。州縣發兵，壯而富者，行錢得免，弱而貧者，被發即行。海東苦戰之時，許以勳賞；及達西岸，唯聞推禁，奪賜破勳，州縣追呼，無以自存。是以被發之日，已有逃亡自殘者；其有勳級，亦不免挽引之勞，無異白丁。又初發時，惟令備一年資裝。今已二年，未有還期。』自非有所更張，厚加慰勞，明賞重罰，以起士心，恐師衆疲勞，立效無日。」上深納其言，遣劉仁願將兵渡海以代舊鎮之兵，敕仁軌俱還。仁軌曰：「舊兵當令收穫，辦具遣還。軍將且留鎮撫，未可歸也。」仁願曰：「吾前還海西，大遭讒謗，云吾謀據海東，幾不免禍。今日唯知準敕，豈敢擅有所爲耶！」仁軌曰：「苟利於國，豈恤其私！」乃上表陳便宜，自請留鎮，從之。以扶餘隆爲熊津都尉，使招輯其餘衆。

十二月，殺同三品上官儀，劉祥道罷，梁王忠賜死。初，武后屈身忍辱，奉順上意，故上排羣議而立之。及得志，專作威福，上動爲所制，不勝其忿。會宦者王伏勝發其使道士郭行真入禁中爲厭禱事，上密召上官儀議之。儀因言：「后專恣，請廢之。」上即命草詔。左右奔告于后，后遽詣上自訴。上羞縮不忍，乃曰：「我初無此心，皆上官儀教我。」儀先與伏勝俱事故太子忠，后於是使許敬宗誣奏儀、伏勝與忠謀大逆。儀下獄，及伏勝皆死，妻子籍没。賜忠死于流所。右相劉祥道坐與儀善，罷。朝士流貶者甚衆。自是上每視事，則后垂簾於後，政無大小，皆預聞之。天下大權，悉歸中宫，天子拱手而已，中外謂之「二聖」。

以樂彦瑋、孫處約同三品。

乙丑（六六五）

二年。

春，三月，以姜恪同三品。

夏，四月，以陸敦信爲右相，樂彦瑋、孫處約罷。

五月，行麟德曆。李淳風以戊寅曆推步浸疏，乃增損劉焯皇極曆，更撰麟德曆，行之。

冬，十月，車駕發東都。十二月，至泰山。皇后表稱：「封禪，祭皇地祇，太后昭配，而令公卿行事，禮有未安，請帥內外命婦奠獻。」詔：「禪社首，以皇后爲亞獻，越國太妃燕氏爲終獻。」廢藁秸、陶匏，用茵褥、罍爵，文舞用功成慶善之樂，武舞用神功破陳之樂。上發東都，華、戎衛從，數百里不絕。時比歲豐稔，米斗至五錢，麥、豆不列于市。上至濮陽，左相竇德玄騎從。上問：「濮陽謂之帝丘，何也？」德玄不能對，許敬宗自後躍馬而前曰：「昔顓頊居此，故謂之帝丘。」上稱善。敬宗退，謂人曰：「大臣不可以無學。」德玄曰：「人各有能有不能，吾不强對以所不知，此吾所能也。」李勣曰：「敬宗多聞，信美矣；德玄之言亦善也。」張公藝九世同居，北齊、隋、唐皆旌表其門。上幸其宅，問所以能共居之故，公藝書「忍」字百餘以進。上善之，賜以縑帛。

胡氏曰：新城三老，啓漢高以君臣之大義；壺關三老，悟孝武以父子之至情；湖三老，猶能辨王尊被劾之非辜，正朝廷刑罰之失當，皆因事有補，不苟然也。高宗非不能忍之患，乃過於忍之失，公藝又以忍勸之，其樸茂有餘，而智術短矣。爲公藝者，宜曰：「臣家所以同居之久，由家長專治，權在男子，婦人不預外事也。」如此則萬一其有警焉耳矣。

丙寅（六六六）

乾封元年。

春，正月，封泰山，禪社首。正月朔，祀昊天上帝于泰山南。明日，登泰山，封玉牒，藏之石䃮。又明日，降禪于社首，祭皇地祇。上初獻畢，執事者皆趨下。宦者執帷，皇后升壇亞獻，帷帟皆以錦繡爲之。赦天下，改元。文武官賜爵、加階有差。先是，階無泛加，皆以勞考叙進，至五品、三品，仍奏取進止。至是始有泛階，比及末年，服緋者滿朝矣。

車駕還，過曲阜，祠孔子。贈太師，祭以少牢。

至亳州，尊老君爲太上玄元皇帝。至亳州，謁老君廟，上尊號。

李義府卒。時大赦，惟長流人不聽還。李義府憂憤，發病而卒。自義府之貶，朝士日憂其復入，至是衆心乃安。

夏，四月，車駕還京師。

五月，鑄乾封泉寶錢。錢一當十，俟期年，盡廢舊錢。

陸敦信罷。

六月，遣金吾衛將軍龐同善將兵伐高麗。高麗泉蓋蘇文卒，長子男生代爲莫離支，出巡諸城，使其弟男建、男産知留後事〔四〕。或謂二弟曰：「男生惡二弟，欲除之。」又有告男生者曰：「二弟欲拒兄不納。」男生遣人偵伺，二弟收掩，得之，乃以王命召男生。男生懼，不敢歸。男建自爲莫離支，發兵討之。男生走保别城，使其子獻誠詣闕求救。詔契苾何力、龐同善將兵救之，以獻誠爲鄉導。

秋，七月〔五〕，以劉仁軌爲右相。初，仁軌爲給事中，按畢正義事，李義府怨之，出爲青州刺史。會討百濟，仁軌當浮海運糧，遭風失船，命監察御史袁異式往鞫之。義府謂曰：「君能辦事，勿憂無官。」異式至，謂仁軌曰：「君宜早自爲計。」仁軌曰：「仁軌當官失職，國有常刑，公以法斃之，無所逃命。若使遽自引決以快讎人，竊所未甘！」乃具獄以聞。上命除名，以白衣從軍自效。及爲大司憲，異式懼，不自安，仁軌瀝觴告之曰：「仁軌若念疇昔之事，有如此觴！」既知政事，薦爲司元大夫。監察御史杜易簡謂人曰：「斯所謂矯枉過正矣！」

竇德玄卒。

皇后殺其從兄武惟良。初，武士彠娶相里氏，生男元慶、元爽；又娶楊氏，生三女，長適賀蘭越石，次皇后，次適郭孝慎。士彠卒，元慶、元爽及士彠兄子惟良、懷運皆不禮於楊氏，楊氏深銜之。越石早卒。后既立，楊氏號榮國夫人，越石妻號韓國夫人，惟良等皆列朝廷。榮國夫人謂曰：「頗憶疇昔之事乎？」對曰：「惟良等幸以功臣子弟早登宦籍，揣分量才，不求貴達，豈意以皇后之故，曲荷朝恩，夙夜憂懼，不爲榮也。」榮國不悦。皇后乃上疏，請出惟良等爲遠州刺史，外示謙抑，實惡之也。元慶以憂卒，元爽坐事流振州而死。韓國及其女皆得幸於上，其女賜號魏國夫人，后惡之。會惟良、懷運至京師獻食。密置毒醢中，使魏國食之，暴卒，因歸罪於惟良、懷運，誅之，改其姓爲蝮氏。

九月，龐同善大破高麗兵。

劉祥道卒。子齊賢嗣。齊賢爲人方正，上甚重之，爲晉州司馬。將軍史興宗從獵苑中，因言晉州產佳鷂，請使齊賢捕之。上曰：「劉齊賢豈捕鷂者耶？」

胡氏曰：人主雖有嗜慾昏蔽，其本心之明，亦不可亡也。特所蔽者重，不能推廣其明耳。高宗若以待劉齊賢之心，博求賢德，列之朝廷，則膏肓之疾，必有能已之者。然既知齊賢方正，而置之州司馬，雖不使捕鷂，亦不能采其謀猷，善善不用，郭公之道爾。

冬，十二月，以李勣爲遼東大總管，伐高麗。勣欲與其婿京兆杜懷恭偕行，懷恭亡匿，謂人曰：「公欲以我立法耳。」勣聞之，流涕曰：「杜郎疏放，此或有之。」乃止。

丁卯（六六七）

二年。

春，正月，耕藉田。有司進耒耜，加以雕飾，上曰：「耒耜，農夫所執，豈宜如此之麗！」命易之。既而耕之，九推乃止。

胡氏曰：爲國務農，必本末備舉，然後實德及百姓。高宗政出房帷，馴致大亂，而躬藉千畝，勤於九推，夫豈勸農之本乎？

罷乾封泉寶錢。自行乾封錢，穀帛踊貴，商賈不行，罷之。

夏，六月，以楊弘武、戴至德、李安期、張文瓘、趙仁本並同三品。時造蓬萊、上陽、合璧等宮，頻征伐四夷，廄馬萬匹，倉庫漸虛。張文瓘諫曰：「隋鑒不遠，願勿使百姓生怨。」上納其言，減廄馬數千匹。上屢責侍臣不進賢，李安期對曰：「比來公卿有所薦引，爲讒者已指爲朋黨，滯淹者未獲伸，而在位者先獲罪，是以各務杜口耳。陛下果推至誠以待之，其誰不願舉所知耶？」上深以爲然。

秋，八月朔，日食。

李安期罷。

九月，李勣拔高麗十七城。李勣拔新城，遂引兵進擊一十六城，皆下之。副大總管龐同善、高侃尚在新城。泉男建遣兵襲其營，武衛將軍薛仁貴擊破之。勣行軍管記元萬頃作檄高麗文曰：「不知守鴨緑之險。」男建報曰：「謹聞命矣。」即移兵據之，唐兵不得渡。上聞之，流萬頃於嶺南。副大總管郝處俊在高麗城下，未及成列，高麗奄至，軍中大駭，處俊據胡床，方食乾糒，精簡精鋭，擊敗之。將士服其膽略。

戊辰（六六八）

總章元年。

夏，四月，彗星見于五車。彗星見，上避正殿，減膳徹樂。許敬宗等奏請復常，曰：「彗星見東北，高麗將滅之兆也。」上曰：「朕之不德，謫見於天，豈可歸咎小夷！且高麗之百姓，亦朕之百姓也。」不許。彗尋滅。

范氏曰：高宗庸昏，而猶能出人君之言，其誠足以動天矣。然則古者失道之君，未必其身親爲不善也，姦佞之臣納之於惡者蓋多矣。亦可以爲戒哉！

秋，九月，李勣拔平壤，高麗王藏降，高麗悉平。薛仁貴破高麗於金山，乘勝將攻扶餘城，諸將以其兵少，止之。仁貴曰：「兵不必多，顧用之何如耳！」遂爲前鋒以進，與高麗戰，大破之，殺獲萬餘人，遂拔扶餘城。扶餘川中四十餘城，皆望風請服。侍御史賈言忠奉使自遼東還，上問以軍事，言忠對

楊弘武卒。

曰：「隋煬帝東征而不克者，人心離怨也。先帝東征而不克者，高麗未有釁也。今高藏微弱，男生兄弟相攻，饑饉連年，妖異屢降，其亡可翹足待也。」上又問：「諸將孰賢？」對曰：「薛仁貴勇冠三軍，龐同善持軍嚴整，高侃忠果有謀，契苾何力沉毅能斷，然夙夜小心，忘身憂國，皆莫及李勣也。」勣等進攻大行城，拔之。諸軍皆會，進至鴨緑栅，破之。圍平壤月餘，高麗王藏遣泉男產詣勣降。男建猶閉門拒守，以軍事委僧信誠，信誠開門，勣縱兵登城。男建自刺不死，遂擒之。高麗悉平。

冬，十月，以盧迦逸多爲懷化大將軍。烏茶國婆羅門盧迦逸多自言能合不死藥，上將餌之。東臺侍郎郝處俊諫曰：「修短有命，非藥可延。貞觀之末，先帝服那羅邇娑婆寐藥，大漸之際，名醫不知所爲。將加顯戮，恐取笑戎狄而止。前鑒不遠，願陛下深察。」上乃止。

十二月，置安東都護府。李勣將至，上命先以高藏等獻于昭陵，具軍容，奏凱歌，入京師，獻于太廟。上受俘于含元殿。分高麗五部、百七十六城、六十九萬餘户爲九都督府、四十二州、百縣，置安東都護府於平壤以統之。擢其酋帥有功者爲都督、刺史、縣令，與華人參理。以薛仁貴檢校安東都護，總兵二萬人以鎮撫之。上祀南郊，告平高麗，以李勣爲亞獻。時有敕，征遼軍士逃亡，限內不首者身斬，妻子籍没。太子上表曰：「軍士或遇疾病，不及隊伍；或因樵採，爲賊所掠；或渡海漂没；或深入賊庭，爲所傷殺，軍中不暇勘當，皆以爲逃。若即配没，情實可哀。」乃詔免之。

以姜恪、閻立本爲左、右相。

京師、山東、江、淮旱，饑。

己巳（六六九）
二年。

春，二月，以李敬玄同三品。先是，同三品不入銜，至是始入銜。

以盧承慶爲司刑太常伯。承慶嘗考内外官，有一官督運，遭風失米，承慶考之曰：「監運損糧，考中下。」其人容色自若，無言而退。承慶重其雅量，改注曰：「非力所及，考中中。」既無喜容，亦無愧詞。又改曰：「寵辱不驚，考中上。」時渭南尉劉延祐弱冠，政事爲畿縣最，李勣謂曰：「足下春秋甫爾，遽擅大名，宜稍自貶抑，無爲獨出人右也。」

以郝處俊同三品。

詔定明堂制度。定明堂制度：其基八觚，其宇上圓，覆以清陽玉葉。其門墻階級、窗櫺楣柱、柳楶枅栱〔六〕，皆法天地陰陽律曆之數。以衆議未決，又會饑饉，竟不果立。

夏，四月，徙高麗户於江、淮、山南、京西諸州。高麗之民多離叛者，敕徙三萬八千二百户於江、淮之南，及山南、京西諸州空曠之地，留其貧弱者，使守安東。

六月朔，日食。

秋，八月，詔幸凉州，不果行。詔以十月幸凉州。時隴右虚耗，議者多以爲未宜遊幸。上聞之，召五品已上謂曰：「自古帝王莫不巡守，故朕欲巡視遠俗。若其不可，何不面陳，而退有後言耶？」宰相以下，皆莫敢言。詳刑大夫來公敏曰：「巡守雖帝王常事，然今高麗餘寇尚多，西邊兵亦未息，隴右户口彫弊。鑾輿所至，供億百端。外間實有竊議，但明制已行，故羣臣不敢陳論耳。」上善其言，爲之罷行。

范氏曰：高宗溺於所愛，不顧禮義，雖元舅顧命之臣以先帝遺言爭之，確乎其不可入也。凉州之不行，得非武后之意乎？何其從諫之易也！且不從其大而從其細，雖曰能聽諫而謹於細行，亦不免陷於大惡也。

九月，大風，海溢。漂六千餘家。

冬，十一月〔七〕，李勣卒。上嘗謂侍臣曰：「朕虚心求諫，而竟無諫者，何也？」司空、英公李勣對曰：「陛下所爲盡善，羣臣無得而諫。」

范氏曰：甚矣，李勣之佞也！陷君於惡，又諂以悦之，其罪大矣！勣本羣盗無識，可爲將，而不可爲相，以輔少主，居伊、周之地，非其任矣。

勣寢疾，謂弟弼曰：「我見房、杜平生勤苦，僅立門户，遭不肖子蕩覆無餘。吾此諸子，今以付汝，謹察視之，其有志氣不倫，交遊非類者，皆先檛殺，然後以聞。」

范氏曰：房、杜事君以忠，其子孫不肖，覆宗絶祀，出於不幸，非其積不善也。李勣一言喪邦，罪不容誅，得死牖下，幸矣。乃以房、杜爲戒，可謂不能省己者矣。父子不責善，骨肉之親無絶也，而使殺之，何異於夷貊，豈所以爲訓乎？

勣爲將，有謀善斷，從善如流，戰勝則歸功於下，所得金帛，悉散之將士，故人思致死，所向克捷。臨事選將，必訾相其狀貌豐厚者遣之。或問其故，勣曰：「薄命之人，不足與成功名。」閨門雍睦而嚴，其姊嘗病，勣親爲作粥，風回，爇其鬚鬢。姊曰：「僕妾幸多，何自苦如是！」勣曰：「非然也。顧姊老，勣亦老，雖欲久爲姊煮粥，其可得乎？」常謂人：「我年十二、三時，爲亡賴賊，逢人則殺；十四、五，爲難當賊，有所不愜則殺之；十七、八，爲佳賊，臨陳乃殺人；二十爲大將，用兵以救人死。」卒，謚貞武。孫敬業嗣。

定銓注法。時承平既久，選人益多，司列少常伯裴行儉始與員外郎張仁禕設長名姓歷牓，引銓注之法。又定州縣升降、官資高下。其後遂爲永制，無能革之者。大略唐之選法，取人以身、言、書、判，計資量勞而擬官。始集而試，觀其書、判；已試而銓，察其身、言；已銓而注，詢其便利；已注而唱，集衆告之。然後類以爲甲，先簡僕射，乃上門下，給事中讀，侍郎省，侍中審之，不當者駁下。既審，然後上聞，主者受旨奉行〔八〕，各給以符，謂之告身。兵部武選亦然。課試之法，以騎射及翹關、負米。人有格限未至，而能試文三篇，謂之宏詞，試判三條，謂之拔萃，入等者得不限而授。其黔中、嶺南、閩中州縣官，不由吏部，委都督選擇土人補授。凡居官以年爲考，六品以下，四考爲滿。有劉曉者上疏論之曰：「今選曹以檢勘爲公道，書、判爲得人，殊不知考其德行才能。況書、判借人者衆矣。又禮部取士，專用文章爲甲乙，故天下之士皆捨德行而趨文藝，有朝登甲科，而夕陷刑辟者。雖日誦萬言，何關理體？文成七步，未足化人！取士以德行爲先，文藝爲末，則多士雷奔，四方風動矣。」

庚午（六七〇）

咸亨元年。

春，正月，劉仁軌致仕。

三月，許敬宗致仕。

敕突厥酋長子弟給事東宮。西臺舍人徐齊聃上疏曰：「皇太子當引文學端良之士寘左右，豈可使戎狄醜類入侍軒闥。」又奏：「齊獻公，即陛下外祖，雖子孫有犯，豈應上延祖禰。今周忠孝公廟甚修，而齊廟毀廢，非所以彰孝理之風也。」上皆從之。齊聃，充容之弟也。

夏，六月朔，日食。

秋，八月，薛仁貴擊吐蕃，敗績。初，吐蕃陷西域十八州，又與于闐襲龜茲撥換城，陷之。詔罷龜茲、于闐、焉耆、疏勒四鎮，以薛仁貴爲大總管，阿史那道真、郭待封副之，以討吐蕃。至大非川，將趣烏海，仁貴曰：「烏海險遠，輜重自隨，難以趨利。宜留輜重，置栅於大非嶺上，吾屬帥輕鋭倍道兼行，掩其未備，破之必矣！」仁貴帥所部前行，擊吐蕃至河口，大破之，進屯烏海。待封先與仁貴並列，不肯受其節度，將輜重徐進，遇吐蕃，大敗，棄輜重走。仁貴退屯大非川，吐蕃就擊之，唐兵大敗，死傷略盡。與欽陵約和而還。仁貴、待封皆免死除名。欽陵，禄東贊之子也，與弟贊婆、悉多、于勃論皆有才略。欽陵代父秉政，三弟將兵居外，鄰國畏之。

關中旱，饑。

九月，魯國夫人楊氏卒。后之母也。敕文武官及内外命婦並詣宅弔哭。謚曰忠烈。

閏月，皇后以旱，請避位，不許。
加贈武士彠爲太原王，夫人爲妃。
趙仁本罷。
冬，十月，詔官名復舊。

辛未（六七一）

二年。
冬，十一月朔，日食。

壬申（六七二）

三年。
春，二月，徙吐谷渾於靈州。吐谷渾畏吐蕃，徙靈州，其故地皆入於吐蕃。
姜恪卒。
夏，四月，吐蕃遣使入貢。吐蕃遣其大臣仲琮入貢。上問以吐蕃風俗，對曰：「吐蕃地薄氣寒，風俗樸魯。然法令嚴整，上下一心；議事常自下而起，因人所利而行之，斯所以能持久也。」
秋，八月，許敬宗卒。太常博士袁思古以「敬宗嘗奏流其子於嶺南，又以女嫁蠻酋，多納其貨，按謚法『名與實爽曰繆』，請以謚之」。敬宗孫彥伯訟請改謚。博士王福時曰：「何曾既忠且孝，徒以日食萬錢，得謚爲『繆』。敬宗忠孝不逮於曾，而飲食男女之累過之，謚之曰『繆』，無負許氏矣。」詔五品以上更議，禮部尚書楊思敬曰：「『過而能改曰恭』。請謚曰『恭』。」詔從之。福時，通之子也。

冬，十一月朔〔九〕，日食。

以劉仁軌同三品。

以邢文偉爲右史，王及善爲左千牛衛將軍。太子弘罕接宫臣，典膳丞邢文偉輒減所供膳，上書諫，太子納之。上聞之，曰：「直士也。」擢爲右史。太子因宴集，命宫臣擲倒，次至左奉裕率王及善，及善曰：「擲倒自有伶官，臣若奉令，恐非所以羽翼殿下也。」太子謝之。上聞之，賜及善縑百疋，尋遷左千牛衛將軍。

癸酉（六七三）

四年。

春，三月，詔劉仁軌改修國史。以許敬宗等所記多不實故也。

秋，七月，婺州大水。

冬，十月，閻立本卒。

十二月，弓月、疏勒來降。

甲戌（六七四）

上元元年。

春，正月，以劉仁軌爲雞林道大總管，討新羅。時新羅王法敏既納高麗叛衆，又據百濟故地。詔削官爵，立其弟仁問在京師者爲王，使歸國。

三月朔，日食。

以武承嗣爲周國公。元爽之子也。

秋，八月，帝稱天皇，后稱天后。

九月，追復長孫無忌官爵。以無忌曾孫翼襲爵趙公，聽陪葬昭陵。

大酺。大酺，上御翔鸞閣觀之。分音樂爲東西朋，使雍王賢主東朋，周王顯主西朋，角勝爲樂。郝處俊諫曰：「二王春秋尚少，志趣未定，當推梨讓栗〔一〇〕，相親如一。今分二朋，遞相誇競，非所以崇禮義，勸敦睦也。」上瞿然曰：「卿遠識，非衆人所及也。」遽止之。

天后表便宜十二條，詔行之。后以「國家聖緒出玄元皇帝，請令王公以下皆習老子，令明經舉人策試」。又請「自今父在，爲母服齊衰三年」。又「京官八品以上量加俸禄」。及他便宜合十二條。詔書褒美，皆行之。

胡氏曰：五服，聖人所制，其輕重隆殺，皆有義理，豈可以私增損？武氏之爲此請也，蓋太宗加高祖父母諸服有以啓之也。古父在，爲母齊衰期，豈聖人固薄於母哉？天無二日，土無二王〔一一〕，家無二主，尊無二上，定于一也。今躋地尊天，持陰敵陽，其欲陵滅夫宗，獨御四海之意，豈特履霜而已哉！不特高宗懵然，而其失，至今未改也。必欲得正，其必以古爲則乎！

乙亥（六七五）

二年。

春，二月，劉仁軌大破新羅。仁軌大破新羅之衆於七重城，引兵還。詔以總管李謹行屯新羅之買肖城以經略之。新羅遣使謝罪，上赦之，復法敏官爵，仁問改封臨海郡公。

三月，天后祀先蠶。天后祀先蠶于邙山之陽，百官及朝集使皆陪位。時上苦風眩，議使天后攝政，郝處俊諫曰：「天子理外，后理內，天之道也。昔魏文帝著令，雖有幼主，不許皇后臨朝，所以杜禍亂之萌。陛下奈何以高祖、太宗之天下，不傳之子孫，而委之天后乎！」中書侍郎李義琰曰：「處俊之言至忠，陛下宜聽之。」上乃止。天后多引文學之士元萬頃、劉禕之等，使之撰列女傳、臣軌、百僚新戒、樂書〔一二〕，凡千餘卷。時密令參決表奏，以分宰相之權，時人謂之北門學士。

以韋弘機爲司農卿。弘機嘗受詔葺苑，宦者犯法，弘機杖之，然後奏聞。上以爲能，賜絹數十匹，曰：「更有犯者，卿即杖之，不必奏也。」

夏，四月，以趙瓌爲括州刺史。左千牛衛將軍趙瓌尚高祖女常樂公主，女爲周王顯妃。公主頗爲上所厚，天后惡之，廢妃，幽殺之，貶瓌刺括州，令公主隨之官，絶朝謁。

太子弘卒，謚孝敬皇帝。立雍王賢爲太子。太子弘仁孝謙謹，上甚愛之，中外屬心。天后方逞其志，太子奏請，數迕旨。義陽、宣成二公主，蕭淑妃之女也，幽于掖庭，年踰三十。太子見之驚惻，奏請出降，上許之。天后怒，即日以公主配當上翊衛。太子尋卒，時人以爲天后酖之也。詔追謚爲孝敬皇帝。

范氏曰：皇帝者，有天下之號，非所以爲贈也。父没而後子立，今父在而追尊其子，豈禮也哉？蓋武后謀簒國，酖太子，而加之尊名以掩其迹。李泌之言信矣！

胡氏曰：太子弘幼有美質，其過失，惟命宫臣擲倒一節而已。嘗受春秋，至商臣事，廢書而嘆曰：「經籍，聖人垂訓，而書此何耶？」郭瑜對曰：「春秋義存褒貶，故商臣千載而惡名不滅。」弘曰：「非惟口不可道，故亦耳不忍聞。願受他經。」瑜請讀禮，從之。弘方幼學，而志心如此，豈非賢乎？其死也，非有他過，特以奏請咈旨。烏乎，爲人臣子而不知春秋之義也〔一三〕，必陷誅死之罪，弘之謂矣！太子之職，問安侍膳，此外非所預也。君父懦昏，母后專忍，尤當遵養時晦，以絶疑忌之萌。而輕用其智，不自韜默，此春秋所禁也。使郭瑜知此，教弘以爲太子之道，豈至於一言違忤而見酖哉？經訓不明，皆腐儒暗於大理，而居人父子之間，其禍如此。則人君愛其子而爲之擇師友者，可不慎哉！

秋，七月，杞王上金澧州安置。天后惡上金，有司希旨奏其罪，故有是命。

八月，以戴至德、劉仁軌爲左、右僕射，張文瓘爲侍中，郝處俊爲中書令，李敬玄同三品。劉仁軌、戴至德更日受牒訴，仁軌常以美言許之，至德必據理難詰，未嘗與奪，實有冤結者，密爲奏辨。由是時譽皆歸仁軌。或問其故，至德曰：「威福者，人主之柄，人臣安得盜取之！」上聞，深重之。有老嫗欲詣仁軌陳牒，誤詣至德，至德覽之未終，嫗曰：「本謂是解事僕射，乃不解事僕射邪！歸我牒！」至德笑而授之。時人稱其長者。文瓘時兼大理卿，囚聞改官，皆慟哭。文瓘性嚴正，諸司奏議，多所糾駮，上甚委之。

丙子（六七六）

儀鳳元年。

春，三月，以來恒、薛元超同三品。

閏月，吐蕃寇鄯州。

以高智周同三品。

秋，八月，始遣使詣桂、廣、文、黔等府注擬。敕：「桂、廣等都督府，比來注擬，簡擇未精，自今每四年遣五品以上官充使，仍令御史同往注擬。」時人謂之南選。

九月，以狄仁傑爲侍御史。將軍權善才、中郎將范懷義誤斫昭陵柏，當除名，上特命殺之。大理丞狄仁傑奏罪不當死，上曰：「我不殺，則爲不孝。」仁傑固執不已，上怒，令出，仁傑曰：「犯顏直諫，自古以爲難，臣以爲遇桀、紂則難，遇堯、舜則易。夫法不至死，而陛下特殺之，是法不信於人也，人何所措其手足！且張釋之有言：『設有盜長陵一抔土，陛下何以處之？』今以一柏殺二將軍，後代謂陛下爲何如矣！臣不敢奉詔旨，恐陷陛下於不道，且羞見釋之於地下也。」上怒解，遂貸之。仍擢仁傑爲侍御史。初，仁傑爲并州法曹，同僚鄭崇質當使絶域，崇質母老且病，仁傑曰：「彼母如此，豈可復使之有萬里之憂！」詣長史藺仁基請代之行。仁基素與司馬李孝廉不叶，因相謂曰：「吾輩豈可不自愧乎！」遂相與輯睦。

胡氏曰：高宗於乃考帝範十不遵一，妻父之妃，而殺顧命大臣。其與陵柏孰重？於其重者，安行不忌，而切切於薄物細故以爲孝，豈不猶盗跖之以分均出後爲仁義哉！

冬，十月〔一四〕，祫享太廟。用太學博士史璨議，禘後三年而祫，祫後二年而禘。

郇王素節袁州安置。素節，蕭淑妃之子也，警敏好學，天后惡之，以爲申州刺史。素節以久不得入覲，著忠孝論，后見之，誣以贓賄，降封鄱陽王，袁州安置。

以李敬玄爲中書令。

丁丑〔一五〕**（六七七）**

二年。

春，正月，耕藉田〔一六〕。

二月，以高藏爲朝鮮王，扶餘隆爲帶方王。以高藏爲朝鮮王，遣歸遼東，安輯高麗餘衆。高麗先在諸州者，遣與俱歸。扶餘隆爲帶方王，亦遣歸，安輯百濟餘衆。仍移安東都護府於新城以統之。藏至遼東，謀叛，召還，徙邛州而死。高麗舊城没於新羅，餘衆散入靺鞨。隆亦不敢還故地。高氏、扶餘氏遂亡。

郝處俊、高智周罷。

夏，四月，河南、北旱。遣御史中丞崔謐等分道賑給。侍御史劉思立上疏曰：「麥秀蠶老，農事方殷，聚集參迎，妨廢不少。既緣賑給，須立簿書，本欲安存，更成煩擾。伏望且委州縣賑給。」疏奏，謐等遂不行。

張大安同三品。

詔廢顯慶新禮。詔以顯慶新禮多不師古，其五禮並依周禮行事。自是禮官益無憑守，每大禮，臨時撰定。

秋，八月，徙周王顯爲英王。更名哲。

命劉仁軌鎮洮河軍。

戊寅（六七八）

三年。

春，正月，百官、四夷朝天后於光順門。

以李敬玄爲洮河道大總管。劉仁軌有奏請，多爲李敬玄所抑，由是怨之。知敬玄非將帥才，薦之使守西邊。敬玄固辭，上曰：「仁軌須朕，朕亦自往，卿安得辭！」乃以敬玄代仁軌，大發兵討吐蕃。

夏，五月，幸九成宮。山中雨寒，從兵有凍死者。

胡氏曰：高宗可謂舒遲解緩之君，在咎徵宜得常燠。今乃盛夏而寒，此武氏好殺，氣之先至者也。惟見微者知之，而人君不悟也。

秋，九月，還京師。

詔復奏破陣樂。上初即位，不忍觀破陣樂，命撤之。至是，太常奏「久寢懼廢」。乃復奏之。

侍中張文瓘卒。上將討新羅，文瓘臥疾在家，自輿入，諫曰：「今吐蕃爲寇，方發兵西討。新羅未嘗犯邊，若又東征，臣恐公私不堪其弊。」上乃止。

李敬玄與吐蕃戰，敗績。李敬玄將兵十八萬，與吐蕃將論欽陵戰於青海之上。副總管劉審禮深入，敗没。敬玄按兵不救，狼狽還走，虜追擊之。員外將軍黑齒常之夜帥死士襲擊虜營，虜乃遁去。敬玄收餘衆，還鄯州。上嘉常之之功，擢拜左武衛將軍。敬玄之西征也，監察御史婁師德應猛士詔從軍，及敗，敕師德收集散亡，軍乃復振。因命使于吐蕃，吐蕃將論贊婆迎之。師德宣導上意，諭以禍福，贊婆甚悦，爲之數年不犯邊。上以吐蕃爲憂，悉召侍臣謀之，或欲和親；或欲嚴備，俟公私富實而討之；或欲亟發兵擊之，議竟不決。太學生魏元忠上封事曰：「理國之要，在文與武。今言文者則以辭華爲首而不及經綸，言武者則以騎射爲先而不知方略，故陸機著論辨亡，無救河橋之敗〔一七〕，養由基射穿七札，不濟鄢陵之師，此已然之明效也。古語有之：『兵無强弱，將有巧拙。』故選將當以智略爲本，勇力爲末。今朝廷用人，類取將門子弟及死事之家，彼皆庸人，豈足當閫外之任！古之名將，皆出貧賤而立殊功，未聞其家代爲將也。夫賞罰者，軍國之切務。近日征伐，虛有賞格而無事實。蓋由小才之吏，不知大體，徒惜勳庸，恐虚倉庫。不知士不用命，所損幾何！自蘇定方征遼東〔一八〕，李勣破平壤，賞絶不行；大非川之敗，薛仁貴、郭待封等不即重誅，臣恐吐蕃之平，非旦夕可冀也。又出師之要，全資馬力。請開畜馬之禁，使百姓皆得畜馬。若官軍大舉，增價市之，則皆爲官有矣。」上善其言，召見，令直中書省，仗内供奉。

來恒卒。

己卯（六七九）

調露元年。

春，正月，幸東都。司農卿韋弘機免。弘機作上陽等宫，制度壯麗，侍御史狄仁傑劾奏弘機導上爲奢泰，免其官。左司郎中王本立恃恩用事，朝廷畏之，仁傑奏其姦，上特原之。仁傑曰：「陛下何惜罪人，以虧王法。必欲曲赦本立，請棄臣於無人之境，爲忠貞之誡！」本立竟得罪。由是朝廷肅然。

二月，吐蕃贊普死。贊普卒，子器弩悉弄立，年八歲。上命裴行儉乘間圖之，行儉曰：「欽陵爲政〔一九〕，大臣輯睦，未可圖也。」乃止。

夏，四月，以郝處俊爲侍中。

命太子賢監國。太子處事明審，時人稱之。

六月，遣吏部侍郎裴行儉立波斯王。行儉襲執阿史那都支以歸。初，西突厥阿史那都支及其别帥李遮匐與吐蕃連和，侵逼安西。朝議欲發兵討之，吏部侍郎裴行儉曰：「今波斯王卒，其子質京師，宜遣使送歸。道過二虜，以便宜取之，可不血刃而擒也。」上從之。乃命行儉册立波斯王。行儉奏肅州刺史王方翼爲副。過西州，揚言須稍凉西上，都支覘知之，遂不設備。行儉召四鎮酋長謂曰：「昔在此州，縱獵甚樂。今欲尋舊賞，誰能從者？」諸胡子弟爭請行，近得萬人。行儉陽爲畋獵，校勒部伍。數日，遂倍道西進，去都支部落十餘里，遣使問其安否，召與相見。都支計無所出，帥子弟迎謁，遂擒之。簡其精騎，進掩遮匐，遮匐亦降。於是囚都支、遮匐以歸，遣波斯王自還其國。留王方翼於安西，使築碎葉城。

冬，十月，單于府突厥反，遂寇定州。單于大都護府突厥阿史德温傅、奉職二部俱反，立阿史那泥熟匐爲可汗，二十四州酋長皆叛應之，衆數十萬。遣長史蕭嗣業等將兵討之。嗣業等先戰屢捷，因不設備。會大雪，突厥夜襲其營，嗣業狼狽拔營走，衆遂大亂，爲虜所敗。突厥寇定州，刺史霍王元軌命開門偃旗，虜疑有伏，懼而宵遁。州人李嘉運與虜通謀，事泄，上令元軌窮其黨與，元軌曰：「强寇在境，人心不安，若多所逮繫，是驅之使叛也。」乃獨殺嘉運，餘無所問。上大喜。自是朝廷有大事，上多密敕問之。遣將軍曹懷舜屯井陘，崔獻屯龍門，以備突厥。

庚辰(六八〇)

永隆元年。

春，三月，以裴行儉爲定襄道大總管，討突厥，平之。初，上謂裴行儉曰：「卿文武兼資，今授卿二職。」乃除禮部尚書、右衛大將軍，爲定襄道行軍大總管，將兵三十餘萬以討突厥。至是，大破突厥於黑山，擒奉職，泥熟匐爲其下所殺，以首來降。初，行儉至朔川，謂其下曰：「撫士貴誠，制敵尚詐。」乃爲糧車三百乘，每車伏壯士五人，各持陌刀勁弩，以羸兵爲之援，且伏精兵於險要以待之。虜果至，羸兵棄車散走。虜驅車就水草，解鞍牧馬，欲取糧，壯士自車中躍出擊之，虜驚走，復爲伏兵所邀，殺獲殆盡。自是糧運行者，虜莫敢近。軍至單于府北，抵暮，下營，掘塹已周，行儉遽命移就高岡。諸將皆言：「士卒已安，不可動。」行儉不從，趣使移。是夜，風雨暴至，前所營地，水深丈餘。諸將驚服，問其故，行儉笑曰：「自今但從我命，不必問其所由知也。」

夏，四月，裴炎、崔知温、王德真同三品。

秋，七月，吐蕃寇河源。吐蕃寇河源，將軍黑齒常之擊却之。常之以河源衝要，欲加兵戍之，而轉輸險遠，乃廣置烽戍七十餘所，開屯田五千餘頃，歲收五百餘萬石，由是戰守有備焉。先是劍南募兵於茂州，築安戎城，以斷吐蕃之路。吐蕃攻陷其城，以兵據之。由是西洱諸蠻皆降于吐蕃。吐蕃之地，東接涼、松、茂、巂等州，南鄰天竺，西陷龜兹、疏勒等四鎮，北抵突厥，地方萬餘里。諸胡之盛，莫與爲比。

八月，貶李敬玄爲衡州刺史。敬玄軍既敗，屢稱疾請還。既至，無疾，詣中書視事。上怒，貶之。

廢太子賢爲庶人，立英王哲爲皇太子。太子賢聞宫中竊議，以賢爲天后姊韓國夫人所生，内自疑懼。方士明崇儼以厭勝之術爲天后所信，官至正諫大夫，嘗密稱「太子不堪承繼，英王貌類太宗」。

會宗儷爲人所殺，天后遂疑太子所爲。太子頗好聲色，與户奴狎昵。天后使人告其事，鞫之，於馬坊得皂甲數百領，以爲反具。上素愛太子，欲宥之，天后不可，遂廢爲庶人，黨與皆伏誅。左庶子張大安坐阿附左遷，餘皆釋之。左庶子薛元超等皆舞蹈拜恩。右庶子李義琰獨引咎涕泣，時論美之。

冬，十一月朔，日食。

辛巳（六八一）

開耀元年。

春，正月，宴百官及命婦於麟德殿。以立太子，宴百官及命婦於宣政殿，引九部伎及散樂自宣政門入。太常博士袁利貞上疏，以爲：「正寢非命婦宴會之地，路門非倡優進御之所，請命婦會於別殿，九部伎自東西門入，而停散樂。」上乃更命置宴於麟德殿；賜利貞帛百疋。利貞族孫誼爲蘇州刺史，自以其先宋太尉淑以來，盡忠帝室，琅邪王氏雖奕世台鼎，而爲歷代佐命，耻與爲比，嘗曰：「所貴於名家者，爲其世篤忠貞，才行相繼故也。彼鬻婚姻求禄利者，又烏足貴乎！」

三月，郝處俊罷。

以劉仁軌爲太子太傅。少府監裴匪舒善營利，奏賣苑中馬糞，歲得錢二十萬緡。上以問劉仁軌，對曰：「利則厚矣，恐後代稱唐家賣馬糞，非嘉名也。」乃止。匪舒又爲上造鏡殿，上與仁軌觀之。仁軌驚趨下殿，上問其故，對曰：「天無二日，土無二王，適視四壁，有數天子，不祥孰甚焉！」上遽令剔去。

秋，七月，太平公主適薛紹。紹母，太宗女城陽公主也。紹兄顗以公主寵盛〔二〇〕，深憂之，以問族祖户部郎中克構，克構曰：「帝甥尚主，國家故事。苟以恭慎行之，何傷？然諺曰：『娶婦得公主，無事取官府。』亦不得不懼也。」

胡氏曰：士大夫有志節者，多不肯連姻天家，而帝女下嫁，必妙選名士，若各從所欲，則無可以成婚矣。然舜由匹夫爲天子婿，能使二女率循婦道〔二〕，此則尚主之法式也。然必也公主有父母、師傅之訓，如太宗、宣宗不驕其女；而爲之婿者，德行行乎閨門，使帝女不敢以貴富輕忽夫家。交得其道，其何美如之；不然，殆難免於薛克構之言乎！

以裴炎爲侍中，崔知温、薛元超爲中書令。

徵處士田游巖爲太子洗馬。游巖隱居泰山，上東封，嘗幸其廬。徵爲洗馬，無所規益。右衛副率薛儼以書責之曰：「足下負巢、由之俊節，傲唐、虞之聖主，屈萬乘之重，申三顧之榮，將以輔導儲貳，漸染芝蘭耳。皇太子春秋鼎盛，聖道未周，足下乃唯唯而無一談，悠悠以卒年歲，何以塞聖主調護之寄乎？」游巖不能答。

裴行儉討突厥阿史那伏念，降之。初，裴行儉軍還，突厥阿史那伏念自立爲可汗，與阿史德温傅連兵爲寇。詔復以行儉爲定襄道大總管討之。副總管曹懷舜引兵至長城北横水，遇伏念，伏念乘便風擊之，大敗。行儉軍於代州之陘口，多縱反間，由是伏念、温傅浸相猜貳。伏念留妻子、輜重於金牙山，以輕騎襲曹懷舜。行儉遣裨將程務挺掩金牙取之。伏念還，失其妻子、輜重，士卒多疾疫，乃引兵北走。行儉又使務挺等追躡之。伏念恃遠不設備，軍到狼狽，遂執温傅以降。行儉盡平突厥餘黨，以伏念、温傅歸京師，斬於都市。初，行儉許伏念以不死，故降。裴炎疾行儉之功，奏言：「伏念爲回紇所逼，窮窘而降耳。」遂誅之。行儉歎曰：「渾、濬爭功，古今所恥。但恐殺降，無復來者。」因稱疾不出。

冬，十月朔，日食。

徙故太子賢於巴州。

壬午(六八二)

永淳元年。

春，二月，立皇孫重照爲皇太孫。上欲令開府，置僚屬，問吏部郎中王方慶，對曰：「未聞太子在東宮，而更立太孫者也。」上曰：「自我作古，可乎？」對曰：「三王不相襲禮，何爲不可！」乃奏置師傅等官。既而上疑其非法，竟不補授〔二二〕。

夏，四月朔，日食。

關中饑。上幸東都。上以關中饑饉，米斗三百，將幸東都，留太子監國，使劉仁軌、薛元超輔之。時出幸倉猝，扈從之士有餓死者。上慮道路多草竊，命監察御史魏元忠檢校。元忠閱赤縣獄，得盜一人，神采語言異於衆，命釋桎梏，襲冠帶，乘驛以從，與共食宿，託以詰盜。比及東都，士馬萬數，不亡一錢。

聞喜憲公裴行儉卒。行儉有知人之鑒。初，王勃與楊炯、盧照鄰、駱賓王皆以文章有盛名，李敬玄尤重之。行儉曰：「士之致遠者，當先器識，而後才藝。勃等雖有文華，而浮躁淺露，豈享爵禄之器邪？楊子稍沈静，應至令長，餘得令終幸矣。」既而勃墮水，炯終於盈川令，照鄰惡疾，赴水死，賓王反，誅。行儉爲將帥，所引偏裨，如程務挺、張虔勗、王方翼、劉敬同、李多祚、黑齒常之，後多爲名將。破阿史那都支，得馬腦盤廣二尺餘，以示將士，軍吏捧以升階，跌而碎之，惶恐，叩頭流血。行儉笑曰：「爾非故爲，何至於是！」不復有追惜之色。詔賜都支等資産金器三千，並分給親故偏裨，數日而盡。

安西都護王方翼破西突厥，平之。阿史那車薄圍弓月，安西都護王方翼引軍救之，破虜衆於伊麗水。三姓咽麵與車薄合兵拒方翼，方翼與戰於熱海，分遣裨將襲破之，擒其酋長三百人。西突厥遂平。方翼徵入議事，竟以廢后近屬，不得用而歸。

以郭待舉、岑長倩、郭正一、魏玄同並與中書門下同承受進止平章事。上欲用待舉等，謂中書令崔知温曰：「待舉等資任尚淺，且令預聞政事，未可與卿等同名。」自是外司四品已下知政事者，始以平章事爲名。先是玄同爲吏部侍郎，上言曰：「人君之體，當委任而責成功，所委者當，則所用者自精矣。周穆王命伯冏爲太僕正，曰：『愼簡乃僚。』是使羣司各自求其小者，而天子命其大者也。漢氏得人皆自州縣補署，五府辟召，然後升於天朝。魏、晉以來，始專委選部。夫以天下之大，士人之衆，而委之數人之手，用刀筆以量才，按簿書而察行，借使平如權衡，明如水鏡，猶力有所極，照有所窮，況所委非人而有愚闇阿私之弊乎！願略依周、漢之規，以救晉、魏之失。」疏奏，不納。

五月，洛水溢，關中旱蝗。東都霖雨，洛水溢，溺民居千餘家。關中先水，後旱蝗，繼以疾疫，米斗四百。兩京間，死者相枕於路，人相食。

秋，七月，作奉天宫。上既封泰山，欲遍封五嶽，作奉天宫於嵩山之南。監察御史裏行李善感諫曰：「陛下封泰山，告太平，致羣瑞，與三皇、五帝比隆矣。數年不稔，餓殍相望；四夷交侵，兵車歲駕。陛下宜恭默思道，以禳災譴；更廣營宫室，勞役不休，天下莫不失望。」上不納。自褚遂良、韓瑗之死，中外以言爲諱，幾二十年。及善感始諫，天下皆喜，謂之「鳳鳴朝陽」。上遣宦者緣江徙異竹，所在縱暴。荆州長史蘇良嗣囚之，上疏切諫，以爲「致遠方異物，煩擾道路，恐非聖人愛人之意」。上手詔慰諭，令棄竹江中。

零陵王明自殺。初，曹王明以太子賢黨，降封零陵王，黔州安置。至是，都督謝祐希天后意，逼使自殺。上深惜之，黔府官屬皆坐免官。祐後寢於平閣，夜失其首。及明子俊爲天后所殺，有司籍其家，得祐首，漆爲穢器，題云謝祐，乃知明子使刺客取之也。

召薛元超赴東都。太子頗事遊畋，元超上疏規諫。上聞之，遣使者慰勞，召赴東都。

冬，十月，以劉景先同平章事。

突厥骨篤禄寇并州，薛仁貴大破之。突厥餘黨阿史那骨篤禄、阿史德元珍等招集散亡，據黑沙城反，寇并州。代州都督薛仁貴將兵擊之。虜問唐大將爲誰，應之曰：「薛仁貴。」虜曰：「吾聞仁貴流象州，死久矣，何紿我也！」仁貴免胄示之面，虜相顧失色，下馬列拜，稍稍引去。仁貴因奮擊，大破之。

以婁師德爲河源軍經略副使。吐蕃寇河源，師德將兵擊之於白水澗，八戰八捷。上以師德爲比部員外郎、左驍衛郎將，充使，曰：「卿有文武材，勿辭也。」

癸未（六八三）

弘道元年。

春，二月，突厥寇定州，圍單于都護府。

李義琰致仕。義琰改葬父母，使其舅氏遷舊墓。上聞之，怒曰：「義琰倚勢陵其舅家，不可復知政事。」義琰不自安，以疾求去，許之。

范氏曰：高宗責義琰當矣，然已以讒殺其舅，何以責臣下之薄於母黨乎？

崔知温卒。

夏，四月，綏州步落稽作亂〔二三〕，討平之。步落稽白鐵余埋銅佛於地中，久之，草生其上，紿鄉人曰：「吾於此數見佛光。」集衆掘地，果得之，因曰：「得見聖佛者，百疾皆愈。」遠近赴之。數年，歸信者衆，遂謀作亂，據城平縣，稱皇帝，置百官。遣右武衛將軍程務挺與王方翼討之，擒鐵余，餘黨悉平。

五月，突厥寇蔚州。突厥阿史那骨篤禄等寇蔚州，殺刺史李思儉。豐州都督崔智辯將兵邀之，爲虜所擒。朝議欲廢豐州，司馬唐休璟上言：「豐州阻河爲固，居賊衝要。自秦、漢已來，列爲郡縣。土宜耕牧。貞觀之末募人實之，西北始安。今廢之，則河濱之地復爲賊有，靈、夏等州人不安業，非國家之利也。」乃止。

秋，七月，詔以來年有事於嵩山。冬，十一月，詔罷之。詔罷封嵩山，上疾甚故也。上苦頭重，不能視，召侍醫秦鳴鶴診之，請刺頭出血，可愈。天后不欲上疾愈，怒曰：「此可斬也，乃欲於天子頭刺血！」上曰：「但刺之，未必不佳。」乃刺二穴，上曰：「吾目似明矣。」后舉手加額曰：「天賜也！」自負綵百疋，以賜鳴鶴。

詔太子監國，以裴炎、劉景先、郭正一兼東宮平章事。

十二月，帝崩。太子即位，尊天后爲皇太后。上疾甚，夜召裴炎入，受遺詔而崩。遺詔：「太子即位，軍國大事有不決者，兼取天后進止。」中宗即位，尊天后爲皇太后，政事咸取決焉。

以劉仁軌爲左僕射，裴炎爲中書令，劉景先爲侍中。故事，宰相於門下省議事，謂之政事堂。及裴炎遷中書令，始遷政事堂於中書省。

郭正一罷。

甲申（六八四）

中宗皇帝嗣聖元年。二月，睿宗文明元年。九月，太后光宅元年〔二四〕。

春，正月，立妃韋氏爲皇后。

以韋弘敏同三品。

二月，太后廢帝爲廬陵王，立豫王旦。中宗欲以后父韋玄貞爲侍中，裴炎固爭，中宗怒曰：「我以天下與韋玄貞何不可！而惜侍中邪？」炎懼，白太后，密謀廢立。太后集百官於乾元殿，勒兵宣令，廢中宗爲廬陵王。中宗曰：「我何罪？」太后曰：「汝欲以天下與韋玄貞，何得無罪！」乃幽于別所。立豫王旦爲皇帝，妃劉氏爲皇后，永平王成器爲太子，廢太孫重照爲庶人，改元文明。旦居別殿，不得有所預，政事皆決於太后。有飛騎十餘人飲於坊曲，一人言：「曏知別無勳賞，不若奉廬陵。」一人起告之，座未散，皆捕繫羽林獄。言者斬，餘皆絞，告者除五品官。告密之端，自此興矣。

胡氏曰：世觀中宗之廢者，往往歸咎武氏，而不知事起裴炎也。炎但知玄貞與政，必與己分權，不若倚后爲重，而不爲唐室遠慮，以啓革命屠戮之禍，罪不止於廢君而已也！

太后以劉仁軌爲西京留守。仁軌上疏，辭以衰老，不堪居守，因陳吕后禍敗之事，以申規戒。太后璽書慰諭之。

太后始御紫宸殿。太后御武成殿，皇帝帥王公以下上尊號。自是太后常御紫宸殿，施慘紫帳以視朝。

太后以王德真爲侍中，劉禕之同三品。

三月，太后殺故太子賢。初，太后命將軍丘神勣詣巴州，檢校故太子賢宅，以備外虞，風使殺之。至是，神勣逼賢自殺。太后乃歸罪神勣，貶之，而追封賢爲雍王。尋復以神勣爲金吾將軍。

夏，四月，太后遷帝于房州，又遷于均州。

閏五月，太后以武承嗣同三品。

秋，七月，温州大水。流四千餘家。

八月，葬乾陵。

太后以馮元常爲隴州刺史。初，尚書左丞馮元常爲高宗所委，常密言中宮威權太重，宜稍抑損，高宗不能用。及太后稱制，四方爭言符瑞，嵩陽獻瑞石，元常奏言：「狀涉諂詐，不可誣罔天下！」太后不悅，出之。

武承嗣罷。

括州大水。流二千餘家。

九月，太后改元，及服色、官名。太后改元光宅；旗幟皆從金色；八品服碧。東都爲神都；尚書省爲文昌臺，僕射爲左、右相，六曹爲天、地、四時六官；門下省爲鸞臺，中書省爲鳳閣，侍中爲納言，中書令爲内史；御史臺分爲左、右肅政臺；其餘悉以義類改之。

太后立武氏七廟。武承嗣請追王其祖，立武氏七廟，太后從之。裴炎諫曰：「太后母臨天下，當示至公，不可利於所親。獨不見呂氏之敗乎？」太后曰：「呂后以權委生者，故敗。今吾追尊亡者，何傷乎？」對曰：「事當防微杜漸，不可長耳。」太后不從。追尊五代祖爲公，妣爲夫人；高、曾、祖、考爲王，妣皆爲妃。

胡氏曰：哀哉，裴炎之愚也！人主一言之失，即勸女主廢之，而戒以防微杜漸，事尚有微漸於廢君者乎？

英公李敬業起兵揚州，太后遣將軍李孝逸擊之。時諸武用事，唐宗室人人自危，衆心憤惋。

會柳州司馬、英公李敬業及弟敬猷、唐之奇、駱賓王、杜求仁、魏思温皆失職怨望，乃謀起兵。遂矯詔殺揚州長史，開府庫，赦囚徒，旬日間得勝兵十餘萬，復稱嗣聖元年。敬業自稱匡復上將，復求得貌類濮王賢者置之軍中，云賢不死，逃至此，令其舉兵。移檄州縣，略曰：「僞臨朝武氏者，人非温順，地實寒微。昔充太宗下陳，嘗以更衣入侍，洎乎晚節，穢亂春宮。密隱先帝之私，陰圖後庭之嬖，踐元后於翬翟，陷吾君於聚麀。」「殺姊屠兄，弑君鴆母，人神之所同嫉，天地之所不容。」「包藏禍心，竊窺神器。君之愛子，幽之於別宮；賊之宗盟，委之以重任。」「一抔之土未乾，六尺之孤何在！」太后見之，問：「誰所爲？」或對曰：「駱賓王。」太后曰：「宰相之過也。人有如此才，而使之流落不偶乎！」遣左玉鈐衛大將軍李孝逸將兵三十萬以討敬業，追削其祖考官爵，發冢斲棺，復姓徐氏。

太后殺侍中裴炎；以騫味道爲内史，李景諶同平章事。

武承嗣與從父弟三思以韓王元嘉、魯王靈夔屬尊位重，屢勸太后因事誅之。太后謀於執政，裴炎固爭。及李敬業舉兵，太后問計於炎，對曰：「皇帝年長，不親政事，故豎子得以爲辭。若太后返政，則不討自平矣。」承嗣因使監察御史崔詧言炎有異圖，太后命左肅政大夫騫味道鞫之，鳳閣舍人李景諶證炎必反。劉景先、胡元範明其不反，遂并下獄。以騫味道檢校内史，李景諶平章事。斬裴炎于都亭，籍没其家，無甔石之儲。景先等流貶有差。炎弟子太僕寺丞伷先年十七，上封事求見，曰：「陛下爲李氏婦，先帝棄天下，遽攬朝政，變易嗣子，疏斥李氏，封崇諸武。伯父忠於社稷，反誣以罪，戮及子孫。陛下所爲如是，臣實惜之。陛下早宜復子明辟，高枕深居，則宗族可全。不然，天下一變，不可復救矣！」太后怒，命於朝堂杖而流之。炎之下獄也，郎將姜嗣宗使至長安，劉仁軌問以東都事，嗣宗曰：「嗣宗覺裴炎有異於常久矣。」嗣宗還，仁軌附表，言：「嗣宗知裴炎反，不言。」太后殺之。

胡氏曰：能權輕重，然後可以當國家之大事。韋玄貞爲侍中，雖曰外戚，然有長孫無忌前例，亦未遽至擅權而亂國也。中宗雖下愚，炎與玄貞，及劉仁軌、劉禕之之徒，左提右挈，雖排太后不預外事可也。然炎既自黨于太后，又欲使太后歸政睿宗以收公議，其將能乎！

李敬業取潤州，李孝逸擊殺之。初，魏思温説李敬業曰：「明公以匡復爲辭，宜帥大衆鼓行而進，直指洛陽，則天下知公志在勤王，四面響應矣。」薛仲璋曰：「金陵有王氣，且大江天險，足以爲固。不如先取常、潤，爲定霸之基，然後北向，以圖中原。進無不利，退有所歸，此良策也。」思温曰：「山東豪傑以武氏專制，憤惋不平，聞公舉事，皆蒸麥爲糧，伸鋤爲兵，以俟南軍之至。不乘此勢以立大功，乃更蓄縮，欲自謀巢穴，遠近聞之，其誰不解體？」敬業不從，將兵攻潤州。思温謂杜求仁曰：「兵勢合則强，分則弱。敬業不并力渡淮，收山東之衆，以取洛陽，敗在眼中矣。」敬業遂行，取潤州。聞李孝逸將至，回軍拒之，屯下阿溪，使敬猷逼淮陰，韋超屯都梁山。孝逸軍至臨淮，戰不利。監軍御史魏元忠曰：「天下安危，在兹一舉。今大軍久留不進，萬一朝廷更命他將以代將軍，將軍何辭以逃逗撓之罪乎？」孝逸乃引軍而前。元忠請先擊敬猷，諸將曰：「不如先攻敬業，敬業敗，則敬猷不戰自擒矣。若擊敬猷，敬業救之，是腹背受敵也。」元忠曰：「不然。賊兵盡在下阿，烏合而來，利在一決。敬猷不習軍事，其衆單弱，大軍臨之，駐馬可克。我克敬猷，乘勝而進，雖有韓、白，不能當其鋒矣。」孝逸從之，引兵擊敬猷，敬猷走。敬業勒兵，阻溪拒守。元忠言於孝逸曰：「風順荻乾，此火攻之利。」敬業置陳既久，士卒多疲倦，陳不能整。孝逸進擊之，因風縱火，敬業大敗，輕騎走，將入海，孝逸追之。其將王那相斬敬業等首來降，餘黨皆捕得，傳首神都。

陳嶽論曰：敬業苟能用魏思温之策，直指河、洛，專以匡復爲事，縱軍敗身戮，亦忠義在焉。而妄希金陵王氣，是真爲叛逆，不敗何待！

胡氏曰：元忠智謀誠可爲世用，而不知所以自用；用於女主之朝，可謂不待價而沽者也。其言曰：「天下安危，繫此一舉。」使敬業而敗，則武后愈安，何繫於唐室？然則將不令孝逸拒之乎？曰：君子見幾而作，不俟終日。元忠誠有遠見宏略者，永淳、弘道之間，自晦而去，上也。至是鋒穎已見〔二五〕，難乎其卷而懷之矣。然位未高而寵禄淺，有道以遠迹，猶賢乎知進而不知退也！

李景諶罷。太后以崔詧同平章事。

郭待舉罷。太后以韋方質同平章事。

太后殺單于道安撫大使程務挺。初，裴炎下獄，務挺密表申理。至是，或譖務挺與炎及敬業通謀，太后遣使即軍中斬之。突厥宴飲相慶。太后以王方翼與務挺相善，流崖州而死。

乙酉（六八五）

二年。太后垂拱元年。

春，正月，帝在均州。

二月，太后以武承嗣、裴居道、韋思謙同三品。

三月，太后遷帝于房州。

沈君諒、崔詧、武承嗣罷。

太后頒垂拱格。

太后貶騫味道爲青州刺史。朝士有左遷詣宰相自訴者，味道曰：「此太后處分。」褘之曰：「由臣下奏請。」太后聞之，謂侍臣曰：「君臣同體，豈得歸惡於君，引善自取乎！」故有是命。

夏，五月，太后以裴居道爲内史，流王德真於象州；以蘇良嗣爲納言。

太后制百官及百姓皆得自舉。

胡氏曰：女而自媒，求貞女者賤之；士而自薦，求良士者輕之。武后之詔，不足論矣。而陸宣公通達治體者也，乃引以爲美談，曰：「當時有得人之稱，累朝賴多士之用。」何也？此為德宗猜忌而發，非古今之通誼也。誠使宰相得人，内外長官皆稱其任，各舉所知，寧憂乏才！何必開衒鬻之門，消廉耻之道乎！

六月，太后以韋待價同三品。

秋，七月，太后以魏玄同同三品。

太后以阿史那元慶爲興昔亡可汗。

太后以僧懷義爲白馬寺主。懷義得幸於太后，太后以爲白馬寺主，出入乘御馬，朝貴皆匍匐禮謁。武承嗣、三思皆執僮僕之禮以事之。懷義多聚無賴少年，度爲僧，縱橫犯法，人莫敢言。御史馮思勖屢以法繩之，懷義遇諸塗，令從者毆之，幾死。太后託言懷義有巧思，使入宫營造。補闕王求禮表請閹之，庶不亂宫闈，表寢不出。

丙戌（六八六）

三年。太后垂拱二年。

春，正月，帝在房州。

太后歸政于豫王旦，尋復稱制。太后詔復政事於皇帝，睿宗知太后非誠心，奉表固讓。太后復臨朝稱制。

二月朔，日食。

太后以李孝逸爲施州刺史。孝逸既克李敬業，聲望甚重。武承嗣等惡而譖之，故有是命。

三月，太后置銅匭，受密奏。太后自徐敬業之反，疑天下人多圖己；又自以久專國事，内行不正，知宗室大臣怨望不服，欲大誅殺以威之。乃盛開告密，有告密者，給馬供食，使詣行在。雖農夫樵人，皆得召見。或不次除官，無實者不問。於是四方告密者蜂起。有魚保家者，請鑄銅爲匭，以受天下密奏。其器一室四隔，上各有竅，可入不可出，太后善之。未幾，其怨家投匭，告保家嘗爲徐敬業作兵器，遂伏誅。胡人索元禮因告密召見，擢爲游擊將軍，令按制獄。元禮性殘忍，推一人，必令引數十百人。於是周興、來俊臣之徒效之。興累遷至秋官侍郎，俊臣至御史中丞，皆養無賴數百人，意所欲陷，則使數處俱告之，辭狀俱同。既下獄，則以威刑脅之，無不誣服。又造告密羅織經一卷，綱羅無辜，織成反狀，構造布置，皆有支節。其訊囚酷法，有「定百脉」、「突地吼」、「死猪愁」、「求破家」、「反是實」等號，中外畏之，甚於虎狼。麟臺正字陳子昂上疏曰：「執事者疾徐敬業首亂唱禍，將息姦源，遂使陛下大開詔獄，重設嚴刑，有迹涉嫌疑，辭相逮引，莫不窮捕考案。至有姦人熒惑，乘險相誣，糾告疑似，冀圖爵賞。及其窮竟，百無一實。陛下仁恕，又屈法容之，遂使姦惡之黨快意相讎。天下喁喁，莫知寧所。臣聞隋之末代，天下猶平，楊玄感作亂，不踰月而敗。天下之弊，未至土崩。煬帝不悟，專行屠戮，大窮黨與，遂至殺人如麻，流血成澤，天下靡然，始思爲亂，於是雄傑並起，而隋族亡矣。前事之不忘，後事之師也。伏惟陛下念之。」太后不聽。子昂又嘗上疏曰：「朝廷遣使巡察四方，或不擇人，則黜陟不明，刑罰不中，徒使百姓修飾道路，送往迎來，無所益也。」又曰：「宰相，陛下之腹心；刺史、縣令，陛下之手足，未有無腹心、手足而能獨理者，皆不可以不擇也。」又曰：「天下有危機，禍福因之而生，百姓是也。百姓安，則樂其生；不安，則輕其死。輕其死，則天下亂矣。」

夏，四月，太后鑄太儀。

六月，太后以岑長倩爲内史，蘇良嗣、韋待價爲左、右相，韋思謙爲納言。良嗣爲相，遇懷義於朝堂。懷義偃蹇不爲禮，良嗣大怒，命左右批其頰。懷義訴於太后，太后曰：「阿師當於北門出入，南牙宰相所往來，勿犯也。」

秋，九月，太后以突厥斛瑟羅爲繼往絶可汗。

有山出於新豐。雍州言新豐縣東南有山踊出，太后改新豐爲慶山縣。江陵人俞文俊上書言：「天氣不和而寒暑併，人氣不和而疣贅生，地氣不和而埴阜出。今陛下以女主處陽位，反易剛柔，故地氣塞隔，而山變爲災。陛下謂之『慶山』，臣以爲非慶也。伏惟側身修德，以答天譴。不然，禍今至矣！」太后怒，流之嶺外。

太后以狄仁傑爲冬官侍郎。仁傑爲寧州刺史。御史郭翰巡察隴右，入寧州境，耆老歌刺史德美者盈路。翰表薦之，徵爲冬官侍郎。

丁亥（六八七）

四年。太后垂拱三年。

春，正月，帝在房州。

三月，韋思謙致仕。

夏，四月，太后以蘇良嗣爲西京留守。時尚方監裴匪躬檢校京苑，將鬻苑中蔬果，以收其利。良嗣曰：「昔公儀休相魯，猶能拔葵、去織婦，未聞萬乘之主鬻蔬果也。」乃止。

太后以裴居道爲納言，張光輔平章事。

太后殺同三品劉禕之。禕之竊謂鳳閣舍人賈大隱曰：「太后廢昏立明，安用臨朝稱制？不如返政以安天下之心。」大隱密奏之，太后不悅。或誣褘之受金，太后命王本立推之。本立宣敕示之，褘之曰：「不經鳳閣、鸞臺，何名爲敕？」太后怒，賜死。褘之初下獄，睿宗爲之上疏申理，親友皆賀之，褘之曰：「此乃所以速吾死也。」臨刑沐浴，神色自若，草謝表，立成數紙。

胡氏曰：褘之受知武后，位爲宰相，有所見，面陳之可也，況返政大議乎！而與人言之，不知害成之戒也。雖然，「不經鳳閣、鸞臺，何名爲敕」，此則宰相之言也。

秋，七月，太后以魏玄同爲納言。

突厥寇朔州，太后遣黑齒常之擊之。突厥骨篤禄寇朔州。太后遣黑齒常之、李多祚擊之，突厥散走磧北。多祚世爲靺鞨酋長，以軍功得入宿衛。常之每得賞賜，皆分將士，有善馬，爲軍士所損，官屬請笞之，常之曰：「奈何以私馬笞官兵乎！」卒不問。

九月，虢州人楊初成矯制募人迎帝於房州，太后殺之。

冬，十一月，太后流李孝逸於儋州。武承嗣誣李孝逸自言當有天分，太后以孝逸有功，減死除名，流儋州，卒。

太后罷御史監軍。太后欲遣韋待價擊吐蕃，韋方質奏請遣御史監軍，太后曰：「古者明君遣將，閫外之事悉以委之。比聞御史監軍，軍中事皆承禀。以下制上，非令典也。且何以責其有功！」遂罷之。

胡氏曰：武后不置監軍，可爲法矣。自明皇、肅、代、德、憲皆不免此蔽，賢臣勸諫，終莫肯回。

用是見武氏智術之高，控勒四海，奇才碩德皆不能出其籠絡，豈偶然哉！

大饑。

戊子（六八八）

五年。太后垂拱四年。

春，正月。帝在房州。

太后立崇先廟。太后立崇先廟，以享武氏祖考。命有司議室數，博士周悰請爲七室，减唐太廟爲五室。春官侍郎賈大隱奏：「禮，天子七廟，諸侯五廟，百王不易。崇先廟室應如諸侯之數。國家宗廟不應輒有變移〔二六〕。」太后乃止。

二月，太后毁乾元殿，作明堂。初，太宗、高宗之世屢欲立明堂，諸儒議其制度，不决而止。至是〔二七〕，太后獨與北門學士議其制。諸儒以爲明堂當在國陽丙巳之地，三里之外，七里之内。太后以爲遠，毁乾元殿，以其地爲之。以僧懷義爲之使，凡役數萬人。

夏，四月，太后殺太子舍人郝象賢。象賢，處俊之孫也。初，太后有憾於處俊，會奴誣告象賢反，遂族誅之。象賢臨刑，極口罵太后，發揚宫中隱慝。自是法官刑人，先以木丸塞其口。

五月，太后加號聖母神皇。武承嗣使人作瑞石文曰：「聖母臨人，永昌帝業。」使人獻之曰：「獲之洛水。」太后喜，命曰「寶圖」。詔當拜洛受圖，告謝于郊。御明堂，朝羣臣。命諸州都督、刺史、宗戚並會神都。先加尊號。

六月朔，日食。

河南巡撫大使狄仁傑奏焚淫祠。仁傑以吳、楚多淫祠，奏焚其一千七百餘所，獨留夏禹、吳太伯、季札、伍員四祠。

秋，八月，琅邪王沖、越王貞舉兵匡復，不克而死。太后遂大殺唐宗室。太后潛謀革命，稍除宗室。韓王元嘉、霍王元軌、魯王靈夔、越王貞，及元嘉子黄公譔、元軌子江都王緒、虢王鳳子東莞公融、靈夔子范陽王藹、貞子琅邪王沖在宗室中，皆以才行有美名，太后尤忌之。元嘉等内不自安，密有匡復之志。及太后受圖，召宗室朝明堂，諸王遞相驚曰：「神皇欲因此盡收宗室誅之。」譔詐爲皇帝璽書，分告諸王，令各起兵。沖募兵得五千餘人，起博州，先擊武水。莘令馬玄素閉門拒守。沖因風縱火，焚其南門。風回軍却，衆懼而散。沖還走博州，爲門者所殺。太后遣將軍丘神勣擊之，至博州，沖已死。官吏出迎，盡殺之。越王貞亦舉兵於豫州，太后遣將軍麴崇裕等討之。又命張光輔爲諸軍節度。削貞、沖屬籍，更姓虺氏。貞發屬縣兵，得三千人〔二八〕，使汝陽丞裴守德將之，拒戰而潰，遂與守德皆自殺。初，諸王往來相約結，未定，而沖先發，惟貞狼狽應之，諸王皆不敢發，故敗。貞之將起兵也，遣使告壽州刺史趙瓌，瓌妻常樂長公主謂使者曰：「李氏危若朝露。諸王，先帝之子，不捨生取義，欲何須耶？大丈夫當爲忠義鬼，無爲徒死也！」及貞敗，太后欲悉誅諸王，命監察御史蘇珦案之，無驗。太后召詰之，珦抗論不回。太后曰：「卿，大雅之士，朕當別有任使。此獄不必卿也。」使周興等案之。於是收韓王元嘉、魯王靈夔、黄公譔、常樂公主於東都，迫使自殺，親黨皆誅。時狄仁傑爲豫州刺史，貞黨與當坐者六、七百家，當籍没者五千口，仁傑密奏：「彼皆詿誤，臣欲顯奏，似爲逆人申理；不言，又乖陛下仁恤之旨。」太后特原之，皆流豐州。道過寧州，寧州父老迎勞之曰：「我狄使君活汝邪！」相攜哭於德政碑下，三日而後行。張光輔將士恃功，多所求取，仁傑不之應。光輔怒曰：「州將輕元帥邪？」仁傑曰：「明公縱將士暴掠，殺已降以爲功，恨不得尚方斬馬劍，加公之頸，雖死如歸耳！」光輔歸奏之，左遷仁傑復州刺史。霍王元軌、江都王緒、東莞公融、濟州刺史薛顗、顗弟緒、緒弟駙馬都尉紹皆坐與二王通謀，爲太后所殺。

胡氏曰：元軌，賢王也。然武氏方肉視諸李，而元軌爲青州刺史。及宗室舉事，又未嘗有一戈、匹馬出境而西〔二九〕，坐待潰敗。賢雖可稱，而周身之智、克亂之才，不足云矣！

太后以騫味道、王本立同平章事。

太后拜洛受圖。太后拜洛受圖，皇帝、皇太子皆從，内外百官、蠻夷酋長各依方叙立。文物鹵簿之盛，唐興以來未之有也。

明堂成，作天堂。明堂高二百九十四尺，方三百尺。凡三層：下層法四時，各隨方色；中層法十二辰，上爲圓蓋，九龍捧之。上層法二十四氣，亦爲圓蓋。上施鐵鳳，高一丈，飾以黄金。號曰萬象神宫。又於明堂北起天堂五級以貯大像。至三級，則俯視明堂矣。以懷義爲威衛大將軍、梁國公。侍御史王求禮上書曰：「古之明堂，茅茨不剪，采椽不斲。今者飾以珠玉，圖以丹青，瓊臺瑶室，無以加也。」不報。

太后詔發兵擊生羌及吐蕃，不果行。太后欲發梁、鳳、巴蜑，自雅州開山通道，擊生羌，襲吐蕃。陳子昂上書曰：「雅州邊羌未嘗爲盗，一旦戮之，必將蜂起。臣愚以爲西蜀之禍，自此結矣。吐蕃愛蜀富饒，欲盗之久矣，徒以山川阻絶，障隘不通，勢不能動。今國家乃亂邊羌，開隘道，使其收奔亡之種，爲鄉導以攻邊，是借寇兵而爲賊除道，舉全蜀以遺之也。蜀者，國家之寶庫，可以兼濟中國。今執事者，乃圖僥倖之利，以事西羌，得其地不足以稼穡，得其財不足以富國。臣恐未見羌、戎，已有姦盗生其中矣。今山東饑，關、隴弊，而徇貪夫之議，謀動甲兵。自古國亡家敗，鮮不由此。願陛下熟計之。」既而役不果興。

己丑(六八九)

六年。太后永昌元年。

春，正月，帝在房州。

太后大饗萬象神宫。太后服衮冕，搢大珪，執鎮珪爲初獻，皇帝爲亞獻，太子爲終獻。周國先王亦與饗焉。禮畢，御門大赦，布政于明堂，頒九條以訓百官。又尊周忠孝王爲太皇，妣爲太后，墓曰昊陵、順陵。

夏，四月，太后以武承嗣爲納言，張光輔守内史。

太后殺汝南王煒、鄱陽公諲等十二人及天官侍郎鄧玄挺。諲謀迎中宗於房陵〔三〇〕，以問玄挺；煒又嘗謂玄挺曰：「欲爲急計，何如？」玄挺皆不應。坐知反不告，同誅。

秋，七月，太后徙紀王慎于巴州，道卒。諸王之起兵也，紀王慎獨不預謀，亦坐繫獄，徙巴州。行及蒲州而卒。八男相繼被誅。女東光縣主楚媛適司議郎裴仲將，相敬如賓，姑有疾，親嘗藥膳，接遇娣姒皆得歡心。時宗女皆以驕奢相尚，誚之曰：「所貴於富貴者，得適志也。今獨守勤苦，將何求？」楚媛曰：「幼而好禮，今而行之，非適志歟！富貴，儻來之物，何足驕人！」衆皆慚服。及聞慎卒，號慟嘔血，不御膏沐，垂二十年。

太后遣韋待價擊吐蕃，大敗。除名，流繡州。初，太后命左相韋待價擊吐蕃，至寅識迦河，與吐蕃戰，大敗。會大雪，糧運不繼，待價狼狽引軍還。太后大怒，除名，流繡州。斬其副閻温古。安西副都護唐休璟收其餘衆，撫安西土。太后以休璟爲西州都督。

八月，太后殺内史張光輔。徐敬業之敗也，弟敬真流繡州，將奔突厥，爲吏所獲，多引海内知識，云有異圖，冀以免死；誣内史張光輔私論圖讖，陰懷兩端，遂皆被誅。秋官尚書張楚金、陜州刺史郭正一、鳳閣侍郎元萬頃、洛陽令魏元忠皆當死，臨刑，太后使馳騎赦之。當刑者皆喜躍讙呼，元忠獨安坐自如。既宣敕，乃徐起拜，竟無憂喜之色，遂流嶺南。是日，陰雲四塞，既釋楚金等，天氣晴霽。

九月，太后以僧懷義爲新平道大總管，討突厥。

閏月，太后殺同平章事魏玄同。魏玄同素與裴炎善，時人以其終始不渝，謂之「耐久朋」。周興素惡玄同，誣之曰：「玄同言后老矣，不若奉嗣君爲耐久。」太后怒，賜死于家。或教之告密，冀得召見自陳。玄同歎曰：「人殺鬼殺等耳，豈能作告密人邪！」乃就死。自餘内外大臣，坐死及流貶甚衆。彭州長史劉易從爲徐敬真所引，就州誅之。易從爲人仁孝忠謹，將刑於市，吏民憐其無辜，遠近奔走，競解衣投地，曰：「爲長史求冥福。」有司平準直十餘萬。興等又誣武衛大將軍黑齒常之謀反。徵下獄，常之縊死。

冬，十月，太后殺鄭王璥等六人。初，太后問陳子昂當今爲政之要，子昂上疏，以爲「宜緩刑崇德，息兵革，省賦役，撫慰宗室，各使自安」。辭婉意切，其論甚美。至是，又上疏曰：「太平之朝，上下樂化，不宜有亂臣賊子，日犯天誅。比者大獄增多，逆徒滋廣，愚臣頑昧，初謂皆實。去月陛下特察李珍等無罪，又免楚金等死，初有風雨，變爲景雲。臣乃知亦有無罪之人罣於疏網者。臣聞陰慘者刑也，陽舒者德也。聖人法天，天亦助聖。今又陰雨，臣恐過在獄官。陛下何不悉召獄囚，自詰其罪。有實者，顯示明刑；濫者，嚴懲獄吏。使天下咸服，豈非至德克明哉！」

太后以范履冰、邢文偉同平章事。

十一月，太后饗萬象神宮，始用周正。改十一月爲正月，十二月爲臘月，夏正月爲一月。

太后自名曌，改詔曰制。鳳閣侍郎宗秦客改造十二字以獻，至是行之。「曌」，即「照」字也。

除唐宗室屬籍。從司刑少卿周興之請也。

庚寅（六九〇）

七年。周武氏天授元年。

春，正月，帝在房州。

太后以武承嗣爲左相，武攸寧爲納言，邢文偉爲内史，王本立罷。

太后流韋方質于儋州。時武承嗣、三思用事，宰相皆下之。方質有疾，承嗣、三思往問之，方質據牀不爲禮。或諫之，方質曰：「死生有命，大丈夫安能曲事近戚，以求苟免乎！」尋爲周興所構，流儋州。尋賜死。

二月，太后策貢士於洛城殿。貢士殿試自此始。補闕薛謙光上疏曰：「選舉之法，宜得實才，取捨之間，風化所繫。今之選人，咸稱覓舉，奔競相尚，諠訴無慚。至於才應經邦，惟令試策；武能制敵，止驗彎弧。昔漢武帝見司馬相如賦，恨不同時，及置之朝廷，終文園令，知其不堪公卿之任故也。吳起將戰，左右進劍，起曰：『將者，提鼓揮桴，臨難決疑。一劍之任，非將事也。』然則虚文豈足以佐時，善射豈足以克敵。要在文吏察其行能，武吏觀其勇略。考居官之臧否，行舉者之賞罰而已。」

胡氏曰：漢策問賢良，非試之也，延于大廷，訪以理道，其事重矣。若貢士，則既試于南宫，而又試之殿廡。是以南宫爲不足信耶？故富文忠公請罷殿試，其説甚當，然未能行焉，無亦悦其名而未察其實與？況其事始於僭竊亂淫之武后，不可以不革也。

三月，蘇良嗣卒。

夏，四月，范履冰下獄死。

秋，七月，太后流舒王元名於和州。以侯思止、王弘義爲侍御史。醴泉人侯思止素詭譎無賴。恒州刺史裴貞杖一判司，判司使思止告貞與舒王元名謀反。元名廢徙和州，貞亦族滅。思止求爲御史，太后曰：「卿不識字。」對曰：「獬豸何嘗識字，但能觸邪耳！」太后悦，從之。衡水人王弘義素無行，嘗從鄰舍乞瓜，不與，乃告縣官：「瓜田中有白兔。」縣官使人搜捕，蹂踐立盡。又見閭里耆老作邑齋，遂告以謀反，殺二百餘人。太后擢爲殿中侍御史。或告勝州都督王安仁謀反，敕弘義按之。安仁不服，弘義即枷上刎其首。朝士人人自危，每朝，輒與家人訣，曰：「未知復相見否？」御史中丞李嗣真上疏曰：「古者獄成，公卿參聽，王必三宥，然後行刑。比日獄官單車奏使，臨時專決，不復聞奏。儻有冤濫，何由可知？況以九品之官，專命推覆，操殺生之柄，竊人主之威。案覆既不在秋官，省審復不由門下，國之利器，輕以假人，恐爲社稷之禍。」太后不聽。時法官競爲深酷，惟司刑丞徐有功、杜景儉獨存平恕。被告者皆曰：「遇來侯必死，遇徐、杜必生。」有功，文遠之孫，名弘敏，以字行。初爲蒲州司法，不施敲朴，吏相約，有犯徐司法杖者，衆共斥之。迨官滿，不杖一人，職事亦修。及爲司刑丞，酷吏所誣構者，皆爲直之，前後所活數十百家。嘗廷爭獄事，太后厲色詰之，有功神色不撓，爭之彌切。太后雖好殺，知有功正直，甚敬憚之。司刑丞李日知亦尚平恕。少卿胡元禮欲殺一囚，日知以爲不可，往復數四。元禮曰：「元禮不離刑曹，此囚終無生理！」日知曰：「日知不離刑曹，此囚終無死理！」乃以所狀列上，日知果直。

太后頒大雲經於天下。僧法明等撰大雲經上之，言太后乃彌勒佛下生，當代唐爲閻浮提主。制頒天下，尋敕兩京、諸州建寺藏之。

太后殺澤王上金、許王素節。武承嗣告上金、素節謀反，徵詣行在。素節在道，聞遭喪哭者，曰：「病死何可得，而更哭耶？」至，皆殺之，并誅其子及支黨。

太后殺南安王穎等十二人及故太子賢二子〔三一〕。唐之宗室於是殆盡。其幼弱者亦流嶺南。

九月，武氏改國號曰周，稱皇帝。以豫王旦爲皇嗣，改姓武氏。侍御史傅遊藝上表，請改國號曰周，賜皇帝姓武氏。太后不許，擢遊藝爲給事中。於是百官、宗戚、百姓、四夷合六萬餘人俱上表，如遊藝所請。太后可之，御則天樓，赦天下，以唐爲周。上尊號曰聖神皇帝，以皇帝爲皇嗣，賜姓武氏，以皇太子爲皇孫。立武氏七廟，追尊周文王爲始祖文皇帝；祖考皆爲皇帝，妣皆爲皇后。立武承嗣爲魏王，三思爲梁王，士彠兄孫攸暨等十二人皆爲郡王。以史務滋爲納言，宗秦客檢校内史，傅遊藝爲鸞臺侍郎、平章事，並賜姓武。秦客潛勸太后革命，故首爲内史，尋坐贓貶黜。遊藝期年之中，歷衣青緑朱紫，時人謂之「四時仕宦」。太后欲以太平公主妻武攸暨，使人殺其妻而妻之。公主多權略，太后以爲類己，常與密議天下事。

胡氏曰：君子有言，臣居尊位，羿、莽是也，猶可言也；婦居尊位，武氏是也，非常之變，不可言也。蓋廢興，常理也；陰居尊位，非常之變故也。吕氏爲而未成，武氏遂革唐命。然傳記以來三千年間，纔一人耳，亦不及終其身而復。後世或有欲爲是者，豈無其漸？仁人義士，監於高宗，必逆有以處之矣！

冬，十月，西突厥入居内地。西突厥十姓自垂拱以來，爲東突厥所侵掠，散亡略盡。繼往絶可汗斛瑟羅收其餘衆六、七萬人，入居内地。太后以爲竭忠事主可汗。

周以徐有功爲侍御史。道州刺史李行褒兄弟爲酷吏所陷，當族，秋官郎中徐有功固爭不能得。周興奏有功故出反囚，當斬，太后免有功官。然太后雅重有功，尋復起爲侍御史。有功伏地流涕，固辭曰：「臣聞鹿走山林，而命懸庖厨，勢使之然也。陛下以臣爲法官，臣不敢枉陛下法，必死是官矣！」太后固授之，聞者相賀。

十一月，周易服色，改置社稷、宗廟。太后受尊號於萬象神宫，旗幟尚赤；改置社稷於神都；納武氏神主於太廟。以唐太廟爲享德廟，改崇先廟爲崇尊廟。冬至祀明堂，以武氏祖配上帝。

辛卯（六九一）

八年。周武氏天授二年〔三二〕。

春，正月，帝在房州。

二月，周流其右丞周興於嶺南。初，金吾大將軍丘神勣以罪誅。或告右丞周興與神勣通謀，太后命來俊臣鞫之。俊臣與興方推事對食，謂興曰：「囚多不承，當爲何法？」興曰：「此甚易耳。取大甕，以炭四周炙之，令囚入中，何事不承！」俊臣索大甕，如興法，起謂興曰：「有内狀推兄，請兄入此甕。」興皇恐服罪。法當死，原之，流嶺南。在道，爲仇家所殺。興與索元禮、來俊臣競爲暴刻，所殺各數千人，破千餘家。元禮殘酷尤甚，尋亦爲太后所殺。

夏，四月朔，日食。

秋，七月，周徙關内户數十萬實洛陽。

八月，周殺其將軍張虔勗。來俊臣鞫虔勗，虔勗自訟於徐有功。俊臣怒，命衛士以刀亂斫殺之，梟首於市。又鞫岐州刺史雲弘嗣，不問一款，先斷其首，乃僞立案，奏之。

周改義豐王光順等姓武氏，幽之宫中。光順，太子賢之子也，與弟守禮、守義及睿宗諸子皆幽閉宫中，不出門庭者十餘年。

九月，周平章事傅遊藝自殺。遊藝夢登湛露殿，所親告之，下獄，自殺。

周以武攸寧爲納言，狄仁傑同平章事。太后謂仁傑曰：「卿在汝南甚有善政。卿欲知譖卿者名乎？」仁傑謝曰：「陛下以臣爲過，臣請改之；知臣無過，臣之幸也。不願知譖者名！」太后深歎美之。

周殺其同平章事格輔元、右相岑長倩、納言歐陽通。先是，鳳閣舍人張嘉福使洛陽人王慶之等數百人上表，請立武承嗣爲皇太子。岑長倩、格輔元以皇嗣在東宫，不宜有此議，由是大忤諸武意，皆坐誅。來俊臣教長倩子引歐陽通，訊之，不服，詐爲款，并殺之。太后詔慶之曰：「皇嗣，我子，奈何廢之？」對曰：「神不歆非類，民不祀非族。今誰有天下，而以李氏爲嗣乎？」太后不從。慶之屢求見，太后怒，命鳳閣侍郎李昭德杖之。昭德引出門，示朝士曰：「此賊欲廢我皇嗣，立武承嗣。」命撲之，耳目皆血出，然後杖殺之。其黨乃散。昭德因言於太后曰：「天皇，陛下之夫；皇嗣，陛下之子。陛下身有天下，當傳之子孫，爲萬代業，豈得以姪爲嗣乎！自古未聞姪爲天子，而爲姑立廟者也。且陛下受天皇顧託，若以天下與承嗣，則天皇不血食矣。」太后亦以爲然。

周殺右將軍李安靜。太后將革命，王公百官皆上表勸進，右將軍李安靜獨正色拒之。及下制獄，來俊臣詰其反狀，安靜曰：「以我唐家老臣，須殺即殺。若問謀反，實無可對。」俊臣竟殺之。安靜，綱之孫也。

周遣使存撫諸道。

壬辰（六九二）

九年。周武氏如意元年，再改長壽〔三三〕。

春，正月，帝在房州。

周武氏引見存撫使所舉人。初，太后遣使存撫四方。至是，引見其所舉人，無問賢愚，悉加擢用，高者試給、舍，次郎、御史、遺、補、校書郎。試官自此始。時人爲之語曰：「補闕連車載，拾遺平斗量，欋推侍御史，盌脫校書郎。」有舉人沈全交續之曰：「麴心存撫使，眯目聖神皇。」御史劾之，太后笑曰：「但使卿輩不濫，何恤人言！」太后雖濫以祿位收人心，然不稱職者，尋亦黜之，或加刑誅。挾刑賞之柄，以駕御天下。政由己出，明察善斷，故當時英賢亦競爲之用。

胡氏曰：沈全交之言，可謂誹謗矣。而武后付之一笑，仍責舉官，使之自反，此明主所爲也。宜其運動四海，呼吸雷風，一時英賢，無不俯首也！

周築神都外城。

周以郭霸爲監察御史。郭霸以諂諛拜監察御史。中丞魏元忠病，霸往問之，因嘗其糞，喜曰：

「糞甘則可憂。今苦，無傷也。」元忠大惡之。

周貶狄仁傑、魏元忠爲縣令。來俊臣羅告同平章事任知古、狄仁傑、裴行本、司農卿裴宣禮、左丞盧獻、中丞魏元忠、潞州刺史李嗣真謀反。先是，俊臣請降敕，一問即承，反者得減死。知古等下獄，俊臣以此誘之，仁傑曰：「大周革命，萬物惟新。唐室舊臣，甘從誅戮。反是實。」俊臣乃少寬之。判官王德壽教仁傑引平章事楊執柔，仁傑曰：「皇天后土，遣狄仁傑爲如此事！」以頭觸柱，血流被面，德壽懼而謝之。仁傑裂衾帛書冤狀，置綿衣中，謂德壽曰：「天時方熱，請授家人去其綿。」德壽許之。仁傑子得書，持之，稱變以聞。太后以問俊臣，俊臣乃詐爲仁傑等謝死表上之。初，平章事樂思晦亦爲俊臣等所殺，男未十歲，没入司農。至是，上變，得召見。太后問狀，對曰：「臣父已死，臣家已破，但惜陛下法爲俊臣等所弄。陛下不信臣言，乞擇朝臣之忠清、陛下素所信任者，爲反狀以付俊臣，無不承反矣。」太后意稍寤。召見仁傑等，問曰：「卿承反，何也？」對曰：「不承，則已死於栲掠矣！」太后曰：「何爲作謝死表？」對曰：「無之。」出表示之，乃知其詐。於是出此七族，皆貶縣令，仁傑彭澤，元忠涪陵，流行本、嗣真于嶺南。俊臣稱行本罪尤重，請誅之。徐有功駁之曰：「明主有更生之恩，俊臣不能將順，虧損恩信。」殿中侍御史霍獻可，宣禮之甥也，言於太后曰：「陛下不殺裴宣禮，臣請隕命於前。」以頭觸殿階，血流霑地，以示爲人臣不私其親，太后皆不聽。萬年主簿徐堅上疏曰：「書有五聽之道，令著三覆之奏。比來推按反者，令使者得實，即行斬決。人命至重，死不再生。萬一懷枉，吞聲赤族，豈不痛哉！又法官之任，宜加簡擇，有用法寬平，爲百姓所稱者，願親而任之；有處事深酷，不允人望者，願疏而退之。」

堅，齊聃之子也。

夏，五月，禁天下屠殺採捕。時江、淮旱饑，民不得採魚蝦，餓死者甚衆。拾遺張德生男，私殺羊會同僚，補闕杜肅懷一餤，上表告之。明日，太后對仗謂德曰：「聞卿生男，甚喜。」德拜謝，太后曰：「何從得肉？」德叩頭服罪。太后曰：「朕禁屠宰，吉凶不預。卿自今召客，亦須擇人。」出肅表示之，肅大慚，舉朝欲唾其面。

秋，七月〔三四〕，周左相武承嗣罷，以李昭德同平章事。先是，昭德密言於太后曰：「魏王承嗣權太重。」太后曰：「吾姪也，故委以腹心。」昭德曰：「姑姪之親，何如父子？子猶有篡弒其父者，況姪乎！」太后矍然，遂罷承嗣政事。承嗣亦毀昭德於太后，太后曰：「吾任昭德，始得安眠。此代吾勞，汝勿言也。」是時酷吏恣横，百官畏之側足，昭德獨廷奏其姦。太后好祥瑞，有獻白石者，執政詰其異，對曰：「以其赤心。」昭德怒曰：「此石赤心，他石盡反邪！」襄州人胡慶以丹漆書龜腹曰：「天子萬萬年。」獻之。昭德以刀刮盡，奏請付法，太后曰：「此心亦無惡。」命釋之。

胡氏曰：以文而觀，昭德爲武后深計，以安其位也；以情而觀，譎去承嗣，所以剪其翼也，此謀慮之善者也。諸武雖並列朝廷，而不預政事，其氣燄亦少損矣。

周流其御史嚴善思於驩州。太后自垂拱以來，任用酷吏，先誅唐宗戚數百人，次及大臣數百家，其刺史、郎將以下不可勝數。每除一官，户婢竊相謂曰：「鬼朴又來矣。」不旬月，輒遭掩捕、族誅。監察御史嚴善思公直敢言。時告密者不可勝數，太后亦厭其煩，命善思按問。引虚伏罪者八百五十餘人，羅織之黨爲之不振。乃相與陷善思，坐流驩州。太后知其枉，尋復召之。補闕朱敬則上疏曰：「李斯相秦，用刻薄變詐以屠諸侯，不知易之以寬和，卒至土崩，此不知變之禍也。漢高祖定天下，陸賈、叔孫通説之以禮義，傳世十二，此知變之善也。自文明草昧，天地屯蒙，三叔流言，四凶構難，不設鉤距，無以應天順人，不切刑名，不可摧姦息暴。故開告端，以禁異議。然急趨無善迹，促柱少和聲。向時之妙策，乃當今之芻狗也。伏願覽秦、漢之得失，考時事之合宜，窒羅織之源，掃朋黨之迹，使天下蒼生坦然大悦，豈不樂哉！」太后善之，賜帛三百段。侍御史周矩上疏曰：「推劾之吏皆相矜以虐，泥耳籠頭，枷研楔轂，摺膺籤爪，懸髮薰耳，人非木石，苟求賒死。臣竊聽輿議〔三五〕，皆稱天下太平，何苦須反！豈被告者盡是英雄，欲求帝王耶？但不勝楚毒而自誣耳。周用仁而昌，秦用刑而亡。願陛下緩刑用仁，天下幸甚！」太后頗采其言，制獄稍衰。

胡氏曰：凡説人以善，而不深得其爲惡之本情，則情不可格也，而善無自入。武氏猜阻辯詐，豈易諫哉？而李昭德、朱敬則變其所難如反手之易，得其情故也。苟直曰承嗣不可相，制獄不可用，是以水沃石而已矣！

九月，周更以九月爲社。

冬，十月，周遣兵擊吐蕃，取四鎮。初，王孝傑從劉審禮擊吐蕃，與審禮皆没於吐蕃，後竟得歸，由是知吐蕃虚實。會西州都督唐休璟請復取龜茲、于闐、疏勒、碎葉四鎮。敕以孝傑及阿史那忠節將兵，擊破吐蕃，復取四鎮，置安西都護於龜茲，發兵戍之。

周武氏殺豫王妃劉氏。户婢團兒爲太后所寵信，有憾於皇嗣，乃譖皇嗣妃劉氏及德妃竇氏爲厭呪，太后殺之，瘞於宫中，莫知所在。德妃父孝諶爲潤州刺史，有奴妄爲妖異，以恐妃母龐氏〔三六〕，因請夜祠禱而發其事。監察御史薛季昶按之，以爲當斬。其子希瑊詣侍御史徐有功訟冤。有功論之，以爲無罪。季昶奏有功阿黨惡逆，罪當絞。令史以白有功，有功嘆曰：「豈我獨死，諸人永不死邪！」既食，掩扉熟寢。太后召有功，謂曰：「卿比按獄，失出何多？」對曰：「失出，人臣之小過；好生，聖人之大德。」太后默然。由是龐氏得減死，有功亦除名。

周制宰相撰時政記，月送史館。時政記自此始，從姚璹之請也。

胡氏曰：唐以宰相修史，固非善法，然記注之官不廢，則猶可考實。今直使宰相撰時政記，月送史館，則僞美而易惡，假善而蓋非，實事不必書，書事不必實，而不復可信矣。況武后行事，污衊册牘，姚璹爲之隱掩，故建是議耳。然世未嘗無公道，亦未嘗無能言之士，一時之史雖不記，天下人固記之矣！不力爲善，而惟人是防，將見不可勝防，而終莫之禦也。

癸巳（六九三）

十年。周武氏長壽二年〔三七〕。

春，正月，帝在房州。

周以婁師德同平章事。師德寬厚清慎，犯而不校，與李昭德俱入朝，師德體肥行緩，昭德罵曰：「田舍夫！」師德徐笑曰：「師德不爲田舍夫，誰當爲之？」其弟除代州刺史，將行，師德謂曰：「吾兄弟榮寵過盛，人所疾也，將何以自免？」弟曰：「自今雖有人唾某面，某拭之而已。庶不爲兄憂！」師德愀然曰：「此所以爲吾憂也。人唾汝面，怒汝也，而汝拭之，則逆其意而重其怒矣。夫唾不拭自乾，當笑而受之耳。」

周殺其尚方監裴匪躬。匪躬坐私謁皇嗣，腰斬於市。自是公卿以下皆不得見。又有告皇嗣潛有異謀者，太后命來俊臣鞫其左右，左右不勝楚毒，皆欲自誣，太常工人安金藏大呼曰：「請剖心以明皇嗣不反！」即引佩刀自剖其胸，五臟皆出。太后聞之，令轝入宫，使醫内五臟，以桑皮線縫之，傅以藥，經宿始蘇。太后親臨視之，嘆曰：「吾有子不能自明，使汝至此。」即命俊臣停推，睿宗由是得免。

二月，周殺其侍御史侯思止。時禁人間錦，思止私畜之。李昭德按之，杖殺於朝堂。

周以萬國俊爲侍御史。或告嶺南流人謀反，太后遣司刑評事萬國俊就按之。國俊至廣州，一朝殺三百餘人。還奏，因言諸道流人亦疑有如此者。太后喜，擢國俊爲侍御史。更遣使詣諸道，按殺數千人。既而頗知其濫，制：「未死者皆釋之。」國俊等亦相繼貶死。

夏，五月，棣州河溢。流二千餘家。

秋，九月朔，日食。

周武氏自號金輪聖神皇帝。作七寶金輪，置之殿庭。

突厥可汗骨篤禄卒。子幼，弟默啜立。

甲午（六九四）

十一年。周武氏延載元年。

春，正月，帝在房州。

周以婁師德爲河源等軍檢校營田大使。

三月，周以僧懷義爲朔方道大總管，討默啜。懷義未行，虜退而止。長史李昭德嘗與懷義議事，失其旨，懷義撻之。

夏，五月，周武氏加越古之號。

秋，八月，周以杜景儉同平章事。太后出梨花一枝，以示宰相。宰相皆以爲瑞，杜景儉獨曰：「今草木黄落，而此更發榮，陰陽不時，咎在臣等。」因拜謝。太后曰：「卿真宰相也。」

胡氏曰：卉木有小華於秋冬之交者，非瑞也，亦非異也，景儉失之矣。必以梨不應花而花，爲陰陽失時，孰與婦人不應帝而帝之，爲天地易位乎！幸能正言，曷若盡言，而淺言之，姑以盜世俗之小名，何足稱也！

周鑄天樞。武三思請鑄銅鐵爲天樞，刻太后功德，立於端門之外。銅鐵不足，賦民間農器以足之。

九月朔，日食。

周貶來俊臣爲同州參軍，流王弘義於瓊州。弘義詐稱追還，至漢北，侍御史胡元禮遇之，按驗殺之。

周貶其内史李昭德爲南賓尉。昭德恃太后委遇，頗專權使氣，人多疾之。前魯王參軍丘愔上疏攻之曰：「陛下委任昭德，而昭德揚露專擅，顯示於人。歸美引愆，義不如此。權重一去，收之極難。」太后由是惡之，貶爲南賓尉。

冬，十一月，周武氏加慈氏之號。

周明堂火。太后命懷義作天堂，日役萬人，費以億計，府藏爲空。懷義所度力士爲僧者，滿千人。侍御史周矩疑有姦謀，固請按之。太后命流其黨，懷義不問。又命殺牛取血畫大像，首高二百尺，云懷義刺膝血爲之，張於天津橋南。時御醫沈南璆亦得幸於太后，懷義心愠，乃密燒天堂，延及明堂，皆盡。風裂血像爲數百段。太后諱之，但云工徒誤燒麻主所致。時方酺宴，拾遺劉承慶請輟朝停酺，以答天譴，太后將從之。姚璹曰：「明堂，布政之所，非宗廟也，不應自貶損。」乃止。命更造明堂、天堂，仍以懷義充使。又鑄銅爲九州鼎及十二神，皆高一丈，各置其方。懷義内不自安，言多不順，太后陰使人毆殺之。以明堂火，制求直言。劉承慶上疏請罷所營佛舍。獲嘉主簿劉知幾表陳四事，曰：「今六合清晏，而赦令不息，近或一年再降，使無賴不仁之輩，指期天澤；至罪將斷決，竊行貨賄，求致稽延，咸果釋免。爲善者不預恩光，作惡者獨承徼幸，一也。海内具僚，每歲逢赦，必賜階勳，至於緋服衆於青衣，象板多於木笏，二也。取士太廣，宜加沙汰，三也。牧伯遷代太速，既懷苟且之謀，何暇循良之政，四也。」是時官爵易得，而法網嚴峻，故人競爲趨進，而多陷刑戮，知幾乃著思慎賦，以刺時見志焉。

乙未（六九五）

十二年。周武氏天册萬歲元年。

春，正月，帝在房州。

二月朔，日食。

夏，四月，周天樞成。高一百五尺，徑十二尺。武三思爲文，太后自書其榜曰：「大周萬國頌德天樞。」

秋，七月，吐蕃寇臨洮，周遣兵討之。

九月，周武氏自號天册金輪大聖皇帝。

冬，十月，突厥默啜遣使請降。

十二月，周武氏封嵩山，禪少室。

周安平王武攸緒棄官隱嵩山。千牛衛將軍、安平王武攸緒少有志行，恬澹寡欲，求棄官，隱於嵩山之陽。太后疑其詐，許之，以觀其所爲。攸緒遂優游巖壑，冬居茅椒，夏居石室，太后所賜服器，皆置不用，買田使奴耕種，與民無異。

胡氏曰：武攸緒舍爵辭官，安於巖壑，而使后不之疑，其智足嘉矣。武氏量雖非宏，而識闊達，覘其所爲，無僞飾者，遂以取信。由是論之，當時奇才高識不能自晦，而立于其朝者，深可惜矣！夫下惠、伯夷雖俱稱百世之師，然自附於展禽而失之，則將有偷合苟容之行；自附於伯夷而不至，猶不失爲守道潔身之人。然下惠亦豈易爲耶？直道事人，不以三公易其介，夫豈苟於一官而求容悦於其君乎！

丙申（六九六）

十三年。周武氏萬歲通天元年。

春，正月，帝在房州。

周遣婁師德等擊吐蕃，大敗。

周新明堂成。高二百九十四尺，方三百尺，規模率小於舊，號曰通天宫。

夏，五月，契丹寇營州，周遣兵擊之，大敗。營州契丹松漠都督李盡忠及其妻兄歸誠州刺史孫萬榮反〔三八〕，破營州，獲俘數百，囚之地牢。聞大兵將至，使守牢霫紿之曰：「吾輩家屬飢寒，不能自存，唯俟官軍至即降耳。」既而契丹引出其俘，飼以糠粥，慰勞之曰〔三九〕：「吾養汝則無食，殺汝又不忍。今縱汝去。」遂釋之。俘至幽州，具言其狀。諸軍聞之，爭欲先入。將軍曹仁師等棄步卒，將騎兵輕進。契丹設伏横擊之，飛索以羂仁師，生獲之。將卒死者填山谷，鮮有脱者。

秋，九月〔四〇〕，周免囚奴，遣武攸宜將之以伐契丹。陳子昂爲總管武攸宜府參謀，上疏曰：「制免天下罪人，及募諸色奴充兵討擊契丹〔四一〕，此乃捷急之計，非天子之兵。況當今天下忠臣勇士，萬分未用其一。契丹小孽，假命待誅，何勞免罪贖奴，損國大體耶！」

突厥寇涼州，執都督許欽明。時欽明兄欽寂爲討擊副使，與契丹戰，亦被擒。虜將圍安東，令欽寂説其屬城未下者，欽寂謂城中曰：「狂賊天殃，滅在朝夕。公但勵兵謹守，以全忠節。」虜殺之。其後默啜寇靈州，以欽明自隨。欽明至城下，大呼求美醬、粱米及墨，意欲城中選良將，引精兵，夜襲虜營，而城中無諭其意者。

吐蕃遣使請和。吐蕃遣使請和親，太后遣武衛參軍郭元振往察其宜。吐蕃將論欽陵請罷安西四鎮戍兵，并求分十姓突厥之地，元振曰：「所請如此，豈非有兼并之志乎？」欽陵曰：「吐蕃茍貪土地，欲爲邊患，則東侵甘、涼，豈肯規利於萬里之外邪！」乃遣使者隨元振入請之。朝廷疑未決，元振以爲：「此乃利害之機，誠不可輕舉措也。今若直拒其善意，則爲邊患必深。宜以計緩之，使其和望未絶，則善矣。彼四鎮、十姓，吐蕃之所甚欲也；而青海、吐谷渾，亦中國之要地也。今報之宜曰：『四鎮、十姓之地，本無用於中國，所以遣兵戍之，欲以鎮撫西域，分吐蕃之勢，使不得併力東侵也。今若果無東侵之志，當歸我吐谷渾諸部及青海故地，則五俟斤部亦當以歸吐蕃。』如此，則足以塞欽陵之口，而亦未與之絶也。若欽陵小有乖違，則曲在彼矣。且四鎮、十姓款附歲久，今割而棄之，恐傷諸國之心，非所以御四夷也。」太后從之。元振又言：「吐蕃百姓疲於傜戍，早願和親。欽陵利於統兵，不欲歸款。若國家歲發和使，而欽陵常不從命，則彼國之人怨欽陵日深，望國恩日甚，斯亦離間之漸，可使其上下猜阻，禍亂内興矣。」太后深然之。元振名震，以字行。

冬，十月，契丹陷冀州，周以狄仁傑爲魏州刺史。契丹李盡忠卒，孫萬榮代領其衆。突厥默啜乘間襲松漠，虜盡忠、萬榮妻子而去。孫萬榮收合餘衆，攻陷冀州，又攻瀛州，河北震動。制起狄仁傑爲魏州刺史。前刺史畏契丹猝至，悉驅百姓入城繕守備，仁傑至，悉遣還農，百姓大悅。

周以姚元崇爲夏官侍郎。時契丹入寇，軍書填委，夏官郎中姚元崇剖析如流，皆有條理。太后奇之，擢爲夏官侍郎。

周以徐有功爲殿中侍御史。太后思徐有功用法平恕，擢拜左臺殿中侍御史，遠近聞者無不相賀。宗城潘好禮著論，稱有功蹈道依仁，固守誠節，不以貴賤死生易其操履。設客問曰：「徐公於今誰與爲比？」主人曰：「四海至廣，人物至多，或匿迹韜光，僕不敢誣，若所聞見，則一人而已，當於古人中求之。」客曰：「何如張釋之？」主人曰：「釋之所行者甚易，徐公所行者甚難，難易之間，優劣見矣。張公逢漢文之時，天下無事，守法而已，豈不易哉！徐公逢革命之秋，屬惟新之運，人主有疑於上，酷吏恣虐於下，而徐公守死善道，深相明白，幾陷囹圄，數掛網羅，豈不難哉！」客曰：「使爲司刑卿，乃得展其才矣。」主人曰：「吾子徒見徐公用法平允，謂可置司刑。僕覩其人，方寸之地，何所不容，若其用之，何事不可，豈直司刑而已哉！」

十一月，周殺其箕州刺史劉思禮等三十六家，流其親屬千餘人。明堂尉吉頊以箕州刺史劉思禮謀反告，來俊臣使上變告之。太后使河内王武懿宗推之。懿宗令思禮廣引朝士，許免其死。於是思禮引平章事李元素、孫元亨等，凡三十六家，皆海内名士，咸族誅之，親舊連坐流竄者千餘人。俊臣由是復用，而頊亦以此得進。懿宗數鞫獄，喜誣陷人，時人以爲周、來之亞。俊臣黨人羅告司刑府史樊惎謀反，誅之。惎子訟冤於朝堂，無敢理者，乃援刀刳其腹。秋官侍郎劉如璿見之，竊嘆。俊臣奏如璿黨惡逆，下獄，處以絞刑，制流瀼州。

周以張昌宗爲散騎常侍，張易之爲司衛少卿。昌宗、易之年少，美姿容，太平公主薦之，入侍禁中，皆得幸於太后。常傅朱粉，衣錦繡，賞賜不可勝紀。武承嗣、三思、懿宗、宗楚客、晉卿皆候其門庭，爭執鞭轡，謂易之爲五郎，昌宗爲六郎。

周以婁師德同平章事。

校勘記

〔一〕則能廷爭武氏矣　「廷」原作「庭」，據殿本改。

〔二〕召仁師仁願還　「還」原作「遣」，據殿本、通鑑卷二〇一唐高宗龍朔三年九月條改。

〔三〕以劉祥道竇德玄爲左右相　「祥」原作「祿」，據殿本、通鑑卷二〇一唐高宗麟德元年八月丁亥日條、舊唐書卷八一劉祥道傳、新唐書卷一〇六劉祥道傳改。

〔四〕使其弟男建男産知留後事　「知留」原作「留知」，據殿本、通鑑卷二〇一唐高宗乾封元年六月條改。

〔五〕秋七月　此三字原脱，據殿本補。

〔六〕其門墻階級窗櫺楣柱柳楶枅栱　「柳」原作「栁」，據殿本、通鑑卷二〇一唐高宗總章二年三月丁亥日條改。

〔七〕冬十一月　「冬」字原脱，據殿本補。

〔八〕主者受旨奉行　「主」原作「王」，據殿本、通鑑卷二〇一唐高宗總章二年十二月條改。

〔九〕冬十一月朔　「冬」字原脱，據殿本補。

〔一〇〕當推梨讓栗　「栗」，殿本、通鑑卷二〇二唐高宗上元元年九月甲寅日條作「棗」。

〔一一〕土無二王　「土」，月崖書堂本作「士」，殿本作「民」。

〔一二〕使之撰列女傳臣軌百僚新戒樂書　「百僚」原脱，據殿本、通鑑卷二〇二唐高宗上元二年三月條補。

〔一三〕爲人臣子而不知春秋之義也　「也」，成化本、殿本作「者」。

〔一四〕冬十月　此三字原脱，據殿本、通鑑卷二〇二唐高宗儀鳳元年十月丁酉日條補。

〔一五〕丁丑　此二字原脱，據殿本補。

〔一六〕耕藉田　「藉」原作「籍」，據通鑑卷二〇二唐高宗儀鳳二年正月乙亥日條改。

〔一七〕無救河橋之敗　「橋」原作「梁」，據通鑑卷二〇二唐高宗儀鳳三年九月條、舊唐書卷九二魏元忠傳改。

〔一八〕自蘇定方征遼東　「自」原作「今」，據殿本、通鑑卷二〇二唐高宗儀鳳三年九月條、舊唐書卷九二魏元忠傳改。

〔一九〕欽陵爲政　「欽陵」原作「論欽」，據殿本、通鑑卷二〇二唐高宗調露元年二月壬戌日條、舊唐書卷一九六上吐蕃傳上改。

〔二〇〕紹兄顗以公主寵盛　「顗」原作「覬」，據殿本、通鑑卷二〇二唐高宗開耀元年七月條、新唐書卷八三薛顗傳改。

〔二一〕能使二女率循婦道　「二」原作「子」，據月崖書堂本、成化本、殿本改。

〔二二〕竟不補授　「授」原作「受」，據殿本、通鑑卷二〇三唐高宗永淳元年二月戊午日條改。

〔二三〕綏州步落稽作亂　「綏」原作「涇」，據殿本、通鑑卷二〇三唐高宗弘道元年四月甲申日條、新唐書卷一一一王方翼傳、程務挺傳改。

〔二四〕太后光宅元年　「宅」原作「定」，據殿本改。

〔二五〕至是鋒穎已見　「穎」原作「頴」，據殿本改。

〔二六〕國家宗廟不應輒有變移　「宗」原作「室」，據殿本、通鑑卷二〇四唐則天后垂拱四年正月甲子日條改。

〔二七〕至是　「至是」原作「是至」，據殿本改。

〔二八〕得三千人　「三」，殿本、通鑑卷二〇四唐則天后垂拱四年八月條作「五」，舊唐書卷七六趙王貞傳、新唐書卷八〇越王貞傳作「七」。

〔二九〕又未嘗有一戈匹馬出境而西　「境」原作「竟」，據成化本、殿本改。

〔三〇〕諲謀迎中宗於房陵　「房」原作「盧」，據殿本、舊唐書卷一九〇上鄧玄挺傳改。

〔三一〕太后殺南安王穎等十二人及故太子賢二子　「穎」原作「潁」，據殿本、舊唐書卷六四密王元曉傳、新唐書卷七七密王元曉傳改。

〔三二〕周武氏天授二年　「天授二」原作「載初元」，據殿本改。

〔三三〕周武氏如意元年再改長壽　「如意元年再改長壽」八字原作「長壽元年」，據殿本改。

〔三四〕秋七月　此三字原脱，據殿本補。是事通鑑卷二〇五載於是年八月。

〔三五〕臣竊聽輿議　「輿」原作「興」，據殿本、通鑑卷二〇五唐則天后長壽元年八月條改。

〔三六〕以恐妃母龐氏　「妃母龐氏」原作「之」，據殿本、通鑑卷二〇五唐則天后長壽二年正月癸巳日條改。

〔三七〕周武氏長壽二年　「長壽二」原作「如意元」，據殿本、通鑑卷二〇五唐則天后長壽二年條改。

〔三八〕及其妻兄歸誠州刺史孫萬榮反　「歸」原作「嬀」，據通鑑卷二〇五唐則天后萬歲通天元年五月壬子日條、舊唐書卷一九九下契丹傳改。

〔三九〕慰勞之曰　「慰」原作「尉」，據殿本、通鑑卷二〇五唐則天后萬歲通天元年八月丁酉日條改。

〔四〇〕秋九月　「秋」字原脱，據殿本補。

〔四一〕及募諸色奴充兵討擊契丹　「諸色」原作「免」，據殿本、通鑑卷二〇五唐則天后萬歲通天元年九月條改。

資治通鑑綱目卷四十二

起丁酉唐中宗嗣聖十四年，盡癸丑唐玄宗開元元年，凡一十七年。

丁酉（六九七）

十四年。周武氏神功元年。

春，正月，帝在房州。

三月，周總管王孝傑與契丹戰，敗死。武攸宜不敢進。

周立突厥默啜爲可汗。突厥默啜請爲其女求昏，太后遣閻知微、田歸道册拜默啜爲遷善可汗。知微見默啜舞蹈，歸道長揖不拜。默啜囚歸道，將殺之，歸道辭色不撓，乃捨之，但留不遣。初，唐處突厥降者於豐、勝、靈、夏、朔、代六州。至是，默啜求之，及單于都護府之地，并穀種、繒帛、農器、鐵，姚璹、楊再思請給之，鳳閣侍郎李嶠曰：「此所謂借寇兵，資盜糧也。不如治兵以備之。」璹等固請，乃悉驅六州降户數千帳，并給穀種四萬斛、雜綵五萬段、農器三千事、鐵數萬斤，并許其昏。默啜由是益强。歸道得還，與知微争論於太后前，歸道以爲默啜必負約，知微以爲和親必可保。

夏，四月，周鑄九鼎成。九鼎成，置通天宫。豫州鼎高丈八尺，受千八百石；餘州高丈四尺，受千二百石，各圖山川物産於其上，共用銅五十六萬七百餘斤。令宰相、諸王帥宿衛兵十餘萬人，自玄武門曳入。

周以王及善爲内史。王及善已致仕，會契丹作亂，起爲滑州刺史。太后召見，問以朝廷得失，及善陳治亂之要十餘事。太后曰：「外州末事〔一〕，此爲根本，卿不可出。」留爲内史。

周遣武懿宗、婁師德擊契丹。

六月，周殺其右司郎中喬知之。知之有美妾曰碧玉，武承嗣奪之。知之作緑珠怨詩以寄之，碧玉赴井死。承嗣得詩於裙帶，大怒，諷酷吏羅告，族誅之。

周來俊臣伏誅。來俊臣倚勢貪淫，士民妻妾有美者，百方取之；前後羅織誅人，不可勝計，自言才比石勒。監察御史李昭德素惡之，俊臣遂誣昭德謀反，下獄。又欲羅告諸武及太平公主與皇嗣廬陵王、南北牙同反。諸武及太平公主共發其罪，繫獄，有司處以極刑。奏上，三日不出。王及善曰：「俊臣，國之元惡，不去之，必動摇朝廷。」吉頊曰：「俊臣聚結不逞，誣構良善，贓賄如山，冤魂塞路，國之賊也，何足惜哉！」太后乃下其奏，昭德、俊臣同棄市。時人無不痛昭德而快俊臣。仇家争噉其肉。士民相賀曰：「自今眠者背始帖席矣。」俊臣方用事，選司受其屬請，不次除官者，每銓數百人。俊臣敗，侍郎皆自首，太后責之，對曰：「臣亂國家法，罪止一身；違俊臣語，立見滅族。」太后乃赦之。

契丹軍潰，斬孫萬榮以降。武懿宗軍至趙州，聞契丹將至冀州，懼而南遁。契丹遂屠趙州。孫萬榮於柳城西北依險築城，留其老弱婦女，引精兵寇幽州。突厥默啜襲其新城，三日克之，盡俘以歸。時萬榮方與唐兵相持，軍遂大潰，奴斬其首以降，餘衆降於突厥。

周以武承嗣、武三思同三品。

周遣武懿宗等安撫河北。武攸宜自幽州凱旋。制以契丹初平，命武懿宗、婁師德、狄仁傑分道安撫河北。懿宗所至殘酷，奏請族誅河北百姓從賊者。左拾遺王求禮庭折之，曰：「此屬素無武備，力不勝賊，苟以求生而已。豈有叛國之心！懿宗擁强兵數十萬，望風退走，賊徒滋蔓，又欲移罪於草野詿誤之人，爲臣不忠。請先斬懿宗，以謝河北。」懿宗不能對。司刑卿杜景儉亦曰：「此皆脅從，請悉原之。」太后從之。

秋，九月，周以魏元忠爲肅政中丞。太后謂侍臣曰：「頃者周興、來俊臣按獄，多連引朝臣，云其謀反，朕使近臣就獄引問，皆自承服，朕不復疑。今自興、俊臣死，不復聞有反者。然則前死者，不有冤邪？」夏官侍郎姚元崇對曰：「比來坐謀反死者，率皆興等羅織。陛下使近臣問之，近臣亦不自保，何敢動揺！今賴天啓聖心，興等伏誅。臣以百口爲陛下保，自今内外之臣，無復反者矣。」時人多爲魏元忠訟冤，太后復召爲肅政中丞。

冬，閏十月，以狄仁傑同平章事。仁傑上疏曰：「天生四夷，皆在先王封略之外，故東拒滄海，西阻流沙，北瀕大漠，南阻五嶺，此天所以限夷狄而隔中外也。今三代聲教之所不及者〔二〕，國家盡兼之矣。若復邀功絶域，不務安人，此秦皇、漢武之所行，非五帝、三王之事業也。近者頻歲出師，西戍四鎮，東戍安東，調發日加，百姓虛弊。今關東饑饉，蜀、漢逃亡，人不復業，相率爲盜。本根一摇，憂患不淺。昨貞觀中，克平九姓，復立思摩，使統諸部，得推亡固存之義，無遠戍勞人之役，此近日之令典，經邊之故事也。竊謂宜立斛瑟羅，委之四鎮；繼高氏絶國，使守安東，省軍費於遠方，并甲兵於塞上，使夷狄無侵侮之患，則可矣。何必窮其窟穴，與螻蟻校長短哉！但當敕邊兵，謹守備，遠斥候，聚資糧，待其自致，然後擊之。以逸待勞，則戰士力倍；以主禦客，則我得其便；堅壁清野，則寇無所得。如此數年，可使二虜不擊而服矣。」時蜀州每歲遣兵戍姚州，路險而遠，亡者多。蜀州刺史張柬之上言：「姚州荒外，自以爲州，未嘗得其鹽布之税，甲兵之用，而空竭府庫，驅率平人，受役蠻夷，肝腦塗地。臣竊爲國家惜之。請并瀘南諸鎮一切廢省，置關瀘北。非奉使者，無得交通往來。」疏奏，不納。

周以李嶠知天官選事。始置員外官數千人。

戊戌（六九八）

十五年。周武氏聖曆元年。

春，三月，帝還東都。武承嗣、三思營求爲太子。狄仁傑從容言於太后曰：「太宗櫛風沐雨，親冒鋒鏑，以定天下，傳之子孫。大帝以二子託陛下。陛下今乃欲移之他族，無乃非天意乎！且姑姪之與母子孰親？陛下立子，則千秋萬歲後，配食太廟；立姪，則未聞姪爲天子，而祔姑於廟者也。」太后曰：「此朕家事，卿勿預知。」仁傑曰：「王者以四海爲家，四海之内，何者不爲陛下家事？況元首股肱，義同一體。臣備位宰相，豈得有所不預知乎！」因勸太后召還廬陵王。太后意稍寤。他日，又謂仁傑曰：「朕夢大鸚鵡，兩翼皆折，何也？」對曰：「武者，陛下之姓；兩翼，二子也。陛下起二子，則兩翼振矣。」太后由是無立承嗣、三思之意。吉頊與張易之、昌宗皆爲控鶴監供奉。頊從容説二人曰：「公兄弟貴寵，天下側目，不有大功，何以自全？」二人懼，問計，頊曰：「天下未忘唐德，主上春秋高，公何不勸立廬陵王，以慰人望？如此，豈徒免禍，亦可以長保富貴矣！」二人以爲然，承間，屢爲太后言之。太后乃託言廬陵王有疾，遣使召之，及其妃子，皆詣行在。承嗣怏怏，遂發病死。

胡氏曰：歸廬陵王，狄仁傑雖首言之，太后未許也。及頊爲二張謀，后意乃定。然則頊功爲多，而當時及後世稱復唐之功者，特歸仁傑，而不歸之頊，何也？人臣建策效計，當原其心。誠爲國耶，策雖不就，君子予之；心不在國，假善以濟其私，功雖幸成，君子不與也。狄公精忠，惟復唐室是念，其請歸廬陵也，太后雖未之許，然心已開悟矣。吉頊之計，太后雖即行之，然其心，乃本教二張以長保富貴之術耳；又況狄公之請已在前乎！

秋，八月，突厥默啜寇嬀、檀等州。初，太后命武承嗣之子淮陽王延秀入突厥，納默啜女爲妻；復遣閻知微齎金帛巨億以送之。鳳閣舍人張柬之諫曰：「自古未有中國親王娶夷狄女者。」由是忤旨，出刺合州。延秀至突厥，默啜謂曰：「我欲以女嫁李氏，安用武氏兒邪！我突厥世受李氏恩，聞李氏盡滅，唯兩兒在，我今將兵輔立之。」乃拘延秀，以知微爲南面可汗，言欲使之主唐民也。發兵寇嬀、檀等州，移書數朝廷曰：「與我蒸穀種，器行濫，帛疏惡。且我可汗女，當嫁天子兒。武氏小姓，門户不敵，罔冒爲昏，我爲此起兵，欲取河北耳。」河北諸州聞之，爭發民修城。衛州刺史敬暉曰：「吾聞金湯非粟不守，奈何捨收穫而事城郭乎！」罷使歸田，百姓大悅。

周以狄仁傑兼納言。太后命宰相各舉尚書郎一人，仁傑舉其子光嗣，拜地官員外郎。已而稱職，太后喜曰：「卿足繼祈奚矣。」通事舍人元行沖博學多通，仁傑重之。行沖數規諫仁傑，且曰：「凡爲家者，必有儲蓄。脯醢以適口，參朮以攻疾。僕竊計明公之門，珍味多矣，行沖請備藥物之末。」仁傑笑曰：「吾藥籠中物，何可一日無也！」

周以武攸寧同三品。

九月，突厥陷趙州，周刺史高叡死之。默啜圍趙州，長史唐般若翻城應之。刺史高叡與妻秦氏仰藥詐死，虜輿詣默啜。默啜以金師子帶紫袍示之曰：「降則拜官，不降則死。」叡顧其妻，妻曰：「酬報國恩，正在今日！」遂俱閉目不言。再宿，虜乃殺之。虜退，唐般若族誅，贈叡冬官尚書，謚曰節。

周武氏以帝爲皇太子、河北道元帥，狄仁傑副之，以討默啜。皇嗣固請遜位於廬陵王，太后許之，立爲太子，復名顯，賜姓武氏。命太子爲河北道元帥，以討突厥。先是，募人月餘，不滿千人，及聞太子爲帥，應者雲集，未幾，數盈五萬。時太子不行，命仁傑知元帥事。王及善請太子赴外朝以慰人心，從之。突厥盡殺所掠趙、定男女萬餘人而去，仁傑將兵追之，不及。默啜還漠北，擁兵四十萬，據地萬里，西北諸夷皆附之，有輕中國之心。

周以蘇味道同平章事。味道在相位，依阿取容，嘗謂人曰：「處事不宜明白，但模稜持兩端可矣。」時人謂之蘇模稜。

冬，十月，周以武懿宗、武攸歸領屯兵。

周以狄仁傑爲河北道安撫大使。時河北人爲突厥所驅逼者，虜退，懼誅，往往亡匿。仁傑上疏曰：「邊塵暫起，不足爲憂；中土不安，此爲大事。諸爲突厥、契丹脅從之人，皆是計迫情危，且圖賒死；今皆潛竄山澤，露宿草行，罪之，則衆情恐懼，恕之，則反側自安。伏願曲赦河北諸州，一無所問。」制從之。仁傑於是撫慰百姓，得突厥所驅掠者，悉遞還本貫。散糧運以賑貧乏，修郵驛以濟旋師。自食疏糲，禁其下無得侵擾百姓，犯者必斬。河北遂安。

胡氏曰：陳子昂諫説武氏，其論亦美，而或者譏其失言，謂武氏不可與言而言也。狄公不幾與子昂比乎？曰：人之語默行止，有事同而情異者，此屬是也。武氏已老，太子既在東宫，天下必復歸唐，狄公所爲懇懇恐百姓虚弊，根本動摇，爲唐計爾！

周以姚元崇同平章事。

周閻知微伏誅，以田歸道爲夏官侍郎。默啜縱知微使還，太后命磔於天津橋南，使百官共射之，夷其三族。擢歸道爲夏官侍郎，甚見親委。

十一月，周以豫王旦爲相王。

周置控鶴監。控鶴監，率皆嬖寵之人，頗用才能文學之士田歸道、李迥秀、薛稷、員半千以參之。半千以古無此官，請罷之，遂忤旨，左遷。

十二月，周以魏元忠同平章事。

周貶宗楚客爲播州司馬。

己亥（六九九）

十六年。周武氏聖曆二年。

春，正月，帝在東宫。

二月，周遣使禱少室山。太后不豫，遣給事中閻朝隱禱少室山。朝隱自爲犧牲，沐浴伏俎上，請代太后命。太后厚賞之。

吐蕃贊婆、弓仁降周。初，吐蕃贊普器弩悉弄尚幼，論欽陵兄弟用事，皆有勇略，諸胡畏之。欽陵居中秉政，諸弟握兵分據方面。贊婆常居東邊，爲中國患者三十餘年。器弩悉弄浸長，陰與大臣論巖謀誅之。會欽陵出外，贊普殺其親黨二千餘人，欽陵自殺。贊婆帥所部千餘人，欽陵子弓仁以所統七千帳來降。

帝及武攸暨等誓于明堂。太后自以春秋高，慮身後太子與諸武不相容，命太子、相王、太平公主與武攸暨等誓於明堂，銘之鐵券。

秋，八月，周以王及善爲文昌左相。内史王及善雖無學術，然清正難奪，有大臣之節。張易之兄弟每侍内宴，無復人臣之禮，及善屢以爲言。太后不悅，謂及善曰：「卿高年，不宜更侍遊宴。」及善遂乞骸骨，太后不許，以爲左相，罷政事。

周納言婁師德卒。師德在河隴前後四十餘年，勤恭不怠，民夷安之。性沈厚寬恕〔三〕，狄仁傑之入相也，師德實薦之，而仁傑不知，意頗輕之。太后嘗問仁傑曰：「師德賢乎？」對曰：「爲將能謹守邊陲，賢則臣不知。」又曰：「師德知人乎？」對曰：「臣嘗同僚，未聞其知人也。」太后曰：「朕之知卿，乃師德所薦也。亦可謂知人矣！」仁傑既出，嘆曰：「婁公盛德，我爲其所包容久矣！吾不得窺其際也。」是時，羅織紛紜，師德久爲將相，獨能以功名終，人以是重之。

周以武三思爲內史。

河溢。漂千餘家。

周以韋嗣立爲鳳閣舍人。太后稱制以來，學校殆廢；酷吏所陷，親友流離，未獲原宥。嗣立上疏曰：「時俗浸輕儒學，先王之道，弛廢不講，宜令王公以下子弟皆入國學，不聽以他岐仕進。又酷吏乘間殺人求進，至如仁傑、元忠往遭按鞫，亦皆自誣，非陛下明察，則已爲菹醢矣。今陛下升而用之，皆爲良輔。臣恐曏之負冤得罪者，亦皆如是。伏望一皆昭洗，死者追復官爵，生者聽還鄉里。如此，則天下皆知昔之枉濫，非陛下之意。幽明歡欣，和氣感通矣。」不從。嗣立，承慶之異母弟也。母王氏遇承慶甚酷，每杖承慶，嗣立必解衣請代，母不許，輒私自杖，母爲稍寬。承慶爲鳳閣舍人，以疾去職。嗣立時爲萊蕪令，太后召使代之。

突厥默啜以其子匐俱爲小可汗。默啜立其弟咄悉匐爲左廂察，骨篤祿子默矩爲右廂察，各主兵二萬餘人；其子匐俱爲小可汗，位在兩察上，主處木昆等十姓，兵四萬餘人，又號爲拓西可汗。

冬，十一月〔四〕，周貶吉頊爲安固尉。太后以頊有幹略，以爲同平章事，委以腹心。頊與武懿宗爭趙州之功於太后前，頊魁岸辯口，懿宗短小傴僂，頊視懿宗，聲氣凌厲，太后由是不悦曰：「頊在朕前，猶卑諸武，況異時詎可倚邪！」他日，頊奏事，方援引古今，太后怒曰：「卿所言，朕飫聞之，無多言。昔太宗有馬肥逸，無能馭者。朕爲宫女，進言曰：『妾能制之，然須三物：一鐵鞭，二鐵檛，三匕首。鞭之不服，則檛其首；檛之不服，則斷其喉。』太宗壯朕之志。今日卿豈足汙朕匕首耶！」頊皇恐謝。諸武因共發其弟冒官事，由是坐貶。辭日，得召見，涕泣言曰：「臣永辭闕庭，願陳一言。」太后問之，頊曰：「合水土爲泥，有爭乎？」太后曰：「無之。」又曰：「分半爲佛，半爲天尊，有爭乎？」曰：「有爭矣。」頊頓首曰：「宗室、外戚，各當其分，則天下安。今太子已立，而外戚猶爲王，此陛下驅之使他日必爭，兩不得安也！」太后曰：「朕亦知之。然業已如是，不可如何！」

十二月，周同平章事陸元方罷。太后問元方以外事，對曰：「臣備位宰相，有大事，不敢不以聞；人間細事，不足煩聖聽。」忤旨，遂罷。元方爲人清謹，再爲宰相，太后每有遷除，多訪之，元方密封以進。臨終，悉焚其藁，曰：「吾於人多陰德，子孫其未衰乎！」

周以狄仁傑爲内史。太后幸三陽宫，有胡僧邀車駕觀葬舍利，太后許之。仁傑跪於馬前曰：「佛者，戎狄之神，不足以屈天下之主。彼胡僧詭譎，直欲邀致萬乘，以惑遠近之人耳。」太后中道而還，曰：「以成吾直臣之氣。」

庚子（七〇〇）

十七年。周武氏久視元年。

春，正月，帝在東宮。

夏，五月朔，日食。

六月，周以張易之爲奉宸令。太后改控鶴監爲奉宸府，以易之爲令。每内殿曲宴，輒引諸武、易之、昌宗飲博嘲謔。又命易之、昌宗與李嶠等修三教珠英於内殿，以掩其迹。武三思奏昌宗乃王子晉後身，太后使衣羽衣，吹笙，乘木鶴於庭中，文士皆賦詩以美之。太后又多選美少年爲奉宸内供奉。右補闕朱敬則諫曰：「陛下内寵易之、昌宗足矣，而侯祥等明自媒衒，求入供奉，醜慢無耻。臣職在諫諍，不敢不奏。」太后勞之。易之、昌宗競以豪侈相勝。弟昌儀爲洛陽令，請屬無不從。嘗早朝，有選人姓薛，以金三十兩并狀賂之〔五〕。昌儀受金，以狀授天官侍郎張錫。數日，錫失其狀，以問昌儀，昌儀曰：「我亦不記，但姓薛者即與之。」錫懼，退，索在銓姓薛者六十餘人，悉留注官〔六〕。

周遣將軍李楷固等擊契丹餘黨，平之。契丹將李楷固善用羂索及騎射舞槊，每陷陳，如鶻入烏羣，所向披靡。駱務整者，亦爲契丹將，屢敗唐兵。及孫萬榮死，二人來降。有司請族之，狄仁傑曰：「二人驍勇絶倫，能盡力於所事，必能盡力於我。若撫之以德，皆爲我用矣。」奏請赦之。皆以爲將軍，使將兵擊契丹餘黨，悉平之，獻俘含樞殿。太后召公卿合宴，舉觴屬仁傑曰：「公之功也。」將賞之，對曰：「此乃陛下威靈，將帥盡力，臣何功之有！」固辭不受。

周隴右大使唐休璟破吐蕃於洪源。吐蕃將麴莽布支寇凉州，圍昌松，唐休璟與戰於洪源。休璟謂諸將曰：「諸論既死，麴莽布支新爲將，不習軍事，請爲諸君破之。」乃被甲先陷陳，六戰皆捷，吐蕃大奔。

周造大像。太后欲造大像，使天下僧尼日出一錢，以助其功。狄仁傑上疏諫曰：「今之伽藍，制過宫闕。功不使鬼，止在役人，物不天來，終須地出，不損百姓，將何以求？且梁武、簡文捨施無限，及三淮沸浪，五嶺騰煙，列刹盈衢，無救危亡之禍；緇衣蔽路，豈有勤王之師！比來水旱不節，邊境未寧。若費官財，又盡人力，一隅有難，將何以救之哉？」太后曰：「公教朕爲善，何得相違！」遂罷其役。

司空、梁文惠公狄仁傑卒。太后信重仁傑，羣臣莫及，常謂之「國老」而不名。仁傑好面引廷爭，太后每屈意從之。嘗從太后遊幸，遇風巾墜，馬驚不止，太后命太子追執其鞚而繫之。屢以老疾乞骸骨，不許。每入見，太后常止其拜曰：「每見公拜，朕亦身痛。」及卒，太后泣曰：「朝堂空矣！」自是朝廷有大事，衆或不能決，太后輒嘆曰：「天奪吾國老何太早邪？」太后嘗問仁傑：「朕欲得一佳士用之，誰可者？」仁傑曰：「有張柬之者，其人雖老，宰相才也。」太后擢爲洛州司馬。數日，又問仁傑，對曰：「前薦張柬之，尚未用也。」太后曰：「已遷矣。」對曰：「臣所薦者，可爲宰相，非司馬也。」乃遷秋官侍郎，卒用爲相。仁傑又嘗薦夏官侍郎姚元崇、監察御史桓彦範、太州刺史敬暉等數十人，卒成反正之功。或謂仁傑曰：「天下桃李悉在公門矣！」仁傑曰：「薦賢爲國，非爲私也。」中宗復位，贈司空。睿宗時，追封梁國公。

冬，十月，周復以正月爲歲首。

周以韋安石同平章事。時武三思、張易之兄弟用事，安石數面折之。嘗侍宴禁中，易之引蜀商數人在座同博，安石跪奏曰：「商賈賤類，不應得預此會。」顧左右逐出之，座中皆失色。太后以其言直，勞勉之，同列皆歎服。

十二月，周開屠禁。鳳閣舍人崔融言：「割烹弋獵，著之典禮。苟順月令，合禮經，自然物遂其生矣。」遂開屠禁，祠祭用牲牢如故。

辛丑（七〇一）

十八年。周武氏大足元年，又改長安。

春，正月，帝在東宮。是歲，武邑人蘇安恒上疏太后曰：「陛下欽先聖之顧託，受嗣子之推讓，敬天順人，二十年矣。今太子春秋既壯，陛下年德既尊，何不禪位東宮，使臨宸極，亦何異陛下之身哉！諸武皆得封王，而陛下二十餘孫，無尺寸之土，此非長久之計也。臣請黜諸武爲公侯，而分土以王諸孫，擇立師傅，教其孝敬之道，以夾輔周室，屏藩皇家。」疏奏，太后召見，賜食慰諭而遣之。

三月，周流張錫於循州。平章事張錫坐知選漏泄禁中語，贓滿數萬，當斬，臨刑釋之，流循州。時蘇味道亦坐事，俱下獄。錫氣色自若，舍三品院，帷屏食飲，無異平居。味道步至繫所，席地蔬食。太后聞之，赦味道而復其位。

雨雪。蘇味道以雪爲瑞，帥百官入賀。殿中侍御史王求禮止之曰：「三月雪爲瑞雪，臘月雷爲瑞雷乎？」味道不從。既入，求禮獨不賀，進言曰：「今陽和布氣，草木發榮，而寒雪爲災，豈得誣以爲瑞！賀者，皆諂諛之士也。」太后爲之罷朝。時又有獻三足牛者，宰相復賀，求禮颺言曰：「凡物反常皆爲妖。

此鼎足非其人，政教不行之象也。」太后爲之愀然。

夏，六月〔七〕，周以李迥秀同平章事。迥秀母本微賤，妻叱媵婢，母聞之不悦，迥秀即時出之。或問：「何遽如是？」迥秀曰：「娶妻本以養親。今乃違忤顏色，安敢留也！」

冬，十一月，周以崔玄暐爲天官侍郎。天官侍郎崔玄暐性介直，未嘗請謁，執政惡之，改文昌左丞。月餘，太后謂玄暐曰：「聞卿改官，令史設齋自慶，此欲盛爲姦貪耳。今還卿舊任〔八〕。」乃復拜天官侍郎。

周以郭元振爲涼州都督。先是，涼州南北境不過四百餘里，突厥、吐蕃頻歲奄至城下，百姓苦之。元振始於南境硤口置和戎城，北境磧中置白亭軍，控其衝要，拓州境千五百里，自是寇不復至城下。元振又令甘州刺史李漢通開置屯田，盡水陸之利。舊粟麥斛至數千，及至是，一縑糴數十斛，軍糧支數十年。元振善撫御，在州五年，夷、夏畏慕，令行禁止，牛羊被野，路不拾遺。

壬寅（七〇二）

十九年。周武氏長安二年。

春，正月，帝在東宫。是歲，蘇安恒復上疏曰：「臣聞天下者，神堯、文武之天下也，陛下雖居正統，實因唐氏舊基。當今太子追迴，年德俱盛，陛下貪其寶位，而忘母子深恩，將以何顏見唐家之宗廟哉？今天意人事，還歸李家。陛下雖安天位，殊不知物極則反，器滿則傾。臣何惜一朝之命而不安萬乘之國哉！」太后亦不之罪。

周設武舉。

突厥寇鹽、夏，遂寇并州，周遣薛季昶、張仁愿禦之。

秋，八月，周賜張昌宗爵鄴國公。昌宗兄弟貴盛，勢傾朝野。太子、相王、太平公主上表請封昌宗爲王，制不許，乃賜爵鄴國公。

九月朔，日食，不盡如鉤。

吐蕃遣使求和。宴吐蕃使者論彌薩於麟德殿。時凉州都督唐休璟入朝，亦預宴，彌薩屢窺之。太后問其故，對曰：「洪源之戰，此將軍猛厲無敵，故欲識之。」休璟練習邊事，自碣石以西，踰四鎮，綿亘萬里，山川要害，皆能記之。

冬，十月，吐蕃寇茂州，都督陳大慈與戰，破之。

十一月，周命監察御史蘇頲按雪冤獄。監察御史魏靖上疏，以爲：「陛下既知來俊臣之姦，處以極法，乞詳覆俊臣等所推大獄，伸其枉濫。」太后乃命蘇頲按覆。由是雪免者甚衆。

十二月，周以張嘉貞爲監察御史。侍御史張循憲爲河東采訪使，有疑事不能決，問侍吏曰：「此有佳客，可與議事者乎？」吏言前平鄉尉張嘉貞有異才。循憲召見，詢之，嘉貞爲之條析理分，莫不洗然。循憲因請爲奏，皆意所未及。還，太后善之，循憲具言嘉貞所爲，且請以己官授之。太后曰：「朕寧無一官自進賢邪！」因召嘉貞與語，大悅，即拜監察御史。擢循憲司勳郎中，賞其得人也。

癸卯(七〇三)

二十年。周武氏長安三年。

春，正月，帝在東宮。突厥請以女妻太子之子，許之。乃遣武延秀還，仍遣使來謝。宴於宿羽臺，太子預焉。宮尹崔神慶上疏曰：「今五品以上所以佩龜者，爲别敕徵召，恐有詐妄，内出龜合，然後應命。况太子國本，古來徵召皆用玉契，此誠重慎之極也。昨緣突厥使見，太子應預朝參，直有文符下宫，曾不降敕處分，臣愚謂太子非朔望朝參、應别召者，請降手敕及玉契。」太后然之。

三月朔，日食。

夏，閏四月，周改文昌臺爲中臺。

六月，寧州大水。

秋，七月，周以唐休璟同三品。時突騎施酋長烏質勒與西突厥諸部相攻，安西道絶。太后命休璟議其事，行之。後十餘日，安西諸州請兵應接，程期一如休璟所畫，太后曰：「恨用卿晚。」時西突厥斛瑟羅用刑殘酷，諸部不服。烏質勒本隸斛瑟羅，能撫其衆，諸部歸之，斛瑟羅不能制。後攻陷碎葉，徙其牙帳居之。斛瑟羅部衆離散，因入朝，不敢復還，烏質勒悉併其地。

九月朔，日食，既。

胡氏曰：吕氏末年，日食，既，后惡之曰：「此爲我也。」未幾而卒。武后至是，日食再既，明年亦卒。日者，至陽之精，人君之表，今乃爲女主之應乎？夫陽淑不競，則陰慝長，理固然也。今武氏反陰爲陽，居中履極，掩唐家之舊域，頒正朔於八荒，其氣燄所感，上致日星之變，不亦宜乎！

周貶魏元忠爲高要尉，流張説於嶺南。初，元忠爲洛州長史，張易之奴暴亂都市，元忠杖殺之。及爲相，太后欲以易之弟昌期爲雍州長史，問宰相：「誰堪雍州者？」元忠以薛季昶對，太后曰：「昌期何如？」元忠曰：「昌期少年，不閑吏事。鄎在岐州，户口逃亡且盡。不如季昶。」太后默然而止。元忠又嘗面奏：「臣承乏宰相，不能盡忠死節，使小人在側，臣之罪也。」太后不悦。由是諸張深怨之，乃譖元忠嘗言：「太后老矣，不若挾太子爲久長。」太后怒，下元忠獄。昌宗密引鳳閣舍人張説，賂以美官，使證元忠，説許之。太后召説入，鳳閣舍人宋璟謂曰：「名義至重，鬼神難欺，不可黨邪陷正。若獲罪流竄，其榮多矣。若事有不測，璟當叩閤力争，與子同死。努力爲之，萬代瞻仰，在此舉也。」殿中侍御史張廷珪曰：「朝聞道，夕死可矣！」左史劉知幾曰：「無汙青史，爲子孫累。」及入，太后問之，説未對，昌宗從旁迫趣説，使速言。説曰：「陛下視之，在陛下前，猶逼臣如是，況在外乎！臣實不聞元忠有是言。」易之、昌宗遽呼曰：「張説與元忠同反！」太后問其狀，對曰：「説嘗謂元忠爲伊、周。伊尹放太甲，周公攝王位，非欲反而何？」説曰：「易之小人，徒聞伊、周之語，安知伊、周之道！伊尹、周公爲臣至忠，古今慕仰。陛下用宰相，不使學伊、周，當使學誰邪？」太后曰：「説反覆，宜并繫治之。」他日，更引問，説對如前。朱敬則抗疏理之曰：「元忠素稱忠正，張説所坐無名，若令抵罪，失天下望。」蘇安恒亦上疏曰：「元忠下獄，里巷恟恟，皆以爲陛下委信姦宄，斥逐賢良。忠臣烈士，皆撫髀於私室。方今賦役煩重，百姓雕弊，重以讒慝專恣，刑賞失中，竊恐人心不安，别生他變。」竟貶元忠高要尉，流説嶺表。元忠入辭，言曰：「臣老，向嶺南，必十死一生。但陛下他日必思臣言。」因指昌宗、易之曰：「此二小兒終爲亂階。」殿中侍御史王晙復奏申理元忠，宋璟謂之曰：「魏公幸已得全，今子復冒威怒，得無狼狽乎！」晙曰：「魏公以忠獲罪，晙爲義所激，顛沛無恨！」璟歎曰：「璟不能申魏公之枉，深負朝廷矣！」太子僕崔貞慎等八人餞元忠於郊外。易之詐爲狀，稱貞慎等與元忠謀反，太后使監察御史馬懷素鞫之。懷素曰：「昔欒布奏事彭越頭下，漢祖不以爲罪。況元忠之刑未如彭越，而陛下欲誅其送者乎？」太后意解。太后嘗命朝貴宴集，易之兄弟皆位宋璟上。易之素憚璟，欲悦其意，虛位揖之曰：「公，方今第一人，何乃下坐？」璟曰：「才劣位卑，張卿以爲第一，何也？」天官侍郎鄭杲謂璟曰：「中丞奈何卿五郎？」璟曰：「以官言之，正當爲卿。足下非張卿家奴，何郎之有！」舉坐悚惕。時自武三思以下，皆謹事易之兄弟，璟獨不爲之禮。諸張積怒，常欲中傷之，太后知之，故得免。

胡氏曰：宋璟可謂賢矣！爲張説謀而忠。張説亦可謂賢矣！聞宋璟言而受。使事君者相詔相聽皆如是，朝廷豈有過舉哉！説非守義不回者，特以蓬生麻中，勢不得不直耳。苟爲不然，説他日事業可紀，如是者甚少，豈爵位既高，不能親忠良以自助耶！君子所以貴乎三益之友也。

周以裴懷古爲桂州都督。始安獠反，攻陷州縣。朝廷思得良吏以鎮之，朱敬則稱懷古有文武才，以爲桂州都督。懷古飛書示以禍福，獠即迎降，懷古輕騎赴之，左右曰：「夷獠無信，不可忽也。」懷古曰：「吾仗忠信，可通神明，而況人乎！」遂詣其營，賊衆大喜，嶺外悉定。

周遣使以六條察州縣。

吐蕃贊普器弩悉弄卒。吐蕃南境諸部皆叛，器弩悉弄擊之，卒於軍中。諸子爭立久之。國人立其子棄隸蹜贊，生七年矣。

甲辰（七〇四）

二十一年。周武氏長安四年。

春，正月，帝在東宫。

周以阿史那懷道爲西突厥十姓可汗。

周作興泰宫。武三思建議毁三陽宫，以其材作興泰宫於萬安山。功費甚廣，百姓苦之。左拾遺盧藏用上疏，以爲：「左右近臣多以順意爲忠，犯忤爲戒，致陛下不知百姓失業。陛下誠能以勞人爲辭，發制罷之，則天下皆知陛下苦己而愛人也。」不從。

周平章事朱敬則致仕。敬則爲相，以用人爲先，自餘細務不之視。

三月，周以韋嗣立等爲諸州刺史。太后嘗與宰相議及刺史、縣令，李嶠、唐休璟等奏：「竊見朝廷物議，遠近人情，莫不重内官，輕外職，除授牧伯，多是貶累之人，風俗不澄，實由於此。望於臺、閣、寺、監妙簡賢良，分典大州，共康庶績。臣等請輟近侍，率先具僚。」太后命書名探之，得鳳閣侍郎韋嗣立、御史大夫楊再思等二十人，各以本官檢校刺史。其後政迹可稱者，唯常州薛謙光、徐州司馬鍠而已。

夏，四月，周復作大像。太后復税天下僧尼作大像，縻費巨億。李嶠上疏曰：「造像錢，見有一十七萬餘緡，若將散施，人與一千，濟得一十七萬餘戶。拯饑寒之弊，省勞役之勤，人神胥悅，功德無窮。」監察御史張廷珪疏曰：「以時政論之，則宜先邊境，蓄府庫，養人力；以釋教論之，則宜救苦厄，滅諸相，崇無爲。願察臣之愚，行佛之意。」太后爲之罷役，召見，賞慰之。

周以天官侍郎崔玄暐同平章事。

周以姚元崇爲春官尚書。初以相王府長史姚元崇兼夏官尚書。元崇上言：「臣事相王，不宜典兵馬。臣不敢愛死，恐不益於王。」乃改春官尚書，同三品如故。元崇字元之，時突厥叱列元崇反，太后命元崇以字行。

秋，七月，周以楊再思爲内史。再思爲相，專以諂媚取容。司禮少卿張同休，易之之兄也，嘗因宴集，戲再思曰：「楊内史面似高麗。」再思欣然翦紙帖巾，反披紫袍，爲高麗舞，舉坐大笑。時人或譽張昌宗之美曰：「六郎面似蓮花。」再思獨曰：「不然。」昌宗問其故，再思曰：「乃蓮花似六郎耳。」

周貶戴令言爲長社令。司禮少卿張同休、汴州刺史張昌期、尚方少監張昌儀皆坐贓下獄，命左、右臺共鞫之。敕以易之、昌宗作威作福，亦命同鞫。御史大夫李承嘉、中丞桓彥範奏：「同休兄弟贓共四千餘緡，昌宗法應免官。」昌宗訴有功無罪，太后問宰相：「昌宗有功乎？」楊再思曰：「昌宗合神丹，聖躬服之有驗，此莫大之功。」太后悅，赦之。左補闕戴令言作兩足狐賦以譏再思，出爲長社令。

周以韋安石爲揚州長史，唐休璟兼幽營都督。安石舉奏張易之等罪，敕付安石及唐休璟鞫之，未竟而事變，出安石揚州，休璟幽營。休璟將行，密言於太子曰：「二張恃寵不臣，必將爲亂，殿下宜備之。」

九月，周以姚元之爲靈武道安撫大使。冬十月，以秋官侍郎張柬之同平章事。元之將行，太后令舉外司堪爲宰相者，對曰：「張柬之沈厚有謀，能斷大事。且其人已老，惟陛下急用之。」太后遂以柬之同平章事。時年且八十矣。

周以岑羲爲天官員外郎。太后命宰相選郎吏，韋嗣立薦羲，曰：「但恨其伯父長倩爲累。」太后曰：「苟或有才，此何所累！」由是諸緣坐者始得進用。

十二月，周張昌宗下獄，既而赦之。太后寢疾，宰相不得見者累月，惟易之、昌宗侍側。崔玄暐奏曰：「太子、相王足侍湯藥，宮禁事重，願不令異姓出入。」易之、昌宗亦恐禍及，陰爲之備。屢有人爲飛書，云：「易之兄弟謀反。」許州人楊元嗣告昌宗嘗召術士李弘泰占相，弘泰言昌宗有天子相，太后命平章事韋承慶及司刑卿崔神慶、御史中丞宋璟鞫之。神慶奏言：「昌宗款稱『弘泰語已奏聞』，準法首原。」璟奏：「昌宗儻以弘泰爲妖妄，何不執送有司？雖云奏聞，終是包藏禍心，法當處斬。」太后不許。璟退，左拾遺李邕進曰：「宋璟志安社稷，非爲身謀，願陛下可其奏。」亦不聽。尋敕璟安撫隴、蜀〔九〕，璟不肯行，奏曰：「故事，中丞非軍國大事，不當出使。今隴、蜀無變，臣不敢奉制。」司刑少卿桓彥範上疏曰：「昌宗無功荷寵而包藏禍心。所以奏者，擬事發則云先已奏陳，不發則俟時爲逆，此乃姦臣詭計，若云可捨，誰爲可刑？請考竟其罪。」疏奏，不報。崔玄暐亦屢以爲言，太后令法司議罪。玄暐弟司刑少卿昇處以大辟。宋璟復奏：「昌宗爲飛書所逼，不得已而自陳。且謀反大逆，無容首免。」太后溫言解之，璟聲色逾厲曰：「臣知言出禍從，然義激於心，雖死不恨！」太后不悦。楊再思遽宣敕令出，璟曰：「聖主在此，不煩宰相擅宣敕命！」太后乃可其奏，遣昌宗詣臺。璟庭立而按之，事未畢，太后特敕赦之。璟歎曰：「不先擊小子腦裂，負此恨矣。」太后使昌宗詣璟謝，璟拒不見。

胡氏曰：太后不以内嬖之私，屈外廷之議，肯自抑斷，以伸正直之氣，其與漢文聽申屠嘉困鄧通何以異哉？使其生爲男子而臨天下，其雄才大略，殆與孝武等矣！

周以陽嶠爲右臺侍御史。桓彦範、袁恕己共薦陽嶠爲御史，楊再思曰：「嶠不樂搏擊之任，如何？」彦範曰：「爲官擇人，豈必待其所欲！所不欲者，尤須與之，所以長難進之風，抑躁求之路。」乃擢爲右臺侍御史。

乙巳（七〇五）

神龍元年。

春，正月，張柬之等舉兵討武氏之亂，張易之、昌宗伏誅。帝復位，大赦。太后疾甚，易之、昌宗居中用事，張柬之、崔玄暐與中臺右丞敬暉、司刑少卿桓彦範、相王司馬袁恕己謀誅之。柬之謂羽林大將軍李多祚曰：「將軍富貴，誰所致也？」多祚泣曰：「大帝也。」柬之曰：「今大帝之子爲二豎所危，將軍不思報大帝之德乎？」多祚曰：「苟利國家，惟相公處分，不敢顧身。」遂與定謀。初，柬之與荆府長史楊元琰相代，同泛江，至中流，語及太后革命事，元琰慨然有匡復之志。及柬之爲相，引元琰爲右羽林將軍，謂曰：「君頗記江中之言乎？今日非輕授也。」柬之又用彦範、暉及右散騎侍郎李湛皆爲羽林將軍，委以禁兵。易之等疑懼，乃更以其黨武攸宜參之，易之等乃安。俄而姚元之自靈武至都，柬之、彥範相謂曰：「事濟矣。」遂以其謀告之。彥範以事白其母，母曰：「忠孝不兩全，先國後家可也。」時太子於北門起居，彥範、暉謁見，密陳其策，太子許之。柬之、玄暐、彥範乃與左威衛將軍薛思行等帥羽林兵五百餘人至玄武門，遣多祚、湛及內直郎王同皎詣東宮，迎太子，斬關而入，斬易之、昌宗於廡下，進至太后所寢長生殿。太后驚起，問曰：「亂者誰邪？」多祚等對曰：「易之、昌宗謀反，臣等奉太子令誅之。恐有漏泄，故不敢以聞。稱兵宮禁，罪當萬死。」太后見太子曰：「小子既誅，可還東宮。」彥範進曰：「昔天皇以愛子託陛下，今年齒已長，久在東宮，天意人心，久思李氏。願陛下傳位太子，以順天人之望。」太后謂崔玄暐曰：「卿，朕所自擢，亦在此邪？」對曰：「此乃所以報陛下之大德。」於是收張昌期等皆斬之，與易之、昌宗梟首天津南〔一〇〕，收其黨韋承慶、房融、崔神慶繫獄。以太后制，命太子監國。以袁恕己爲鳳閣侍郎、同平章事。遣使宣慰諸州。明日，太后傳位於太子。中宗復位，大赦，惟易之黨不原。其爲周興等所枉者，咸令清雪，子女配没者皆免之。相王旦加號安國相王，太平公主加號鎮國太平公主，皇族皆復屬籍，敘官爵。其爲太后所殺者，訪求其柩，改葬之。

遷太后於上陽宮，上尊號曰則天大聖皇帝。

胡氏曰：武氏之禍，古所未有也。張柬之等第知反正廢主，而不能以大義處非常之變，爲唐室討罪人也。武后以太宗才人，蠱惑嗣帝，一罪也。戕殺主母，二罪也。黜中宗而奪之，三罪也。殺君之子三人，四罪也。自立爲帝，五罪也。廢唐宗廟，六罪也。誅鋤宗室，七罪也。穢德彰聞，八罪也。尊用酷吏，毒痡四海，九罪也。兵既入宫，當先奉太子復位，即以武氏至唐太廟，數其九罪，廢爲庶人，賜之死，而滅其宗，中宗不得而與焉。然後足以慰在天之靈，雪臣民之憤，而天地之常經立矣。昔者文姜預弒魯桓，哀姜預弒二君，聖人例以弒書〔一一〕。若其去而不返，以深絶之，所以著恩輕而義重也。武氏負九大罪，自絶於唐，柬之等乃膠常守故，不能討治，使得從容傳位，又受顯册，竊尊稱。以是見爲大臣斷大事而無學，不能善始善終決矣。或曰：「使狄公而在，當有以異乎此耶？」曰：「狄公亦如是而已耳。觀其説武氏之言，固不肯以血食給之於先，而以罪討之於後也。」或曰：「文姜、哀姜與聞乎弒，武氏未嘗弒也。比而同之，不亦過乎？」曰：「弒君立君，宗廟猶未亡也，罪已當絶。況移其宗廟，改其國姓，是滅之矣，豈不重於弒君者耶？」夫惟如是而不能討，故不旋踵而韋氏肆行無所忌憚，意可以爲常事也。

以張柬之、袁恕己同三品，崔玄暐爲内史，敬暉、桓彦範爲納言，李多祚等進官賜爵有差。

二月，復國號曰唐。郊廟、社稷、陵寢、百官、旗幟、服色、文字，皆如永淳以前故事；復以神都爲東都，北都爲并州，老君爲玄元皇帝。

范氏曰：昔季氏出其君，魯無君者八年，春秋每歲必書公之所在，不與季氏之專國也。自司馬遷作吕后本紀，後世爲史者因之，故唐史亦列武后于本紀。其於記事之體則實矣，春秋之法則未用也。或曰：「武后，母也；中宗，子也。母雖不慈，子不可以不孝。中宗欲以天下與韋玄貞，不得爲無罪。武后實有天下，不得不列于本紀。不没其實，所以著其惡也。」臣以爲不然。中宗之有天下，受之於高宗也，其曰「以天下與韋玄貞」，乃一時拒諫之忿辭，非實欲行之也。若以爲罪，則漢哀帝之欲禪位董賢，其臣亦可廢立也。春秋吴、楚之君不稱王，所以存周室也。天下者，唐之天下也，武氏豈得而間之！故臣復繫嗣聖之年，黜武氏之號，以爲母后禍亂之戒，竊取春秋之義，雖獲罪於君子而不辭也。

流貶周宰相韋承慶、房融、崔神慶於嶺南。

以楊再思同三品。

姚元之爲亳州刺史。太后之遷上陽宫也，同三品元之獨嗚咽流涕，桓彦範、張柬之謂曰：「今日豈公涕泣時邪！」元之曰：「前日從公誅姦逆，人臣之義也；今日別舊君，亦人臣之義也。雖獲罪，實所甘心。」遂出爲亳州刺史。

復立韋氏爲皇后，贈后父玄貞上洛王。左拾遺賈虚己上疏曰：「異姓不王，古今通制。今中興之始，萬姓觀仰，而先王后族，非所以廣德美於天下也。且先朝贈后父太原王，殷鑒不遠，須防其漸。」不聽。上之遷房陵也，與后同幽閉，備嘗艱危，情愛甚篤。每聞敕使至，輒惶恐欲自殺，后止之曰：「禍福無常，何遽如是！」嘗與后私誓曰：「異時幸復見天日，當惟卿所欲，不相禁禦！」至是，上每臨朝，則后必施帷幔，坐於殿上，預聞朝政，如武后在高宗之世矣。桓彦範上表曰：「書稱『牝雞之晨，惟家之索』。自古帝王，未有與婦人共政而不破國亡身者也。願令皇后專居中宫，治陰教，勿出外朝，干國政。」

先是，胡僧慧範與張易之兄弟善，韋后亦重之，至是復出入宮掖。彦範表言：「慧範執左道以亂政，請誅之。」上皆不聽。

以武三思爲司空。二張之誅也，洛州長史薛季昶謂張柬之、敬暉曰：「二凶雖除，産、禄猶在。去草不去根，終當復生。」二人曰：「大事已定。彼猶機上肉耳，夫何能爲！」季昶歎曰：「吾不知死所矣。」朝邑尉劉幽求亦謂柬之等曰：「三思尚存，公輩終無葬地。若不早圖，噬臍無及！」不從。上女安樂公主適三思子崇訓。上官儀女婉兒者，没入掖庭，辯慧能文，明習吏事，太后愛之。及上即位，使掌制命，益委任之，拜爲婕妤。三思通焉。故婉兒黨於武氏，又薦三思於韋后。上遂與三思圖議政事，數微服幸其第。柬之等皆受制於三思矣。上使后與三思雙陸，而自爲點籌。三思遂與后通。由是武氏之勢復振。柬之等數勸上誅諸武，曰：「革命之際，宗室誅夷略盡。今陛下返正，武氏濫官僭爵，按堵如故，豈遠近所望邪！」不聽。柬之等或撫牀歎憤，或彈指出血，曰：「主上昔爲英王，時稱勇烈。吾所以不誅諸武者，欲使上自誅之，以張天子之威耳。今反如此，事勢已去。知復奈何！」上遂以三思爲司空、同三品。

貶譙王重福爲均州刺史。重福〔一二〕，上之庶子也，韋后惡之，貶均州刺史，常令州司防守之。

以武攸暨爲司徒，祝欽明同三品。

三月，流酷吏於嶺南，死者追貶之。所破家，皆復資蔭。

以袁恕己爲中書令。

徵武攸緒爲太子賓客。以安車徵武攸緒。既至，除太子賓客。固請還山，許之。

胡氏曰：武攸緒之志，不緇於其族，卓矣。他人避武后之亂，思中宗之復，事革，則奮然而出。攸緒見其未也，應召而來，遺榮而去。當是之時，一人而已。

夏，四月，以鄭普思爲祕書監，葉靜能爲國子祭酒。術士鄭普思、尚衣奉御葉靜能皆以妖妄爲上所信，墨敕以普思爲祕書監，靜能爲國子祭酒。桓彥範、崔玄暐固執不可，曰：「陛下初復大位，下制：『政令皆依貞觀故事〔一三〕。』貞觀中，魏徵爲祕書監，孔穎達爲國子祭酒，豈普思、靜能之比乎！」拾遺李邕上疏曰：「若有神仙能令人不死，則秦始皇、漢武帝得之矣；佛能爲人福利，則梁武帝得之矣。堯、舜所以爲帝王首者，亦修人事而已。尊寵此屬，何補於國！」上皆不聽。

以魏元忠、韋安石、李懷遠、唐休璟、崔玄暐並同三品，張柬之爲中書令。

五月，遷周廟主於西京，仍避其諱。

賜敬暉等五人王爵，罷其政事。敬暉等帥百官上表曰：「天授革命之際，宗室誅竄殆盡。今天命惟新，而諸武封建如舊，開闢以來，未有斯理。願陛下爲社稷計，順遐邇心，降其王爵，以安內外。」上不許。暉等畏武三思之讒，以考功員外郎崔湜爲耳目。湜見上親三思而忌暉等，乃悉以暉等謀告三思，三思引爲中書舍人。先是，殿中侍御史鄭愔諂事二張，坐貶。亡入東都，謁三思，初見哭甚哀，既而大笑，三思怪之，愔曰：「愔始哀大王將戮死而滅族，後乃喜大王之得愔也。大王雖得天子之意，然彼五人，皆據將相之權，膽略過人，廢太后如反掌，日夜切齒，欲噬大王之肉，此愔所以爲大王寒心也。」三思大懼，與之登樓，問自安之策。引爲中書舍人，與崔湜皆爲三思謀主。三思與韋后日夜譖暉等云：「恃功專權，將不利於社稷。不若封以王爵，罷其政事，外不失尊寵功臣，內實奪之權。」上以爲然。封敬暉爲平陽王〔一四〕，桓彦範爲扶陽王，張柬之爲漢陽王，袁恕己爲南陽王，崔玄暐爲博陵王，皆罷政事。三思令百官復修太后之政，不附武氏者，斥之；爲五王所逐者，復之，大權盡歸三思矣。

胡氏曰：崔湜小人，無足罪者。獨五王不知人，可恨耳，上則不知中宗，次則不知三思，其爲崔湜所反也，固宜！夫三思之惡，布在天下，何用更伺其動靜？是時建義諸人分柄文武，若合謀同志，再匡王室，討除三思，猶爲未晚也。若中宗與韋后必欲復武后之政，則斷以大義，推奉睿宗以主社稷，雖爲法受惡，豈不賢於三思所葅醢乎？惜哉！五王之忠，而智不及此，其受禍也宜哉！

以岑義爲祕書少監，畢構爲潤州刺史。初，五王之請削武氏諸王也，求人爲表，衆莫肯爲，中書舍人岑義爲之，語甚激切。中書舍人畢構次當讀，辭色明厲。三思既得志，義改祕書少監，出構爲潤州刺史。

以宋璟爲黄門侍郎。上嘉宋璟忠直，累遷黄門侍郎。武三思嘗以事屬璟，璟正色拒之曰：「今太后既復子明辟，王當以侯就第，何得尚預朝政？獨不見產、禄之事乎！」

以楊元琰爲衛尉卿。先是，元琰知三思浸用事，請棄官爲僧，上不許。敬暉聞而笑之，元琰曰：「功成名遂，不退將危，此乃由衷之請，非徒然也。」及暉等得罪，元琰獨免。

皇后表請改易制度，從之。上官婕妤勸韋后襲武后故事，表請令士庶喪出母三年，百姓二十三爲丁，五十九免役，改易制度以收時望。詔皆從之。

降河内王武懿宗爵爲公。

以唐休璟、豆盧欽望爲左、右僕射。以唐休璟、豆盧欽望爲左、右僕射，休璟仍同三品，欽望有軍國重事，中書門下可共平章。先是，僕射爲正宰相，其後多兼中書門下之職，午前决朝政，午後决省事。至是，欽望專爲僕射，不敢預政事，故有是命。是後專拜僕射者，不復爲宰相矣。

以韋安石爲中書令，魏元忠爲侍中。

洛水溢。流二千餘家。

秋，七月，以韋巨源同三品。

以漢陽王張柬之爲襄州刺史。柬之表請歸襄州養疾，制以柬之爲刺史，不知州事。

河南、北十七州大水。制求直言。右衛參軍宋務光上疏曰：「水，陰類，臣妾之象，恐後庭有干外朝之政者，宜杜絶其萌。太子國本，宜早擇賢能而立之。又外戚太盛，如武三思等，宜解其機要。鄭普思、葉静能以小技竊大位，亦朝政之蠹也。」疏奏，不省。

九月，改葬上洛王韋玄貞。其儀如太原王故事。尋進封酆王。

韋巨源罷，以魏元忠爲中書令，楊再思爲侍中。

冬，十一月，羣臣上皇帝、皇后尊號。羣臣上皇帝尊號曰應天皇帝，皇后曰順天皇后。上與后謁謝太廟，赦天下。相王、太平公主加實封，皆滿萬户。

上御樓觀潑寒胡戲。清源尉吕元泰上疏曰：「謀時寒若，何必裸身揮水，鼓舞衢路以索之哉！」疏奏，不納。

皇太后武氏崩。太后崩於上陽宫，年八十二。遺制：「去帝號，赦王、蕭二族及褚遂良、韓瑗、柳奭親屬。」上居諒陰，以中書令魏元忠攝冢宰三日。元忠素負忠直之望，中外賴之。武三思矯太后遺制，慰諭元忠，賜實封百户。元忠捧制感咽涕泗，見者曰：「事去矣！」

胡氏曰：元忠慷慨論事，屢瀕危殆，無所屈折，蓋以死爲輕〔一五〕，以義爲重矣。實封百户，於宰相何加焉，而至於懷感悲涕，何也？蓋至是義氣不勝，有貪志焉，故爲三思所陷。容容循默，坐視五王夷滅；政事紊亂，不敢一言，而卒亦不免。孔子曰：「棖也慾，焉得剛。」元忠之謂矣。

將以太后合葬乾陵，給事中嚴善思上疏曰：「神明之道，體尚幽玄。今欲啓之，恐致驚黷。況合葬非古，宜於陵旁更擇吉地。」不從。

户部奏是歲天下户口之數。户六百一十五萬，口三千七百一十四萬有奇。

丙午（七〇六）

二年。

春，正月，以李嶠同三品，于惟謙同平章事。

制太平、安樂公主各開府，置官屬。安樂公主恃寵，賣官鬻獄〔一六〕，勢傾朝野。或自爲制敕，掩其文，令上署之，上笑而從之，竟不視也。自請爲皇太女，上雖不從，亦不譴責。

以平陽王敬暉、扶陽王桓彦範、南陽王袁恕己爲諸州刺史。武三思惡暉等居京師，出之，暉滑州，彦範洺州，恕己豫州。尋復左遷遠郡。

二月，以韋巨源同三品。詔與皇后叙宗族。

制僧慧範、道士史崇恩等並加五品階。

置十道巡察使。選内外五品以上官二十人，爲十道巡察使，委之察吏撫人，薦賢直獄，二年一代，考其功罪而進退之。姜師度、馬懷素、源乾曜、盧懷慎、李傑皆豫焉。

韋安石罷，以蘇瓌爲侍中。唐休璟致仕。

三月，殺駙馬都尉王同皎。初，宋之問及弟之遜皆坐附會張易之貶嶺南，逃歸東都，匿於友人王同皎家。同皎疾武三思及韋后所爲，每與所親言之，輒切齒。之遜密告三思，三思使人告同皎與武當丞周璟等謀殺三思，廢皇后，皆坐斬。之問、之遜並除京官。璟亡入比干廟，大言曰：「比干，古之忠臣，知吾此心。三思與皇后淫亂，傾危國家，行當梟首都市，恨不及見耳！」遂自剄。

大置員外官。置員外官，自京師及諸州凡二千餘人，宦官超遷七品以上員外官者又將千人。魏元忠自端州還，爲相，不復强諫，惟與時俯仰，中外失望。酸棗尉袁楚客以書責之曰：「主上新服厥命，惟新厥德，當進君子，退小人，以興大化，豈可安其榮寵，循默而已！今不早建太子，擇師傅而輔之，一失也；公主開府置僚屬，二失也；崇長緇衣，借勢納賂，三失也；俳優小人盗竊品秩，四失也；有司選賢，皆以貨取勢求，五失也；寵進宦者，殆滿千人，六失也；王公貴戚賞賜無度，競爲侈靡，七失也；廣置員外官，傷財害民，八失也；先朝宮女出入無禁，交通請謁，九失也；左道之人熒惑主聽，盗竊禄位，十失也。凡此十失，君侯不正，誰正之哉！」元忠得善，愧謝而已。

胡氏曰：中宗鼎鑊，豈若武后之烈！三思凶焰，豈若周、來之甚！元忠不懼武后，而畏三思，是何也？血氣既衰，戒之在得故也。簞食豆羹，不得則死，然蹴而與之，乞人不屑者，血氣尚勝故也。萬鍾之禄，與不得而死者，相去遠矣。然則不辨理義而受之者，血氣衰故也。知所以戒，則志常爲主，血氣不能盛衰之矣！

夏四月，李懷遠致仕。

殺處士韋月將，以尹思貞爲青州刺史，宋璟爲貝州刺史。處士韋月將上書告武三思潛通宮掖，必爲逆亂，上大怒，命斬之。黄門侍郎宋璟奏曰：「人言中宮私於三思，陛下不問而誅之，臣恐天下必有竊議。」固請按之，上不許。璟曰：「必欲斬月將，請先斬臣。不然，臣終不敢奉詔。」上怒少解。御史大夫蘇珦、大理卿尹思貞皆以爲方夏行戮，有違時令。上乃命杖而流之嶺南。過秋分一日，平曉，廣州都督周仁軌斬之。御史大夫李承嘉附武三思，詆尹思貞於朝。思貞曰：「公附會姦臣，將圖不軌，先除忠臣邪？」承嘉怒，劾奏思貞，出爲青州刺史。武三思惡宋璟，出之，檢校貝州刺史。

范氏曰：自古殺諫臣，未有不亡國者。中宗愚闇，足以取亡，而高祖、太宗德澤未遠，人心、天命未厭唐也，故禍及其身而已矣。

五月，葬則天皇后於乾陵。

六月，貶敬暉、桓彦範、張柬之、袁恕己、崔玄暐爲遠州司馬。武三思使鄭愔告敬暉等與王同皎通謀，貶暉崖州、彦範瀧州、柬之新州、恕己竇州、玄暐白州司馬，員外長任，削其勳封。

加周仁軌鎮國大將軍。初，韋玄貞流欽州而卒，蠻酋寧承基逼取其女，玄貞妻崔氏不與，承基殺之，及其四男。至是，廣州都督周仁軌討承基斬之，故有是命。及韋氏敗，仁軌亦誅。

秋，七月，立衛王重俊爲皇太子。太子性明果，而宫屬率貴遊子弟，所爲多不法。左庶子姚珽屢諫〔一七〕，不聽。

以李嶠爲中書令。初，李嶠爲吏部侍郎，欲樹私恩，再求入相，奏大置員外官，廣引貴勢親識。既而爲相，銓衡失序，府庫減耗，乃更表言濫官之弊，且請遜位。上慰諭，不許。

敬暉、桓彦範、張柬之、袁恕己、崔玄暐爲武三思所殺。武三思陰令人疏皇后穢行，牓於天津橋，請加廢黜。上大怒，命李承嘉窮覈其事。承嘉奏言敬暉等所爲，請族誅之。上可其奏。大理丞李朝隱奏稱「暉等未經推鞫，不可遽就誅夷」。乃長流暉於瓊州，彦範於瀼州，柬之於瀧州，恕己於環州，玄暐於古州。崔湜説三思遣使矯制殺之，三思問誰可者，湜以大理正周利用先爲五王所惡，貶官，乃薦之。三思使攝侍御史，奉使嶺外。比至，柬之、玄暐已死。遇彦範於貴州，令左右縛之，曳於竹槎之上，肉盡至骨，然後杖殺。得暉，咼而殺之。恕己素服黄金，利用逼之使飲野葛汁，盡數升，不死，不勝毒憤，掊地，爪甲殆盡，仍捶殺之。利用還，擢拜御史中丞。三思既殺五王，權傾人主，常言：「我不知代間何者謂之善人，何者謂之惡人。但於我善者則爲善人，於我惡者則爲惡人耳。」時宗楚客、宗晉卿、紀處訥、甘元柬皆爲三思羽翼，周利用、冉祖雍、李俊、宋之遜、姚紹之皆爲三思耳目，時人謂之「五狗」。

冬，十月，車駕還西京。

十一月，以竇從一爲雍州刺史。從一初名懷貞，避皇后父諱，更名從一。太平公主與僧寺爭碾磑，雍州司户李元紘判歸僧寺。從一懼，命改判，元紘大署判後曰：「南山可移，此判無動。」從一不能奪。

流鄭普思於儋州。鄭普思聚黨於雍、岐二州，謀作亂，事覺，西京留守蘇瓌收繫窮治之。上抑瓌而佑普思。侍御史范獻忠進曰：「請斬蘇瓌！」上曰：「何故？」對曰：「瓌爲留守大臣，不能先斬普思，然後奏聞，使之熒惑聖聽，其罪大矣！且普思反狀明白，而陛下曲爲申理。王者不死，殆謂是乎？」魏元忠曰：「蘇瓌長者，用刑不枉。普思法當死。」上不得已，流普思於儋州，餘黨皆伏誅。

十二月，突厥默啜寇鳴沙。默啜寇鳴沙，靈武總管沙吒忠義與戰，軍敗，死者六千餘人。突厥進寇原、會等州，掠隴右牧馬萬餘匹而去。詔訪羣臣計策，右補闕盧俌上疏曰：「郤縠悦禮樂，敦詩書，爲晉元帥；杜預射不穿札，建平吴之勳。是知中權制謀，不取一夫之勇。如沙吒忠義，驍將之材，本不足以當大任。又鳴沙之役，主將先逃，宜正邦憲。賞罰既明，敵無不服。又邊州刺史，宜精擇其人，使之蒐卒乘，積資糧，來則禦之，去則備之。去歲四方旱災，未易興師。當理内以及外，綏近以來遠，俟倉廩實，士卒練，然後大舉以討之。」上善之。

丁未(七〇七)

景龍元年。

春,二月[一八],復崇恩廟。上遣武攸暨、三思詣乾陵祈雨,既而雨降。上喜,制復武氏崇恩廟及昊陵、順陵,因名酆王廟曰褒德,陵曰榮先。又制崇恩廟齋郎取五品子充。太常博士楊孚曰:「太廟皆取七品已下子爲齋郎。今崇恩廟取五品子,未知太廟當如何?」上令太廟亦準崇恩廟。孚曰:「以臣準君,猶爲僭逆,況以君準臣乎!」上乃止。右補闕權若訥上疏曰:「天、地、日、月等字皆則天能事,賊臣敬暉等輕紊前規,請復存之,以光孝理。又神龍制書,並依貞觀故事,豈可近捨母儀,遠尊祖德!」疏奏,手制褒美。尋敕自今奏事,不得言中興。

三月,吐蕃遣使入貢。

夏,六月朔,日食。

秋,七月,太子重俊起兵誅武三思、武崇訓,兵潰而死。皇后以太子重俊非其所生,惡之。武三思尤忌太子。上官婕妤以三思故,每下制敕,推尊武氏。駙馬武崇訓又教安樂公主請廢太子。太子積不能平,與李多祚等矯制發羽林兵三百餘人,殺三思、崇訓于其第,又使成王千里分兵守宮城諸門。太子與多祚斬關而入,叩閤,索上官婕妤。上乃與韋后、安樂公主、上官婕妤登玄武門樓以避之。宮闈令楊思勗擊斬多祚前鋒,多祚軍奪氣。上俯謂多祚所將千騎曰:「汝輩皆朕宿衛之士,何爲從多祚反?苟能斬反者,勿患不富貴!」於是千騎斬多祚等,餘衆皆潰。千里攻延明門,將殺宗楚客、紀處訥,不克而死。太子亦爲左右所殺。上以其首獻太廟，及祭三思、崇訓之柩，然後梟之朝堂。官屬不敢近。永和縣丞寧嘉勗號哭，解衣裹之，坐貶。上以思勗爲銀青光禄大夫，行内常侍。安樂公主請以崇訓墓爲陵，給事中盧粲駮之。公主怒，出粲爲陳州刺史。襄邑縣尉席豫聞公主求爲太女，歎曰：「梅福譏切王氏，獨何人哉！」乃上書請立太子，言甚深切。太平公主欲表爲諫官，豫耻之，逃去。

胡氏曰：衛蒯聵欲殺南子，至於出奔，春秋罪之。重俊則又甚矣！多祚無外庭大臣廢昏立明之策，獨舉禁兵，以子脇父，其事逆矣。既殺三思，欲遂中止，其可得乎？爲多祚者，於重俊之請，拒之可也。不知春秋之義，陷於誅死，不亦傷乎！

安樂公主及兵部尚書宗楚客謀使侍御史冉祖雍等誣奏相王及太平公主，云與重俊通謀。上使御史中丞蕭至忠鞫之，至忠泣曰：「陛下不能容一弟一妹，而使人羅織害之乎！相王昔爲皇嗣，固請以天下讓陛下，累日不食。陛下奈何疑之！」上素友愛，事遂寢。右補闕吴兢上疏曰：「相王同氣至親，六合無貳，而賊臣日夜連謀，乃欲陷之極法。夫任以權，則雖疏必重；奪其勢，則雖親必輕。自古委信異姓，猜忌骨肉，以覆國亡家者，幾何人矣！況國家枝葉無幾，陛下登極未久，而一子以弄兵受誅，一子以愆違遠竄，惟餘一弟，朝夕左右。尺布斗粟之譏，不可不慎！青蠅之詩，良可畏也。」相王寬厚恭謹，安恬好讓，故免於難。

帝、后並加尊號。皇后帥王公上表，加帝號曰應天神龍皇帝；宗楚客又帥百官表請加皇后爲順天翊聖皇后，上並許之。

貶魏元忠爲務川尉，道卒。元忠以武三思擅權，意常憤鬱。及太子重俊起兵，遇元忠子太僕少卿升於永安門，脅以自隨。太子死，升爲亂兵所殺。元忠揚言曰：「元惡已死，雖鼎鑊何傷！但惜太子隕没耳。」宗楚客等共誣元忠，云與太子通謀，請夷三族。制不許。元忠懼，表請致仕。楚客等又使御史中丞姚廷筠劾之，貶渠州司馬。又令給事中冉祖雍奏元忠不應佐州，楊再思、李嶠及御史袁守一皆贊之，乃貶務川尉。行至涪陵而卒。

胡氏曰：當元忠被召之時，三思擅權，五王受制，韋后内亂，妖妄肆行，事可知矣。元忠聞之，逡巡不至，上也；一見新君，慶其復位，密進忠益，稱病而退，次也；亟就相位，依違取容，名節盡隳，而終亦不免。可以爲知進而不知退者之戒矣！

九月，以蕭至忠、宗楚客、紀處訥同三品，于惟謙罷。至忠上疏曰：「恩倖者，止可富之金帛，不可以公器爲私用。今列位已廣，干求未厭，陛下數降不貲之澤，近戚有無涯之請，賣官鬻法，公違憲章，徒忝官曹，無益時用。」上不聽。

僧慧範有罪，削其階爵。慧範爲銀青光禄大夫、上庸公，於東都作大像，府庫爲之虚耗。上及韋后皆重之，無敢指目者。侍御史魏傳弓發其姦贓四十餘萬，請寘極法，上欲宥之，傳弓曰：「刑賞，國之大事，陛下賞已妄加，豈宜刑所不及！」上乃削黜慧範，放于家。宦官薛簡等恃寵犯法，傳弓奏請誅之，御史大夫竇從一懼，固止之。時宦官用事，從一爲雍州，見訟者無鬚，必曲加承接。

以楊再思爲中書令，韋巨源、紀處訥爲侍中。

改羽林千騎爲萬騎。

殺習藝館内教蘇安恒。安恒矜高好奇。太子誅武三思，安恒語人曰：「此我之謀也。」故及。

冬，十二月朔，日食。

遣使詣江、淮贖生。中書舍人李乂諫曰：「魚鼈之利，黎元所資。生育無窮，府物有限〔一九〕。與其拯物，豈若憂人！且鬻生之徒，唯利斯視，錢刀日至，網罟年滋，施之一朝，營之百倍。未若迴救贖之錢物，減貧無之傜賦，活國愛人，其福勝彼。」

戊申（七〇八）

二年。

春，二月，赦。宫中言皇后衣笥裙上有五色雲起，上令圖以示百官。侍中韋巨源請布之天下，從之，仍赦天下。迦葉志忠奏：「昔神堯未受命，天下歌桃李子；文皇未受命，天下歌秦王破陣樂；則天未受命，天下歌娬媚娘；皇后未受命，天下歌桑條韋。謹上桑條韋歌十二篇，請編之樂府。皇后祀先蠶則奏之。」太常卿鄭愔又引而申之，上悦，皆受厚賞。

三月，朔方總管張仁愿築三受降城。初，朔方軍與突厥以河爲境。時默啜悉衆西擊突騎施，仁愿請乘虚奪取漠南地，於河北築三受降城，首尾相應，以絶其南寇之路。六旬而成，以拂雲祠爲中城，拒東、西城各四百餘里，皆據津要。於牛頭朝那山北置烽候千八百所。自是突厥不敢渡山畋牧，減鎮兵數萬人。仁愿建城，不置壅門守具。或問之，仁愿曰：「兵貴進取，寇至，當併力出戰，回首望城者，斬之，安用守備，生其退恧之心乎！」其後常元楷爲總管，始築壅門。人以是重仁愿而輕元楷。

夏，四月，置修文館學士。置修文館學士，選公卿善爲文者李嶠等二十餘人爲之，陪侍遊宴，賦詩屬和，使上官昭容第其甲乙。於是天下靡然爭以文華相尚，儒學忠讜之士莫得進矣。

秋，七月，以張仁愿同三品。

始用斜封墨敕除官。安樂、長寧公主、上官婕妤皆依勢用事，請謁受賕，降墨敕除官，斜封付中書，時人謂之「斜封官」。其員外、同正、試、攝、檢校、判、知官凡數千人。婕妤立外第，出入無節，朝士往往從之遊處，以求進達。安樂公主尤驕横，宰相以下多出其門。奪民田作定昆池，延袤數里。以上好擊毬，灑油以築毬場。上及皇后、公主多營佛寺。左拾遺辛替否上疏曰：「臣聞古之建官，員不必備，故士有完行，家有廉節，朝廷有餘俸，百姓有餘食。今陛下百倍行賞，十倍增官，使府庫空竭，流品混淆。」「陛下又以愛女之故，竭人之力，費人之財，奪人之家；愛數子而取三怨，使戰士不盡力，朝士不盡忠，人既散矣，獨持所愛，何所歸乎！君以人爲本，本固則邦寧，邦寧則陛下之夫婦母子長相保矣！」「若以造寺必爲理體，養人不足經邦，緩其所急，急其所緩，親未來而疏見在，失真實而冀虚無，一旦風塵再擾，霜雹荐臻，沙彌不可操干戈，寺塔不足攘饑饉，臣竊惜之。」疏奏，不省。時斜封官皆不由兩省而授，兩省莫敢執奏。吏部員外郎李朝隱前後執破一千四百餘人，怨謗紛然，朝隱一無所顧。清源尉吕元泰亦上疏諫造寺曰：「邊境未寧，轉輸疲弊，而營建佛寺，勞費無極。昔堯、舜、禹、湯、文、武，惟以儉約仁義，立德垂名。晉、宋以降，塔廟競起，而喪亂相繼。由其好尚失所，人不堪命故也。伏願回營造之資，充疆場之費，使烽燧永息，羣生富庶，則如來慈悲平等之心孰過於此！」

冬，十一月，突騎施犯塞，遣將軍牛師獎將兵討之。突騎施烏質勒卒，子娑葛自立爲可汗。故將闕啜忠節不服，數相攻擊。總管郭元振奏追忠節入朝宿衛。忠節行至播僊城，經略使周以悌説之曰：「國家不愛高官顯爵以待君者，以君有部落之衆故也。今脱身入朝，一老胡耳，豈惟不能保寵禄，死生亦制於人手。今宰相宗楚客、紀處訥用事，不若厚賂二公，請留不行，發安西兵及引吐蕃以擊娑葛，求阿史那獻爲可汗，以招十姓，使郭虔瓘發拔汗那兵以自助；既不失部落，又得報仇，比於入朝，豈可同日語哉！」虔瓘時爲西邊將。忠節然其言，遣間使賂楚客、處訥，如以悌之策。元振聞其謀，上疏曰：「往歲吐蕃所以犯邊，正爲求十姓、四鎮之地不獲故耳。比以國多内難，故且屈志請和，其心豈能忘十姓、四鎮哉！今如忠節之計，恐四鎮危機將從此始。吐蕃得志，則忠節在其掌握，豈得復事唐也。往年吐蕃無恩於中國，猶欲求地；今若有功，請分于闐、疏勒，不知何以抑之？是以古之智者皆不願受夷狄之惠，蓋豫憂其求請無厭，終爲後患故也。阿史那獻父、叔、兄弟，皆嘗立爲可汗，使招十姓，卒不能致，尋自破滅。何則？此屬非有過人之才，雖復可汗舊種，衆心終不親附，況獻又疏遠於其父兄乎？虔瓘前此已嘗與忠節擅入拔汗那發兵，不能得其片甲匹馬，徒致侵擾。今此行必不能得志，徒與虜結隙，令四鎮不安，實爲非計。」楚客等不從。遣馮嘉賓持節安撫忠節，侍御史呂守素處置四鎮，以將軍牛師獎爲安西副都護，發甘、涼兵，兼徵吐蕃，以討娑葛。忠節逆嘉賓於計舒河口，娑葛遣兵襲之，生擒忠節，殺嘉賓、守素。

安樂公主適武延秀。武崇訓之弟延秀美姿儀，善歌舞，公主悅之。崇訓死，遂以延秀尚焉。

徵武攸緒入朝。召武攸緒於嵩山，敕禮官於兩儀殿設位，行問道之禮，令攸緒以山服見，不名，不拜。攸緒至，趨立辭見班中，再拜而退。屢加寵錫，皆辭不受。親貴謁候，寒温之外，不交一言。起居舍人武平一亦表請抑損外戚權寵，不敢斥言韋氏，但請抑損己家。優制不許。太平、安樂公主各樹朋黨，更相譖毁。上謂平一曰：「親貴多不輯睦，以何法和之？」平一以爲：「宜斥逐姦險，抑慈存嚴，示以知禁，無令積惡。」上不能用。

牛師獎與突騎施戰，敗没。遂赦娑葛，立爲可汗。牛師獎與娑葛戰，敗没。娑葛遂陷安西，斷四鎮路，遣使上表求宗楚客頭。楚客又奏以周以悌代郭元振，遣阿史那獻討娑葛。娑葛遺元振書，稱「我與唐初無惡。但宗尚書受闕啜金，欲枉破奴部落。又聞史獻欲來，恐徒擾軍州，未有寧日。乞大使商量處置」。元振奏娑葛書。楚客怒，奏元振有異圖，召將罪之。元振遣子具奏其狀，乞留定西土。以悌竟坐流白州。復以元振代之。赦娑葛罪，册爲十四姓可汗。

以婕妤上官氏爲昭容。

召王公、近臣入閤守歲。召王公、近臣入閤守歲。酒酣，上謂御史大夫竇從一曰：「聞卿久無伉儷，今夕爲卿成禮。」從一拜謝。俄而内侍引燭籠、步障、金縷羅扇，其後有人衣禮衣，花釵，令與從一對坐。却扇，易服，乃皇后老乳母王氏，本蠻婢也。上與侍臣大笑，詔封莒國夫人，嫁爲從一妻。俗謂乳母之婿曰「阿䞓」。從一每進表狀，自稱「翊聖皇后阿䞓」，欣然有自負之色。

己酉(七〇九)

三年。

春，正月，幸玄武門，觀宫女拔河。幸玄武門，與近臣觀宫女拔河。又命宫女爲市肆，公卿爲商旅，與之交易，因爲忿爭，言辭褻慢，上與后臨觀爲樂。上每與近臣宴集，令各效伎藝以爲樂。國子司業郭山惲獨歌鹿鳴、蟋蟀。明日，賜山惲敕，嘉美之。又嘗宴侍臣，使各爲迴波辭，諫議大夫李景伯曰：「迴波爾時酒巵，微臣職在箴規。侍宴既過三爵，諠譁竊恐非儀！」上不悦。蕭至忠曰：「此真諫官也。」嘗幸定昆池，命從官賦詩。黄門侍郎李日知詩曰：「所願暫思居者逸，勿使時稱作者勞。」

三月，以韋巨源、楊再思爲左、右僕射、同三品，宗楚客爲中書令，蕭至忠爲侍中，韋嗣立同三品，崔湜、趙彦昭同平章事。監察御史崔琬對仗彈宗楚客、紀處訥潛通戎狄，受其貨賂，致生邊患。故事，大臣被彈，俯僂趨出，立於朝堂待罪。至是，楚客更忿怒作色，自陳忠鯁，爲琬所誣。上竟不窮問，命琬與楚客結爲兄弟，以和解之。時人謂之「和事天子」。崔湜通於上官昭容，故引以爲相。時政出多門，濫官充溢，人以爲三無坐處，謂宰相、御史及員外官也。韋嗣立上疏，以爲：「比造寺極多，所費千萬，人力勞弊，怨嗟盈路。佛教要在降伏身心，豈在窮極侈麗。萬一水旱爲災，戎狄構患，雖龍象如雲，將何救哉！又國初食封之家不過二、三十，今乃百有餘家，凡用六十萬丁，爲絹百二十萬疋。今太府庸調絹，歲不過百萬。國家租賦，不及私門之半。封户之物，諸家自徵。僮僕依勢，陵轢州縣。不若悉計丁，輸之太府，使封家於左藏受之。又員外置官，數倍正闕。典吏困於祇承，倉庫竭於資奉。又京官有犯，方遣刺州；選人衰耄，方補縣令，以此理人，何由率化。望自今應除三省、兩臺及五品以上清望官，皆先於刺史、縣令中選用，則天下理矣！」監察御史宋務光亦以「於時食實封者凡一百四十餘家，應出封户者凡五十四州，皆割上腴之田，而太平、安樂公主又取高貲多丁者，刻剥過苦。應充封户者，甚於征役。滑州地出綾縑，人多趨射，尤受其弊，人多流亡。請分封户配餘州，並附租庸，每年送納」。上皆弗聽。

以韋温、鄭愔同三品。温，后兄也。

夏，五月，流鄭愔於吉州，貶崔湜江州司馬。崔湜、鄭愔俱掌銓衡，傾附勢要，贓賄狼藉，選法大壞。御史靳恒、李尚隱對仗彈之，下獄，流貶之。

楊再思卒。

秋，七月，突騎施娑葛遣使請降。賜名守忠。

八月，以李嶠同三品，韋安石爲侍中，蕭至忠爲中書令。

九月，以蘇瓌爲僕射、同三品。

冬，十一月〔二〇〕，祀南郊。上將祀南郊，國子祭酒祝欽明、司業郭山惲建言：「古者大祭祀，后祼獻以瑶爵，皇后當助祭天地。」太常博士唐紹、蔣欽緒以爲周禮惟有助祭先王、先公，無助祭天地之文。侍中韋巨源請依欽明議。上乃以皇后爲亞獻，仍以宰相女爲齋娘，助執豆籩。大赦。齋娘有婿者，皆遷官；流人放還。均州刺史、譙王重福獨不得歸，乃上表自陳曰：「陛下焚柴展禮，郊祀上玄，蒼生並得放除，赤子偏加擯棄。天下之人，爲臣流涕，況陛下慈念，豈不愍臣栖遑！」表奏，不報。

豆盧欽望卒。

以唐休璟同三品。休璟年八十餘，進取彌鋭。

關中饑。關中米斗百錢。運山東、江、淮穀輸京師，牛死什八、九。羣臣多請幸東都，韋后家本杜陵，不樂東遷，使巫覡以不利東行説上。後有言者，上怒曰：「豈有逐糧天子耶！」乃止。

庚戌（七一〇）

四年。睿宗皇帝景雲元年。

春，正月，上觀燈於市里。上與韋后微行，縱宫女數千人出遊，多不歸者。

上御梨園。命三品以上抛毬、拔河。韋巨源、唐休璟衰老，隨絙踣地，不能興，上及皇后、妃、主臨觀大笑。

夏，四月，幸隆慶池。初，武后之世，長安城東民家井溢，浸成大池數十頃，號隆慶池。相王子五王，列第於其北，望氣者言「常鬱鬱有帝王氣，比日尤盛」。上幸池，宴侍臣以厭之。

五月，宴近臣。國子祭酒祝欽明自請作八風舞，摇頭轉目，備諸醜態。欽明素以儒學著名，盧藏用曰：「祝公五經掃地盡矣！」

六月，皇后韋氏弑帝於神龍殿。以裴談、張錫同三品，張嘉福、岑羲、崔湜同平章事。

立温王重茂。初，定州人郎岌上言韋后、宗楚客將爲逆亂，后殺之。許州參軍燕欽融復上言：「皇后淫亂，干預國政。宗楚客圖危社稷。」上面詰之，欽融抗言不撓。楚客矯制撲殺之，上意怏怏。由是后及其黨始懼。散騎常侍馬秦客、光禄少卿楊均皆幸於后，恐事泄；安樂公主亦欲后臨朝，以己爲皇太女，乃相與合謀，於餅餤中進毒，中宗崩。

范氏曰：易姤之初六曰：「繫于金柅，貞吉〔一一〕。有攸往，見凶。」羸豕孚蹢躅，陰柔之始，以剛制之，則吉；縱之以往，則凶。蓋羸豕之孚，無時而自止也。夫女子、小人，放而不制，必至於弑父與君而後已。是以聖人戒之。中宗一怏怏不悦，而其身已不保。雖欲制之，其可得乎！

韋后祕不發喪，召宰相入禁中，徵諸府兵屯京城，以裴談、張錫同三品，張嘉福、岑羲、崔湜同平章事。太平公主與上官昭容謀草遺制，立温王重茂爲太子，皇后知政事，相王旦參謀政事。宗楚客曰：「相王於皇后，嫂叔不通問，聽朝之際，何以爲禮？」遂帥諸宰相表請罷相王政事。乃發喪。皇后攝政，改元唐隆。太子即位，年十六。宗楚客、葉静能與諸韋勸后遵武后故事。以韋氏子弟領南、北軍。楚客等上書，稱「韋氏宜革唐命」。謀害少帝，深忌相王及太平公主，密與韋温、安樂公主謀去之。

臨淄王隆基起兵討韋氏，并其黨皆伏誅。隆基爲平王，以鍾紹京、劉幽求參知機務，李日知同三品；蕭至忠等貶官有差。相王子臨淄王隆基，罷潞州別駕，在京師陰聚才勇之士，密謀匡復。初，太宗選官户及蕃口驍勇者，著虎文衣，跨豹文韉，謂之「百騎」。武后時，增爲「千騎」，隷左、右羽林。中宗謂之「萬騎」，置使以領之。隆基皆厚結其豪傑。會兵部侍郎崔日用以楚客謀告隆基，隆基乃與太平公主及公主子薛崇暕、苑總監鍾紹京、尚衣奉御王崇曄、前朝邑尉劉幽求、折衝麻嗣宗謀先事誅之。會韋播數榜捶萬騎，萬騎皆怨。果毅葛福順、陳玄禮見隆基訴之，隆基諷以誅諸韋，皆踴躍自效。或謂隆基當啓相王，隆基曰：「我曹爲此，以徇社稷。事成，福歸於王；不成，以身死之，不以累王也。且萬一不從，將敗大計。」遂不啓，微服，與幽求等入苑中。逮夜，天星散落如雪，幽求曰：「天意如此，時不可失！」於是福順直入羽林營，斬諸韋典兵者以徇，曰：「韋后酖殺先帝，謀危社稷。今夕當共誅之，立相王以安天下。敢有懷兩端、助逆黨者，罪及三族！」羽林士皆忻然聽命。隆基勒兵入玄武門，諸衛兵皆應之。斬韋后及安樂公主、武延秀、上官昭容。幽求曰：「衆約今夕共立相王，何不早定！」隆基止之。比曉，内外皆定，隆基乃出見相王，叩頭，謝不先白之罪。相王曰：「社稷、宗廟不墜於地，汝之力也。」遂迎相王入輔少帝，閉城門，收捕諸韋親黨及宗楚客、晉卿、紀處訥、趙履温、張嘉福、馬秦客、楊均、葉静能等皆斬之，屍韋后於市，諸韋襁褓兒無免者。封隆基爲平王，押左、右廂萬騎。賜崇暕爵立節王，以紹京守中書侍郎，幽求守中書舍人，並參知機務。武氏宗屬，誅竄殆盡。以李日知、鍾紹京並同三品。隆基二奴王毛仲、李守德皆超拜將軍。諸宰相蕭至忠等貶官有差。

胡氏曰：殲殄諸韋，懲五王之不斷也；誅竄諸武，懲中宗之失刑也。然撥亂反正之道，必拔本而塞源，徒治其末，則未有不復爲患者。縱不復爲患，亦不厭人心，拂天理矣。當是時也，若能條陳禍亂原本起自武后，黜其號，罷其享，以庶人禮葬，絶之于祖宗，其猶足以救中宗、五王之失，而垂女主禍亂之戒也乎！雖曰禮無臣子貶尊上之丈，然武氏所爲，天下大變，天理所無也；必睿宗有所不忍，則大臣以道正國者，召會百官，告于高祖、太宗之廟而行之，爲法受惡可也。

相王旦即位，廢重茂復爲温王。劉幽求言於隆基，請相王早即位，以鎮天下。遂以少帝制傳位相王。時少帝猶在御座，太平公主進曰：「天下之心已歸相王，此非兒座。」遂提下之。睿宗即位，以少帝爲温王，置於内宅。

胡氏曰：臨淄舉事，不白相王；韋氏既誅，復拒幽求之議，然則其志，本欲自取，特不敢言爾。惜乎，睿宗之不見幾，幽求之不知變也！韋氏淆亂〔一一〕，睿宗曾無討除之意，而隆基能之。大事已定，幽求宜請於相王，使以神器歸之臨淄，則太平之亂無自而生矣！他日聞變登樓，然後畀付，父子之間，交有所損。幽求勇能戡亂，而智不燭微，惜哉！

以鍾紹京爲中書令，尋罷之。紹京嘗爲司農録事，既典朝政，縱情賞罰，衆皆惡之。太常少卿薛稷言於上曰：「紹京雖有勞勳，素無才德，出自胥徒，超居元宰，恐失聖朝具瞻之美。」出爲蜀州刺史。

立平王隆基爲太子。上將立太子，以宋王成器適長，平王隆基有功，疑不能決。成器辭曰：「國家安則先嫡長，危則先有功。苟違其宜，四海失望。臣死不敢居平王之上。」劉幽求曰：「除天下之禍者，當享天下之福。平王拯社稷之危，救君親之難，論功語德，無可疑者。」上從之。

以薛稷參知機務。稷以工書事上於藩邸，故爲相。

追削武三思等爵謚，暴其尸。

以姚元之同三品，韋嗣立、蕭至忠爲中書令，趙彦昭、崔湜並同平章事。

加太平公主實封萬户。公主沉敏多權略，武后以爲類己，獨愛幸。及誅張易之，公主有力焉。中宗之世，韋后、安樂皆畏之。又與太子共誅韋氏。既屢立大功，益尊重。上常與之議政，宰相進退，繫其一言，薦士驟歷清顯者不可勝數。權傾人主，其門如市。

贈郎岌、燕欽融、蘇安恒諫議大夫。

秋，七月，贈韋月將宣州刺史。

以崔日用參知機務。

追復故太子重俊位號，及敬暉、桓彥範、崔玄暐、張柬之、袁恕己、李多祚等官爵。太府少卿韋湊上書曰：「故太子重俊與李多祚等稱兵入宫，中宗登玄武門，太子據鞍自若，及其徒倒戈，然後逃竄。嚮使宿衛不守，其爲禍也，胡可忍言！今聖朝禮葬，謚爲節愍，臣竊惑之。若以其誅武三思父子而嘉之，則誅姦臣而尊君父可也，今欲自取之，是與三思競爲逆也；若以其欲廢韋氏而嘉之，則韋氏於時逆狀未彰，苟無中宗之命而廢之，是脇父廢母也，庸可乎！臣恐後之亂臣賊子得引以爲比，開悖逆之原，非所以彰善癉惡也。請改其謚。多祚等從重俊興兵，不爲無罪。今宥之可也，名之爲雪，亦所未安。」上然其言，而執政以爲制命已行，但停多祚贈官而已。

以宋璟同三品。璟與姚元之協心，革中宗弊政，進忠良，退不肖，賞罰盡公，請託不行，綱紀修舉，當時翕然以爲復有貞觀、永徽之風。

崔湜、蕭至忠、韋嗣立、趙彥昭、崔日用、薛稷罷。日用與稷爭於上前，稷曰：「日用傾側，附武三思，非忠臣；賣友邀功，非義士。」日用曰：「稷附張易之、宗楚客，非傾覆而何！」上兩罷之。

廢崇恩廟，追廢韋后、安樂公主爲庶人。

八月，譙王重福反，伏誅。韋后之臨朝也，鄭愔貶，過均州，與譙王重福謀舉兵誅韋氏，未發而韋氏敗。洛陽人張靈均說重福曰：「大王地居嫡長，當爲天子。相王雖有功，不當立。王若潛入洛陽，發屯兵，殺留守，天下指揮可定。」重福從之。時愔左遷過洛陽，與靈均結謀，聚徒以俟重福。重福與靈均詐乘驛入東都，縣官馳白留守。洛州長史崔日知帥衆討之。重福窘迫，赴漕渠溺死。愔與靈均皆伏誅。初，愔附來俊臣得進；俊臣誅，附張易之；易之誅，附韋氏；韋氏敗，又附重福，竟坐族誅。

詔以萬騎補外官，更置飛騎。萬騎恃功暴横，長安中苦之，故有是命。

罷斜封官。用姚元之、宋璟及御史大夫畢構之言也，所罷凡數千人。

冬，十月，以薛訥爲幽州經略節度大使。節度之名自此始。

十一月，以姚元之爲中書令。

葬定陵。朝議以韋后有罪，不應祔葬，乃追謚故英王妃趙氏爲和思皇后，招魂祔葬。

范氏曰：人之死也，魂氣歸于天，形魄歸于地。葬，所以藏體魄也。若魂氣，則無不之也。苟無體魄，則立廟以祀之而已。魂氣不可得而葬也，而必爲之墓，不亦虛乎！

許公蘇瓌卒。制起復瓌子頲爲工部侍郎，頲固辭。上使李日知諭旨，日知還奏曰：「臣見其哀毀，不忍發言。」上乃聽其終制。

十二月，以西城、隆昌二公主爲女官。上以二女爲女官，以資天皇、天后之福。欲爲造觀，諫議大夫寧原悌上疏曰：「釋、道二家，皆以清淨爲本，不當廣營寺觀，勞人費財。又先朝所親狎諸僧，宜加屏斥。」補闕辛替否上疏曰：「自古失道破國亡家者，口説不如身逢，耳聞不如目見。太宗，陛下之祖也，撥亂反正，開基立極，官不虛授〔二三〕，財無枉費，不多造寺觀而有福，不多度僧尼而無災，天地垂祐，風雨時若，粟帛充溢，蠻夷率服，享國久長，名高萬古，陛下何不取而法之？中宗，陛下之兄也，棄祖宗之業，徇女子之意，無能而禄者數千人，無功而封者百餘家，造寺不止，度人無窮，奪百姓口中之食，以養貪殘，剥萬人體上之衣，以塗土木，人怨神怒，衆叛親離，享國不永，禍及其身，陛下何不懲而改之？自頃水、旱、霜、蝗，未聞賑恤，而爲二女造觀，用錢百餘萬緡，陛下豈可不計當今之蓄積有幾，中外之經費有幾，而輕用百餘萬緡，以供無用之役乎？陛下族韋氏之家，而不去韋氏之惡；忍棄太宗之法，而不忍棄中宗之政乎？且陛下當韋氏用事之時，日夕憂危，切齒於羣凶。今乃不改其所爲，臣恐復有切齒於陛下者矣！」上雖不能從，而嘉其切直。二公主後改號金僊、玉真公主。

范氏曰：孔子曰〔二四〕：「生，事之以禮；死，葬之以禮，祭之以禮，可謂孝矣！」未聞以女子爲女官，而可以資福於其親者也。天子之女，天下之所取則也，不從先王之禮，而從方士之言，廢人倫，蔑典禮，襲非法之服，奉不享之祠，以是爲孝，非所以率天下也。若其可以爲，先王爲之矣，不待後世始能行也。

加李朝隱太中大夫。宦者閭興貴以事屬長安令李朝隱，朝隱繫之獄。上聞之，召見朝隱勞之，因御承天門，集百官宣示朝隱所爲，且下制稱「宦官遇寬柔之代，必弄威權。朕覽前載，每所歎息。能副朕意，實在斯人，可加太中大夫，賜中上考」。

以宋璟爲吏部尚書，姚元之爲兵部尚書。舊制：三品以上官册授，五品以上制授，六品以下敕授，皆委尚書省奏擬，文屬吏部，武屬兵部。中宗之末，選舉混淆。至是，以宋璟爲吏部尚書，李乂、盧從愿爲侍郎，皆不畏强禦，請謁路絶，人服其公。以姚元之爲兵部尚書，陸象先、盧懷慎爲侍郎，武選亦治。

貶祝欽明、郭山惲爲諸州長史。侍御史倪若水奏彈欽明、山惲亂常改作，希旨病君，於是左授。

胡氏曰：王者之制，行僞而堅，言僞而辯，學非而博，順非而澤，以疑衆殺，不以聽焉。祝、郭二人縱不誅死，尚當盡削官秩，投之四裔。今雖貶黜，而有民有社，夫豈足以示懲哉！時侍御史楊孚彈糾不避權貴，權貴毀之。上曰：「鷹搏狡兔，須急救之。不爾，必反爲所噬。御史繩姦慝亦然。苟非人主保衛之，則亦爲姦慝所噬矣。」

姚州蠻反。姚州羣蠻先附吐蕃，攝監察御史李知古請發兵擊之。既降，築城置州縣，重税之，因誅其豪傑，掠子女爲奴婢，羣蠻怨怒，引吐蕃攻知古，殺之，由是姚、巂路絶。

辛亥（七一一）

睿宗皇帝景雲二年。

春，正月，突厥默啜遣使請和。

以郭元振、張説同平章事。

二月，命太子監國，以宋王成器爲同州刺史，豳王守禮爲豳州刺史，太平公主蒲州安置。初，太平公主以太子年少，意頗易之，既而憚其英武，數爲流言，云：「太子非長，不當立。」每覘伺其所爲，纖悉必聞於上。與益州長史竇懷貞結黨，欲危太子。邀韋安石至其第，安石固辭，不往。上嘗密召安石謂曰：「聞朝廷皆傾心東宮，宜察之。」對曰：「陛下安得亡國之言，此必太平之謀耳！太子有功於社稷，仁明孝友，天下所知。願陛下無惑。」上瞿然曰：「朕知之矣，卿勿言！」公主又嘗乘輦邀宰相於光範門内，諷以易置東宮，衆皆失色，宋璟抗言曰：「東宮有大功於天下，真宗廟、社稷之主，奈何忽有此議！」與姚元之密言於上曰：「宋王，陛下之元子，豳王，高宗之長孫，公主交構其間，將使東宮不安。請出宋王、豳王，皆爲刺史，罷岐、薛二王左、右羽林，太平公主、武攸暨皆於東都安置。」上曰：「朕惟一妹，豈可遠置東都！諸王惟卿所處。」頃之，上謂侍臣曰：「術者言五日中當有急兵入宫，卿等爲朕備之。」張説曰：「此必讒人欲離間東宮，願陛下早使太子監國，則流言自息矣。」元之曰：「張説所言，社稷之至計也。」上悦，以宋王成器爲同州刺史，豳王守禮爲豳州刺史，太平公主蒲州安置；命太子監國，六品以下官、徒以下罪，並聽處分。

復斜封官。初，殿中侍御史崔涖言於上曰：「斜封官皆先帝所除，姚元之等建議奪之，彰先帝之過，爲陛下招怨。衆口沸騰，恐生非常之變。」太平公主亦以爲言，上然之，制：「諸斜封官並量材叙用。」

率府參軍柳澤上疏曰：「斜封官，皆因僕妾汲引，豈出先帝之意！陛下黜之，天下稱明。一旦收敘，何政令之不一也！」議者皆稱：「太平公主誑誤陛下，積小成大，爲禍不細。」上弗聽。

胡氏曰：彰先帝之惡，爲陛下招怨，姦人之言類如此，使遇明君，必曰：「置先帝於過舉，豈所以爲孝；沽美譽於羣小，豈所以爲君！爾以桓、靈俟我〔二五〕。」則姦言無自入矣。然姚、宋秉政而此說得行，何也？睿宗以六居五，使太平陰疑於陽，是以至此。姚、宋若力爭之，勢將有激矣！然則是乎？曰：「當其時，事有大於此者，姑忍焉可也。」

貶姚元之爲申州刺史，宋璟爲楚州刺史，寢二王刺史之命。太平公主聞姚元之、宋璟之謀，大怒，以讓太子。太子懼，奏：「二人離間姑、兄。」故有是命。

劉幽求罷。

以左、右萬騎羽林爲北門四軍。

以韋安石爲中書令，李日知爲侍中。安石、日知爲政，綱紀紊亂，復如景龍之世矣。

夏，四月，制政事皆取太子處分。上召三品以上謂曰：「朕素懷淡泊，不以萬乘爲貴，今欲傳位太子，何如？」羣臣莫對。殿中侍御史和逢堯，太平公主之黨也，言於上曰：「陛下春秋未高，方爲四海所依仰，豈得遽爾！」上乃止，制：「凡政事皆取太子處分，軍旅、死刑及五品除授，議定以聞。」

五月，召太平公主還京師。太子請之也。

復昊陵、順陵。太平公主爲武攸暨請之也。

以薛謙光爲岐州刺史。僧慧範恃太平公主勢，逼奪民田，御史大夫薛謙光彈之。公主訴於上，出之。

六月，置十道按察使。時遣使按察十道，分山南爲東、西兩道，分隴右爲河西道。又分天下，置二十四都督，各糾察所部刺史以下善惡。太子右庶子李景伯、舍人盧俌等上言：「都督專殺生之柄，權任太重。或用非其人，爲害不細。今御史秩卑望重，以時巡察，姦宄自禁。」其後竟罷都督，但置按察使而已。

秋，七月〔二六〕，追復上官氏爲昭容。初，昭容從母之子王昱説昭容母鄭氏曰：「武氏，天之所廢，婕妤附之，滅族之道也。」鄭氏以戒昭容，昭容弗聽。及重俊誅三思，索昭容，昭容始懼，思昱言，自是心附帝室。故中宗崩，草遺制以相王輔政；及隆基入宫，又帥宫人迎之，劉幽求爲之言，隆基不許，遂斬之。至是追復，謚曰惠文。

以韋安石爲左僕射、同三品。太平公主以安石不附己，故崇以虚名，實去其權也。

九月，以竇懷貞爲侍中。懷貞每退朝，必詣太平公主第。時修金僊、玉真二觀，羣臣多諫，懷貞獨勸成之，身自督役。

冬，十月，韋安石、郭元振、竇懷貞、李日知、張説罷，以劉幽求、魏知古、崔湜並同三品，陸象先同平章事。上御承天門，引韋安石等宣制，責以政教多闕，水旱爲災，輔佐非才，並罷政事；以劉幽求等同三品，象先同平章事，皆太平公主之志也。象先清慎寡欲，言論高遠，爲時人所重。湜私侍太平公主，公主欲引爲相，湜請與象先同升。上不欲用湜，公主涕泣以請，乃從之。

遣御史中丞和逢堯使突厥。逢堯説默啜曰：「處密、堅昆聞可汗結昏於唐，皆當歸附，何不襲唐冠帶，使之聞之。」默啜許諾。明日，幞頭紫衫，再拜稱臣。

十一月，令百姓二十五入軍，五十五免。

召司馬承禎至京師，尋許還山。上召天台道士司馬承禎，問以陰陽數術，對曰：「道者，損之又損，以至於無爲，安肯勞心以學數術乎？」上曰：「理身無爲則高矣，如理國何？」對曰：「國，猶身也。順物自然而心無所私，則天下理矣。」上歎曰：「廣成之言無以過也。」承禎固請還山，上許之。尚書左丞盧藏用指終南山謂承禎曰：「此中大有佳處，何必天台！」承禎曰：「以愚觀之，此乃仕宦之疾徑耳。」藏用嘗隱終南，則天時徵爲左拾遺，故承禎言之。

壬子(七一二)

太極元年。玄宗皇帝先天元年。

春，正月，祀南郊。初，用諫議大夫賈曾議，合祭天地。

竇懷貞、岑羲同三品。

以蕭至忠爲刑部尚書。蕭至忠自託於太平公主，公主引爲尚書。華州長史蔣欽緒，其妹夫也，謂之曰：「如子之才，何憂不達？勿爲非分妄求。」至忠不應。欽緒退而嘆曰：「九代卿族，一舉滅之，可哀也哉！」至忠素有雅望，嘗自公主第門出，遇宋璟，璟曰：「非所望於蕭君也。」至忠笑曰：「善哉，宋生之言！」遽策馬而去。

夏，五月，祭北郊。

六月，以岑羲爲侍中。

幽州大都督孫佺襲奚，敗没。薛訥鎮幽州二十餘年，吏民安之，未嘗舉兵出塞，虜亦不敢犯。與燕州刺史李璡有隙，璡毁之於劉幽求，幽求以左羽林將軍孫佺代之。孫佺至州，帥兵二萬、騎八千以襲奚、契丹。將軍烏可利諫曰：「道險天熱，懸軍遠襲，非計也。」佺曰：「薛訥在邊積年，竟不能爲國家復營州。今乘其無備，往必有功！」遂行。遇奚騎八千，戰于冷陘，大敗，爲虜所擒，獻於突厥，默啜殺之。

秋，七月，彗星出西方，入太微。

以竇懷貞爲左僕射、平章軍國重事。有相者謂同三品竇懷貞曰：「公有刑厄。」懷貞懼，請解官爲安國寺奴，敕聽之。尋復以爲左僕射。

八月，帝傳位於太子。太子即位，尊帝爲太上皇。初，太平公主使術者言於上曰：「彗所以除舊布新，又帝座及心前星皆有變，皇太子當爲天子。」上曰：「傳德避災，吾志決矣！」公主及其黨皆以爲不可。太子聞之，固辭，上曰：「汝爲孝子，何必待柩前，然後即位邪！」太子流涕而出。制傳位於太子，太子又上表辭，太平公主勸上自總大政。上乃謂太子曰：「汝以天下事重，欲朕兼理之邪？昔舜禪禹，猶親巡狩。朕雖傳位，豈忘家國！其軍國大事，當兼省之。」玄宗即位，尊睿宗爲太上皇。上皇自稱曰朕，命曰誥，五日一受朝於太極殿。皇帝自稱曰予，命曰制、敕，日受朝於武德殿。三品以上除授及大刑政乃奏上皇決之。大赦，改元。

胡氏曰：睿宗之於中宗，未有以甚相遠也，使無玄宗繼其後，而在位日久，亦同歸乎亂而已矣！

立妃王氏爲皇后。

以劉幽求爲僕射、同三品，魏知古爲侍中，崔湜爲中書令。

流劉幽求於封州。初，河內人王琚預於王同皎之謀。上之爲太子也，琚至長安，見上，至廷中，故徐行，宦者曰：「殿下在簾內。」琚曰：「何謂殿下？今獨有太平公主耳。」上遽召見，與語，琚曰：「韋庶人弑逆，人心不服，誅之易耳。太平公主凶猾無比，大臣多爲之用，琚竊憂之。」上引與同榻坐，泣曰：「主上同氣，唯有太平，言之恐傷主上之意，不言，爲患日深，爲之柰何？」琚曰：「天子之孝，當以安宗廟、社稷爲事，豈顧小節！」上悦。及即位，以爲中書侍郎。是時，宰相多太平公主之黨，劉幽求與羽林將軍張暐謀，使言於上曰：「竇懷貞、崔湜、岑羲皆因公主得進，日夜爲謀不輕。若不早圖，一旦事起，太上皇何以得安？請速誅之。」上以爲然。暐泄其謀，上大懼，遽列上其狀，有司奏流幽求於封州，張暐於峯州。初，崔湜坐與譙王重福通書，當死，張説與幽求營護，得免。既而湜附太平公主，謀罷説政事。及幽求得罪，湜諷廣州都督周利貞使殺之。桂州都督王晙知其謀，留幽求不遣，由是得免。

九月朔，日食。

冬，十月，沙陀金山遣使入貢。沙陀，處月之别種也，姓朱邪氏。

十二月，刑部尚書李日知致仕。日知在官，不行捶撻而事集。刑部有令史，受敕三日，忘不行，日知怒，欲捶之，既而謂曰：「我欲捶汝，天下人必謂汝能撩李日知嗔，受李日知杖，不得比於人，妻子亦將棄汝矣。」遂釋之。吏皆感悦，無敢犯者。

癸丑（七一三）

玄宗明皇帝開元元年。

春，正月，詔：「衛士二十五入軍，五十而免。」

以蕭至忠爲中書令。

二月，御樓觀燈，大酺。開門燃燈，大酺合樂。上皇與上御門樓臨觀。以夜繼晝，凡月餘。左拾遺嚴挺之上疏諫，以爲：「酺者，因人所利，合醵爲歡。今乃損萬人之力，營百戲之資，非所以光聖德，美風化也。」敕以挺之忠直，宣示百官，厚賞之。晉陵尉楊相如上疏曰：「隋氏以縱欲而亡，太宗以抑欲而昌，人主不可不慎擇也。夫人主莫不好忠正而惡佞邪，然忠正者常疏，佞邪者常親，以至於覆國危身而不寤，何哉？忠正者多忤意，佞邪者多順指，積忤生憎，積順生愛，此親疏之所以分也。誠能愛其忤以收忠正，惡其順以去佞邪，則太宗之業將何遠哉！夫法貴簡而能禁，罰貴輕而必行。小過不察，則無煩苛；大罪不漏，則止姦慝。使簡而難犯，寬而能制，則善矣。」上覽而善之。

以高麗大祚榮爲勃海郡王。初，高麗既亡，其别種大祚榮徙居營州，阻險自固。武后使將軍李楷固討之，大敗。祚榮遂東據東牟山，高麗、靺鞨之人稍稍歸之，地方二千里，户十餘萬，勝兵數萬人，附于突厥。中宗時，遣子入侍。至是，以爲勃海郡王。

夏，五月〔二七〕，罷修大明宫。修大明宫未畢，敕以農務力勸，罷之。

六月，以郭元振同三品。

秋，七月，太平公主謀逆，賜死；蕭至忠、岑羲、竇懷貞、崔湜伏誅。太平公主依上皇之勢，擅權用事，宰相七人，五出其門；文武之臣，太半附之。與竇懷貞、岑羲、蕭至忠、崔湜、薛稷、僧慧範等謀廢立。又與宫人元氏謀於赤箭粉中寘毒以進。中書侍郎王琚言於上曰：「事迫矣，不可不速發！」左丞張説自東都遣人遺上佩刀。荆門長史崔日用入奏事，言於上曰：「太平謀逆有日，陛下往在東宫，猶爲臣子，若欲討之，須用謀力。今但下一制書，誰敢不從！萬一姦宄得志，悔之何及！」上曰：「誠如卿言，直恐驚動上皇。」日用曰：「天子之孝，在於安四海。若姦人得志，則社稷爲墟，安在其爲孝乎！請先定北軍，後收逆黨，則不驚上皇矣。」上以爲然。乃與岐王範、薛王業、郭元振、王毛仲、姜皎、李令問、王守一及内給事高力士等定計，以兵三百餘人入虔化門，召至忠、羲斬之，懷貞自縊死，戮其尸。上皇聞變，登承天門樓，郭元振奏：「皇帝前奉誥，誅竇懷貞等，無他也。」上皇乃下誥：「自今軍國政刑，一取皇帝處分。」徙居百福殿。太平公主賜死，諸子及黨與死者數十人。崔湜與右丞盧藏用俱坐私侍公主，流嶺南。尋以湜與逆謀，追賜死。初，太平公主與湜等謀廢立，陸象先獨以爲不可，公主曰：「廢長立少，已爲不順，且又失德，若之何不去？」象先曰：「既以功立，當以罪廢。今實無罪，象先終不敢從。」

上既誅懷貞等，召象先謂曰：「歲寒知松柏，信哉！」時竇治公主枝黨，象先密爲申理，所全甚多。然未嘗自言，時無知者。

以高力士爲右監門將軍、知内侍省事。初，太宗定制，内侍省不置三品官，黄衣廪食，守門傳命而已。中宗時，七品以上至千餘人，然衣緋者尚寡。上在藩邸，力士傾心奉之；及爲太子，奏爲内給事。至是，以誅蕭、岑功，賞之。是後宦官增至三千人，除三品、將軍者寖多。宦官之盛自此始。

范氏曰：國家之敗，未有不由子孫廢祖宗之舊也。創業之君，得之難，故其防患深，慮之遠，故其立法密。後世子孫，雖有聰明才智高出羣臣之表，然未若祖宗更事之多也。夫中人不可假以威權，蓋近而易以爲姦也。明皇不戒履霜〔二八〕，而輕變太宗之制，崇寵宦者，增多其員，自是以後，寖干國政，末流之禍，蓋基於此。書曰：「監于先王成憲，其永無愆。」爲人後嗣，可不念之哉！

以張説爲中書令。

陸象先罷。

八月，以劉幽求爲左僕射、平章軍國大事。

九月，以李暢爲虔州刺史。初，中宗之崩也，李嶠密表韋后，請出相王諸子於外。上即位，於禁中得其表，或請誅之，張説曰：「嶠雖不識逆順，然爲當時之謀，則忠矣！」上然之，以嶠子暢爲虔州刺史，令嶠隨暢之官。

罷諸道按察使。

冬，十月，引見京畿縣令。引見京畿縣令，戒以惠養黎元之意。

講武於驪山。上幸新豐，講武於驪山之下。徵兵二十萬，以軍容不整，坐兵部尚書郭元振於纛下，將斬之。劉幽求、張説諫曰：「元振有大功於社稷，不可殺。」乃流新州，而斬給事中、知禮儀事唐紹。上始欲立威，亦無殺之之意，將軍李邈遽宣敕斬之。上尋罷邈官，廢棄終身。時二大臣得罪，諸軍震懾失次，惟薛訥、解琬二軍不動，上遣輕騎召之，皆不得入其陳，上深歎美之。

以姚元之同三品。上欲以姚元之爲相，張説疾之，使御史大夫趙彦昭彈之，上不納。又使殿中監姜皎言於上曰：「陛下常欲擇河東總管而難其人，臣今得之矣。」問爲誰，皎曰：「元之文武全才，真其人也。」上曰：「此張説之意，汝何得面欺？」皎叩頭首服。即召元之詣行在，拜以爲相。元之吏事明敏，三爲宰相，皆兼兵部尚書，緣邊屯戍斥候〔二九〕，士馬儲械，無不默記。上勵精爲治，每事訪之，應答如響，同僚唯諾而已。元之請抑權倖，愛爵賞，納諫諍，却貢獻，不與羣臣褻狎，上皆納之。元之嘗奏請序進郎吏，上仰視殿屋，再三言之，終不應。元之懼，趨出，罷朝。高力士諫曰：「陛下新總萬機，宰相奏事，當面加可否，奈何一不省察？」上曰：「朕任元之以庶政，大事當奏聞，共議之。郎吏卑秩，乃以煩朕邪！」聞者皆服上識人君之體。張九齡以元之有重望，爲上所信任，奏記勸其遠諂躁，進純厚，略曰：「任人當才，爲政大體，與之共理，無出此途。曏之用人，非無知人之鑒，其所以失溺，在緣情之舉。今君侯登用未幾，而淺中弱植之徒，已延頸企踵而至，諂親戚以求譽，媚賓客以取容，豈不有才，所失在於無恥。」元之納其言。新興王晉坐太平公主逆黨伏誅，僚吏皆奔散，惟司功李撝步從，不失在官之禮，仍哭其尸。

元之曰：「欒布之儔也。」擢爲尚書郎。

十一月，羣臣請加尊號。

命中書侍郎王琚行邊。中書侍郎王琚爲上所親厚，羣臣莫及。或言於上曰：「琚權譎縱横之才，可與之定禍亂，難與之守承平。」上由是浸疏之，使按行北邊諸軍。

十二月，改官名。僕射爲丞相，中書爲紫微省，門下爲黄門省，侍中爲監；雍州爲京兆府，洛州爲河南府；長史爲尹，司馬爲少尹。

以姚崇爲紫微令，張説爲相州刺史。元之避開元尊號，復名崇。崇既爲相，張説懼，乃潛詣岐王申款。他日，崇對於便殿，行微蹇。上問：「有足疾乎？」對曰：「臣有腹心之疾，非足疾也。」上問其故，對曰：「岐王，陛下愛弟，張説爲輔臣，而密乘車入王家，恐爲所誤，故憂之。」遂左遷説爲相州刺史。

劉幽求罷，以盧懷慎同平章事。

校勘記

〔一〕外州末事　「州」原作「則」，據殿本、通鑑卷二〇六唐則天后神功元年四月癸酉日條改。

〔二〕今三代聲教之所不及者　「者」字原脱，據殿本、通鑑卷二〇六唐則天后神功元年閏十月甲寅日條補。

〔三〕性沈厚寛恕　「性」原作「往」，據殿本、通鑑卷二〇六唐則天后聖曆二年八月條改。

〔四〕冬十一月　「冬」字原脱，據殿本補。

〔五〕以金三十兩并狀賂之　「三十」，月崖書堂本、通鑑卷二〇六唐則天后久視元年六月條作「五十」，成化本、殿本作「五千」。

〔六〕悉留注官　「悉留」原作「留悉」，據殿本、通鑑卷二〇六唐則天后久視元年六月條改。

〔七〕夏六月　「六」原作「五」，據殿本、通鑑卷二〇七唐則天后長安元年六月庚申日條改。

〔八〕今還卿舊任　「今」原作「令」，據殿本、通鑑卷二〇七唐則天后長安元年十一月條改。

〔九〕尋敕璟安撫隴蜀　「璟」字原脱，據殿本、通鑑卷二〇七唐則天后長安四年十二月條補。

〔一〇〕與易之昌宗梟首天津南　「天津」，月崖書堂本作「天津橋」。

〔一一〕聖人例以弒書　「弒」原作「孫」，據月崖書堂本改。

〔一二〕重福　「重福」原作「福重」，據殿本、通鑑卷二〇八唐中宗神龍元年二月丙寅日條改。

〔一三〕政令皆依貞觀故事　「政」字原脱，據殿本、通鑑卷二〇八唐中宗神龍元年四月條補。

〔一四〕封敬暉爲平陽王　「敬」字原脱，據殿本、通鑑卷二〇八唐中宗神龍元年五月條補。

〔一五〕蓋以死爲輕　「蓋」，月崖書堂本、成化本、殿本作「是」；「死」，殿本作「利」。

〔一六〕賣官鬻獄　「賣」原作「奏」，據殿本、通鑑卷二〇八唐中宗神龍二年十二月條改。

〔一七〕左庶子姚珽屢諫　「珽」原作「班」，據殿本、通鑑卷二〇八唐中宗神龍二年七月戊申日條、舊唐書卷八九姚珽傳、新唐書卷一〇二姚珽傳改。
〔一八〕春二月　「二」原作「三」，據殿本、通鑑卷二〇八唐中宗景龍元年二月丙戌日條改。
〔一九〕魚鼈之利黎元所資生育無窮府物有限　殿本「魚」上有「江南鄉人採捕爲業」八字，「生」上有「江湖」二字，「窮」作「限」，「府物有限」作「府庫供支易殫」。
〔二〇〕冬十一月　「冬」字原脱，據殿本補。
〔二一〕貞吉　「貞」原作「正」，據殿本改。
〔二二〕韋氏淆亂　「氏」原作「武」，據殿本改。
〔二三〕官不虚授　「授」原作「受」，據殿本、通鑑卷二一〇唐睿宗景雲二年十月條改。
〔二四〕孔子曰　「曰」字原脱，據月崖書堂本、成化本、殿本補。
〔二五〕爾以桓靈俟我　「俟」，成化本、殿本作「待」。
〔二六〕秋七月　此三字原脱，據殿本、通鑑卷二一〇唐睿宗景雲二年七月癸巳日條補。
〔二七〕夏五月　「夏五」原作「三」，據殿本、通鑑卷二一一唐玄宗開元元年五月庚寅日條改。
〔二八〕明皇不戒履霜　月崖書堂本、成化本、殿本「霜」下有「堅冰」二字。
〔二九〕緣邊屯戍斥候　「候」，殿本作「堠」。

資治通鑑綱目卷四十三

起甲寅唐玄宗開元二年，盡丁亥唐玄宗天寶六載，凡三十四年。

甲寅（七一四）

二年。

春，正月，定内外官出入常式。制選京官有才識者，除都督、刺史；都督、刺史有政迹者，除京官，使出入常均，永爲恒式。

以盧懷慎檢校黄門監。

置左、右教坊。舊制，雅俗之樂皆隸太常，上以太常禮樂之司，不應典倡優雜伎，乃更置左、右教坊，以教俗樂。又選樂工、宫女數百人自教之，謂之「皇帝梨園弟子」。禮部侍郎張廷珪、酸棗尉袁楚客皆上疏，以上「春秋鼎盛，宜崇經術，邇端士，尚樸素，深以悅鄭聲、好遊獵爲戒」。上雖不能用，欲開言路，咸嘉賞之。

胡氏曰：玄宗不以太常典倡優，是也；乃更置坊院，盛選宫女而自教之，則是以天子而典倡優矣，而可乎！夫以顏子亞聖之資，夫子尚以「放鄭聲」爲戒，況玄宗乎！大臣之責，務引其君以當道，以格其非心，而防其微漸者也，姚崇於是昧其所職矣。

沙汰僧尼。中宗以來，貴戚爭營寺度僧，富户强丁削髮避役。姚崇上言：「佛圖澄不能存趙，鳩摩羅什不能存秦，齊襄、梁武未免禍殃，何用妄度姦人，使壞正法！」上從之。沙汰萬二千餘人，禁創寺、鑄佛、寫經，百官之家毋與僧尼、道士往還。

胡氏曰：人之與人類也，無不得相見之理，惟罪人則人之所棄，而夷狄者中國之所絶也。今不使百官與僧尼、道士往還，是夷狄待之，罪人畜之〔一〕，則曷若使之衣巾冠帶而齒於平民乎！

以薛訥同紫微黄門三品，將兵擊契丹。初，營州都督治柳城，以鎮撫奚、契丹。武后之世，都督趙文翽失政，奚、契丹攻陷之。或言：「靺鞨、奚、霫以唐不建營州，無所依投，故且附突厥。」并州長史薛訥奏請復置營州。上亦欲討契丹，姚崇等諫，不聽，遂與訥同三品，將兵擊契丹，羣臣乃不敢言。

范氏曰：姚崇等以其君討契丹爲是邪，當成之；爲非邪，當爭之，不可微諫而止也。明皇既不聽諫，又益甚之，遂相薛訥而使之將兵，崇等乃不敢言，則是人君可以威脅羣臣而遂其非也。然則君有大過，將何以止之？夫人臣諫而不聽，則當去位；苟不能强諫，而視其君之過舉，至於天下咸怨，則曰：「非我不諫，君不能用我也。」始則擇利以處其身，終則引謗以歸其君，此不忠之大者也。使君驕其臣，而輕於用武，天下不勝其弊，崇之罪也。

二月朔，太史奏日食不應。太史奏太陽應虧不虧，姚崇表賀，請書史册，從之。

突厥同俄圍北庭，都護郭虔瓘擊斬之。突厥默啜遣其子同俄圍北庭，虔瓘擊斬之。突厥請悉軍中資糧以贖同俄，聞其已死，慟哭而去。

復置十道按察使。或上言：「按察使徒煩擾公私，請精簡刺史、縣令，停按察使。」姚崇以爲：「今止擇十使，猶患未盡得人，況天下三百餘州，縣多數倍，安得皆稱其職乎！」乃止。

范氏曰：姚崇之辯，雖能折議者之言，然亦未爲得也。夫天子擇一相而任之，一相擇十使而使之，十使者擇刺史、縣令而置之。賢者舉之，不肖者去之，則君不勞而天下治矣。故任相者，天子之事也；選使者，相之職也；察吏者，使之責也。吏非其人，則是相之不才也，退之而已矣。崇不論此，乃以爲刺史、縣令不可徧擇，豈宰相之體乎！

以徐愉爲恭陵令。上思徐有功用法平，以其子愉爲恭陵令。竇孝諶之子光祿卿希瑊等請以己官爵讓愉，以報其德，由是愉累遷申王府司馬。

貶劉幽求爲睦州刺史，鍾紹京爲果州刺史。或告太子少保劉幽求、詹事鍾紹京有怨望語，按問，不服。姚崇、盧懷慎等言於上曰：「幽求等皆功臣，乍就閑職，不無沮喪。若令下獄，慮驚遠聽。」乃皆貶之。時紫微侍郎王琚行邊未還，坐黨，貶澤州刺史。

黜涪州刺史周利貞等十三人。以利貞等天后時酷吏，比周興等情狀差輕，放歸草澤，終身勿齒。

三月，貶韋安石、韋嗣立、趙彥昭、李嶠爲諸州別駕。御史中丞姜晦以宗楚客等改中宗遺詔，當時宰相韋安石、韋嗣立、趙彦昭、李嶠不能匡正，令監察御史郭震奏彈貶之。晦又奏：「安石檢校定陵，盜隱官物。」下州徵贓，安石憤恚而卒。

毁天樞。毁武后所作天樞，鎔其銅鐵，歷月不盡。先是，韋后亦於天街作石臺頌德，至是并毁之。

夏，五月，罷員外、檢校官。以歲饑，悉罷員外、試、檢校官，自今非戰功及别勑，毋得注擬。時薛王業之舅王仙童侵暴百姓，御史彈奏，業爲之請，敕覆按之。姚崇、盧懷慎奏御史言是，上從之。中王成義奏以府録事爲參軍〔二〕，崇等不可，事亦寢。由是貴戚束手，請謁不行。

魏知古罷。知古本起小吏，姚崇薦之，以至爲相。崇意輕之，請知古知東都選事，遣吏部尚書宋璟於門下過官，知古銜之。崇二子分司東都，有所請託。知古歸，悉以聞。它日，上問崇：「卿子何官？才性何如？」崇揣知上意，對曰：「臣三子，兩在東都，爲人多欲而不謹，是必以事干知古，臣未及問之耳。」上問：「安從知之？」對曰：「知古微時，臣嘗卵而翼之。臣子愚，以爲知古容其爲非，故敢干之耳。」上於是以崇爲無私，而薄知古，欲斥之，崇固請曰：「臣子無狀，陛下赦之，已幸；苟逐知古，累聖政矣。」上久乃許之。知古竟罷爲工部尚書。

六月，以宋王成器等爲諸州刺史。宋王成器、申王成義，上兄也，岐王範、薛王業，上弟也，豳王守禮，從兄也，上素友愛，近世帝王莫能及。初即位，爲長枕大被，與兄弟同寢。聽朝罷，多從諸王遊。在禁中，拜跪如家人禮，飲食起居，相與同之。業嘗疾，上親爲煮藥，火爇上鬚，左右驚救之。上曰：「但使飲此而愈，鬚何足惜！」成器尤恭慎，未嘗及時政、妄交結，上愈信重之，故讒間無自而入。然專以聲色、飲博、遊獵、畜養娱樂之，不及以政。羣臣以成器等地逼，請循故事出刺外州，乃以成器領岐州，成義領豳州，守禮領虢州，範領濟州，業領同州，到官但領大綱，州務皆委上佐。是後諸王領州者並準此。

范氏曰：文王孝於王季，故友于兄弟，睦於太姒，故慈於子孫，以及其家邦，至於鳥獸、草木無不被澤者，推其心而已矣。先王未有孝而不友，友而不慈者也。至於後世帝王，或能於此，則不能於彼，何哉？不能舉斯心，加諸彼而已。成器辭位以授明皇，故明皇篤於兄弟之愛。蓋成器之行有以養其友愛之心也。苟能充是心，則仁不可勝用矣。然至於爲人父，則以讒殺其子；爲人夫，則以孽黜其妻；爲人君，則以非罪殄戮其臣下，是皆不能充其類也。苟不能充其類，則其爲善，豈不出於利心哉！

秋，七月〔三〕，焚珠玉、錦繡於殿前。上以風俗侈靡，制：「乘輿服御、金銀器玩，令有司銷毁，以供軍國之用；其珠玉、錦繡，焚於殿前；后妃以下，皆毋得服。」敕：「百官所服帶及酒器、銜、鐙，三品以上聽飾以玉，四品以金，五品以銀，餘皆禁之；婦人從其夫、子。自今天下更毋得采珠玉，織錦繡等物。」罷兩京織錦坊。

司馬公曰：明皇之始欲爲治，能自刻厲節儉如此，晚節猶以奢敗。甚哉，奢靡之易以溺人也！詩云：「靡不有初，鮮克有終。」可不慎哉！

其後有胡人上言：「海南多珠翠奇寶。」因言市舶之利，又欲往師子國求靈藥醫嫗。上命監察御史楊範臣往求之。範臣奏曰：「陛下前年焚珠玉、錦繡，示不復用。今所求者，何以異於所焚者乎？彼市舶與商賈爭利，殆非王者之體。胡藥之性，中國多不能知；況於胡嫗，豈宜寘之宮掖！夫御史，天子耳目之官，必有軍國大事，臣雖觸冒炎瘴，死不敢辭。此特胡人眩惑求媚，無益聖德。」上遽引咎，慰諭而罷之。

薛訥擊契丹，敗績。詔削其官爵。訥與監門將軍杜賓客、定州刺史崔宣道等將兵六萬擊契丹。賓客以爲：「士卒盛夏負甲賫糧，深入寇境，難以成功。」訥曰：「盛夏草肥，羔犢孳息，因糧於敵，正得天時。一舉滅虜，不可失也。」行至灤水山峽中〔四〕，契丹伏兵遮其前後，擊之，唐兵大敗，死者什八、九。訥與數十騎突圍得免，宣道將後軍亦走。訥歸罪於宣道，制斬之；免訥死，削其官爵。

襄王重茂卒於房州，謚曰殤皇帝。

作興慶宮。宋王成器等請獻興慶坊宅爲離宮，許之。仍賜成器等宅，環於宮側。又於宮西南置樓，西曰「花萼相輝」，南曰「勤政務本」。

八月，出宮人。初，民間訛言上采女子以充掖庭，上聞之，令有司具車牛於崇明門，選後宮無用者，載還其家，訛言乃息。

吐蕃入寇，以薛訥爲隴右防禦使，擊之。吐蕃衆十萬寇臨洮，至渭源，掠牧馬。命薛訥、郭知運、王晙率兵擊之。初，鄯州都督楊矩以九曲之地與吐蕃，其地肥饒，吐蕃就之畜牧，因以入寇。矩悔懼自殺。

以武后鼎銘頒告中外。太子賓客薛謙光以武后鼎銘有云「上玄降鑒，方建隆基」，爲上受命之符，獻之。姚崇表賀，請宣示史官，頒告中外。

司馬公曰：日食不驗，太史之過也；而君臣相賀，是誣天也。采偶然之文以爲符命，小臣之諂也；而宰相實之，是侮其君也。以姚崇之賢〔五〕，猶不免是，惜哉！

敕諸州修常平倉法。敕以歲稔，令諸州修常平倉法，「江、嶺、淮、浙、劍南下濕，不堪貯積，不在此例」。

冬，十月，薛訥與吐蕃戰於武街，大破之。吐蕃復寇渭源〔六〕，薛訥、王晙帥兵禦之。吐蕃十萬屯大來谷，晙選勇士七百，衣胡服，夜襲之，多置鼓角於其後。前軍遇敵大呼，後人鳴鼓角應之，虜以爲大軍至，驚懼，自相殺傷，死者萬計。虜大潰，追至洮水，又敗之。前後殺獲數萬人。豐安軍使王海賓戰死，以其子忠嗣爲尚輦奉御，養之宮中。命左驍衛郎將尉遲瓌使吐蕃，宣慰金城公主。吐蕃亦遣其大臣請和，用敵國禮，上不許。自是連歲犯邊。

以郭知運爲隴右節度大使。領鄯、奉、河、渭、蘭、臨、武、洮、岷、郭、疊、宕十二州〔七〕。

十二月，立皇子嗣真爲鄫王，嗣謙爲皇太子。上長子嗣真母曰劉華妃，次子嗣謙母曰趙麗妃。麗妃以倡進，有寵，故立之。

胡氏曰：母正則子重，母賢則子良。以天子而納倡優，又立其子爲儲貳，其輕宗廟、慢神器甚矣！嗣謙之死，蓋不待武妃、林甫之謀，而輕賤不正，其勢有所必至矣！

置幽州節度經略大使。領幽、易、平、嬀、檀、燕六州〔八〕。

乙卯(七一五)

三年。

春,正月,以盧懷慎爲黄門監。懷慎清謹儉素,不營資産,俸賜隨散親舊,妻子不免飢寒,所居不蔽風雨。姚崇謁告十餘日,政事委積,懷慎不能決,惶恐入謝,上曰:「朕以天下事委姚崇,以卿坐鎮雅俗耳。」崇既出,須臾裁決俱盡,頗有得色,顧謂紫微舍人齊澣曰:「我爲相可比何人?」澣未對,崇曰:「何如管、晏?」澣曰:「管、晏之法,雖不能施於後,猶能没身。公所爲法,隨復更之,似不及也。」崇曰:「然則竟何如?」澣曰:「可謂救時之相耳。」崇喜,投筆曰:「救時之相,豈易得乎!」懷慎自以其才不及崇,每事推之,時人謂之「伴食宰相」。

司馬公曰:夫不肖用事,爲其僚者,愛身保禄而從之,不顧國家之安危,是誠罪人也。賢智用事,爲其僚者,愚惑以亂其治,專固以分其權,媢疾以毁其功,愎戾以竊其名,是亦罪人也。崇,唐之賢相,懷慎與之同心,以濟太平之政,夫何罪哉!秦誓所謂「是能容之」者,懷慎之謂矣!

貶御史大夫宋璟爲睦州刺史。坐監朝堂杖人杖輕故也。

夏,四月,以薛訥爲涼州大總管,郭虔瓘爲朔川大總管。初,突厥可汗默啜衰老昏虐,其葛邏禄、胡禄屋諸部降唐者前後萬餘帳,制皆以河南地處之。遣薛訥居涼州,郭虔瓘居并州,勒兵以備默啜。

山東大蝗。山東蝗,民不敢殺,拜祭之。姚崇遣御史督州縣捕而瘞之。議者以爲蝗多,除不可盡,崇曰:「今河南、北之人流亡殆盡,豈可坐視!借使除之不盡,猶勝養以成災。」上乃從之。盧懷慎以爲殺蝗太多，恐傷和氣，崇曰：「昔楚莊吞蛭而愈疾，孫叔殺蛇而致福，奈何不忍於蝗，而忍人之飢死乎！若使殺蝗有禍，崇請當之。」

秋，七月朔，日食。

九月，置侍讀官。上謂宰相曰：「朕每讀書有疑，無從質問。可選儒士入內侍讀。」盧懷慎薦太常卿馬懷素，以爲左散騎常侍，與右散騎常侍褚無量更日侍讀，聽肩輿乘馬於宫中。以無量羸老，爲造腰輿，使内侍舁之，親送迎之，待以師傅之禮。

遣薛訥討突厥。

郴州刺史劉幽求卒。幽求自杭徙郴，憤恚，道卒。

以郭虔瓘爲安西四鎮經略大使。以郭虔瓘爲安西大都護，經略四鎮。虔瓘請募關中兵萬人詣安西，皆給遞馱熟食，許之。將作大匠韋湊上疏曰：「今西域服從，雖或時小有盜竊，舊鎮兵足以制之。關中常宜充實，以强幹弱枝，頃年以來，征行略盡，豈宜更募驍勇，遠資荒服。又萬人征行六千餘里，咸給遞馱熟食，道次州縣，將何以供？秦、隴之西，户口漸少，凉州已往，沙磧悠然。儻稽天誅，所損甚大；縱令必克，其獲幾何？」時姚崇亦以爲不然。既而虔瓘卒無功。虔瓘復奏奴八人有戰功，請除游擊將軍。盧懷慎曰：「虔瓘恃功侮法，不可許也。」上從之。

西域八國請降。初，監察御史張孝嵩奉使廓州，聽以便宜從事。拔汗那者，古烏孫也，内附歲久，吐蕃攻之，其王奔安西求救。孝嵩遂帥旁側戎落兵萬餘人，出龜兹西數千里，下數百城，傳檄諸國，威振西域，大食等八國請降，勒石紀功而還。

冬，十二月，貶崔日知爲歙縣丞。京兆尹崔日知貪暴不法，御史大夫李傑將糾之，日知反構傑罪。侍御史楊瑒廷奏曰：「若糾彈之司，使姦人得而恐愒，則御史臺可廢矣。」上遽命傑視事，貶日知爲歙縣丞。

以韋玢爲冀州刺史。尚書左丞韋玢以郎官多不舉職，請汰之。尋敕出玢爲小州刺史。姚崇言：「玢以奉公貶黜，議者皆謂郎官謗傷，恐後來左右丞指以爲戒，則省事何從而舉？」乃除冀州。

以突騎施部將蘇禄爲金方道經略大使〔九〕。突騎施守忠既死，部將蘇禄頗善綏撫，十姓部落稍稍歸之，有衆二十萬，據有西方。遣使入見，故有是命。

丙辰（七一六）

四年。

春，正月，殺尚衣奉御長孫昕。昕，皇后妹夫也，與御史大夫李傑不協，於里巷伺而毆之。傑自訴，上大怒，命於朝堂杖殺，以謝百僚。

胡氏曰：高宗有言：「雖太子有罪，亦不可赦！」近於公矣，而失父子之恩，使太子不免於絀死。玄宗以重刑加諸后黨之輕罪，亦近於公矣，而傷夫婦之義，使皇后不免於廢殺。故幾者，動之微，不可不慎也！

以鄫王嗣真爲安北大都護，陝王嗣昇爲安西大都護。二王皆不出閤。諸王遥領節度自此始。

以倪若水爲汴州刺史。上欲重都督、刺史，選京官才望者爲之，然當時猶輕外任。揚州采訪使班景倩入爲大理少卿，過大梁，若水餞之，望其行塵久之，謂官屬曰：「班生此行，何異登仙！」上嘗遣宦官詣江南取鵁鶄、鸂鶒等，欲置苑中，所至煩擾。若水言：「今農桑方急〔一〇〕，而羅捕禽鳥，水陸傳送，道路觀者，豈不以陛下爲賤人而貴鳥乎！」上手敕謝之，縱散其鳥。

山東復大蝗。山東蝗復大起，姚崇又命捕之。倪若水謂：「蝗乃天災，非人力所及，宜修德以禳之。劉聰時嘗捕埋之，爲害益甚。」拒不從命。崇牒若水曰：「劉聰僞主，德不勝妖。今日聖朝，妖不勝德。古之良守，蝗不入境。若其修德可免，彼豈無德致然！」因敕使者察捕蝗者勤惰以聞，由是不至大饑。

召新除縣令試理人策。或言於上曰：「今歲選敘太濫，縣令非才。」上悉召至殿庭，試理人策。惟韋濟詞理第一，擢爲醴泉令。餘二百人不入第，且令之官；四十五人放歸學問。吏部侍郎盧從愿、李朝隱皆坐左遷。從愿、朝隱典選稱職。高宗之世，馬載、裴行儉在吏部最有名，時人稱「前有馬、裴，後有盧、李」。

六月，太上皇崩。

拔曳固斬突厥默啜以降。初，突厥默啜北擊拔曳固，大破之，恃勝輕歸，不復設備。拔曳固迸卒頡質略自柳林突出，斬之。時子將郝靈荃使突厥，得其首。拔曳固、回紇、同羅、霫、僕固五部皆來降。

突厥立默棘連爲毗伽可汗，以闕特勒爲左賢王，專典兵馬。

秋，八月，遷中宗於別廟。太常博士陳貞節、蘇獻以太廟七室已滿，請遷中宗神主於別廟，奉睿宗神主祔太廟，從之。

突厥降户叛，命薛訥等追討之。突厥默啜既死，突騎施蘇禄復自立爲可汗，毗伽可汗患之。默啜時，牙官暾欲谷年七十餘，多智略，國人信服之，毗伽乃召以爲謀主。突厥降户處河曲者多叛歸之。并州長史王晙上言：「此屬徒以其國喪亂，故相率來降。若彼安寧，必復叛去。乃是畜養使爲間諜，日月滋久，姦詐愈深。願集兵衆，徙之内地，漸變舊俗，皆成勁兵。雖一時暫勞，然永久安靖。」疏奏，未報，降户果叛。命朔方大總管薛訥討之。王晙亦引并州兵追擊，破之。單于副都護張知運不設備，爲虜所擒。將軍郭知運邀擊破之，張知運乃得還。上以其喪師，斬之。毗伽謀入寇，暾欲谷曰：「唐主英武，民和年豐，未有間隙。我衆新集，且當息養數年，始可觀變而舉。」毗伽又欲築城，立寺觀，暾欲谷曰：「突厥人徒不及唐之百一，所以能與爲敵者，正以隨逐水草，射獵爲業，人皆習武，强則進兵，弱則竄伏故也。若變舊俗，必爲所滅。釋、老之法，教人仁弱，非用武爭勝之術，不可崇也！」乃止。

冬，十月〔一一〕，葬橋陵。

十一月，黄門監盧懷慎卒。懷慎疾亟，上表薦宋璟、李傑、李朝隱、盧從愿，上深納之。既卒，家無餘蓄，惟老蒼頭請自鬻以辦喪事。

以源乾曜同平章事。十二月，以宋璟爲西京留守。姚崇無居第，寓居罔極寺。以病謁告，上遣使問之，日數十輩。源乾曜奏事稱旨，上曰：「此必姚崇之謀！」或不稱旨，則曰：「何不與姚崇議之？」乾曜請遷崇於四方館，仍聽家人入侍疾。崇固辭，上曰：「設四方館，爲官吏也。使卿居之，爲社稷也。恨不可使卿居禁中耳，此何足辭！」崇子彝、异頗受賂遺，爲時所譏。又崇所親信主書趙誨受賂，事覺，當死，崇復營救，上不悅。會曲赦京城，特敕杖誨，流嶺南。崇由是請避位，薦廣州都督宋璟自代。上將幸東都，以璟爲刑部尚書、西京留守，遣內侍楊思勗迎之。璟風度凝遠，人莫測其際。在塗，不與思勗交言。思勗素貴幸，歸訴於上，上嗟嘆良久，益重璟。

范氏曰：昔申棖以慾不得爲剛，璟所以能剛，其惟無慾乎！明皇以此重之，可謂能知賢矣。

閏月，姚崇、源乾曜罷，以宋璟爲黃門監，蘇頲同平章事。璟爲相，務在擇人，隨材授任，使百官各稱其職，刑賞無私，犯顏正諫。上甚敬憚，雖不合意，亦曲從之。突厥默啜自武后世爲中國患，朝廷旰食，傾天下之力不能克。郝靈荃得其首，自謂不世之功，璟以天子好武功，恐好事者競生心徼倖，痛抑其賞，逾年始授郎將。靈荃慟哭而死。

范氏曰：宋璟可謂賢相矣，見其始而知其終，沮其勝而憂其敗。明皇卒以黷武，至於大亂，何其智之明歟！其可謂賢相矣！

璟與頲相得甚厚。璟每論事，則頲助之。璟嘗謂人曰：「吾與蘇氏父子同居相府，僕射寬厚，誠爲國器，若獻可替否，則黃門過其父矣。」上嘗令璟及頲制皇子名及國邑之號，又令別制一佳名號進之。璟、頲奏曰：「七子均養，著於國風。今制名號各三十餘，混同以進，以彰陛下覆燾無偏之德。」上甚善之。姚、宋相繼爲相。崇善應變成務，璟善守法持正。二人志操不同，然協心輔佐，使賦役寬平，刑罰清省，百姓富庶。唐世賢相，前稱房、杜，後稱姚、宋，它人莫得比焉。二人每進見，上輒爲之起，去則臨軒送之。及李林甫爲相，雖寵任過於姚、宋，然禮遇殊卑薄矣。

范氏曰：三公坐而論道，天子所與共天位、治天職者也，故其禮不可不尊，其任不可不重。自堯、舜至于三代，尊禮輔相，詩、書著矣。漢承秦敝，崇君卑臣，然猶宰相進見，天子御坐爲起，在輿爲下，所以體貌大臣，而風厲其節也。開元之初，明皇勵精政治，優禮故老，姚、宋是師。天寶以後，宴安驕侈，倦求賢俊，委政羣下；彼小人者，唯利是就，不顧國體，巧言令色，以求親昵，人主甘之，薄於禮而厚於情，是以林甫得容其姦。故人君不體貌大臣，則賢者日退而小人日進矣！

紫微舍人高仲舒博通典籍，齊澣練習時務，姚、宋每坐二人以質所疑，既而歎曰：「欲知古，問高君；欲知今，問齊君，可以無缺政矣。」廣州請爲璟立遺愛碑，璟請禁之，以革諂諛之風。於是它州皆不敢立。山人范知璿獻所爲文，璟判之曰：「觀其良宰論，頗涉諂諛。文章若高，宜從舉選，不可別奏。」

罷十道按察使。

始制郎、御史、起居、遺、補不擬。舊制，六品以下官皆委尚書奏擬，是歲，始更此制。

丁巳（七一七）

五年。

春，正月，太廟四室壞；行幸東都。上將幸東都，會太廟四室壞，上素服避殿，以問宋璟、蘇頲，對曰：「陛下三年之制未終，遽爾行幸，恐未契天心，故災異爲戒。願且停之。」姚崇曰：「太廟屋材，皆苻堅時物，朽腐而壞，適與行會，何足異也！百司供擬已備，不可失信。但遷神主於太極殿，更修太廟耳。」上大喜，從之。命崇五日一朝，入閤供奉，恩禮更厚，有大政輒訪焉。褚無量言：「隋文帝富有天下，豈取苻氏舊材以立太廟！此特諛臣之言。願陛下克謹天戒，納忠諫，遠諂諛。」上弗聽，遂幸東都。

胡氏曰：長君之惡，其罪小；逢君之惡，其罪大。姚崇於是，其逢也甚矣！大臣以道事君，固如是耶？因是見唐有天下，不自建廟，而因隋故屋，非禮亦大矣！太宗營繕甚衆，而忽於所當先。賢於王珪，能幾何哉！

上過崤谷，道隘不治，欲免河南尹及知頓使官，宋璟曰：「陛下方事巡幸，今以此罪二臣，臣恐將來民受其弊。」上遽命釋之。璟曰：「陛下罪之，而以臣言免之，是臣代陛下受德也。請令待罪朝堂而後赦之。」上從之。

二月，復置營州。奚、契丹内附，貝州刺史宋慶禮請復營州。制置營州都督於柳城，使慶禮築之，三旬而畢。慶禮清勤嚴肅，開屯田八十餘所，招安流散，數年之間，倉廩充實，市邑浸繁。

秋，七月〔一三〕，放宗正卿姜皎歸田。初，上微時，與姜皎親善，及誅竇懷貞等，皎預有功，由是寵遇特厚，出入卧内，至與后妃連榻宴飲。宋璟言：「皎權寵太盛，非所以安之。」上以爲然，因下制曰：「西漢諸將以權貴不全，南陽故人以優閑自保。皎宜放歸田園，勳、封如故。」

以張嘉貞爲天兵軍大使。嘉貞上言：「突厥降者散居太原以北，請宿重兵以鎮之。」乃置天兵軍於并州，集兵八萬。

以明堂爲乾元殿。太常少卿王仁惠奏：「則天明堂窮極奢侈，不合古制，密邇宫掖，人神雜擾。」制復以爲乾元殿，正至受賀，季秋大享，復就圓丘。

九月，復舊官名，令史官隨宰相入侍，羣臣對仗奏事。貞觀之制，中書、門下及三品官入奏事，必使諫官、史官隨之，有失則匡正，美惡必記之；諸司皆正衙奏事，御史彈百官，服豸冠，對仗讀彈文；故大臣不得專君而小臣不得爲讒慝。及許敬宗、李義府用事，政多私僻，奏事官多俟仗下，於御座前屏人密奏，監奏御史及待制官遠立以俟其退；諫官、史官皆隨仗出，仗下後事，不復預聞。武后以法制羣下，諫官、御史得以風聞言事，互相彈奏，於是多以險詖相傾。宋璟欲復貞觀之政，制：「自今事非的須秘密者，皆令對仗奏聞，史官自依故事。」

謫孫平子爲都城尉。伊闕人孫平子上言：「春秋譏魯躋僖公，今遷中宗於别廟，而祀睿宗，正與魯同。兄臣於弟，猶不可躋，況弟臣於兄乎！若以兄弟同昭，則不應出兄置於别廟。願下羣臣博議，遷中宗入太廟。」太常博士陳貞節、馮宗、蘇獻以爲：「七代之廟，不數兄弟。殷代或兄弟四人相繼爲君，若數以爲代，則無祖禰之祭矣。今睿宗之室當亞高宗，故爲中宗特立别廟，非躋睿宗於中宗之上也。」平子誣罔聖朝，漸不可長。」然時論多是平子，故議久不決。獻，頲之從祖兄也，故頲卒從其議。平子論之不已，謫都城尉。

冬，十二月〔一三〕，詔訪逸書。祕書監馬懷素奏：「省中書頗散缺，請選學士整比校補。」從之。於是搜訪逸書，選吏繕寫，命國子博士尹知章等二十二人於乾元殿前編校刊正，以褚無量爲之使。無量卒，國子祭酒元行冲代之。九年，上其録，凡四萬八千卷。

六年。

戊午(七一八)

春，正月，禁惡錢。敕錢重二銖四分以上乃得行。斂人間惡錢鎔之，更鑄如式。宋璟請出太府錢二萬緡，以平價買百姓不售之物，可充官用，庶使良錢流布人間。其後敕太府及府縣出粟十萬石糶之，以斂人間惡錢，送少府銷毁。

徵嵩山處士盧鴻爲諫議大夫，不受。

夏，四月，敕度鄭銑、郭仙舟爲道士。河南參軍鄭銖、朱陽丞郭仙舟投匭獻詩，敕曰：「觀其文理，乃崇道法，至於時用，不切事情。宜從所好。」度爲道士。

秋，八月，令州縣歲十二月行鄉飲酒禮。

胡氏曰：物有本末，事有終始，知所先後，則近道矣。鄉飲酒者，古鄉禮也。然必先制民之産，使安土樂業，急政暴賦無施於其間，設爲庠序學校，教以人倫，且興其賢能，出長而入治之，然後禮樂可行。鄉飲酒者，其一條也。人道所急，有冠，有昏，有喪，有祭，有燕，有射，有鄉飲酒，其緩急則又有序矣。今獨舉鄉飲酒而行之，他皆不及焉，安能有益於百姓哉！祇爲繁文末節而已矣。

始加賦以給官俸。唐初，州縣官俸，皆令富户掌錢出息以給之，多破産者。祕書少監崔沔請計州縣官俸，於百姓常賦之外，微有所加以給之。從之。

冬，十一月，帝還西京。

吐蕃請和。吐蕃奉表請和，乞舅甥親署誓文，及令彼此宰相皆著名其上。

以李邕、鄭勉爲遠州刺史，李朝隱爲大理卿，陸象先爲河南尹。宋璟奏：「邕、勉並存才略文詞，但好是非改變，若全引進，則咎悔必至；若長棄捐，則才用可惜，請以爲渝、峽刺史。」「大理卿元行冲不稱職，請以朝隱代之。象先閑於政體，寬不容非，請以爲河南尹。」皆從之。

己未（七一九）

七年。

夏，四月，祁公王仁皎卒。仁皎，后父也。其子駙馬都尉守一請用竇孝諶例，築墳高五丈一尺，上許之。宋璟、蘇頲以爲：「準令，一品墳高一丈九尺，其陪陵者高出三丈。竇太尉墳，議者頗譏其高大。至韋庶人崇其父墳，以自速禍，豈可復踵爲之！臣等所以再三進言者，欲成中宮之美耳。」上說曰：「朕每欲正身率下，況於妻子，何敢私之！卿能固守典禮，垂法將來，誠所望也。」

五月朔，日食。上素服以俟變，徹樂減膳，命中書門下察繫囚，賑飢乏，勸農功。宋璟奏曰：「陛下勤恤人隱，此誠蒼生之福。然臣聞『日食修德，月食修刑』。親君子，遠小人，絶女謁，除讒慝，所謂修德也。君子耻言浮於行，苟推至誠以行之，不必數下制書也。」

秋，八月，敕五服並從禮傳。右補闕盧履冰言：「禮，父在爲母服周年，則天改服三年，今請從舊。」上下其議。褚無量是履冰議。敕自今五服並依喪服傳文，然士大夫議論猶不息，行之各從其意。無量歎曰：「聖人豈不知母恩之厚乎？厭降之禮，所以明尊卑、異戎狄也。俗情膚淺，一紊其制，誰能正之！」

九月，徙宋王憲爲寧王。憲，成器改名也。上嘗從複道中，見衛士食畢而棄其餘於竇，怒欲殺之，憲諫曰：「陛下窺人過失而殺之，臣恐人人不自安。且陛下惡棄食者，爲食可以養人也。今以餘食殺人，無乃失其本乎？」上大悟，遽釋之。是日，宴飲極懽，上自解紅玉帶以賜憲。

以突騎施蘇祿爲忠順可汗。

庚申(七二〇)

八年。

春，正月，宋璟、蘇頲罷。上以王仁琛藩邸故吏，墨敕與五品官。宋璟曰：「仁琛曏緣舊恩，已獲優改；又是后族，須杜輿言。乞下吏部檢勘，苟無負犯，請依資稍優注擬。」從之。寧王憲奏選人薛嗣先請授微官，璟奏：「嗣先以懿親之故，固應微假官資。然自大明臨御，斜封墨敕一皆杜絕。望付吏部，不出正敕。」從之。先是，朝集使往往齎貨入京師，將還，多遷官。璟奏一切勒還以革其弊。璟又疾負罪而妄訴不已者，悉付御史臺治之，人多怨之者。會天旱，優人作魃狀戲於上前，問魃：「何爲出？」對曰：「奉相公處分。」又問：「何故？」對曰：「負冤者三百餘人，相公悉以繫獄，故不得不出爾。」上心以爲然。時江、淮間惡錢尤甚，璟使監察御史蕭隱之括之。隱之嚴急煩擾，怨嗟盈路，於是貶隱之官，罷璟、頲，弛錢禁，而惡錢復行矣。

胡氏曰：惡錢之弊，不可不革。其失在所遣使人嚴急煩擾，而以之罷宰相，何也？玄宗外雖重璟，心實厭之。優人中傷，安知非楊思勗之徒懷宿憾而甚使爲之乎？姚崇、張説善於迎合，故罷而復用；宋璟、蘇頲介然守正，故斥而不復。甚哉，君子之難合也！史論賢相，姚、宋並稱。姚非宋公比也，安得齊名！必也張九齡乎，乃可與璟同日而語矣。

以源乾曜、張嘉貞同平章事。初，嘉貞爲天兵軍使，入朝，有告其奢僭贓賄者，按驗無狀。上欲反坐告者，嘉貞奏曰：「今若罪之，恐塞言路，使天下之事無由上達。」其人遂得減死。上以嘉貞爲忠，用之。

夏，五月，復置十道按察使。

以源乾曜爲侍中，張嘉貞爲中書令。乾曜上言：「形要之家，多任京官；使俊乂之士沈廢於外。臣三子皆在京，請出其二。」上從之。於是出者百餘人。嘉貞吏事强敏，剛躁自用，引進苗延嗣、呂太一、員嘉靜、崔訓，與論政事。四人頗招權，時人語曰：「令公四俊，苗、呂、崔、員。」

六月，瀍、穀溢。漂溺幾二千人。

朔方大使王晙誘殺突厥降户僕固勺磨。突厥降户散居受降城側，朔方大使王晙言其陰引突厥，謀陷軍城，誘僕固都督勺磨而殺之。拔曳固諸部聞之，皆懼。并州長史張説引二十騎，持節，即其部落慰撫之，因宿其帳下。副使李憲以虜情難信，馳書止之。説復書曰：「吾肉非黄羊，必不畏食；血非野馬，必不畏刺。此吾效死之秋也。」諸部由是遂安。

冬，十月，流裴虚己於新州。上禁約諸王不使與羣臣交結。駙馬都尉裴虚己與岐王範遊宴，私挾讖緯，坐流新州，離其昏。上待範如故，謂左右曰：「吾兄弟自無間，但趨競之徒强相託附耳。吾終不以此責兄弟也。」

十一月，突厥寇涼州。先是，王晙奏請西發拔悉密，東發奚、契丹，掩毗伽於稽落水上。毗伽大懼，暾欲谷曰：「不足畏也。拔悉密在北庭，與奚、契丹相去絶遠，勢不相及。且拔悉密輕而好利，得晙之約，必喜而先至。晙與張嘉貞不相悦，奏請多不相應，必不敢出兵。拔悉密獨至，擊而取之，易耳。」既而拔悉密果發兵逼突厥牙帳，朔方、奚、契丹兵不至。拔悉密退，毗伽欲擊之，暾欲谷曰：「此屬去家千里，將死戰，未可擊也。不如以兵躡之。」先分兵間道圍北庭，因縱兵擊拔悉密，拔悉密敗走北庭，不得入，盡爲突厥所虜。暾欲谷還出赤亭，掠涼州，河西節度使楊敬述遣裨將盧公利邀之，大敗。毗伽由是大振，盡有默啜之衆。

辛酉（七二一）

九年。

春，正月，改蒲州爲河中府，置中都。

二月，以宇文融爲勸農使。監察御史宇文融上言：「天下户口逃移，巧僞甚衆。請加檢括。」源乾曜贊成之。敕有司議招集流移，按詰巧僞之法以聞。制：「州縣逃亡户口聽百日自首，或於所在附籍，或牒歸故鄉，各從所欲。過期不首，謫徙邊州。」以融充使。奏置勸農判官十人，分行天下。其新附客户，免六年賦調。使者競爲刻急，州縣承風勞擾，百姓苦之。陽翟尉皇甫憬上疏言之，坐貶。州縣希旨，虚張其數，或以實户爲客，凡得户八十餘萬，口亦如之。

突厥遣使求和。突厥毗伽遣使求和。上賜書，諭以「曩昔和親，華、夷安逸。默啜無信，數寇邊鄙，人怨神怒，隕身喪元。今可汗復蹈前迹，掩襲甘、凉。隨遣求好，國家天覆海容，不追往咎。可汗果有誠心，則共保遐福。不然，無煩使者徒爾往來。若其侵邊，亦有以待。可汗其審圖之」。

夏，四月，敕舉縣令。敕京官五品以上，外官刺史、四府上佐舉縣令一人，視其政善惡，爲舉者賞罰。

六月，罷中都。蒲州刺史陸象先政尚寬簡，吏民有罪，曉諭遣之。嘗謂人曰：「天下本無事，但庸人擾之耳。苟清其源，何憂不治！」

秋，七月，蘭也州胡康待賓反，王晙等擒斬之。初，蘭也州胡康待賓誘諸降户同反，攻陷六胡州，有衆七萬。命朔方大總管王晙、太僕卿王毛仲、天兵軍節度大使張説共討之。晙破待賓，擒之，集四夷酋長腰斬之。先是，叛胡潛與党項通謀，攻銀城、連谷，張説將步騎萬人出合河關掩擊，大破之。党項更與胡戰，胡衆潰。説安集党項，使復其居業。阿史那獻以党項翻覆，請并誅之，説曰：「王者之師，當伐叛柔服，豈可殺已降耶！」因奏置麟州以撫其餘衆。

九月朔，日食。

康待賓餘黨復叛，貶王晙爲梓州刺史。待賓之反，詔河西、隴州節度大使郭知運與王晙討之。晙言：「朔方兵自有餘力，請敕知運還。」未報，知運已至，由是與晙不協。晙所招降者，知運縱兵擊之。虜以晙爲賣己，由是復叛，王晙遂坐貶。

梁文獻公姚崇卒。崇遺令曰：「佛以清淨慈悲爲本，而愚者寫經造像，冀以求福。昔周毀經像而修甲兵，齊崇塔廟而弛刑政，一朝合戰，齊滅周興。汝曹勿效兒女子終身不寤。追薦冥福，道士見僧獲利，效其所爲，尤不可延之於家。永爲後法！」

以張説同三品。

以王君㚟爲河西、隴右節度大使。君㚟與郭知運皆以驍勇著名〔一四〕，爲虜所憚。至是，知運卒，君㚟自麾下代之。

冬，十一月，罷諸王都督、刺史，召還。

新作蒲津橋。

安州別駕劉子玄卒。子玄即知幾也，以字行。初，著作郎吴兢撰則天實録，言宋璟激張説使證魏元忠事，後説修史見之，謬曰：「劉五殊不相借。」兢起對曰：「此兢所爲。史草具在，不可使明公枉怨死者。」同僚皆失色。其後説陰祈兢改數字，兢曰：「若徇公請，則此史不爲直筆，何以取信於後！」

造新曆及黄道遊儀。太史言麟德曆浸疏，日食屢不效。上命僧一行更造新曆，梁令瓚造黄道遊儀以候七政。遣太史監南宮説等於河南、北平地測日晷及極星。夏至日中，立八尺之表，同時候之。陽城晷長一尺四寸八分弱；夜視北極，出地高三十四度十分度之四。浚儀岳臺晷長一尺五寸微强，極高三十四度八分。南至朗州，晷長七寸七分，極高二十九度半。北至蔚州，晷長二尺二寸九分，極高四十度。南北相距三千六百八十八里九十步，晷差一尺五寸三分，極差十度半。又南至交州，晷出表南三寸三分。八月海中南望老人星下，衆星粲然，皆古所未名，大率去南極二十度以上皆見。

壬戌（七二二）

十年。

春，正月，幸東都。

夏，四月，以張説兼知朔方軍節度使。置朔方節度使，領單于都護府，夏、鹽等六州，二軍，三受降城，以宰相張説兼領之。

范氏曰：宰相之職，無不總統，而節制一道，此開元之亂制也。夫宰相，百官之首。名且不正，則何以正百官矣！自古官制之紊，未有如開元者也。

五月，伊、汝水溢。漂溺數千家。

六月，博州河決。

制增太廟爲九室。增太廟爲九室，遷中宗還太廟。

范氏曰：天子七廟，而祖功宗德。其廟不毁，則無世數。自古以來，未之有改也。明皇始爲九廟，過其制矣。夫禮不可多也，不可寡也。三代之禮，所以爲後世之法者盡矣，唐制何所取乎！

秋，安南亂，遣内侍楊思勗討平之。

杖祕書監姜皎，流之欽州。

初，上之誅韋氏也，王皇后頗預密謀。及即位，色衰愛弛。武惠妃陰懷傾奪之志。上密與皎謀，以后無子，廢之。皎泄其言，上怒。張嘉貞希旨，構成其罪，云皎妄談休咎，杖而流之，卒於道。敕：「宗戚自非至親，毋得往還。卜、相、占、候之人，不得出入百官之家。」

北庭節度使張嵩擊吐蕃，大破之。

吐蕃圍小勃律王没謹忙，謹忙求救于嵩。嵩遣副使張思禮將蕃漢步騎四千，倍道合擊，大破之，斬獲數萬。自是累歲，吐蕃不敢犯邊。

張説巡邊，討康待賓餘黨平之，奏罷邊兵二十萬人。

康待賓餘黨康願子反，自稱可汗。張説發兵追討擒之，其黨悉平。徙殘胡五萬餘口於許、汝、唐、鄧、仙、豫等州，空河南、朔方千里之地。先是緣邊戍兵，常六十餘萬，説以時無强寇，奏罷二十餘萬，使還農。上以爲疑，説曰：「臣久在疆埸，具知其情。將帥苟以自衛及役使營私而已。若禦敵制勝，不必多擁冗卒，以妨農務。」上乃從之。

始募兵充宿衛。

初，諸衛府兵，自成丁從軍，六十而免，其家不免雜役，浸以貧弱，逃亡略盡，百姓苦之。張説建議：「請召募壯士充宿衛，不問色役，優爲之制，逋逃者必争出應募。」上從之。旬日得精兵十三萬，分隸諸衛，更番上下。兵農之分，自此始矣！

范氏曰：唐制，諸衛府有爲兵之利，而無養兵之害，田不井而兵猶藏於民，最爲近古而便於國者也。開元之時，其法寖隳。張説不究其所以而輕變之。兵農既分，卒不能復，則説之爲也。夫三代之法出於聖人，及其末流，亦未嘗無弊，救之者，舉其偏以補其弊而已。若并其法廢之，而以私意爲一切苟簡之制，此後世所以多亂！

冬，十月，復以乾元殿爲明堂。

十一月，初令宰相共食實封三百户。

十二月，永穆公主適王鈞。敕以永穆公主下嫁，資送如太平公主故事。僧一行諫曰：「武后惟太平一女，故資送特厚，卒以驕敗。奈何以爲法乎！」上遽止之。

癸亥（七二三）

十一年。

春，正月，帝北巡。詔潞州給復五年；以并州爲太原府，置北都。

二月，張嘉貞罷。張説與嘉貞不平，會嘉貞弟嘉祐贓發，説勸嘉貞素服待罪於外，遂左遷幽州刺史。初，廣州都督裴伷先下獄，上與宰相議其罪，嘉貞請杖之，説曰：「刑不上大夫，爲其近君，且所以養廉耻也。蓋士可殺不可辱。臣曏巡北邊，聞姜皎杖於朝堂，皎官登三品，亦有微功，奈何以皂隸待之！事往不可追，豈宜復蹈前失！」上深然之。嘉貞不悦，退謂説曰：「何論事之深也！」説曰：「宰相時來則爲之。若大臣皆可笞辱，行及吾輩矣。此言非爲伷先，乃爲天下士君子也。」嘉貞無以應。

祭后土于汾陰。初，上將幸晉陽，張説言於上曰：「汾陰脽上，有漢后土祠，其禮久廢。陛下宜因巡幸修之，爲農祈穀。」上從之。

貶王同慶爲贛尉。坐爲平遥令廣爲儲偫煩擾故也。

以張説兼中書令。

罷天兵、大武等軍。

三月，帝至西京。

夏，四月，以王晙同三品，兼朔方軍節度大使。

五月，置麗正書院。上置麗正書院，聚文學之士，或修書，或侍講，以張説爲使。有司供給優厚。中書舍人陸堅以爲無益徒費，欲奏罷之。説曰：「自古帝王於無事之時，莫不崇宫室，廣聲色。今天子獨延禮文儒，發揮典籍，所益者大，所損者微。陸子之言，何不達也！」

秋，八月，敕州縣安集逃户。敕：「前令檢括逃人，慮成煩擾。宜令所在州縣安集，遂其生業。」

尊獻祖、懿祖，祔于太廟。宣帝爲獻祖，光帝爲懿祖。

冬〔一五〕，始置長從宿衛。命尚書左丞蕭嵩與京兆、蒲、同、岐、華州長官選府兵及白丁一十二萬，謂之「長從宿衛」，一年兩番，州縣毋得役使。

十二月，貶王晙爲蘄州刺史。

改政事堂爲中書門下。張説奏改之，列五房於其後，分掌庶政。

甲子（七二四）

十二年。

春，三月，以杜暹爲安西副大都護。初，監察御史杜暹因按事至突騎施，突騎施饋之金，暹固辭，左右曰：「君寄身異域，不宜逆其情。」乃受之，埋於幕下。出境，移牒令取之，虜大驚，追之不及。及安西都護闕，暹自給事中居母憂，詔起爲之。

夏，五月〔一六〕，停按察使。

復以宇文融爲勸農使。制：「聽逃户自首，闢所在閑田，隨宜收税，毋得差科。征役租調，一皆蠲免。」遣宇文融巡行州縣，議定賦役。

六月，制選臺閣名臣爲諸州刺史。上以山東旱，命選臺閣名臣出爲刺史。初，張説引崔沔爲中書侍郎。故事，承宣制皆出宰相，侍郎署位而已。沔曰：「設官分職，上下相維，各申所見，事乃無失。侍郎，令之貳也，豈得拱默而已！」由是事多異同，説因是出之。

秋，七月，以楊思勗爲輔國大將軍。溪州蠻覃行璋反；以思勗爲招討使，擊擒之，故有是命。

廢皇后王氏。姜皎既得罪，王皇后愈憂畏不安，上猶豫不決者累歲。后兄守一以后無子，使僧明悟爲后祭南、北斗，剖霹靂木，書天地字及上名，佩之。事覺，廢爲庶人。守一賜死。廢后尋卒，後宫思慕不已，上亦悔之。

八月，以宇文融爲御史中丞。融爲御史中丞，乘驛周流天下，事無大小，州先牒上勸農使，然後申中書。省司亦待融指撝，然後處決。上將大攘四夷，急於用度，融以歲終所增緡錢數百萬，悉進入宮，由是有寵。議者多言煩擾，上令百寮議之。公卿畏之，皆不敢言。户部侍郎楊瑒獨抗議，以爲：「括客免税，不利居人；徵籍外田税，使百姓困弊，所得不補所失。」未幾，出爲華州刺史。

冬，十一月，帝如東都。

羣臣請封禪。時張説首建封禪之議，而源乾曜不欲爲之，由是與説不平。

乙丑(七二五)

十三年。

春，二月，以宇文融兼户部侍郎。制以所得客户税錢均充所在常平倉本，又委使司與州縣議作勸農社，使貧富相恤，耕耘以時。

更命長從宿衛爲彍騎。總十二萬人，分隸十二衛爲六番。

選諸司長官爲諸州刺史。上自選諸司長官有聲望者十一人爲刺史，命宰相、百官餞於洛濱，供張甚盛，自書十韻詩賜之。左丞楊承令在行中，意怏怏，上怒，貶睦州别駕。

三月，禁錮酷吏來俊臣等子孫。

夏，四月，更集仙殿爲集賢殿。上與中書門下及禮官、學士宴於集仙殿。上曰：「仙者，憑虚之論，朕所不取。賢者，濟理之具。今與卿曹合宴，宜更名曰集賢。」其書院官，五品以上爲學士，六品以下爲直學士，以張說知院事，右散騎常侍徐堅副之。

遣使如突厥。張說以大駕東巡，恐突厥乘間入寇，議加兵守邊，召兵部侍郎裴光庭謀之。光庭曰：「封禪者，告成功也。今將升中于天，而戎狄是懼，非所以昭盛德也。突厥屢求和親未許，今遣一使徵其大臣，從封泰山，彼必欣然承命。突厥來，則戎狄君長無不偕來，可以偃旗臥鼓矣！」説即奏行之。上遣中書直省袁振諭旨於突厥，小殺與闕特勒、暾欲谷環坐帳中，置酒，謂振曰：「吐蕃，狗種；奚、契丹，本突厥奴也，皆得尚主。突厥求昏獨不許，何也？且吾亦知入蕃公主皆非天子女，今豈問真僞！但屢請不獲，愧見諸蕃耳。」振許爲之奏請。小殺乃遣其大臣阿史德頡利發入貢，因扈從東巡。其後頡利發辭歸，厚賜而遣之。竟不與婚。

秋，九月，禁奏祥瑞。上謂宰臣曰：「春秋不書祥瑞，惟記有年。」敕自今州縣毋得更奏祥瑞。

冬，十月，作水運渾天成。水運渾天，上具列宿，注水激輪，令其自轉，晝夜一周。別置二輪，絡在天外，綴以日月，逆天而行，淹速合度。置木匱爲地平，令儀半在地下。又立二木人，每刻擊鼓，每辰擊鍾，機械皆藏匱中。

十一月，封泰山。車駕發東都，百官、四夷從行。有司輦載供具，數百里不絶。上備法駕至山足，御馬登山，與宰相及祠官俱登。問禮部侍郎賀知章曰：「前代玉牒之文，何故祕之？」對曰：「或密求神仙，故不欲人見。」上曰：「吾爲蒼生祈福耳。」乃出玉牒宣示羣臣。於是親祀昊天上帝於山上，羣臣祀五帝百神於山下。明日，祭皇地祇於社首。又明日，御帳殿，受朝覲，赦天下，封泰山神爲天齊王。張說多引兩省吏及所親攝事，禮畢推恩，往往超入五品，而不及百官。中書舍人張九齡諫，不聽。又扈從士卒，但加勳而無賜物。由是中外怨之。

胡氏曰：玄宗于是侈心未彰，方降詔音，不奏祥瑞，其意亦可尚矣！張説無故建議東封，以啓驕怠之源，忠賢愛君，果如是乎？而明皇自謂「吾爲蒼生祈福」者，則亦惑之甚矣！夫福非可求而取之之物也。百姓之所謂「福」，曰壽、富、康、寧而已。上好儉則民財豐，節力役則民力裕，養生送死無憾，則四海皆躋乎仁壽之域，此在人君行與不行之間耳。苟能行之，則蒼生之福，朝祈而夕至，又何必千乘萬騎，泥金檢玉而謁之於天乎！

以王毛仲爲開府儀同三司。初隋末，國馬皆爲盜賊、戎狄所掠，唐初纔得牝牡三千匹於赤岸澤，徙之隴右，命太僕張萬歲掌之。萬歲善於其職，自貞觀至麟德，馬蕃息及七十萬匹。垂拱以後，潛耗太半。上初即位，牧馬有二十四萬匹，以王毛仲爲閑廄使，張景順副之。至是，有馬四十三萬。上之東封，以數萬匹從，色别爲羣，望之如雲錦。加毛仲開府儀同三司。

車駕還，幸孔子宅。

至宋州。宴從官於樓上。上謂張説曰：「懷州刺史王丘餼牽之外，一無它獻；魏州崔沔供帳無錦繡，示我以儉；濟州裴耀卿表數百言，莫非規諫，且曰：『人或重擾，則不足以告成。』朕嘗寘之坐隅。如三人者，不勞人以市恩，真良吏矣！」顧謂刺史寇泚曰：「比亦屢有以酒饌不豐訴於朕者，知卿不借譽於左右也。」自舉酒賜之。由是以丘爲尚書左丞，沔爲散騎侍郎，耀卿爲定州刺史。

十二月，帝還東都。

分吏部爲十銓，親決試判。上疑吏部選試不公，御史中丞宇文融密奏請分爲十銓。以禮部尚書蘇頲等十人掌之，試判將畢，遽召入禁中決定，尚書、侍郎皆不得預。左庶子吴兢表言：「陛下曲受讒言，不信有司，非居上臨人推誠感物之道。昔漢之賢相尚不對錢穀之數，不問鬬死之人，況萬乘之君，豈得下行銓選之事乎！」上雖不即從，明年復故。

大有年。東都斗米十五錢，青、齊五錢，粟三錢。

丙寅（七二六）

十四年。

春，正月，命張説修五禮。張説奏：「今之五禮，貞觀、顯慶兩書不同，或未折衷。望與學士討論删改。」從之。

夏，四月，以李元紘同平章事。元紘以清儉著，故用爲相。

張説罷。上召河南尹崔隱甫欲用之，張説薄其無文，奏擬金吾大將軍。説有才智而好賄，百官白事有不合者，好面折之。恶宇文融之爲人，且患其權重，融所建白，多抑之。於是隱甫、融及御史中丞李林甫共奏説「引術士占星，徇私納賂」。敕源乾曜等於御史臺鞫之，事頗有狀。上使高力士視説，還奏：「説蓬首垢面，席藳待罪。」上意憐之。力士因言説有功於國，上以爲然，但罷中書令。

岐王範卒，贈謚惠文太子。

范氏曰：太子，君之貳，將以畀宗廟社稷之重，非官爵也，而以爲贈，何哉？不正之禮，不足爲法也。

五月，户部奏今歲户口之數。户七百六萬九千五百六十五，口四千一百四十一萬九千七百一十二。

秋，七月，河南、北大水。

八月，魏州河溢。

以杜暹同平章事。

冬，十月，黑水靺鞨遣使入見。黑水靺鞨遣使入見。上以其國爲州，置長史。勃海王武藝聞之曰：「黑水不我告，而請吏於唐，是必與唐謀攻我也！」遣其弟門藝將兵擊之。門藝曰：「黑水請吏於唐，而我擊之，此亡國之勢也。」武藝强遣之，門藝棄衆來奔，武藝表請殺之。上密遣門藝詣安西，報云「已流嶺南」。武藝知之，上表曰：「大國當示人以信，豈得爲此欺誑！」上以鴻臚少卿李道邃等漏洩，皆坐左遷，暫遣門藝詣嶺南以報之。

司馬公曰：王者所以服四夷，威信而已。門藝以忠獲罪而自歸，天子當察其枉直而賞罰之，爲政之體也。若不能討，則當正以門藝之無罪告之。今威不能服武藝，恩不能庇門藝〔一七〕，顧爲欺誑，以取困於小國，乃罪鴻臚之漏洩，不亦可羞哉！

丁卯（七二七）

十五年。

春，正月，吐蕃入寇，王君㚟追擊至青海西，破之。初，吐蕃自恃其强，致書用敵國禮，上怒，張説言曰：「吐蕃無禮，誠宜誅夷，但連兵十年，甘、涼、河、鄯不勝其弊。今其悔過求和，願聽款服以紓邊人。」上曰：「俟與君㚟議之。」説退，謂源乾曜曰：「君㚟勇而無謀，常思僥倖，吾言必不用矣！」及君㚟入朝，果請深入討之。會吐蕃寇甘州，焚掠而歸，君㚟勒兵躡其後，及於青海之西，乘冰而渡，破其後軍，獲其輜重羊馬萬計而還。君㚟以功遷左羽林大將軍。上由是益事邊功。

夏，五月，作十王宅、百孫院。上附苑城爲十王宅，以居皇子，不復出閤。雖開府置官屬，又領藩鎮，惟侍讀時入授書，自餘歲時通名而已。及諸孫浸多，又置百孫院。太子亦不居東宫，常在乘輿所幸之别院。

夏至，賜貴近絲，人一綟。上命妃嬪以下，宫中育蠶，以知女功。至是，以其絲賜貴近。

秋，七月，冀州河溢。

許文憲公蘇頲卒。

九月，吐蕃陷瓜州。吐蕃攻陷瓜州，執刺史田元獻及王君㚟之父，進攻玉門。使謂君㚟曰：「將軍忠勇許國，何不一戰？」君㚟登城，西望而泣，竟不敢出兵。吐蕃毁瓜州城而去。

盗殺王君㚟。初，回紇、契苾、思結、渾四部度磧徙居甘、涼之間，以避默啜。王君㚟微時，往來其間，爲所輕。及爲河西節度，以法繩之，四部耻怨，密遣使詣東都自訴。君奐遽奏四部謀叛，上遣中使往察之，諸部竟不得直。於是流其酋長回紇承宗等於嶺南。承宗族子護輸合衆報仇。會君奐邀擊吐蕃於肅州，護輸伏兵殺之。

突厥遣使入貢。吐蕃之寇瓜州也，遺突厥毗伽可汗書，欲與之俱入寇。毗伽獻其書，上嘉之，聽於西受降城互市。歲齎縑帛數十萬疋〔一八〕，就市戎馬，由是國馬益壯。

冬，十月，帝還西京。

以蕭嵩爲河西節度副大使。時王君奐新敗，河、隴震駭。嵩以裴寬爲判官，與君奐判官牛仙客俱掌軍政，人心浸安。仙客本鶉觚小吏，以才幹爲君奐腹心。嵩又奏建康軍使張守珪爲瓜州刺史，帥餘衆築故城。板幹裁立，吐蕃猝至。守珪於城上置酒作樂，虜疑有備，不敢攻而退。守珪縱兵擊之，虜敗走。守珪乃修復城市，收合流散，皆復舊業。朝廷嘉其功，以爲瓜州都督。吐蕃大將悉諾邏威名甚盛，嵩縱反間於其國，云與中國通謀，贊普誅之；由是少衰。

戊辰（七二八）

十六年。

春，正月，嶺南獠反，命楊思勗討平之。嶺南獠反，陷四十餘城，思勗捕斬之。思勗用兵，所向有功，然性殘酷，所得俘虜，或生剥其面，或髫去頭皮，蠻夷憚之。

以宇文融充九河使。融請用禹貢九河故道開稻田，并回易陸運錢，官收其利。興役不息，事多不就。

二月，以張説兼集賢院學士。說雖罷政事，專文史之任，朝廷每有大事，上常遣中使訪之。

改彍騎爲羽林飛騎。

秋，八月，行開元大衍曆。

金吾將軍杜賓客破吐蕃于祁連城。

冬，十一月，以蕭嵩同平章事。

十二月，立長征兵分番酬勳法。敕：「長征兵無有還期，人情難堪。宜分五番，歲遣一番，還家洗沐。五年酬勳五轉。」

制户籍三歲一定，分爲九等。

己巳(七二九)

十七年。

春，三月〔一九〕，朔方節度使信安王禕攻吐蕃，拔石堡城。初，吐蕃陷石堡城，留兵據之，侵擾河右。上命朔方節度使信安王禕與河西、隴右同議攻取。諸將咸以爲石堡險遠難攻，禕不聽，引兵深入，急攻拔之。分兵據要害，拓地千餘里。上大悦，更命曰振武軍。

限明經、進士及第，每歲毋過百人。國子祭酒楊瑒奏：「流外出身，每歲二千餘人，而明經、進士不能居其什一，則是服勤道業之士不如胥史之得仕也。臣恐儒風浸墜，廉耻日衰。若以出身人太多，則應諸色裁損。」又奏：「主司帖試明經，不求大指，專取難知，問以孤經絶句或年月日。請自今並帖平文。」上甚然之。

夏，四月，禘于太廟。唐初，祫則序昭穆，禘則各祀於其室。至是，太常少卿韋縚等奏：「如此則禘與常饗不異，請序昭穆。」從之。

五月，復置按察使。

杜暹、李元紘、源乾曜罷，以宇文融、裴光庭同平章事，蕭嵩兼中書令。張説、張嘉貞、李元紘、杜暹相繼爲相，源乾曜以清謹自守，唯諾署名而已。元紘、暹議事異同，更相奏列，上不悦，貶暹荆州長史，元紘曹州刺史，乾曜罷爲左丞相；以融、光庭平章事，嵩兼中書令，遥領河西。

秋，八月〔二〇〕，以帝生日爲千秋節。八月五日，上以生日宴百官於花萼樓下。丞相源乾曜、張説表請以是日爲千秋節，布於天下，咸令宴樂，移社就之。

范氏曰：太宗不以生日宴樂，以爲父母劬勞之日也。乾曜等以人主生日爲節，又移社以就之。夫節者，陰陽氣至之候，不可爲也；社者，國之大祀，不可移也。明皇享國既久，驕心浸生，乾曜與説不能以義正君，又爲諂首以逢迎之。而後世猶以二人爲名臣，不亦異乎！

工部尚書張嘉貞卒。嘉貞不營家産，有勸其市田宅者，曰：「吾貴爲將相，何憂寒餒！比見朝士廣占良田，身没之日，適足爲無賴子弟酒色之資，吾不取也。」

禁私賣銅鉛錫。敕以人間多盜鑄錢，始禁私賣銅鉛錫及以銅爲器皿，其采銅鉛錫者，官爲市取。

貶宇文融爲汝州刺史。融性精敏，應對辯給，以治財賦得幸，廣置諸使，競爲聚斂，由是百官浸失其職，而上心益侈，百姓苦之。在相位，謂人曰：「使吾居此數月，則海内無事矣！」信安王禕以軍功有寵，融疾之，使御史李寅彈之。禕聞之，先以白上。明日，寅奏果入，上怒，融坐貶。既而國用不足，上復思之。會有飛狀告融贓賄隱没官錢事，坐流巖州，道卒。然是後言財利以取貴仕者皆祖之。

冬，十月朔，日食。不盡如鈎。

庚午（七三〇）

十八年。

春，正月，以裴光庭爲侍中。

二月，初令百官休日選勝行樂。初令百官於春月旬休，選勝行樂，自宰相至員外郎凡十二筵，各賜錢五千緡。或御花蕚樓，邀其歸騎留飲，迭使起舞，盡懽而去。

夏，四月，築西京外郭。九旬而畢。

以裴光庭兼吏部尚書。先是選司注官，惟視其人之能否，或不次超遷，或老於下位，有出身二十餘年不得禄者。光庭始奏用循資格，各以罷官若干選而集，官高者選少，卑者選多，無問能否，選滿則注，非負譴者，有升無降。庸愚皆喜，謂之「聖書」，而才俊之士無不怨歎。宋璟爭之不能得。

六月，以忠王浚領河北道行軍元帥，帥十八總管討奚、契丹。浚即陝王嗣昇，更封改名也。初，契丹王李邵固遣可突干入貢，李元紘不禮焉。張説曰：「可突干狡而狠，專其國政久矣，人心附之。今失其心，必不來矣！」至是，可突干弑邵固，叛降突厥。制以忠王浚領元帥，御史大夫李朝隱、京兆尹裴伷先副之，帥十八總管以討奚、契丹。命浚與百官相見，張説謂人曰：「吾嘗觀太宗畫像，雅類忠王，此社稷之福也。」然浚竟不行。

洛水溢。溺千餘家。

冬，十月，吐蕃遣使入貢。吐蕃兵數敗而懼，乃求和親。忠王友皇甫惟明因奏事，從容言和親之利，上曰：「贊普嘗遺吾書悖慢，此何可捨？」對曰：「贊普當開元初，年尚幼穉，安能爲此？殆邊將詐爲之，欲以激怒陛下耳。夫邊境有事，則將吏得以因緣，盗匿官物，妄述功狀，以取勳爵。此皆姦臣之利，非國家之福也。兵連不解，日費千金，河西、隴右由兹困弊。陛下誠命一使，往視公主，因與贊普相約結，使之稽顙稱臣，永息邊患，豈非御夷狄之長策乎！」上悦，命惟明與内侍張元方使于吐蕃。贊普大喜，遣其大臣論名悉獵隨惟明入貢，遂復款附。

是歲，天下奏死罪二十四人。

胡氏曰：以文觀之，九州之大，一歲死罪止於如此，幾於刑措矣！以實論之，玄宗方以奢汰逸樂教有邦，則訟獄曲直，安得一一辨白，無乃慕刑措之名，有當死而幸免者乎！然則姦猾逋誅，而平人冤抑者衆矣。

辛未(七三一)

十九年。

春，正月，王毛仲有罪賜死。初，毛仲以嚴察幹力有寵，百官附之輻湊。毛仲嫁女，上問：「何須？」毛仲頓首對曰：「臣萬事已備，但未得客。」上曰：「知卿所不能致者一人耳，必宋璟也。朕爲汝召客。」明日，詔宰相與諸達官詣之。日中，璟乃至，先執酒西向拜謝，飲不盡巵，遽稱腹痛而歸。其剛直之操，老而彌篤如此。毛仲與龍武將軍葛福順爲昏，吏部侍郎齊澣言於上曰：「福順典禁兵，不宜與毛仲爲昏。且毛仲小人，寵過生姦，不早爲之所，恐成後患。」上然其言。澣曰：「君不密則失臣。願陛下密之。」退以語大理丞麻察，察遽奏之。上怒，制：「澣、察交構將相，離間君臣。」皆貶嶺南。由是毛仲驕恣日甚，福順倚其勢，多爲不法。毛仲求兵部尚書不得，怏怏，上由是不悦。時上寵任宦官，往往爲三品將軍，門施棨戟；奉使所過，賂遺少者千緡。京城第舍，郊畿田園，參半皆宦官矣。楊思勗、高力士尤貴幸，毛仲視之若無人。毛仲妻産子三日，上命力士賜之甚厚，且授兒五品官。毛仲抱兒示力士曰：「此豈不堪作三品耶？」力士歸奏之，上大怒曰：「昔誅韋氏，此賊心持兩端。今日乃敢以赤子怨我。」力士因言：「北門奴，官太盛，不早除之，必生大患。」上恐其黨驚懼爲變，貶毛仲、福順等於遠州，追賜毛仲死。自是宦官勢盛，力士尤爲上所寵信，表奏皆先呈之，小事即決，勢傾内外。

以詩、書賜吐蕃。吐蕃使者稱公主求毛詩、春秋、禮記。正字于休烈上疏曰：「東平王，漢之懿親，求史記、諸子，漢猶不與；況吐蕃，國之寇讎，今資之以書，使知權略，愈生變詐，非中國之利也。」裴光庭等奏：「吐蕃久叛新服，因其有請，賜以詩、書，庶使漸陶聲教，化流無外。休烈徒知書有權略、變詐之語，不知忠、信、禮、義皆從書出也。」遂與之。

上躬耕於興慶宮側。盡三百步。

三月，置太公廟。令兩京、諸州各置太公廟，以張良配享，選古名將以備十哲，以二、八月上戊致祭，如孔子禮。

司馬公曰：經緯天地之謂文，戡定禍亂之謂武，自古不兼斯二者而稱聖人，未之有也。豈孔子專文而太公專武乎？自生民以來，未有如孔子者，豈太公得與抗衡哉！古者有發，命大司徒教士以車甲，贏股肱，決射御，受成獻馘，莫不在學，欲其先禮義而後勇力也。自孫、吴以降，皆以勇力相勝，狙詐相高，豈足數於聖賢之門而謂之武哉！使太公有神，必羞與之同食矣。

冬，十二月，幸東都。

殺嶲州都督張審素。或告嶲州都督張審素贓汙，制遣監察御史楊汪按之。總管董元禮殺告者，以兵圍汪，謂曰：「善奏則生，不然則死。」會救兵至，擊斬之。汪遂奏審素謀叛，審素坐斬。

浚苑中洛水。六旬而罷。

壬申(七三二)

二十年。

春，正月，遣信安王禕將兵擊奚、契丹，大破之。以信安王禕爲行軍總管，户部侍郎裴耀卿副之，與幽州節度趙含章分道擊奚、契丹。含章與虜遇〔二一〕，虜望風遁去。平盧先鋒將烏承玼言於含章曰：「二虜，劇賊也，非畏我而遁，乃誘我耳。宜按兵以觀其變。」含章不從，與戰，大敗。承玼別引兵出其右，擊虜破之。禕等大破奚、契丹，可突干遠遁，奚酋李詩瑣高帥五千餘帳來降。禕乃引兵還。

二月朔，日食。

夏，四月，宴百官於上陽東洲。醉者肩輿以歸，相屬於路。

敕裴光庭、蕭嵩分押左、右廂兵。

秋，八月朔，日食。

九月，開元禮成。初，命張說與諸學士刊定五禮。說卒，蕭嵩繼之；請依上元敕，父在爲母齊衰三年，從之。至是，書成，上之，號曰開元禮。

冬，十一月，祀后土於汾陰。十二月，還西京。初，蕭嵩奏：「自祠后土以來，年穀屢豐，宜因還京賽祠。」上從之。是歲，天下户七百八十六萬一千二百三十六，口四千五百四十三萬一千二百六十五。

癸酉（七三三）

二十一年。

春，正月，遣大門藝討勃海，不克。初，勃海靺鞨王武藝遣將寇登州，殺刺史。至是，上遣大門藝發幽州兵討之，無功而還。武藝怨門藝，密遣客刺之，不死。

三月，裴光庭卒。太常博士孫琬議：「光庭用循資格，失勸獎之道，請謚曰克。」其子訟之，賜謚忠獻。

以韓休同平章事。上問蕭嵩可以代光庭者，嵩欲薦散騎常侍王丘，丘讓於韓休，嵩言之，上以爲相。休爲人峭直，不干榮利。始嵩以爲恬和易制，故引之；及與共事，守正不阿，嵩漸惡之。宋璟歎曰：「不意韓休乃能如是！」上或宴樂遊獵，小有過差，輒謂左右曰：「韓休知否？」言終，諫疏已至。左右曰：「韓休爲相，陛下殊瘦於舊，何不逐之？」上歎曰：「吾貌雖瘦，天下必肥！蕭嵩奏事常順指，既退，吾寢不安；休常力爭，既退，吾寢乃安。吾用休，爲社稷耳，非爲身也。」有供奉侏儒黃𩡘，上常憑之以行，寵賜甚厚。一日晚入，上怪之，對曰：「𨞼逢捕盜官與臣爭道，臣掀之墜馬，故晚。」因下堦叩頭，上曰：「但使外無章奏，汝亦無憂。」有頃，京兆奏其狀，上即叱出，杖殺之。

閏月，幽州副總管郭英傑與契丹戰，敗死。

夏，六月，制選人有才行者，委吏部臨時擢用。時雖有此制，而有司以循資格便於己，猶踵行之。是時，官自三師以下一萬七千六百八十六員，吏自佐史以上五萬七千四百一十六員，而入仕之塗甚多，不可勝紀。

秋，七月朔，日食。

冬，十月，左丞相宋璟致仕，歸東都。

蕭嵩、韓休罷，以裴耀卿同平章事，起復張九齡同平章事。休數與嵩爭論於上前，面折嵩短，嵩因乞骸骨，上曰：「朕未厭卿，卿何爲遽去？」對曰：「陛下未厭臣，故臣得從容引去；若已厭臣，首領且不保，安能自遂！」因泣下，上亦爲之動容，乃皆以爲丞相，罷政事。時九齡居母喪，自韶州入見，求終喪，不許。

胡氏曰：宰相師表百僚，其進必以禮，退必以義，然後人心服而政教行。當是時，朝廷非有金革危急之事，而起九齡于衰服之中；九齡非有無所避焉之義，而釋齊麻於巖廊之上，上下交失也，而在九齡則尤甚矣！且辭而不起，當身居苫次，今乃遠詣京師，辭又不力，九齡於是乎失正矣！春秋責備賢者，是以君子惜之。

分天下爲十五道，置采訪使。京畿、都畿、關内、河南、河東、河北、隴右、山南東西、劍南、淮南、江南東西、黔中、嶺南，凡十五道，各置采訪使，以六條檢察非法。兩畿以中丞領之，餘皆擇賢刺史領之。惟變革舊章，乃須報可；自餘聽便宜從事，先行後聞。

以楊慎矜知太府出納。楊政道之子崇禮爲太府卿二十餘年，前後莫能及，至是，以户部尚書致仕。上問宰相：「崇禮諸子，誰能繼其父者？」以慎矜對，乃擢爲監察御史，知太府出納，稱職，上甚悦之。慎矜奏諸州所輸布帛有漬汙穿破者，皆下本州徵折估錢，轉市輕貨，徵調始繁矣。

甲戌（七三四）

二十二年。

春，正月，幸東都。

二月，秦州地震。壓死四千餘人，遣蕭嵩賑恤之。

夏，五月，以裴耀卿爲侍中，張九齡爲中書令，李林甫同三品。張九齡請不禁鑄錢，敕百官議之。裴耀卿等曰：「一啓此門，恐小人棄農逐利，而濫惡更甚。」祕書監崔沔曰：「若稅銅折役，計估度庸，則官治可成，而私鑄無利矣。且錢之爲物，貴以通貨，利不在多，何待私鑄然後足用乎？」左監門録事參軍劉秩曰：「夫人富不可以賞勸，貧不可以威禁。若許私鑄，貧者必不能爲之。臣恐貧者益貧而役於富，富者益富而逞其欲也。」上乃止。秩，子玄之子也。林甫柔佞多狡數，深結宦官及妃嬪家，伺候上動靜，無不知之，由是每奏對，常稱旨。時武惠妃寵傾後宮，生壽王清，太子浸疏薄。林甫乃因宦官言於惠妃，願盡力保護壽王，妃德之，陰爲內助。

上芟麥於苑中。上種麥苑中，帥太子以下親往芟之，謂曰：「此所以薦宗廟，不敢不親；且欲使汝曹知稼穡艱難耳。」

以裴耀卿爲江、淮、河南轉運使，置河口輸場。初，上以關中久雨穀貴，將幸東都，召耀卿謀之，對曰：「關中，帝業所興，當百代不易；但地狹穀少，故乘輿時幸東都以寬之。臣聞貞觀、永徽之際，禄廩不多，歲漕關東一、二十萬石，足以周贍。今用度浸廣，運數倍於前，猶不能給，故使陛下數冒寒暑，以恤西人。今若使司農租米悉輸東都，而轉漕以實關中，則關中有數年之儲，而無水旱之憂矣。且吴人不習河漕，所在停留，遂生隱盜。臣請於河口置倉，使吴船至彼輸米而去，官自雇載，分入河、洛，於三門東、西各置一倉，至者貯納，水險則止，水通則下；或開山路，車運而過，則無復留滯，省費鉅萬矣。」上深然其言。至是，以耀卿爲江、淮、河南轉運使，於河口置輸場，場東置河陰倉，西置柏崖倉，三門東置集津倉，西置鹽倉，鑿漕渠十八里，以避三門之險。先是，舟運江、淮之米至東都含嘉倉，僦車陸運三百里至陝，率兩斛用十錢。耀卿令江、淮舟運悉輸河陰倉，更用河舟運至含嘉倉及太原倉〔二二〕，自太原倉入渭輸關中。凡三歲運米七百萬斛，省僦車錢三十萬緡，或説耀卿獻之，耀卿曰：「此公家贏縮之利耳，奈何以市寵乎！」悉奏以爲市糴錢。

以方士張果爲銀青光禄大夫。初，張果自言有神仙術，堯時爲侍中，多往來恒山中，相州刺史韋濟薦之。上遣璽書迎入禁中，以爲光禄大夫，號通玄先生，厚賜遣歸。後卒，好事者以爲尸解，上由是頗信神仙。

冬，十二月朔，日食。

幽州節度使張守珪斬契丹王屈烈及可突干。時可突干連年爲邊患，守珪屢擊破之。可突干困迫，遣使詐降，守珪使管記王悔就撫之。悔至而契丹初無降意，密遣人引突厥謀殺悔；悔知之，以衙官李過折與可突干爭權不叶，説使圖之。過折夜勒兵，斬屈烈及可突干，帥衆來降。上美守珪之功，欲以爲相，張九齡曰：「宰相代天理物，非賞功之官也。」上曰：「假以名而不使任其職可乎？」對曰：「惟器與名，不可以假人，君之所司也。守珪纔破契丹，即以爲相；若盡滅奚、厥，將以何官賞之？」乃以爲羽林大將軍，兼御史大夫，賜二子官，賞賚甚厚。

突厥殺其毗伽可汗。毗伽爲其大臣梅録啜所毒而卒，子登利可汗立。

置病坊。禁京城匄者，置病坊以廩之。

乙亥(七三五)

二十三年。

春，正月，耕籍田，御樓酺宴。上耕籍田，九推乃止，公卿以下皆終畝。上御五鳳樓酺宴。時命三百里内刺史、縣令各帥所部音樂集樓下較勝負。懷州刺史以車載樂工數百，皆衣文繡；魯山令元德秀惟遣樂工數人，連袂歌于蔿。上曰：「懷州之人，其塗炭乎！」立以刺史爲散官。德秀性介潔質樸，士大夫服其高。

三月，張瑝、張琇殺殿中侍御史楊汪以復父讎，敕杖殺之。初，汪既殺張審素，審素二子瑝、琇皆幼，坐流嶺表。尋逃歸，手殺汪於都城，繫表於斧，言父冤狀，欲之江外殺與汪同謀者，爲有司所得。議者多言：「二子穉年孝烈，宜加矜宥。」張九齡亦欲活之，裴耀卿、李林甫以爲壞法不可，上然之，乃下敕曰：「國家設法，期於止殺。各伸爲子之志，誰非徇孝之人！展轉相讎，何有限極？宜付河南府杖殺。」士民憐之，爲作哀誄，斂錢葬之。

胡氏曰：復讎固人之至情〔二三〕，以立臣子之大義也。讎而不復，則人道滅絶，天理淪亡矣。瑝、琇忿其父死之冤，亡命報之，其失在不訟于司寇，其志亦可矜矣。宋璟欲宥之，豈非爲此乎！而裴、李之言，何其戾哉！但以非司寇而擅殺當之，仍矜其志，則免死而流放之可爾。若直殺之，是楊氏以一人而當張氏三人之命，不亦頗乎！

秋，七月，加咸宜公主實封千户。唐初，公主實封止三百户，太平公主至五千户，率以七丁爲限。開元以來，皇妹千户，皇女半之，以三丁爲限。或言其太薄，上曰：「百姓租賦非我所有，戰士出死力，賞不過束帛；女子何功而享多户！且欲使之知儉嗇耳。」至是，以武惠妃女咸宜公主將下嫁，始加至千户。於是諸公主皆加至千户。

冬，閏十月朔，日食。

十二月，册壽王妃楊氏。妃，故蜀州司户玄琰之女也。

以契丹涅禮爲松漠都督。李過折既殺可突干，詔以爲契丹王。至是，爲其臣涅禮所殺。上赦涅禮，因以爲都督，且賜書責之曰：「卿之蕃法，多無義於君長。過折，卿之王，有惡輒殺，爲此王者不亦難乎！卿今爲王，亦應防慮後事，豈得取快目前也！」

丙子（七三六）

二十四年。

春，正月，敕聽逃户自首。敕：「天下逃户盡今年内自首，有舊業者還本貫，無者侯進止。踰限不首，搜配諸軍。」

突騎施寇北庭，都護蓋嘉運擊破之。

二月，頒令長新戒。

皇太子更名瑛。諸皇子皆更之，忠王浚改曰璵。

三月，敕禮部侍郎掌貢舉。舊制，考功員外郎掌貢舉，有進士陵侮之。議者以員外郎位卑，不能服衆，敕委禮部侍郎。

夏，四月，張守珪使討擊使安禄山討奚、契丹，敗績。張守珪使平盧討擊使安禄山討奚、契丹，敗績。守珪奏請斬之，禄山臨刑呼曰：「大夫欲滅奚、契丹，奈何殺禄山！」乃更執送京師。張九齡批曰：「昔穰苴斬莊賈，孫武斬宮嬪。守珪軍令若行，禄山不宜免死。」上惜其才，敕之。九齡固爭曰：「失律喪師，不可不誅。且其貌有反相，不殺必爲後患！」上曰：「卿勿以王夷甫識石勒，枉害忠良！」竟赦之。禄山本營州雜胡，初名阿犖山，母再適安氏，冒其姓。後其部落破散，遂與安氏子思順逃來，狡黠善揣人情，守珪愛之，養以爲子。又有史窣干者，與禄山同里閈，亦以驍勇聞，守珪奏爲果毅，累遷將軍。後入奏事，上與語，悦之，賜名思明。

胡氏曰：禍福若有定數，若由人事。今置毒於前，食則死，不食則生，生死係乎食與不食，則人事爲近矣。故古之聖人必修人事，其於天命，曰：「我不敢知。」使明皇外任賢相，内無蠱惑，雖有禄山焉攸亂？然禄山敗軍，其罪應誅，九齡直以軍法爭論，其理自勝；乃言未來之事，斷其後患，故玄宗得以拒之。蘇子曰：「齊桓公不殺敬仲，楚成王不殺重耳，漢高祖不殺劉濞，晉武不殺劉淵，苻堅不殺慕容垂，明皇不殺安禄山，皆盛德事也。」愚以謂彼五人者，皆賢而無罪，何名而殺？禄山則有死罪矣，明皇不能按法行辟，而愎諫養姦，何得爲盛德耶？

增宗廟籩豆數，加母黨服。上因籍田赦，命有司議增宗廟籩豆之數及服紀未通者。太常卿韋縚奏請宗廟每坐籩豆十二。兵部侍郎張均、職方郎中韋述曰：「聖人知孝子之情深而物類之無限，故爲之節制，同歸於古。今取甘肥，皆充祭用，既踰於制，其何限焉！若以今之珍饌，平生所習，求神無方，何必泥古，則簠簋可去而盤盂盃棬當御矣，韶濩可息而箜篌箏笛當奏矣。既非正物，後嗣何觀！君子愛人以禮，不求苟合，況在宗廟，敢忘舊章！」太子賓客崔沔曰：「祭祀之興，肇於太古，茹毛飲血，則有毛血之薦；未有麴蘖，則有玄酒之奠。施及後王，禮物漸備，然以神道致敬，不敢廢也。國家清廟禮饌，用周制也。園寢上食，遵漢法也。職貢來祭，致遠物也。有新必薦，順時令也。躬稼所收，蒐狩所獲，薦而後食，盡誠敬也。若此至矣，復何加焉！但當申敕有司，無或簡怠，不必加籩豆之數也。」上固欲增之。縚又奏每室加籩豆各六，實以新果珍羞，從之。縚又奏：「請加外祖父母爲大功九月，姨舅皆小功五月，堂舅、堂姨、舅母並加至袒免。」崔沔曰：「正家之道，不可以貳；總一定義，理歸本宗。是以内有齊、斬，外皆緦麻，尊名所加，不過一等，此先王不易之道也。願守八年明旨，一依古禮，以爲成法。」韋述曰：「傳曰：『禽獸知母而不知父。學士、大夫則知尊祖矣。』然則母黨比於本族，不可同貫明矣。今若外祖及舅加服一等，堂舅及姨列於服紀，廢禮徇情，所務者末。苟可加也，亦可減也。先王之制，謂之彝倫，奉以周旋，猶恐失墜；一紊其叙，庸可止乎！請依儀禮喪服爲定。」禮部員外郎楊仲昌曰：「昔子路有姊之喪而不除，孔子曰：『先王制禮，行道之人，皆不忍也。』子路除之。此則聖人援事抑情之明例也。」敕：「姨舅既服小功，舅母不得全降，宜服緦麻，堂姨舅宜服袒免。」

秋，八月，張九齡上千秋金鏡録。千秋節，羣臣皆獻寶鏡。九齡以爲以鏡自照見形容，以人自照見吉凶，乃述前世興廢之源，爲書五卷，謂之千秋金鏡録，上之；上賜書褒美。

冬，十月，帝還西京。先是，敕以來年二月還西京，會宫中有怪，上召宰相議西還。裴耀卿、張九齡以「農收未畢，請俟仲冬」。李林甫潛知上旨，獨留，言曰：「長安、洛陽，陛下東西宫耳，往來行幸，何更擇時！借使妨農，但應蠲所過租税而已。臣請宣示百司，即日西行。」從之。上過陝州，以刺史盧奐有善政，題贊於廳事而去。

十一月，賜朔方節度使牛仙客爵隴西縣公。仙客前在河西，能節用度，勤職業，倉庫充實，器械精利。上嘉之，欲加尚書，張九齡曰：「不可。尚書，古之納言。唐興以來，惟舊相及揚歷中外有德望者乃爲之。仙客本河湟使典，今驟居清要，恐羞朝廷。」上曰：「然則但加實封可乎？」對曰：「封爵所以勸有功也。邊將實倉庫，修械器，乃常務耳，不足爲功，欲賞其勤，賜之金帛可也；裂土封之，恐非其宜。」上默然。李林甫曰：「仙客，宰相才也，何有於尚書！九齡書生，不達大體。」上説。明日，復以仙客實封爲言，九齡固執如初，上怒，變色曰：「卿嫌仙客寒微，如卿有何閥閲？」九齡曰：「臣嶺海孤賤，不如仙客生於中華。然臣出入臺閣，典司誥命有年矣。仙客邊隅小吏，目不知書，若大任之，恐不愜衆望。」林甫退而言曰：「苟有才識，何必辭學！天子用人，何有不可！」乃賜仙客爵，食實封三百户。

胡氏曰：玄宗方相張九齡，而肆辯摧折之如此者，九齡非可輕也，直緣釋服居位，人主意其重利禄而好貴勢，可以制指爾。是故古之君子，不苟就，不俯從，使去就從違之重，在我而不在人，在義而不在利，庶乎招不徠，麾不去，足以取信於其上也。

裴耀卿、張九齡罷爲左、右丞相，以李林甫兼中書令，牛仙客同三品。初，上欲以李林甫爲相，問於張九齡，九齡對曰：「宰相繫國安危。陛下相林甫，臣恐異日爲廟社之憂。」上不從。是時上在位歲久，漸肆奢欲，怠於政事，而九齡遇事無細大，皆力爭之。

胡氏曰：忠愛其君者，必思納諸無過之地，而不計一身之安危；不忠不愛者，惟其身之營，使君荒怠昏亂而不恤也。九齡可謂愛君矣。然以違拂對順從，則有恭與不恭之似；以恣肆對儆戒，則有樂與不樂之殊。惟聰明睿智之君，則知違拂之爲恭，而順從之爲大不恭也；知儆戒之可樂，而知恣肆之有大不樂也。若明皇稍有持盈守成，恐及危溢之心，使九齡常立于朝，則放心必收，禍亂必弭。烏乎，九齡可謂古之大臣矣！

上之在藩也，趙麗妃生太子瑛，皇甫德儀生鄂王瑤，劉才人生光王琚；及即位，幸武惠妃，生壽王瑁，麗妃等愛皆弛，太子與瑤、琚以母失職，有怨望語。駙馬都尉楊洄尚咸宜公主，常伺三子過失以告惠妃。惠妃泣訴於上，上大怒，欲皆廢之。九齡曰：「陛下享國長久，子孫蕃昌，天下之人方以爲慶。今三子皆已成人，不聞大過，奈何一旦以無根之語廢之乎！且太子天下本，不可輕摇。昔晉獻公聽驪姬之讒，殺恭世子，三世大亂。漢武帝信江充之誣，罪戾太子，京城流血。晉惠帝用賈后之譖，廢愍懷太子，中原塗炭。隋文帝納獨孤后之言，黜太子勇，立煬帝，遂失天下。由此觀之，不可不慎！陛下必欲爲此，臣不敢奉詔。」上不悅。林甫退而私謂宦官之貴幸者曰：「此主上家事，何必問外人！」上猶豫未決。

惠妃密使官奴謂九齡曰：「有廢必有興，公爲之援，宰相可長處。」九齡叱之，以其語白上，上爲之動色。故訖九齡罷相，太子得無動。

范氏曰：明皇三子之廢，繫於李林甫之一言；其得未廢，繫於張九齡之未罷。相賢，則父子得以相保；相佞，則天性滅爲仇讎。置相可不慎哉！

林甫日夜短九齡於上，上浸疏之。林甫引蕭炅爲户部侍郎。炅素不學，嘗讀「伏臘」爲「伏獵」。中書侍郎嚴挺之言於九齡曰：「省中豈容有『伏獵侍郎』！」乃出炅刺岐州，故林甫怨挺之。上積前事，以耀卿、九齡阿黨，並拜丞相，罷政事；而以林甫爲中書令，牛仙客同三品，領節度如故；貶挺之爲洺州刺史。

上即位以來，所用之相，姚崇尚通，宋璟尚法，張嘉貞尚吏，張説尚文，李元紘、杜暹尚儉，韓休、張九齡尚直，各其所長也。九齡既得罪，朝廷之士皆容身保位，無復直言。林甫欲蔽主擅權，明謂諸諫官曰：「今明主在上，羣臣將順之不暇，烏用多言！諸君不見立仗馬乎？食三品料，一鳴輒斥去。悔之何及！」補闕杜暹嘗奏書言事，黜爲下邽令。自是諫争路絶矣。仙客既爲林甫所引進，專給唯諾而已。林甫城府深密，人莫窺其際，好以甘言啗人，而陰中傷之，不露辭色；凡爲上所厚者，始則親結之，及位勢稍逼，輒以計去之，雖老姦巨猾，無能逃其術者。

丁丑（七三七）

二十五年。

春，正月，置玄學博士。每歲依明經舉。

二月，立明經問義、進士試經法。敕曰：「進士以聲韻爲學，多昧古今；明經以帖誦爲功，罕窮旨趣。自今明經問大義十條，對時務策三首；進士試大經十帖。」

河西節度使崔希逸襲吐蕃破之。初，希逸遣使謂吐蕃邊將乞力徐曰：「兩國通好，今爲一家，何必置兵，妨人耕牧。請皆罷之。」乞力徐曰：「常侍忠厚，言必不欺。然朝廷未必專以邊事相委，萬一姦人交鬬其間，掩吾不備，悔之何及！」希逸固請，乃刑白狗爲盟，各去守備。於是吐蕃西擊勃律，勃律來告急。上命吐蕃罷兵，吐蕃不奉詔，上甚怒。會希逸傔人孫誨入奏事，言吐蕃無備，請掩擊，必大獲。上命內給事趙惠琮與誨往察事宜。惠琮至，矯詔令希逸襲之。希逸不得已，發兵，至青海西，與吐蕃戰，大破之，乞力徐脫身走。惠琮及誨皆受厚賞。吐蕃復絶朝貢。希逸自念失信，愧恨而卒。

夏，四月，殺監察御史周子諒，貶張九齡爲荊州長史。子諒彈牛仙客非宰相才，上怒甚，命撲於殿庭，絶而復蘇，仍杖之朝堂，流瀼州，至藍田而死。李林甫言：「子諒，九齡所薦也。」乃貶九齡荊州長史。

范氏曰：古之殺諫臣者，必亡其國，明皇親爲之，其大亂之兆乎！開元之初，諫者受賞；及其末也而殺之。非獨此也，始抑外戚，焚珠玉，詆神仙，禁言祥瑞；其終也，惑女寵，極奢侈，求長生，悅機祥。一人之身而相反如此，由有所陷溺其心故也。可不戒哉！

廢太子瑛、鄂王瑤、光王琚而殺之。楊洄又譖太子、鄂王、光王潛構異謀。上召宰相謀之，李林甫對曰：「此陛下家事，非臣等所宜豫。」上意乃決，使宦者宣制於宫中，廢爲庶人，尋賜死。瑶、琚皆好學有才識，死不以罪，人皆惜之。

五月，流夷州刺史楊濬於古州。濬坐贓當死，上命杖之，流古州。左丞相裴耀卿上疏曰：「決杖贖死，恩則甚優；解體受笞，事頗爲辱。止可施之徒隸，不當及於士人。」上從之。

募丁壯長充邊軍。敕以方隅底定，令中書門下量軍鎮閑劇利害，審計兵防定額，召募丁壯，長充邊軍，增給田宅，務加優恤。

詔選宗子補官。

秋，七月，大理寺奏有鵲來巢；賜李林甫爵晉國公，牛仙客豳國公。大理少卿徐嶠奏：「今歲天下斷死刑五十八。獄院由來殺氣太盛，鳥雀不栖，今有鵲巢其樹。」於是百官以刑措表賀。上歸功宰輔，故有是命。

范氏曰：明皇一日殺三子，而宰相以刑措受賞。讒諛得志，天理滅矣，能無亂乎！

行和糴法，停江、淮運。先是，西北多宿重兵，地租營田皆不能贍，始用和糴之法。有彭果者獻策，請推之關中。敕以穀賤傷農，命增時價什二、三，和糴東、西畿粟各數百萬斛，停今年江、淮運租。自是關中蓄積羡溢，車駕不復幸東都矣。

冬，十月，開府儀同三司、廣平文貞公宋璟卒。

十二月，惠妃武氏卒，追謚貞順皇后。妃，攸止之女也。初，上欲以妃爲后，或上言：「武氏乃不共戴天之讎，豈可以爲國母！且妃既有子，若登宸極，太子必危！」上乃止。至是卒，贈貞順皇后。

復以明堂爲乾元殿。命將作大匠康㚟素之東都毁明堂。㚟素言：「毁之勞人，請去上層，仍舊爲乾元殿。」從之。

戊寅（七三八）

二十六年。

春，正月，以牛仙客爲侍中。

以王璵爲祠祭使。上頗好鬼神，以太常博士王璵爲祠祭使，祈禱或焚紙錢，類巫覡，習禮者羞之。胡氏曰：古者祭必用幣，所以交神；猶人之相見，有贄以爲禮，非利之也。後世淫祀既衆，於是廢幣帛而用楮泉，是以賄交于神也。使神而果神也，夫豈可賄！使其不神而可賄也，又安用事！雖然，王璵行之而世以爲羞，則當時猶未盡用也。今舉四海用之，而未有革之者，不亦悲乎！

令天下州、縣、里皆置學。

夏，六月，立忠王璵爲太子，改名亨。李林甫數勸上立壽王瑁。上以忠王璵年長，孝謹好學，意欲立之，猶豫不決，常忽忽不樂。高力士請其故，上曰：「汝揣我何意？」力士曰：「得非以郎君未定耶？」上曰：「然。」對曰：「但推長而立，誰敢復爭！」上曰：「汝言是也。」由是遂定。璵將受册命，儀注有中嚴、外辦及絳紗袍，璵嫌與至尊同稱，表請易之。於是停中嚴，改辦曰備，易絳紗袍爲朱明服。故事，太子乘輅至殿門。至是，璵不就輅，步而入。尋更名紹，又更名亨。

孫甫曰：太子瑛之廢，雖由武妃、林甫，亦張説之過也。初，忠王出見百官，説有貌類太宗之言。蓋昭成方娠時，説侍讀東宫，知其異事，謂王當受天命，故因事言之，以廣於衆耳。説事明皇，情義至厚，言從計行，於忠王豈無密議也！使明皇之意已移，嬖寵之言易入，説無以逃其過矣。

突騎施殺其可汗蘇禄。初，蘇禄廉儉，攻戰所得，悉與諸部分之，由是衆樂爲用。既尚唐公主，突厥、吐蕃亦各以女妻之，用度浸廣，遂不復分，由是諸部離心。酋長莫賀達干夜襲蘇禄殺之。都摩度立蘇禄之子骨啜爲吐火仙可汗，以收其餘衆。

秋，九月朔，日食。

貶王昱爲高要尉。初，吐蕃陷安戎城而據之，其地險要，唐屢攻之，不克。劍南節度使王昱築兩城於其側，運資糧以逼之。吐蕃大發兵救安戎城，昱衆大敗，脱身走，資仗皆没；由是貶死。

册南詔爲雲南王。南詔之先，本哀牢夷，地居姚州西，東南接交趾，西北接吐蕃。蠻語謂王曰「詔」。先有六詔，莫能相壹，歷代因之以分其勢。蒙舍最在南，故謂之南詔。至皮邏閣浸强大，而五詔微弱，乃賂王昱，求合六詔爲一。朝廷許之，賜名歸義。於是以兵威脇服羣蠻，遂破吐蕃，徙居大和城，卒爲邊患。

冬，十月，作行宫於兩都間。凡千餘間。

置龍武軍。分羽林置龍武軍，以萬騎營隷焉。

己卯（七三九）

二十七年。

夏，六月，貶張守珪爲括州刺史。幽州將趙堪、白真陁羅矯節度使張守珪之命，使平盧軍使烏知義邀叛奚餘黨，知義不從，白真陁羅矯稱制指以迫之。知義出師，與虜遇，先勝後敗。守珪隱其敗狀，以克獲聞。事頗泄，上令内謁者監牛仙童往察之。守珪重賂仙童，歸罪於白真陁羅，逼令縊死。衆官疾仙童，發其事。上怒，杖殺之，守珪坐貶。

秋，八月，磧西節度使蓋嘉運擊突騎施，擒其可汗骨啜。突騎施吐火仙可汗與莫賀達干相攻。莫賀達干遣使告磧西節度使蓋嘉運，嘉運引兵擊之，擒吐火仙，取交河公主，悉收散髮之民數萬，以與拔汗那王，威震西陲。

追謚孔子爲文宣王。先是，祀先聖先師，周公南向，孔子東向坐。制：「自今孔子南向坐，被王者之服，釋奠用宫懸。」贈弟子爲公、侯、伯。

冬，十二月，更定禘祫之制。初，睿宗喪既除，祫于太廟。自是三年一祫，五年一禘。是歲夏既禘，冬又當祫，太常以爲祭數則瀆，請停祫祭，自是通計五年一祫、一禘。從之。

庚辰（七四〇）

二十八年。

春，正月，荆州長史張九齡卒。上雖以九齡忤旨逐之，然愛重其人，每宰相薦士，輒問曰：「風度得如九齡不？」

三月朔，日食。

以阿史那昕爲十姓可汗。

夏，六月，以蓋嘉運爲河西、隴右節度使。嘉運來獻捷，上嘉其功，故有是命。嘉運恃恩，流連不時發。裴耀卿曰：「嘉運誠勇烈有餘，然言氣矜誇，恐難成事。且將軍受命，鑿凶門而出；今乃酣宴朝夕，殆非憂國、愛人之心。乞速遣進塗，嚴加訓勵。」上乃趣嘉運行。已而竟無功。

冬，十月，吐蕃寇安戎城，發關中兵救之。初，劍南節度使張宥，文吏不習軍旅，悉以軍政委團練副使章仇兼瓊。兼瓊入奏事，盛言安戎城可取，上悦之。以宥爲光禄卿，兼瓊爲節度使。兼瓊潛與安戎城中吐蕃結謀，開門納唐兵，盡殺吐蕃將卒，使監察御史許遠將兵守之。至是，吐蕃寇安戎，發關中兵救之，吐蕃引去。

十一月，立莫賀達干爲突騎施可汗。莫賀達干聞立阿史那昕，怒曰：「首誅蘇禄，我之謀也。今立史昕，何以賞我！」遂帥諸部叛。上乃立莫賀達干爲可汗，使統突騎施之衆，命嘉運招諭之。莫賀達干竟擊昕殺之。

是歲户口之數。户八百四十一萬二千八百，口四千八百一十四萬三千六百。西京、東都米斛直錢不滿二百，絹疋亦如之。海内富安，行者萬里不持寸兵。

辛巳（七四一）

二十九年。

春，正月，立賑饑法。制曰：「承前饑饉，皆待奏報，然後開倉。道路悠遠，何救懸絶！自今委州縣及采訪使給訖奏聞。」

夏，閏四月，得玄元皇帝像。上夢玄元皇帝云：「吾像在京城西南百餘里。」遣使求得之於盩厔，迎置興慶宫。

范氏曰：人之有夢，蓋其心之動也。昔高宗恭默思道，誠心求賢，故夢帝賚之良弼。明皇怠於庶政，志求神仙，惑方士之言，自以老子其祖也，感而見於夢，亦其誠之形也。自是迂怪日聞，諂諛成俗，姦宄得志，而天下之理亂矣。人君心術，可不慎哉！

吐蕃入寇。吐蕃四十萬人寇至安仁軍，騎將臧希液帥衆五千擊破之。

秋，七月，突厥殺其登利可汗。初，登利從叔二人分典兵馬，號左、右殺。登利惡其專，誘右殺斬之，自將其衆。左殺判闕特勒攻登利殺之。骨咄葉護自立爲可汗。上以突厥内亂，命羽林將軍孫老奴招諭回紇、葛邏禄、拔悉密等部落。

洛水溢。溺死者千餘人。

八月，以安禄山爲營州都督。禄山傾巧，善事人，人多譽之。上左右至平盧者，禄山皆厚賂之，由是上益以爲賢；又賂采訪使張利貞，利貞盛稱之，上乃以爲營州都督，充平盧軍使。

胡氏曰：以利合者，小人之事也。夫惟君子不可以貨取。故人主必昭儉德以照臨百官，清心寡欲，不殖貨利，而用君子立乎朝廷，則寵賂之門自塞矣！明皇自入宇文融之説，殫天下以自奉，故使祿山專以貨寶交結左右，蒙養姦慝。所以治國者不以利爲利，爲其生患之若此也。孟子對梁王以「何必曰利」，爲其末流，至於弑君簒國而猶不止也。

冬，十一月〔二四〕，太尉、寧王憲卒，追謚曰讓皇帝。憲卒，上哀惋特甚，曰：「天下，兄之天下也，固讓於我，爲唐太伯，常名不足以處之。」乃謚曰讓皇帝。其子汝陽王璡表述先志，固讓，不許。

十二月，吐蕃陷石堡城。

壬午(七四二)

天寶元年。

春，正月，以安祿山爲平盧節度使。是時，天下聲教所被之州三百三十一，羈縻之州八百，置十節度、經略使以備邊。安西節度撫寧西域，治龜茲城。北庭節度防制突騎施、堅昆，治北庭都護府。河西節度斷隔吐蕃、突厥，治涼州。朔方節度捍禦突厥〔二五〕，治靈州。河東節度與朔方掎角以禦突厥，治太原府。范陽節度臨制奚、契丹，治幽州。平盧節度鎮撫室韋、靺鞨，治營州。隴右節度備禦吐蕃，治鄯州。劍南節度西抗吐蕃，南撫蠻獠，治益州。嶺南五府經略綏靜夷獠，治廣州。此外又有長樂經略，福州領之；東萊守捉，萊州領之；東牟守捉，登州領之。凡鎮兵四十九萬人，馬八萬餘匹。開元之前，每歲供邊兵衣糧，費不過二百萬；天寶之後，益兵浸多，每歲用衣千二十萬匹，糧百九十萬斛，公私勞費，民始困苦矣。

范氏曰：海内之地非不廣也，財非不多也，人君不能清靜恭儉以持太平，於其安也而勞之，於其富也而刻之；是以天下之禍常基於安富之時，亂已成而猶不悟也。豈非好大多欲，任失其人之咎歟？

穿三門運渠。

羣臣請加尊號。陳王府參軍田同秀言：「玄元皇帝告以『藏靈符在尹喜故宅』。」上遣使求得之。羣臣上表，以「寶符潛應年號，請於尊號加『天寶』字」。從之。

二月，享玄元皇帝于新廟。越三日，享太廟。越二日，合祀天地於南郊。

改官名。侍中、中書令爲左、右相，丞相改爲僕射；東、北都皆爲京，州爲郡，刺史爲太守。

以田同秀爲朝散大夫。時人皆疑寶符同秀所爲也。間一歲，清河人崔以清復言〔二六〕：「見玄元皇帝云『藏符在武城紫微山』。」敕使往掘，亦得之。東京留守王倕知其詐，按問，果首服。奏之，上亦不深罪也。

范氏曰：明皇崇老喜仙，故其大臣諛，小臣欺，蓋度其可爲而爲之也。不惟信而惑之，又賞以勸之，則小人孰不欲爲姦罔哉！昔漢文一爲新垣平所詐，而終身不復言神明之事，可謂能補過矣。

三月，以韋堅爲江、淮租庸轉運使。初，宇文融既敗，言利者稍息。及楊慎矜得幸，於是韋堅、王鉷之徒，競以利進。百官有事權者，稍稍別置使以領之，舊官充位而已。堅，太子之妃兄也，督江、淮租運，歲增巨萬。上以爲能，故擢任之。王鉷亦以善治租賦爲户部員外郎。

以盧絢、嚴挺之爲員外詹事。李林甫爲相，凡才望功業出己右者，必百計去之；尤忌文學之士，或陽與之善而陰陷之。世謂林甫「口有蜜，腹有劍」。上嘗陳樂於勤政樓下，垂簾觀之。兵部侍郎盧絢謂上已起，垂鞭按轡，橫過樓下。絢風標清粹，上目送之。林甫知之，乃召絢子弟謂曰：「交、廣藉才，上欲以尊君爲之；若憚遠行，則當左遷。姑以賓、詹分務東洛何如？」絢懼，請之，乃除華州刺史。未幾，託其有疾，除員外詹事。上又嘗問林甫：「嚴挺之可用，今安在？」挺之時爲絳州刺史。林甫退，召挺之弟，諭以「上意甚厚，盍稱疾求還，可以見上」。挺之從之。林甫以其奏白上云：「挺之老疾，宜且授以散秩，以便醫藥。」上歎吒久之。亦以爲員外詹事。

秋，七月朔，日食。

牛仙客卒，以李適之爲左相。

突厥阿布思來降。初，突厥拔悉密、回紇、葛邏禄三部共攻骨咄葉護，殺之，立拔悉密爲頡跌可汗，回紇、葛邏禄自爲左、右葉護。突厥餘衆共立判闕特勒之子爲烏蘇可汗。朔方節度使王忠嗣説拔悉密等使攻之，烏蘇遁去。突厥西葉護阿布思等帥餘衆千餘帳相次來降。突厥遂微。

癸未（七四三）

二年。

春，正月，安禄山入朝。安禄山入朝，上寵待甚厚，謁見無時。禄山奏言：「去秋營州蟲食苗，臣焚香祝天云：『臣若操心不正，事君不忠，願使蟲食臣心。若不負神祇，願使蟲散。』即有羣鳥從北來，食蟲立盡。請宣付史官。」從之。李林甫領吏部尚書，日在政府，選事悉委侍郎宋遥、苗晉卿。時選人集者以萬計，遥、晉卿以御史中丞張倚得幸於上，擢其子奭爲首。禄山言於上。上召入面試之，奭手持試紙，終日不成一字。時人謂之「曳白」。於是三人皆坐貶。

三月，追尊周上御大夫爲先天太皇，皋繇爲德明皇帝。

范氏曰：老子之父，書傳無見焉。取方士附會之説，而追尊加謚，不亦誣乎！皋陶作士，而作史者以爲大理，既不經矣，又以爲李氏所出而尊之，尤非其族類也。唐之先祖出於隴西狄道，非有世次可考，而必託之上古以耀于民，非禮之禮，適所以爲後世笑也。

廣運潭成，加韋堅左散騎常侍。堅引滻水抵苑東望春樓下爲潭，以聚江、淮運船，役夫匠通漕渠，發人丘壠，自江、淮至京城，民間愁怨。二年而成。上幸樓觀之，堅以新船數百艘，扁榜郡名，各陳珍寶，仍進輕貨及百牙盤食。上置宴，竟日而罷。加堅常侍，吏卒襃賞有差。賜其潭名廣運。

甲申（七四四）

三載。

春，正月，改年曰載。

二月，海賊寇台州，遣河南尹裴敦復討平之。

以安禄山兼范陽節度使。河北黜陟使席建侯稱禄山公直，李林甫、裴寬亦順旨稱譽其美，由是禄山之寵益固。

夏，五月，河西軍擊突騎施，斬莫賀達干，更立骨咄禄爲可汗。

秋〔二七〕，突厥亂，册回紇骨力裴羅爲懷仁可汗。拔悉密攻斬突厥烏蘇可汗，國人立其弟爲白眉可汗。於是突厥大亂，敕王忠嗣出兵乘之，破其左廂十一部。會回紇、葛邏禄共攻拔悉密頡跌伊施可汗，殺之。回紇骨力裴羅自立爲骨咄禄毗伽闕可汗，遣使言狀。上册拜裴羅爲懷仁可汗。於是懷仁南據突厥故地，舊統藥邏葛等九姓，又併拔悉密、葛邏禄，凡十一部，各置都督；每戰則以二客部爲先。

九月，以楊慎矜爲御史中丞。初，上以慎矜知御史中丞事。時李林甫專權，公卿之進，有不出其門者，必以罪去之。慎矜固辭不受。至是，林甫以慎矜屈附於己，復以爲中丞。

冬，十二月〔二八〕，貶裴寬爲睢陽太守。户部尚書裴寬素爲上所重，李林甫忌之。刑部尚書裴敦復擊台、明海賊還，受請託，廣序軍功。寬微奏其事。林甫以告敦復，敦復言寬亦嘗以親故爲屬，林甫曰：「君速奏之，勿後於人。」敦復乃賂女官楊太真之姊，使告於上。寬由是坐貶。

始祀九宫貴神。初，術士蘇嘉慶言：「遁甲術有九宫貴神，典司水旱，請立壇於東郊，祀以四孟月。」從之。禮在太清宫、太廟上，所用牲玉，皆侔天地。

初令百姓十八爲中，二十三成丁。

乙酉（七四五）

四載。

春，正月，帝聞空中神語。上謂宰臣曰：「朕於宫中爲壇，爲百姓祈福。自草黄素置案上，俄飛升天，聞空中語云：『聖壽延長。』又於鍊藥成〔二九〕，置壇上，及夜欲收，又聞空中語云：『藥未須收，此自守護。』」羣臣表賀。

范氏曰：明皇假於怪神以罔天下，言之不怍，而居之不疑，何以使其臣下不爲欺乎！是率天下而欺己也。

回紇懷仁可汗卒。回紇懷仁可汗擊突厥白眉可汗，殺之，傳首京師。於是北邊晏然。回紇斥地愈廣，盡有突厥故地。懷仁卒，子磨延啜立，號葛勒可汗。

二月，以朔方節度使王忠嗣兼河東節度使。忠嗣少勇敢，及鎮方面，專以持重安邊爲務，常曰：「太平之將，但當撫循訓練士卒，不可疲中國之力，以邀功名。」軍中日夜思戰，忠嗣多遣間諜〔三〇〕，見可勝，然後興師，故出必有功。既兼兩道節制，自朔方至雲中，邊陲數千里，要害之地，悉置城堡，斥地各數百里。邊人以爲自張仁亶之後，將帥皆不及。

秋，七月，册壽王妃韋氏。八月，以楊太真爲貴妃。初，武惠妃卒，後宮無當意者。或言壽王妃楊氏之美，上見而悦之，乃令妃自以其意乞爲女官，號太真；更爲壽王娶郎將韋昭訓女。潛内太真宫中，不期歲，寵遇如惠妃，宫中號曰「娘子」，凡儀體皆如皇后。至是，册爲貴妃；贈其父玄琰兵部尚書，以從兄銛爲殿中少監，錡爲駙馬都尉，三姊皆賜第京師，寵貴赫然。楊釗者，貴妃之從祖兄也，不學無行，爲宗黨所鄙，從軍於蜀，貧不能歸，新政富民鮮于仲通常資給之。仲通頗讀書，有才智，章仇兼瓊引爲采訪支使，委以心腹；嘗從容謂仲通曰：「今吾獨爲上所厚，苟無内援，李林甫必見危。聞楊妃新得幸，子能爲我結之，吾無患矣！」仲通因言釗本末。釗儀觀甚偉，言辭敏給，兼瓊見之大悦，即辟爲推官。使獻春綵於京師，贐蜀貨直萬緡，釗大喜過望。至長安，見諸妹，分以遺之，曰：「此章仇公所贈也。」於是諸楊日夜譽兼瓊，且言釗善樗蒲，引之見上，得出入禁中，授金吾兵曹參軍。

范氏曰：明皇殺三子，納子婦，用李林甫爲相，使族滅無罪之人，三綱絶矣，其何以爲天下乎！

九月，以韋堅爲刑部尚書，楊慎矜爲租庸轉運使。堅以通漕有寵，遂有入相之志；又與李適之善，林甫由是惡之，故遷以美官，實奪之權也。

安禄山討奚、契丹，破之。禄山欲以邊功市寵，數侵掠奚、契丹。奚、契丹各殺所尚公主以叛，禄山討破之。

冬〔三一〕，安禄山奏立李靖、李勣廟。禄山奏：「臣討契丹，至北平郡，夢先朝名將李靖、李勣從臣求食。」遂命立廟。又奏：「薦奠之日，廟梁産芝。」

以王鉷爲京畿采訪使。初，鉷爲户口色役使，敕賜百姓復除，鉷奏徵其輦運之費，廣張錢數，使市輕貨，百姓所輸，乃甚於不復除。舊制，戍邊者免其租庸，六歲而更。時邊將耻敗，士卒死者皆不申牒，貫籍不除。王鉷皆以爲避課，六歲之外，悉徵其租庸，有併徵三十年者，民無所訴。上在位久，用度日侈，又不欲數於左、右藏取之。鉷知上旨，歲貢額外錢帛百億萬，貯於内庫，以供宴賜，曰：「此皆不出於租庸調。」上以鉷爲能富國，益厚遇之。中外嘆怨。至是，以爲御史中丞、京畿采訪使。楊釗侍宴禁中，專掌樗蒲文簿，鉤校精密，上賞其强明，曰：「好度支郎！」諸楊數徵此言於上，又以屬王鉷；鉷因奏充判官。

丙戌（七四六）

五載。

春，正月，貶韋堅爲縉雲太守，皇甫惟明爲播川太守。李適之性疏率，李林甫嘗謂之曰：「華山有金礦，采之可以富國。上未之知也。」它日，適之言之。上以問林甫，對曰：「臣久知之。但華山，陛下本命，王氣所在，鑿之非宜，故不敢言。」上以林甫爲愛己，謂適之曰：「自今奏事，宜先與林甫議之。」適之由是束手，而與韋堅益親，林甫愈惡之。初，太子之立，非林甫意，林甫恐異日爲己禍，欲動搖之。隴右節度使皇甫惟明嘗爲忠王友，時破吐蕃，入獻捷，見林甫專權，勸上去之。林甫知之，使楊慎矜密伺其所爲。會正月望夜，太子出遊，與堅相見；堅又與惟明會於景龍觀。慎矜遂告堅與惟明謀立太子，收下獄。林甫使慎矜等鞫之。上亦疑堅與惟明有謀，而不顯其罪，皆貶之，親黨坐者數十人。太子表請與妃離昏。

以王忠嗣爲河西、隴右、朔方、河東節度使。忠嗣始在朔方、河東，每互市，高估馬價，諸胡聞之，爭以馬求市。由是胡馬少，唐兵益壯。忠嗣杖四節，控制萬里，天下勁兵重鎮皆在掌握，與吐蕃戰於青海、積石，皆大捷。又討吐谷渾於墨離軍，虜其全部而歸。

夏，四月，李適之罷。韋堅等既貶，適之懼，自求散地，罷政事。其子衛尉少卿霅嘗召客，客畏李林甫，無一人敢往者。初，適之與林甫有隙，適之領兵部尚書，林甫使人發兵部銓曹姦利事，收吏六十餘人付京兆。京兆尹蕭炅使法曹吉温鞫之。温置吏於外，先取二重囚訊之，號呼之聲所不忍聞。吏聞之大懼，引入皆自誣服，頃刻獄成。敕誚責前後知銓侍郎及判南曹郎官而宥之。始太子文學薛嶷薦温才，上召見，顧嶷曰：「是一不良人，朕不用也。」及林甫欲除不附己者，求治獄吏，炅薦温於林甫，林甫大喜。温，頊之兄子也。又有羅希奭者，爲吏深刻，林甫引爲殿中侍御史。二人皆隨林甫所欲，深淺鍛練成獄，無能自脱者。時人謂之「羅鉗吉網」。

以陳希烈同平章事。希烈以講老、莊得進，專用神仙符瑞媚於上。李林甫以希烈柔佞易制，故引以爲相，政事一決於林甫，希烈但給唯諾。故事，宰相午後六刻乃出，林甫奏，今太平無事，巳時即還第，機務皆決於私家；主書抱成案詣希烈書名而已。

五月朔，日食。

秋，七月，敕左降官日馳十驛。以流貶人在道逗留，故有是敕。自是左降官多不全矣。

加嶺南經略使張九章三品，以王翼爲户部侍郎。楊貴妃方有寵，每乘馬，則高力士執轡授鞭；織繡之工，專供貴妃院者七百人，中外争獻珍玩。九章、翼所獻精美。九章加三品，翼爲户部侍郎。民間歌之曰：「生男勿喜女勿悲，君今看女作門楣。」妃欲得生荔枝，歲命嶺南馳驛致之。嘗以妬悍不遜，送歸銛第，上遂不食。及夜，力士奏請迎妃歸院，遂開禁門而入。後復以忤旨遣歸，吉温因宦官言於上曰：「陛下何愛宫中一席之地，使之就死，而辱之於外舍邪！」上亦悔之，遣中使賜以御膳。妃對使者涕泣曰：「金玉珍玩，皆陛下所賜；惟髮者父母所與。」乃翦髮一繚而獻之。上遽召還，寵待益深。

冬〔三二〕，殺驍衛兵曹柳勣、贊善大夫杜有鄰。有鄰女爲太子良娣，其長女爲勣妻。勣性狂疏，好功名，喜交結豪俊。淄川太守裴敦復、北海太守李邕皆與定交。勣與妻族不協，欲陷之，爲飛語告有鄰妄稱圖讖，交構東宮，指斥乘輿。林甫令吉温鞫之，乃勣首謀，遂與有鄰皆杖死。太子亦出良娣爲庶人。

六載。

丁亥(七四七)

春，正月，殺北海太守李邕及皇甫惟明、韋堅等，王琚、李適之自殺。江華司馬王琚性豪侈，與李邕皆自謂耆舊，久在外，意怏怏。李林甫惡其負材使氣，欲因事除之，因别遣羅希奭按邕與裴敦復，皆杖死。邕才藝出衆，盧藏用常語之曰：「君如干將、莫邪，難與爭鋒，然終虞缺折耳。」邕不能用。林甫又奏分遣御史賜皇甫惟明、韋堅等死。希奭所過，殺遷謫者。李適之仰藥，琚自縊。適之子霅迎喪至東京，林甫令人誣告殺之。給事中房琯坐與適之善，貶宜春太守。林甫恨韋堅不已，遣使於循河及江、淮州縣求堅罪，收繫綱典船夫，徵剥逋負，延及鄰伍，死者甚衆，至林甫卒乃止。

除斬絞條。上慕好生之名，令應絞斬者，皆重杖，流嶺南。其實有司率杖殺之。

令天下爲嫁母服三載。

令士通一藝以上皆詣京師。上欲廣求天下之士，命通一藝以上皆詣京師。李林甫恐草野之士對策斥其姦惡，建言：「舉人卑賤，恐有俚言汙濁聖聽。」乃令郡縣精加試練，送省覆試，具名聞奏。既而至者皆試以詩、賦、論，遂無一人及第者。林甫乃以野無遺賢，上表稱賀。

以安禄山兼御史大夫。禄山體肥，腹垂過膝，外若癡直，內實狡黠，令其將劉駱谷留京師，詗朝廷指趣；歲獻俘虜、雜畜、奇禽、異獸、珍玩之物，不絶於路。其在上前，應對敏給，雜以詼諧。上嘗戲指其腹曰：「此胡腹中何所有，其大乃爾？」對曰：「更無餘物，正有赤心耳。」上悦。又嘗命見太子，禄山不拜，左右趣之拜，禄山曰：「太子何官？」上曰：「此儲君也。朕千秋萬歲後，代朕君汝者也。」禄山曰：「臣愚，曏者惟知有陛下一人，不知乃更有儲君。」不得已，然後拜。上以爲信然，益愛之。上嘗宴勤政樓，爲禄山於御座東間設金雞障，置榻使坐其前。命楊銛姊弟皆與禄山叙兄弟。禄山得出入禁中，因請爲貴妃兒。上與貴妃共坐，禄山先拜貴妃。上問何故，對曰：「胡人先母而後父。」上悦。

夏，四月，王忠嗣解河東、朔方節度。李林甫以忠嗣功名日盛，恐其入相，忌之。安禄山潛蓄異志，託以禦寇，築雄武城，請忠嗣助役，欲留其兵。忠嗣先期而往，不見禄山而還；數奏禄山必反，林甫益惡之。忠嗣固辭河東、朔方節度，許之。

冬，十月，如驪山温泉，名其宮曰華清。

將軍董延光攻吐蕃石堡城，不克。十一月，以哥舒翰充隴右節度使，貶王忠嗣爲漢陽太守。王忠嗣以部將哥舒翰爲大斗軍副使，李光弼爲河西兵馬使。翰本突騎施別部酋長；光弼，契丹王楷洛之子也，皆以勇略爲忠嗣所重。每歲積石軍麥熟，吐蕃輒來穫之，無能禦者。翰先伏兵於其側，虜至，斷其後，夾擊之，無一人得返，自是不敢復來。上欲使忠嗣攻吐蕃石堡城，忠嗣上言：「石堡險固，吐蕃舉國守之，非殺數萬人不能克。臣恐所得不如所亡，不如厲兵秣馬，俟其有釁，然後取之。」上意不快。將軍董延光請行，上命忠嗣分兵助之。忠嗣不得已奉詔，而不盡如其所欲。李光弼曰：「大夫以多殺士卒之故，不欲成延光之功。雖迫於制書，實奪其謀也。何以知之？今以數萬衆授之，而不立重賞，士卒安肯爲之盡力乎！然此天子之意也，彼無功，必歸罪於大夫！大夫何愛數萬段帛，不以杜其讒口乎？」忠嗣曰：「今以數萬之衆爭一城，得之未足以制敵，不得亦無害於國，故忠嗣不欲爲之。忠嗣今受責天子，不過以一將軍歸宿衛，其次不過黔中上佐，忠嗣豈以數萬人之命易一官乎！」光弼曰：「大夫能行古人之事，非光弼所及也。」延光過期不克，言忠嗣沮撓軍計，上怒。李林甫因使人告忠嗣欲擁兵奉太子。敕徵忠嗣入朝，委三司鞫之。上聞哥舒翰名，召見，悦之，以爲隴右節度使。而詔三司曰：「吾兒居深宫，安得與外人通謀！此必妄也。但劾忠嗣沮撓軍功。」翰之入朝也，或勸多齎金帛以救忠嗣，翰曰：「若直道尚存，王公必不冤死；如其將喪，多賂何爲！」三司奏忠嗣罪當死。翰力陳其冤，上感寤，貶忠嗣漢陽太守。

范氏曰：王忠嗣可謂賢將矣，不爲無益害有益，不以所得易所亡，不顧一身之危而惜士卒之命，其可謂賢將矣！然忠嗣知石堡之不可取，莫若固守前議，均之得罪，不亦直乎！既黽勉奉詔，而復撓其謀，使讒人得以藉口，豈忠嗣思之未至邪！

李林甫屢起大獄，以楊釗有掖庭之親，乃引以爲援，事有微涉東宫者，皆指擿，使之奏劾，付羅希奭、吉温鞫之。釗因得逞其私志，所擠陷誅夷者數百家。幸太子仁孝謹静，張垍、高力士常保護於上前，故林甫終不能間也。

殺户部侍郎楊慎矜。慎矜爲上所厚，李林甫浸忌之。慎矜與王鉷父，中表兄弟也，故引鉷入臺。及鉷遷中丞，慎矜猶名之，鉷意不平，慎矜不之覺也，嘗與之私語讖書。慎矜與術士史敬忠善，敬忠言天下將亂，勸慎矜於臨汝山中買莊避亂。林甫知鉷與慎矜有隙，誘使圖之。鉷乃遣人以飛語告「慎矜隋煬帝孫，與凶人往來，家有讖書，謀復祖業」。上大怒，收慎矜繫獄，命楊釗、盧鉉同鞫之；使吉温捕敬忠於汝州。敬忠與温父善，温幼時，敬忠嘗抱撫之。及捕獲，温不與語，鎖其頸，驅之馬前，使吏誘之曰：「楊慎矜已款服，惟須子一辨，解意則生，不然必死。」敬忠求紙，温不答。敬忠懇請哀切，乃令答辨。還鞫慎矜，引以爲證。慎矜皆引服，惟搜讖書不獲。使盧鉉入長安搜其家，鉉袖讖書入闇中，出詬曰：「逆賊深藏祕記。」以示慎矜，歎曰：「吾不蓄讖書，此何從在吾家哉！吾應死而已。」於是兄弟皆賜死，妻子流嶺南，連坐者數十人。

十二月，以天下歲貢賜李林甫。命百官閲歲貢物於尚書省，悉以車載賜李林甫。上或時不視朝，百司悉集林甫第門，臺省爲空。林甫子岫爲將作監，頗以滿盈爲懼，嘗從林甫遊後園，指役夫言曰：「大人久處鈞軸，怨仇滿天下，一朝禍至，欲爲此得乎？」林甫不樂曰：「勢已如此，將若之何？」先是，宰相皆以德度自處，騶從不過數人，林甫自以多結怨，常虞刺客，出則步騎百餘人爲左右翼，金吾靜街，前驅在數百步外；居則重關複壁，如防大敵，一夕屢徙牀，雖家人莫知其處。

以高仙芝爲安西四鎮節度使。仙芝本高麗人，從軍安西，驍勇善騎射，累官四鎮節度副使。小勃律王及其旁二十餘國皆附吐蕃〔三三〕，貢獻不入，討之，不克。制以仙芝爲行營節度使，討之。自安西行百餘日，至連雲堡，破之。遣將軍席元慶將千騎前行，謂曰：「小勃律聞大軍至，其君臣百姓必走山谷，第呼取出繒帛〔三四〕，稱敕賜之。大臣至，盡縛之以待我。」元慶如其言。仙芝至，斬其附吐蕃者數人，急遣元慶往斫娑夷藤橋。甫畢，而吐蕃救至。娑夷即弱水，不能勝草芥。藤橋闊盡一矢力，修之期年乃成。仙芝虜小勃律王及吐蕃公主而還。上以仙芝爲安西四鎮節度使。仙芝署封常清判官，任以軍事。自唐興以來，邊帥皆用忠厚名臣，不久任，不遥領，不兼統，功名著者，往往入爲宰相；其四夷之將，雖才略如阿史那社爾、契苾何力，猶不專大將之任，皆以大臣爲使以制之。及開元中，天子有吞四夷之志，爲邊將者十餘年不易，始久任矣。皇子則慶、忠諸王，宰相則蕭嵩、牛仙客始遥領矣。蓋嘉運、王忠嗣專制數道，始兼統矣。李林甫欲杜邊帥入相之路，以胡人不知書，乃奏言：「文臣爲將，怯當矢石；不若用寒族、胡人。胡人則勇決習戰，寒族則孤立無黨，陛下誠以恩洽其心，彼必能爲朝廷盡死。」上悦其言，始用安禄山。至是，諸道節度使盡用胡人，精兵咸戍北邊，天下之勢偏重，卒使禄山傾覆天下，皆出於林甫專寵固位之謀也。

范氏曰：明皇蔽於吞滅四夷，欲求一切之功，是以林甫得以行其計。人君苟不能以義制欲，迷而不復，何所不至哉！

校勘記

〔一〕罪人畜之　殿本「之」下有「非平民也然」五字。

〔二〕申王成義奏以府録事爲參軍　「義」原作「業」，據殿本、通鑑卷二一一唐玄宗開元二年閏二月丙子日條改。
〔三〕秋七月　此三字原脱，據殿本、通鑑卷二一一唐玄宗開元二年七月乙未日條補。
〔四〕行至灤水山峽中　「灤」原作「灣」，據書崖書堂本、殿本、通鑑卷二一一唐玄宗開元二年七月條改。
〔五〕以姚崇之賢　「崇」原作「宋」，據殿本、通鑑卷二一一唐玄宗開元二年八月乙酉日條改。
〔六〕吐蕃復冦渭源　「源」原作「原」，據殿本、通鑑卷二一一唐玄宗開元二年十月丙辰日條改。
〔七〕領嗣鄯奉河渭蘭臨武洮岷郭疊宕十二州　此句殿本作「領鄯秦河渭蘭臨武洮岷廓疊宕十二州」，通鑑卷二一一唐玄宗開元二年十二月甲子日條正文作「須嗣鄯奉河渭蘭臨武洮岷郭疊宕十二州」，注文云：「『須』當作『領』，『嗣』字衍，『奉』當作『秦』，『郭』當作『廓』。」
〔八〕領幽易平嬀檀燕六州　「易」字原脱，據殿本、通鑑卷二一一唐玄宗開元二年十二月條補。
〔九〕以突騎施部將蘇禄爲金方道經略大使　「將」下原衍「游」字，據殿本、通鑑卷二一一唐玄宗開元三年十二月條删。
〔一〇〕今農桑方急　「桑」原作「梁」，據殿本、通鑑卷二一一唐玄宗開元四年二月條改。
〔一一〕冬十月　此三字原脱，據殿本、通鑑卷二一一唐玄宗開元四年十月庚午日條補。
〔一二〕秋七月　此三字原脱，據殿本、通鑑卷二一一唐玄宗開元五年七月庚子日條補。

〔一三〕冬十二月　「冬」字原脱，據殿本補。

〔一四〕君㚟與郭知運皆以驍勇著名　「郭」字原脱，據殿本、通鑑卷二一二唐玄宗開元九年十月條補。

〔一五〕冬　「冬」字原脱，據殿本、通鑑卷二一二唐玄宗開元十一年十一月戊子日條補。

〔一六〕夏五月　「夏」字原脱，據殿本補。

〔一七〕恩不能庇門蓺　「庇」原作「及」，據殿本、通鑑卷二一三唐玄宗開元十四年十二月條改。

〔一八〕歲賫縑帛數十萬疋　「十」原作「千」，據殿本、通鑑卷二一三唐玄宗開元十五年九月丙戌日條、新唐書卷二一五下突厥傳下改。

〔一九〕春三月　「三」原作「二」，據殿本、通鑑卷二一三唐玄宗開元十七年三月甲寅日條改。

〔二〇〕秋八月　「秋」字原脱，據殿本補。

〔二一〕含章與虜遇　「遇」原作「戰」，據殿本、通鑑卷二一三唐玄宗開元二十年正月己巳日條改。

〔二二〕運至含嘉倉及太原倉　「含嘉倉」之「倉」原脱，據成化本、殿本、通鑑卷二一四唐玄宗開元二十二年八月條補。

〔二三〕復讎固人之至情　「固」原作「因」，據殿本改。

〔二四〕冬十一月　「冬」字原脱，據殿本補。

〔二五〕朔方節度捍禦突厥　「捍」原作「得」，據殿本、通鑑卷二一五唐玄宗天寶元年正月壬子日條改。
〔二六〕清河人崔以清復言　「言」字原脱，據殿本、通鑑卷二一五唐玄宗天寶元年二月條補。
〔二七〕秋　「秋」字原脱，據殿本補。
〔二八〕冬十二月　「冬」字原脱，據殿本補。
〔二九〕又於鍊藥成　此句語意不通，殿本無「於」字，通鑑卷二一五唐玄宗天寶四載正月庚午日條作「又朕於嵩山鍊藥成」。
〔三〇〕忠嗣多遣間諜　「諜」原作「謀」，據殿本、通鑑卷二一五唐玄宗天寶四載二月己酉日條改。
〔三一〕冬　「冬」字原脱，據殿本補。
〔三二〕冬　「冬」字原脱，據殿本補。
〔三三〕小勃律王及其旁二十餘國皆附吐蕃　「小」字原脱，據殿本、通鑑卷二一五唐玄宗天寶六載十二月條、舊唐書卷一〇四高仙芝傳補。
〔三四〕第呼取出繒帛　「取出」，通鑑卷二一五唐玄宗天寶六載十二月條作「出取」，疑是。

資治通鑑綱目卷四十四

起戊子唐玄宗天寶七載，盡戊戌唐肅宗乾元元年，凡一十一年。

戊子（七四八）

七載。

夏，四月，以高力士爲驃騎大將軍。力士承恩歲久，中外畏之，太子亦呼之爲兄，諸王公呼之爲翁，駙馬輩直謂之爺，自李林甫、安禄山輩皆因之以取將相。然性和謹少過，不敢驕横，故天子終親任之，士大夫亦不疾惡也。初，上自東都還，李林甫、牛仙客知上厭巡幸，乃增近道粟賦及和糴以實關中。數年，蓄積稍豐。上謂力士曰：「朕不出長安近十年，天下無事。朕欲悉以政事委林甫何如？」對曰：「天子巡狩，古之制也。且天下大柄，不可假人。彼威勢既成，誰敢復議之者！」上不悦，力士頓首謝罪，上意乃解。力士自是亦不敢深言天下事矣。

胡氏曰：力士雖曰恭謹，然其罪亦大矣。力士審能爲明皇忠計者，密主張九齡而去李林甫，佐佑王忠嗣而去安禄山，論功較績，夫孰與讓！既不能然，反使安、李因己以取將相，他日雖有大柄假人、擁兵太重之説，亦安能回二人已盛之勢哉！不謹於大而謹於小，知所以保身，而不知所以保國，此固小人之事，於力士何責焉！以當時得謽於士大夫而無疾惡之者，故不可不辨也。

五月，羣臣上尊號。

賜安禄山鐵券。

以楊釗判度支事。釗善窺上意所愛惡而迎之，以聚斂驟遷，歲中領十五使，恩幸日隆。

蘇冕曰：設官分職，各有司存。政有恒而易守，事歸本而難失，經遠之理，捨此奚據？洎姦臣廣言利以邀恩，多立使以示寵，使上心蕩而益奢，人情怨而成禍。宇文融首唱其端，楊慎矜、王鉷繼遵其軌，楊國忠終成其亂。仲尼云：寧有盗臣而無聚斂之臣。誠哉是言！

冬，十一月，以貴妃姊爲國夫人。貴妃姊三人，皆有才色，上呼之爲姨，出入宫掖，並承恩澤，勢傾天下。至是，封韓、虢、秦國夫人。與銛、錡五家，凡有請託，府縣承迎，峻於制敕，四方賂遺，惟恐居後；上所賜與，五家如一。競開第舍，極其壯麗，一堂之費，動踰千萬；既成，見他人有勝己者，輒毁而改爲。虢國尤爲豪蕩。

改會昌縣曰昭應。或言玄元皇帝降于華清宫之朝元閣故也。

十二月，哥舒翰築神威軍、應龍城。由是吐蕃不敢近青海。

己丑(七四九)

八載。

雲南王歸義卒。子閤羅鳳嗣。

春，二月，帥羣臣觀左藏，賜楊釗金紫。是時州縣殷富，倉庫積粟帛，動以萬計。釗請令糶變爲輕貨輸京師，屢奏帑藏充牣，古今罕儔。故上帥羣臣觀之，賜釗紫衣、金魚。上由是視金帛如糞壤，賞賜無限極。

夏，四月，殺咸寧太守趙奉璋。奉璋告李林甫罪二十條，未達，林甫諷御史逮捕以爲妖言，杖殺之。

胡氏曰：自古殺忠諫者必亡。人君以此，猶亡其國；宰相以此，豈不亡其家與身乎！然奉璋官非諫臣，職非御史，出位而言，其死自取之也。

五月，停折衝府上下魚書。先是，折衝府皆有木契、銅魚，朝廷徵發，下敕書、契、魚，都督、郡府參驗皆合，然後遣之。自募置彍騎，府兵日壞，死亡不補，器械耗散略盡。府兵入宿衛者，謂之侍官，言其爲天子侍衛也。其後本衛多以假人，役使如奴隸，長安人羞之，至以相詬病。其戍邊者，又多爲邊將苦使，利其死而没其財。由是應爲府兵者皆逃匿，至是無兵可交。李林甫遂奏停折衝府上下魚書，是後府兵徒有官吏而已。彍騎之法，天寶已後，稍亦變廢，應募者皆市井負販、無賴子弟，未嘗習兵。時承平日久，議者多謂中國兵可銷，於是民間挾兵器者有禁；子弟爲武官，父兄擯不齒。猛將精兵皆聚於西北邊，中國無武備矣。

六月，加聖祖及諸帝、后號、謚。太白山人李渾等上言，見神人言金星洞有玉板石記聖主福壽之符，命王鉷求獲之。上以符瑞相繼，上聖祖號曰大道玄元皇帝，高祖謚曰神堯，太宗曰文武，高宗曰天皇，中宗曰孝和，睿宗曰玄真，帝曰大聖皇帝，后曰順聖皇后。

范氏曰：堯、舜、禹、湯、文、武之君，謚號惟一而已，既稱天以誄之，則子孫不可得而改也。高宗不師古昔，始改祖宗舊謚。天寶以後，增加複重，至繁而不可紀。夫祖宗苟有高世之功德，則曰文曰武足矣；若其無功德而子孫妄加之，則是誣之，而使天下後世以爲譏玩也。故夫孝子慈孫之欲顯其親，莫若使名副其實而不浮，則天下心服之矣；未聞以謚號繁多爲貴也。唐之典禮，不經甚矣！

哥舒翰攻吐蕃石堡城，拔之。哥舒翰帥兵六萬攻吐蕃石堡城。其城三面險絶，惟一徑可上，吐蕃但以數百人守之，貯糧食，積木石；唐兵前後屢攻之，不能克。翰進攻數日不拔，召裨將高秀巖、張守瑜欲斬之，二人請三日期拔之；士卒死者數萬。頃之，翰又遣兵於赤嶺西開屯田，以謫卒二千戍應龍城。吐蕃大集，戍者盡没。

羣臣請加尊號。凡十二字。

始禘祫于太清宫。

庚寅（七五〇）

九載。

春，正月，羣臣請封西嶽，許之。

二月，以姚思藝爲檢校進食使。時諸貴戚競以進食相尚，上命宦官姚思藝爲檢校進食使。水陸珍羞數千盤，一盤費中人十家之産。

關中旱，西嶽祠災；制罷封祀。

夏，四月，流宋渾於潮陽。初，吉温因李林甫得進，及楊釗恩遇浸深，温遂去林甫而附之，爲釗畫代林甫執政之策。御史中丞宋渾，林甫所厚也，求得其罪，使釗奏而逐之，以翦其心腹；林甫不能救也。

五月，賜安禄山爵東平郡王。唐將帥封王自此始。

秋，八月，以安禄山兼河北道采訪處置使。

求殷、周、漢後，廢韓、介、酅公。處士崔昌上言：「國家宜承周、漢，以土代火；魏、周、隋皆閏位，不當以其子孫爲二王後。」事下公卿集議。集賢院學士衛包上言：「集議之夜，四星聚於尾，天意昭然。」上乃命求殷、周、漢後爲三恪，廢韓、介、酅公。

冬，十月，得妙寶真符。山人王玄翼上言見玄元皇帝言寶仙洞有妙寶真符，命張均等求得之。時上尊道教，慕長生，故所在争言符瑞。李林甫等皆請捨宅爲觀，以祝聖壽，上悦。

范氏曰：秦始皇、漢武帝皆雄才之主，及爲玄士所欺玩，無異於嬰兒。人君惟恭儉寡欲，則邪謟無自而入矣；其心一有所蔽，鮮不爲惑也。明皇不正其心，故小人争爲幻以惑之，其神明精爽既奪矣。此所以養成大亂也！

安禄山入朝。禄山屢誘奚、契丹，飲以莨菪酒，醉而阬之，動數千人，函首以獻，前後數四。至是請入朝。上命有司先爲起第於昭應。禄山至戲水，楊釗兄弟姊妹皆往迎之。上幸望春宫以待之，禄山獻奚俘八千人。上命考課之日，書上上考。前此聽祿山於上谷鑄錢五壚，祿山乃獻錢樣千緡。

制追復張易之兄弟官爵。楊釗，張易之之甥也，奏乞雪易之兄弟。制引易之兄弟迎中宗於房陵之功，復其官爵，仍官其子。

賜楊釗名國忠。釗以圖讖有「金刀」，請改之也。

南詔反，陷雲南郡。楊國忠德鮮于仲通，薦爲劍南節度使。仲通性褊急，失蠻夷心。故事，南詔常與妻子俱謁都督，過雲南，太守張虔陀皆私之，又多所徵求。南詔王閤羅鳳忿怨，發兵反，攻陷雲南，殺虔陀，取夷州三十二。

辛卯(七五一)

十載。

春，正月，免駙馬程昌裔官。楊氏五宅夜遊，與廣平公主從者爭西市門，楊氏奴揮鞭及公主衣，公主墜馬，昌裔下扶之，亦被數鞭。公主泣訴於上，上爲之杖殺楊氏奴。明日，免昌裔官，不聽朝謁。

爲安祿山起第於親仁坊。命有司爲安祿山起第於親仁坊，敕令但窮壯麗，不限財力，令中使護作，敕之曰：「胡眼大，勿令笑我！」祿山置酒新第，上命宰相赴之，日遣諸楊與之遊宴。祿山生日，上及貴妃賜予甚厚。後三日，召入禁中，貴妃以錦綉爲大襁褓裹之，使宮人以綵輿舁之。上聞，問故，左右以貴妃洗祿兒對。上賜貴妃洗兒金銀錢，復厚賜祿山，盡歡而罷。自是祿山出入宮掖，通宵不出，頗有醜聲聞於外，上亦不疑也。

范氏曰：明皇不信其子，而寵胡人以爲戲，至使出入宫禁而不疑，褻慢神器亦極矣！豈天奪其明，將啓戎狄以亂華歟？何其惑之甚也！

高仙芝入朝，加開府儀同三司。初，吐火羅葉護遣使表稱：「朅師王親附吐蕃，困苦小勃律。」詔發安西兵討之。仙芝遂破朅師，虜其王；又僞與石國約和，引兵襲之，虜其王及部衆以歸，掠得瑟瑟十餘斛，黄金五、六橐駝，皆入其家。至是，入朝獻俘，加開府儀同三司。尋以仙芝爲河西節度使，代安思順。思順諷羣胡割耳剺面請留己，制復留之。

以安禄山兼河東節度使。户部郎中吉温見禄山有寵，約爲兄弟，説禄山曰：「李丞相雖以時事親三兄，必不肯以兄爲相。兄若薦温於上，温即奏兄堪大任，共排林甫出之，爲相必矣！」禄山悦其言，數稱温才於上。會禄山領河東，因奏温爲副使，知留後，以大理司直張通儒爲判官，委以軍事。林甫與禄山語，每揣知其情，先言之，禄山驚服。每見，雖盛冬，常汗沾衣。林甫引與坐於中書廳，撫以温言，自解披袍以覆之。禄山忻荷，言無不盡，謂林甫爲十郎。既歸范陽，劉駱谷每自長安來，必問：「十郎何言？」得美言則喜；或但云「語安大夫，須好檢校」，輒反手據床曰：「噫嘻，我死矣！」

胡氏曰：禄山之憚林甫，誠以林甫智術足以御之也。若林甫明以禄山兵多勢大，將生變亂，開悟上意，移之他鎮，消未然之患，則身雖多罪，亦有可贖；乃姑欲示以精神，脇以氣勢，使之畏己而已。其罪可勝言哉！

禄山既兼領三鎮，日益驕恣，自以曩時不拜太子，見上春秋高，頗内懼；又見武備墮弛，有輕中國之心。孔目官嚴莊、掌書記高尚因爲之解圖讖，勸之作亂。禄山養同羅、奚、契丹降者八千餘人，謂之「曳落河」。曳落河者，胡言壯士也，皆驍勇善戰，一可當百。又畜戰馬數萬匹，分遣商胡販鬻諸道，歲入數百萬。以尚、莊、通儒及將軍孫孝哲爲腹心〔一〕，史思明、安守忠、李歸仁、蔡希德、牛廷玠、向潤容、李庭望、崔乾祐、尹子奇、何千年、武令珣、能元皓、田承嗣、田乾真、阿史那承慶爲爪牙。尚，本名不危，頗有辭學，薄遊河、朔，貧困不得志，常歎曰：「高不危當舉大事而死，豈能齧草根求活邪！」禄山引置幕府，出入卧内。尚典牋奏，莊治簿書。承嗣爲前鋒兵馬使，治軍嚴整。常大雪，禄山按行諸營，至承嗣營，寂若無人，入閲士卒，無一人不在者，禄山以是重之。

夏，四月，劍南節度鮮于仲通討南詔蠻，敗績。制復募兵以擊之。仲通將兵八萬討南詔。南詔王閤羅鳳遣使謝罪，請還所俘掠，城雲南而去。仲通不許，囚其使，進軍至西洱河，與戰大敗，士卒死者六萬人，仲通僅以身免。楊國忠掩其敗狀，仍叙其戰功。閤羅鳳遂北臣於吐蕃，吐蕃號曰東帝。閤羅鳳刻碑於國門，言己不得已而叛唐，且曰：「我世世事唐，受其封賞，後世容復歸唐，當指碑以示唐使者，知吾之叛非本心也。」制募兵以擊之。人聞雲南多瘴癘，莫肯應募。楊國忠遣御史分道捕人，枷送軍所。舊制，百姓有勳者免征役，國忠奏先取高勳。於是行者愁怨，父母妻子送之，所在哭聲振野。

高仙芝擊大食，敗績。高仙芝之虜石國王也，石國王子逃詣諸胡，告仙芝欺誘貪暴之狀，諸胡皆怒，潛引大食，欲共攻四鎮。仙芝將兵三萬擊之，深入七百餘里，與戰大敗，士卒死亡略盡。將軍李嗣業勸仙芝宵遁，别將段秀實詬之曰：「避敵先奔，無勇也；全己棄衆，不仁也；幸而得達，獨無愧乎！」嗣業執其手謝之，留拒追兵，收散卒，得俱免。還至安西，言於仙芝，以秀實兼都知兵馬使，爲己判官。

秋，八月〔二〕，武庫火。燒兵器三十七萬。

安禄山討契丹，大敗。安禄山將三道兵六萬以討契丹，以奚騎二千爲鄉導，過平盧千餘里，遇雨，弓弩筋膠皆弛。奚復叛，與契丹合，夾擊唐兵，殺傷殆盡。禄山獨與麾下二十騎走入師州。歸罪於左賢王哥解、兵馬使魚承仙而斬之。平盧兵馬使史思明懼，逃入山谷。禄山還至平盧，麾下皆亡。史思明出見禄山，禄山喜，執其手曰：「吾得汝，復何憂！」思明退，謂人曰：「曏使早出，已與哥解并斬矣。」

冬，十一月，以楊國忠領劍南節度使。

壬辰（七五二）

十一載。

春，二月，以粟帛庫錢易惡錢。先是，江、淮多惡錢，貴戚、大商往往以良錢一易惡錢五，載入長安，市井不勝其弊。故李林甫奏請禁之，官爲易取，期一月不輸官者罪之。於是商賈不以爲便，遮楊國忠自言，國忠爲言於上。乃更命非鉛錫所鑄及穿穴者，皆聽用之。

三月，安禄山擊契丹。禄山擊契丹，欲以雪去秋之羞。初，突厥阿布思來降，上厚禮之，賜姓名李獻忠，累遷朔方節度副使，賜爵奉信王。獻忠有才略，不爲安禄山下，禄山恨之。至是，奏請獻忠俱擊契丹。獻忠恐爲禄山所害，乃帥所部叛歸漠北，禄山遂頓兵不進。

改吏、兵、刑部爲文、武、憲部。

夏〔三〕，户部侍郎、京兆尹王鉷伏誅。鉷權寵日盛，領二十餘使，宅旁爲使院，文案盈積，吏求署一字，累日不得前，雖李林甫亦畏避之。然鉷事林甫謹，林甫雖忌其寵，不忍害也。鉷弟户部郎中銲，凶險不法，召術士任海川，問：「我有王者之相否？」海川懼，亡匿。鉷恐事泄，捕得，托以他事杖殺之。王府司馬韋會話之私庭，鉷又使長安尉賈季鄰收繫殺之。銲所善邢縡與龍武萬騎謀作亂，有告之者。上以告狀面授鉷使捕之。鉷意銲在縡所，先遣人召之；日晏，乃命季鄰等捕縡，縡帥其黨格鬭。會高力士引禁軍至，擊斬縡，捕其黨皆擒之。國忠白上：「鉷必預謀。」上以鉷任遇深，不應同逆，李林甫亦爲之辨解。上乃命特原銲不問，使國忠諷鉷表請罪之。鉷不忍，上怒。會陳希烈極言鉷大逆當誅，敕希烈與國忠鞫之；仍以國忠兼京兆尹。於是任海川、韋會等事皆發。獄具，鉷賜自盡，銲杖死於朝堂。有司籍其第舍，數日不能徧。鉷賓佐莫敢窺其門，獨采訪判官裴冕收其尸葬之。

范氏曰：夫利，百物之所生，而天地之所以養人也，專之必壅，壅則所害者多，故君子不盡利以遺民，所以均天地之施也。聖王寧損己以益人，不損人而益己。記曰：「與其有聚斂之臣，寧有盜臣。」是以興利之臣鮮不禍敗，自桑弘羊以來未有令終者也〔四〕。必若公劉之厚民，管仲之富國，李悝之平糴，耿壽昌之常平，不爲掊克，上下皆濟，則身享其榮，後嗣蒙其慶矣。吉凶禍福之效如此，可不戒哉！

以安思順爲朔方節度使。初，李林甫以陳希烈易制，引爲相，政事常隨林甫左右；晚節遂與林甫爲敵，林甫懼。會李獻忠叛，林甫乃請解朔方節制，且薦河西節度使安思順自代，故有是命。

五月，以楊國忠爲御史大夫、京畿採訪使。初，李林甫以國忠微才，且貴妃之族，故善遇之。國忠以林甫薦王鉷爲大夫，不悦，遂深探邢縡獄，令引林甫交私事狀，陳希烈、哥舒翰從而證之。上由是疏林甫，擢國忠爲大夫，凡鉷所領使務皆歸之。國忠貴震天下，始與林甫爲仇敵矣。

秋，八月，上復幸左藏。楊國忠奏有鳳皇見左藏屋，出納判官魏仲犀見之。遂以仲犀爲殿中侍御史，國忠屬吏率以鳳皇優得調。

冬，十一月〔五〕，李林甫卒。南詔數寇邊，蜀人請楊國忠赴鎮，林甫奏遣之。國忠將行，泣言：「必爲林甫所害。」上曰：「卿暫到蜀區處軍事，朕屈指待卿，還當入相。」林甫時已有疾，憂懣不知所爲。國忠至蜀，上遣中使召還。至昭應謁林甫，拜於牀下。林甫流涕謂曰：「林甫死矣。公必爲相，以後事累公。」國忠謝不敢當，汗流覆面。林甫遂卒。上晚年自恃承平，以爲天下無復可憂，遂深居禁中，專以聲色自娱，悉委政事於林甫。林甫媚事左右，迎合上意，以固其寵；杜絶言路，掩蔽聰明，以成其姦；妒賢疾能，排抑勝己，以保其位；屢起大獄，誅逐貴臣，以張其勢，自皇太子以下畏之側足。凡在相位十九年，養成天下之亂，而上不之寤也。

以楊國忠爲右相，兼文部尚書。國忠爲人强辯，而輕躁無威儀。既爲相，裁決機務，果敢不疑，攘袂扼腕，公卿以下，頤指氣使，莫不震慴。凡領四十餘使。臺省官有時名不爲己用者，皆出之。或勸陜郡進士張彖謁之，彖曰：「君輩倚楊右相如泰山，吾以爲冰山耳。若皎日既出，君輩得無失所恃乎！」遂隱居嵩山。

以吉温爲御史中丞。楊國忠薦之也。温詣范陽辭安禄山，禄山令其子慶緒送至境，爲温鞚馬出驛數十步。温至長安，凡朝廷動静，輒報禄山，信宿而達。

哥舒翰、安禄山、安思順入朝。翰素與禄山、思順不協，上常和解之，使爲兄弟。至是，俱入朝。上使高力士宴之於城東，禄山謂翰曰：「公與我族類頗同，何得不相親？」翰曰：「古人云：『狐向窟嗥不祥。』爲其忘本故也。兄苟見親，翰敢不盡心。」禄山以爲譏其胡也，大怒，駡翰曰：「突厥敢爾！」翰欲應之，力士目翰乃止，自是爲怨愈深。

癸巳（七五三）

十二載。

春，正月，楊國忠注選人於都堂。國忠欲收人望，建議：「文部選人，無問賢不肖，選深者留之，依資據闕注官。」滯淹者翕然稱之。凡所施置，皆曲徇時人所欲，故頗得衆譽。故事，兵、吏部尚書知政事者，選事悉委侍郎以下，三注三唱，仍過門下省審，自春及夏乃畢。至是，國忠欲自示精敏，乃遣令史先於私第密定名闕。召左相陳希烈及給事中、諸司長官皆集尚書都堂唱注，一日而畢，曰：「今左相、給事中俱在座，已過門下矣。」其間資格差繆甚衆，無敢言者。於是門下不復過官，侍郎但掌試判而已。京兆尹鮮于仲通諷選人請爲國忠刻頌，立於省門；制仲通撰其辭，上爲改定數字，仲通以金填之。

二月，追削李林甫官爵，剖其棺。楊國忠説安禄山使阿布思部落降者詣闕誣告李林甫、阿布思謀反，上信之，下吏按問。林甫婿諫議大夫楊齊宣懼爲所累，證成之。時林甫尚未葬，制削官爵，子孫皆流嶺南、黔中，近親及黨與坐貶者五十餘人；剖棺抉含珠，褫金紫，更以小棺，如庶人禮葬之。賜希烈、國忠爵許、魏國公，賞其成林甫之獄也。

夏，五月，復以魏、周、隋後爲三恪。楊國忠欲攻李林甫之短故也。衛包、崔昌皆坐貶官。

秋，八月，以哥舒翰兼河西節度使。禄山以李林甫狡猾踰己，故畏服之；及楊國忠爲相，視之蔑如也，由是有隙。國忠屢言禄山有反狀，上不聽。隴右節度使哥舒翰擊吐蕃，拔洪濟、大漠門等城，悉收九曲部落。國忠欲厚結翰，與共排安禄山，奏以翰兼河西節度，賜爵西平郡王。是時，中國盛强，自安遠門西盡唐境凡萬二千里，閭閻相望，桑麻翳野，天下稱富庶者無如隴右。翰每遣使入奏，常乘白橐駝，日馳五百里。

冬，十月，帝如華清宫。楊國忠素與虢國夫人通，至是往來無度，或並轡走馬，不施鄣幕，道路掩目。三夫人從幸華清，會於國忠第，車馬僕從，充溢數坊，錦繡珠玉，鮮華奪目。國忠謂客曰：「吾本寒家，一旦緣椒房至此，未知税駕之所。然終不能致令名，不若且極樂耳。」楊氏五家隊，各爲一色衣以相别；五家合隊，粲若雲錦。國忠仍以劍南旌節引於其前。國忠子暄舉明經，荒陋不及格。禮部侍郎達奚珣畏國忠，遣其子邀國忠馬白之，然亦未敢落也，國忠怒曰：「我子何患不富貴，乃令鼠輩相賣！」策馬不顧而去。珣懼，遂置暄上第。

以中書舍人宋昱知選事。前進士劉迺遺昱書曰：「禹、稷、皋陶同居舜朝，猶曰載采有九德，考績以九載。近代主司，察言於一幅之判，觀行於一揖之間，何古今遲速不侔之甚哉！借使周公、孔子今處銓廷，考其辭華，則不及徐、庾，觀其利口，則不若嗇夫，何暇論聖賢之事業乎！」

甲午（七五四）

十三載。

春，正月，安禄山入朝。是時，楊國忠言禄山必反，且曰：「陛下試召之，必不來！」上使召之，禄山即至，見上泣曰：「臣本胡人，陛下寵擢至此，爲國忠所疾，臣死無日矣！」上憐之，賞賜巨萬。由是國忠之言不能入矣。太子亦言禄山必反，上不聽。

加安禄山左僕射。上欲加安禄山同平章事，已令太常張垍草制，楊國忠曰：「禄山雖有軍功，目不知書，豈可爲宰相！制書若下，恐四夷輕唐。」上乃以禄山爲僕射。唐初，詔敕皆中書、門下官有文者爲之。乾封以後，始召文士草諸文辭，常於北門候進止，時人謂之「北門學士」。上即位，始置翰林院，密邇禁廷，延文章之士，下至僧、道、書、畫、琴、碁、數術之工皆處之，謂之「待詔」。刑部尚書張均及弟垍皆翰林院供奉。

范氏曰：中書、門下，出納王命之司也，故詔敕行焉。明皇始置翰林而其職始分。既發號令，預謀議，則自宰相以下，進退輕重繫之矣，豈特取其詞藝而已哉！釋、老之徒，方外之士；書、畫、琴、碁、數術，藝伎以事上，而不與士齒者也，而使與文學之臣雜處，非所以育材養賢也。上失其制，下懷其利，爲之者不亦可羞哉！

胡氏曰：陟降多士，皆當出於中書，設有私徇，小則詰責，大則黜削可也；不當疑其事而分其權。翰林初置，人材與雜流並處，其後雜流不入，專處忠賢，然有天子私人之目，「内相」之稱，則非王政設官之體矣。王者無私而有私人，相無不統而有内相，是與大臣私設形迹爲異同也〔六〕，而可乎哉！

以安禄山爲閑廄羣牧使。禄山求兼領羣牧總監，密遣親信選健馬堪戰者數千匹別飼之。

二月，復加聖祖及諸帝、后號、謚。上亦加尊號至十四字。

以楊國忠爲司空。

三月，安禄山歸范陽。安禄山奏所部將士討奚、契丹等勳效甚多，乞超資加賞，除將軍者五百餘人，中郎將者二千餘人。禄山欲反，故先以此收衆心也。禄山辭歸范陽，上解御衣以賜之。禄山驚喜，恐楊國忠奏留之，疾驅出關，乘船而下，晝夜兼行，日數百里。自是有言禄山反者，上皆縛送之，由是人無敢言者。初，上令高力士餞禄山還，上問：「禄山慰意乎？」對曰：「觀其意怏怏，必知欲命爲相而中止也。」上以告國忠，國忠曰：「此議他人不知，必張垍兄弟告之也。」上怒，貶均、垍官。

夏，六月朔，日食，不盡如鉤。

胡氏曰：以數言之，日中則昃。今明皇享國既久，乃將晦之時也。以義言之，謫見則食。今明皇昏蔽其德，乃蝕盡之象也。先是十七年，日食不盡如鉤，爲用宇文融也。自十八年至天寶五載十七年間，日食且十，天於明皇，丁寧之意勤矣；而恐懼修德，咸無傳焉。故自六年至十二年，寂無告戒。若欲絶之而猶未忍也，至是日食不盡如鉤，爲寵楊太真也。凡欲非一端，而貨色尤甚。徇于貨色，必疏賢人，此昏之所由也；遠色賤貨，必親賢人，此明之所自也。成湯不邇聲色，不殖貨利，故能立賢無方，日新其德。明皇誠能仰觀于天，俯求於己，知太陽侵食之咎，不在乎他，革而正之，其變亂爲治，易危爲安，猶反手耳。

劍南留後李宓擊南詔，敗没。宓擊南詔，閤羅鳳誘之深入，至太和城，閉壁不戰。宓糧盡，士卒瘴疫飢死什七、八，乃引還，蠻追擊之，全軍皆没。楊國忠隱其敗，更以捷聞，益發中國兵討之。前後死者幾二十萬人，無敢言者。

范氏曰：壅蔽之爲害深矣！明皇信一楊國忠，喪師二十萬而不知，其不亡豈不幸哉！國忠欺蔽如此，而舉朝亦無一人敢以實告其君者，蓋在位皆小人也。當是時，明皇享國四十餘年，自以爲有萬世之安，而不知禍亂將發於朝莫，由置相非其人也，可不戒哉！

胡氏曰：楊國忠、鮮于仲通開南詔之隙，喪師幾二十萬；高仙芝擊大食，喪師三萬；安禄山討奚、契丹，喪師六萬。前此楊思勗討叛蠻，所殺又十一萬。夫爲天養人者，天子之職也，將帥殺之如此，而明皇不知，失職久矣。其能免乎！

上嘗謂高力士曰：「朕今老矣，朝事付之宰相，邊事付之諸將，夫復何憂！」力士對曰：「臣聞雲南數喪師；又邊將擁兵太盛，陛下將何以制之？臣恐一旦禍發，不可復救，何謂無憂也？」上曰：「卿勿言，朕徐思之。」

范氏曰：明皇之言未爲失也，其失者任非其人也。誠使相如姚、宋，將如王忠嗣，復何憂哉！而以姦猾爲賢良，是以禍亂已成而不自知也。力士非有深謀遠慮，忠義過人，蓋朝廷無賢，百官失職，至於宦者言天下之事，亦可以悟矣！而曾不之省，以及於亂，不亦宜哉！

秋，八月，陳希烈罷，以韋見素同平章事。楊國忠忌陳希烈，希烈累表辭位。上欲以吉温代之，國忠以温附安禄山，奏言不可；以見素和雅易制，薦之。

關中大饑。自去歲水旱相繼，關中大饑。上憂雨傷稼，國忠取禾之善者獻之，曰：「雨雖多，不害稼也。」上以爲然。扶風太守房琯言所部水災，國忠使御史推之。是歲，天下無敢言災者。高力士侍側，上曰：「淫雨不已，卿可盡言。」對曰：「自陛下以權假宰相，賞罰無章，陰陽失度，臣何敢言！」上默然。

冬，閏十一月〔七〕，貶韋陟爲桂嶺尉，吉温爲澧陽長史。河東太守韋陟文雅有盛名，楊國忠恐其入相，使人告陟贓污，事下御史。陟賂中丞吉温，使求救於安禄山，復爲國忠所發。貶陟桂嶺尉，温澧陽長史。安禄山爲温訟冤，且言國忠讒疾，上兩無所問。

户部奏郡縣、户口之數。郡三百二十一，縣千五百三十八，户九百六十一萬九千二百五十四〔八〕，口五千二百八十八萬四百八十八。

胡氏曰：有盛必有衰，有成必有壞，天地盈虚，與時消息，而况於人乎！或謂自古人主養民，至千萬户則止矣，是以數言，亦然亦不然也。然者，以漢文、景而武帝繼之，以隋高祖而煬帝繼之，以明皇而禄山出焉；不然者，堯、舜、禹、啓，太平三百餘年，周成、康、昭、穆，太平亦二百餘年，計其生齒，豈止千萬户而已哉！養之既至，教之又備，無札瘥兵革之禍，王者代天理物，於是爲盡矣。烏明皇户口雖多，而身自毁之，禍亂稍平，幾去其半，徒以内有一楊太真，外有一李林甫而致之。

乎，可不鑑哉！

乙未（七五五）

十四載。

春，二月，安禄山請以蕃將代漢將，從之。 禄山使副將何千年入奏，請以蕃將三十二人代漢將。韋見素謂楊國忠曰：「禄山久有異志，今又有此請，其反明矣！」明日入見，上迎謂曰：「卿等疑禄山邪？」見素因極言禄山反已有迹，所請不可許，上不悦，竟從禄山之請。他日，國忠、見素言於上曰：「臣有策，可坐消禄山之謀：若除禄山平章事，召詣闕，以賈循、吕知誨、楊光翽分領范陽、平盧、河東節度，則勢自分矣。」上從之。已草制而不發，更遣中使輔璆琳以珍果賜禄山，潛察其變。璆琳受禄山厚賂，還，盛言禄山無二心。上謂國忠等曰：「朕推心待之，必無異志！朕自保之，卿等勿憂也。」事遂寢。

哥舒翰入朝。 翰入朝得疾，遂留京師，家居不出。

秋，七月，安禄山表請獻馬，遣中使諭止之。 禄山自歸范陽，朝廷每遣使者至，皆稱疾不出迎，盛陳武備，然後見之，無復人臣禮。楊國忠日夜求禄山反狀。禄山子慶宗尚宗女，在京師，密報禄山，禄山愈懼。上以其子成昏，手詔召禄山觀禮。禄山辭疾不至，表獻馬三千匹，每匹執控夫二人，遣蕃將二十二人部送。河南尹達奚珣疑有變，奏：「請諭禄山以進馬宜俟至冬，官自給夫，無煩本軍。」於是上稍寤，始有疑禄山之意。會輔璆琳受賂事泄，上託以他事撲殺之；遣中使馮神威賫手詔諭禄山，如珣策。禄山踞牀不拜，曰：「馬不獻亦可。十月當詣京師。」尋遣還，亦無表。

胡氏曰：明皇至是知禄山之必反，而不爲之備，可謂迷而不悟矣！或曰：「禄山兵精，雖爲之備，亦安能禦之乎？」曰：顔杲卿、張巡之徒，以一縣一郡尚能倉卒立功；况據四海全盛之勢乎！苟變易其思慮，澡雪其精神，蒐兵擇將，立有區處，比其稱兵，尚在數月之後，縱河北俶擾，亦安有播遷之辱哉！蓋其蠱惑之深，神志昏奪，以至於此。可不戒哉！可不懼哉！

八月，免百姓今載租庸。

冬，十月，帝如華清宫。

十一月，安禄山反；遣封常清如東京募兵以禦之。禄山專制三道，陰蓄異志，殆將十年，以上待之厚，欲俟上晏駕，然後作亂。會楊國忠屢言禄山且反，數以事激之，欲其速反以取信於上。禄山由是決意遽反，獨與嚴莊、高尚、阿史那承慶密謀。會有奏事官自京師還，禄山詐爲敕書示諸將曰：「有密旨，令禄山將兵入朝討楊國忠。」衆愕然相顧，莫敢異言。於是發所部兵及奚、契丹，凡十五萬，反於范陽。命賈循守范陽，吕知誨守平盧，高秀巖守大同；大閲誓衆，引兵而南，步騎精鋭，煙塵千里。時承平久，百姓不識兵革，河北州縣望風瓦解。北京以聞，上未信；及聞禄山定反，乃召宰相謀之。楊國忠揚揚有得色曰：「今反者獨禄山耳，將士皆不欲也。不過旬日，必傳首詣行在。」上以爲然。安西節度使封常清入朝，上問以討賊方略，常清大言：「請詣東京開府庫，募驍勇，挑馬箠渡河，計日取逆胡之首獻闕下。」上悦，以爲范陽、平盧節度使，乘驛詣東京募兵，旬日得六萬人；乃斷河陽橋，爲守禦之備。

帝還京師；安慶宗伏誅；以郭子儀爲朔方節度使。

以張介然爲河南節度使。領陳留等十三郡；諸郡當賊衝者，皆置防禦使。

十二月，以高仙芝爲副元帥，統諸軍屯陝。以榮王琬爲元帥，高仙芝副之，統諸軍東征。出內府庫錢帛於京師募兵十一萬，號曰「天武軍」，旬日而集，皆市井子弟也。仙芝以五萬人發京師，遣官者邊令誠監其軍，屯於陝。

禄山陷靈昌及陳留，殺張介然。禄山自靈昌渡河，以絙約敗船及草木横絶河流，一夕冰合，遂陷靈昌郡。張介然至陳留纔數日，禄山至，授兵乘城，衆忷懼，不能守。太守郭納以城降。禄山入北郭，聞安慶宗死，慟哭曰：「我何罪而殺我子？」陳留將士降者萬人，皆殺之，以快其忿；斬張介然於軍門。以其將李廷望爲節度使，守陳留。

制朔方、河西、隴右兵赴行營。

禄山陷滎陽，殺其太守崔無詖。

封常清與賊戰于武牢，敗績。禄山遂陷東京，留守李憕、御史中丞盧奕死之。禄山以田承嗣、安忠志、張孝忠爲前鋒。常清所募兵皆白徒，屯武牢以拒賊，賊以鐵騎蹂之，再戰皆敗。禄山陷東京，常清再戰城中，又敗，乃西走。河南尹達奚珣降於禄山。留守李憕謂御史中丞盧奕曰：「吾曹荷國重任，雖知力不敵，必死之！」奕許諾。憕收殘兵數百，欲戰，皆潰。憕坐府中，奕先遣妻子懷印間道走長安，朝服坐臺中，禄山使人執之，及採訪判官蔣清皆殺之。奕駡禄山，數其罪，顧賊黨曰：「凡爲人當知逆順。我死不失節，夫復何恨！」奕，懷慎之子也。禄山以其黨張萬頃爲河南尹。

高仙芝退保潼關，河南多陷。封常清帥餘衆至陜，謂高仙芝曰：「常清連日血戰，賊鋒不可當。且潼關無兵，若賊豕突入關，則長安危矣。陜不可守，不如引兵先據潼關以拒之。」仙芝乃趣潼關，修完守備。禄山使其將崔乾祐屯陜，臨汝、弘農、濟陰、濮陽、雲中郡皆降於禄山。是時，朝廷徵兵未至，關中恟懼。會禄山方謀稱帝，留東京不進，故朝廷得爲之備，兵亦稍集。

東平太守吴王祇起兵討賊。禄山以張通晤爲睢陽太守，東略地，郡縣官多望風降走，惟東平太守嗣吴王祇、濟南太守李隨起兵拒之。郡縣之不從賊者，皆倚吴王爲名。祇，禕之弟也。單父尉賈賁帥吏民擊斬通晤，有衆二千。詔以祇爲靈昌太守、河南都知兵馬使。

以永王璘爲山南節度使，潁王璬爲劍南節度使〔九〕。二王皆不出閤，以江陵、蜀郡長史源洧、崔圓副之。

制太子監國。上議親征，制太子監國，謂宰相曰：「朕在位垂五十載，去秋已欲傳位太子，值水旱相仍，不欲以餘災遺子孫；不意逆胡横發，朕當親征，且使之監國。事平之日，朕將高枕無爲矣！」楊國忠大懼，退謂三夫人曰：「太子素惡吾家，若一旦得天下，吾與姊妹併命在旦暮矣。」使説貴妃銜土請命於上，事遂寢。

平原太守顔真卿起兵討賊。初，真卿知禄山且反，因霖雨完城浚濠，料丁壯，實倉廩；禄山以其書生，易之。及反，牒真卿將兵防河津，真卿遣平原司兵李平間道奏之。上始聞河北郡縣皆從賊，歎曰：「二十四郡，曾無一人義士邪！」及平至，大喜曰：「朕不識顔真卿作何狀，乃能如是！」真卿使親客密懷購賊牒詣諸郡，由是諸郡多應者；召募勇士，旬日至萬餘人，諭以舉兵討禄山，繼以涕泣，士皆感憤。禄山使其黨段子光齎李憕、盧奕、蔣清首徇河北諸郡，至平原，真卿執之，腰斬以徇；取三人首，續以蒲身，棺斂葬之，祭哭受弔。禄山以劉道玄攝景城太守，清池尉賈載、鹽山尉穆寧共斬之，得其甲仗五十餘船，携其首謁長史李暐。暐收嚴莊宗族，悉誅之，送道玄首至平原。真卿召載、寧及清河尉張澹詣平原計事。饒陽太守盧全誠據城不受代；河間司法李奐殺禄山所署長史王懷忠；李隨殺禄山所署博平太守馬冀，各有衆數千或萬人，共推真卿爲盟主，軍事皆稟焉。禄山使張獻誠將兵萬人圍饒陽。

殺高仙芝、封常清，以哥舒翰爲副元帥。 邊令誠數以事干仙芝，仙芝不從。令誠入奏事，遂言：「常清以賊摇衆，而仙芝棄陝地數百里，又盗減糧賜。」上大怒，遣令誠賫敕即軍中斬仙芝及常清。初，常清既敗，三遣使奉表陳賊形勢，上皆不之見。常清乃自馳詣闕〔一〇〕，至渭南，敕削其官爵，令還軍自效。常清草遺表曰：「臣死之後，望陛下不輕此賊，無忘臣言！」時朝議皆以爲禄山狂悖，不日授首，故常清云然。令誠至潼關，先引常清，宣敕示之；常清以表附令誠上之。常清既死，乃謂仙芝曰：「大夫亦有恩命。」仙芝遽下，令誠宣敕。仙芝曰：「我遇敵而退，死則宜矣。謂我盗減糧賜則誣也。」時士卒在前，大呼稱枉，其聲振地，遂斬之。上以哥舒翰有威名，且素與禄山不協，召見，拜兵馬副元帥，將兵八萬以討禄山。翰以疾固辭，上不許，以田良丘爲行軍司馬，蕃將火拔歸仁等將部落以從，并仙芝舊卒，號二十萬，軍于潼關。翰病，不能治事，悉以軍政委良丘；良丘復不敢專決，使王思禮主騎，李承光主步，無所統壹。翰用法嚴而不恤，士卒皆懈弛，無鬭志。

禄山遣兵寇振武；郭子儀使兵馬使李光弼、僕固懷恩擊破之，進圍雲中，拔馬邑。

常山太守顔杲卿起兵討賊，河北諸郡皆應之。禄山之至藁城也，常山太守顔杲卿力不能拒，與長史袁履謙往迎之。禄山輒賜杲卿金紫，質其子弟，使仍守常山；又使其將李欽湊將數千人守井陘口，以備西軍。杲卿歸途中，指其衣謂履謙曰：「何爲著此？」履謙悟其意，乃陰與杲卿謀起兵討禄山。至是將起兵，馮虔、賈深、崔安石、翟萬德、張通幽等皆預其謀；又遣人語太原尹王承業，密與相應。會從弟真卿自平原遣甥盧逖潛告杲卿，欲連兵斷禄山歸路，以緩其西入之謀。時禄山遣高邈詣幽州徵兵未還，杲卿以禄山命召李欽湊，使帥衆受犒，醉而斬之，悉散井陘之衆。賊將高邈、何千年適至，皆擒之。千年謂杲卿曰：「此郡應募烏合，難以臨敵。宜深溝高壘，勿與爭鋒，俟朔方軍至，併力齊進，傳檄趙、魏，斷燕、薊要膂，彼則成擒矣。今且宜聲云李光弼兵出井陘，因使人説張獻誠云：『足下所將多團練之兵，難以當山西勁兵。』獻誠必解圍遁去。此亦一奇也。」杲卿悦，用其策。獻誠果遁去，兵皆潰。杲卿乃使人入饒陽城，慰勞將士。於是河北諸郡響應，凡十七郡皆歸朝廷，兵合二十餘萬。其附禄山者，唯范陽、盧龍、密雲、漁陽、汲、鄴六郡而已。杲卿又密使人入漁陽招賈循。郏城人馬燧説循曰：「禄山負恩悖逆，終歸夷滅。公若以范陽歸國，傾其根柢，此不世之功也。」循然之，猶豫不時發。別將牛潤容知之，以告禄山，禄山召循殺之。馬燧亡入西山，隱者徐遇匿之得免。禄山欲攻潼關，至新安，聞河北有變而還。

吐蕃贊普乞梨蘇卒。子娑悉立。

丙申(七五六)

十五載。肅宗皇帝至德元載。

春,正月,安禄山僭號。禄山自稱大燕皇帝,改元聖武,以達奚珣爲侍中,張通儒爲中書令,高尚、嚴莊爲中書侍郎。

以李隨爲河南節度使,許遠爲睢陽太守。

賊將史思明陷常山,顔杲卿死之;復陷九郡,進圍饒陽。杲卿使其子泉明獻李欽湊首及何千年、高邈于京師。張通幽泣請曰:「兄陷賊,乞與泉明偕行以救宗族。」杲卿哀而許之。至太原,通幽欲自託於王承業,乃教之留泉明,更其表,多自爲功,毁短杲卿,别遣使獻之。杲卿起兵纔八日,守備未完,史思明、蔡希德引兵皆至城下。杲卿告急於承業,承業擁兵不救。杲卿晝夜拒戰,糧盡矢竭,城遂陷。賊執杲卿及袁履謙等送洛陽。承業使者至京師,拜承業羽林大將軍〔一一〕,麾下受官爵者以百數。徵顔杲卿爲衛尉,朝命未至,而常山已陷矣。杲卿至洛陽,禄山數之曰:「我奏汝爲判官,不數年,超至太守,何負於汝而反?」杲卿駡曰:「汝本營州牧羊羯奴,天子擢汝爲三道節度使,恩幸無比,何負於汝而反?我世爲唐臣,禄位皆唐有,雖爲汝所奏,豈從汝反邪!我爲國討賊,恨不斬汝,何謂反也?臊羯狗,何不速殺我!」禄山大怒,并履謙縛而咼之。二人比死,駡不絶口。顔氏死者三十餘人。思明既克常山,引兵擊諸郡之不從者,於是鄴、廣平、鉅鹿、趙、上谷、博陵、文安、魏、信都等郡復爲賊守。盧全誠獨不從,思明等圍之。李奂將七千人、李暐遣其子祀將八千人救之,皆爲思明所敗。

胡氏曰：杲卿拒賊，河北皆應，若賈循事就，賊巢既傾，真可不逾旬時，坐平大憝矣。曾未十日，反敗於賊，是何也？明皇保姦棄賢，殺戮諫士，天固不使得忠義之報也。故制治保邦，必慎於未然之前；若車犇航沈，則人力有所不得施矣。

又曰：致亂者，李林甫、楊國忠也，而受禍輕；許國者，顔杲卿也，而得禍重，此淺識之士所以疑天理之或僭也。夫天之於人，安能數數然較其善惡之長短輕重，尺寸銖兩而報之哉！要之人有正理，必當爲善，而不可爲惡。天有常道，爲善者必佑，爲惡者必罰，此則終古不可易者。若杲卿家禍，蓋亦百一，固君子之不幸也。幸不幸，命也。有性焉，君子不謂命也。

以李光弼爲河東節度使。上命郭子儀罷圍雲中，還朔方益發兵進取東京；選良將分兵先出井陘，以定河北。郭子儀薦光弼，以爲河東節度使，分朔方兵萬人與之。

禄山遣其子慶緒寇潼關，哥舒翰擊却之。

二月，李光弼入常山，執賊將安思義，遂與史思明戰，大敗之。李光弼將蕃、漢步騎萬餘人、太原弩手三千人出井陘〔一二〕，至常山。常山團練兵執安思義出降。光弼召思義問計，且曰：「汝策可取，當不殺汝！」思義曰：「大夫士馬遠來疲弊，猝遇大敵，恐未易當。不如移軍入城，早爲備禦，先料勝負，然後出兵。胡騎雖鋭，不能持重，苟不獲利，氣沮心離，於時乃可圖矣。思明先鋒來晨必至，而大軍繼之，不可不留意也。」光弼悦，釋其縛，即移軍入城。思明聞常山不守，立解饒陽之圍，合二萬餘騎直抵城下。光弼以五百弩於城上齊發射之，賊稍却。乃出弩手千人，分爲四隊，使其矢發發相繼，賊不能當，乃退。有村民告賊步兵五千自饒陽來，至九門南逢壁。光弼遣步騎各二千，匿旗鼓，並水潛行，遇賊方飯，縱兵掩擊，殺之無遺。思明聞之失勢，退入九門。時常山九縣，七附官軍，惟九門、藁城爲賊所據。光弼遣裨將張奉璋以兵五百戍石邑，餘皆三百人戍之。

真源令張巡起兵雍丘討賊。 先是，譙郡太守楊萬石以郡降安禄山，逼真源令張巡爲長史，使西迎賊。巡至真源，帥吏民哭於玄元皇帝廟，起兵討賊，樂從者數千人。巡選精兵千人，西至雍丘，與賈賁合。初，雍丘令令狐潮以縣降賊，引精兵攻雍丘。賁出戰敗死，巡力戰却賊，因兼領賁衆。潮復與賊將李懷仙等四萬餘衆奄至城下，衆懼，巡曰：「賊兵精鋭，有輕我心。今出其不意擊之，彼必驚潰。賊勢少折，然後城可守也。」乃使千人乘城，自帥千人分數隊，開門突出。巡身先士卒，直衝賊陳，人馬辟易，賊遂退。明日復進，蟻附攻城。巡束蒿灌脂，焚而投之，賊不得上。積六十餘日，大小三百餘戰，帶甲而食，裹瘡復戰，賊遂敗走。巡乘勝追之，獲胡兵二千人而還，軍聲大振。

以李光弼爲河北節度使。

加顔真卿河北採訪使。真卿擊魏郡，拔之。 先是，清河客李萼年二十餘，爲郡人乞師於真卿曰：「公首唱大義，河北諸郡恃公以爲長城。今清河，公之西鄰，國家平日聚江、淮、河内錢帛於彼以贍北軍，今有布三百餘萬疋，帛八十餘萬疋，錢三十餘萬緡，糧三十餘萬斛。昔討默啜，甲兵皆貯其庫，今有五十餘萬事。户七萬，口十餘萬。竊計財足以三平原之富，兵足以倍平原之强。公誠資以士卒，撫而有之，以二郡爲腹心，則餘郡如四支，無不隨所使矣。」真卿曰：「吾兵新集未練，何暇及鄰！然子之請兵，欲何爲乎？」蕚曰：「清河非力不足而借公之師也，亦以觀大賢之明義耳。今仰瞻高意，未有決辭定色，僕何敢遽言所爲乎！」真卿奇之，欲與之兵。衆以爲蕚年少輕慮，必無所成，真卿不得已辭之。蕚就館，復爲書説真卿曰：「清河去逆效順，奉粟帛器械以資軍，公乃不納而疑之。僕回轅之後，清河不能孤立，必有所繫託，將爲公西面之强敵，公能無悔乎？」真卿大驚，遽詣其館，以兵六千借之；送至境，執手别，因問之曰：「兵已行矣，可以言子之所爲乎？」蕚曰：「聞朝廷遣程千里將精兵十萬出崞口，賊據險拒之，不得前。今當引兵先擊魏郡，執其守將，分兵開崞口，以出千里之師，因討汲、鄴以北至于幽陵，然後帥諸同盟，合兵十萬，南臨孟津，分兵循河，據守要害，制其北走之路。計官軍東討者不下二十萬，河南義兵西向者亦不減十萬。公但當表朝廷堅壁勿戰，不過月餘，賊必有内潰相圖之變矣。」真卿曰：「善！」命參軍李擇交等將其兵會清河、博平兵五千人軍于堂邑。禄山所署魏郡太守袁知泰逆戰，大敗，遂克魏郡，軍聲大振。

以賀蘭進明爲河北招討使。時北海太守賀蘭進明亦起兵，真卿以書召之并力，進明將步騎五千渡河，真卿陳兵逆之，相揖，哭於馬上，哀動行伍。進明屯平原城南，真卿每事咨之，由是軍權稍移於進明，真卿不以爲嫌。復以堂邑之功讓之，進明奏其狀，取捨任意。敕加進明河北招討使，擇交等微進資級，清河、博平有功者皆不録。進明攻信都郡，久之，不克。參軍第五琦勸進明厚以金帛募勇士，乃克之。

胡氏曰：真卿先進明起兵，又爲河北採訪使，進明乃所部也，要與并力可也，咨其計畫可也，軍權稍移則過矣；讓以堂邑之功，則又甚矣。真卿爲是，得非懲常山之敗乎？愚謂二公過猶不及。方杲卿送俘京師也，張通幽請行以救宗族，杲卿若知其情，宜語之曰：「君兄陷賊，君正應留此，相與協力破賊，乃可以自湔。今行未有益也。」如此，則姦謀沮矣。杲卿既失之，真卿乃務下己以濟國事，然進明未嘗有可咨之策，而以不情與之；未嘗預堂邑之戰，而以衆人之功歸之；不與郭、李掎角，而進明是讓，真卿忠義奮發，而功烈不就者，蓋始乎此矣！

夏，四月，郭子儀、李光弼與史思明戰於九門，敗之，進拔趙郡。李光弼與史思明相守四十餘日。思明絶常山糧道，城中乏草，馬食薦藉。光弼遣使告急於子儀，子儀引兵自井陘出，四月至常山，與光弼合蕃漢步騎共十餘萬，與思明等戰於九門城南。思明大敗，中郎將渾瑊射其將李立節殺之。思明收餘衆奔趙郡，如博陵，以博陵降官軍，盡殺郡官。河、朔之民苦賊殘暴，所在屯結，多至二萬人，少者萬人，各爲營以拒賊。及郭、李軍至，爭出自效，攻趙郡。城降，士卒多虜掠，光弼坐城門，悉收還之，民大悦。子儀生擒四千人皆捨之，斬禄山太守郭獻璆。光弼進圍博陵，十日不拔，引兵還。

以來瑱爲潁川太守。楊國忠問將於左拾遺張鎬及蕭昕，鎬、昕薦瑱，以爲潁川太守。前後破賊甚衆，人謂之來嚼鐵。

以劉正臣爲平盧節度使。平盧軍將劉客奴、董秦、王玄志同謀殺吕知誨，遣使踰海，與顔真卿相聞，請取范陽以自效。真卿遣判官以衣糧助之。真卿時惟一子頗，纔十餘歲，使詣客奴爲質。朝廷聞之，以客奴鎮平盧，賜名正臣，秦及玄志拜官有差。

以虢王巨爲河南節度使。賊圍南陽，太常卿張垍薦虢王巨有勇略，上徵吴王祗還，以巨代之。引兵出藍田，賊解圍走。

五月，郭子儀、李光弼與史思明戰于嘉山，大敗之，復河北十餘郡。郭子儀、李光弼還常山，史思明收散卒數萬踵其後。子儀選驍騎更挑戰三日，賊疲乃退。子儀乘之，又敗之於沙河。禄山復使蔡希德將步騎二萬人北就思明，又使牛廷玠發范陽等郡兵合五萬餘人。子儀至恒陽，深溝高壘以待之，賊來則守，去則追之，晝則耀兵，夜斫其營，賊不得休息。數日，子儀、光弼議曰：「賊倦矣，可以出戰。」戰于嘉山，大破之，斬首四萬級，捕虜千餘人。思明奔博陵，光弼就圍之，軍聲大振。於是河北十餘郡皆殺賊守將而降，漁陽路再絶，賊往來者，多爲官軍所獲。賊衆家在漁陽者，無不摇心。禄山大懼，召高尚、嚴莊詬之曰：「汝教我反，以爲萬全。今守潼關數月不能進，北路已絶，諸軍四合，萬全何在？」尚、莊懼，數日不敢見。田乾真説禄山曰：「自古帝王經營大業，皆有勝敗，豈能一舉而成！尚、莊皆佐命元勳，一旦絶之，諸將誰不内懼？」禄山即置酒酣宴，待之如初。遂議棄洛陽，走歸范陽，計未決。

六月，哥舒翰與賊戰于靈寶，大敗，賊遂入關。是時，天下以楊國忠召亂，莫不切齒。王思禮密説哥舒翰使抗表請誅國忠，翰曰：「如此，乃翰反，非禄山也。」或説國忠：「朝廷重兵盡在翰手，翰若援旗西指，於公豈不危哉！」國忠大懼，募萬人屯灞上，令所親杜乾運將之，名爲禦賊，實備翰也。翰聞之，亦恐爲國忠所圖，乃表請灞上軍隸潼關，召乾運斬之。國忠益懼。會有告賊將崔乾祐在陜，兵不滿四千，皆羸弱無備，上遣使趣翰進兵復陜、洛。翰奏曰：「禄山久習用兵，豈肯無備，是必羸師以誘我！

若往，正墮其計中。且賊遠來，利在速戰；官軍據險，利在堅守。況賊勢日蹙，將有内變，因而乘之，可不戰擒也。要在成功，何必務速！今諸道徵兵，尚多未集，請且待之。」郭子儀、李光弼亦請「引兵北取范陽，覆其巢穴，賊必内潰。潼關大軍惟應固守以弊之，不可輕出」。國忠疑翰謀己，言於上，以賊方無備，而翰逗留，將失機會。上以爲然，續遣中使趣之，項背相望。翰不得已，撫膺慟哭，引兵出關，遇賊於靈寶西原。乾祐先據險，南薄山，北阻河，隘道七十里。翰使王思禮等將精兵五萬居前，龐忠等將餘兵十萬繼之，翰以兵三萬登河北阜望之，鳴鼓以助其勢。乾祐所出兵不過萬人，什什伍伍，散如列星，或疏或密，或前或却，官軍望而笑之。兵既交，賊偃旗如欲遁者，官軍懈，不爲備。賊乘高下木石，擊殺士卒甚衆。道隘，士卒如束，槍槊不得用。翰以氊車駕馬爲前驅，欲以衝賊。日過中，東風暴急，乾祐以草車數十乘塞氊車之前，縱火焚之。煙焰所被，官軍不能開目，妄自相殺，謂賊在煙中，聚弓弩射之。日暮，矢盡，乃知無賊。乾祐遣精騎自後擊之，官軍大敗。後軍自潰，河北軍望之亦潰。翰獨與麾下百餘騎走入關。乾祐進攻潼關，克之。翰至關西驛，揭牓收散卒，欲復守潼關。蕃將火拔歸仁等執以降賊，俱送洛陽。禄山問翰曰：「汝常輕我，今定何如？」翰伏地對曰：「臣肉眼不識聖人。」禄山以翰爲司空。謂歸仁不忠，斬之。於是河東、華陰、馮翊、上洛防禦使皆棄郡走。

范氏曰：國忠既激禄山使之速反以信其言，又促哥舒翰出兵潼關，恐其不利於己，動爲身計，不顧社稷；然所以求全者，適足以自族也。夫小人利於己而不利於人則爲之，害於國而不害於家則爲之，自以爲得計矣；而不知害於國則亦害於家，不利於人則亦不利於己。是以自古小人之敗，必至於家國俱亡。此先王所以戒小人之不可用也。明皇以天下安危寄之一相，而其人如此，安得不傾覆乎！

帝出奔蜀。哥舒翰麾下來告急，上不時召見，及暮，平安火不至，上始懼，召宰相謀之。楊國忠首唱幸蜀之策，上然之，乃御樓下制，云欲親征，聞者皆莫之信。以崔光遠爲西京留守，邊令誠掌宫闈管鑰。既夕，命龍武大將軍陳玄禮整比六軍，厚賜錢帛，選閑廄馬九百餘匹。黎明，上獨與貴妃姊妹、皇子、妃主、皇孫及親近宦官、宫人出延秋門，妃主、皇孫之在外者，皆委之而去。

范氏曰：古者天子巡守，必載廟主而行。明皇既不能率其民人城守以待勤王之師，必不得已而避寇，猶當告廟諭衆，爲備而動，則不至於顛沛矣。乃以天子之尊，獨與其所愛脱身而逃，委其子孫皆碎賊手。自是以後，天下有變，則人主先爲出計，自明皇始。其可醜也夫！

上過左藏，國忠請焚之，上曰：「賊來無所得，必更斂於百姓。不如與之，無重困赤子。」是日，百官猶入朝，門既啓，則宫人亂出，中外大擾，不知上所之，四出逃匿。光遠遣其子東見禄山，令誠亦以管鑰獻之。上既過便橋，楊國忠即使人焚橋。上曰：「人各避賊求生，奈何絶其路！」留高力士撲滅之。至咸陽望賢宫，日向中，上猶未食，民獻糲飯，雜以麥豆，皇孫輩爭以手掬食之，須臾而盡。

范氏曰：上下之等，以勢相扶而已矣。天子以一身而寄天下之上，合而從之則爲君，離而去之則爲匹夫。明皇享國幾五十年，一旦失國出奔，不四十里而已無食。天子之貴，四海之富，其可恃乎！

有老父郭從謹進言曰：「禄山包藏禍心固非一日，有告其謀者，陛下往往誅之，使得逞其姦逆，致陛下播越。是以先王務延訪忠良以廣聰明，蓋爲此也。臣猶記宋璟爲相，數進直言，天下賴以安。自頃以來，在廷之臣以言爲諱，闕門之外，陛下皆不得知。草野之臣，必知有今日久矣。但九重嚴邃，區區之心，無路上達。事不至此，臣何由得睹陛下之面而訴之乎？」上曰：「此朕之不明，悔無所及！」慰諭而遣之。命軍士散詣村落求食。夜將半，乃至金城縣。縣民皆走，驛中無燈，人相枕藉而寢，貴賤無以復辨。

次于馬嵬。楊國忠及貴妃楊氏伏誅。明日，至馬嵬驛，將士飢疲，皆憤怒。陳玄禮以禍由楊國忠，欲誅之，因李輔國以告太子，未決。會吐蕃使者二十餘人遮國忠馬訴以無食，軍士呼曰：「國忠與胡虜謀反。」追殺之，以槍揭其首於驛門外，并殺韓國、秦國夫人。上聞諠譁，出門慰勞，令收隊，軍士不應。上使高力士問之，玄禮對曰：「國忠謀反，貴妃不宜供奉。願陛下割恩正法。」上曰：「朕當自處之。」入門，倚杖傾首而立久之。京兆司録韋諤，見素之子也，前言曰：「今衆怒難犯，安危在晷刻，願陛下速決。」因叩頭流血。上曰：「貴妃常居深宫，安知國忠反謀！」高力士曰：「貴妃誠無罪。然將士已殺國忠，而貴妃在陛下左右，豈敢自安！願陛下審思之。將士安，則陛下安矣！」上乃命力士引貴妃於佛堂縊殺之，輿尸寘驛庭，召玄禮等入視之。玄禮等乃免冑釋甲，頓首謝罪，軍士皆呼萬歲。於是始整部伍爲行計。國忠妻子及虢國夫人走陳倉，縣令薛景仙誅之。

發馬嵬，留太子東討賊。明日，將發馬嵬，朝臣惟韋見素一人。乃以韋諤爲御史中丞，充置頓使。將士皆曰：「國忠將吏皆在蜀，不可往。」諤曰：「不如且至扶風，徐圖去就。」衆以爲然，上乃從之。父老遮道請留，上命太子宣慰之。父老曰：「至尊既不肯留，某等願帥子弟從殿下東破賊，取長安。若殿下與至尊皆入蜀，使中原百姓誰爲之主？」須臾聚至數千人。太子不可，涕泣跋馬欲西。建寧王倓與李輔國執鞚諫曰：「逆胡犯闕，四海分崩，不因人情，何以興復？殿下不如收西北守邊之兵，召郭、李於河北，與之併力東討逆賊，克復二京，削平四海，使社稷危而復安，宗廟毀而更存，掃除宫禁，以迎至尊，豈非孝之大者！何必區區温凊，爲兒女之戀乎？」廣平王俶亦勸太子留。父老共擁太子馬，不得行。太子乃使俶馳白上，上曰：「天也。」命分後軍二千人及飛龍廐馬從太子，諭之曰：「太子仁孝，可奉宗廟。汝曹善輔佐之。」又使諭太子曰：「汝勉之，勿以吾爲念。西北諸胡，吾撫之素厚，汝必得其用。」且宣旨欲傳位太子，太子不受。俶、倓皆太子之子也。

帝至扶風。上至扶風，士卒流言不遜，陳玄禮不能制。會成都貢春綵十餘萬疋至，上命陳之於庭，召將士諭之曰：「朕衰耄，託任失人，致逆胡亂常，須遠避其鋒。卿等蒼猝從朕，不得别父母妻子，茇涉至此，勞苦至矣！朕甚愧之。蜀路阻長，郡縣褊小，人馬衆多，或不能供。今聽卿等各還家，朕獨與子孫、中官前行入蜀，亦足自達。今日與卿等訣别，可共分此綵以備資糧。若歸見父母及長安父老，爲朕致意，各好自愛也。」因泣下沾襟，衆皆哭曰：「臣等死生從陛下，不敢有貳！」上良久曰：「去留聽卿。」自是流言始息。

太子至平凉。太子既留，未知所適。建寧王倓曰：「殿下昔嘗爲朔方節度大使，將吏歲時致啓，俟略識其姓名。今河西、隴右之衆，皆敗降賊，父兄子弟多在賊中，或生異圖。朔方道近，士馬全盛；裴冕衣冠名族，必無貳心，速往就之，此上策也。」衆皆曰：「善！」通夜馳三百餘里，至彭原，太守李遵出迎，獻衣及糗糧，遂至平涼。閱監牧馬得數萬匹，又募士得五百餘人，軍勢稍振。

帝至河池，以崔圓同平章事。圓奉表迎車駕，具陳蜀土豐稔，甲兵全盛。上大悦，即以爲相。

陳倉令薛景仙殺賊將，克扶風而守之。

賊將孫孝哲陷長安。禄山不意上遽西幸，止崔乾祐兵，留潼關凡十日；遣孫孝哲將兵入長安，殺妃主、皇孫數十人，刳其心以祭安慶宗；搜捕百官、宫女送洛陽。王侯將相扈從車駕、家留長安者，誅及嬰孩。陳希烈以晚節失恩怨上，與張均、張垍等皆降於賊。禄山以希烈、垍爲相，自餘朝士皆授之官。於是賊勢大熾，西脇汧、隴，南侵江、漢，北割河東之半。既克長安，賊將日夜縱酒，專以聲色寶賄爲事，無復西出之意。故上得安行入蜀；太子北行，亦無追迫之患。

郭子儀、李光弼引兵入井陘；劉正臣襲范陽，不克。郭子儀、李光弼聞潼關不守，引兵入井陘，留王俌守常山。劉正臣將襲范陽，未至，史思明擊敗之。

帝至普安，以房琯同平章事。上之發長安也，羣臣多不知。至咸陽，謂高力士曰：「朝臣誰當來？誰不來？」對曰：「張均、張垍受恩最深，且連戚里，是必先來。時論皆謂房琯宜爲相，陛下不用，又禄山嘗薦之，恐或不來。」上曰：「事未可知。」及琯至，上問均兄弟，對曰：「臣帥與偕來，逗遛不進，觀其意，似有所蓄而不能言也。」上顧力士曰：「朕固知之矣！」即日以琯爲相。初陳希烈罷相〔一三〕，上許以佖代之，佖拜謝；既而不用，故佖懷怏怏。

秋，七月，太子即位於靈武，尊帝爲上皇天帝；以裴冕同平章事。初，太子至平涼，朔方留後杜鴻漸、水陸運使魏少遊、判官崔漪、盧簡、李涵相與謀曰：「平涼散地，非屯兵之所。靈武兵食完富，若迎太子至此，北收諸城兵，西發河、隴勁騎，南向以定中原，此萬世一時也。」乃使涵奉牋於太子，且籍朔方士馬、甲兵、穀帛、軍資之數以獻之。會河西司馬裴冕至平涼，亦勸太子之朔方。鴻漸自迎太子於平涼北境，説以興復之計。少遊盛治宫室帷帳，皆倣禁中，飲膳備水陸，太子至，悉命撤之。至是，冕、鴻漸等上太子牋，請遵馬嵬之命，不許；牋五上，太子乃許之。是日，即位於靈武，尊帝爲上皇天帝，大赦，改元。以杜鴻漸、崔漪並知中書舍人事，裴冕爲中書侍郎、同平章事。

范氏曰：肅宗以太子討賊，遂自稱帝，此乃太子叛父，何以討禄山也？唐有天下幾三百年，由漢以來享國最爲長久。然三綱不立，無父子、君臣之義，見利而動，不顧其親，是以上無教化，下無廉耻。古之王者，必正身齊家以率天下；其身不正，未有能正人者也。唐之父子不正，而欲以正萬事，難矣！其享國長久，亦曰幸哉！

胡氏曰：玄宗既有傳位之命，太子非真叛也。其失在玄宗命不亟行，而裴冕諸人急於榮貴，是以致此咎也。使肅宗著於父子、君臣之義，豈爲諸人所移？得以移之，則其心有以求之爾。唐高祖、睿、玄之遍，不見幾故也；而太宗、明、肅之惡，欲速見小利故也。父不父，子不子，豈非後世之大鑑歟！

時文武官不滿三十人，披草萊，立朝廷，制度草創，武人驕慢。大將管崇嗣在朝堂，背闕而坐，言笑自若，監察御史李勉奏彈之，繫於有司，上特原之，歎曰：「吾有李勉，朝廷始尊。」張良娣性巧慧，能得上意，從上來朔方。良娣每寢，常居上前。上曰：「禦寇非婦人所能。」良娣曰：「蒼猝之際，妾以身當之，殿下可從後逸去。」至靈武，産子三日，起縫戰士衣。上止之，對曰：「此非妾自養之時。」上以是益憐之。

上皇制以太子充天下兵馬元帥，諸王分總天下節制。上皇制以太子爲兵馬元帥，永王璘、盛王琦、豐王珙分領諸道節度都使。琦、珙皆不出閤，惟璘赴江陵。先是，四方聞潼關失守，莫知上所之，及是制下，始知乘輿所在。

上皇至巴西，以崔渙同平章事，韋見素爲左相。

賊兵寇扶風，薛景仙擊破之。

安禄山遣高嵩使河、隴，大震關使郭英乂斬之。禄山遣其將高嵩以敕書、繒綵誘河、隴將士，英乂斬之。

李泌至靈武。初，京兆李泌幼以才敏著聞，玄宗欲官之不可，使與太子爲布衣交。楊國忠惡之，奏徙蘄春，後隱居潁陽。上自馬嵬遣使召之，謁見於靈武，上大喜，出則連轡，寢則對榻，如爲太子時；事無大小皆咨之，言無不從。上欲以泌爲右相，泌固辭曰：「陛下待以賓友，則貴於宰相矣。何必屈其志！」上乃止。

胡氏曰：鄴侯，帝之故人也，力辭相位何也？無乃其心有所不可於帝歟！總丱遊從，遽相屈伏，既非素交之道；乘危傳襲，又相承奉，均蒙不正之責。此泌所以重當輔弼，而輕爲賓友者也。

河西、安西皆遣兵詣行在。上命河西節度副使李嗣業將兵五千赴行在。嗣業與節度使梁宰謀，且緩師以觀變，綏德府折衝段秀實讓嗣業曰：「豈有君父告急，而臣子晏然不赴者乎！特進常自謂大丈夫，今日視之，乃兒女子耳！」嗣業大慚，即白宰發兵，以秀實自副，將之詣行在。上又徵兵於安西，行軍司馬李栖筠發兵七千，勵以忠義而遣之。

改扶風爲鳳翔郡。

上皇至成都。從官、六軍至者千三百人而已。

令狐潮圍雍丘，張巡擊走之。令狐潮攻雍丘。潮與張巡有舊，於城下相勞苦如平生。潮因說巡曰：「天下事去矣。足下堅守危城，欲誰爲乎？」巡曰：「足下平生以忠義自許，今日之舉，忠義何在？」潮慚而退。圍守四十餘日，朝廷聲問不通。潮聞上皇已幸蜀，復以書招巡。大將六人，白巡以「兵勢不敵，且上存亡不可知，不如降賊」。巡陽許諾。明日，堂上設天子畫像，帥將士朝之，人人皆泣，引六將於前，責以大義，斬之，士心益勸。城中矢盡，巡縛藁爲人千餘，被以黑衣，夜縋城下。潮兵爭射之，得矢數十萬。其後復夜縋人，賊笑不設備。乃以死士五百斫潮營，潮軍大亂，焚壘而遁，追奔十餘里。潮益兵圍之，巡使郎將雷萬春於城上與潮相聞，語未絕，賊弩射之，面中六矢而不動。潮疑其木人，使諜問之，乃大驚，遥謂巡曰：「向見雷將軍，方知足下軍令矣。然其如天道何！」巡謂之曰：「君未識人倫，焉知天道！」未幾出戰，擒賊將十四人，斬首百餘級，賊乃夜遁。自是巡數破賊軍，分別其衆，凡胡兵悉斬之，脅從者皆令歸業。旬日間，民去賊來歸者萬餘户。

胡氏曰：人倫、天道，同條共貫，秦、漢已後，學者不能知也，而巡之言及此；則巡之才識，豈特能馭軍守城而已乎！

常山諸將討殺太守王俌。河北諸郡猶爲唐守，常山太守王俌欲降賊，諸將怒，因擊毬縱馬踐殺之。時信都太守烏承恩麾下有朔方兵三千人，諸將遣宗仙運迎承恩鎮常山，承恩辭以無詔命。仙運説承恩曰：「常山地控燕、薊，路通河、洛，有井陘之險，足以扼其咽喉。將軍若以國家爲念，移據常山，則洪勳盛烈，孰與爲比！若疑而不行，又不設備，常山既陷，信都豈能獨全！」承恩不從。仙運又曰：「將軍不納鄙夫之言，必懼兵少故也。今人不聊生，咸思報國，競相結聚，屯據鄉村，若懸賞招之，不旬日，十萬可致也；若捨要害以授人，居四通而自安，譬如倒持劍戟，取敗之道也。」承恩竟疑不決。

以顔真卿爲工部尚書。初，真卿聞李光弼下井陘，即斂軍還平原；及聞郭、李西入，始復區處河北軍事，以蠟丸達表於靈武。以真卿爲尚書兼御史大夫，領使如故；并致赦書，亦以蠟丸達之。真卿頒下諸郡，又遣人頒與河南、江、淮。由是諸道始知上即位於靈武，徇國之心益堅矣。

八月，以郭子儀爲靈武長史，李光弼爲北都留守，並同平章事。子儀等將兵五萬自河北至靈武，靈武軍威始盛，人有興復之望矣。光弼以景城、河間兵五千赴太原。先是，河東節度使王承業軍政不修，朝廷遣侍御史崔衆交其兵，尋遣中使誅之。衆侮易承業，光弼素不平。至是，敕交兵於光弼，衆見光弼，不爲禮，又不時交兵，光弼怒，收斬之，軍中股栗。其後，上謂李泌曰：「今子儀、光弼已爲宰相，若克兩京，平四海，則無官以賞之，奈何？」對曰：「古者有功則錫以茅土，傳之子孫。太宗欲復古制，大臣議論不同而止，由是賞功以官。夫以官賞功有二害：非才則廢事，權重則難制。嚮使禄山有百里之國，亦惜之以遺子孫而不反矣。爲今計，莫若疏爵土以賞功臣，則雖大國不過二、三百里，可比今之小郡，豈難制哉！」上曰：「善。」

回紇、吐蕃遣使請助討賊。

上皇以第五琦爲江、淮租庸使。賀蘭進明遣參軍第五琦入蜀奏事。琦言：「今方用兵，財賦爲急。財賦所產，江、淮居多。乞假臣一職，可使軍無乏用。」上皇悦，以爲租庸使。

史思明陷九門。

上皇遣使奉册寶如靈武。靈武使者至蜀，上皇喜曰：「吾兒應天順人，吾復何憂！」制：「自今改制敕爲誥，表疏稱太上皇。軍國事皆先取皇帝進止，仍奏朕知；俟克復上京，朕不復預事。」命韋見素、房琯、崔渙奉傳國寶及玉册詣靈武傳位。

史思明陷藁城。

禄山取長安樂工、犀象詣洛陽。初，上皇每酺宴，先設太常雅樂，繼以鼓吹、胡樂、散樂、雜戲，又出宫人舞霓裳羽衣；又教舞馬百匹，銜盃上壽；又引犀、象入場，或拜或舞，安禄山見而悦之。至是，命搜捕送洛陽，宴其羣臣於凝碧池，盛奏衆樂。梨園弟子往往歔欷泣下，賊皆露刃睨之。樂工雷海清不勝悲憤，擲樂器於地，西向慟哭，禄山怒，支解之。

司馬公曰：聖人以道德爲麗，仁義爲樂，故雖茅茨土階，惡衣菲食，不耻其陋，惟恐奉養之過，以勞民費財。明皇恃其承平，不思後患，豈知大盗在旁，已有窺窬之心，卒致鑾輿播越，生民塗炭。乃知人君崇華靡以示人，適足爲大盗之招也。

禄山聞嚮日百姓乘亂多盗庫物，既得長安，命大索三日，并其私財盡掠之。民間騷然，益思唐室。民間相傳太子北收兵來取長安，日夜望之，或時相驚曰：「太子大軍至矣！」則皆走，市里爲空。賊望見北方塵起，輒驚欲走。京畿豪傑往往殺賊官吏，遥應官軍；誅而復起，相繼不絶，賊不能制。至是，西門之外率爲敵壘，賊兵力所及者，南不出武關，北不過雲陽，西不過武功。江、淮奏請貢獻之蜀、之靈武者，皆自襄陽取上津路抵扶風，道路無壅，皆薛景仙之功也。

九月，史思明陷趙郡、常山。

以廣平王俶爲天下兵馬元帥，李泌爲侍謀軍國元帥長史。建寧王倓英果有才略，從上自馬嵬北行，屢逢寇盗，自選驍勇，居上前後，血戰以衛上，軍中皆屬目。上欲以爲元帥，李泌曰：「建寧誠元帥才，然廣平兄也。若建寧功成，豈可使廣平爲吴太伯乎！」上曰：「廣平冢嗣也，何必以元帥爲重！」泌曰：「廣平未正位東宫。今天下艱難，衆心所屬在於元帥。若建寧大功既成，陛下雖欲不以爲儲副，同立功者其肯已乎！太宗、上皇即其事也。」乃以廣平王俶爲元帥，諸將皆屬。倓聞之，謝泌曰：「此固倓之心也。」上與泌出行軍，軍士指之，竊言曰：「衣黄者，聖人也；衣白者，山人也。」上聞之，以告泌曰：「艱難之際，不敢相屈以官，且衣紫袍以絶羣疑。」泌不得已受之。上笑曰：「既服此，豈可無名稱！」出懷中敕，以泌爲侍謀軍國元帥府行軍長史。泌固辭，上曰：「朕非敢相臣，以濟艱難耳。俟賊平，任行高志。」泌乃受。泌又言於上曰：「諸將畏憚天威，在陛下前敷陳軍事，或不能盡所懷，萬一小差，爲害甚大。乞先令與臣及廣平熟議，臣與廣平從容奏聞，可者行之，不可者已之。」上許之。時軍旅務繁，四方奏報，自昏至曉無虛刻，上悉使送府。泌先開視，有急切者及烽火重封通進，餘則待明。禁門鑰契，悉委俶與泌掌之。

同羅叛，遣郭子儀發兵討破之。初，同羅、突厥從安禄山反者屯長安苑中，其酋長阿史那從禮帥五千騎竊廄馬二千匹，逃歸朔方，謀邀結諸胡，盜據邊地。上遣使宣慰之，降者甚衆。至是，説誘九姓、六州諸胡數萬，將寇朔方，上命郭子儀詣天德軍發兵討之。左武鋒使僕固懷恩之子玢兵敗降虜，既而逃歸，懷恩斬之。將士股栗，無不一當百，遂破同羅。

遣使徵兵回紇。上雖用朔方之衆，欲借兵於外夷以張軍勢，以豳王守禮之子承寀爲敦煌王，與僕固懷恩使回紇以請兵；又發拔汗那兵，且使轉諭城郭諸國，許以厚賞，使從安西兵入援。

帝如彭原。李泌勸上且幸彭原，俟西北兵將至，進幸扶風以應之。於時庸調亦集，可以贍軍，上從之。至彭原，廨舍隘狹，上與張良娣博，打子聲聞于外。李泌言諸軍奏報停壅。上乃潛令刻乾樹雞爲子，不欲有聲。良娣以是怨泌。

范氏曰：明皇播遷于蜀，肅宗越在草莽，宗廟焚毁，社稷丘墟，此痛心嘗膽之時也，而於軍旅之中，與婦人嬉戲，豈非以位爲樂乎！肅宗之志不及遠矣，享國不永，此其兆與？

寶册至自成都。韋見素等至自成都，奉上寶册，上不肯受，曰：「比以中原未靖，權總百官，豈敢乘危遽爲傳襲！」羣臣固請，上不許。寘於別殿，朝夕事之，如定省之禮。

胡氏曰：置璽別殿，事之如定省者，虚文也；身爲皇帝，先欲建中宫，又欲建太子，猶曰：「不敢乘危傳襲」。吾誰欺，欺天乎？

上以見素本附楊國忠，意薄之；素聞房琯名，虚心待之。琯見上言時事，辭情慷慨，上爲改容。由是軍國事多謀於琯，琯亦以天下爲己任，知無不爲，諸相拱手避之。上皇賜張良娣七寶鞍，李泌曰：「今四海分崩，當以儉約示人，良娣不宜乘此，請撤其珠玉，付庫吏以賞戰功。」上遽從之。建寧王倓泣於廊下，上驚問之，對曰：「臣比憂禍亂未已，今陛下從諫如流，不日當見陛下迎上皇還長安，是以喜極而悲耳。」上又謂泌曰：「良娣，上皇所念，朕欲使正位中宫何如？」對曰：「陛下在靈武，以羣臣望尺寸之功，故踐大位，非私己也。至於家事，宜待上皇之命，不過晚歲月之間耳。」良娣由是惡泌及倓。上嘗從容與泌語及李林甫，欲敕諸將克長安日，發其冢，焚骨揚灰。泌曰：「陛下方定天下，奈何讎死者？彼枯骨何知，徒示聖德之不弘耳。且方今從賊者，皆陛下之讎也，若聞此舉，恐阻其自新之心。」上不悦曰：「此賊昔日百方危朕，奈何矜之？」對曰：「臣豈不知此！顧以上皇春秋高，聞陛下此敕，必以爲用韋妃之故，萬一感憤成疾，是陛下以天下之大，不能安君親也。」言未畢，上流涕被面曰：「朕不及此。」

胡氏曰：林甫之罪，不可勝誅矣。肅宗若數其蒙蔽專擅，妬疾忠賢，養成禍亂，致上皇播越、宗社塗炭，按誅王敦故事，跽而斬之，以伸天下之憤，何不可之有！顧獨憾其危己，是以天子而讎匹夫，不亦褊乎！天下，大物也，非器足以容〔一四〕，必不勝任。肅宗雖克復兩京，而遂失河北，豈非器小而然耶！

制諫官言事勿白宰相。初，李林甫爲相，諫官言事，皆先白宰相，退則又以所言白之御史，言事須大夫同署。至是，敕盡革其弊，開諫諍之塗；又令宰相分直政事筆承旨，旬日而更，懲林甫及楊國忠之專權故也。

冬，十月朔，日食，既。

胡氏曰：肅宗始初清明，未有大過，而謫見于天，若是其大，何也？人主之德莫加乎孝，其剛莫先乎無慾，其明莫要乎知君子、小人之辨。肅宗乘危取位，愛張良娣，任李輔國，殺其賢子，使李泌不敢自安，則三者皆失之矣！是以功業不遂，而禍亂繼作。天之示人，豈有一毫之僭乎！使其克謹天戒以正厥事，則雖有其象而無其應矣。

加第五琦山南等道度支使。琦請以江、淮租庸市輕貨，泝江、漢而上，至洋川，令漢中王瑀陸運至扶風以助軍，上從之。琦作榷鹽法，用以饒。

以房琯爲招討節度等使，與賊戰于陳濤斜，敗績。房琯喜賓客，好談論，多引拔知名之士，而輕鄙庸俗，人多怨之。北海太守賀蘭進明詣行在，上命琯以爲御史大夫，琯以爲攝御史大夫。進明入謝，上怪之，進明因言與琯有隙，且曰：「晉用王衍爲三公，祖尚浮虛，致中原板蕩。今房琯專爲迂闊大言以立虛名，所引用皆浮華之黨，真王衍之比也。陛下用爲宰相，恐非社稷之福。且琯在南朝佐上皇，使陛下與諸王分領諸道節制，仍置陛下於沙塞空虚之地，又布私黨於諸道，使統大權。其意以爲上皇一子得天下，則己不失富貴，此豈忠臣所爲乎！」上由是疏之。琯請自將兵復兩京，上許之。琯請以李揖爲司馬，劉秩爲參謀，悉以戎務委之，曰：「賊曳落河雖多，安能當我劉秩！」二人皆書生，不閑軍旅。遇賊將安守忠於咸陽之陳濤斜，琯效古法，用車戰，以牛車二千乘，馬步夾之。賊順風鼓譟，牛皆震駭，縱火焚之，人畜大亂，死傷四萬餘人。上大怒，李泌爲之營救，上乃宥之，待琯如初。

范氏曰：房琯有高志虚名而無實才，肅宗既疏之，而猶以爲將帥，是不知其臣也。琯以讒見疏，而猶以討賊爲己任，是不量其君也。君不知其臣，臣不量其君，而欲成天下之務，未之聞也。且肅宗任琯，而琯任劉秩，君臣不知人如此，夫安得不敗乎！

史思明攻陷河北諸郡，饒陽裨將張興死之。史思明陷河間、景城，李奂、李暐皆死。使兩騎齎尺書以招樂安，即時舉郡降。又使其將康没野波攻平原，顔真卿力不敵，棄郡走。思明攻清河、博平，皆陷之；進圍信都，烏承恩以城降。

胡氏曰：承恩始以無詔命，不從常山諸將之請，善矣；確守此志，要結鄰援，相與擊賊，萬一不捷，死於其位，上也；至於力屈，則近有李、郭可從。曾不是圖，乃舉城降賊，何見理之不明，而執義之不堅歟！是故從常山之請，誠不若固信都之守；而下思明之拜，則尤不若用仙運之説矣。惜乎，承恩之智，昧於輕重可否之差也！

饒陽裨將張興力舉千鈞，性復明辯。賊攻饒陽，彌年不能下。及諸郡皆陷，思明并力圍之，外救俱絶，城陷，擒興，謂曰：「將軍真壯士，能與我共富貴乎？」興曰：「興，唐之忠臣，固無降理。今數刻之人耳，願一言而死。」思明曰：「試言之。」興曰：「主上待禄山，恩如父子，羣臣莫及，不知報德，乃興兵指闕，塗炭生人，大丈夫不能翦除凶逆，乃北面爲之臣乎？且足下所以從賊，求富貴耳。譬如燕巢于幕，豈能久安！何如乘間取賊，轉禍爲福，長享富貴，不亦美乎！」思明怒，鋸殺之，罵不絶口，以至於死。禄山初以卒三千人授思明，使定河北。至是，河北皆下之，郡置防兵三千，雜以胡兵鎮之。思明還博陵。

永王璘反，上皇遣淮南節度使高適等討之。初，上皇命諸子分總節制，諫議大夫高適諫以爲不可，上皇不聽，以璘領四道節度都使，鎮江陵。時江、淮租賦，山積於江陵。璘召募勇士數萬人，日費巨萬。子瑒有勇力，好兵，薛璆等爲之謀主，以爲：「今天下大亂，惟南方完富，宜據金陵，保有江表，如東晉故事。」上聞之，敕璘歸蜀，璘不從。上乃以高適爲淮南節度使，來瑱爲淮南西道節度使，與江東節度使韋陟共圖璘。璘遂引舟師沿江東下。吴郡太守李希言平牒璘詰之，璘怒，遣其將渾惟明襲吴郡、季廣琛襲廣陵，破其兵於當塗。江、淮大震。高適與來瑱、韋陟會於安陸，結盟誓衆以討之。

回紇遣葛邏支將兵入援，十一月，與郭子儀合擊同羅，破之。

十二月，安禄山遣兵陷潁川〔一五〕，執太守薛愿、長史龐堅殺之。禄山遣兵攻潁川，城中兵少，無蓄積，太守薛愿、長史龐堅悉力拒守。期年，救兵不至，至是城陷。執愿、堅送洛陽，殺之。

上問李泌：「今敵强如此，何時可定？」對曰：「臣觀賊所獲子女、金帛，皆輸之范陽，此豈有雄據四海之志邪！今獨虜將或爲之用，中國之人惟高尚等數人，自餘皆脅從耳。以臣料之，不過二年，天下無寇矣。」上曰：「何故？」對曰：「賊之驍將，不過史思明、安守忠、田乾真、張忠志、阿史那承慶等數人而已。今若令李光弼自太原出井陘，郭子儀自馮翊入河東，則思明、忠志不敢離范陽、常山，守忠、乾真不敢離長安，是以兩軍縶其四將也。從祿山者，獨承慶耳。願敕子儀勿取華陰，使兩京之道常通。陛下軍於扶風，與子儀、光弼互出擊之，彼救首則擊其尾，救尾則擊其首，使賊往來數千里，疲於奔命；我常以逸待勞，賊至則避其鋒，去則乘其弊，不攻城，不遏路。來春復命建寧爲范陽節度大使，並塞北出，與光弼南北犄角，以取范陽，覆其巢穴，賊退則無所歸，留則不獲安。然後大軍四合而攻之，必成擒矣。」上悅。張良娣與李輔國相表裏，皆惡泌。建寧王倓謂泌曰：「先生舉倓於上，得展臣子之效。無以報德，請爲先生除害。」泌曰：「何也？」倓以良娣爲言，泌曰：「此非人子所言，願王置之。」倓不從。

張巡移軍寧陵，與賊將楊朝宗戰，大破之。令狐潮、李庭望攻雍丘，數月不下，築城於雍丘之北，以絶其糧援。賊常數萬人，而張巡衆纔千餘，每戰輒克。河南節度使、虢王巨屯彭城，假巡先鋒使。是月，魯、東平、濟陰陷于賊。賊將楊朝宗帥馬步二萬將襲寧陵，斷巡後。巡遂拔雍丘，東守寧陵以待之；始與睢陽太守許遠相見。是日，朝宗亦至，巡、遠與戰，晝夜數十合，大破走之，斬首萬餘級。敕以巡爲河南節度副使。以將士有功，遣使詣虢王巨，請空名告身及賜物，巨唯與折衝、果毅告身三十通，不與賜物。巡移書責巨，巨竟不應。

于闐王勝將兵入援。勝聞亂，使弟曜攝國事，自將兵五千入援。上嘉之，以爲殿中監〔一六〕。

吐蕃陷威戎等軍。凡陷軍七、城三。

丁酉（七五七）

二載。

春，正月，上皇以李麟同平章事，命崔圓赴彭原。

安慶緒殺禄山。禄山自起兵以來，目漸昏，至是不復睹物；又病疽，性益躁暴，左右使令小不如意，動加箠撻，或時殺之。嚴莊雖貴用事，亦不免箠撻。閹豎李猪兒被撻尤多，左右人不自保。既而嬖妾生子慶恩，欲以代慶緒。慶緒懼，莊謂之曰：「事有不得已者，時不可失。」慶緒從之。又謂猪兒曰：「汝不行大事，死無日矣！」猪兒亦許諾。莊與慶緒夜持兵立帳外，猪兒執刀直入帳中，斫禄山腹，禄山捫枕旁刀不獲，曰：「必家賊也！」遂死。莊宣言禄山疾亟，立慶緒爲太子，襲僞號，尊禄山爲太上皇，然後發喪。慶緒性昏懦，言辭無序，莊不令見人。慶緒日縱酒爲樂，兄事莊，以爲御史大夫，事無大小，皆取決焉。

殺建寧王倓。上謂李泌曰：「廣平爲元帥踰年，今欲命建寧專征，又恐勢分。立廣平爲太子何如？」對曰：「戎事交切，須即區處。至於家事，當俟上皇。不然，後代何以辨陛下靈武即位之意邪？」泌出，以告廣平王俶，俶入固辭曰：「陛下猶未奉晨昏，臣何心敢當儲副！」上賞慰之。李輔國本飛龍小兒，粗閑書計，上委信之。輔國外恭謹而内狡險，見張良娣有寵，陰附之。建寧王倓數於上前詆訐二人罪惡，二人譖之曰：「倓恨不得爲元帥，謀害廣平王。」上怒，賜倓死。於是廣平王俶内懼，謀去輔國及良娣，泌曰：「王不見建寧之禍乎？但盡人子之孝，良娣婦人，委曲順之，亦何能爲！」

胡氏曰：肅宗爲太子，厄於林甫二十年，其憤悱危困多矣，親見其父惑於宦、女，聽讒殺子，曾不知戒！方在播越，巨寇猶存，已襲危亡之迹。其所以克取舊物者，得非天未厭唐，而忠賢是賴乎！不然，無自而有興復之理也。

帝如保定。上聞安西、北庭及拔汗那、大食諸國兵至涼、鄯，乃幸保定。

史思明等寇太原，李光弼擊破之。史思明等引兵十萬寇太原。李光弼麾下精兵皆赴朔方，餘衆不滿萬人，諸將皆懼，議修城以待之。光弼曰：「太原城周四十里，賊垂至而興役，是先自困也。」乃帥士民於城外鑿壕以自固，作墼數十萬，衆莫知所用。及賊攻城，光弼用以增壘，城壞輒補，月餘不下。思明乃選驍鋭爲遊兵，戒之曰：「我攻其北，則汝潛趨其南，有隙則乘之。」而光弼軍令嚴整，雖寇所不至，警邏亦不少懈，賊不得入。光弼募軍中有小技皆取之，人盡其用。得錢工三，善穿地道。賊爲梯衝土山以攻城，光弼爲地道以迎之，近城輒陷。又作大礮飛巨石，一發輒斃二十餘人。賊死者什二、三，乃退營於數十步外。光弼遣人詐爲約降，而穿地道周賊營中；至期，遣裨將將數千人出如降狀，賊皆屬目，俄而營中地陷，死者千餘人，賊衆驚亂，官軍鼓譟乘之，俘斬萬計。會安禄山死，慶緒使思明歸守范陽，留蔡希德等圍太原。光弼復出擊之，斬首七萬，希德遁去。

賊將尹子奇寇睢陽，張巡入睢陽，與許遠拒却之。安慶緒以子奇爲河南節度使。子奇以歸、檀兵十三萬趣睢陽。許遠告急于張巡，巡自寧陵引兵入睢陽。巡有兵三千人，與遠兵合六千八百人。賊悉衆逼城，巡督勵將士，晝夜苦戰，一日或二十合，凡十六日，擒賊將六十餘人，殺士卒二萬餘，衆氣自倍。遠謂巡曰：「遠懦不習兵，公智勇兼濟，遠請爲公守，請公爲遠戰。」自是之後，遠但調軍糧，修戰具，居中應接而已；戰鬭籌畫，一出於巡。賊遂夜遁。

郭子儀平河東，賊將崔乾祐敗走。初，郭子儀以河東居兩京之間，扼賊要衝，得河東，則兩京可圖；時賊將崔乾祐守之。子儀潛遣人入河東，與唐官陷賊者謀，俟官軍至爲内應。子儀引兵趣河東，司户韓旻等翻城迎官軍。乾祐踰城得免，發城北兵拒官軍，子儀擊之，斬首四千級，遂平河東。

平盧節度使劉正臣卒。爲安東都護王玄志所酖也。

二月，帝至鳳翔。上至鳳翔旬日，隴右、河西、安西、西域之兵皆會，江、淮庸調亦至。長安人聞車駕至，從賊中自拔而來者日夜不絶。李泌請如前策，遣安西、西域之衆並塞東北取范陽，上曰：「今大衆已集，當乘兵鋒擣其腹心，而更引兵東北數千里，先取范陽，不亦迂乎？」對曰：「今所恃者，皆西北及諸胡之兵，性耐寒而畏暑，若乘其新至之鋭，攻禄山已老之師，其勢必克兩京。然春氣已深，賊歸巢穴，關東地熱，官軍必困而思歸；伺官軍之去，必復南來。然則征戰之勢未有涯也。不若先用之於寒鄉，除其巢穴，則賊無所歸，根本永絶矣。」上曰：「朕切於晨昏之戀，不能待此決矣。」

胡氏曰：事有大小、緩急之序，不知而倒置之，不可言智；知而逆施之，不可言仁。肅宗初從李輔國大孝之言，舍上皇而西行矣；今大計未就，復念晨昏，寧棄遠猷而不用，則欲速見小利之過也。然此計非獨李泌言之，顔杲卿、郭子儀、李光弼四人所見，蓋不約而同也。杲卿既不幸敗死，而肅宗復不能用三人之謀，惜哉！

慶緒使史思明守范陽。慶緒以史思明爲范陽節度使。先是，安禄山得兩京，珍貨悉輸范陽，思明擁强兵，據富資，益驕横，浸不用慶緒之命，慶緒不能制。

江南採訪使李成式討永王璘，璘敗走死。成式與河北招討判官李銑合兵討璘。季廣琛召諸將謂曰：「吾屬從王至此，天命未集，人謀已隳，兵鋒未交，尚及早圖去就。不然，死於鋒鏑，永爲逆臣矣！」諸將皆然之。於是廣琛以麾下奔廣陵。璘黨皆散，憂懼不知所出。成式將趙侃等濟江，璘兵遂潰。璘奔鄱陽，江西採訪使皇甫侁遣兵擒殺之〔一七〕。

三月，韋見素、裴冕罷，徵苗晉卿爲左相。

上皇遣中使祭始興文獻公張九齡。上皇思張九齡之先見，爲之流涕，遣中使至曲江祭之，厚恤其家。

胡氏曰：李覯有言：「使管仲而不死，雖内嬖六人，庸何傷！」君子非之曰：「未有蠱其心於女色，而又能盡其心於賢者也。」於明皇見之矣。明皇忽九齡之言，及身履危亡而後思之，亦奚及哉！正使鄉也用九齡，言禍亂不自范陽可耳。太真在宫，林甫在朝，九齡必見逐，殺一禄山，生一禄山，亦無救於播遷之禍。是故太平之君惟無欲，然後能持盈而守成也。

尹子奇復寇睢陽，張巡擊走之。尹子奇復引兵攻睢陽，張巡謂將士曰：「吾受國恩，所守，正死耳。但念諸君捐軀力戰，而賞不酬勳，以此痛心耳。」將士皆激勵請奮。巡乃椎牛饗士，盡軍出戰。賊望見兵少〔一八〕，笑之。巡執旗，帥諸將直衝賊陳，賊乃大潰。明日，賊又合軍至城下，巡出戰，晝夜數十合，屢摧其鋒，而賊攻圍益急。巡於城中夜鳴鼓嚴隊，若將出擊者，賊聞之，達旦儆備。既明，巡乃寢兵絶鼓。賊以飛樓瞰城中，無所見，遂解甲休息。巡與南霽雲、雷萬春等十餘將各將五十騎開門突出，直衝賊營，斬賊將五十餘人，殺士卒五千餘人。巡欲射子奇而不識，剡蒿爲矢，中者喜，謂巡矢盡，走白子奇，乃得其狀，使霽雲射之，中其左目，幾獲之。子奇乃走。

夏，四月，以郭子儀爲司空、天下兵馬副元帥，與賊戰于清溝，敗績。初，關内節度使王思禮軍武功，賊安守忠等攻之，兵馬使郭英乂戰不利，思禮退軍扶風。賊遊兵至大和關，去鳳翔五十里，鳳翔大駭。上以子儀爲司空、副元帥。子儀將兵赴鳳翔，賊李歸仁以鐵騎五千邀之。子儀使其將僕固懷恩等伏兵擊之，殺傷略盡。安守忠僞遁，子儀悉師逐之。賊以驍騎九千爲長蛇陳，官軍擊之，首尾爲兩翼夾擊，官軍大潰。子儀退保武功。是時府庫無蓄積，朝廷專以官爵賞功，諸將出征，皆給空名告身，聽臨事注名，有至開府、特進、異姓王者〔一九〕。諸軍但以職任相統攝，不復計官爵高下。及是，復以官爵收散卒。由是官爵輕而貨重，大將軍告身一通，纔易一醉。凡應募入軍者，一切衣金紫。名器之濫，至是而極焉。

范氏曰：官爵者，人君所以馭天下，不可以虚名而輕用也。君以爲貴而加於君子，則人貴之矣；君以爲賤而施於小人，則人賤之矣。肅宗欲以苟簡成功，而濫假名器，輕於糞土，此亂政之極也。唐室不競，不亦宜哉！

房琯罷，以張鎬同平章事。琯性高簡，時國家多難，而琯不以職事爲意，日與劉秩、李揖高談釋老，或聽門客董庭蘭鼓琴。庭蘭因是大招權利，御史劾之，罷爲太子少師。以鎬同平章事。上常使僧數百人爲道場於內，鎬諫曰：「帝王當修德以弭亂，未聞飯僧可致太平也。」上然之。

山南東道節度使魯炅奔襄陽。初，賊將武令珣、田承嗣攻山南東道節度使魯炅於南陽，城中食盡，餓死者相枕藉。上遣宦官曹日昇往宣慰，圍急不得入。日昇請單騎入城，襄陽太守魏仲犀不許。會顔真卿自河北至，曰：「曹將軍不顧萬死以致帝命，何爲沮之？借使不達，不過亡一使者；達則一城之心固矣。」日昇與十騎偕往，賊不敢逼，城中大喜。炅在圍中凡周歲，晝夜苦戰，力竭不能支，夜開城，帥餘兵數千突圍奔襄陽。承嗣追之，轉戰二日，不克而還。時賊欲南侵江、漢，賴炅扼其衝要，南夏得全。

貶郭子儀爲左僕射。子儀詣闕請自貶，以爲左僕射。

六月，將軍王去榮有罪，赦免死自效。將軍王去榮以私怨殺本縣令，當死，上以其善用礮，赦免死，以白衣詣陜郡效力。中書舍人賈至上表曰：「去榮無狀，殺本縣之君，而陛下以礮石一能，免其殊死。今諸軍技藝絶倫者甚衆，必恃其能，所在犯上，復何以止之？若止捨去榮而誅其餘者，則是法令不一，而誘人觸罪也。今惜一去榮之材而不殺，必殺十如去榮之材者，其傷不益多乎！夫去榮逆亂之人也，焉有逆於此而順於彼，悖於縣君而不悖於大君歟！伏惟明主全其遠者大者，則禍亂不日而定矣。」上令百官議之，太子太師韋見素等議以爲：「律，殺本縣令，列於十惡。而陛下寬之，則王法不行，人倫道屈矣。夫國以法理，軍以法勝。陛下厚養戰士而每戰少利，豈非無法邪！陜郡雖要，不急於法；而況去榮末技，又非陜郡之所以存亡耶！」上竟捨之。

秋，七月，尹子奇復寇睢陽。

子奇復徵兵數萬攻睢陽。城中食盡，將士人稟米日一合，雜以茶紙、樹皮爲食，饋救不至，士卒消耗至千六百人，皆飢病不堪鬭，遂爲賊所圍，張巡乃修守具。賊爲雲梯，勢如半虹，置精卒二百於其上，推之臨城，欲令騰入。巡預於城潛鑿三穴，候梯將至，一穴中出大木，末置鐵鈎，鈎之，使不得退；一穴中出一木，柱之，使不得進；一穴中出一木，末置鐵籠，盛火焚之。賊又以鈎車鈎城上棚閣，巡以大木置連鎖、大環，拔其鈎而截之。賊又造木驢攻城，巡鎔金汁灌之。賊又以土囊積柴爲磴道，欲登城，巡潛以松明、乾蒿投之，積十餘日，使人順風持火焚之。巡之所爲，皆應機立辦，賊伏其智，不敢復攻。遂於城外穿三重壕，立木柵以守巡，巡亦於其內作壕以拒之。士卒死傷之餘，纔六百人。時許叔冀在譙郡，尚衡在彭城，賀蘭進明在臨淮，皆擁兵不救。城中日蹙，巡乃令南霽雲犯圍而出，告急於臨淮。進明愛霽雲勇壯，具食延之，霽雲泣曰：「睢陽之人不食月餘矣！霽雲雖欲獨食，且不下咽。大夫坐擁强兵，曾無分災救患之意，豈忠臣義士之所爲乎！」因齧落一指以示進明，曰：「霽雲既不能達主將之意，請留一指以示信歸報。」座中皆爲泣下。霽雲去，至寧陵，與城使廉坦同將步騎三千人，且戰且行，至城下，大戰，壞賊營，死傷之外，僅得千人入城。城中將吏知無救，皆慟哭。賊圍益急。初，房琯爲相，惡進明，以爲河南節度使，而以許叔冀爲之都知兵馬使，俱兼御史大夫。叔冀遂不受其節制。故進明不敢分兵，非惟疾巡、遠功名，亦懼爲叔冀所襲也。

胡氏曰：進明亦可謂不思矣。巡、遠危迫，我能救之，功名獨不在我乎！誠有虞於叔冀者，直以事理騰牋聽命可也；遲疑選愞〔二〇〕，忠義不立，豈不辱乎！房琯若知進明不可用，則明言於上而廢退之；以爲才，則不當用私惡而委之兵柄，操此心以馭人羣，難乎功業之遂矣！

以張鎬兼河南節度使。

蔡希德寇上黨，執節度使程千里。

賊屢攻上黨，常爲節度使程千里所敗。蔡希德復引兵圍之，以輕騎至城下挑戰，千里帥百騎開門突出，欲擒之。會救至，退還，橋壞，墜塹中，反爲希德所擒。仰謂從騎曰：「吾不幸至此，天也！歸語諸將，善爲守備。寧失帥，不可失城！」希德攻城，竟不克；送千里於洛陽，囚之。

九月，廣平王俶、郭子儀收復西京。

上勞饗諸將，遣攻長安，謂郭子儀曰：「事之濟否，在此行也。」對曰：「此行不捷，臣必死之！」回紇懷仁可汗遣其子葉護等將精兵四千餘人來至鳳翔。廣平王俶將朔方等軍及回紇、西域之衆十五萬發鳳翔。俶見葉護約爲兄弟，葉護大喜，謂俶爲兄。至長安城西，陳於香積寺北澧水之東。李嗣業爲前軍，郭子儀爲中軍，王思禮爲後軍。賊衆十萬，陳於其北。李歸仁出挑戰，官軍逐之，逼於其陳，賊軍齊進，官軍却。李嗣業曰：「今日不以身餌賊，軍無孑遺矣。」乃肉袒執刀，大呼奮擊，殺數十人，陳乃稍定。於是嗣業帥前軍各執長刀，如墻而進，身先士卒，所向摧靡。賊伏精騎於陳東，欲襲官軍之後，偵者知之，僕固懷恩引回紇就擊，盡殺之。李嗣業又與回紇出賊陳後，乃與大軍夾擊，自午及酉，斬首六萬級，賊遂大潰，餘衆走入城，迨夜囂聲不止。僕固懷恩言於廣平王俶曰：「賊棄城走矣。請以二百騎追之，縛取安守忠、李歸仁等。」俶曰：「將軍戰亦疲矣，且休息，俟明旦圖之。」懷恩曰：「戰尚神速，何明旦也！」俶固止之。遲明，諜至，守忠、歸仁與張通儒、田乾真等皆已遁矣。大軍入西京。初，上欲速得京師，與回紇約曰：「克城之日，土地、士庶歸唐，金帛、子女歸回紇。」至是，葉護欲如約，廣平王俶拜於葉護馬前曰：「今始得西京，若遽俘掠，則東京之人皆爲賊固守，不可復取矣。願至東京乃如約。」葉護驚躍下馬，答拜曰：「當爲殿下徑往東京。」即與僕固懷恩引回紇、西域之兵自城南過，營於滻水之東。軍民、胡虜見俶拜者，皆泣曰：「廣平王真華、夷之主也。」上聞之，喜曰：「朕不及也。」俶整衆入城，百姓老幼夾道歡呼悲泣。俶留長安鎮撫三日，引大軍東出。

遣使請上皇還京師。 捷書至鳳翔，上即日遣中使啖庭瑶奏上皇，命左僕射裴冕入京師告郊廟及宣慰百姓。召李泌曰：「朕已表請上皇東歸。朕當還東宮，復修人子之職。」泌曰：「上皇不來矣！」上驚問故，泌曰：「理勢自然。」上曰：「爲之奈何？」泌曰：「今請更爲羣臣賀表，言自馬嵬請留，靈武勸進，及今成功，聖上思戀晨昏，請速還京師就孝養之意，則可矣。」上即使泌草表，立命中使奉以入蜀；因就泌飲酒，同榻而寢。泌曰：「臣今報德足矣，復爲閑人，何樂如之！」上曰：「朕與先生久同憂患，今方同樂，奈何遽去？」泌曰：「臣有五不可留，願陛下聽臣去，免臣於死。」上曰：「何謂也？」泌對曰：「臣遇陛下太早，陛下任臣太重，寵臣太深，臣功太高，迹太奇，此其所以不可留也。」上曰：「且眠矣，異日議之。」對曰：「陛下今就臣榻卧，猶不得請，況異日香案之前乎！陛下不聽臣去，是殺臣也。」上曰：「不意卿疑朕如此，豈朕而辦殺卿耶！」對曰：「陛下不辦殺臣，故臣求歸；若其既辦，臣安得復言！且殺臣者，非陛下也，乃『五不可』也。陛下嚮日待臣如此，臣於事猶有其不敢言者，況天下既安，臣敢言乎！」上良久曰：「卿以朕不從卿北伐之謀乎！」對曰：「非也，乃建寧耳。」曰：「建寧爲小人所教，欲害其兄，圖繼嗣，朕以社稷大計，不得已而除之，卿不知耶？」對曰：「若有此心，廣平當怨之。廣平每與臣言其冤，輒流涕嗚咽。且陛下昔欲用建寧爲元帥，臣請用廣平，建寧若有此心，當深憾臣，而以臣爲忠，益相親善。陛下以此可察其心矣。」上乃泣下曰：「先生言是也。然既往不咎，朕不欲聞之。」泌曰：「臣非咎既往，乃欲陛下愼將來耳。昔天后有四子，長曰太子弘，天后方圖稱制，惡其聰明，酖殺之；立次子賢。賢内憂懼，作黄臺瓜辭，冀以感悟天后，天后不聽；賢亦廢死。其辭曰：『種瓜黄臺下，瓜熟子離離。一摘使瓜好，再摘使瓜稀，三摘猶爲可，四摘抱蔓歸。』今陛下已一摘矣，愼無再摘。」上愕然曰：「安有是哉！朕當書紳。」對曰：「陛下但識之於心，何必形於外也。」是時，廣平王有大功，良娣忌而譖之，故泌言及之。泌復固請歸山，上曰：「俟將發此議之。」其後成都使還，言：「上皇初得上表，彷徨不能食，欲不歸；及羣臣表至，乃大喜，命食作樂，下誥定行日。」上召李泌告之曰：「皆卿力也。」

胡氏曰：鄴侯不事肅宗，豈但以交友之分難於君臣哉？正坐良娣、輔國表裏相結，既無除之之道，寧捨相位而隱於山林，冀君之或思其故而一悟也。使得明智之君，不待辭之畢，而深有感於心矣。泌反復數百言，而肅宗終不喻也，於是固請而必去耳。爲國有九經，以勸賢敬大臣爲重；勸賢有四事，以去讒遠色爲首。張后寵于内，輔國寵于外，則賢者必不自保。唐室之卑，亦可知矣。烏乎，鄴侯亦可謂得出處進退之義者也！

郭子儀克華陰、弘農。子儀引蕃漢兵追賊至潼關，斬首五千級，克華陰、弘農二郡，獻俘百餘人，敕皆斬之。李勉言於上曰：「元惡未除，爲賊所汙者半天下，聞陛下龍興，咸思洗心以承聖化。今悉誅之〔二一〕，是驅之使從賊也。」上遽使赦之。

冬，十月，尹子奇陷睢陽，張巡、許遠死之。尹子奇久圍睢陽，城中食盡，議棄城東走。張巡、許遠謀曰：「睢陽，江、淮之保障，若棄之去，賊必乘勝長驅，是無江、淮也。且我衆飢羸，走必不達。古者戰國諸侯尚相救恤，況密邇羣帥乎！不如堅守以待之。」茶紙既盡，遂食馬；馬盡，羅雀掘鼠；雀鼠又盡，巡出愛妾殺以食士。城中知必死，莫有叛者，所餘纔四百人。賊登城，將士病不能戰。巡西向再拜曰：「臣力竭矣！生既無以報陛下，死當爲厲鬼以殺賊。」城遂陷，巡、遠俱被執。子奇問曰：「聞君每戰，眥裂齒碎，何也？」巡曰：「吾志吞逆賊，但力不能耳。」子奇以刀抉視之，所餘纔三、四。并南霽雲、雷萬春等三十六人皆被殺。巡且死，顔色不亂。生致許遠於洛陽。巡初守睢陽時，卒僅萬人，城中居人亦且數萬，巡一見問姓名，其後無不識者。前後大小戰凡四百餘，殺賊卒十二萬人。巡行兵不依古法，教戰陳，令本將以其意教之。人或問其故，巡曰：「今與胡虜戰，雲合鳥散，變態不恒，數步之間，勢有同異。臨期應猝，在於呼吸之間，而動詢大將，事不相及，非知兵之變者也。故吾使兵識將意，將識士情，投之而往，如手之使指。兵將相習，人自爲戰，不亦可乎！」器械、甲仗皆取之於敵，未嘗自修。推誠待人，無所疑隱；臨敵應變，出奇無窮；號令明，賞罰信，與衆共甘苦寒暑，故下爭致死力。張鎬聞睢陽圍急，倍道亟進，且檄譙郡太守閭丘曉救之，曉不受命。鎬至睢陽，城已陷三日矣。鎬召曉杖殺之。

廣平王俶、郭子儀等收復東京。張通儒等收餘衆走保陝，安慶緒悉發洛陽兵，使嚴莊將之，就通儒以拒官軍，步騎猶十五萬。子儀等與賊遇於新店。賊依山而陳，子儀等初與之戰，不利。回紇自南山襲其背，於黄埃中發十餘矢，賊驚顧曰：「回紇至矣。」遂潰。官軍與回紇夾擊之，賊大敗走。僕固懷恩等分道追之。慶緒乃帥其黨走河北，殺所獲唐將哥舒翰、程千里等三十餘人而去，許遠死於偃師。廣平王俶入東京，回紇縱兵大掠，意猶未厭，俶患之。父老請率羅錦萬匹以賂回紇，回紇乃止。

范氏曰：肅宗欲復唐室，苟求天下之賢，而與之共天下之功，因民之心以討暴逆，則何患乎賊之不滅哉！而唐之人主好結戎狄以求援，肅宗尤務欲速，不爲遠謀，以至使諸胡縱掠，與賊無異，其失民也，不亦甚乎！昔武王伐商，有微、盧、彭、濮，皆以中國之師制之，使爲掎角之助而已。若與之共事而倚以成功，則未有不爲患者也。

李泌歸衡山。泌求歸山不已，上固留之不能得，乃聽歸衡山。敕郡縣爲築室於山中，給三品料。

帝發鳳翔，遣韋見素奉迎上皇。

郭子儀遣兵取河陽及河内。

嚴莊來降，以爲司農卿。

胡氏曰：嚴莊既同禄山叛君，又教慶緒殺父，天下之罪尚有大於此者乎！既受其降，又官之，則當時亂臣賊子又何必討！斯舉也，殆猶推波而助瀾歟！

陳留人殺尹子奇，舉城降。

帝入西京，上皇發蜀郡。上入西京，百姓出國門奉迎，至二十里不絶，舞躍呼萬歲，有泣者。上入居大明宫。御史中丞崔器令百官受賊官爵者皆脱巾徒跣，立於含元殿前，頓首請罪，環之以兵，使百官臨視之。太廟爲賊所焚，上素服向廟哭三日。是日，上皇發蜀郡。

安慶緒走保鄴郡。慶緒走保鄴，步騎不過千餘人。旬日間，蔡希德自上黨、田承嗣自潁川、武令珣自南陽各帥所部兵歸之。又召募河北諸郡人衆至六萬，軍聲復振。

以甄濟爲祕書郎，蘇源明知制誥。廣平王俶之入東京也，百官受安禄山父子官者陳希烈等三百餘人，皆素服悲泣請罪，俶以上旨釋之，尋勒赴西京。崔器令詣朝堂請罪如儀，然後收繫大理。初，汲郡甄濟有操行，隱居青巖山，安禄山爲採訪使，奏掌書記。濟察禄山有異志，詐得風疾，舁歸家。禄山反，使蔡希德引行刑者二人封刀召之，濟引首待刃。希德以實病白禄山，乃免。後慶緒亦使强舁至洛陽。會官軍平東京，濟起詣軍門上謁。俶遣詣京師，上命館之於三司，令受賊官爵者列拜以愧其心。以濟爲祕書郎。國子司業蘇源明亦稱病不受禄山官，上擢爲考功郎中、知制誥。制士庶受賊官禄者，令三司條件聞奏。

宴回紇葉護於宣政殿。葉護自東京還，上命百官迎之，與宴於宣政殿。葉護奏以「軍中馬少，請留兵沙苑，自歸取馬，還爲陛下掃除范陽餘孽」。上賜而遣之。以葉護爲忠義王，歲遺回紇絹二萬疋，使就朔方軍受之。

朝享於長樂殿。上在彭原，更以栗爲九廟主。至是朝享於長樂殿。

十二月，上皇還西京。上皇至鳳翔，命悉以甲兵輸郡庫。上發精騎三千奉迎。

胡氏曰：父子，天性也，大利所在，嫌疑生焉。上皇不以甲兵自隨，其慮深矣。肅宗之迎之也，當盛威儀，備物采，何必發精騎邪？既啓其端，於是有露刃而劫遷者，興慶之不獲安其居，辟穀之不得考其死，漸生于是矣。

上皇至咸陽，上備法駕迎於望賢宫。上皇在宫南樓，上著紫袍，望樓下馬，趨進拜舞於樓下，上皇降樓，撫上而泣，索黄袍自爲上著之。上伏地頓首固辭，上皇曰：「天數人心皆歸於汝，使朕得保養餘齒，汝之孝也。」上乃受之。上皇不肯居正殿，上自扶登殿，尚食進食，嘗而薦之。將發行宫，上親爲上皇習馬而進之，執鞚行數步，上皇止之。上乘馬前引，不敢當馳道。上皇謂左右曰：「吾爲天子五十年，未爲貴；今爲天子父，乃貴耳。」入御含元殿，慰撫百官，乃詣長樂殿，謝九廟主，慟哭久之。即日出居興慶宫。上累表請避位還東宫，上皇不許，以傳國寶授上，上始涕泣受之。

范氏曰：肅宗不由君父之命而有天下，至是而屑屑然爲末禮以眩耀於衆，豈其誠乎？臨危則取大利，居安則謹小節，以是爲孝，亦已悖矣！

赦天下。上御丹鳳樓赦天下，惟與安禄山同反及李林甫、王鉷、楊國忠子孫不在免例。以禮部尚書李峴、兵部侍郎吕諲與御史大夫崔器共按陳希烈等獄。峴以李栖筠爲詳理判官。栖筠多務平恕，故人皆怨諲、器，而峴獨得美譽。

立廣平王俶爲楚王。

加郭子儀司徒，李光弼司空，功臣進階賜爵有差。

追贈死節之士。李憕、盧奕、顔杲卿、袁履謙、許遠、張巡、張介然、蔣清、龐堅等皆加追贈，官其子孫〔二二〕。戰亡之家，給復二載。議者或罪張巡以守睢陽不去，與其食人，曷若全人。其友人李翰爲之作傳，表上之，曰：「巡以寡擊衆，以弱制强，保江、淮以待陛下之師，其功大矣。且巡所以固守者，以待諸軍之救也；救不至而食盡，既盡而及人，豈其素志哉！設使守城之初已有食人之計，損數百人以全天下，臣猶曰功過相掩，况非其素志乎！」衆議由是始息。

蠲來載租庸三分之一。

復郡名、官名。

上上皇尊號。

以良娣張氏爲淑妃。

史思明、高秀巖各以所部來降。安慶緒之北走也，其大將李歸仁及精兵數萬人皆潰歸范陽。慶緒忌思明之强，遣阿史那承慶、安守忠往徵兵，因密圖之。判官耿仁智説思明曰：「大夫所以盡力於安氏者，迫於凶威耳。今唐室中興，天子仁聖，大夫誠帥所部歸之，此轉禍爲福之計也。」裨將烏承玭亦曰：「慶緒葉上露耳，大夫奈何與之俱亡？」思明以爲然。承慶、守忠以五千勁騎自隨至范陽。思明引入内廳樂飲，别遣人收其甲兵，諸郡兵皆給糧縱遣之，囚承慶等。遣其將竇子昂奉表，以所部十三郡及兵八萬來降。河東節度使高秀巖亦以所部來降。上大喜，以思明爲歸義王、范陽節度使，遣内侍李思敬與烏承恩往宣慰，使將所部兵討慶緒。承恩所至宣布詔旨，滄、瀛、安、深、德、棣等州皆降。雖相州未下，河北率爲唐有矣。

制陷賊官以六等定罪。崔器、呂諲上言：「諸陷賊官，背國從僞，準律皆應處死。」李峴以爲：「賊陷兩京，天子南巡，人自逃生。此屬皆陛下親戚或勳舊子孫，今一概以叛法處死，恐乖仁恕之道。且河北未平，羣臣陷賊者尚多，若盡誅之，是堅其附賊之心也。」上從峴議，以六等定罪，重者刑之於市，次賜自盡，次杖一百，次三等流、貶。斬達奚珣等十八人，陳希烈等七人賜自盡。上欲免張均、張垍死，上皇不可，上叩頭流涕曰：「臣非張説父子，無有今日。若不能活均、垍，死何面目見説於九泉！」上皇曰：「垍爲汝長流嶺南，均爲賊毀吾家事，決不可活。」上泣而從命。頃之，有自賊中來降者，言「羣臣在鄴者聞赦希烈等，皆自悼，恨失身賊庭；及聞希烈等誅，乃止」。上甚悔之。

司馬公曰：爲人臣者，策名委質，有死無貳。希烈等或貴爲卿相，或親連肺腑，承平之日，迎合取容；禍亂既作，偷生苟免，至乃媚賊稱臣，爲之陳力，此乃犬馬之不如。儻更全其首領，是諂諛之臣無往而不得計也。彼顔杲卿、張巡之徒，世治則擯斥外方，沈抑下僚；世亂則委棄孤城，齏粉寇手。何爲善者之不幸而爲惡者之幸，待忠義之薄而保姦邪之厚邪！六等議刑，斯亦可矣，又何悔焉！

胡氏曰：張説父子於太子固有保護之功，然其計得行，則由上皇之慈也。今肅宗以生生之恩專歸説、垍，而上皇無預焉，豈不悖天理歟！古之明君不賞私勞，不罰私怨，蓋不以一身而害天下之公義也。爲肅宗者，正均、垍之罪，而爲説置後，其庶幾乎！

置左、右神武軍。置神武軍，取元從子弟充。其制皆如四軍，總謂之北牙六軍。又擇善騎射者千人爲殿前射生手，分左、右廂，號曰英武軍。

故妃韋氏卒。

戊戌（七五八）

乾元元年。

春，正月，上皇加帝尊號，帝復上上皇尊號。

二月，以李輔國兼太僕卿。輔國依附張淑妃，勢傾朝野。

賊將能元皓舉所部來降。

大赦，改元。盡免百姓今載租庸。復以載爲年。

三月，徙楚王俶爲成王。

立淑妃張氏爲皇后。

夏，四月，新主入太廟。

五月，停採訪使，改黜陟使爲觀察使。

張鎬罷。張鎬性簡澹，不事中要，聞史思明請降，上言：「思明凶險，因亂竊位，人面獸心，難以德懷，願勿假以威權。」又言：「滑州防禦使許叔冀狡猾多詐，臨難必變，請徵入宿衛。」時上以寵納思明，會中使自范陽及白馬來，皆言思明、叔冀忠懇可信，上以鎬爲不切事機，罷爲荆州防禦使。

立成王俶爲皇太子，更名豫。張后生興王佋，纔數歲，欲以爲嗣。上疑未決，從容謂知制誥李揆曰：「成王長，且有功，朕欲立爲太子，卿意如何？」揆再拜賀曰：「此社稷之福，臣不勝大慶。」上意始決。

崔圓、李麟罷，以王璵同平章事。上頗好鬼神，璵專依鬼神以求媚，每議禮儀，多雜以巫祝俚俗，上悦之。

贈顔杲卿太子太保，謚曰忠節。杲卿之死也，楊國忠用張通幽之譖，竟無襃贈。顔真卿爲御史大夫，泣訴於上，上爲之言於上皇，杖殺通幽而贈杲卿。杲卿子泉明爲史思明所虜〔二三〕，得歸，求其父尸於東京，得之，遂并袁履謙尸棺斂以歸。杲卿姊妹女及泉明之子皆流落河北，泉明號泣求訪，哀感路人，久乃得之。詣親故乞索，贖之，先姑姊妹而後其子。遇父時將吏妻子流落者，皆與之歸，凡五十餘家，均減資糧，一如親戚。真卿悉加贍給，隨其所適而資送之。袁履謙妻疑履謙衣衾儉薄，發棺視之，與杲卿無異，乃始慚服。

六月，立太一壇。從王璵之請也。上嘗不豫，卜云山川爲祟〔二四〕，璵請遣中使與女巫乘驛分禱，所過煩擾。黄州有巫，盛年美色，從無賴少年數十，爲蠹尤甚，刺史左震悉收斬之，籍其贓數十萬，具以狀聞，請以其贓代貧民租；遣中使還京，上無以罪也。

初行新曆。山人韓穎所造也〔二五〕。

貶房琯爲豳州刺史。琯既失職，頗怏怏，多稱疾不朝，而賓客朝夕盈門；上惡而貶之。

史思明反，殺范陽副使烏承恩。李光弼以史思明終當叛亂，而烏承恩爲思明所親信，陰使圖之。又勸上以承恩爲范陽節度副使，賜阿史那承慶鐵券，令共圖思明，上從之。承恩多以私財募部曲，又數衣婦人服，詣諸將説誘之。思明聞而疑之。會承恩入京師，上使内侍李思敬與俱宣慰范陽。謀泄，思明執承恩，索其裝囊，得鐵券及光弼牒。思明乃集將佐吏民，西向大哭曰：「臣以十三萬衆降朝廷，何負陛下，而欲殺臣！」遂殺承恩及其黨二百人，囚思敬，表言之。上遣中使慰諭思明曰：「此非朝廷與光弼之意，皆承恩所爲，殺之甚善。」思明表求誅光弼，命耿仁智、張不矜爲表云：「陛下不爲臣誅光弼，臣當自引兵就太原誅之。」不矜以示思明，及將入函，仁智削去之。思明聞之，命執二人斬之。仁智事思明久，思明憐，欲活之，仁智大呼言曰：「人生會有一死，得盡忠義，死之善者也。今從大夫反，不過延歲月，豈若速死之愈乎！」思明怒，捶殺之。

范氏曰：匹夫一爲不信，猶不可自立於鄉黨，況人主而爲不信，天下其誰從之？肅宗既納思明，加以爵命，思明未有逆亂之節也，李光弼爲國元帥，職在禦侮，知其終叛，言於君而備之可也，待其發而誅之可也，乃使傳詔之臣爲盜賊之計，不亦辱王命乎！事捷，則反側之人誰不懷懼？不捷，適足長亂，非所以弭亂也。既失信於已降之虜，又歸罪於死事之臣，欲以服姦雄之心，豈不難哉！

秋，七月，初鑄大錢。鑄當十大錢，文曰「乾元重寶」。從御史中丞第五琦之謀也。

册回紇英武可汗，以寧國公主歸之。册命回紇可汗曰英武威遠毗伽闕可汗，以上幼女寧國公主妻之，以漢中王瑀爲册禮使，右司郎中李巽副之。上送至咸陽，公主辭訣曰：「國家事重，死且無恨。」上流涕而還。瑀等至回紇牙帳，可汗衣赭袍坐帳中，引瑀等立帳外。瑀不拜，可汗曰：「我與天可汗兩國之君，君臣有禮，何得不拜？」瑀對曰：「天子以可汗有功，自以所生女妻可汗，恩禮至重。可汗奈何以子婿傲婦翁，坐榻上受册命邪？」可汗改容起受册。明日，立公主爲可敦，舉國皆喜，遣騎三千助討安慶緒。

郭子儀、李光弼入朝。八月，以子儀爲中書令，光弼爲侍中。

命郭子儀等九節度討安慶緒，以宦官魚朝恩爲觀軍容使。

安慶緒之初至鄴也，猶據七郡，兵糧豐備，專以繕臺沼、酣飲爲事。高尚、張通儒等爭權不叶，無復綱紀。蔡希德有才略，好直言，通儒譖而殺之。諸將怨怒不爲用。上命朔方郭子儀及淮西魯炅、興平李奐、滑濮許叔冀、鎮西北庭李嗣業、鄭蔡季廣琛、河南崔光遠七節度使討之，又命河東李光弼、澤潞王思禮二節度使將所部兵助之。上以子儀、光弼皆元勳，難相統屬，故不置元帥，但以宦官魚朝恩爲觀軍容宣慰處置使。觀軍容之名自此始。

范氏曰：夙沙衛殿齊師，殖綽、郭最曰：「子殿國師，齊之辱也。」以諸侯之師，閹人殿之，猶以爲辱；況天子之師，使宦者爲之主，是辱天下之衆也。且慶緒窮虜，郭、李不世出之將也，使朝恩節制之，猶不免於敗，則庸人可知矣。肅宗初復兩京，舉六十萬衆棄之，其不亡亦幸哉！

胡氏曰：軍置元帥，則令出於一；不然，必敗。古事盡然。肅宗以李、郭難相統屬者，俱召入朝，面授旨意，使以相下濟務爲先。光弼本子儀偏裨，必相推奉，九節度之師，成功決矣。不然，俾二公分統殊方而進，亦其次也。而必使宦人宣慰處置，夫何意乎？

冬，十月，郭子儀等拔衛州，遂圍鄴城。子儀引兵濟河東，至獲嘉，破安太清。太清走保衛州，子儀進圍之。炅、廣琛、光遠、嗣業兵皆會於衛州。慶緒悉舉鄴中之衆七萬救衛州。子儀使善射者三千人伏于壘垣之內，令曰：「我退，賊必逐我，汝乃登壘鼓譟而射之。」既而與慶緒戰，僞退，賊逐之，至壘下，伏兵起射之，賊還走，子儀復引兵逐之，慶緒大敗。遂拔衛州。慶緒走，子儀等追之，至鄴，慶緒入城固守，子儀等圍之。光弼等兵皆至。慶緒窘急，遣薛嵩求救於史思明，且請以位讓之。

河南節度使崔光遠拔魏州，史思明復陷之。光遠拔魏州。史思明引兵大下，光遠使將軍李處崟拒之，連戰不利，還趣城。賊追至城下，揚言曰：「處崟召我來，何爲不出？」光遠信之，斬處崟。處崟驍將，衆所恃也，既死，衆無鬭志。光遠脫身走還汴州。思明陷魏州，所殺三萬人。

以侯希逸爲平盧節度副使。平盧節度使王志玄卒。上遣中使往撫慰將士，且就察軍中所欲立者，授以旌節。高麗人李懷玉爲裨將，殺志玄之子，推侯希逸爲軍使。朝廷因以希逸爲節度副使。節度使由軍士廢立自此始。

司馬公曰：民生有欲，無主乃亂，故聖人制禮以治之，所以辨上下，定民志也。凡人君所以能有其臣民者，八柄存乎己也。苟或捨之，則彼此勢均，何以使其下哉！肅宗遭唐中衰，幸而復國，宜正上下之禮，以綱紀四方；而偷取一時之安，不思永久之患，委一介之使，徇行伍之情，無問賢愚，惟其所欲。積習爲常，謂之姑息。乃至偏裨殺逐主帥，亦不治罪，因而授之。然則爵賞、廢置、殺生、與奪，皆不出於上而出於下，亂之生也，庸有極乎！古者治軍必本於禮，今唐蔑之，使士卒得以陵偏裨，偏裨得以陵將帥；則將帥陵天子，自然之勢也。由是禍亂繼起，民墜塗炭，凡二百餘年。大宋受命，太祖始制軍法，使以階級相承，小有違犯，咸伏斧質。是以上下有叙，令行禁止，四征不庭，無思不服，豈非貽謀之遠哉！

校勘記

〔一〕以尚莊通儒及將軍孫孝哲爲腹心　「孝」字原脱，據殿本、通鑑卷二一六唐玄宗天寶十載二月條、舊唐書卷二〇〇上安禄山傳補。

〔二〕秋八月　「秋」字原脱，據殿本補。

〔三〕夏　「夏」字原脱，據殿本補。

〔四〕自桑弘羊以來未有令終者也　「弘」原作「洪」，據殿本改。

〔五〕冬十一月　「冬」字原脱，據殿本補。

〔六〕是與大臣私設形迹爲異同也　「私」，殿本作「自」。

〔七〕冬閏十一月　「冬」字原脱，據殿本補。

〔八〕户九百六十一萬九千二百五十四　「十一」原脱，據月崖書堂本、殿本、舊唐書卷九玄宗紀下補；「二」字原脱，據殿本、舊唐書卷九玄宗紀下補。

〔九〕潁王璬爲劍南節度使　「南」原作「門」，據殿本、通鑑卷二一七唐玄宗天寶十四載十二月癸卯日條改。

〔一〇〕常清乃自馳詣闕　「闕」原作「關」，據殿本、通鑑卷二一七唐玄宗天寶十四載十二月癸卯日條改。

〔一一〕拜承業羽林大將軍　「大」字原脱，據殿本、通鑑卷二一七唐肅宗至德元載正月條、舊唐書卷九玄宗紀下補。

〔一二〕太原弩手三千人出井陘　「三」原作「二」，據殿本、通鑑卷二一七唐肅宗至德元載二月條改。

〔一三〕初陳希烈罷相　「初」字原脱，據殿本、通鑑卷二一八唐肅宗至德元載七月甲子日條補。

〔一四〕非器足以容　「容」原作「覆之」，據月崖書堂本、成化本、殿本改。

〔一五〕安祿山遣兵陷潁川　「潁」原作「穎」，據殿本、通鑑卷二一九唐肅宗至德元載十二月條改。

〔一六〕以爲殿中監　「監」原作「丞」，據殿本、通鑑卷二一九唐肅宗至德元載十二月條、新唐書卷一一〇尉遲勝傳改。

〔一七〕江西採訪使皇甫侁遣兵擒殺之　「西」原作「南」，據殿本、通鑑卷二一九唐肅宗至德二載二月戊戌日條、舊唐書卷一〇七永王璘傳改。

〔一八〕賊望見兵少　「少」字原脱，據殿本、通鑑卷二一九唐肅宗至德二載三月條補。

〔一九〕有至開府特進異姓王者　「至」原作「以」，據殿本、通鑑卷二一九唐肅宗至德二載五月條改。

〔二〇〕遲疑選愞　「選」，殿本作「巽」。

〔二一〕今悉誅之　「令」原作「令」，據殿本、通鑑卷二二〇唐肅宗至德二載九月條改。

〔二二〕官其子孫　「官其」原脱，據殿本補。

〔二三〕杲卿子泉明爲史思明所虜　「杲卿子」原脱，據殿本、通鑑卷二二〇唐肅宗乾元元年五月條補。

〔二四〕卜云山川爲祟　「祟」原作「崇」，據殿本、通鑑卷二二〇唐肅宗乾元元年六月己酉日條改。

〔二五〕山人韓穎所造也　「穎」原作「頴」，據殿本、通鑑卷二二〇唐肅宗乾元元年六月丁巳日條改。

資治通鑑綱目卷四十五

起己亥唐肅宗乾元二年，盡戊午唐代宗大曆十三年，凡二十年。

己亥（七五九）

二年。

春，正月，史思明自稱燕王。史思明自稱大聖燕王，周摯爲行軍司馬。李光弼曰：「思明得魏州而按兵不進，此欲使我懈惰，而以精鋭掩吾不備也。請與朔方軍同逼魏城，求與之戰。彼懲嘉山之敗，必不敢輕出。得曠日引久，則鄴城拔，慶緒死，而彼無辭以用其衆矣。」魚朝恩以爲不可，乃止。

鎮西節度使李嗣業卒於軍。嗣業攻鄴城，中流矢卒。兵馬使荔非元禮代將其衆。初，嗣業表段秀實爲懷州長史，知留後事。秀實運芻粟，募兵市馬以奉鎮西行營，相繼於道。

二月，月食，既。先是，百官請加皇后尊號，上以問中書舍人李揆，對曰：「自古皇后無尊號，惟韋后有之，豈足爲法！」上驚曰：「庸人幾誤我！」會月食，事遂寢。后與李輔國相表裏，干豫政事，上頗不悦，而無如之何。

三月，九節度之兵潰於相州。郭子儀等九節度圍鄴城，壅漳水灌之，慶緒堅守以待思明。城中食盡，淘馬矢以食馬；而官軍無統御，進退無所稟，城久不下，上下解體。思明引兵趣鄴，選精騎日於城下抄掠，官軍出，則散歸其營。晝備之，則夜至，夜備之，則晝至。又多遣壯士竊官軍裝號，督趣運者，妄殺戮人；舟車所聚，則密縱火焚之；往復聚散，自相辨識，而官軍不能察也〔一〕。由是諸軍乏食。思明乃引大軍直抵城下〔二〕，刻日決戰。官軍步騎六十萬，陳於安陽河北。李光弼、王思禮、許叔冀、魯炅先戰，殺傷相半。郭子儀承其後，未及布陣，大風忽起，吹沙拔木，天地晝晦，咫尺不辨，兩軍大驚，官軍潰而南，賊潰而北。子儀斷河陽橋保東京。戰馬萬匹，惟存三千，甲仗十萬，遺棄殆盡。東京士民駭散，留守崔圓等奔襄、鄧〔三〕。諸道兵潰歸，所過剽掠。惟李光弼、王思禮整軍而歸。子儀至河陽，周摯引兵爭之，不得。都虞候張用濟築南、北兩城而守之。諸將各上表請罪，上皆不問。

范氏曰：夙沙衛殿齊師，殖綽、郭最曰：「子殿國師，齊之辱也。」夫以諸侯之師，使閹人殿之，猶以爲辱；況天子之師而使宦者爲之主帥乎！是辱天下之衆也。且慶緒窮虜，郭、李不世出之將也，使朝恩節制之，猶不免於敗，則庸人可知矣。肅宗初復兩京，舉六十萬之衆而棄之，其不亡亦幸哉〔四〕！

史思明殺安慶緒，還范陽。史思明知官軍潰去，還屯鄴南，不與慶緒相聞。慶緒窘蹙，不知所爲，乃上表稱臣於思明。思明乃手疏唁慶緒，願爲兄弟之國。慶緒大悅，以三百騎詣思明營。思明陳兵待之，引入再拜。思明忽震怒曰：「爾爲子殺父，天地所不容。吾爲太上皇討賊，豈受爾佞媚乎！」命左右牽出，并高尚、孫孝哲、崔乾祐皆殺之；勒兵入鄴城，收其士馬，留其子朝義守之，引兵還范陽。

苗晉卿、王璵罷，以李峴、李揆、呂諲、第五琦同平章事。上於李峴，恩意尤厚；峴亦以經濟爲己任，軍國大事多獨決之。於是京師多盜，李輔國請選羽林騎士五百以備巡邏，李揆曰：「西漢以南、北軍相制，故周勃得因南軍入北軍。皇朝置南、北牙，文武區分，以相伺察。今以羽林代金吾警夜，忽有非常之變，將何以制之？」乃止。

以郭子儀爲東畿等道元帥。

夏，四月，史思明僭號。

制停口敕處分。初，李輔國自上在靈武，侍直帷幄，宣傳詔命，四方文奏，寶印符契，晨夕軍號，一以委之。及還京師，專掌禁兵，常居內宅，制敕必經輔國押署，然後施行，宰相百司皆因輔國關白，口爲制敕，付外施行。御史臺、大理寺重囚，或推斷未畢，輔國一時縱之，莫敢違者。李揆見之，執子弟禮，謂之五父〔五〕。及李峴爲相，於上前叩頭，論制敕應出中書，具陳輔國專權亂政之狀。上感悟，制停口敕處分，諸務各歸有司；或有追攝，須經臺、府。輔國由是忌峴。

以李抱玉爲鄭、陳、潁、亳節度使。李光弼裨將安抱玉屢有戰功，自陳恥與安祿山同姓，賜姓李氏。

回紇毗伽闕可汗死。子登里可汗立。

五月，貶李峴爲蜀州刺史。鳳翔馬坊押官爲劫，天興尉謝夷甫捕殺之。其妻訟冤。李輔國素出飛龍廄，敕監察御史孫鎣鞫之，無冤。又使中丞崔伯陽等鞫之，與鎣同。又使侍御史毛若虛鞫之，若虛希輔國意，歸罪夷甫。伯陽怒，召若虛詰責，欲劾奏之。若虛先自歸於上，上匿若虛於簾下。伯陽尋至，言：「若虛附會中人，鞫獄不直。」上怒，叱出之；貶嶺南尉，鎣流播州。峴奏伯陽等無罪，上以爲黨，貶蜀州刺史。謂散騎常侍韓擇木曰：「李峴專權，朕自覺用法太寬。」對曰：「李峴言直，非專權，陛下寬之，秖益聖德耳。」若虛尋除御史中丞，威振朝廷。

秋，七月，召郭子儀還京師，以李光弼爲朔方節度使、兵馬元帥。魚朝恩惡郭子儀，因其敗，短之於上。上召子儀還京師，以李光弼代之。士卒涕泣，遮中使請留子儀，子儀紿之曰：「我餞中使耳，未行也。」因躍馬而去。光弼以騎五百馳赴東都，夜入其軍。光弼治軍嚴整，始至，號令一施，士卒壁壘旌旗精彩皆變。是時，朔方將士樂子儀之寬，憚光弼之嚴。兵馬使張用濟屯河陽，與諸將謀以精鋭突入東京，逐光弼，請子儀，命其士皆被甲上馬以待。朔方節度副使僕固懷恩曰：「鄴城之潰，郭公先去，朝廷責帥，故罷其兵柄。今逐李公而强請之，是反也，其可乎！」康元寶曰：「君以兵請郭公，朝廷必疑郭公諷君爲之，是破其家也。郭公百口，何負於君乎！」用濟乃止。光弼以數千騎東出汜水，用濟單騎來謁，光弼責而斬之，命部將辛京杲代領其衆。

以王思禮爲河東節度使。初，潼關之敗，思禮馬中矢而斃，有騎卒張光晟下馬授之，問其姓名，不告而去。思禮陰識其狀貌，求之，不獲。及至河東，或譖代州刺史辛雲京，思禮怒之。光晟時在雲京麾下，請見思禮而解之，即往謁，未及言，思禮執其手曰：「吾求子久矣！」引與同坐。光晟因從容言雲京之寃，思禮曰：「雲京過亦不細，今特爲故人捨之。」即日擢光晟爲兵馬使。

賜僕固懷恩爵大寧郡王。懷恩從郭子儀爲前鋒，勇冠三軍，前後戰功居多，故賞之。

寧國公主歸京師。回紇以公主無子，聽歸。

八月，襄州將康楚元等作亂，破荆州。襄州將康楚元、張嘉延作亂，上使將軍曹日昇往慰諭楚元，貶其刺史王政，而以張光奇代之。楚元不從。張嘉延襲破荆州，節度使杜鴻漸棄城走。

更鑄大錢。鑄乾元重寶大錢，加以重輪，一當五十。在京百官，先以軍旅皆無俸禄，至是始以新錢給之。

冬，十月，李光弼與史思明戰於河陽，大敗之。史思明分軍四道濟河，會于汴州。李光弼方巡諸營，聞之，入汴州，謂節度使許叔冀曰：「大夫能守汴州十五日，我則將兵來救。」叔冀許諾。思明至汴州，叔冀與戰不勝，遂降之。思明乘勝西攻鄭州。光弼整衆徐行，至洛陽，留守韋陟請留兵於陜，退守潼關。光弼曰：「兩敵相當，貴進忌退。今無故棄五百里地，則賊勢益張矣。不若移軍河陽，北連澤、潞，利則進取，不利則退守，表裏相應，使賊不敢西侵，此猿臂之勢也。」判官韋損曰：「東京帝宅，奈何不守？」光弼曰：「守之，則汜水、崿嶺、龍門皆應置兵。子爲兵馬判官，能守之乎？」遂牒河南尹帥吏民避賊，而帥軍士詣河陽。時思明遊兵已至石橋，光弼當石橋而進，部曲堅重，賊不敢逼。夜至河陽，有兵二萬，糧纔支十日。光弼按閱守備，部分士卒，無不嚴辦。思明入洛陽，城空無所得，遂引兵攻河陽，使驍將劉龍仙挑戰，慢罵光弼。光弼顧諸將曰：「誰能取彼？」僕固懷恩請行，光弼曰：「此非大將所爲。」裨將白孝德請挺身取之，光弼壯其志，固問所須，對曰：「願選五十騎爲後繼，而請大軍鼓譟以增氣。」光弼撫其背而遣之。孝德挾二矛，策馬亂流而進，半涉，懷恩賀曰：「克矣。」光弼曰：「何以知之？」對曰：「觀其攬轡安閑，是以知之。」龍仙易之，慢罵如初。孝德瞋目大呼，運矛躍馬搏之，城上鼓譟，五十騎繼進。龍仙走堤上，孝德追及，斬之以歸。思明有良馬千餘匹，每日出於河南渚浴之，循環不休。光弼命索軍中牝馬，得五百匹，縶其駒而出之，思明馬見之，悉浮渡河，盡驅入城。思明怒，泛火船欲燒浮橋〔六〕。光弼先貯百尺長竿，以巨木承其根，氈裹鐵叉置其首，以迎火船而叉之，船不得進，須臾自焚盡。思明見兵於河清〔七〕，欲絶光弼糧道。光弼軍于野水渡以備之〔八〕。既夕，還河陽，留兵千人，使將雍希顥守其栅，曰：「賊將高庭暉、李日越皆萬人敵也，至，勿與之戰；降，則與之俱來。」諸將莫諭其意，皆竊笑之。既而思明果謂日越曰：「李光弼長於憑城，今出在野，汝以鐵騎宵濟，爲我取之。不得則勿返。」日越將五百騎晨至栅下，問曰：「司空在乎？」希顥曰：「夜去矣。」日越曰：「失光弼而得希顥，吾死必矣！」遂請降，希顥與之俱見光弼。光弼厚待之，任以心腹。高庭暉聞之，亦降。或問光弼：「降二將何易也？」光弼曰：「思明常恨不得野戰，聞我在外，以爲必可取。日越不獲我，勢不敢歸。庭暉才勇過於日越，聞日越被寵任，必思奪之矣。」思明復攻河陽，光弼謂李抱玉曰：「將軍能爲我守南城二日乎？」抱玉曰：「過期何如？」光弼曰：「過期而救不至，棄之可也。」抱玉許諾，勒兵拒守。城且陷，抱玉紿之曰：「吾糧盡，明旦當降。」賊斂軍以待之。抱玉繕完城備〔九〕，明日復請戰，出奇兵夾擊，殺傷甚衆。時光弼屯中潬，城外置栅，栅外穿塹。賊將周摯攻之，光弼命鎮西行營節度使荔非元禮出勁卒於羊馬城以拒賊。賊填塹入道，開柵爲門，光弼使問元禮曰：「中丞視賊填塹開柵，晏然不動，何也？」元禮曰：「司空欲守乎，戰乎？」光弼曰：「欲戰。」元禮曰：「欲戰，則賊爲吾填塹，何爲禁之！」光弼曰：「善，吾所不及，勉之！」元禮俟柵開，帥敢死士突出奮擊，破之。周摯復收兵趣北城。光弼入，登城望曰：「賊兵多而不整，不足畏也，不過日中，保爲諸君破之。」乃命出戰。及期，不決，召諸將問曰：「賊陣何方最堅？」曰：「西北隅。」命郝廷玉當之。又問其次，曰：「東南隅。」命論惟貞當之。令諸將曰：「爾輩望吾旗而戰，吾颭旗緩，任爾擇利；吾急颭旗三至地，則萬衆齊入，死生以之，少退者斬！」又以短刀置鞾中，曰：「戰，危事，吾，國之三公，不可死賊手，萬一不利，諸君死敵，我自剄，不令諸君獨死也。」再戰，廷玉奔還，光弼驚，命取其首。廷玉曰：「馬中箭，非敢退也。」易馬遣之。僕固懷恩小却，光弼又命取其首，懷恩更前決戰。光弼連颭其旗，諸將齊進致死，呼聲動天地，賊衆大潰，思明及摯皆遁去。

胡氏曰：中潬之戰，李光弼不遺餘力，僅得一勝。向若不罷郭子儀，使與掎角，賊必可平矣。然史言魚朝恩惡子儀，而不言所惡之事，竊意子儀以渾洪重厚，不能爲閹尹屈，此固朝恩之所惡也。或曰：「當是時，人主委信内侍，子儀既欲爲國平賊，盍亦小貶，以濟事爲務，而形見圭角，自取疑疾，豈非所矜者小，而所失者大乎？」曰：此子儀之所以爲子儀而不可及者也。使子儀承奉朝恩以固權位，雖禽思明，平河北，未免於枉尋而直尺，王良之所不爲，而謂子儀爲之乎！光弼之見惡於程元振也，得非亦近是乎！

十一月，商州刺史韋倫發兵討荆、襄，平之。康楚元等衆至萬餘，倫發兵討之，生擒楚元，得其所掠租庸二百萬緡，荆、襄皆平。

貶第五琦爲忠州長史。乾元錢、重輪錢與開元錢三品並行，民爭盜鑄，貨輕物重，穀價騰踊，餓殍相望，言者皆歸咎於琦，故貶之。御史大夫賀蘭進明坐琦黨，亦貶溱州司馬。

胡氏曰：賀蘭進明不救睢陽，巡、遠敗没，肅宗以此罪之，雖殺之于睢陽以謝忠義之魂，良不爲過；乃置而不問，反用第五琦黨而去之，豈足以服人心乎！

十二月，史思明寇陜，衛伯玉擊却之。史思明遣其將李歸仁將鐵騎五千寇陜州，神策兵馬使衛伯玉以數百騎破之，得馬六百匹。

庚子（七六〇）

上元元年。

春，正月，以李光弼爲太尉，兼中書令。

以郭子儀領邠寧、鄜坊節度使。党項等羌吞噬邊鄙，將逼京畿，乃分邠寧爲鄜坊節度，以邠州刺史桑如珪、鄜州刺史杜冕領之，分道招討，而以郭子儀領兩道節度，留京師，假其威名以鎮之。

二月，李光弼攻懷州，與史思明戰，破之。

第五琦除名，流夷州。或告琦受人金二百兩，遣御史劉期光按之。琦曰：「二百金不可手挈。若付受有憑，請準律科罪。」期光奏琦已服罪，故有是命。

三月，李光弼破安太清於懷州；夏四月，破史思明於河陽。

以韋倫爲山南東道節度使，尋以來瑱代之。襄州將張維瑾、曹玠殺節度使史翽，據州反，制以倫爲節度使。時李輔國用事，節度使皆出其門。倫既朝廷所除，又不謁輔國，尋改秦州防禦使，以來瑱鎮襄陽。瑱至，維瑾等降。

閏月，以王思禮爲司空。武德以來，不爲宰相而拜三公自此始。

追謚太公望爲武成王。

五月，以苗晉卿行侍中。晉卿練達吏事，而謹身固位，時人比之胡廣。

呂諲罷。宦官馬上言受賂，爲人求官於諲，諲爲補官。事覺，上言杖死，諲罷。

以劉晏爲户部侍郎，充度支、鑄錢、鹽鐵等使。晏善治財利，故用之。

六月，桂州破西原蠻。

羌、渾寇鳳翔，節度使崔光遠破之。

敕小錢一當十，其重輪者當三十。三品錢行浸久，屬歲荒，米斗至錢七千，人相食。京兆捕私鑄者，數月間，榜死者八百餘人，不能禁。乃敕開元錢與乾元小錢皆當十，其重輪者當三十。

興王佋卒。佋，張后之子也。張后數欲危太子，太子以恭遜取容。會佋卒，后幼子定王侗幼，太子位遂定。

秋，七月，李輔國遷太上皇於西内。上皇愛興慶宫，自蜀歸即居之。上時自夾城往起居，上皇亦時至大明宮，陳玄禮、高力士侍衛。上又命玉真公主、如仙媛及梨園弟子往娛侍之。上皇多御長慶樓，父老過者，往往瞻拜呼萬歲。上皇常於樓下置酒食賜之。又嘗召將軍郭英乂等上樓賜宴。李輔國言於上曰：「上皇居興慶宮，日與外人交通。玄禮、力士謀不利於陛下。今六軍將士，盡靈武勳臣，皆反仄不安。臣不敢不以聞。」上泣曰：「聖皇慈仁，豈容有此！」對曰：「上皇固無此意，其如羣小何！陛下當爲社稷大計，消亂於未萌，豈得徇匹夫之孝！且興慶淺露，非至尊所宜居。大內深嚴，奉迎居之，有何不可！」又令六軍將士叩頭請之，上泣不應。會上不豫，輔國矯稱上語，迎上皇遊西內。輔國將射生五百騎，露刃遮道奏曰：「皇帝以興慶宮湫隘，迎上皇遷居西內。」上皇驚，幾墜馬。高力士曰：「李輔國何得無禮！」叱令下馬。力士因宣上皇誥曰：「諸將士各好在！」將士皆納刃，再拜，呼萬歲。力士又叱輔國共執上皇馬鞚，侍衛如西內。侍衛兵纔尫老數十人，玄禮、力士皆不得留左右。輔國遂與六軍大將素服見上，請罪。上曰：「卿等防微杜漸，以安社稷，何所懼也！」刑部尚書顏真卿首帥百寮上表，請問上皇起居。輔國惡之，奏貶蓬州長史。高力士流巫州，陳玄禮勒致仕。更選後宮百餘人，以備灑掃。令萬安、咸宜二公主視服膳。四方所獻珍異，先薦上皇。然上皇日以不懌，因不茹葷，辟穀，浸以成疾。上初猶往問安，既而上亦有疾，但遣人起居。其後上稍悔寤，惡輔國，欲誅之，畏其握兵，竟不能決。

命郭子儀出鎮邠州。

或上言：「天下未平，不宜置郭子儀於散地。」命出鎮邠州。党項遁去。

制郭子儀統諸道兵取范陽，定河北，不果行。

制下旬日，爲魚朝恩所沮，事竟不行。

胡氏曰：直取范陽，還定河北，固討賊之上策。然道由河北，乃抵范陽。向者賊未盡得河北也，是以此策可施；今則往往爲安、史所有，猶爲是計，不亦晚乎！朝恩力沮其行，無乃見肅宗無河北之志耶！

冬，十一月〔一〇〕，江淮都統劉展反。李銑、劉展皆領淮西節度副使，銑貪暴不法，展剛强自用。節度使王仲昇奏銑罪而誅之；又使監軍邢延恩入奏展倔强不受命，請除之。延恩因説上：「請除展江淮都統，代李峘，俟其釋兵赴鎮，中道執之。」上從之，以展爲江淮都統，密敕李峘及淮東節度使鄧景山圖之。延恩以制書授展，展疑之，曰：「江、淮租賦所出，今之重任，展無勳勞，一旦恩命如此，疑有讒人間之。事苟不欺，印節可先得乎？」延恩懼，乃馳詣廣陵，解峘印節以授展。展乃上表謝恩，牒追江、淮親舊，置之心膂，悉舉宋州兵七千趣廣陵。延恩奔還廣陵，與李峘、鄧景山發兵拒之，移檄州縣，言展反。展亦移檄言峘反，州縣莫知所從。峘引兵渡江，屯京口，鄧景山將萬人屯徐城。展素有威名，江、淮人望風畏之。使其將孫待封擊景山，景山衆潰。展遂入廣陵，遣屈突孝標徇濠、楚，王晅略淮西。展軍白沙，設疑兵，若將趣北固者。李峘悉兵拒守。展乃自上流濟，襲下蜀。峘軍潰，奔宣城。展遂陷昇、潤州。

李光弼拔懷州，擒安太清。

敕平盧兵馬使田神功討劉展。李峘之去潤州也，副使李藏用謂峘曰：「處尊位，食重禄，臨難而逃之，非忠也；以數十州之兵食，三江、五湖之險固，不發一矢而棄之，非勇也。失忠與勇，何以事君！藏用請收餘兵，竭力以拒之。」峘乃悉以後事授藏用。藏用收散卒，募壯士，得二千餘人，立栅以拒展；戰敗，奔杭州。展諸將遂陷宣、蘇、湖、濠、楚、舒、和、滁、廬等州，所向摧靡，横行江、淮間。時平盧兵馬使田神功將兵三千屯任城，鄧景山奏乞敕神功救淮南；且遣人趣之，許以淮南金帛子女爲賂，神功及所部皆喜，悉衆南下。展懼，選精兵渡淮，擊神功，連戰皆敗。神功入廣陵。

辛丑（七六一）

二年。

春，正月，田神功擊劉展，斬之，餘黨皆平。田神功使楊惠元、范知新等分道擊劉展。知新至下蜀，展拒擊之。將軍賈隱林射展中目，遂斬之。惠元破王晅於淮南，孫待封詣李藏用降，餘黨皆平。平盧軍大掠十餘日。安、史之亂，兵不至江、淮，至是其民始罹荼毒矣。

范氏曰：邢延恩一言，而朝廷失信，藩臣背叛，江、淮塗炭。甚矣，小人之交亂四國也！然亦肅宗不明，有以來讒慝之口，豈特一延恩之罪哉！

二月，李光弼與史思明戰於邙山，敗績。河陽、懷州皆陷。或言：「洛中將士皆燕人，久戍思歸，上下離心。急擊之，可破也。」魚朝恩以爲信然，屢言於上。敕李光弼等進取東京，光弼奏：「賊鋒尚銳，未可輕進。」僕固懷恩勇而愎，麾下皆蕃漢勁卒，恃功多不法。郭子儀寬厚曲容之，每用兵，倚以集事；光弼一裁之以法。懷恩不悦，乃附朝恩，言東都可取。由是中使相繼，督光弼出師。光弼不得已，將兵會朝恩等攻洛陽，陳於邙山。光弼命依險而陳，懷恩陳於平原。光弼曰：「依險則可進可退；若陳平原，戰而不利，則盡矣。思明不可忽也。」命移於險，懷恩復止之。史思明乘其未定薄之，官軍大敗，走保聞喜。河陽、懷州皆没於賊。朝廷聞之，大懼，益兵屯陝。

貶李揆爲袁州長史，以蕭華同平章事。荆南節度使吕諲以善政聞，李揆與諲不相悦，恐其復入相，陰使人求諲過失。諲上疏自訟，乃貶揆而相華。

三月〔一一〕，史朝義殺史思明。史思明猜忍好殺，羣下人不自保。朝義，其長子也，無寵；愛少子朝清，使守范陽。常欲殺朝義，立朝清爲後。既破李光弼，欲乘勝西入關，使朝義襲陜，自將大軍繼之。朝義數進兵，皆敗。思明詬怒，欲斬之。朝義憂懼。部將駱悦、蔡文景説之曰：「悦等與王，死無日矣。古有廢立，請召曹將軍謀之。王苟不許，今歸李氏矣。」朝義召思明宿衛將曹將軍者，以其謀告之。遂以兵入，射思明殺之。朝義即僞位，使人至范陽，殺朝清并不附己者數十人。諸部舊將皆思明故等夷，召之，多不至，略相羈縻而已。

貶李光弼爲開府儀同三司。光弼上表求自貶也。

夏，四月，梓州刺史段子璋反，討平之。段子璋驍勇，從上皇在蜀有功。東川節度使李奐奏替之，子璋舉兵襲奐於綿州，道過遂州，殺刺史虢王巨。奐戰敗，奔成都。子璋自稱梁王，陷劍州。西川節度使崔光遠與奐共攻斬之。

復以李光弼爲太尉，統八道行營，鎮臨淮。

秋，七月朔，日食，既，大星皆見。

胡氏曰：日者，陽精發見之至著者，故以爲人君之表也。妾婦乘其夫，則暗而不明；臣子背君父，則暗而不明；夷狄侵中國，則暗而不明；政權在臣下，則暗而不明。肅宗有其三焉，故元年日食一既，至是又既，而加暗焉。天事尚象，亦云著矣，而肅宗終無恐懼修省、仰答變異之意〔一二〕。曾未十月，非常之禍，上及其父，駭震其躬，酷逮其子，雖欲救之，亦無及矣。

八月，加李輔國兵部尚書。輔國求爲宰相，上曰：「以卿之功，何官不可爲！其如朝望未允何〔一三〕？」輔國乃諷僕射裴冕等使薦己，冕曰：「吾臂可斷，宰相不可得。」上大悦，輔國銜之。

九月，置道場於三殿。上以天成地平節，於三殿置道場，以宫人爲佛、菩薩，北門武士爲金剛、神王，召大臣膜拜圍繞。

制去尊號及年號，以建子月爲歲首。

范氏曰：肅宗信禨祈之小數，以爲更制改號，可以致福而弭禍。夫畏鬼神、聽巫覡者，匹婦之愚也，以天下之君爲之，不亦異哉！

制除五品以上官，令舉一人自代。

江、淮大饑。

冬，十月，楚州牙將高幹殺其刺史李藏用。江淮都統崔圓署李藏用爲楚州刺史。會度支租庸使以劉展之亂，諸州用物無準，奏請徵驗，諸將往往賣産以償之。藏用恐其及己，嘗與人言，頗有悔恨。其牙將高幹挾故怨，告藏用反，襲殺之。崔圓遂簿責藏用將吏，將吏皆附成其狀，獨孫待封堅言不反，圓命斬之。或謂曰：「子何不從衆以求生？」待封曰：「吾始從劉大夫奉詔書來赴鎮，人謂吾反；李公起兵滅劉大夫，今又以李公爲反。如此，誰則非反者？吾寧就死，不能誣人以非罪。」遂斬之。

建子月，受朝賀如正旦儀。

貶劉晏爲通州刺史。或告鴻臚卿康謙與史朝義通，事連司農卿嚴莊，俱下獄。京兆尹劉晏遣吏防守莊家。莊怨晏，告其道禁中語，矜功怨上。乃貶晏、莊而誅謙。

胡氏曰：嚴莊死有餘罪，不可以其降而貰之；幸其自敗，正名行辟，夫豈不可！又寬宥焉。且晏誠有矜功怨上之言，不輕於莊之背叛殺逆之罪乎！

以元載爲度支、鹽鐵、轉運等使。度支郎中元載敏悟善奏對，上愛其才，委以江淮漕運，數月，遂代劉晏掌財利。載以江、淮雖經兵荒，其民猶有貲産，乃按籍舉八年租調之違負及逋逃者，計其大數而徵之；擇豪吏爲縣令督之，不問負之有無，察民有粟帛者，發徒圍之，籍其所有而中分之，甚者取八、九，謂之「白著」，有不服者，嚴刑以威之。民聚山澤爲羣盜，州縣不能制。

上朝太上皇於西内。先是，山人李唐見上，上方抱幼女，謂唐曰：「朕念之，卿勿怪也。」對曰：「太上皇思見陛下，計亦如陛下之念公主也。」上泫然泣下，然畏張后，不敢詣西内。至是，始往朝。

范氏曰：陽失其所以爲陽，則制於陰；剛失其所以爲剛，則制於柔。肅宗失其所以爲君，故制於小人、女子，至不敢見其父，而況能保四海乎！

壬寅(七六二)

寶應元年。

春，建寅月，李光弼拔許州。

建卯月，河東軍亂，殺其節度使鄧景山。初，王思禮爲河東節度使，資儲豐衍，積米百萬斛。管崇嗣代之，爲政寬弛，耗散殆盡。上聞之，以鄧景山代之。景山至，鈎校出入，將士隱沒者皆懼。有裨將抵罪當死，諸將請之，不許；其弟請代之，亦不許；請入一馬以贖罪，乃許之。諸將怒曰：「我輩曾不及一馬乎！」遂殺景山。上以景山撫御失所以致亂，遣使慰諭以安之。諸將請以兵馬使辛雲京爲節度使，從之。

行營兵殺都統李國貞、節度使荔非元禮。絳州糧賜不充，朔方行營都統李國貞屢以狀聞，朝廷未報，軍中咨怨。又以國貞治軍嚴，思郭子儀之寬。突將王元振因謀作亂，矯令於衆曰：「來日修都統宅，具畚鍤待命。」士卒皆怒曰：「朔方健兒，豈修宅夫邪！」元振帥之執國貞，置卒食於前，曰：「食此而役其力，可乎？」國貞曰：「修宅則無之；軍食則屢奏而未報，諸君所知也。」衆欲退，元振曰：「今日都統不死，則我輩死矣。」遂殺之。鎮西、北庭行營兵亦殺其節度使荔非元禮，推裨將白孝德爲帥，朝廷因而授之。

建辰月，賜郭子儀爵汾陽王，知諸道行營。絳州諸軍剽掠不已，朝廷憂其與太原亂軍合，非新進諸將所能鎮服，以郭子儀爲汾陽王，知諸道節度行營，兼興平、定國等軍副元帥，發京師粟帛數萬以給絳軍。時上不豫，羣臣莫得進見，子儀請曰：「老臣受命，將死於外，不見陛下，目不瞑矣。」上召入卧内，謂曰：「河東之事，一以委卿。」子儀至軍，王元振自以爲功，子儀曰：「吾爲宰相，豈受一卒之私耶！」收元振及其黨四十人皆殺之。辛雲京聞之，亦按誅殺鄧景山者數十人。由是河東諸鎮率皆奉法。

以來瑱爲淮西、河南節度使。召山南東道節度使來瑱赴京師。瑱樂在襄陽，諷將吏上表留己，復得還鎮。呂諲及中使往來者言瑱曲收衆心，恐久難制。上乃割商、金、均、房，別置觀察使，令瑱止領六州。行軍司馬裴茙謀奪瑱位，密表瑱倔强難制，請以兵襲取之。上以爲然，以瑱爲淮西、河南節度使，外示寵任，實欲圖之。密敕以茙代瑱爲防禦使。

蕭華罷，以元載同平章事，領度支、轉運使如故。李輔國以求宰相不得，怨蕭華，言華專權，請罷之而相載，上不許。固請不已，上乃從之。

夏，建巳月，楚州得寶玉十三枚。楚州言：「尼真如恍惚登天，見上帝賜以寶玉十三枚，云中國有災，以此鎮之。」羣臣表賀。

范氏曰：堯命重黎，絶地天通，蓋惡巫覡矯妄而誣天罔民也。後世主昏於上，民迷於下，黷亂天地，無所不有。肅宗父子不相信，妖由人興，故姦僞得以惑之。獲寶不一月，而二帝崩，吉凶之驗，亦可覩矣！

太上皇崩。太上皇崩，年七十八。上自仲春寢疾，聞上皇登遐，疾轉劇，乃命太子監國。

復以建寅爲正月。

帝崩，李輔國殺皇后張氏。初，張后與輔國相表裏，專權用事，晚更有隙。内射生使程元振黨於輔國。上疾篤，后召太子謂曰：「輔國久典禁兵，陰與程元振謀作亂，不可不誅。」太子泣曰：「陛下疾甚危，不告而誅，必致震驚，恐不能堪也。」太子出。后召越王係選宦官授甲，以誅輔國。元振知其謀，密告輔國。以兵送太子於飛龍廄，勒兵收係，遷后於别殿。時上在長生殿，使者逼后下殿，宦官宫人驚散。明日，上崩。輔國等殺后并係及兖王僩。

范氏曰：肅宗信任李輔國，上不保其父，中不保其身，下不保其妻子，比近小人之禍也。可不戒哉！可不戒哉！

太子即位。輔國引太子素服與宰相相見，遂即位。輔國恃功益横，明謂上曰：「大家但居禁中，外事聽老奴處分。」上内不能平，以其方握禁兵，外尊禮之，號爲尚父而不名，事無大小皆咨之。羣臣出入，皆先詣輔國，輔國亦晏然處之。

以李輔國爲司空，兼中書令。

敕大小錢皆當一。民始安之。

李光弼使田神功擊史朝義，大破之。史朝義自圍宋州數月，城中食盡，果毅劉昌曰：「倉中猶有麴數千斤，請屑食，不過二十日，李太尉必救我。」李光弼至臨淮。諸將以朝義兵尚强，請南保揚州，光弼曰：「朝廷倚我以爲安危，我復退縮，朝廷何望！」徑趣徐州，使兖鄆節度使田神功進擊朝義，大破之。先是，神功既克劉展，留連揚州，聞光弼至，乃還。光弼在徐州，惟軍旅之事自決之，衆務悉委判官張傪。傪吏事精敏，區處如流，諸將事之如事光弼。由是軍中肅然，東夏以寧。先是，神功見官屬，皆平受其拜，及見光弼與傪抗禮，乃大驚，徧拜官屬曰：「神功出於行伍，不知禮儀。諸君亦胡爲不言，成神功之過乎？」

賜死。

復以來瑱爲山南東道節度使。來瑱聞徙淮西，大懼，上言：「淮西無糧，請俟收麥而行。」又諷將吏留己。上欲姑息，許之。裴茙屯穀城，既得密敕，即帥麾下趣襄陽。瑱以兵逆之，且問來故，對曰：「尚書不受朝命，故來。」瑱曰：「吾已蒙恩復留鎮此。」因取敕告示之。茙驚惑，瑱縱兵擊之，擒送京師，賜死。

范氏曰：肅宗信讒，黜陟不明，以藩鎮爲餌，欲誘反側之臣。故劉展、來瑱相繼叛亂，皆朝廷易置不以其道故也。且瑱未失臣節而行裴茙篡奪之謀，使茙克瑱而代其位，不若瑱跋扈之爲愈也。夫藩臣倔强阻兵，得一賢相足以制之，謀及宦者，得無亂乎！

六月，進李輔國爵博陸王。程元振謀奪李輔國權，密言於上，請稍加裁制，解輔國行軍司馬及兵部尚書，出居外第。於是道路相賀。輔國始懼，上表遜位，詔罷中書令，而進其爵。

以劉晏爲度支、轉運、鹽鐵等使。

秋，七月，郭子儀入朝。時程元振用事，忌子儀功高任重，數譖之。子儀不自安，表請解副元帥、節度使，遂留京師。

台州袁晁作亂。

以程元振爲驃騎大將軍。

九月，以來瑱同平章事。

貶裴冕爲施州刺史。左僕射裴冕爲山陵使，議事與程元振相違，貶爲刺史。

回紇舉兵入援。冬十月，以雍王适爲天下兵馬元帥，討史朝義，大敗之，取東京及河陽。賊將薛嵩、張忠志以州降。

上遣中使劉清潭使於回紇修舊好，且徵兵討史朝義。時回紇登里可汗已爲朝義所誘，云「唐室繼有大喪，中原無主」。清潭謂曰：「先帝雖棄天下，今皇帝即廣平王也。」回紇乃爲起兵，至三城，見州縣皆爲丘墟，有輕唐之志，乃困辱清潭。清潭遣使言狀，京師大駭。上遣殿中監藥子昂往勞之。初，毗伽闕爲登里求昏，肅宗以僕固懷恩女妻之，上令懷恩往見可汗，爲言唐家恩信不可負，可汗悦。自陝州大陽津渡河，食太原倉粟，與諸道俱進。制以雍王适爲天下兵馬元帥，以藥子昂、魏琚爲左右廂兵馬使，韋少華、李進爲行軍司馬，會諸道節度使及回紇於陝州，進討史朝義。上欲以郭子儀爲适副，程元振、魚朝恩等沮之而止。加僕固懷恩同平章事，領諸軍節度行營以副适。适至陝州，回紇屯於河北，适與僚屬往見之。可汗責适不拜舞，藥子昂對以禮不當然，回紇將車鼻曰：「唐天子與可汗約爲兄弟，可汗於雍王叔父也，何得不拜舞？」子昂曰：「安有中國儲君向外國可汗拜舞乎！且兩宫在殯，不應舞蹈。」力爭久之。車鼻遂引子昂等各鞭一百，遣适歸營，琚、少華遂死。諸軍發陝州，僕固懷恩與回紇爲前鋒，郭英乂、魚朝恩爲殿，李抱玉自河陽入，李光弼自陳留入，會于洛陽，陳于横水。懷恩遣驍騎及回紇並南山出賊栅東北，表裏合擊，大破之。朝義悉其精兵十萬救之，官軍擊之，不動。鎮西節度使馬璘曰：「事急矣。」遂單騎奮擊，奪賊兩牌，突入萬衆中，賊左右披靡，大軍乘之而入，賊衆大敗，斬首六萬級，捕虜二萬。朝義將輕騎數百東走。懷恩進克東京及河陽城，獲僞中書令許叔冀。懷恩留回紇營河陽，使其子瑒帥步騎萬餘逐朝義至鄭州，再戰皆捷。汴州降。回紇入東京，肆行殺掠，死者萬計。朝義自濮州北渡河，懷恩追敗之於衛州。賊將田承嗣等將兵四萬與朝義合，復來拒戰，僕固瑒擊破之。於是朝義鄴郡節度使薛嵩以相、衛、洺、邢四州降于李抱玉，恒陽節度使張忠志以恒、趙、深、定、易五州降于辛雲京。抱玉等入其營，嵩等皆受代。居無何，僕固懷恩皆令復位。由是抱玉、雲京各表懷恩有二心，朝廷宜密爲備；懷恩亦上疏自理。上慰勉之。

盗殺李輔國。上在東宫，以李輔國專權，心甚不平；及嗣位，以輔國有殺張后之功，不欲顯誅之，夜遣盗入其室，竊輔國首及一臂而去。敕有司捕盗，遣中使存問其家，仍贈太傅。

胡氏曰：不平輔國專横者，公心也；不欲顯誅之者，私意也。公與私，特在利己不利己之間，人君可不慎乎！夫張后正位中宫，猶太子之母也，輔國遣使者以太子命，逼后下殿，幽而殺之。其爲太子累大矣，而猶以爲功乎？

十一月，以張忠志爲成德軍節度使，賜姓名李寶臣。初，辛雲京引兵將出井陘，常山裨將契丹王武俊説張忠志曰：「河東兵精鋭，出境遠鬬，不可敵也。且吾以寡當衆，以曲遇直，戰則必離，守則必潰，公其圖之。」忠志乃降。制復以爲節度使，賜姓名李寶臣。寶臣擢武俊爲先鋒兵馬使。

以僕固懷恩爲河北副元帥。郭子儀以懷恩有平河、朔功，請以副元帥讓之。

諸軍圍史朝義於莫州。史朝義走至貝州，與其大將薛忠義等合，還攻僕固瑒，瑒設伏擊走之。回紇又至，戰于下博，朝義大敗，奔莫州。懷恩兵馬使薛兼訓、郝庭玉及田神功、辛雲京皆會，進圍朝義於莫州。

癸卯（七六三）

代宗皇帝廣德元年。

春，正月，以劉晏同平章事，度支等使如故。

流來瑱於播州，殺之。初，來瑱在襄陽，程元振有所請託，不從；及爲相，元振譖瑱言涉不順，與賊合謀，坐削官爵流播州，賜死。由是藩鎮皆切齒於元振。

賊將田承嗣以莫州降；李懷仙殺史朝義，傳首京師。史朝義屢出戰皆敗。田承嗣説朝義令往幽州發兵，朝義從之。承嗣即以城降。時朝義范陽節度使李懷仙已請降，朝義至，不得入，獨與胡騎數百東奔，欲入奚、契丹。懷仙遣兵追及之。朝義窮蹙，縊於林中，懷仙取其首以獻。僕固懷恩與諸軍皆還。

以薛嵩、田承嗣、李懷仙爲河北諸鎮節度使。以史朝義降將薛嵩爲相、衛、邢、洺、貝、磁六州節度使，田承嗣爲魏、博、德、滄、瀛五州都防禦使，李懷仙仍故地爲盧龍節度使。時河北諸州皆已降，嵩等迎僕固懷恩，拜於馬首，乞行間自效。懷恩恐賊平寵衰，故奏留嵩等及李寶臣分帥河北，自爲黨援；朝廷亦厭苦兵革，苟冀無事，因而授之。承嗣舉管内户口，壯者皆籍爲兵，惟使老弱耕稼，數年間，有衆十萬。又選其驍健者萬人自衛，謂之牙兵。

范氏曰：唐失河北，實自此始，由任蕃夷爲制將也。使李、郭爲將，肯如是乎！

回紇歸國。回紇部衆所過抄掠，廩給小不如意，輒殺之，無所忌憚。陳鄭節度使李抱玉欲遣官屬置頓，人人辭憚。趙城尉馬燧獨請行，比回紇將至，燧先遣人賂其渠帥，約毋暴掠，帥遺之旗曰：「有犯令者，君自戮之。」燧取死囚爲左右，小有違令，立斬之。回紇相顧失色，涉其境者，皆拱手遵約束。抱玉奇之。燧因説抱玉曰：「燧與回紇言，頗得其情。僕固懷恩恃功驕蹇，其子瑒好勇而輕，今内樹四帥〔一四〕，外交回紇，必有窺河東澤、潞之志，宜深備之。」抱玉然之。

以梁崇義爲山南東道節度留後。初，梁崇義從來瑱鎮襄陽，累遷右兵馬使，有勇力，能卷鐵舒鈎，沈毅寡言，得衆心。瑱死，自鄧州引戍兵歸，衆推爲帥。上不能討，因以爲留後。崇義奏改葬瑱。

三月，葬泰陵、建陵〔一五〕。

夏，四月，李光弼遣將擒袁晁，浙東平。初，台州賊袁晁攻陷浙東，諸州民疲於賦斂者多歸之，聚衆近二十萬。光弼使部將張伯儀將兵討平之。

分河北諸州節度。以幽、莫、嬀、檀、平、薊爲幽州管，恒、定、趙、深、易爲成德軍管，相、貝、邢、洺爲相州管，魏、博、德爲魏州管，滄、棣、冀、瀛爲青淄管，懷、衛、河陽爲澤潞管。

敕議舉孝廉。禮部侍郎楊綰上疏曰：「古之選士，必取行實。自隋煬帝始置進士科，猶試策而已；至高宗時，考功員外郎劉思立始奏進士加雜文，明經加帖，從此成俗。公卿以此待士，長老以此訓子，其明經則誦帖括以僥倖。又令舉人投牒自應，如此，欲其返淳朴，崇廉讓，何可得也！請置孝廉科，令縣令取行著鄉閭，學知經術者，薦之於州；刺史考試，升之於省；任占一經，問經義二十條，對策三道，上第注官，中第出身，下第罷歸。其道舉亦非理國所資，望與明經、進士並停。」上命諸司通議，給事中李栖筠、左丞賈至、京兆尹嚴武並是綰議，仍請「兼廣學校，保桑梓者鄉里舉焉，在流寓者庠序推焉」。敕禮部具條目以聞。綰奏：「國子監舉人，令博士薦於祭酒，祭酒試通者升之於省，如鄉貢法。明法，委刑部考試。」或以爲明經、進士行之已久，不可遽改。事雖不行，識者是之。

范氏曰：自三代以後，取士之法，不本於鄉里學校，至唐而弊極。惟楊綰之議，近古可行，卒爲庸人沮止。況先王所以致治之具，欲盡舉而措之天下，不亦難乎！

胡氏曰：楊綰初議，彷彿鄉舉里選之意也；及上貢舉條，則徒有問經對策之文，而無興廉舉孝之實。或者猶沮止之，建議之難如此。及綰爲相，可以行矣，亦復不聞再請，豈薨謝之遽，有所未及歟！夫問以經義，已涉空言，然亦足以觀士人之師尚。顧綰所條，其詳不可見爾。宜爲之法曰：凡應經義科者，有司問以十條，令隨所占經，引先儒之說兩家至三家，而主其善者，或有己見，則附于後，勿矜詞藻，惟務直述，每條以三百字止。如此，則人之習經者，可見其通塞矣。對策，惟問以前代故事有疑難無折衷者，以五道爲率，每道亦以三百字止，而勿問時事，以杜其諂諛之態。如此，則人之習史者，可見其深淺矣。若夫投牒自應，最壞人材之本也。欲革此者，於鄉里必慎選守令，於庠序必慎選師儒，察其譽毀，觀其言行，次第而薦之可矣。

秋，七月，羣臣上尊號。

九月，遣使徵僕固懷恩入朝，不至。初，僕固懷恩受詔與回紇可汗相見於太原。河東節度使辛雲京恐其合謀襲軍府，閉城自守，亦不犒師。懷恩怒，具表其狀，不報。中使駱奉仙至太原，雲京厚結之，使言懷恩反狀已露。懷恩亦奏請誅雲京、奉仙。詔和解之。懷恩自以兵興以來，所在力戰，一門死王事者四十六人，女嫁絶域，説諭回紇，再收兩京，平定河南、北，功無與比，而爲人構陷，憤怨殊深，上書自訟曰：「臣罪有六：昔同羅叛亂，臣爲先帝掃清河曲，一也；男玢陷虜亡歸，臣斬之以令衆士，二也；二女遠嫁，爲國和親，三也；身與男瑒爲國效命，四也；河北新附，撫安反側，五也；説諭回紇，使赴急難，六也。臣既負六罪，誠合萬誅。思得一奉天顔，又以來瑱之死，深畏中官讒口，虚受陛下誅夷。臣奏奉仙，非不摭實。陛下竟無處置，寵任彌深。竊聞四方遣人奏事，陛下皆云與驃騎議之，曾不委宰相可否；或留數月不還，遠近無不疑阻。儻不納愚懇，且務因循，臣實不敢保家，陛下豈能安國！惟陛下圖之。」上遣裴遵慶詣懷恩諭旨，諷令入朝。懷恩抱遵慶足號泣訴冤，然以懼死爲辭，竟不奉詔。

冬，十月，吐蕃入寇，上如陜州。吐蕃入長安，關内副元帥郭子儀擊之，吐蕃遁去。

唐自武德以來，開拓邊境，地連西域，皆置都督府。開元中，置朔方、隴右、河西、安西、北庭諸節度使以統之。歲發山東丁壯爲戍卒，繒帛爲軍資，開屯田，供糗糧，設監牧，畜馬牛，軍城戍邏，萬里相望。及安禄山反，邊兵精鋭者，皆徵發入援，謂之行營，留兵單弱。數年之間，胡虜蠶食，自鳳翔以西，邠州以北，皆爲左衽矣。至是，吐蕃入大震關，陷蘭、廓、河、鄯、洮、岷、秦、成、渭等州，盡取河西、隴右之地。邊將告急，程元振皆不以聞。十月，虜至涇州，刺史高暉降之，爲之鄉導。既過邠州，上始聞之。至奉天、武功，京師震駭。詔以雍王适爲關内元帥，郭子儀副之，出鎮咸陽以禦之。子儀閑廢日久，部曲離散，至是，召募得二十騎而行。至咸陽，吐蕃帥吐谷渾、党項、氐、羌二十餘萬衆渡渭，循山而東。子儀使判官王延昌入奏，請益兵。程元振遏之，竟不召見。吐蕃渡便橋，上倉猝不知所爲，出幸陝州，官吏、六軍逃散。子儀聞之，遽自咸陽歸長安。射生將王獻忠擁四百騎，脅豐王珙等十王西迎吐蕃，遇子儀。子儀叱之，獻忠曰：「今社稷無主，令公爲元帥，廢立在一言耳。」子儀責之，以兵送行在，賜珙死。吐蕃入長安，立廣武王承宏爲帝，縱兵焚掠，長安中蕭然一空。苗晉卿病卧家，輿入脅之，晉卿閉口不言，虜不敢殺。子儀引三十騎，自御宿川循山而東，謂王延昌曰：「六軍逃潰，多在商州，速往收之。」延昌徑入商州撫諭之，諸將方縱兵暴掠，聞子儀至，皆大喜聽命，得四千人，軍勢稍振。子儀乃泣諭將士以共雪國恥，取長安，皆感激受約束。上恐吐蕃出潼關，徵子儀詣行在。子儀表曰：「臣不收京城，無以見陛下。若兵出藍田，虜亦不敢東向。」上許之。鄜坊節度判官段秀實説白孝德引兵赴難，孝德即日大舉，南趣京畿，與蒲、陝、商、華合勢進擊。子儀使羽林大將軍長孫全緒將二百騎出藍田，又令寶應軍使張知節將兵繼之。全緒至韓公堆，晝則擊鼓張旗幟，夜則多燃火以疑吐蕃。吐蕃懼，百姓又紿之曰：「郭令公自商州將大軍至矣。」吐蕃惶駭，悉衆遁去。高暉東走潼關，守將李日越擒殺之。詔以子儀爲西京留守。王甫自稱京兆尹，聚衆二千餘人，暴横長安中。子儀至滻水，引三十騎徐進，召甫斬之。白孝德與邠寧節度使張藴琦將兵屯畿縣，子儀召之入城，京畿遂安。吐蕃還圍鳳翔。鎮西節度使馬璘將精騎千餘人赴難，轉鬬至城下，持滿外向，突入城中，不解甲出戰，單騎奮擊，俘斬千計。明日，虜復請戰，璘開懸門以待之。虜引退，曰：「此將軍不惜死，宜避之。」遂去。

胡氏曰：郭子儀之德之才，可以兼任將相，乃置之閑處；及有急難，又遽委用之。代宗於閹尹之言，受命如響；進退子儀，如待奴隸。自李光弼已下，恃功負氣，夫豈堪此！獨子儀無纖芥于胸中，一聞君命，不俟駕而行，蹈危履險，死生以之。其忠義精誠，仰貫白日；而度量宏偉，無所不包，真可以爲人臣之師表矣。使代宗挈國權兵柄而付之，于以復太宗之業何難焉！而不能也。可勝歎哉！

十一月，削程元振官爵，放歸田里。驃騎大將軍程元振專權自恣，人畏之甚於李輔國。諸將有大功者，元振皆忌疾欲害之。吐蕃入寇，元振不以時奏，致上狼狽出幸。上發詔徵諸道兵，李光弼等皆忌元振，莫有至者。中外切齒莫敢言。

胡氏曰：人臣之義，無以有已，東西南北，惟命是從，況蕃戎入寇，乘輿播越；使未奉詔命，猶當奔赴危難，死生以之，況徵兵之制累下乎！光弼雖憾中官，豈可移之君父，坐視而不顧！夫所以不敢至京師者，小則畏讒，大則畏死耳。有如唐室威令振舉，問諸將緩於勤王之罪，則亦豈能免乎！誠能星馳飈發，擊退虜賊，再安宗社，元振雖欲譖愬誣罔，亦豈能盡奪公議哉！光弼不忍小忿，以失大節，不學之過也。

太常博士柳伉上疏曰：「犬戎犯關渡隴，不血刃而入京師，劫宫闈，焚陵寢，武士無一人力戰者，此將帥叛陛下也。陛下疏元功，委近習，日引月長，以成大禍，羣臣在庭，無一人犯顔回慮者，此公卿叛陛下也。陛下始出都，百姓填然，奪府庫，相殺戮，此三輔叛陛下也。自十月朔召諸道兵，盡四十日，無隻輪入關，此四方叛陛下也。陛下必欲存宗廟、安社稷，獨斬程元振首，馳告天下，悉出内使隸諸州，持神策兵付大臣，然後削尊號，下詔引咎，曰：『天下其許朕自新改過，宜即募士西赴朝廷；若以朕惡未悛，則帝王大器，敢妨聖賢。』如此，而兵不至，人不感，天下不服，臣請闔門寸斬以謝陛下。」上猶以元振嘗有保護功，削官爵，放歸田里。

胡氏曰：孔子曰：「王者奉三無私以勞天下。」老子曰：「公乃王。」元振於代宗雖有保護之功，而迷國誤朝，幾危宗社。於是而權其輕重，肆諸市朝，則代宗之心，如天地日月，天下見之，而王道著矣。今不以宗社爲念，而專念其保己，夫蕃戎入寇不以聞，子儀請兵不召見，虜至便橋，帝方出奔，其不爲吐蕃所得者幾希，如是而尚可謂之保護乎！

宦官呂太一反廣州，討平之。

十二月，上還長安。車駕發陝州，左丞顏真卿請上先謁陵廟，然後還宮。元載不從，真卿怒曰：「朝廷豈堪相公再壞邪！」載由是銜之。上至長安，郭子儀帥百官、諸軍奏迎，伏地待罪。上勞之曰：「用卿不早，故及於此。」

以魚朝恩爲天下觀軍容宣慰處置使，總禁兵。

苗晉卿、裴遵慶罷，以李峴同平章事。遵慶既去，元載權益盛，以貨結内侍董秀，上意所屬，載必先知之，承意探微，言無不合，上以是愈愛之。

放廣武王承宏於華州。吐蕃既去，承宏逃匿草野。上赦不誅，放之於華州。

吐蕃陷松、維、保三州。吐蕃陷三州及二城，西川節度使高適不能救。於是劍南西山諸州亦入於吐蕃矣。

二年。

甲辰(七六四)

春,正月,流程元振於溱州。元振得罪歸三原,聞上還宫,衣婦人服,私入長安,復規任用。京兆擒之以聞,敕流溱州。上念其功,復令江陵安置。

遣刑部尚書顔真卿宣慰朔方行營。上之在陜也,真卿請奉詔召僕固懷恩,不許。至是,命真卿諭懷恩入朝,對曰:「陛下在陜,臣往以忠義責之,使之赴難,彼猶有可來之理。今陛下還宫,彼進不成勤王,退不能釋衆,召之,庸肯至乎!且言懷恩反者,獨辛雲京、駱奉仙、李抱玉、魚朝恩四人耳。陛下若以郭子儀代懷恩,可不戰而服也。」時抱玉從弟抱真爲汾州别駕,知懷恩有異志,脱身歸京師,召見問計,對曰:「此不足憂也。朔方將士思郭子儀如父兄,陛下誠以子儀領朔方,彼皆不召而來耳。」上然之。

立雍王适爲皇太子。

以魏博爲天雄軍。從田承嗣之請也。

僕固懷恩反,寇太原。懷恩謀取太原,辛雲京覺之,乘城設備。懷恩使其子瑒攻之,大敗而還。

以郭子儀爲河中節度等使。上謂子儀曰:「懷恩父子負朕實深。聞朔方將士思公,如枯草之望雨,公爲朕鎮撫河東,汾上之師,必不爲變。」乃以子儀爲關内、河東副元帥、河中節度等使。懷恩將士聞之，皆曰：「吾輩從懷恩爲不義，何面目見汾陽王！」子儀至河中。雲南子弟萬人戍河中，將貪卒暴，爲一府患。子儀斬十四人，杖三十人，府中遂安。

僕固瑒爲其下所殺，懷恩走雲州。僕固瑒圍榆次，十將焦暉、白玉攻殺之。懷恩聞之，入告其母，母曰：「吾語汝勿反，國家待汝不薄。今衆心既變，禍必及我，將如之何？」懷恩不對而出，母提刀逐之，曰：「吾爲國家殺此賊，取其心以謝三軍。」懷恩疾走得免，遂與麾下三百渡河北走雲州。都虞候張維嶽在沁州，聞懷恩去，乘傳至汾州，撫定其衆，殺焦暉、白玉而竊其功，以告子儀。子儀使牙官盧諒至汾州。維嶽賂諒，使實其言。子儀奏維嶽殺瑒，傳首詣闕。羣臣入賀，上慘然不悦曰：「朕信不及人，致勳臣顛越，深用爲愧，又何賀焉？」命輦懷恩母至長安，給待優厚，月餘，以壽終，以禮葬之，功臣皆感歎。子儀如汾州，懷恩之衆數萬悉歸之，咸鼓舞涕泣，喜其來而悲其晚也。子儀知盧諒之詐，杖殺之。上以李抱真言有驗，遷殿中少監。

范氏曰：代宗之責己也厚，其待人也恕，而誠不能感物，何哉？賞罰無章，而善惡不明，上下之情不通，讒巧得行於其間故也。是以以恩加人而人不親，以信示人而人益疑，紀綱壞亂，恩威不立也。

劉晏、李峴罷。晏坐與元振交通。元振獲罪，峴有力焉，由是爲宦官所疾，故與晏皆罷。

以王縉、杜鴻漸同平章事。

三月，以劉晏爲河南、江、淮轉運使。自喪亂以來，汴水堙廢，漕運者自江、漢抵梁、洋，迂險勞費。兵火之後，中外艱食，關中米斗千錢，百姓挼穗以給禁軍，宫厨無兼時之積。晏乃疏浚汴水；遣元載書，具陳漕運利病，令中外相應。自是每歲運米數十萬石，以給關中。唐世稱漕運之能者，推晏爲首，後來者皆遵其法度云。

夏，五月，初行五紀曆。

罷孝悌力田及童子科。楊綰奏孝悌力田無實狀，及童子科皆僥倖。悉罷之。

六月，罷河中節度及耀德軍。郭子儀以安、史昔據洛陽，故諸道置節度使以制其要衝；今大盗已平，而所在聚兵，耗蠹百姓，表請罷之，仍自河中爲始。從之。

秋，七月，税青苗錢，給百官俸。

臨淮武穆王李光弼卒。上之幸陝也，李光弼竟遷延不至，上恐遂成嫌隙，以其母在河中，數遣中使存問之。吐蕃退，除光弼東都留守，光弼辭以就江、淮糧運，引兵歸徐州。上迎其母至長安，厚加供給，使其弟光進掌禁兵，遇之加厚。光弼治軍嚴整，指顧號令，諸將莫敢仰視，謀定而後戰，能以少制衆，與郭子儀齊名。及在徐州，擁兵不朝，諸將田神功等不復禀畏。光弼愧恨成疾而卒。詔以王縉都統諸道行營。

僕固懷恩引回紇、吐蕃入寇，詔郭子儀出鎮奉天。懷恩至靈武，收合散亡，其衆復振。上厚撫其家，下詔曰：「懷恩勳勞，著於帝室；疑隙之端，起自羣小。君臣之義，情實如初。但當詣闕，更勿有疑。」懷恩竟不從，遂引回紇、吐蕃十萬衆入寇，京師震駭。會郭子儀自河中入朝，詔子儀出鎮奉天，召問方略，對曰：「懷恩勇而少恩，士心不附，所以能入寇者，因思歸之士耳。懷恩本臣偏裨，其麾下皆臣部曲，必不忍以鋒刃相向，無能爲也。」

九月，關中蟲蝗，霖雨。

冬，十月，懷恩逼奉天，郭子儀出兵，懷恩退。懷恩與回紇、吐蕃進逼奉天。諸將請戰，郭子儀曰：「虜深入，利速戰。吾堅壁以待之，彼必以吾爲怯而不戒，乃可破也。若遽戰而不利，則衆心離矣。敢言戰者斬！」既而夜出，陳於乾陵之南。虜始以子儀爲無備，欲襲之，忽見大軍，驚愕，遂不戰而退。懷恩之南寇也，河西節度使楊志烈發卒五千，謂監軍柏文達曰：「君將之以攻靈武，則懷恩有返顧之慮，此亦救京師之一奇也。」文達進攻靈州，懷恩遽歸，夜襲文達，大破之。文達將餘衆歸，哭而入，志烈迎之曰：「此行有安京室之功，卒死何傷！」士卒怨其言。未幾，吐蕃圍涼州，士卒不爲用，志烈奔甘州，爲沙陀所殺，涼州遂陷。沙陀者，姓朱耶，世居沙陀磧，因以爲名。

懷恩寇邠州，不克而遁。初，郭子儀聞虜逼邠州，遣其子晞將兵救之。虜攻之不克，及還，又攻之不克，遂遁。晞在邠州，縱士卒爲暴。節度使白孝德患之而不敢言，段秀實自請補都虞候。晞軍士入市取酒，刺酒翁，壞釀器。秀實列卒，盡取其首注槊上，植市門。晞一營大譟，盡甲。孝德恐，秀實曰：「無傷也，請往解之。」選老躄者一人，持馬至晞門，甲者出，秀實笑且入曰：「殺一老卒，何甲也！吾戴吾頭來矣。」晞出，秀實讓之曰：「副元帥勳塞天地，當念始終。今常侍恣卒爲暴，行且致亂，亂則罪及副元帥。郭氏功名，其存者幾何！」言未畢，晞再拜曰：「公幸教晞以道，敢不從命！」叱左右：「皆解甲，敢譁者死！」秀實因留宿軍中，旦，俱至孝德所謝。

十二月，加郭子儀尚書令，不受。子儀以「太宗爲此官，近皇太子亦爲之，不敢當」。遂不受，還鎮河中。

户部奏是歲户口之數。户二百九十餘萬，口一千六百九十餘萬。

乙巳（七六五）

永泰元年。

春，正月，以李抱真爲澤潞節度副使。抱真以山東有變，上黨爲兵衝，而荒亂之餘，土瘠民困，無以贍軍，乃籍民每三丁選一壯者，免其租徭，給弓矢，使農隙習射，歲暮都試，行其賞罰。比三年，得精兵二萬，既不費廩給，府庫充實，遂雄視山東。步兵爲諸道最。

三月，命文武之臣十三人於集賢殿待制。三月，命僕射裴冕、郭英乂等十三人於集賢殿待制。左拾遺獨孤及上疏曰：「陛下召冕等以備詢問，此盛德也。然恐陛下雖容其直，而不録其言；有容下之名，而無聽諫之實，則臣之所耻也。今師興不息十年矣，人之生産，空於杼軸。擁兵者第館亘街陌，奴婢厭酒肉，而貧人羸餓就役，剥膚及髓。長安城中白晝椎剽，吏不敢詰，民不敢訴，有司不敢以聞，茹毒飲痛，窮而無告。陛下不思所以救之，臣實懼焉。今天下惟朔方、隴西有吐蕃、僕固之虞，邠、涇、鳳翔之兵足以當之矣。東南洎海，西盡巴、蜀，無鼠竊之盜而兵不爲解，傾天下之貨，竭天下之穀，以給不用之軍，臣不知其故。假令居安思危，自可阨要害之地，俾置屯禦，悉休其餘，以糧儲扉屨之資充疲人貢賦，歲可減國租之半。陛下豈可持疑於改作，使率土之患日甚一日乎！」上不能用。

吐蕃遣使請和。吐蕃遣使請和。詔元載等與之盟。上問郭子儀，子儀對曰：「吐蕃利我不虞；若不虞而來，則國不可守矣。」乃遣兵戍奉天。

旱。米斗千錢。

夏，四月，以裴諝爲左司郎中。河東租庸使裴諝入奏事，上問：「榷酤之利，歲入幾何？」諝不對。復問，對曰：「臣自河東來，所過見菽粟未種，農夫愁怨。臣以爲陛下見臣，必先問人之疾苦，乃責臣以營利，臣是以未敢對也。」上謝之，拜左司郎中。

劍南節度使嚴武卒。武三鎮劍南，厚賦斂，窮奢侈，專殺戮。母數戒之，武不從。及死，母曰：「吾今始免爲官婢矣。」然吐蕃畏之，不敢犯其境。

畿内麥稔。京兆尹第五琦請税百姓田，十畝收其一，曰：「此古什一之法也。」上從之。

平盧將李懷玉逐其節度使侯希逸；詔以懷玉爲留後，賜名正己。希逸好遊畋，營塔寺。兵馬使李懷玉得衆心，希逸忌之，因事解其軍職。希逸宿於城外，軍士閉門，奉懷玉爲帥。希逸奔滑州，召還京師。以鄭王邈爲節度使，懷玉知留後，賜名正己。時成德李寶臣、魏博田承嗣、相衛薛嵩、盧龍李懷仙收安、史餘黨，各擁勁卒數萬，治兵完城，自署將吏，不供貢賦，與山南東道梁崇義及正己皆結爲昏姻，互相表裏。朝廷專事姑息，不能復制。

秋，九月〔一六〕，置百高坐，講仁王經。内出仁王經二寶輿，以人爲菩薩、鬼神之狀，導以音樂鹵簿，百官迎從，至資聖、西明寺講之。

僕固懷恩誘回紇、吐蕃、雜虜入寇。懷恩道死。召郭子儀屯涇陽。冬，十月，回紇受盟而還，吐蕃夜遁。僕固懷恩誘回紇、吐蕃、吐谷渾、党項、奴剌數十萬衆俱入寇，令吐蕃趣奉天，党項趣同州，吐谷渾、奴剌趣盩厔，回紇繼吐蕃之後，懷恩又以朔方兵繼之。子儀奏：「虜皆騎兵，其來如飛，不可易也。請使鳳翔、滑濮、邠寧、鎮西、河南、淮西諸節度各出兵以阨其衝要。」上從之。諸道多不時出兵。淮西李忠臣得詔，亟命治行。諸將請擇日，忠臣怒曰：「父母有急，豈可擇日而後救耶！」即日就道。懷恩中塗遇暴疾死，大將范志誠領其衆。懷恩拒命三年，再引胡寇，爲國大患，上猶爲之隱，曰：「懷恩不反，爲左右所誤耳！」吐蕃十萬至奉天，始列營，朔方兵馬使渾瑊帥驍騎二百衝之，虜衆披靡。瑊挾虜一將，躍馬而還，士氣大振；夜復引兵襲之，殺千餘人。京師聞虜至奉天，始罷百高座講；召郭子儀，使屯涇陽。上自將六軍屯苑中，下制親征。魚朝恩請索城中私馬，男子皆團結爲兵，士民大駭，逃者甚衆。百官入朝，朝恩從禁軍，操白刃，宣言曰：「吐蕃攻犯郊畿，車駕欲幸河中何如？」公卿皆錯愕，不知所對。有劉給事者，獨出班抗聲曰：「敕使反邪！今屯軍如雲，不戮力扞寇，而遽欲脅天子，棄宗社，非反而何！」朝恩驚沮，事遂寢。會大雨旬日，虜不能進，大掠而去，所過焚廬舍，蹂禾稼殆盡。同華節度周智光引兵邀擊，破之。遂北至鄜州，殺刺史張麟，焚坊州三千餘家。十月，復講經。吐蕃退至邠州，遇回紇，復相與入寇，合兵圍涇陽。子儀嚴備不戰。時二虜聞懷恩死，已爭長不相睦。子儀使牙將李光瓚説回紇，欲與共擊吐蕃，回紇不信曰：「郭公在此，可得見乎？」光瓚還報，子儀曰：「今衆寡不敵，難以力勝。昔與回紇契約甚厚，不若挺身説之，可不戰而下也。」諸將請選鐵騎五百衛從，子儀曰：「此適足爲害耳。」郭晞扣馬諫曰：「大人國之元帥，奈何以身爲虜餌！」子儀曰：「今戰則父子俱死，而國家危；往以至誠與之言，或幸而見從，則四海之福也。不然，則身没而家全。」以鞭擊其手，曰：「去！」遂與數騎出，使人傳呼曰：「令公來！」回紇大驚，大帥藥葛羅執弓注矢立於陳前，子儀免胄釋甲，投槍而進。諸酋長相顧曰：「是也。」皆下馬羅拜。子儀亦下馬，前執藥葛羅手，讓之曰：「汝回紇有大功於唐，唐之報汝亦不薄，奈何負約深入吾地，棄前功，結後怨，背恩德而助叛臣乎！且懷恩叛君棄母，於汝何有！今吾挺身而來，聽汝殺之，我之將士必致死與汝戰矣！」藥葛羅曰：「懷恩欺我，言天可汗已晏駕，令公亦捐館，中國無主，我是以來。今皆不然，懷恩又爲天所殺，我曹豈肯與令公戰乎！」子儀因説之曰：「吐蕃無道，所掠之財，不可勝載，馬牛雜畜，長數百里，此天以賜汝也。全師而繼好，破敵以取富，爲汝之計，孰便於此，不可失也。」藥葛羅曰：「吾爲懷恩所誤，負公誠深，今請爲公盡力以謝過。然懷恩之子，可敦兄弟也，願勿殺之。」子儀許之。回紇觀者爲兩翼，稍前，子儀麾下亦進，子儀揮手卻之，因取酒與其酋長共飲。藥葛羅使子儀先執酒爲誓，子儀酹地曰：「大唐天子萬歲！回紇可汗亦萬歲！兩國將相亦萬歲！有負約者，身隕陳前，家族滅絶！」盃至藥葛羅，亦酹地曰：「如令公誓！」於是諸酋長大喜曰：「軍中巫言：『此行安穩，不與唐戰，見一大人而還。』今果然矣。」遂與定約而還。吐蕃聞之，夜遁。回紇遣其酋長入見天子。藥葛羅帥衆追吐蕃，子儀使白元光帥精騎與之俱，戰於靈臺西原，大破吐蕃，殺獲萬計。詔罷親征，京城解嚴。初，肅宗以陝西節度使郭英乂領神策軍，使魚朝恩監之。英乂入爲僕射，朝恩專將之。及上幸陝，朝恩舉在陝兵與神策軍迎扈，悉號神策軍。天子幸其營。及京師平，朝恩遂以軍歸禁中，自將之，然尚未得與北軍齒。至是，從上屯苑中，其勢寖盛，分爲左、右廂，居北軍之右矣。子儀恐懷恩驍將逃入外夷，請招之。上赦其罪，詔回紇送之。懷恩之姪名臣自回紇以千餘騎來降，党項帥鄭庭、郝德等亦詣鳳翔降。

胡氏曰：孔子曰：「言忠信，行篤敬，雖蠻貊之邦行矣。」郭子儀輕騎見虜，非惟虜不敢害，又聽其言，講解而去，賢於數十萬衆力擊鏖戰之功，惟忠信足以感動之而已矣。然忠信非可一日而爲也，積之既久，行之既著，名發於實，而效見乎遠，則其音聲容貌，亦將有孚於人。此回紇諸酋所以釋兵下馬而拜者也。夫豈可僞説而僥幸哉！在易之師曰「師貞丈人，吉」。子儀其庶幾歟！

又曰：君子言之必可行也。藥葛羅要子儀爲誓，使子儀急於退師，許以重言，而他日不能副，或能副之而有傷於國，則踵未旋而難復作矣。今子儀之誓，初若重大嚴毖不可犯者，及味其旨，乃無所誓焉。所謂負約，果何約乎？既不失己，又得虜情，處之雍容而出之勇決，施之無悔而守之無疵，以此排難解紛，何愧之有！

閏十月〔一七〕，以路嗣恭爲朔方節度使。子儀以靈武初復，百姓彫弊，戎落未安，請以嗣恭鎮之。嗣恭披荆棘，立軍府，威令大行。

郭子儀還河中。子儀在河中，以軍食常乏，乃自耕百畝，將校以是爲差。於是士卒皆不勸而耕，野無曠土，軍有餘糧。

漢州刺史崔旰殺西川節度使郭英乂。初，嚴武奏將軍崔旰爲漢州刺史，將兵擊吐蕃，連拔其數城，攘地數百里。武作七寶輿迎旰入成都以寵之〔一八〕。武卒，行軍司馬杜濟等共請郭英乂爲節度使，旰與所部共請大將王崇俊爲節度使。會朝廷已除英乂。英乂至，誣崇俊以罪而誅之，召旰還成都。旰辭不至，英乂怒，自將兵攻之，大敗而還。玄宗之離蜀也，以所居行宮爲道觀，仍鑄金爲真容。英乂愛其竹樹茂美，奏爲軍營，因徙去真容，自居之。旰因此宣言英乂反而襲之。英乂奔簡州，普州刺史韓澄殺英乂，送首於旰。邛州牙將柏茂琳、瀘州牙將楊子琳、劍州牙將李昌巎各舉兵討旰，蜀中大亂。

流顧繇於綿州。華原令顧繇上言元載子伯和等招權受賄，坐流綿州。

丙午（七六六）

大曆元年。

春，正月，敕復補國子學生。自安、史之亂，國子監室堂頹壞，軍士多借居之。祭酒蕭昕上言學校不可遂廢，故有是詔。

以户部尚書劉晏、侍郎第五琦分理天下財賦。

二月，釋奠于國子監。釋奠于國子監，命宰相帥常參官，魚朝恩帥六軍諸將往聽講，子弟皆服朱紫爲諸生。朝恩既貴顯，乃學講經爲文，僅能執筆辨章句，遽自謂才兼文武，莫敢與之抗。

貶顔真卿爲峽州別駕。元載專權，恐奏事者攻訐其私，乃請百官論事，皆先白宰相，然後奏聞。真卿上疏曰：「諫官、御史，陛下之耳目。今使論事者先白宰相，是自掩其耳目也。太宗著司門式云：

『其無門籍人有急奏者，皆令門司與仗家引奏，無得關礙。』所以防壅蔽也。李林甫爲相，深疾言者，下情不通，卒成幸蜀之禍。陵夷至于今日，其所從來者漸矣。夫人主大開不諱之路，羣臣猶莫敢盡言，況令宰相大臣裁而抑之，則陛下所聞見者不過三數人耳。天下之士從此鉗口結舌，陛下見無復言者，以爲天下無事可論，是林甫復起於今日也。陛下儻不早寤，漸成孤立，後雖悔之，亦無及矣！」載以爲誹謗，貶之。

以杜鴻漸爲劒南東、西川副元帥。山南西道節度使張獻誠與崔旰戰于梓州，敗走，旌節皆爲所奪。鴻漸至蜀境，聞之而懼，使人先達意於旰，許以萬全。旰卑辭重賂以迎之。鴻漸至成都，見旰，接以温恭，無一言責其干紀；又數薦之於朝，請以節制讓旰，以柏茂琳、楊子琳、李昌巙各爲本州刺史。上不得已從之，以旰爲成都尹、西川節度行軍司馬。

以馬璘兼邠寧節度使。以四鎮、北庭行營節度使馬璘兼領邠寧〔一九〕，璘以段秀實爲都虞候。卒有能引弓重二百四十斤者，犯盜當死，璘欲生之，秀實曰：「將有愛憎而法不一，雖韓、彭不能爲理。」璘善其議，竟殺之。璘處事或不中理，秀實爭之，璘或怒甚，秀實曰：「秀實罪若可殺，何以怒爲？無罪殺人，恐涉非道。」璘拂衣起，良久，置酒召秀實謝之。自是事皆咨秀實而後行，聲稱甚美。

秋，八月，以魚朝恩判國子監事。命魚朝恩判國子監。中書舍人常衮言：「成均之任，當用名儒，不宜以宦者領之。」不聽。命宰相百官送上。朝恩執易升高坐，講「鼎折足」以譏宰相，王縉怒，元載怡然。朝恩曰：「怒者常情，笑者不可測也。」

冬，十月，上生日，諸道節度使上壽。上生日，諸道節度使獻金帛、器服、珍玩、駿馬爲壽，共直緡錢二十四萬。常衮上言：「節度使非能男耕女織，必取之於人。斂怨求媚，不可長也。請却之。」上不聽。

十一月，停什一稅法。京兆用第五琦什一稅法，民多流亡，至是停之。

十二月，周智光殺陝州監軍張志斌。周智光還華州，益驕橫，召之，不至，聚亡命數萬，縱其剽掠，擅留漕米二萬斛；藩鎮貢獻，往往殺其使者而奪之。陝州監軍張志斌入奏事，智光館之。志斌責其部下不肅，智光怒，斬之。詔加智光僕射，遣中使持告身授之。智光慢罵曰：「智光有大功於天下，國家不與平章事而與僕射。且同、華地狹，不足展才。」因歷數大臣過失，而曰：「此去長安百八十里，智光夜眠不敢舒足，恐踏破長安城。」郭子儀屢請討之，不許。

以陳少遊爲宣歙觀察使。少遊爲吏，强敏而好賄，善結權貴，以是得進。除桂管觀察使，惡其道遠多瘴癘；宦官董秀掌樞密，少遊請歲獻五萬緡，又納賄於元載子仲武，内外引薦，遂改宣歙。

丁未（七六七）

二年。

春，正月，詔郭子儀討周智光，斬之。子儀命大將渾瑊、李懷光軍于渭上。華州牙將姚懷、李延俊殺智光，以其首來獻。

二月，郭子儀入朝。上禮重子儀，常謂之大臣而不名。其子曖，尚昇平公主，嘗與爭言，曖曰：

「汝倚乃父爲天子邪？我父薄天子不爲。」公主恚，奔車奏之。上曰：「此非汝所知，彼誠如是。彼欲爲天子，天下豈汝家所有邪！」慰諭令歸。子儀聞之，囚曖入待罪。上曰：「鄙諺有之：『不癡不聾，不爲家翁。』兒女子閨房之言，何足聽也！」子儀歸，杖曖數十。

夏，六月，杜鴻漸入朝。秋七月，以崔旰爲西川節度使。杜鴻漸請入朝，廣爲貢獻，因薦旰才堪寄任。上亦務姑息，乃留鴻漸復知政事，以旰爲節度使。旰厚斂以賂權貴，元載擢其兄弟皆至大官。

魚朝恩作章敬寺。魚朝恩以賜莊爲章敬寺，以資太后冥福，窮壯極麗，奏毁曲江及華清宫館以給之。衛州進士高郢上書曰：「先太后聖德，不必以一寺增輝；國家永圖，無寧以百姓爲本。捨人就寺，何福之爲！」「且古之明王積善以致福，不費財以求福；修德以消禍，不勞人以禳禍。今徇左右之過計，傷皇王之大猷，臣竊爲陛下惜之！」不報。始上未甚重佛。元載、王縉、杜鴻漸皆好佛，縉尤甚，不食葷血，鴻漸亦以使蜀無恙，飯千僧，二人造寺無窮。上嘗問曰：「佛言報應，果有之耶？」載等對曰：「國家運祚靈長，非宿植福業，何以致之！福業已定，雖時有小災，終不能爲害，所以安、史皆有子禍，懷恩出門病死，二虜不戰而退，此皆非人力所及，豈得言無報應也！」上由是深信之，常於禁中飯僧百餘人；有寇至則令僧講仁王經以禳之，寇去則厚加賞賜。胡僧不空官至卿監，爵爲國公，出入禁闥，勢移權貴。良田美利多歸僧寺。載等侍上，多談佛事，由是臣民承化，皆廢人事而奉佛，政刑日紊矣。

胡氏曰：人死而冥，無福無禍。使其有也，豈可祈禳！所以知其不可祈禳者，以人之生驗之，所欲之福，無所於求；而所惡之禍，無所於免故也。生死一道也。借曰可者，莫大於父，而母次之，舍父念母，毋乃悖於人道乎！

秋，九月，吐蕃圍靈州。冬十月，路嗣恭擊却之。

十二月，郭子儀入朝。時盜發子儀父冢，捕之不獲，人以魚朝恩素惡子儀，疑其使之。子儀入朝，朝廷憂其爲變。及見上，上語及之，子儀流涕曰：「臣久將兵，不能禁暴，軍士多發人冢，今日及此，乃天譴，非人事也。」朝廷乃安。

胡氏曰：子儀之意，雖忠且厚，無乃薄於孝乎？曰：此子儀之所以爲子儀，而人莫能及者也。向者果於求賊，而使上下震動，以致意外之變，則忠順蹉跌，不足以爲孝矣。是故審輕重，度大小，罪己之言一出，而朝恩激怒召亂之意，如弦斷矢折，非可與權，安能及此哉！

子儀禁無故軍中走馬。南陽夫人乳母之子犯禁，都虞候杖殺之。諸子泣訴，子儀叱遣之。明日，以事語僚佐而歎息曰：「子儀諸子皆奴材也。不賞父之都虞候，而惜母之乳母子，非奴材而何！」

戊申（七六八）

三年。

春，正月，上幸章敬寺，度僧、尼千人。

三月朔，日食。

夏，四月，崔旰入朝，復使還鎮。旰入朝，以弟寬爲留後。楊子琳帥精騎數千，乘虛突入成都，朝廷聞之，加旰工部尚書，賜名寧，遣還鎮。寬與楊子琳戰，數不利。寧妾任氏出家財募兵得數千人，帥以擊子琳，破走之。

徵李泌於衡山。泌既至，復賜金紫，爲之作書院於蓬萊殿側。上時過之，除拜方鎮、給舍以上，軍國大事，皆與之議。欲以泌爲相，泌固辭。

追謚齊王倓爲承天皇帝。上與李泌語及齊王倓，欲厚加襃贈，泌請用岐、薛故事，贈太子。上泣曰：「吾弟首建靈武之議，成中興之業，岐、薛豈有此功乎！竭誠忠孝，乃爲讒人所害。嚮使尚存，朕必以爲太弟。今當崇以帝號，成吾夙志。」乃追謚倓曰承天皇帝。

胡氏曰：肅宗殺倓，代宗帝之，皆失也。李泌之議亦非也。意者改封大國，加以美謚，於其後裔數致隆焉，則可矣。

六月，幽州將朱希彩殺其節度使李懷仙，詔以希彩知留後。幽州兵馬使朱希彩及經略副使朱泚及弟滔共殺節度使李懷仙，希彩自稱留後。成德節度使李寶臣遣將討希彩，不克。朝廷不得已宥之，以王縉領盧龍節度使，希彩知留後。縉至幽州，希彩盛兵以逆之。縉晏然而行，希彩迎謁甚恭。縉度終不可制，勞軍而還。

秋，七月，遣右散騎常侍蕭昕使回紇。回紇可敦死，以昕爲吊祭使。回紇庭詰昕曰：「我於唐有大功，唐奈何失信，市我馬，不時歸其直？」昕曰：「回紇之功，唐已報之矣。僕固懷恩之叛，回紇助之，與吐蕃連兵入寇，逼我郊畿；及懷恩死，吐蕃走，然後回紇懼而請和。我唐不忘前功，加惠而縱之；不然，匹馬不歸矣。乃回紇負約，豈唐失信耶！」回紇慚，厚禮之。

内出盂蘭盆賜章敬寺。內出盂蘭盆賜章敬寺，設七廟神座，書尊號於旛上，百官迎謁於光順門。自是歲以爲常。

八月，吐蕃寇靈武。

以王縉領河東節度使。河東節度使辛雲京卒，以王縉代之。兵馬使王無縱等恃功驕蹇，以縉書生易之，多違約束，縉悉擒斬之，諸將悍戾者殆盡，軍府始安。

九月，鳳翔都將李晟屠吐蕃定秦堡，吐蕃遁還。鳳翔節度使李抱玉使其將李晟將兵五千擊吐蕃。晟曰：「以力則五千不足用，以謀則太多。」乃將千人，兼行出大震關，屠吐蕃定秦堡，焚其積聚而還。吐蕃聞之，釋靈州之圍而去。

冬，十二月，以馬璘爲涇原節度使。元載以吐蕃連歲入寇，馬璘以四鎮兵屯邠寧，力不能拒，而郭子儀以朔方重兵鎮河中，深居腹中無事之地，乃與子儀及諸將議，徙璘鎮涇州，而使子儀以朔方兵鎮邠州，曰：「若以邊土荒殘，軍費不給，則以內地租稅金帛以助之。」諸將皆以爲然。徙璘爲涇原節度使。璘先往城涇州，以都虞候段秀實知邠州留後。初，四鎮、北庭兵久羈旅，數遷徙，勞弊怨誹。兵馬使王童之謀作亂，期以辛酉旦警嚴而發。前夕，有告之者，秀實陽召掌漏者，怒之，以其失節，令每更來白，輒延之數刻，遂四更而曙，童之不果發。告者又云：「今夕欲焚馬坊草，因救火作亂。」中夕，火果發，秀實命軍中行者皆止，坐者勿起，各整部伍嚴守要害。童之白請救火，不許。及旦，捕童之及其黨八人，皆斬之。下令曰：「後徙者族，流言者刑！」遂徙于涇。

己酉（七六九）

四年。

春，正月，郭子儀入朝。子儀入朝，魚朝恩邀之遊章敬寺。元載恐其相結，密使告子儀曰：「朝恩謀不利於公。」子儀不聽。將士請衷甲以從者三百人，子儀曰：「我，國之大臣，彼無天子之命，安敢害我！若受命而來，汝曹欲何爲？」乃從家僮數人而往。朝恩驚問其故，子儀以所聞告，且曰：「恐煩公經營耳。」朝恩撫膺流涕曰：「非公長者，能無疑乎？」

胡氏曰：道有要，事有本，得其要本，無所處而不當。故處家庭不違于孝，則子道得矣。處朝廷不違乎忠，則臣道得矣。元載設反間，特欲離魚、郭之交爾，而子儀處之，何其盡己盡人，裕然有餘也！其心以君命爲主，以天命爲斷，一聽之命，則智術可以兩忘，威力可以併棄，疑我者安得不服，惡我者安得不平！此子儀所以輕見朝恩而深有以感動其心者也。

夏，五月，以僕固懷恩女嫁回紇。初，僕固懷恩死，上憐其有功，置其女宮中，養以爲女；回紇請以爲可敦。五月，册以爲崇徽公主，遣兵部侍郎李涵送之。涵奏祠部郎中董晉爲判官。至回紇，回紇言：「唐約我爲市，馬既入而歸我賄不足，我於使人乎取之。」涵懼，不敢對，晉曰：「吾非無馬而與爾爲市，爲爾賜不既多乎！爾之馬歲至，吾數皮而歸資。邊吏請致詰也，天子念爾有勞，故下詔禁侵犯。諸戎畏我大國之爾與也，莫敢校焉。爾之父子寧而畜馬蕃者，非我誰使之！」於是其衆皆環晉拜，既又相帥南面序拜，皆舉兩手曰：「不敢有意大國。」

六月，郭子儀徙鎮邠州。子儀遷邠州，其精兵皆自隨，餘兵使裨將將之，分守河中。朔方軍士久家河中，頗不樂徙，往往自邠逃歸。行軍司馬嚴郢領留府，悉捕得，誅其渠帥，衆心乃定。

冬十月，杜鴻漸卒。鴻漸病甚，令僧削髮，遺令爲塔以葬。

胡氏曰：鄙哉，杜鴻漸之貪也！雖好佛而不悟其要。佛氏以了死爲一大事，精練之至，不但坐而死也，或立或倒，或預言死期，世俗所共神而敬之者也。君子則不取曰：若其見道，則臨死之時，必以布帛裹首而逝，不肯削髮、胡服而終也。曾子疾病，易簀而死。君子之不肯一息安於不正乃如此，此始可謂真悟者矣。夫身體髮膚，受之父母，得全而歸之，然後爲孝。豈有將死而髡首以爲達哉！

以裴冕同平章事。十二月，卒。元載以冕老病易制，故舉以爲相。受命之際，蹈舞仆地，未幾而卒。

庚戌(七七〇)

五年。

春，三月，魚朝恩伏誅。朝恩專典禁兵，勢傾朝野，陵侮宰相，每奏事以必允爲期；朝廷政事有不豫者，輒怒曰：「天下事有不由我者邪！」上聞之，不懌。元載乘間奏朝恩專恣不軌，請除之。上令載爲方略。朝恩入殿，常使射生將周皓將百人自衛，又使陝州節度使皇甫温握兵於外以爲援。載皆以重賂結之，徙温爲鳳翔節度使，外重其權，實内温以自助也。載又請割興平、武功、天興、扶風隸神策軍。

朝恩喜於得地，殊不以載爲虞。皇甫温至京師，元載留之，因與温、皓密謀誅朝恩。既定計，白上，上曰：「善圖之，勿反受禍。」上以寒食宴貴近於禁中，載守中書省。宴罷，朝恩將出，上責其異圖，皓與左右縊殺之，以尸還其家，賜錢以葬。赦京城繫囚，且曰：「北軍將士，皆朕爪牙，勿有憂懼。」

胡氏曰：古今皆謂宦官難去者，以其掌兵也，是則然矣。而或不然，輔國、元振、朝恩相繼掌兵，氣勢隆重，然代宗去之，而無肘腋反噬之變。是以宦官非難去，顧人主喜怒如何耳。其至於無可奈何者，以人主無意於可爲之時，及不可爲然後爲之故也。代宗之政，無可紀述，獨誅三宦官及元載爲最武。而就其事論之，皆不能盡善。豈非不若慎之於初之爲美歟！既寵之，又殺之，復隱之，而厚賜之，非政刑矣。

罷度支、轉運、常平、鹽鐵等使，委宰相領之。

以楊綰爲國子祭酒，徐浩爲吏部侍郎。元載既誅魚朝恩，上寵任益厚，載遂志氣驕溢，自謂有文武才略，弄權舞智，政以賄成。吏部侍郎楊綰典選平允，性介直，不附載。嶺南節度使徐浩貪佞，傾南方珍貨以賂載。載以綰爲國子祭酒，引浩代之。載有丈人來從載求官，但贈河北一書而遣之。丈人不悦，行至幽州，私發書，視之無一言，惟署名而已。丈人不得已，試謁。判官聞有載書，大驚，立白節度使，遣大校以箱受書，館之上舍，贈絹千疋。其威權動人如此。

秋，七月，京畿饑。斗米千錢。

以李泌爲江西觀察判官。上悉知元載所爲，以其任政日久，欲全始終，因獨見，深戒之。載猶不悛，上由是稍惡之。載以李泌有寵於上，忌之。會江西觀察使魏少遊求參佐，上謂泌曰：「元載不容卿，朕今匿卿於魏少遊所。俟朕決意除載，當有信報卿，可束裝來。」乃以泌爲江西判官，且屬少遊使善待之。

范氏曰：代宗以萬乘之主，不能庇一臣，而匿之於遠藩；既知元載不可任，而不能退，乃欲稔其惡而誅之。且載方見任，而與泌密約除載，然則人臣誰敢自保。皆非人君之道也。

辛亥（七七一）

六年。

春，二月，詔李抱玉專備隴坻。河西、隴右、山南副元帥李抱玉上言：「凡所掌之兵，當自訓練。今自河、隴達于扶、文，綿亘二千餘里，撫御至難。若吐蕃兩道俱下，臣保固汧、隴則不救梁、岷，進兵扶、文則寇逼關輔，首尾不贍，進退無從。願更擇能臣，委以山南，使臣得專備隴坻。」詔從之。

嶺南蠻酋梁崇牽作亂，討平之。蠻酋梁崇牽據容州，與西原蠻連兵，攻陷城邑。容州經略使王翃以私財募兵，不數月，斬賊帥歐陽珪。馳詣廣州，見節度使李勉，請兵以復容州。勉以爲難，翃曰：「然則但乞移牒諸州，揚言出兵，冀藉聲勢，亦可成功。」勉從之。翃乃募得三千餘人，破賊數萬，拔容州，擒崇牽。

三月，河北旱。米斗千錢。

秋，八月，以李栖筠爲御史大夫。先是，成都司録李少良上書，言元載姦贓陰事，上置少良於客省。少良以上語告友人韋頌。殿中侍御史陸珽以告載，載奏之。上以少良、頌、珽離間君臣，敕付京兆，皆杖死。載所擬官多非法，恐爲有司所駁，奏：「凡別敕除六品以下官，乞令吏部、兵部無得檢勘。」上亦從之，然益厭其所爲，思得士大夫之不阿附者爲腹心，漸收載權。内出制書，以栖筠爲御史大夫，宰相不知，載由是稍絀。

范氏曰：代宗知元載之惡，欲罷其相位，一言而已可也，誰敢不從！且載所以方命專政者，挾君以爲重也；君去之，則失其所恃，何惡之能爲！乃立黨以傾之，如敵國然，主勢不已卑乎！

胡氏曰：李少良雖忠，然身犯二死：位卑而言高，一也；不密而失身，二也。韋頌漏言，其死亦宜矣。陸珽黨於元載者，而載不能庇之，何也？代宗已有除載之心，固善少良言之，而怒頌、珽泄之也。然代宗誠欲治載，則以少良所訟召百官集于朝堂，雜究治之，肆諸市朝可矣。豈有欲治其人，而反殺言之者乎！

以韓滉判度支。自兵興以來，所在賦斂無度，倉庫出入無法，國用虚耗。滉爲人廉勤，精於簿領，作賦斂出入之法，御下嚴急，吏不敢欺。亦值連歲豐穰，邊境無寇，自是倉庫蓄積始充。滉，休之子也。

壬子（七七二）

七年。

春，正月，回紇使者犯朱雀門。回紇使者擅出鴻臚寺，掠人子女，所司禁之，毆擊所司，以三百騎犯金光、朱雀門。上遣中使諭之，乃止。其後屢出殺人，上皆不問。

秋，七月，盧龍將吏殺其節度使朱希彩。冬十月，詔以朱泚代之。希彩殘虐，孔目官李懷瑗因衆怒伺間殺之。衆未知所從，經略副使朱泚弟滔潛使百餘人於衆中大言曰：「節度使非朱副使不可。」衆皆從之。泚遂權知留後，遣使言狀。詔以泚爲節度使。

癸丑（七七三）

八年。

春，正月，昭義節度使薛嵩卒。嵩子平年十二，將士脅以爲帥，平僞許之；既而讓其叔父崿，夜奉父喪，逃歸鄉里。制以崿知留後。

二月，永平節度使令狐彰卒。彰承滑、亳離亂之後，治軍勸農，府廩充實。時藩鎮率皆跋扈，獨彰貢賦未嘗闕；歲遣兵三千，詣京西防秋，自齎糧食，道路供餽皆不受，所過秋毫不犯。疾亟，遺表稱：「倉庫畜牧，先已封籍，軍中將士，按堵待命。臣男建等，今勒歸東都私第。尚書劉晏、李勉可委大事，願速以代臣。」及卒，將士欲立建，建誓死不從，舉家西歸。詔以勉代彰。

夏，五月，貶徐浩爲明州別駕。徐浩妾弟侯莫陳怤爲美原尉，浩屬京兆尹杜濟虛以知驛奏優，又屬薛邕擬長安尉。怤參臺，御史大夫李栖筠劾其狀，敕禮部侍郎于邵等按之。邵奏邕罪在赦前。上怒，皆貶之，朝廷稍肅。

回紇使者辭歸。回紇自乾元以來，歲求和市，每一馬易四十縑，動至數萬匹。馬皆駑瘠無用，朝廷苦之，所市多不能盡其數。至是，上欲悦其意，命盡市之。至是，辭歸，載賜遺及馬價，共用車千餘乘。

胡氏曰：古者國有馬政，況爲天子！審欲畜馬繁者，開元故事具在；八坊監牧之地，初不失也，擇能其事者付之，日滋月益，何患於乏！既不修此，乃市諸遠夷，所得非駿，而徒耗民力，其損不亦大乎！

秋，八月，朱泚遣弟滔將兵戍涇州。自安禄山反，幽州兵未嘗爲用。至是，泚遣滔將五千騎詣涇州防秋。上大喜，勞賜甚厚。

九月，循州刺史哥舒晃反。

召郇模入見。晉州男子郇模以麻辮髮，持竹筐葦席，哭於東市。人問其故，對曰：「願獻三十字，一字爲一事。若言無所取，請以席裹尸貯筐中棄於野。」京兆以聞。上召見，賜新衣，館於客省。其言「團」者，請罷諸州團練使也；「監」者，請罷諸道監軍使也。

冬，十月，加田承嗣同平章事。田承嗣爲安、史父子立祠，謂之「四聖」；且求爲相。上諷令毁之，而加平章事以褒之。

吐蕃寇涇、汾，郭子儀遣渾瑊拒却之。吐蕃寇涇、汾，渾瑊將步騎五千戰于宜禄。宿將史抗等不用命，官軍大敗。馬璘亦敗，爲虜所隔。段秀實發城中兵出陳東原，吐蕃稍却，璘乃得還。郭子儀謂諸將曰：「敗軍之罪，在我不在諸將。然朔方兵精聞天下，今爲虜敗，何以雪耻？」渾瑊曰：「今日之事，惟理瑊罪，不則再見任。」子儀赦其罪，使將兵趣朝那。虜欲掠汧、隴，鹽州刺史李國臣曰：「虜乘勝必犯郊畿，我掎其後，虜必返顧。」乃引兵趣秦原，鳴鼓而西。虜聞之，至百城返，渾瑊邀之於隘，盡復得其所掠。馬璘亦出精兵襲虜輜重，殺數千人，虜遂遁去。

胡氏曰：違令致敗者史抗也，而渾瑊以爲己罪；受命禦寇者渾瑊也，而郭子儀自任其失。責躬如此，所以前敗而後勝歟！使子儀而欲討瑊，瑊又欲斬抗，則褊裨心怒，卒伍意離，馴致大敗，亦未可知矣。然而人之常情，鮮不非人而是己，以武侯及郭公之德度觀焉，人之相越遠矣。

元載奏請城原州。初，元載嘗爲西州刺史，知河西、隴右山川形勢，言於上曰：「四鎮、北庭既治涇州，無險要可守。隴山高峻，南連秦嶺，北抵大河。今國家西境盡潘原，而吐蕃戍摧沙堡，原州居其中間，當隴山之口，其西皆監牧故地，草肥水美，平凉在其東，獨耕一縣，可給軍食，故壘尚存，吐蕃棄而不居。每歲夏，吐蕃畜牧青海，去塞甚遠，若乘間築之，二旬可畢。移京西軍戍原州，移郭子儀軍戍涇州，爲之根本，分兵守石門、木峽，漸開隴右，進達安西，據吐蕃腹心，則朝廷可高枕矣。」并圖地形獻之。會田神功入朝，上問之，對曰：「行軍料敵，宿將所難，陛下奈何用一書生語，欲舉國從之乎！」載尋得罪，事遂寢。

甲寅（七七四）

九年。

春，二月，郭子儀入朝。子儀言：「朔方，國之北門，戰士耗散，存者什一。而吐蕃兼河、隴之地，雜羌、渾之衆，勢强十倍。願更於諸道各發精卒，成四、五萬人，則可以制勝矣。」

三月，詔以永樂公主妻田華。詔以永樂公主妻田承嗣之子華。上欲固結其心，而承嗣益驕慢。

范氏曰：齊景公，諸侯也，涕出而女於吳，後世且猶羞之。代宗以天子之尊，而以女許嫁叛臣之子，苟欲姑息，反以納侮，卑替甚矣！此公卿大臣之耻也。

六月，胡僧不空死。贈司空，賜爵肅國公，謚大辯正廣智三藏和尚。

京師旱。秋，七月，雨。京兆尹黎幹作土龍祈雨，自與巫覡更舞，彌月不雨。上聞之，命撤土龍，減膳節用。七月，雨。

九月，盧龍節度使朱泚入朝。初，朱泚遣弟滔奉表請入朝，自將防秋，上喜爲築第京師以待之。泚至蔚州，有疾，諸將請還，泚曰：「死則輿尸而前。」至京師，宴犒甚盛。泚請留闕下，以弟滔知留後，許之。

乙卯（七七五）

十年。

春，正月，田承嗣反，陷相州。田承嗣誘昭義兵馬使裴志清使作亂。志清逐其留後薛㟧，帥衆歸承嗣。承嗣引兵襲取相州。上遣使諭止之，承嗣不奉詔。

郭子儀入朝。子儀嘗奏除州縣官一人，不報。僚佐以爲言，子儀謂曰：「兵興以來，方鎮跋扈，凡有所求，朝廷必委曲從之，蓋疑之也。今子儀所奏，朝廷以其不可行而置之，是不以武臣相待，而親厚之也。諸君可賀矣，又何怪焉！」聞者皆服。

田承嗣陷洺、衛州。

詔諸道不得輒募兵。

二月，河陽軍士逐三城使常休明。休明苛刻少恩，軍士攻之，奉兵馬使王惟恭爲帥。上遣中使慰撫之。

三月，陝州軍亂。陝州軍亂，逐兵馬使趙令珍〔二〇〕，大掠庫物。觀察使李國清不能制，拜之而走。會淮西節度使李忠臣入朝，過陝，上命按之。忠臣設棘圍，令軍士匿名投庫物，一日獲萬緡，盡以給其從兵。

夏，四月，敕貶田承嗣，發諸道兵討之。初，李寶臣、李正己皆爲田承嗣所輕。及承嗣拒命，寶臣、正己皆表討之。於是貶承嗣永州刺史，命諸道進兵討之。時朱滔方恭順，與寶臣及河東節度使薛兼訓攻其北，正己與淮西節度使李忠臣等攻其南。承嗣將霍榮國以磁州降。正己攻德州，拔之。忠臣進攻衛州。承嗣以諸道四合，懼，請束身歸朝。寶臣、正己會圍貝州，承嗣出兵救之。平盧士卒以成德賞厚，有怨言，正己恐其爲變，引兵退，寶臣亦退。李忠臣聞之，釋衛州，南渡河，屯陽武。寶臣遂與朱滔攻滄州，不克。承嗣將盧子期攻磁州，城幾陷，李寶臣與昭義節度使李承昭共擊擒子期，送京師斬之。河南諸將又大破田悅於陳留。

冬，十月，朔，日食。

李正己按兵不進，李寶臣襲盧龍軍。初，李正己遣使至魏州，田承嗣囚之，至是禮而遣之，籍境内户口、甲兵、穀帛之數以與正己，曰：「承嗣老矣，溘死無日，諸子不肖，今爲公守耳，豈足以辱師乎！」正己遂按兵不進。於是諸道兵皆不敢進。上嘉李寶臣之功，遣中使馬承倩賫詔勞之。寶臣遣之百縑，承倩詬詈，擲出道中。王武俊説寶臣曰：「今公在軍中新立功，豎子尚爾！況寇平之後，召歸闕下，一匹夫耳。不如釋承嗣以爲己資。」寶臣遂有玩寇之志。

范氏曰：寺人貂、夙沙衛皆以宦寺敗國喪師。承倩一怒寶臣，而諸鎮解體，巨猾逋誅，終唐之世，不能取魏。其爲害也，過於寺人貂、夙沙衛遠矣。

承嗣知范陽寶臣鄉里，心常欲之，因刻石云：「二帝同功勢萬全，將田爲侶入幽燕。」密令瘞寶臣境内，使望氣者言彼有王氣，寶臣掘而得之。又令客説之曰：「公與朱滔共取滄州，得之，則地歸國，非公所有。公能捨承嗣之罪，請以滄州歸公，而從公取范陽以自效。」寶臣喜，謂事合符讖，遂與承嗣通謀。寶臣謂滔使者曰：「聞朱公儀貌如神，願得畫像觀之。」滔與之。寶臣置於射堂，命諸將共觀之，曰：「真神人也！」遂選精騎二千，夜襲其軍，戒曰：「取貌如射堂者。」滔不虞有變，戰敗，走免。承嗣聞之，引軍南還，使謂寶臣曰：「河内有警，不暇從公，石上讖文，吾戲爲之耳！」寶臣慚怒而退。元載、王縉以魏州鹽貴，請禁鹽入其境以困之，上不許，曰：「承嗣負朕，百姓何罪！」

吐蕃寇涇、隴，李抱玉、馬璘等擊破之。

貴妃獨孤氏卒。追謚貞懿皇后。

十一月，田承嗣將吳希光以瀛州降。

嶺南節度使路嗣恭克廣州，斬哥舒晃。

丙辰（七七六）

十一年。

春，二月，赦田承嗣入朝。初，田承嗣既請入朝，李正己亦屢爲之請。至是，承嗣復遣使上表，詔赦其罪，聽與家屬入朝。

夏，五月，汴宋軍亂。秋，七月，詔發諸道兵討平之。汴宋都虞候李靈曜殺兵馬使孟鑒，北結田承嗣爲援。詔以靈曜爲濮州刺史，不受；遂以爲汴宋留後。靈曜益驕慢，悉以其黨爲管内八州刺史、縣令，欲效河北諸鎮。詔淮西李忠臣、永平李勉、河陽三城馬燧討之。淮南陳少遊、淄青李正己皆進兵擊靈曜。忠臣、燧軍于鄭州，靈曜逆戰，淮西軍潰。忠臣將歸，燧曰：「以順討逆，何憂不克！奈何自棄功名？」堅壁不動。忠臣收散卒，軍勢復振。燧、忠臣與陳少遊前軍合，與靈曜大戰於汴州。靈曜敗，入城固守，忠臣等圍之。田承嗣遣田悅將兵救靈曜，敗永平、淄青兵，乘勝進軍汴州城北。忠臣遣裨將李重倩將輕騎數百，夜入其營，縱横貫穿，斬數十人而還，營中大駭；忠臣、燧因以大軍乘之，鼓譟而入，悅衆不戰而潰。靈曜夜遁，永平將杜如江擒之。燧知忠臣暴戾，以功讓之。宋州刺史李僧惠爭功，忠臣擊殺之。李勉械靈曜送京師，斬之。

冬，十二月，涇原節度使馬璘卒。璘疾亟，以行軍司馬段秀實知節度事〔二一〕。秀實嚴兵以備非常。璘卒，軍中奔哭者數千人，喧咽門屏。秀實悉不聽入，命押牙馬頔治喪事於内，李漢惠接賓客於外〔二二〕，妻妾子孫位於堂，宗族位於庭，將佐位於前牙，士卒哭於營伍，百姓各守其家。有離立偶語於衢路，輒執而囚之；非護喪從行者，無得遠送。致祭拜哭，皆有儀節；送喪近遠，皆有定處，違者以軍法從事。都虞候史廷幹等謀因喪作亂，秀實知之，奏遣入宿衛，分徙其黨，補以外職，不戮一人，軍府晏然。

丁巳（七七七）

十二年。

春，三月，詔復討田承嗣，既而釋之。承嗣竟不入朝，又助李靈曜。上復命討之，承嗣上表謝罪。上亦無如之何，復其官爵，令不必入朝。

誅元載，貶王縉爲括州刺史。元載、王縉俱納賄賂，又以政事委羣吏。上欲誅之，獨與元舅金吾大將軍吳湊謀之。會有告載、縉夜醮圖不軌者，上命湊收之，命吏部尚書劉晏與御史大夫李涵等同鞫之，皆伏罪，賜自盡。劉晏謂李涵曰：「故事，重刑覆奏，況大臣乎！且法有首從。宜更稟進止。」涵等從之。上乃誅載而貶縉。載妻子皆伏誅。有司籍載家財，胡椒至八百石，他物稱是。遣中使發載祖、父墓，斲棺棄尸，毀其廟主。

胡氏曰：元載、王縉固有罪，然非有兵柄，何變之足虞！因其朝也，召致百官，下制黜之，誠無難者；若有不軌之圖，則付諸廷尉，驗虛實，稱輕重而施刑焉，亦奚以遽爲哉！今不詢在廷，不歸司寇，其紊亂政事，經邦不績，一切闊略，直加以反逆之罪，并其妻子俱受極典，何哉？以愚度之，代宗固怒載矣，蓄其憾，激其怒，發其機者，必中人也！李峴殺程元振者，而奉身無過，故止於罷免。元載殺魚朝恩，而久立相位，罪惡貫盈，平時薰涵聒習於上之聞聽者衆矣。安知非朝恩之黨報仇之所爲耶！且劉晏素附中人，魚氏之恨在載而不在縉，故晏免縉而取載也。

夏，四月，以楊綰、常衮同平章事。綰性清簡儉素，制下之日，朝野相賀。郭子儀方宴客，聞之，減坐中聲樂五分之四。京兆尹黎幹騶從甚盛，即日省之，止存十騎。中丞崔寬第舍宏侈，亟毀撤之。

范氏曰：楊綰以清名儉德爲相，而天下從之如此；況人君能正己以先海内，其有不率者乎！是以先王必正其心，修其身，而天下自治。孟子曰：「一正君而國定矣。」此之謂也。

胡氏曰：郭公、黎幹、崔寬事類而情殊。子儀成人之美者也，幹與寬則畏之者也。謂幹、寬有仰德化服之心者非也〔一三〕，謂子儀有惕威踧踖之態者亦非也。

初，元載以仕進者多樂京師，惡其逼己，乃薄其俸，於是京官不能自給，常從外官乞貸。至是，綰、衮乃奏增之。悉罷諸州團練、守捉使；諸使非軍事要急，無得擅召刺史，停其職務，差人權攝。又定諸州兵有常數，其召募給家糧、春冬衣者，謂之「官健」；差點土人，春夏歸農，秋冬追集，給身糧醬菜者，謂之「團結」。定節度使以下至主簿、尉俸禄，掊多益寡，上下有叙，法制粗立。開元中，詔宰相共食實封三百户，謂之「堂封」。及載、縉爲相，日賜御饌，可食十人，遂爲故事。衮奏停之。又欲辭堂封，同列不可而止。時人譏衮，以爲：「朝廷厚禄，所以養賢，不能，當辭位，不當辭禄。」

司馬公曰：衮之辭禄，廉耻存焉，與夫固位貪禄者，不猶愈乎！未可深譏也。

秋，七月，司徒文簡公楊綰卒。上方倚楊綰，使釐革弊政。會綰有疾，卒，上痛悼之甚，謂羣臣曰：「天不欲朕致太平，何奪朕楊綰之速也！」

以顔真卿爲刑部尚書。楊綰、常衮薦之也。

九月，以段秀實爲涇原節度使。秀實軍令簡約，有威惠；奉身清儉，室無姬妾；非公會，未嘗飲酒聽樂。

吐蕃寇原、坊州。

霖雨。度支奏河中有瑞鹽。先是，秋霖，河中府池鹽多敗。户部侍郎韓滉奏雨不害鹽，仍有瑞鹽。上疑其不然，遣諫議大夫蔣鎮往視之。京兆尹黎幹奏秋霖損稼，滉奏幹言不實。上命御史按視，還奏：「所損凡三百萬餘頃。」渭南令劉澡附滉，稱縣境不損；御史趙計奏與澡同。上曰：「霖雨溥博，豈得渭南獨無！」更命御史朱敖視之，損三千餘頃。上歎息久之，曰：「縣令，字人之官，不損猶應言損，乃不仁如是乎！」貶澡南浦尉，計澧州司户，而不問滉。蔣鎮還，奏「瑞鹽如滉言」，仍上表賀，請置神祠。上從之，賜號寶應靈慶池。時人醜之。

范氏曰：代宗責縣令當矣，然韓滉面欺，乃置而不問，是刑罰止行於卑賤，而不行於貴近也。蔣鎮以諫官受委覆實，而敢共爲姦罔如此，豈非以其君雖欲恤民，而卒歸於好利受佞，故敢行詐而無所忌憚歟！

冬[二四]，吐蕃寇鹽、夏，郭子儀遣兵拒却之。

以李納爲青州刺史。李正己先有淄、青、齊、海、登、萊、沂、密、德、棣十州之地，及李靈曜之亂，諸道合兵攻之，所得之地，各爲己有，又得曹、濮、徐、兗、鄆五州，因徙治鄆，使子納守青州。正己用刑嚴峻，法令齊一，賦均而輕，擁兵十萬，雄據東方，鄰藩畏之。是時，田承嗣據魏、博、相、衛、洺、貝、澶七州，李寶臣據恒、易、趙、定、深、冀、滄七州，各擁衆五萬。梁崇義據襄、鄧、均、房、復、郢六州，有衆二萬。相與根據蟠結，雖奉事朝廷，而不用其法令，官爵、甲兵、租賦、刑殺，皆自專之。上寬仁，一聽其所爲。朝廷或完一城，增一兵，輒有怨言，以爲猜貳，常爲之罷役。而自於境内，築壘繕兵無虛日。以是雖在中國，名藩臣，而實如蠻貊異域焉。

胡氏曰：史稱代宗寬仁。以愚觀之，直柔愿而無立志，樂因循而憚興事爾。於寬爲近，仁則不知也。夫仁之道難言哉！自世俗論之，能好人者仁矣，而孔子兼能惡人言之；愛人者仁矣，而孟子兼親賢言之。夫豈柔愿、因循之謂乎？

戊午（七七八）

十三年。

春，正月，敕毁白渠碾磑。敕毁白渠支流碾磑以溉田。昇平公主有二磑，請存之，上曰：「吾欲利蒼生，汝識吾意，當爲衆先。」公主即日毁之。

回紇寇太原。二月，代州都督張光晟擊破之。回紇入寇太原。押牙李自良曰：「回紇精鋭，難與爭鋒。不如築二壘於歸路，以兵戍之。虜至，堅壁勿與戰，彼師老自歸，乃出軍乘之。二壘扼其前，大軍躡其後，無不捷矣。」留後鮑防不從，逆戰敗還。回紇縱兵大掠。代州都督張光晟擊破之於羊武谷，乃引去。上亦不問，待之如初。

吐蕃寇靈州。

夏，六月，隴右獻猫鼠同乳。隴右節度使朱泚獻猫鼠同乳不相害者以爲瑞，常衮帥百官賀。中書舍人崔祐甫不賀，曰：「物反常爲妖。猫捕鼠，乃其職也，今同乳，妖也。何乃賀爲！宜戒法吏之不察姦、邊吏之不禦寇者，以承天意。」上嘉之。祐甫知選事，數以公事與常衮爭，衮由是惡之。

秋〔二五〕，吐蕃寇鹽、慶，又寇銀、麟，郭子儀遣李懷光擊破之。

八月，葬貞懿皇后。上悼念后不已，殯内殿累年，至是始葬。

冬，十二月，郭子儀入朝。子儀入朝，命判官杜黄裳主留務。李懷光陰謀代子儀，矯爲詔書，欲誅大將温儒雅等。黄裳察其詐，以詰懷光，懷光伏罪。於是諸將之難制者，黄裳矯子儀之命，皆出之於外，軍府乃安。

胡氏曰：黄裳之相業，於此可見矣。惜哉！猶有未盡者。人臣之罪，莫大於矯詔而奪主帥之柄；既伏其詐，所宜按軍法而殺之，乃不能爾，豈思之有未至耶！

子儀嘗以副使張曇剛率輕己，孔目官吴曜因而構之，奏曇扇動軍衆，誅之。掌書記高郢力爭，子儀不聽，奏貶郢。既而僚佐多以病求去，子儀悔之，悉薦於朝，曰：「吴曜誤我。」遂逐之。

胡氏曰：子儀平素少過失，惟殺張曇、逐高郢爲盛德之累。雖然，不旋踵而悟悔，盡改其事。孟子所謂「如日月之食」者，其子儀之謂乎！

以路嗣恭爲兵部尚書。上召李泌入見，語以元載事，曰：「與卿别八年，乃能除此賊。不然，幾不見卿。」對曰：「陛下知羣臣有不善，則去之。含容太過，故至於此。」上因言：「路嗣恭初平嶺南，獻琉璃盤徑九寸，朕以爲至寶。及破載家，得嗣恭所遺載盤徑尺。當議罪之。」泌曰：「嗣恭爲人，小心善事人，精勤吏事，而不知大體。昔爲縣令有能名，陛下未暇知之，而爲載所用，故爲之盡力。陛下誠知而用之，彼亦爲陛下盡力矣。且嗣恭新立大功，陛下豈得以一琉璃盤罪之邪！」上意乃解，以嗣恭爲兵部尚書。

校勘記

〔一〕而官軍不能察也　「官」原作「大」，據殿本、通鑑卷二二一唐肅宗乾元二年三月壬申日條改。

〔二〕思明乃引大軍直抵城下　「大」原作「官」，據殿本、通鑑卷二二一唐肅宗乾元二年三月壬申日條改。

〔三〕留守崔圓等奔襄鄧　「崔圓等奔襄鄧」六字原脱，據殿本、通鑑卷二二一唐肅宗乾元二年三月壬子日條補。

〔四〕范氏曰至其不亡亦幸哉　此段一百零九字，月崖書堂本、成化本、殿本均無，且與本書卷四四乾元元年八月條文字重複，疑衍當删。

〔五〕謂之五父　「父」原作「使」，據殿本、通鑑卷二二一唐肅宗乾元二年四月條改。

〔六〕泛火船欲燒浮橋　「火」原作「大」，據殿本、通鑑卷二二一唐肅宗乾元二年十月條改。

〔七〕思明見兵於河清　「見」，殿本作「屯」。

〔八〕光弼軍於野水渡以備之　「渡」原作「度」，據殿本、通鑑卷二二一唐肅宗乾元二年十月條改。

〔九〕抱玉繕完城備　「城」原作「成」，據成化本、殿本、通鑑卷二二一唐肅宗乾元二年十月條改。

〔一〇〕冬十一月　「冬」字原脱，據殿本補。

〔一一〕三月　「三」原作「二」，據殿本、通鑑卷二二二唐肅宗上元二年三月條改。

〔一二〕而肅宗終無恐懼修省仰答變異之意　「無」原作「不」，據成化本、殿本改。

〔一三〕其如朝望未允何　「允」，成化本、殿本作「乎」。

〔一四〕内樹四帥　「帥」原作「師」，據殿本、通鑑卷二二三唐代宗廣德元年閏正月條改。

〔一五〕葬泰陵建陵　「建」原作「喬」，據通鑑卷二二二唐代宗廣德元年三月庚午日條、舊唐書卷一〇肅宗紀改。

〔一六〕秋九月　「秋」字原脱，據殿本補。

〔一七〕閏十月　「閏」字原脱，據殿本、通鑑卷二二四唐代宗永泰元年閏十月戊申日條補。

〔一八〕迎旰入成都以寵之　「成」原作「城」，據殿本、通鑑卷二二四唐代宗永泰元年閏十月條改。

〔一九〕以四鎮北庭行營節度使馬璘兼領邠寧　「四鎮」原作「鎮西」，據殿本、通鑑卷二二四唐代宗大曆元年二月條、新唐書卷一三八馬璘傳改。

〔二〇〕逐兵馬使趙令珍　「令」字原脱，據殿本、通鑑卷二二五唐代宗大曆十年三月甲午日條補。

〔二一〕以行軍司馬段秀實知節度事　「事」原作「使」，據殿本、通鑑卷二二五唐代宗大曆十一年十二月條改。

〔二二〕李漢惠接賓客於外　「李」原作「命」，據殿本、通鑑卷二二五唐代宗大曆十一年十二月條改。

〔二三〕謂幹寬有仰德化服之心者非也　「寬」字原脱，據殿本補。

〔二四〕冬　「冬」字原脱，據殿本補。

〔二五〕秋　「秋」字原脱，據殿本補。